NEPTUNE'S
瓜岛大海战
INFERNO

〔美〕詹姆斯·D.霍恩费舍尔（James D. Hornfischer）著
朱强 译

THE U.S.
NAVY AT
GUADALCANAL

重庆大学出版社

纪 念

————

曾经的水手、长官和导师

海军少将查尔斯·D.格罗让

（1923—2008）

自开天辟地以来，仙凡两界众神从未向这片海域派出此般怪异的庞然大物。它们靠"喝油"为生，劈开洪洪海涛，溅起巨大的海浪，钢质龙骨在划过水波时隆隆作响。它们的武器是钢制的，"神经线"是铜质的，"血管"里流淌着黑色的血液，"鼻孔"里却吞吐着蓝色的火焰。凭借自己身上配备的超自然"预见"系统，它们义无反顾地驰骋进这片大海。虽然彼此之间相距1000多英里[1]，但借助某种无形的"千里传音"技术，它们却能彼此间"悄声耳语"。它们的"法力"范围远远超过凡人的目力所及，可以"隔空纳物"。

　　但是，随着幕后推手的能力和精力逐渐衰退，随着当年的血气方刚被时间慢慢消磨，这一切震撼都犹如过眼云烟一般，转瞬即逝，并最终归复从前的沉寂。

摘自霍莫尔·李《无知的英勇》，1909年

1　1英里=1 609.344米。——译者注

目　录

序幕

---

82 艘舰船

1942 年 8 月 7 日，星期五，82 艘美国海军舰船搭载着 40 000 名美国海军官兵并带领着 16 000 名海军陆战队队员，陆续抵达南太平洋地区一处遥远的目的地，并在接下来 100 多个日夜里经历血与火的磨难和生与死的考验。从未有任何海军作战队员在如此短暂的时间内直接被派到作战现场接受枪林弹雨的教育和历练。在这一年中接下来的几个月里，兵荒马乱、风雨飘摇中的战士们深切地认识到，技术至关重要，当然，胆量和智慧更是不可或缺的。同时，他们也意识到，思维敏捷比肢体强健更为有利，当然，如果敌人打算送给你一份惊喜的话，恐怕这两者皆备都无济于事。如果你的第六感告诉你似乎敌人正在袭来的话，那么敌人很有可能真的正在袭来，你应该毫不犹豫地把这一预感告诉某些人，甚至有义务告知所有人。战后，经历过战争的战士们明显地自动分为两类：其中一类战士只谈论战争的前景，而另外一类战士则从此坚决拒绝提起战争话题。

身在战区的水手们慢慢了解到，某些现象属于"不祥之兆"：例如，舰船停靠海港时如果有老鼠离舰上岸，很可能意味着该舰将面临舰覆人亡的命运；另外，在海上吹口哨很可能会引来暴风；再如，周日这天率先开炮或周五这天拔锚起航，其后果肯定更为不测。

他们还慢慢学会根据敌舰上冒起的火焰判断本舰炮口飞速射出的炮弹是否命中了目标舰；他们还慢慢知道，原来钢铁也是可以燃烧的；他们还慢慢总结出，所有的舰船远远望去都是一个模样，但要想知道来舰的具体尺寸，则需要确认其炮塔瞄准线；他们还慢慢学到，原来无论是鱼雷还是无线电，都会有"任性"失灵的时候；他们还慢慢总结出，原来，自由是一群人放弃自己的自由并以牺牲自己为代价换来的，但是，毫无疑问，所有战士死亡之后，都充分享有尊严。

其中有些经验是过去这一代人从数以百计的战争中反复总结出来的，在其他任何一场战争中都能感受到。例如，战斗的胜负似乎取决于敌我双方中谁的第一发炮弹首先有效命中对方。还有一些经验则是这场战争中独有的：例如，有些技术和战术是美军在这次大反攻过程中的首次应用或初次遭遇；例如，货船的卸载技巧和速度也可以决定一场战斗的胜利；例如，敌舰在受到美军炮击时，他们在美军雷达显示仪上对应显示的小白点会出现闪烁；例如，由主操控室操控的主炮组向敌舰发动炮击，虽然能够增强己方火力密度，却会影响其校正射击距离和精准度。

在南太平洋的偏远地带，如果你的目击报告能够及时传送到收阅人那里，你就应该谢天谢地了；而即便此类报告能够顺利抵达收阅人的手中，其中最平实的措辞也可能会引起两三种不同的解读。在这片海域，你会慢慢知道，夜间被敌舰轰击得面目全非、体无完肤、最终被弃之海上自生自灭的舰船，在次日凌晨的太阳升起之时，居然能颤颤巍巍地在海面上顽强地幸存下来；你会慢慢知道，现场的具体环境有时会阴错阳差、鬼使神差般地助长敌舰的淫威；你会慢慢知道，无论战斗中己方遭受的打击有多么严重，战斗结束后你会发现，原来敌军遭受的损失可能更加惨不忍睹；你会慢慢知道，如果你足够谦虚的话，你甚至能有机会从敌方的胜利中学到什么；你会慢慢知道，无论己方的一连串军事行动多么顺利，也可能在突然间形势急转直下，兵败如山倒；你会慢慢知道，有时开战之初己方可能出师不利，但这并不代表明天我们不能取得完胜；你还会慢慢知道，"没有最好只有更好"，如果你想让海神站在你这一边，你就必须拿出一份思维缜密的作战计划，全力准备。

本书讲述了1942年南所罗门群岛战役中美军的经验与教训，这是进入20世纪以来美军首次经历如此惨烈的战役。美军舰队于1942年8月初将海军陆战队投放到瓜达尔卡纳尔岛（以下简称"瓜岛"）和图拉吉岛上，日军于当年11月中旬遭受重创并最终于次年2月从该地区撤军。在这个过程中，个中艰辛与苦痛恐怕只有美军战士自己知道，直到他们从这片星罗棋布之地步步包抄并进而取得最终的胜利。两军主帅要么命殒疆场，要么在战后因遭受质询和盘问而羞辱难当、身心崩溃。逝者已矣，而生者的内心却始终为痛苦所萦绕：有的声名扫地、颜面无存；有的则心生怨怼、耿耿于怀。海军陆战队的故事几乎可以谱成一段可歌可泣的颂曲，这种说法并不过分，因为，在战争之初最紧要的关头，海军把他们丢在了岛上。但是，随着整场战役的展开，故事的真相才慢慢展露在世人面前——海军方面很快把自己的全部力量投入这场拉锯战。根据战争结束后的统计，岛上每有一名海军陆战队队员牺牲的同时，海军方面几乎就有3名战士殉难。美国海军为海军陆战队两肋插刀，可谓义薄云天。

　　美军在此处登陆之后，随即演绎出太平洋战争中最持久、最惨烈的拉锯战。其间，双方主要开展了 7 场军事行动，其中 5 场是两军夜间开展的"军舰对决"，另外两场则是白天开展的空中轰炸。美军将当地某段海峡戏称为"铁底海峡"，这一称呼绝对名副其实，因为就在这段狭小的海峡，葬身海底的舰船和飞机数量足以让你瞠目结舌：美国海军共计有 24 艘战舰在此倾覆，日军方面也有 24 艘战舰沉没于此；双方的战机损失数量也相当，美军方面是 436 架，而日军方面则是 440 架。兵力损失也相当惊人：在总计 60 000 名登岛作战的海军和海军陆战队队员中，有 1 592 名官兵在战斗中阵亡；在海面作战中，美军方面共有 5 000 名官兵牺牲。日军方面的伤亡情况已经注定它在这场战争中必将血本无归：在岛上战死的日军总数达到 20 800 名之多，此外，还有大约 4 000 名官兵在海面战斗中阵亡。从 1942 年底的新闻报道中，我们能充分感受到前线你死我活的紧张而又微妙的局势，尽管当时在海军方面看来，这些新闻报道因缺乏适当的引导和管理而显得过于泛滥。为了消弭那些被戏称为"东京玫瑰"的日军播音员所散布的消息，罗斯福总统在美国的公众广播中也开始讲述美军故事。

　　美军在瓜岛附近海域与日本帝国海军展开殊死搏斗的过程中发起了一种新式战法。劳师远征对美军而言还是一项新的作战方式，派兵规模十分庞大，以至于军中普遍出现了物资不足、准备不充分、对敌军了解不透彻等现象。这可能是美军在南太平洋这一弹丸之地发起的最关键、最重要的一场军事行动。某些经历过该战役的主要军事领导战后曾承认，敌我双方战斗的迷局往往是由空中飞机和一些不起眼的物质因素决定的。这场战斗最主要的特点是陆海空三军之间的彼此依赖关系：陆战队如果要夺取和控制岛屿，则必须要有海军控制周围的海域；海军舰队若要控制周围的海域，则必须要有战机从岛上机场起飞；战机若要有可供起飞的岛上机场，则必须要有陆战队控制和坚守岛屿。只有三足皆有力，三足才能实现鼎立，尽管从表面看来似乎是主要依靠海军才取得了战斗的最终胜利，虽然美军从中途岛战役中总结出某些经验并把航空母舰定义为"海上女王"，但是，在预判孰胜孰败方面，恐怕美国海军舰队里的作战官兵最具有发言权。在瓜岛海战的多数战斗中，美日双方均呈旗鼓相当之势，或许，这是两军在太平洋地区开展的为数不多的一场势均力敌的战役，因此，最终结局实在胜负难料。

　　本书讲述了美军在第二次世界大战中首次开展大反攻时，为取得最终胜利而艰苦作战的点滴过程，这也是美军扭转战局的一大转折性战役。本书重点描述了战斗过程中人的内心本质，并用全新的视角回顾了领导此次战役的各位指挥官之间的关系和他们做出的决策。

　　小说家詹姆斯·米奇那曾写过一句话："南太平洋上的战士们将与世长存。他们体现了真正的美国精神。只要我们这一代人在世，他们所取得的胜利和他们本人都将被牢记在心底。再然后，他们会像盟军的其他士兵一样，在世人心中变得越来越陌生、越来越模糊，直到最后，瓜岛附近的海峡名称会像夏洛邑战场[1]和福吉谷[2]一样渐渐淡出人们的记忆。"从弗兰伯勒角海战中的约翰·保罗·琼斯[3]，到抗击巴巴里海盗[4]的斯蒂芬·德凯特[5]，美国海军的这些鼎鼎大名的缔造者们如果泉下有知，一定会与南太平洋部队的战士们有所共鸣。在南太平洋这片海域、在其他所有战场上，身着军装的斗士们曾怀着满腔激情，以自己的血肉之躯，不屈不挠、同仇敌忾，与敌人斗智斗勇；他们忠心耿耿、视死如归、前仆后继、奋不顾身。虽然远隔万里，但海军在瓜岛周围海域奋战的故事却在历史上为后人留下一笔宝贵的遗产，他们在浴血奋战中所表现出来的美国精神代代相传，直到现在。

1　夏洛邑，美国田纳西州一处国家公园，美国南北战争时期的战场。——译者注

2　美国建国前的革命根据地，华盛顿曾率残部退至此处重整旗鼓。——译者注

3　约翰·保罗·琼斯（1747—1792），美国海军军官、军事家，曾在弗兰伯勒角海战中一举成名。
　　——译者注

4　北非海岸附近经常出没的一群海盗，后被斯蒂芬·德凯特于1815年击溃。——译者注

5　斯蒂芬·德凯特（1779—1820），曾任美国海军署署长。——译者注

美国海军在瓜岛

"眺望塔行动"，1942 年 8 月

欧内斯特·J. 金海军上将
美国舰队总司令（COMINCH）
华盛顿特区

切斯特·尼米兹海军上将
太平洋舰队总司令（CINCPAC）
夏威夷，珍珠港

罗伯特·L. 戈姆利海军上将
南太平洋部队指挥官（COMSOPAC）
新喀里多尼亚，努美阿（"阿尔贡"号）

弗莱彻海军上将
指挥官，远征军
第 61 特混舰队（"萨拉托加"号）

利·诺伊斯
指挥官
空中支援部队
第 61.1 特混舰队
（"黄蜂"号）

理查蒙德·凯利·特纳
指挥官
两栖部队
第 62 特混舰队
（"麦考利"号）

约翰·S. 麦凯恩
指挥官
路基海军航空部
第 63 特混舰队
新赫布里底群岛，埃法特岛

弗莱彻海军上将
第 11 特混舰队
（"萨拉托加"号）

诺伊斯海军少将
第 18 特混舰队
（"黄蜂"号）

亚历山大·范德格里夫特海军陆战队少将
指挥官
海军陆战队第 1 师

托马斯·金凯德海军少将
第 16 特混舰队（"企业"号航空母舰）

维克托·克拉奇利海军少将，英国皇家海军
巡洋舰护卫队指挥官
第 44 特混舰队（"澳大利亚"号巡洋舰）

第一部分

★ ★ ★

暗涛涌动

"宁愿被炸进地狱，也不能屈服于任何敌军或敌国。我们认为，只有坚持这种信念，才能取得最终的胜利。"

——1942 年 1 月 17 日《科利尔杂志》，"一个团结的民族"

1

踏越雷池

战争爆发两年之前的一天，在菲律宾的某个村庄里，一位年迈的西班牙牧师对一名美国记者说："太平洋自身并非亘古不变，从它身上你可以看到人类未来的势力格局。地中海是决定上古世界的命运之海；大西洋是决定你们口中'旧世界'的命运之海。百般思索后，我笃信，太平洋掌握着你们'新世界'的命运。当今之世，人们会有幸看到，未来的世界格局将在太平洋这片海域缓缓展现。"

太平洋容纳了地球上一多半的水，其表面积比全世界所有陆地面积之和还大。太平洋美得自然深沉又强烈震撼，那广袤无垠、时空无限的美感，只有从美国西海岸的加利福尼亚州、俄勒冈州和华盛顿州的海岸线上才能找到身临其境的视觉感触。无论从地理位置来衡量，还是从地缘政治和国家利益的角度来评判，抑或从云层之上俯瞰，太平洋都是意义非凡、不同凡响的。因此，无论过去这片海域上情势如何，当战争降临之际，我们终能透过这片弥漫着淡淡咸味的辽阔海域清楚地看到未来的世界格局。

在战争爆发之后的第一个夏季，未来掌握在谁手中的答案依旧飘忽不定。有些国家的部队远道而来，在太平洋上往来巡航。虽然彼此之间偶尔已有交火，但是这种短暂的兵戎相见还没达到那种能考验彼此意志、扭转历史结局的程度。然而，决定终局的对战很快就将上演，一场真刀实枪的全力血拼将会首先发生在一座岛上——瓜岛。

一封电报从瓜岛的内陆荒野发出，正是这封看似毫不起眼的无线电报有力地推动了战争的车轮。1942年7月6日，这封电报的内容被传送到美国海军华盛顿总部，消息的内容表面上看起来属于日常事务：敌人已经抵达，正在建造一条飞机跑道。当时这一消息并不让人感到震惊，因为在亚洲战场的几乎每条战事推进线上，日本都在轻而易举地取得胜利。然而，这封由南太平洋丛林中一台不大的无线电收发机发往澳大利亚敦斯维尔的电报，却在美国首都华盛顿引起了某位听众的特别留意。

　　这封电报的发报人叫马丁·克莱门斯。克莱门斯在剑桥接受过教育，是英国女王的特工，直到最近才成为瓜岛的行政长官。2月，日军即将进袭的意图已昭然若揭。从那以后，民众已经全面撤离了瓜岛，克莱门斯则选择留守驻地。克莱门斯是澳大利亚人，他身材高大、体型健硕，此时正生活在距离地区首府旧址奥拉村不远的地方。他依靠自己灌园养牧和大自然的垂悯来维持生计，并开展他的第二职业——秘密特工兼"海岸监察员"。所罗门群岛遍地都安插着跟他情况类似的特工，而他只是这个如繁星般的庞大特工网络上的一个点而已。

　　5月3日，在广播"站"里做好隐蔽之后，克莱门斯拍送电报到敦斯维尔，告知对方，日军已经越过海峡在图拉吉岛中较小的某个岛屿登陆。1个月之后，克莱门斯又报告称，日军正在瓜岛北侧海岸建造一个码头。

　　当时，透过他藏身之处的丛林，克莱门斯看到一支由12艘舰艇组成的舰队赫然出现在海平面上。当天，2 000多名日本建筑工人、400多名步兵在沙滩上登陆，卸下数船满载的设备，其中包括重型拖拉机、压路机、卡车和发电机。很明显，日军此行是为某个建筑项目而来。敌军探测到克莱门斯的无线电收发机的信号之后，派出侦察部队，深入丛林，找寻克莱门斯的下落。这让克莱门斯和与他同道的澳大利亚特工们承受的压力与日俱增。在一名年富力强的当地侦察队骨干的帮助下，他不断迁移，躲避敌军。头顶上空的敌军侦察机给克莱门斯带来了极大的心理压力。他只好尝试阅读莎士比亚的著作以便让自己平静下来。在7月23日的日记中，克莱门斯写道："一旦我沉不住气，一切努力就要付诸东流。"克莱门斯的无线电发报机电池电量几近耗尽，食物储备也在减少。这时，他侦察到岛屿北部海岸的农林地上，日军正在用砂砾和黏土修筑一条飞机跑道。在山坡上的某处矿坑里，克莱门斯蜷缩在自己的藏身之处，果断地将此事上报。虽然克莱门斯以前已经多次发送过报告，但谁也未曾想到这次报告会带来援兵。

　　美国舰队总司令海军上将欧内斯特·J.金从截获的电报中了解到，日本已经派遣工程队前往瓜岛，这是日军将采取行动的一个新征兆。此前，金和陆军参谋长乔治·马歇尔上将之间已经达成一个折中方案——把美军投向南太平洋，并最终攻占日军在新不列颠岛的大型军事基地拉包尔。这一军事行动的第一阶段是夺取图拉吉岛及其毗邻阵地。然而，当美方收到消息称日军已经越过海峡，在瓜岛有所活动之后，美军对其拟订的首次主要进攻目标做出重新规划，并决定以马丁·克莱门斯所在的那个荒凉隐蔽处为起点发起进攻。

　　日军在拉包尔东南方向的扩张触及了一条隐形导火索——穿过南太平洋通达澳大利亚的数条海上交通路线均在这一海域周围。只要拿一个圆规，以瓜岛的飞机跑道为中心画出半径为250英里的辐射区，任何人都能够看出，一旦日军这一机场投入使用，它会使日方飞机有能力威胁到通往澳大利亚的数条航海线，而保护这些航海线长久以来一直是美国海军在南太平洋的核心任务。在日军沿着南太平洋这片两大洲交错地带进行零星扩张的过程中，建造飞机场可能本来并非来自上层的军事指示。但是，这一行动一旦被发现，将会直接把美军舰队引到瓜岛。

　　瓜岛形似牙买加，面积约为牙买加的一半。很久以前该岛就已引起西方人的关注。那位西班牙老牧师家乡的一位海上探险家曾在1568年穿过所罗门群岛，当时他以塞维利亚北部60英里处的安达卢西亚的一个城镇命名此岛。220年后，詹姆斯·库克船长来到所罗门群岛，并宣称所罗门群岛归大不列颠所有——这种情况维持到154年后日军在此登陆。而在19世纪末，小说家杰克·伦敦曾拜访此地。他隐隐觉得，纵使他有十恶不赦的宿敌，他的心也远远不会冷酷恶毒到把敌人流放到一个如此荒凉之地。在这里，"空气中弥漫着瘴烟，几乎能渗透人的每一个毛孔……许多身强体壮的年轻人因不想死在那里而设法逃离，等他们辗转回到自己的祖国时，他们早已被折腾得瘦骨嶙峋"。

　　整条山脉沿该岛的走势延展开去，如同脊柱一般。山峰高耸，有的高达8 300英尺[1]。山脉从南部海岸处开始急剧下降，探入海中，这条海岸线因此便成为贸易和战争的壁垒。相比而言，北部海岸的热带平原更让人心动。这里，河水穿流其中，林木繁茂，特别适合农耕和建造飞机场。狭窄的北部海滩由棕榈树和铁树层层守卫，绵延数英里。珊瑚礁比比皆是、星罗棋布，有些甚至高达500英尺，居高临下地俯瞰着遍布近岸的海草。

　　不论是英国政府设立在奥拉的前哨，还是西边的天主教团，在这里，人们的聚居规模都不大，如同生活在史前时代。恶劣的气候、猖獗的昆虫和肆虐的疾病让常人难以忍受这里的生活。在这里，利华兄弟公司拥有世界上最大的椰树农园。当地约有9 000名美拉尼西亚居民，这家椰树农园便从当地人中雇用员工。这些美拉尼西亚人传统上因文化不一而分群族居；英国人的到来并没有给当地带来几样有用的东西，

1　1英尺 =0.304 8米。——译者注

但是，随之而来的"洋泾浜"英语却在不经意间将四处分散的当地人聚拢到一起。

若非因为所罗门群岛的地理位置恰巧横跨在通往澳大利亚的海上航道上，仅仅凭着它跟特伦顿一样有限的人口总数和每平方英里 10 人的人口密度，美国海军才不会如此密切关注所罗门群岛。图拉吉岛是英国在当地的行政首府，它是周围数百英里水域范围内的最佳停泊所。这座多石的火山小岛紧靠着佛罗里达岛。巨型树木和红树林沼泽地沿着海岸线一字排开，海岸与林木之间错落有致地矗立着西方世界带来的各种标志性建筑：一个高尔夫球场、一所行政长官府、一处主教府邸、一家政府医院、一排警察营房、一个曲棍球俱乐部和一家酒吧。

瓜岛位于图拉吉岛南部约 20 英里处。它处在由一系列不规则岛屿组成的狭长岛环的最南端。这条狭长的岛环由两排平行的岛链构成，蜿蜒向西北方向延伸，直到 375 英里处。这两排岛链被布干维尔岛堵在尽头，并最终形成一个狭长的环状群岛。这是日本向瓜岛增加兵力的首要路径，因此，这条穿过新乔治亚海峡的水路战略意义非同一般。因形得名，这条水路的别称是"狭槽"。

海军上将切斯特·威廉·尼米兹，时年 56 岁。虽然他的祖父不过是得克萨斯州中部希尔县的一位旅店老板，这位德裔将军却有一种与生俱来的罕见的领导风格：温文尔雅却又厉行严格、谦和宽厚却又坚定无畏，就像一只由丝绸手套包裹的铁拳一样，虽表面绵软却坚实有力。尼米兹心甘情愿地给予他属下百分之百的信任，因此，尼米兹不是冷酷无情之人。但有时，有人会把尼米兹的信任视为一种负担，这种负担重重地压在为他效力的人身上。不过，尼米兹有能力把这种负担转化为鼓舞人心的力量源泉并让负担者情绪高涨，这是他的一大天赋。在 12 月 7 日本偷袭珍珠港后的数月里，美国海军空前迫切地需要一位像他这样的统帅。珍珠港事件之后不久，尼米兹就接过了太平洋舰队的指挥大旗。

尼米兹意志坚定，但是这被他深深地隐藏在内心。他温和宽厚的性格掩盖了他的这种坚定，人们无法轻易洞察。因此，他这次升至上层指挥部，的确让那些同辈将领们大吃一惊。只有通过近距离地跟他接触，人们才能感受到尼米兹深沉的秉性。据说那时，人们的皮肤都能感受到他眼睛里散发出来的灼热。尼米兹有异于常人的高效组织能力。他恬淡隐忍、淡定克己，却又要求严苛。升到战区司令部从来不是尼米兹的抱负，因为他认为出于个人利益的动机不能称为抱负，抱负应是在一个团队已经建立好的秩序框架下追求的共同目标。1941 年，他就曾拒绝接受太平洋司令部太平洋舰队总司令（CINCPAC）的任命。但是，时隔一年之后，为形势所迫，尼米兹不得不接受这一任命。尼米兹之所以这么做是出于对整个指挥链的尊敬，他并不愿越过资格排在他前面的 28 位长官。但是珍珠港遇袭之后，尼米兹的上司让他别无选择。富兰克林·德拉诺·罗斯福把尼米兹从海军人事主管的岗位上调离，让他成为世界上最重要的海上战区的总司令。此系职责所在，不容他谦逊拒绝。总统对海军部长弗兰克·诺克斯讲："告诉尼米兹，立即交割就任，前赴珍珠港，驻扎在彼直到战争胜利。"太平洋战争将是一场为美国而战的战争。这场战争，美国注定只有孤身奋战。《矿工》杂志的一名评论员后来把太平洋称为"孤军奋战的前线。美国的一切，包括国内生产、国际战略、具体技术和内心的勇气，必定要经受这场决定性的考验……美国国民对太平洋的情感淬炼出一团更加炽热的火焰。我们似乎意识到，这不是一场类似于以往欧洲大陆上因历史积怨而爆发的战争；相反，我们所要应对的是一场为解决不可避免的新问题而爆发的战争"。不可避免的新问题多不胜数，但这一切问题，至少在海军方面，都将抛给尼米兹来解决。

尼米兹的参谋长雷蒙德·阿姆斯·斯普鲁恩斯后来称尼米兹是"我认识的所有人中对一切事物都毫无畏惧之心的人"。尼米兹所负责的事务通常都是能让有责任心的人和有爱心的人精疲力竭的繁杂事情。瓦胡岛一战（即珍珠港事件）之后，他不得不分门别类地为这一战做大量的行政方面的善后工作——有 3 000 余封信要发送到各个遇难者家庭，还要临时抽调人员和设备并重新分配任务，这样的工作不计其数。身为航海局局长，尼米兹负责人事方面的工作，他委婉地拒绝了一部分攻击心强、报复心切的人提出的冒进申请。其中不止一位国会议员在 12 月 7 日打电话就扩大征兵之事向他游说。针对此事，尼米兹压力颇大、夜不能寐。据说他是这样答复那几位国会议员的："回去投票支持给我们划拨经费吧。这对我们的将来非常有用。"

12 月 19 日，尼米兹离开他在宪法大道的办公室，回到他在皇后街的公寓，并告诉妻子他的新任命。凯瑟琳从语气中感觉出他并不情愿履新，于是以鼓励的口吻提醒他："你以前可是一直想统率太平洋舰队的。你一直认为那就是至高无上的荣誉。"

"亲爱的，"尼米兹回答，"舰队整体情况不容乐观。虽然这里的人不需要知道这个情况，但是我还是得告诉你。"

对于这一任命，尼米兹开始渐渐丧失底气。美军第 1 特混舰队的众多战舰残壳此时正躺在福特岛的海边。那些战舰残破的船体仍在渗出它们的"鲜血"——战舰渗出的油污，在海上形成了一条条散发着七色光芒的油状漂浮带。即便不是因为他是被委任去指挥这样一支伤痕累累的海上分遣舰队的，尼米兹也会感到不情愿，因为他知道他的提拔是一次零和交易：他得到提拔就意味着有人被降职，而这个人恰巧是尼米兹最好的一位朋友——哈斯本·爱德华·金梅尔。珍珠港居然在金梅尔的眼皮子底下毁于一旦，他为此付出了惨重的代价。如果初级法院对金梅尔做出玩忽职守的裁定，或者给金梅尔抹黑的诉讼程序均是出于某种政治私利的驱动而不是以事实本身为依据的，那么，海军领导做出决定时也可能是出于同一原则：既然船长应该同他的船共存亡，难道一名海军上将不应该同他的海军基地共存亡吗？这条原则简单、透明，在军事行动中当事人也可以据此对身后之事做出预测。国有国法，家有家规，而这就是美国海军的原则和作风。

几年之后，美国舰队会比以往任何年代都更加强大。同样，尼米兹在华盛顿的上司——美国海军时任领导手中的权力也会变得空前强大。虽然欧内斯特·J.金深居简出，很少向下属直接下达指令，但是从来没有哪一位海军上将在战时政策方面发挥的影响和作用能与他相提并论。作为美国海军舰队总司令和海军作战部部长，金在谋划和指挥方面都很出色。他在海军内有广泛的影响力，其不怒而威的个性让人望而生畏，这让他成为整个海军总部领导体系内所有人都不得不严肃对待的一个人物。金被安顿在位于宪法大道海军部主楼大厦的第四层南侧走廊的某间办公室内。他同尼米兹给人留下的印象迥然不同。"在潜意识里，他试图把自己打造成为无所不能、无所不知的完美之人，"他的传记作者在书中这样描述他，"在他看来，很少有人能比得上他的聪明智慧；他认为没有人的思想高度还能超越他的水平。"他性格强势，不屈不挠，对那些在他看来是愚蠢的人，他毫不容忍。虽然他的第一反应总是会拒绝采纳别人提出的哪怕是最好的建议，但他的确曾经向一名下属承认，"有时候，我是刀子嘴豆腐心"。

凡自己的下属表现出过度谨慎的行为，金必定予以惩戒。3月，他麾下的一名南太平洋上的海军上将弗兰克·杰克·弗莱彻没有选择就地驻扎以便截获聚集在拉包尔附近的敌军，而是决定返回基地给他的航空母舰补给燃料。金得知后勃然大怒。5月，珊瑚海之战期间，弗莱彻又拒绝派遣驱逐舰追击败阵的日本海军航空母舰，金对弗莱彻这种畏首畏尾的个性更加瞧不上眼。事后，尼米兹建议提拔弗莱彻并向他颁发一枚勋章。尽管尼米兹费尽苦心向金证明自己的举荐中肯公正，并解释说弗莱彻当时是因为驱逐舰的数量已经不足以有效保卫他自己的航空母舰所以才未乘胜追击。但金毫不为之所动，始终没有批准这一举荐。

金处理所有问题时都只在乎这些问题是否会影响舰队的备战状态，他从来不考虑其他因素。6月，美国内政部鱼类及野生动物管理局的官员向金报告，海军部队在射击训练中射杀了鲸和其他海洋哺乳动物。金迅速采取措施，防止了此类事件的再次发生。他在给尼米兹的信中写道："毫无疑问，这是海军战士的无心之举，他们没有意识到杀戮鲸或者伤害它们都会严重损害我们宝贵的战争物资。而目前我们全军都面临着物资供给不足的问题。"令金担忧的并非海洋生物学家们的关切。对金而言，他的舰队需要猎食鲸肉和猎取鲸身上的油脂作为润滑剂才是最要紧的事。虽然西海岸的专业捕鲸舰队正在提供这些物资，然而面对两个大洋上的战争需求，此类物资目前已经明显捉襟见肘。

大多数跟金打过交道的人都会出于这样或者那样的原因而对他心生畏惧。《纽约时报》的战地记者哈桑·W.鲍德温本来就对这位舰队总司令的威严之名不陌生，但是他透过金咄咄逼人的气势看到一些其他的东西。"金最大的弱点是他个人的虚荣心，"鲍德温写道，"他极端敏感，而且在某些方面，他就像一个女人一样。"相对于金，这番话可能揭示了更多关于鲍德温的特点。事实上，鲍德温的"阳刚之气"却正好让他落人口实。女人们在晚宴上都避免坐在他的旁边，因为据说"鲍德温的手老是游走在餐桌下面"。

金的个性是出了名的，并没有被奉承地比作喷灯。一些人甚至借用这一比喻曲意向他讨好，说金"个性很强，雷厉风行"。金根本不在乎这种闲言碎语，因为他从不愿意为了获得事业上的发展而刻意去迎合他人。陆军上将德怀特·戴维·艾森豪威尔曾经跟金在一次会议上有过交锋，事后他在日记中写道："如果要打赢这场战争，只有先找人崩了金。他完全站在合作的对立面，是一个粗陋鄙夷之人，是一个精神上的恶霸。"虽然别人评价他为人粗暴，但是金喜欢这样的名声。他到华盛顿接替哈罗德·斯达克担任海军作战部部长之职时，金曾亲口感叹："在有任何事情变得难以应付的时候，他们总是需要找些恶棍来接手。"这句话的直白程度流露出金的智慧和与众不同的风格。不过更糟糕的是，除了自己，他不相信任何人的判断。在那些被他视为脑子少根筋、缺根弦的人中，其实有一些是十分厉害的角色：例如，马歇尔上将，金认为马歇尔抱有狭隘的欧洲中心思想，基本上不重视海上力量和太平洋；还有一位将领，是美国海军将领里面公认的判断力最敏锐的人，他就是切斯特·威廉·尼米兹。很快，金发现他可以给自己麾下这位太平洋战区负责人一些合作的空间。但在刚开始的几天，金对待尼米兹的态度跟对待其他的下属一样。关于尼米兹，金曾经这样评价："真希望尼米兹能严格履行他的本职义务。他的思维目前受外人左右，我必须帮他理顺思路。"很明显，金对尼米兹随和通融的行事作风保持警觉。他向尼米兹发出明确信号，把他的期待清楚地告知尼米兹。金曾经在给这位太平洋战区指挥官的信中写道："你读一下这篇文章，是查尔斯·弗兰克林·凯特林撰写给《星期六晚报》（3月29日）的文章——《什么都不做才是唯一的大错误》。你要确保你所有的下属和其他关键岗位的军官能注意到这篇文章。"为了落实自己的行动意志，他目空一切。结果，他曾一度在军事行动事务中绕过尼米兹，越级发布指令。倘若这是为了测试尼米兹是否刚毅，那么尼米兹通过了考验。尼米兹觉得金的无礼行为实在让人无法忍受，在他们的某次会议上，他找金对质，告诉金必须改变这种越级指挥的行事作风。从那以后，金便让尼米兹负责太平洋海战事宜，很少再公然越级插手。

尼米兹为人客观公正、温文儒雅而又精力充沛，他周围的任何一个狂暴自负之徒都无法与他相提并论。尼米兹很快就成为太平洋战场上的一根顶梁柱，一切决策都经由他行云流水般传达下去；他做出的决策所造成的一切后果都在他的脑海中得到反思；他做出的一切决策都在整个海军体系受到一致尊重。尼米兹就像一条谦逊的溪谷夹在两座自负的高山之间——欧内斯特·金和道格拉斯·麦克阿瑟。麦克阿瑟是西南太平洋司令部的指挥官，也是海军内部一位骁勇的竞争对手。在即将到来的战争中，陆—海军司令部的分立将形成一个让情况持续复杂化的因素。但金和麦克阿瑟的个人意志都比较强，足以把主要的司令官拉到各自的计划中，让其各守本位、各安本职。而尼米兹，刚好成为他们之间的平衡点。

尼米兹惯于不露声色，通常把自己的想法深深地放在心里。那些于事无补的抱怨、无济于事的指责和对事态不成熟的推测，他都一一放在心底。这一切产生的精神压力却常常让他夜不能寐。大多数晚上，尼米兹凌晨3点就醒来，阅读直到5点半，之后再躺回床上。太平洋司令部总部的工作节奏只消短短几个月就能让他完全透支。1942年春，尼米兹的思绪陷入一片混乱，整个人被悲观的情绪所主导。战舰修缮工作和珍珠港海军基地重建工作的进展比多数人预想的都要缓慢，他担心拥护他的人正在对他失去信心。尼米兹在写给凯瑟琳的一封信中这样悲叹："能坚持6个月，就是我的幸运了！"

战争爆发后的那个春天一直有一种让人度日如年的感觉。虽然珍珠港的战舰遭受的严重创伤仍然清晰可辨，损失却没有原先看起来那么惨重。除了两艘战舰，其余所有战舰都送往西海岸整修，进行现代化改造，几个月之后就可以重新加入战斗。战争，当然是不会等它们的。在各航空母舰周围重新编队之后，在新司令官的率领下，太平洋舰队在春天进行了反击。

航空母舰舰队高涨的团队精神，让那些在珍珠港事件中遭受重创的战士们感到精神焕发、信心百倍。这种团队精神让尼米兹撑过了他最担心的 6 个月。太平洋舰队的航空母舰，在海军中将小威廉·福瑞德瑞克·霍尔希的率领下，冒险突进，从吉尔伯特群岛，一路攻向日本的本土。一支特遣部队由"企业"号和"大黄蜂"号两艘航空母舰运载护送对东京展开了猛烈的空袭。其中"大黄蜂"号航空母舰载满了新投入使用的双引擎陆军轰炸机——"B-25"轰炸机。在吉米·杜立特中校率领的一众勇士完成空袭任务后，日军联合舰队总司令海军上将山本五十六的方案赢得了日本军方的支持。他的计划是先撤退，然后夺取中途岛和阿留申群岛，继而借势攻打夏威夷，从而以这种"围魏救赵"的办法摧毁那支不断给日本带来麻烦的美国舰队。同时，山本五十六还从拉包尔向南面的巴布亚新几内亚的首都莫尔斯比港的要塞推进。他的目的是让澳大利亚陷入孤立无援的境地，然后继续向东南方向进发，进而威胁到远在萨摩亚的美国军事基地。

5 月初，由海军上将弗兰克·杰克·弗莱彻带领的一支航空母舰特遣部队截击了一支驶向莫尔斯比港的日本侵略舰队。在珊瑚海战役中，美国海军击沉日本航空母舰"祥凤"号，并重伤另外一艘日军航空母舰，成功地阻挡了日军的入侵。尽管美军"列克星敦"号被毁，"约克城"号也遭受重创，但美国飞行员们奋勇追击，迅速重整后再次袭击了日军联合舰队。在 6 月的第一周，尼米兹的密码破译人员侦破了敌方要进攻中途岛的计划。弗莱彻和斯普鲁恩斯带领两艘航空母舰设下埋伏。6 月4 日，"企业"号航空母舰、"大黄蜂"号航空母舰和经过仓促整修的"约克城"号航空母舰上的飞行员们全力以赴，成功阻击了日军向夏威夷的突进。最终，日方损失了 4 艘重型航空母舰和 110 名飞行员。这场胜利第一次让美军摆脱被动，摆开架势，对日军展开主动进攻。

在太平洋海域的攻击计划中，起初有两条向东京平行推进的战线，一条从新几内亚到菲律宾，另一条从太平洋中部穿过，直抵马里亚纳群岛。哪一条战线会优先获得物资、设备和增援，这将取决于另外一场还未打响的重要"战役"：美国陆军和海军之间的一场较量。陆军上将道格拉斯·麦克阿瑟主张新几内亚战线；而尼米兹和海军部力推穿越太平洋中部的战线。尽管两个军种之间的竞争历史由来已久，但是这场战争的爆发令双方之间不得不竭力争夺业已匮乏的武器和军需品。随着美军在这场战争中的首次主动出击拉开架势，太平洋的将士将会陆续不断地向华盛顿分配物资的负责人陈述理由，发出物资配给申请。结果不凑巧的是，金的雄心壮志受阻于那些级别甚至高于麦克阿瑟的上层领导，因为据说罗斯福本人就倾向于向欧洲战场投入。

在金看来，6月初的阻击大捷是人们渴望已久的一个开局，它拉开了美军在太平洋战场上主动出击的序幕。然而，他知道这位总统舍不得让自己钟爱的战舰参加军事行动；他也知道，1941年春天罗斯福的首要目标是援助苏联。在5月6日写给参谋长联席会议的备忘录中，罗斯福写道："需要不断重申的是，苏联军队消灭的德军数量比其他25个联盟国家消灭敌军的总数还要多；与其他25个联盟国家相比，苏联正在破坏更多的轴心国物资。因此，援助苏联才是首要的考虑。"罗斯福认为，虽然日本早已臭名昭著，但是日本的威胁微不足道，不足为虑。他相信，只要把德国人赶出这场战争，日本就不可能坚持下去。"我们这场战争是输是赢，这整个问题的结果取决于苏联人。"罗斯福6月份在一份回复中又写道，"（一旦腾出手来，）我们有能力在6周之内打败日本人。"因此，金觉得美国海军在中途岛的胜利在联军最高司令部没有产生足够大的影响力。

在罗斯福看来，让德军从关键的东部战线转移注意力并阻止苏联同希特勒单独达成休战协议，这需要美国在欧洲采取英勇的军事行动。罗斯福最中意的计划是"大锤行动"，根据这项行动计划，到1942年底，美军会派遣48个师、约700 000人穿越英吉利海峡进入法国。但是英军和美国海军都提出了不容争辩的理由，认为至少应该守住太平洋上的阵地，这让美国陆军的宏图大志蒙上了一层悲观主义情绪。一旦将有限的资源划拨给这样一项不起眼的目标——哪怕仅仅是为了"守住阵地"——也会连累艾森豪威尔的渡峡计划。英国方面又竭力推荐一项替代性方案，即进攻北非。这一方案起初被称为"体操家行动"，后来被称为"火炬行动"。在丘吉尔看来，这一方案的风险要小得多。但是，这仍然需要争取美国方面在时间、资源上的关注和支持。

在同英国人打交道的过程中，金意识到，只有"以德国为先"的战略才具有实际意义上的可操作性。但是，由于他本人曾亲历洽谈并且他与乔治·马歇尔私交密切，因此金有能力灵活变动计划，按照他认为恰当的方式指挥太平洋战事。在很多情况下，他都是单独与马歇尔商谈制定太平洋上的战略。在金看来，他们的战略向来是"以太平洋为先"的。美国5艘重型航空母舰中的4艘、38艘巡洋舰中的27艘都巡弋在太平洋，显然大多数海军战力都部署在太平洋一带。"我向海军上将尼米兹下了一道命令，"金在战争结束后写道，"告诉他，尽管之前各级指挥官都曾下达各种指挥，但太平洋舰队需要遵守的最根本的指令是：第一，与西海岸的所有通信保持畅通；第二，仅次于第一道指令，就是保持夏威夷到萨摩亚的整个范围内没有日本人出现，之后尽快把这片'无敌人'区域扩展到澳大利亚。"金给尼米兹下达的命令反映出美国海军在太平洋上为自己勾勒出一幅清晰的作战运筹图。金认为"以德国为先"只不过是一个政治宣传口号。让参谋长联席会议去主持跟英国人召开的辩论会吧，金的海军可是还有一个大洋等着他们去征服呢！

陆军上将马歇尔在参谋长联席会议有很大的话语权，在他看来，不论打算在哪一个半球给轴心国发出致命一击，都是需要集中优势力量的。7月13日，马歇尔给艾森豪威尔发了一封秘密电报，说明"进攻北非"的战略不过是分散军力的徒劳之举。"不论在哪个战场，我军坚决不能贸然对敌军采取行动。"马歇尔写道。一旦北非战场牵扯住美国陆军的精力，陆军将不会有多少飞机可以被派往南太平洋，而飞机对取得战争胜利而言是至关重要的。英国首相温斯顿·丘吉尔则竭力撺掇美国采取"偏重北非战场"的战略。其实，丘吉尔甚至毫不掩饰地认为1942年乃至1943年以两栖协同作战的方式攻向法国无异于自取灭亡。马歇尔并没有公开给出明确的态度。他担心这种方案不会令任何一方满意，同时他希望能在某个地方对轴心国予以有效打击，因此马歇尔表示愿意考虑海军上将金构想的"以太平洋为先"的战略。这位陆军上将预想海军在太平洋发动攻击会起到杠杆作用，迫使固执己见的英国人改变主意。马歇尔写信给艾森豪威尔说："如果到1943年初还没能成功在法国登陆，我们就应该把阵地转向太平洋，集中充足的物资，用尽全力向日军果断出击；同时，除空袭行动外，对德军的一切行动均转为战略防御。"

金在战后写道，他的想法是"只要我们能弄到舰船、飞机和军队，我们就应该立刻阻止敌人前进的步伐，从而在尽可能靠西的地方建立我们的立足点……我一直在密切关注瓜岛的情况，因而最终决定：不论参谋长联席会议同意与否，我都打算采取一些真正的军事行动……陆军仍然坚持认为现在时机还不成熟，所以我回复他们：'我们刚刚在中途岛击溃敌人海军主力中的一支重要舰队，如果说此时机会尚不成熟，那要更待何时？'"

在接下来与英国人的谈判过程中，马歇尔需要得到金的支持，这一点他很清楚。同时作为陆军上将，他也非常担心海军方面会采取单边行动，因此，他还是同意支持在南太平洋地区由海军主导规划。如果这只是虚张声势来吓唬英国人，那么，艾森豪威尔把马歇尔的提议汇报给罗斯福这一举动则加强了这一声势的效果。艾森豪威尔也认为如果不能从英国渡峡攻向法国，那么美国应当"从东大西洋掉头回师，尽快全力攻打日军"！

但是，总统质疑占领这么多岛屿到底有多大价值，因为"夺取这么多岛屿在今年或者明年也不会对世界局势有什么影响"。不过，金依旧认为罗斯福想要采纳太平洋军事行动方案，而且他相信罗斯福不太可能阻挠实施这一深思熟虑的计划，而是会放出手中的舰队对轴心国发动攻击。早在1941年3月，金就游说罗斯福批准"一个综合、全面的军事行动计划"，该计划的第一步是占领横跨南太平洋东西的6个战略要塞：萨摩亚、斐济、新喀里多尼亚、汤加塔布、埃法特和富纳富提。海军可以以这些基地为基点保护通往澳大利亚的海上航道，然后向西北方向推进到所罗门群岛和俾斯麦群岛。实施这项计划的机会终于到来了。

似乎金和马歇尔都没有预料到政治形势会迫使罗斯福否决"以太平洋为先"的战略，尽管这个战略实施起来能够立竿见影。出于选举方面的考虑，为了确保民主党在国会中期选举中取得多数席位，罗斯福希望美国军队在年底之前对德军采取行动。"我们没有意识到，"马歇尔这样写道，"民主制度中的领导者必须取悦于民。而民众要求采取军事行动。"

社会舆论越来越支持在太平洋作战。1942年1月，《新闻周刊》的一名社论撰稿人写道："国会议员源源不断地收到选民寄来的邮件，指责美国在战场上的乏力表现。来信人要求了解为什么威克岛、关岛和中途岛的驻军既没有得到增援，也没有得到救援；为什么数百架战斗机被派往欧洲，却只在菲律宾留下数量少得可怜的几架；为什么海军没有乘胜追击日本战舰；等等。"

答案是，因为美国的大西洋同盟国施加了政治影响。"金要打的仗针对的是日本人，"丘吉尔的一名顾问曾经这样告诫他。如果伦敦方面不全力执行艾森豪威尔进攻法国的计划，这名顾问写道："最终的结果是，我们当前达成的战略会出现180度大转变——美国会撤出欧洲战场，然后投入太平洋上那片属于它自己的战场。"

听到这番言论，据说丘吉尔当时评价说："美国人不过是因为今年不能在法国战场上厮杀，所以他们不得不到太平洋上撒气。"这样描述他的大西洋表亲（指美国）的真正意图未免有些不客观。美国重视太平洋战事是因为日本已经在这里对他们发动直接攻击，而希特勒却没有直接攻击美国。许多美国人，或者至少是美国海军，想要的是能在太平洋厮杀一场。而中途岛的阻击大捷已经为这场厮杀拉开了序幕。

美国海军终会在美国本土西边浩瀚无边的太平洋上找到属于自己的战场。因此，当马丁·克莱门斯在奥拉打开他的发报机，把日军正在瓜岛建造飞机场的消息发送出去的时候，欧内斯特·金的脑海中已经对未来做出了清晰的规划。

2

灰色舰队

"在风平浪静的天气下，这条淡蓝色的通道在广阔平坦的海洋上一直向前延伸，直到海天交接处，两侧荡起的白色浪花和泡沫犹如马路两侧的白色边石。这条大道不需要任何路标，但是它能告诉所有人，前边刚刚有船从这里驶过。如果你沿着这条路向前行驶，你水手般锐利的眼睛会告诉你我们在哪里向左拐，又在哪里向右拐。最终，你会看到我们船尾强力喷出的涡流，从而跟上我们的队伍——这是海军舰队的一艘尾舰。如果你沿着我们光滑的焊接甲板一路走向船头，船外晶莹透彻的水花会随风飞溅而上。然后，你很快就能看到白色的船头在海浪中上下点头，随着海洋里的浪涛不断颠簸，尖锐的船头劈开前方没有任何标记的海域。这就是我们生活中的一道壮丽美景。"

"'亚特兰大'号轻型巡洋舰激起的水浪在它身后留下两行泡沫，两行泡沫的尾端一直延伸到东北方向的海岸。"写下上述文字的是一位年轻的预备役军人，名叫罗伯特·格拉夫。他来自纽约，虽然是战舰上新来的成员，但是他已经完全融入了这里的氛围。过去的一年一晃而过，他已经见识到他同舰水手的作业能力。风平浪静的日子里，那些好脾气的家伙早已跟他混得亲如兄弟。即便是那些你不怎么喜欢的坏家伙，在战斗中你也希望他们能够跟你并肩站在一起。虽然这艘战舰有限的宽度限制了他们对今后愿景的展望，但一艘战舰足以构成一个小小的世界，他们开始爱上这个世界，因为这艘战舰带着他们几乎不加改道地直扑战场，迎接一场殊死较量。

战舰在纽约造船厂下水时的场景已如往日的青涩时光一样变得模糊起来。当时的下水启动仪式场面恢弘，气势壮观，让人叹为观止。美国有一位非常出名的渲染型传奇故事作家约翰·R.马什夫人，她的笔名更是家喻户晓，叫玛格丽特·米切尔。1941年9月12日，玛格丽特·米切尔就在新泽西州卡尼镇码头现场，庆祝"亚特兰大"号下水。当时，这位《飘》的作者双手快速摇动香槟酒瓶，香槟瓶塞瞬间弹开，酒的泡沫洒在遮盖炮塔的"蒙头红"上，算是为新一代巡洋舰的首舰洗礼。一艘艘尚未彻底完工的战舰停靠在联邦造船与船坞公司的完工池里。甲板上凌乱不堪，电缆线圈、胶皮水管、气动硬件、未装完的底座和没有固定好的武器到处都是。但其中有两艘新型战舰像一对姐妹一样如出水芙蓉般亭亭玉立，它们就是"亚特兰大"号和"朱诺"号。

跟每个海岸造船厂举行的下水仪式一样，在新泽西州卡尼镇举行的下水仪式宛若海军界的一场艺术节。6艘驱逐舰和10多艘商船将这段河流的上下游围了个水泄不通。但是"亚特兰大"号和"朱诺"号两艘舰船犹如鹤立鸡群，脱颖而出。在各种装配、设备和顶部构造的美观造型尚未彻底完工之前，最引人注目的是它们的主炮组。舰桥前方和舰尾各有三座双联装炮塔，在舰体后部指挥塔两侧还有另外两座。这样的炮塔设计凸显出它们别具特色的线条。密林般的炮筒设计是为了保证"亚特兰大"号这一级别的战舰能履行特别任务——给特遣部队提供防空火力。它们的单边舷炮是现役战舰上重型防空武器中口径最大的；虽然美国最新型快速战列舰的排水量是这两艘战舰的5倍，但这两艘战舰的重型防空武器的口径却比那些快速战列舰大一倍。虽然防空巡洋舰配备的是驱逐舰上的传统武器——鱼雷和深水炸弹，但"亚特兰大"号是出于为新式战争打造海军力量的目的而横空出世的。它虽然是轻量级巡洋舰，却具有中量级舰船的攻击力。它的主炮组威力十分惊人，能在水上作战中击退多艘驱逐舰，也能在遭遇最强劲的空袭时给敌军制造麻烦。

"亚特兰大"号的助理射击指挥官劳埃德·M.马斯廷中尉向来宾展示这小丛林般的重型火力主炮组，"他就像一位母亲介绍她的孩子一样骄傲，"爱德华·科尔伯依说，科尔伯依是"亚特兰大"号上的另一位军官。每一艘新舰船都有一套繁复的运转系统，有很多小瑕疵需要不断磨合才能不断改良并臻于完善。马斯廷发现，"亚特兰大"号的SC雷达发射器通过前桅80英尺长的同轴电缆发出信号，而信号遇到目标后再折回、穿过前桅信号接收器及电缆、最后返回雷达操作间产生的回波不够强烈。为此，他特意安装了前置信号放大器，以加强信号并改善接收器的敏感度。随后他发现，在经过这一番改良之后，舰船能侦察到55～60英里处的飞机和15～20英里外水面上的舰船。此外，马斯廷要求确保"亚特兰大"号配有新的"马克37"舰炮指挥仪。战舰上也配有新型高频FD火力控制雷达，在搜索雷达定位目标之后，其密集的波频能发回侦察目标物的精准范围。此外，还有新型电驱瞄准器，它能让雷达加速旋转，快速捕获目标，这两者组合在一起威力十足。在随机进行的演练过程中，主炮操作手曾经把炮口精确瞄准穿过曼哈顿东河大桥的地铁上的通勤人员，而对方丝毫没有察觉。

　　3个月后，圣诞节的前一天，这艘战舰建造完毕，已经准备好加入舰队服役。这一天，天色阴暗，在纽约造船厂，玛格丽特·米切尔再次出现在仪式的现场。她刚刚讲话完毕，太阳光就刺破云层，照耀在布鲁克林上空。军官们的佩剑在阳光下发出耀眼的光芒，所有炮塔的灰白色表面都在阳光的照射下闪闪发光。"一个原本天公不作美的场面突然间变成了一场壮丽的景观，"爱德华·科尔伯依说。对就任珍珠港遇袭后第一艘服役的美国战舰的指挥官们而言，这无疑是一个好兆头。

　　在舰长塞缪尔·P.詹金斯的指挥下，"亚特兰大"号在切萨皮克湾进行试航，随后又在缅因州海岸进行速度测试。最后，它终于开足马力，驶向波涛汹涌的太平洋——虽然当时它的很多系统还不完善。不仅舰上的老兵和其他男士，周围所有人都仰慕"亚特兰大"号高贵典雅的气质。伊丽莎白·肖的丈夫是在这艘战舰上服役的一名中尉。她曾这样描述"亚特兰大"号："以我艺术家的眼光看来，她简直就是一个尤物，一位真正的海上淑女。"这艘战舰上中尉们的妻子一路尾随它从大西洋来到太平洋海岸。但无论到哪个地方，她们都被禁止登上这艘战舰，她们的丈夫也被禁止上岸。"保密"是战时海军的老规矩。有传言说，御寒的衣服马上就要配发下来了。"这是一个混淆视听的弥天大谎，"肖写道，"甚至连军官们都不知道'亚特兰大'号的目的地是哪里，因为上面的人担心这些军官会不小心把消息透露给他们那些爱八卦的妻子。"

　　按照命令要求，"亚特兰大"号于5月6日抵达珍珠港，加入了"企业"号航空母舰所在的海军第16特遣部队。"亚特兰大"号抵达珍珠港之时，人们还可以依稀看到"亚利桑那"号战列舰上残留下来的信号旗仍在折戟沉沙的舰体上空猎猎飘扬，场面极其悲壮。死亡的阴影仍挥之不去。据信，有约1 500名士兵的遗体仍然浸没在沉入水底的战舰里。日本空军的偷袭获得成功，这种情势强烈要求美军必须要有像"亚特兰大"号一样的战舰为特遣部队提供空中防御。

　　参加了中途岛防御战之后，"亚特兰大"号回到了珍珠港。但它很快又接到了新的命令。詹金斯告诉他的船员们，他们的目的地是海军南太平洋萨摩亚南部的燃料供给基地——汤加塔布。闻听此言，所有人都不明白为什么是那里。"我想答案应该在所罗门群岛。"一位长官推测说。

　　1942年6月22日，海军陆战队第一师有数千名装备精良的步枪兵登上旧金山的运兵船，驶过阿尔卡特拉斯岛，从金门大桥下方自由穿过，驶入波涛汹涌的太平洋，开始了他们首次漫长的海上旅程。在前方的航线上，未来仍是未知数。船员们拥挤在饱经风雨的战舰甲板上，凭栏遥望那渐渐远去的海岸。

在海军陆战队少将亚历山大·阿彻尔·范德格里夫特的领导下，搭载着海军陆战队第一师的海上编队在茫茫大海上行进了3天之后，欧内斯特·金方才告知乔治·马歇尔，这些兵力将是他刺入日军太平洋统辖部队的第一支长矛的矛尖。7月2日，金寄给尼米兹的一封"绝密"急件，概述了海军的这次计划。这是一个进攻计划，代号"瞭望塔行动"。该行动第一阶段的任务，即"任务一"，是占领圣克鲁斯群岛、图拉吉岛及其"毗邻阵地"。

中途岛战役的胜利带来了一个"千载难逢的转机"。考虑到这一点，金向尼米兹下达指令，开始准备乘胜追击，继续攻打日本。但是他做出的在1942年晚秋之前发动进攻的决定，却出乎所有人的预料。根据外界愤青们的说法，金相信，要想把更多的资源引向太平洋，最保险的办法就是把成千上万的步兵派遣到太平洋战场去，令其破釜沉舟、背水一战，从而达到"置之死地而后生"的效果。但是，实际上真正促使他下定决心做出这一决定的原因仅仅是他感受到了来自日本的战略威胁。根据范德格里夫特的说法："金告诉参谋长联席会议，强大的日本人可能已经在太平洋上过度扩张了，他就靠这条理由说服了参谋长联席会议。他认为我们只要出手一击就能够阻断日军东犯的进程。"

迹象确实十分明显，日本人在浩瀚的南太平洋地区有他们自己的进攻计划。近期又有新的潜艇和空军部队向拉包尔方向聚集。但是日本的机场项目暴露后，金认为"非常有必要'及时、就地'阻止敌人向南部进犯"，并把他的观点强加给马歇尔。同尼米兹商讨之后，金加快推进谋划进程，并用原计划"毗邻阵地"中没有具体提及的瓜岛替换了圣克鲁斯群岛。"金一直重复强调'立刻行动、先下手为强、把敌人的计划扼杀在萌芽之中'，这为整场战争敲响了隆隆战鼓。"

陆军上将马歇尔打算让陆军控制"瞭望塔行动"，但金阻止了马歇尔这一如意算盘。6月25日，马歇尔写信告诉金，瓜岛和图拉吉岛隶属道格拉斯·麦克阿瑟西南太平洋司令部的控制范围，而不归属海军南太平洋战区。考虑到此类行动成功的关键在于海军陆战队步兵与舰队之间的密切合作，因此金也打消了独揽任务的念头。他回复马歇尔说，这一行动"必须在太平洋司令部总司令的指挥下进行，绝不能以其他的任何方式开展"。马歇尔勉强同意让海军负责执行占领南所罗门群岛三大任务中的第一个任务。他把"任务二"和"任务三"，即占领所罗门群岛的剩余部分和中立乃至征服拉包尔交给麦克阿瑟。西南太平洋司令部辖区和海军南太平洋战区的分割线本来是从南所罗门群岛直线穿过，现在金将这条线微微向西移动，让海军舰队全权负责执行"任务一"。所以，目前的情况是，虽然后面会有"好戏"，但开幕戏将由海军先给大家上演。

瓜岛距离珍珠港有 3 600 英里，基本上相当于从太平洋舰队总部出发去攻打横滨的距离，因此这属于典型的远征。但是金和尼米兹打算在这次行动中先发制人、出其不意地攻打山本五十六。红海滩的登陆行动预定在 8 月 1 日进行。

当海军陆战队少将范德格里夫特拿到"瞭望塔行动"的详细计划之时，他已经在海上行进了好几天，正在日夜兼程前往新西兰惠灵顿的集结待命地区。上级的命令中对他的行进速度提出了严苛的要求，他为上级要求的速度之急迫而感到十分震惊。时间表中为他留出的时间少得可怜，以至于他基本没有时间着手任何准备和训练工作，因为他们必须于 8 月 1 日在敌军海岸登陆。7 月 8 日，他的上级、南太平洋战区司令海军中将罗伯特·L.戈姆利同陆军上将麦克阿瑟在澳大利亚墨尔本会面，商议推迟计划，原因是准备不足，而且在攻击敌对目标时缺乏友军的空中掩护。尽管麦克阿瑟本人并不参与进攻计划，但是这一计划仍然需要靠他提供远程轰炸机支持海军，因为这些远程轰炸机既可用于搜寻目标，也可用于攻击敌人。

收到延迟计划的请求之后，金火冒三丈。他已经为这次主动出击筹谋了数月之久，现在军令既出，需要的是火速执行。金向陆军上将马歇尔抱怨说："3 周前，麦克阿瑟曾信誓旦旦地夸下海口，如果他能得到两艘航空母舰和两栖部队的协同支持，他就能直冲拉包尔。而现在，麦克阿瑟觉得他不但不能实施这次进攻行动，甚至连占领图拉吉岛的行动也无法执行了。"这位海军上将认为麦克阿瑟曾经准备整合陆军力量把日本人从东新几内亚逐出，但现在，他似乎因为"瞭望塔行动"被移出自己的控制领域而郁郁寡欢。麦克阿瑟确实不高兴。金的军事力量已经超过了麦克阿瑟的军事力量，现在这场战争的首次主动出击将会是海军和海军陆战队大显身手的机会，这绝对不讨这位在西南太平洋上以救世主自居的指挥官喜欢。

为了给海军陆战队提供军事支援，美国一支支舰队正在汇合。之前，由于战斗行动的需要，美军有 3 个航空母舰特遣部队分散部署在从珊瑚海到中途岛再到阿留申群岛的东太平洋海域。这3支航空母舰特遣队均接到命令参加这次行动。"黄蜂"号和"萨拉托加"号航空母舰曾经错过参加中途岛和珊瑚海战役的机会，但这一次，它们将连同参加过中途岛战役和杜立特空袭的老航空母舰"企业"号一起加入"瞭望塔行动"战斗特遣队。同时，范德格里夫特的两栖作战部队将同这支战斗特遣部队在斐济群岛汇合，开展联合登陆演习。

在6月的最后一周，"萨拉托加"号和其他16艘战船——包括4艘重型巡洋舰、6艘驱逐舰、2艘油轮和4艘运输舰——正向南行进，前往汤加群岛的燃料基地。7月1日，"黄蜂"号驶离圣地亚哥，与之结伴而行的还有"亚当斯总统"号运输舰、"海斯总统"号运输舰、"杰克逊总统"号运输舰、"新月城"号运输舰，以及由"文森斯"号、"昆西"号、"圣胡安"号巡洋舰组成的水上护航编队和另外7艘驱逐舰。"萨拉托加"号起航后没有多久，"企业"号航空母舰也马上离开了夏威夷，并在沿途一直进行射击训练。这些演习科目都经过了严格拟订，其中的水面射击练习包括朝向缓慢行驶的拖轮拖拉的目标进行射击，而空中射击科目则包括朝着飞机机翼两侧拖行的目标射击。但是，尽管如此，在南面水域等待他们的实际场景与此时的模拟情景几乎毫无类似之处。然而，对于"旧金山"号、"波特兰"号和"亚特兰大"号上的炮手和火力控制手来说，他们很高兴能借此机会校准他们的雷达、核查导向仪定位的远程操控机枪是否精准。每个人心里都清楚：那个活生生的敌人已经近在咫尺了。

向南太平洋航行的作战舰队主要是"轻型战舰"，如巡洋舰和驱逐舰。之前，这些战舰基本上被限制在美国西海岸驻扎，以至于很多海军士兵对一个问题百思不得其解：在12月7日之后长达8个月的时间里，虽然战舰早已完成整体休整和现代化装配，却为何迟迟未能投入南太平洋的战斗？

在进攻日军的前夕，美国舰队有17艘战舰服役：15艘战前打造的无畏级战舰和2艘经过快速更新换代的"北卡罗来纳"号和"华盛顿"号。被部署到太平洋的9艘战舰中，只有"科罗拉多"号因当时凑巧在（布雷默顿）普吉湾海军造船厂进行整修而逃过12月7日的一劫，未受任何创伤。"珍珠港事件"两周后，受伤最轻的3艘战列舰——"马里兰州"号、"宾夕法尼亚"号和"田纳西"号，自行向美国西海岸行进。到3月初，这3艘战列舰经过整修和现代化升级改造后，同"科罗拉多"号汇合，做好了再次投入战斗的准备。到1942年8月中旬，第1特遣部队，即太平洋战列舰分队的力量得到进一步加强，因为"爱达荷"号、"密西西比"号和"新墨西哥"号从大西洋远涉而来。无论从哪个标准来判断，这支由7艘恢复元气的战列舰组成的战斗力量都要比那支在瓦胡岛定锚后遇袭的舰队更加强大。

这几艘战列舰在夏威夷仅作了短暂的停留。抵达夏威夷4天之后，"田纳西"号就受命前往普吉湾接受更全面的整修。一个月之后，"宾夕法尼亚"号也随之接受整修。"爱达荷"号遵照海军上将金的要求去开展炮击试验。战争的头几个月里，这三艘战列舰全都在没有敌军威胁的安全海域开展训练。直到瓜岛海战尘埃落定之后，这些旧型战列舰方才抵达所罗门群岛。

这样安排的原因是这些旧型战列舰简直就是喝燃油的"油老虎"。可是，海军在太平洋运输和存储燃油的能力是有限的。与德国U型潜艇展开的作战要想成功，则必须要美军油轮舰队改道向大西洋方向运送大量的燃油，以确保英国方面能源源不断地获得燃油。在改道行动尚未完全完成之前，美军仅有7艘油轮可供尼米兹调遣。这就大大牵制了战事行动，因为这些旧型战列舰的油耗确实超乎承受能力。第1特遣部队连同它的护航舰队，在一个月的时间内"烧"掉了300 000桶燃油——已经达到了1942年初整个太平洋战区燃油的总储量。航空母舰特遣队的油耗也同样严重。海军根本没有充足的燃油来保证航空母舰或其麾下战舰的正常行动。如果一定要在二者之间做一个取舍选择的话，相信当今所有战区司令对答案都心知肚明、毫无疑虑。海军上将金敦促要"继续研究"这个问题，但是只要涉及让旧型战列舰驶离珍珠港的任何提议，尼米兹都毫不犹豫地予以否决。因为无论怎么办，燃油供应都远远无法满足消耗的速度。

在洛杉矶的圣佩德罗海湾，定锚在那里的巨型战舰在海水中随风晃来晃去。那些主张对日军发动进攻的巡洋舰上的船员和驱逐舰上的水手对此感到十分沮丧、懊恼。"我们要对付的海军是绝不会让它的战列舰无所事事地待在家里的！""亚特兰大"号的劳埃德·马斯廷在5月份的日记中如此埋怨。那些小型船只上的船员下船登上码头可以自由活动之后，一旦他们走进酒吧或在其他地方碰到从战舰上下来的海军士兵，他们总会忍不住提出挑衅性的问题，质问对方为何迟迟不肯出战。对方稍有言语不合，则立刻会演变成一场拳脚相加的混战。而同时，"企业"号和"亚特兰大"号上那些同样被束缚在海边的士兵也把心中同样的愤懑发泄在了这种肉搏之中。

战舰从珍珠港到汤加塔布是沿着西经160°的航行路线前行的。经由这条路线南下的是"企业"号。"亚特兰大"号和"波特兰"号在"企业"号前方一左一右开路护航。"企业"号的身后，一艘巨型的新型战舰紧紧尾随，劈涛斩浪，呼啸而行。海军第 16 特遣部队的战舰都是参加过杜立特空袭和中途岛战役的精兵强将，而这艘新型战舰的到来更是加强了第 16 特遣部队的作战力量。这艘新型战舰就是"北卡罗来纳"号。这艘战舰是当时第一艘强大的新型战舰，不仅航行速度快，而且甲板上装有 9 门 16 英寸[1] 口径的膛线炮，5 英寸口径的双联机炮的炮管多如密林。它能以巡洋舰的速度与航空母舰齐头并进，而且耗油量比旧型战舰少 30%。

但是，后勤保障跟火力装备同样重要。当陆军上将德怀特·戴维·艾森豪威尔同他的下属聚在伦敦一起策划北非登陆事宜时，在半个地球之遥的奥克兰，范德格里夫特少将正想方设法解决以下问题：如何能让他的船搭载战士、武器和两个月的供给；如何在陌生的敌方海滩登陆；如何给他的作战司令官下达作战命令；以及如何开展演习。在如何高效分配极度紧张的资源方面，美国的策划者在世界各地都面临着同样巨大的压力。美军投向南所罗门群岛军事行动的物资和油轮的数量，与大西洋上用于维系大不列颠命运的物资运输队之间是零和博弈。在这两个战场，即地中海战场和南太平洋战场，美军赖以运转的资源纤如丝带，而尼米兹恰恰就用了一个形象的同义词给瓜岛行动起了一个可怜的代号——"鞋带行动"。尽管如此，进攻舰队还是振作精神，整合兵力，向着它远方的目的地开拔。

海军上将戈姆利收到尼米兹占领瓜岛的指令后，他召来一名参谋军官，索取这个地区的航线图。"既然这个地方如此重要，那么此地到底是个什么样子？"戈姆利想知道答案。"美国公民大体上对太平洋的地理状况不甚了解，"戈姆利写道，"甚至位居高职而且同战事行动密切相关的军政要人也是如此……在这方面，因为我们将是开路先锋，所以我们必须接受和面对这个事实。"

鲍勃·戈姆利出生在俄勒冈州波特兰长老会一名传教士的家庭，家里 6 个孩子中他排行老大。他似乎有一种未卜先知的能力——他走到哪里，哪里就有战事发生。1940 年 8 月 15 日，他带着总统的使命，以一名"海军特殊观察员"的身份抵达伦敦。结果他前脚刚刚抵达，德国空袭英国的闪电战就开始了。10 月，他写信给海军部长弗兰克·诺克斯："在我来到伦敦之后的两个月里，这里给我最深刻的一个印象就是——这儿简直是一个战争实验室。在这里，英国政府多多少少处于我们的支

---

1 1 英寸 =0.025 4 米。——译者注

配之下。我们正在而且必须充分利用这些便利条件，最大可能地吸取经验，把它们实际运用到我们自己的海军部队里。"

罗斯福总统迫切想要得到第一手信息，了解英国人民在飞机围攻下固守阵地的情况。"在伦敦的每一天，我越来越觉得英国乃至整个人类文明都处于危难之中。而美国是唯一一个能力挽狂澜、扭转乾坤、拯救危局的国家。"他写道。此时，戈姆利上将的海外职位很容易引发外交上的敏感问题，因为他的授权在外界看来模棱两可，这不幸让罗斯福受到指控，说总统正在同英国达成某项"秘密协议"。在"孤立主义"呼声很高的总统选举之年，即便有一丝丝迹象表明美国会同英国成为不公开的军事同盟，也会导致难以预料的复杂后果。

身为白宫的一名特工，戈姆利个人发挥的作用已经让罗斯福总统成功地避开了美国驻英国大使约瑟夫·肯尼迪和美国国务院，并直接同唐宁街10号建立了联系。戈姆利频繁出入英国海军部和空军部，促成双边谈成 ABC-1 协议，并明确阐释了盟国在世界范围内对抗轴心国集团的宏伟战略。他同英国海军作战部部长海军上将哈罗德·斯达克保持通信联络，开诚布公地探讨一系列广泛的议题，如护航路线、大西洋海军基地、东部前线的进展情况、从磁性水雷到雷达等一系列新型战争技术，以及对抗德国战舰的皇家空军轰炸机和海军舰队的成效等问题。在美国海军同美国其他军种之间出现内部争斗时，戈姆利坚定地支持他自身所代表的海军部队。他向罗斯福上报希特勒的邪恶阴谋，并向斯达克报告美国陆空军团要建立一个"联合空军"的秘密计划。而在海军舰队看来，"联合空军"的成立无疑会对目前相对自治的海军空中力量带来竞争性威胁。

尽管戈姆利颇有影响力，甚至一些媒体报道还称赞他为美国首席海军战略家，但是，选他来指挥南太平洋军事行动仍然让他的同事感到震惊。他上一次执行海上任务是在1936年，当时他是"内华达"号战列舰的舰长。他还从未作为海军将官级军官出海执行任务。其他的海军将官比他有更丰富的海上军事行动经验。哈斯利和弗莱彻就是成功的航空母舰司令官。起初，尼米兹的首选曾是海军上将威廉·S.派伊。在哈斯本·金梅尔因珍珠港事件调查被撤职后，派伊曾被提名为太平洋战区临时总司令。但是，最后金否决了对他的任命。因此，据推测，可能是戈姆利那位最高级别的仰慕者——罗斯福——亲自过问才让他得到了现在这个职位。

1942年4月，戈姆利离开了伦敦。在华盛顿作短暂停留期间，他希望从业已解体的亚洲舰队的残部中抽调人马，组建一个幕僚机构。要找到有合适经验的一支人马，对他真是难上加难。他的编码人员，特别是通信人员，不是没有接受过正规训练，就是丝毫不具备当代战舰操作流程知识的预备役军人。最终，他选了一位具有政治背景的军官做他的参谋长——海军上校丹尼尔·J.卡拉汉——这位卡拉汉上校曾经是富兰克林·罗斯福的海军助理。

戈姆利受命接手南太平洋部队，这把他带到了世界的另一个半球。从此，他每周都在巡视不同的军事地点，从未在某一地点连续待一周以上。他先从珍珠港启程，走过南太平洋海军基地和陆军基地串联成的一条环线——从巴尔米拉岛开始之后是中国广东沿海，再后来是斐济、新西兰，最后抵达努美阿岛。一路走来，战略要地之间遥远的距离让他深感不安——这个区域的范围北起赤道，南到南极，东西之间的跨度跟纽约到柏林之间的距离一样远。戈姆利已经有30年没在太平洋服役了。对他而言，太平洋早已是一片陌生的海域。

从他在海军总部大楼参加工作开始，戈姆利就熟谙抵挡日军进攻的计划。他对敌人的本质不抱任何幻想。他认为日本人是"欲壑难填、骄横贪婪、争强好斗、为达目的不择手段的"。但是，在南太平洋战区攻打他们着实不易。从遭受围攻的伦敦来到太平洋，戈姆利几乎没有机会好好适应这里的环境。但是从一开始，他看起来似乎就已经被这无边无际的海洋征服了。他的一位副官后来发现他居然给大家留下了这样的印象："任何来南太平洋岛屿建设先进军事基地的人都被首先要求去阅读《鲁滨逊漂流记》……如果你不能做到纯粹以椰子为生，那就算不上是曾在南太平洋地区生活过的人。"

太平洋的汹涌波涛依然能让人嗅出西方诸国曾经被击得粉碎的殖民野心。这里虽然既缺乏文明也缺乏基础设施，但从新不列颠、霍兰迪亚和布干维尔到圣克里斯托瓦尔、舒瓦瑟尔和俾斯麦群岛等岛屿的命名，我们不难看出，英国人、法国人、荷兰人和德国人先后用自己的母语命名的岛屿被标记在地图上。这反映出西方诸国都曾在这里遭遇过前仆后继般的失败。美国尚未在南太平洋地区拥有任何历史遗产，但是，那些即将要改写这段历史的人正在乘风破浪，汹汹而来，虽然我们并不确定他们将要写下的这段历史是更好或是更坏！

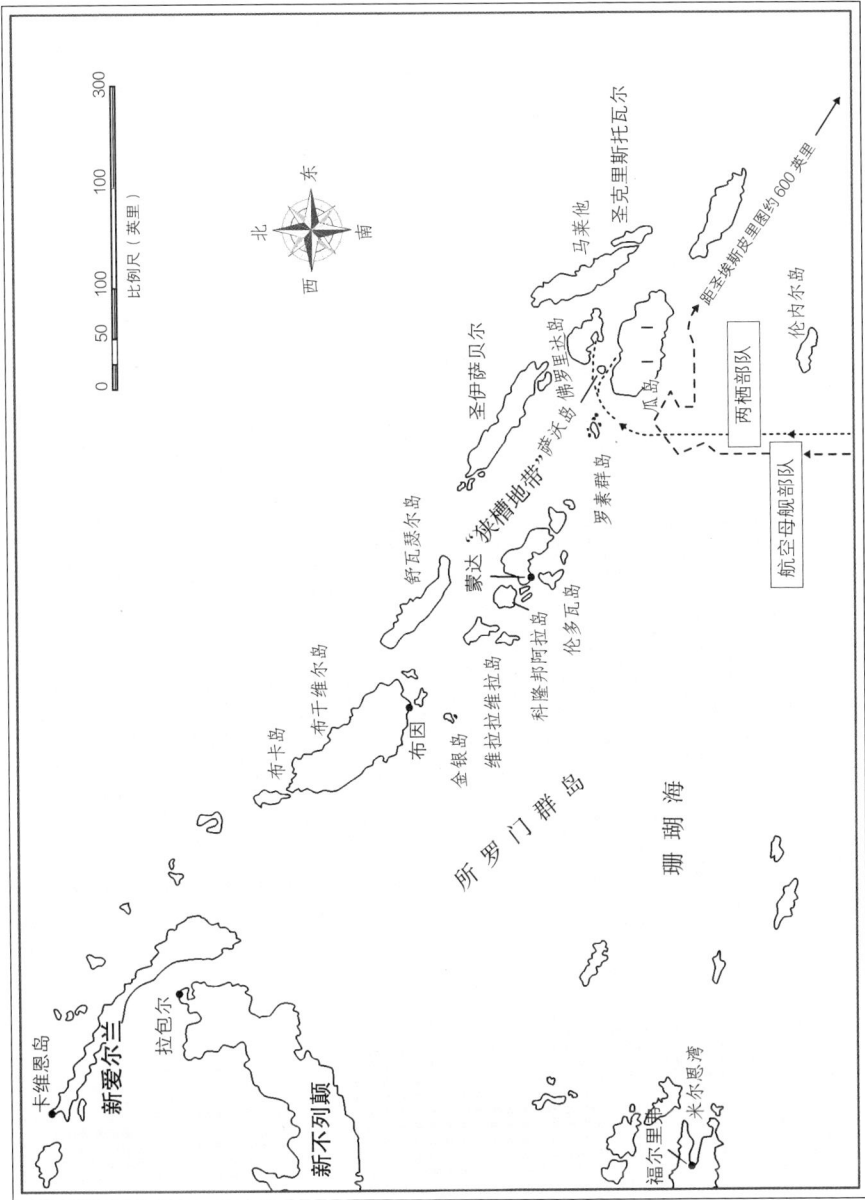

比例尺（英里）

300

100

100

50

0

北

东

西

南

圣克里斯托瓦尔

伦内尔岛

马莱他

两栖部队

距圣克里斯托瓦尔岛图约 600 英里

圣伊萨贝尔

罗素岛

佛罗里达岛

萨沃岛

瓜岛

"狭槽地带"

蒙达

航空母舰部队

舒瓦瑟尔岛

维拉拉维拉岛

科隆邦阿拉岛

伦多瓦岛

罗素群岛

金银岛

布因

布干维尔岛

布卡岛

珊瑚海

所罗门群岛

卡维恩岛

新爱尔兰

拉包尔

新不列颠

福尔里奥

米尔恩湾

"狭槽地带"

★ ★ ★

美军路线

1942 年 8 月 7 日、8 日

注：本书所有地图均根据原书插图译制，以下不再一一说明。

3
－
行动开始

7月22日，"瞭望塔行动"远征部队的大部分人马从新西兰出港。海军少将理查蒙德·凯利·特纳负责指挥欧内斯特·金麾下"麦考利"号运输舰上的两栖部队。此人是金亲自从自己的幕僚中提拔起来的。在位于惠灵顿的尼科尔森港口外，由22艘运输舰及其驱逐舰掩护部队排成的一列长长的纵队，在巡洋舰的护卫下，浩浩荡荡地向北进发，前往斐济群岛同其他舰队汇合。范德格里夫特指挥的联合特遣部队中的海军陆战队是当前集结起来的规模最大的现代两栖部队。

进攻部队以每小时11海里[1]的速度缓慢前行。按照这样的速度，要驶出新西兰友机的保护半径之外，大概还需要大半天的时间。在此之前，参与该行动的所有人员都接到命令销毁自己的日记，因为像日记这样不起眼的小东西也会扰乱士兵的心绪。对大多数尚未经历过血战的海军陆战队士兵和水手而言，前方正在等待他们的战争场面，可能是他们完全无法预想的。

此时，更多战斗部队出现在海平面上。这是两支航空母舰特遣部队。他们把"萨拉托加"号和"黄蜂"号也投入这场战斗。同时，"阿斯托里亚"号、"昆西"号、"文森斯"号和"芝加哥"号重型巡洋舰同澳大利亚的"堪培拉"号和"澳大利亚"号重型巡洋舰也已顺利会师。由于海军少将金凯德拿到的航线图上没有清楚标明国际日期变更线，"企业"号航空母舰特遣部队迟了一天才抵达汇合地点。如此幼稚的错误，其后果相当严重。以往发生类似的事情，海军将官就再也甭指望肩上的肩章能继续升级了。"这件事我们一直绝口不提，"金凯德写道，"而且我怀疑，到今天为止，尼米兹和弗莱彻一直都不知道这件事。"为了赶时间同其他特遣部队共同前进，金凯德的第16特混舰队不得不在港口少待一天。如此一来，"北卡罗来纳"号战舰没来得及添加燃料就不得不仓促出港，去追赶大队伍的步伐。

---

1 1海里≈1852米。——译者注

随着远道而来的特遣部队在珊瑚海汇集，"瞭望塔行动"战斗部队的主战舰已经增加到 50 艘。最终，参加这次行动的战斗部队战舰总数将超过 80 艘。而想当初，战争初期曾经袭击日本在威克岛和马尔库斯岛驻地的两支美国航空母舰舰队中每支仅有 10 艘战舰。4 月的杜立特空袭行动背后只有 24 艘战舰，参加中途岛战役的小型舰队也只有 24 艘战舰。因此，相比之下，现在参加"瞭望塔行动"的舰队群集结于海天交接之处，场面蔚为壮观。舰队长长的灰白色侧影透出逼人的寒气，但整个舰队看起来却场面严整、井然有序。"我们知道这是迄今为止美国历史上集结的规模最大、最强悍的战舰部队，当然也是迄今为止这场战争中规模最大、最强悍的一次集结，"战地记者理查德·特里加斯基斯写道，"一想到我们即将在这样强悍的军事力量的支持下投入战斗，我们就无比振奋。等到新的舰队和我们目前这支舰队会师完毕，敌人必不敢小觑我们这支队伍，因此，风暴已经来临，战斗已经近在咫尺、一触即发。"

第二次世界大战初期，戈姆利曾在英国工作，对间谍活动对军事行动构成的威胁，他一直十分警惕。无疑，在日本偷袭珍珠港的行动和菲律宾事件中，日方间谍发挥的作用在戈姆利的脑海中留下的阴影久久挥之不去。他告诫自己的下属："嘴巴不严是个毛病……有些人在公开场合透露信息给他人，这无异于犯傻；这样做只会危及自己战友的性命。"戈姆利担心船只往来的信息被泄露，这完全合情合理，尤其在像奥克兰这样的地方，商船进出港口遵守的是和平时期的航行规则。当时的集结行动来得异常突然，在如此仓促的安排下，居然没有走漏军事行动的绝密信息，这简直就是一个奇迹。在严守军事秘密之际，美军还要开展情报搜集工作，这两者是同时进行的。目前，海军情报小组正竭力寻找从瓜岛撤离的庄稼人和其他居民，向他们询问有关这个岛的各种信息。这些曾经在瓜岛劳作或居住过的人中，有一些将与美军进攻部队随行，协助辨认沿途的地标。

在惠灵顿，范德格里夫特的情报人员在一家旅馆的会议室桌上堆满了各种带有敏感信息的地图、文件和航拍图。据传，某日夜间，有一位醉醺醺的平民跟跟跄跄地穿过大厅，走过长廊，见会议室大门洞开，随即在两位把门宪兵的眼皮底下，径直走进了"瞭望塔行动"的情报中枢。"有报道称，只有上将对我们的行动进程了如指掌。对此，我多次一笑置之，"一位在情报处供职的摄影师塞耶·索尔写道，"各相关总部都知道我们的行动。只是为什么消息从未走漏到敌军那里，我想我永远也不会知晓其中的答案。"

中途岛战役之后，日方开始改进日军上层军事领导之间往来电报的编码体系，此后，美国密码破译人员再也无法破译日方电报的实际内容，只能通过无线电通信的模式来推测敌军的行动。7月30日，奥克兰一家新闻报刊引用新西兰首相彼得·弗雷泽的话说，主动出击、联合攻打日军的行动指日可待。戈姆利写道："我告诉首相，这则消息让我不胜惶恐，倘若日本人听到这则消息，我担心这会引起他们的高度警惕。"

被派遣参加"瞭望塔行动"的士兵中的大多数都相信，他们的对手绝对能做出惨绝人寰的恶行，这一点他们根本无须想象，因为他们曾经目睹日军的残忍。"阿斯托里亚"号上的士兵就曾目睹珍珠港遇袭。之后的12月13日，他们有幸全身而退，回到故土。在回到故土之前，他们亦曾亲眼看到太平洋战场上的满目疮痍、福特岛码头上的累累尸骨——支离破碎的残舰遗骸在熊熊燃烧，木器的余烬星星点点地遍布周围，士兵们的遗体横七竖八地躺了一地。由于这些战舰上的幸存士兵多数都没有固定战斗岗位，因此，此时他们暂时像备用零件一样无所事事，只好逛来逛去打发时间。"阿斯托里亚"号接纳了这些士兵，作为战争时期临时增加的编内人员。他们中大多数的内心已经磨刀霍霍，要迫不及待地攻打敌军；而另外还有一些人则感觉自己早已厌战。"日本人心狠手辣，这一点我曾亲身经历，"有一名水兵前不久刚刚从遭受日军袭击的某艘战舰上调到"阿斯托里亚"号，他说，"正因如此，我才不会那么迫不及待地想冲过去跟他们对决。"

"阿斯托里亚"号的舰长当时尤其难以接受珍珠港已被毁于一旦的事实——普雷斯顿·B.海恩斯听说这一舰队的遭遇后（当然，还有他的儿子在其中一艘驱逐舰上遇难），他的身体健康状况急剧变坏，已经不再适合继续留在指挥岗位上工作。他离职赴海军医院接受治疗之后，海恩斯的职位便由弗朗西斯·W.斯坎兰德接替。斯坎兰德之前负责指挥"内华达"号，但由于"内华达"号在战斗中负伤，因此，斯坎兰德被从"内华达"号指挥官的岗位调至"阿里斯托亚"号担任舰长。另外一艘参加"瞭望塔行动"的巡洋舰是"芝加哥"号，由霍华德·D.伯德舰长指挥。霍华德自幼失去双亲，在"俄克拉何马"号遇袭沉没之前，他恰巧离船登岸，因此免于一死。虽然他幸免于难，但是这件事的影响和随之而来的心理创伤久久压在他的心头，挥之不去。

舰长们十分幸运能找到帮手来帮助他们解决麻烦。他们不但多方受命，还要为他们的失败承担罪责，种种责任压力让他们忙得焦头烂额。他们虽然有高人一等的地位，但是这样的地位同时要求他们在形势最危急的情况下做最后一个离开舰船的人。获得的职位越高，身上的担子就越重。舰长负责指挥本舰和全舰船员，海军准将负责指挥本分遣舰队，特遣部队司令负责指挥具体战斗目标，战区司令则负责整体战役。对水兵而言，他们的重担多是有限的体力劳动而已，领导阶层的担子更加沉重、更加微妙，这些沉重的担子带来的往往是心理上的巨大压力。

日本宣传部门对外明确表示，他们的首要攻击目标就是"阿斯托里亚"号。"阿斯托里亚"号上的人听到这个消息后，表面虽不以为意，却又免不了因此而身心俱疲。1939 年 4 月，"阿斯托里亚"号抵达日本，把当时已故的日本驻美大使斋藤浩的骨灰送至日本本土。盛放斋藤大使遗骸的骨灰盒此前就被放在"阿斯托里亚"号的某个房间里。不过之后，"阿斯托里亚"号一直在诺福克港接受全面整修和翻新，上新漆后又用了 158 天的时间跨越重洋，这才把斋藤大使的骨灰送回日本。而就在 17 个月之前，美国炮艇"帕奈"号在南京附近被击沉在长江里，自此，美日之间的关系一直十分紧张。因而，与其说送斋藤回归故土是国际亲善的一种标志，不如说这只是美国政府对斋藤个人表达的尊重。当时，送斋藤回家的"阿斯托里亚"号的舰长就是目前指挥整个瓜岛两栖部队的司令官——理查蒙德·凯利·特纳。

自 1908 年西奥多·罗斯福的大白舰队前往日本访问大获成功以后，至海军上将斯佩里的分遣舰队离开，太平洋上双方的海上力量对彼此的态度就开始僵持。从那时起，就已经有人推断说，日本进行海军演习的目的就是抗击美国海军。1922 年《华盛顿海军条约》（即《限制海军军备力量条约》）敲定，限制了日本新建重型战斗舰船的计划。但是《华盛顿海军条约》刚一出台，日本帝国海军就开始把巡洋舰和驱逐舰分拆成特殊分遣舰队，开展夜战训练，希望发动一场消耗战来打赢美国。据说，当时日本舰队采用了一周七天工作制开展训练：把一周划分为"星期一、星期一、星期二、星期三、星期四、星期五、星期五"（其中有两个星期一、两个星期五）。

虽然"帕奈"号的沉没给双方带来了不愉快，而且双方疑窦丛生很可能会成为战争的导火索，但是，双方围绕 1939 年这场访日之旅而开展的外交接触仍旧十分频繁。1939 年，当"阿斯托里亚"号驶入横滨时，它的桅杆上飘扬着日本海军军旗。就像在它之前曾到访日本的那支大白舰队一样，"阿斯托里亚"号同日本战舰鸣炮互示问候。虽然战舰上随行的摄影师秘密拍下了对方的海军设施，但是，此类间谍活动仅仅是正式访问日程之外的副产品，展示美军的威慑力才是这次造访的首要任务。舰长特纳从战舰上的士兵中挑选出 200 名高大、威猛的战士组成登陆仪仗小组。他们身穿海军蓝色制服、头戴扁平军帽上岸，但令他们沮丧的是，上岸的还有船上海军陆战队分遣队里那帮自鸣得意的士兵。他们一起护送斋藤大使的随行人员登岸，并为大使举办了葬礼。照片中显示，后来在日本外务省主办的茶会上，特纳就坐在日军二星级将官山本五十六旁边。

"阿斯托里亚"号是战争爆发前访问日本的最后一艘美国战舰。经过此行，日本帝国给"阿斯托里亚"号的士兵留下的强烈印象不亚于"阿斯托里亚"号给日本人留下的印象。正如"阿斯托里亚"号的一名海军上士所说："我永远也弄不明白一个国家怎么能养育出那么漂亮的女人，同时却养出这么混蛋的男人。"但是，相信"阿斯托里亚"号也会给这些日本人（或者是他们的宣传人员）留下深刻的印象。

夏威夷分遣队以"凤梨舰队"的别号而知名，特纳正是该舰队中的一名舰长。在做舰长的两年时间里，他让舰上所有人对"阿斯托里亚"号建立起自豪感。和平时期，无仗可打。他的士兵在国际停泊港俨然成了寻欢作乐的行家里手——在马尼拉到处寻花问柳；在火奴鲁鲁，他们同样穿梭于花街柳巷，毫不夸张地说平均每一名当地姑娘身后就有大约 99 名士兵竞相追随；在夏威夷的"快乐小屋"，士兵们成功的概率要比在马尼拉大得多，只要没有争端见报，海军的内部医生们每周会来给这里接客的姑娘做身体检查。跟她们的海军顾客一样，姑娘们的身体安全和健康是绝对有保证的。

一艘船，就像一瓶好酒，历史越久就越有味道。此时，大白舰队的那次航行俨然已成为海上探险传奇的一大代表，人们早就忘了它曾经因为缺少燃料而险些在海上搁浅的事实。现在，未来像谜一般令人难以捉摸，大家心里总是惴惴不安，惶惶不可终日。威廉·G.格林曼统领"阿斯托里亚"号并指挥它开展瓜岛行动之时，有关特纳舰长的记忆早已远去。

日落时分，"阿斯托里亚"号的士兵，跟海军上将弗莱彻麾下远征部队里每一条船上的士兵一样，都抬头凝望着天空。茫茫苍穹上的点点繁星就像天鹅绒上缀满的钻石一样闪闪发亮。为了保持舰体的完整性，所有的舷窗已经被封闭焊死，想要欣赏如此壮观的景色，就必须登上甲板的制高点。但无论是在苍茫的星空下值班，还是呆呆地坐在钢铁铸就的舰体里，士兵们都有充足的时间在这艘乘风破浪的战舰里发挥自己对前方无穷无尽的想象力。

对于士兵之间流传的揣测或预言，高层听之任之，从不予以干涉或澄清，这种做法很明智。在一个仲夏之夜，瓦胡岛日落的余晖给海军基地镀上了一层红铜色。切斯特·尼米兹站在那里，整个珍珠港尽收眼底，码头上空无一物，只有不久前停泊在这里的几艘巡洋舰。这些巡洋舰曾隶属于某个早已名不副实的侦察部，原本从属于战斗部队，但现在它们有了很大的自主权，不再受战斗部队管辖，可以单独行动。珍珠港遇袭后的数月，战斗经验丰富的舰队个个摩拳擦掌、跃跃欲试，港口周围弥漫着一股美军要卷土重来的气氛：战舰正在离港整修；航空母舰、巡洋舰、驱逐舰、潜艇和援军在港口附近往来穿梭。现在东海湾大部分水面空空如也，新的舰队正朝这边赶来。想到未来，尼米兹内心十分焦急。他等待着斐济那边传来汇合的消息，等着金告诉他援军整合的最新消息。在他看来，麦克阿瑟一定会到西南太平洋这片海域来，与他争夺对日作战的领导权。

两个月前，早在尼米兹的部队朝中途岛进发的过程中，他已经告诉手下的所有军事指挥官："你们必须遵守原则，把风险降到可控范围之内。你们可以这样理解这个原则，那就是如果你们没有充分把握重创敌军、给他们造成更大的损失，那就务必要避免跟敌军劲旅发生正面冲突。"距离实施进攻计划的这一天已经越来越近，尼米兹反复衡量这次出击行动。在审慎防守和积极进攻之间应该达到怎样一种平衡呢？现在有 3 支航空母舰特遣部队正在南太平洋，而保卫夏威夷海域的却只有 1 支，日军会不会乘虚直捣夏威夷？他有几分胜算，又有几分风险？

参加"瞭望塔行动"的特遣部队离开后，尼米兹的潜艇部队又被分别派往 3 个不同水域，他再也没有足够多的战斗机守卫珍珠港以抵挡敌军可能发起的空袭。按照原定计划，年底之前本应有更多的海军陆战队军团抵达太平洋。但是，到目前为止，他们甚至还没有开始启动两栖协同作战训练。考虑到燃料不足、驱逐舰部队的设备又破旧不堪，因此，这些战舰不会被派遣到战区了。说到底，"瞭望塔行动"最终不过是一场豪赌。

为了让尼米兹转移日渐增加的心理压力，医生建议他做射击训练。但在持枪射靶的同时，尼米兹心里依然忍不住反复思量上面这几个问题。此外，还有很多其他问题也让他心绪不宁。尼米兹常常同年轻的士兵进行游泳比赛或者赛跑，这些年轻人心甘情愿输给这个老男人，他也乐于同他的士兵共度时光。但在跟士兵比赛这方面，尼米兹并没有争强好胜的心思，他的好胜心基本上用在了其他方面。在射击过程中，在靠手枪瞄准动作来缓解疲惫不堪的内心的同时，他内心深处一直在担心一个问题：美军会不会输给日军？

　　7月26日，参加"瞭望塔行动"的两栖特遣部队抵达斐济群岛并开始进行演习，这时距离瓜岛的行动日还有12天。3年前，也就是1939年，相似的一幕曾经在海军陆战队驻扎的波多黎各的小岛外上演。那时的作战阵容就包括当前战事的几个主要参与者，他们已经亲眼见识过两栖作战的绝对优势及其潜在危险。在海军事务助理丹尼尔·J.卡拉汉的陪同下，罗斯福总统曾在亮锃锃的柚木甲板上仔细观察重型巡洋舰"休斯顿"号。

　　但是计划永远赶不上变化的步伐，3年之后的现在，斐济群岛的情况已经今非昔比。在登陆艇靠近目标岛屿科罗岛时，所有人都看到海岸线的情况根本不是想象中的样子。潮水的高度比预计的低，因而暗礁看起来显得更高。"我看到这里的海岸被一片珊瑚礁环绕，黑色的珊瑚礁如刀锋般耸立，"一名运输舰长官写道，"就像鲨鱼的牙齿一般尖锐，看上去它们似乎能把我们的船只咬得粉碎。"海军陆战队放弃了演习训练。巡洋舰开展了海岸轰炸演练，飞机针对轰炸目标也进行了战斗演习。除此之外，这次在斐济群岛开展的演练几乎都没有按照既定计划进行。从这一点变动来看，这次演练为即将到来的进攻行动做了一次恰如其分的热身。

　　在运输舰演练时，"瞭望塔行动"的高级司令官们在"萨拉托加"号上召开了一次会议。但是不久之后，事实就会证明，这次会议根本没有我们预想的那么重要，因为这次会议确实有一件引人关注的事情，那就是战区司令官海军中将戈姆利缺席了。当时，他正在筹谋把他的总部从奥克兰转移到新喀里尼亚岛首府努美阿。会议由远征部队司令海军中将罗伯特·弗莱彻主持，与会人员有凯利·特纳（两栖部队司令官）、范德格里夫特（登陆部队司令官）、海军少将利·诺伊斯（弗莱彻在航空母舰部队里的下属）、海军少将金凯德（"企业"号特遣部队司令官）和海军少将约翰·斯陆·麦凯恩（本地区陆基海军航空部司令官）。戈姆利的参谋长、海军少将丹尼尔·卡拉汉代替戈姆利出席了此次会议。

　　依靠船上仪表的指示，舰队曾匆忙通过了无数狭窄的航道。司令官们面对的挑战之一就是如何在这样的航道中开展军事行动。"从情报人员的角度看，"海军陆战队的一名历史学家这样写道，"瓜岛—图拉吉岛登陆行动充其量只能被称作黑暗中的出击。"领航员找出他们的所罗门群岛航线图，把图放在桌上进行航位推算，这时，他们才发现这些地图最后一次进行更新已经是几十年前的事情了。由于这些地图的测绘与实际比例出入太大，在军事行动中根本派不上用场；文件上标注的磁北方向跟实际方位也存在一定的偏离；此外，文件上也看不出实际地形地貌。而且，由于航拍当天云层覆盖住某些地面信息，因此，根据最近拍摄到的航拍图画出的航海图仍有大面积空白区域有待确定。

就是在这次"萨拉托加"号会议上，司令官们首次了解了他们的作战计划。后来升职为海军上将的金凯德写道："我们当中的一些人直到那时才知道后来的行动计划。那份计划乃是仓促为之，许多细节问题仍有待进一步斟酌。"戈姆利当时对作战计划也是一无所知。电台一直没有任何动静，战区司令官实际上并没有收到弗莱彻的详细作战计划，他一直不知道进攻计划的详细内容。他拔锚起航直到抵达努美阿之时对此依然毫不知情，直至战事爆发前一个月，情况才有所变化。

在会上，弗兰克·杰克·弗莱彻和凯利·特纳之间针锋相对的态势让其他与会者极为震惊。他们之间说话的语气就像彼此是敌人一样。海军上将金不相信弗莱彻的能力，这是大家公认的事实。弗莱彻自己麾下的一名初级士兵就曾针对弗莱彻的资质和能力散播不客气的言论，可谓不留情面。有评价称，弗莱彻"头脑愚钝，没有悟性"，"蒙昧无知，且在一定程度上刚愎自用"，而且"是一位'老古董'，从某种程度上讲正在步入老年人的行列"。特纳刚刚从金的部队调拨过来，毫无疑问，在金的影响下，他同样怀疑弗莱彻的个人能力。但是，弗莱彻身上至少有两样东西能帮助他在官场扶摇直上并确保他在司令部的地位：出色的战绩和切斯特·尼米兹的青睐。在这一点上，尼米兹站在金的对立面，他认为弗莱彻是可造之才，他曾经向金举荐弗莱彻为海军中将并推荐任命他为特遣部队司令。

会议上最具争议的问题就是弗莱彻要给登陆部队的航空母舰提供多长时间的空中支持。根据尼米兹的指令，"萨拉托加"号、"企业"号和"黄蜂"号会给瓜岛提供必要的空中掩护，为期"3天左右"。由于尼米兹给出的时间不够精确，因此引发了一场激烈的争吵。特纳和范德格里夫特曾说过他们需要5天时间在海滩卸载运输舰和货船上的物资。而根据战事计划，供给部队在3天后就必须撤离。据传，金和尼米兹给弗莱彻的指示是，该航空母舰特遣部队置于海军少将利·诺伊斯的技术指挥之下"最多不能滞留超过三天"。"黄蜂"号航空母舰的舰长福里斯特·谢尔曼在战后说："我确定，诺伊斯开会回来时心里以为只需要为航空母舰提供为期两天的空中支持。现在来看，很明显这种想法严重不符合实际。我们之前从来没有执行过这样的行动，今后还会有很多令人难以理解的事情等着我们。"

尽管特纳的确认为他能够在弗莱彻规定的时间内卸载完运输舰上的物资，但是他担心卸货船的卸货时间不充足。在新西兰，他们根本没有时间重新计算战斗调配的装载量。他们抵达惠灵顿时，船上所有的仓位都被尽可能地塞满。战斗物资装载有一定的讲究和技巧，最急需的军需物品——如军火和食品——需要最后装，这样才能保证抵达目的地之后能最先卸载此类物资。

会议上，登陆部队司令官范德格里夫特和梅里尔·B.特文宁中校听到弗莱彻要在8月9日后撤离，不再支持航空母舰的意图后大为震惊。范德格里夫特认为弗莱彻做出这样的决定一定是之前在会上没有听明白登陆计划。按照现有计划，登陆部队将不会得到任何抵挡空袭的掩护，这样一来，他们只能从岛上就地取材，对付空袭。"我身体内流淌的荷兰血液开始沸腾了，"范德格里夫特后来写道，"但是我强迫自己保持冷静，我告诉弗莱彻，（在岛上）丢下一小撮部队然后自己转身离开的做法今天已经行不通了。可惜，虽然会议上有特纳坚定地支持我的主张，但是弗莱彻简单明了地说他只待到登陆后第三天。说完，他就强行结束了当天的会议。"

会议上之所以出现各执一词的情况也是因为军队组织体系庞大复杂、难以操纵。弗莱彻不仅是整个远征部队的司令官，同时也是整个大部队里3支特遣部队之一"萨拉托加"号航空母舰特遣部队的司令官。实质上他发挥的作用好比是在乐团小提琴组的第二把交椅上兼顾指挥整场交响乐。由于身兼两职，他身上肩负的各种繁杂的职责一方面会令他的考虑自相矛盾，另一方面又让人对他产生不切实际的期待。人们期待弗莱彻会优先考虑怎么做才能对整场行动最有利。而其自相矛盾的一点就是——他实际上是，而且将永远是航空母舰上的一员，他的第一考虑肯定是他的航空母舰特遣部队，而非整个远征部队。因而，每当弗莱彻要落实尼米兹要求的"风险可控原则"时，他的考虑肯定不可避免要违反常情。哪些风险值得他给予最高关注：是他麾下那支海军最看重的航空母舰特遣部队要冒的风险？还是整支远征部队面临的风险（其中自然包括登陆部队面临的风险，它是整个部队登陆作战的关键组成部分）？

自美日双方交恶以来，美国海军一直慎用己方航空母舰。在规划威克岛援救行动期间，海军上将派伊把航空母舰看得比威克岛还重要，虽然行动发起之后又被叫停，但派伊上将的这个决定倾向引起舰队中所有士兵的反感。难道瓜岛会比威克岛的地位更重要？！据推测，瓜岛的地位的确较之更为重要，原因众多，不胜枚举。但是这个问题从来没有得到任何权威性解答，而在7月26日"萨拉托加"号召开的会议上，这些问题出乎意料地浮出水面，摆在了与会者们的面前。

限制舰队在战区停留时间的另一个因素是燃料。重型战舰的燃料足够他们以 15 节的巡航速度航行 3 天；之后，若以 25 节的作战速度航行，燃料还可再用 4 天。据此推算，当时舰队刚好还要再航行 3 天，这样基本能保证有足够的燃料开展为期 4 天的战斗行动。弗莱彻对燃料补给特别重视，这一点众所周知，而为此他曾不惜得罪海军上将金。在弗莱彻这样行事谨慎的司令官看来，这些数字尤其值得关注。特纳和范德格里夫特需要完全仰仗与依靠弗莱彻提供的保护，所以每个 24 小时都十分关键。抱着这样的信念，弗莱彻坚持行动开展两天后就撤离，这让特纳和范德格里夫特在很长时间都感到非常失落。

特纳在 3 月 26 日给金的"太平洋对日战略部署备忘录"中写到，任何进攻行动必须由一名当地司令官指挥，这名司令官必须"对当地情况了如指掌，能够在危难之中发号施令、指挥调度"，而且必须有足够的空中力量支持，以"确保在当地海上和空中力量对比中占有持续性优势"（原文特别强调）。弗莱彻坚持"行动日两天之后就撤离"的计划，违背了特纳一向强调的"在战斗中保存适当实力和控制权"的主张。

据说，会议结束后，特纳就航空母舰撤离之事曾直面弗莱彻，并压低声音说："你个混蛋，如果你撤离，就是个胆小鬼。"但这种过激的言辞只能导致两人关系每况愈下。7 月 29 日，戈姆利给尼米兹写信汇报了最新的进展："我派丹尼尔·卡拉汉和莱哈迪跟弗莱彻会谈。我随信附上卡拉汉的备忘录副本，并在其中指出了我们存在的一些问题。当前的一个大问题就是燃料。我们现在正竭尽全力解决这个问题……但是，有一批油轮要比规定时间晚到，所以，这个问题解决起来有些难度。我担心，要改变目前停滞不前的状态，机会十分渺茫。"

在"萨拉托加"号会议上，弗莱彻曾经把卡拉汉叫到一边，感谢戈姆利让他负责这场行动的战术指挥。弗莱彻说，他曾经以为戈姆利会亲自出马担当此任。戈姆利并未对弗莱彻的航空母舰特遣部队做出具体期待。在弗莱彻宣布 3 天后即撤离的计划时，卡拉汉在所做的记录的边缘空白处画下一个感叹号，这是海军南太平洋战区司令部方面对弗莱彻撤离计划做出的唯一表态。但是作为戈姆利的代表，在会议上，他没有明确做出任何质疑这个行程表的举动。

转眼间，舰队出动的时刻到了。7 月 27 日，在斐济南面的海面上，特纳麾下的两栖部队同作战舰队顺利会师，前往瓜岛。"起初，海面上只能看到我们船尾的桅杆，之后，海面上出现了另外一艘舰船，然后又密密麻麻地出现了数艘其他舰船，""斯特瑞特"号上的一名军官写道，"其他舰船的上部构造逐渐清晰地映入眼帘。我们开始明白过来，我们正同整个舰队的船只汇合：运输舰、驱逐舰、油轮、扫雷舰、巡洋舰、一艘新型战舰和两艘大型航空母舰。"

这场军事行动的规模之大显而易见。各种类型的主战舰连同它们的护航舰缓缓驶入对方的视野。此时，舰长召集舰上全体成员告诉他们行进的目的地。天空放晴后，舰队的战机再次展翅冲向蓝天，航空母舰上的战机和巡洋舰的侦察机在空中急速穿行。当这些飞行员返航飞回自己的战舰之时，从空中看到下方海面上集结了如此规模庞大的海上军力，都为此感到震惊不已。

8月1日，海军中将戈姆利抵达新喀里尼亚岛首府努美阿——他把这个法国殖民地岛屿当作下一步军事行动的跳板。此前，从未有人将此地视为战略要地。法国最后一位君主夏尔·路易-拿破仑·波拿巴除了把此地当作流放罪犯的殖民地，别无他想。甚至美国海军的参谋人员也没能预见到这个岛屿的重要意义。后来日本骤然崛起为大国，大力打造穿越太平洋通往亚洲的第二条航线；而穿越关岛的那条太平洋主航线近来已经受到威胁，这让新喀里尼亚岛不经意间成为一条绝佳的备选航线。

1854年，努美阿被命名为法兰西堡港，成为法国的附属岛屿。努美阿有一个港湾名叫丹贝阿，那里有一个面积相当可观的天然内港。但是这个港口发展非常缓慢。约一个世纪之后，这里也只有码头比原来大了一点而已，码头上的船排只能承载小型船只。码头上的船坞更没有能力抢修将来日本战舰可能会给美军战舰造成的破坏。有时靠港船只甚至根本找不到带领它们进港的领港员，这实在是一件令人无法接受的事实。因为通往港口，即外港的航道两侧有很多堤礁，这串堤礁绵延不断，向深海方向延伸10多英里，所以，船只通过这里，可谓凶险莫测。此外，要进入该港，据说还要通过其周围一片旧式法国水雷布设区。努美阿远远落后于外部世界的发展步伐。在这种情况下，在这片杂草丛生的南太平洋岛礁，即使是世界上最强大的帝国，在这里也得收敛三分。

美国调度人员开始认识到，如果他们的货船能从奥克兰那边更加宽敞的航线迂回通过，就可以更快地抵达瓜岛。虽然奥克兰还远在努美阿南边1 000多英里处，但是努美阿的首要价值在于它潜力巨大。它所处的独特地理位置会让它成为后续行动的基地：作为中太平洋地区军事行动的集结和保障区，努美阿的所在地位置未免有些太靠南；但是作为后方军火库，此地不仅可以躲避敌方任何直接威胁，而且距离也不算太远。如此一来，美国军方勘测人员发现，努美阿是大洋洲处理"瘟疫行动"[1]和"瞭望塔行动"事宜的最佳选地。努美阿既毗邻新西兰，又靠近澳大利亚东海岸，是从东太平洋起飞的战机的天然落脚点；岛屿大小也足够数支部队在此驻守；港外航道由礁石层层把守，构成天然屏障；港内面积能够容纳美国海军在太平洋的所有战舰。

抵达努美阿时，戈姆利发现当地正陷于某种程度的暴乱之中。本来当地州长备受百姓拥戴，后来法国总统查尔斯·戴高乐任命了一位太平洋区高级专员。二人之间的权力斗争旋即引发了这个法国殖民地的暴乱。美国陆军驻当地指挥官险些依靠颁行戒严令来终止双方争夺最高行政权的斗争。从努美阿的政治紧张局势可以看出，本地的组织结构松散脆弱、不堪一击，而美国急需此地政局稳定。若局势不稳，美国很难打造自给自足、稳扎稳打的前沿基地网络，更不能从前沿基地向敌军发动攻击。情况虽然有些糟糕，但美军应该知足，因为法国在新喀里尼亚岛的行政部门至少没有像法属印度支那当局那样纷纷倒戈投向轴心国。若此地当局也投向了日本，美国到澳大利亚的海上航道可能早已被切断——无论日本人是否成功在瓜岛建造起机场。

美国人把他们的军事总部设在"辉煌宾馆"，只不过这个宾馆徒有其名。它滨水而建，是一处木质结构的两层建筑物，四壁并没有涂上油漆，看起来颇有一番饱经风霜的沧桑感。舰队登陆点附近是一个小型旅馆，名曰"太平洋旅馆"，这个旅馆很快就变成了珍珠港以南最热闹非凡的一个大型军官俱乐部。旅馆的双层锻铁门后，有一个满是绿荫的后院，院中有一个酒吧。据说，这家酒吧是太平洋上历史最悠久的一家。在这里，15美分一杯啤酒、25美分一杯烈性酒是其最吸引顾客的原因。院子的地面经过了经年累月的踩踏，证明了这个地方的魅力。"成千上万名风尘仆仆的士兵先后蜂拥而来，他们的鞋底把这个院子里的泥土踏得像方砖一样坚硬结实。"刚刚抵达这里的驱逐舰上的一名军官这样说。

3月，首批美军抵达努美阿。很明显，轴心国越逼近，法国对美国的态度就越谨慎。在探讨岛屿的使用权时，戈姆利发现法属殖民当局担心岛屿的主权受到侵害。戈姆利已经习惯了欧洲外交的敏感性，因此他向戴高乐的属下保证，美国从未打算

---

1 由于这次任务时间紧急、准备不足，受命夺取瓜岛的范德格里夫特少将对这次战役没有多少信心，他称这次作战行动为"瘟疫行动"。——译者注

永久霸占新喀里尼亚岛。戈姆利说,美国的意图仅仅是打败日本。当对方拒不配合之时,戈姆利就告诉他如果打败日本,法国可能会受到优待。他发现,相比此地的当局而言,岛上的民众在很大程度上更懂得感激美国在这里的军事存在。当然,他们的感激在全面的反法西斯战争中似乎起不到任何作用。海军在南太平洋战区的官方资料记载:"几乎每名法国公民都希望美国人待在这里抵制英国人,而英国公民则希望我们留下来教训法国人。"

对戈姆利和美国长官们而言,今后如何用规模空前的两栖部队攻打日本才是燃眉之急。这需要整个领导层都有创新思维。"本战区的战争应该被冠以一个新的名字——'岛战',在这样的定义下再通盘思考这场战争,"戈姆利在给席德尼·麦凯恩的信中写道,"年轻的美国军官和士兵对战争有许多新想法……我们要鼓励新想法,然后采纳好想法。"然而,戈姆利在给上级指挥系统的通信中语气却没有这么充满希冀。在给尼米兹的秘密通信中,他写道:"我认为,我们面临的不足实际上要超过华盛顿方面的预想……我担心我们在基地港口的组织人员不足——我们成立的这些机构只是空架子,实际上我们缺少官兵和人力来完成战时港口必须要做的事情。并且岛上基地没有后援储备,这里人力缺口极大。"

当时,世界上一流的海军所处的发展阶段正面临着帆船作战时代和核动力推进时代更迭过渡所带来的种种挑战。此时大部分舰船的推进依靠燃油,因此燃油成为限制舰船活动半径的关键因素。在海军词典里面,一旦"蒸汽"一词替代了"帆船"一词,船只的运行范围就是板上钉钉的了。"如果敌人远在舰船储用燃油可抵达的范围之外,舰队还是原地不动的好。"一个海事历史学家如是写道。

8月5日薄暮时分,厚重的雾霾笼罩着大海和隐隐约约的护航舰,船头行进溅出的水花折射出道道彩虹,鱼儿在彩虹下一跃而起又落入水中,顿时新的水花纷纷飞溅。此时"瞭望塔行动"特遣部队的舰船已经掉头北上,踏上征程。舰队尽量避开了敌军航空侦测的范围,弗莱彻的用意是让日本侦察飞机探测不到舰队,以便在最后一刻与日军短兵相接,展开作战。

8月7日,周五,午夜刚过,弗莱彻的远征部队就从西面逼近了瓜岛。"前进途中,上帝一直在保护我们,""蒙森"号的舰长说,"因为就在我们上空500英尺处,云层密布,厚厚的白色云层遮住了整个天空。这是一个静谧的夜晚,海洋上没有一丝波澜。"黑夜中,舰队瞭望哨岗上的数百名士兵只能看到岛屿的黑色轮廓。

"从我们船头的右舷望去，岛屿的黑色轮廓模糊不清，看不清具体形状。"乔·卡斯特写道，"它看起来就像黑色油池中的一团紫色隆起物。"　"芝加哥"号上的一名炮塔指挥官乔治·基特里奇说。月亮刚刚升起，这是一轮下弦月，还有5天它的光芒就要消失殆尽，然后重生。因此，此时它微弱的月光仅能照亮这一农园般的岛屿上的高山和前方即将供靠港之用的海峡中的圆形小岛——萨沃岛。眼下，"芝加哥"号每前进一步，都将两侧的海水劈作巨浪向两边荡去。"芝加哥"号的船头随波上下晃动，激起波光粼粼的浪花，如利箭一般四下射入海中，这些翻滚的波浪一直在船身后持续数英里才消失。基特里奇担心这会把他们的行动暴露给敌军。但是，目前行动正按部就班地顺利进行着。一路上，经历了鱼群引发的让人虚惊一场的声呐警报、无数次燃料补给、高度紧张的等待、成败参半的沿途演习、在距离美国本土6 000英里外进行的声势浩大的海上汇合，各种艰辛不胜枚举。虽然经历过这一切，但弗莱彻的特遣部队的抵达时间仅比几周前计划的既定时间表晚了15分钟。

　　岛上，本地特有的两股浓郁的气息扑鼻而来，争先恐后地要给这群远方的来客留下第一印象——热带植物群弥漫出的清香和腐烂果实散发出的恶臭。利华兄弟公司荒废的农园里发酵的水果味与岛上遍地丛生的热带植被发出的气味对比鲜明，却又彼此交融。二者带来的感官冲击分毫不差地体现在了大家的面部表情上。在来到这里的途中，海军队伍里始终有一种处变不惊的精神。在瓜岛即将带给他们的大大小小的意外当中，这两种气味的鲜明对比就是瓜岛带给他们的头一件令人印象深刻的见面礼。

　　后果最严重的一种突发事件是遭遇潜水艇攻击，因此作战舰长们深知实施灯火管制的重要性：关灯、禁烟、紧闭舱壁门和舱口。任何情况下都要进行灯火管制，毫无例外。"阿斯托里亚"号收回探照灯，避免探照灯外罩镜片反射月光。但是特纳麾下的运输舰队的规矩就没有这么多。沿着"阿斯托里亚"号左舷船尾，运输舰之间互相打着一闪一闪的信号灯。"他们到底把这里当成了什么地方？百老汇吗？"有人反问。所有人都神经紧绷。谁也说不好是否正有一支日本的巡逻舰队在等他们自投罗网。据海岸侦察人员报告，隆加角是藏驻防空武器的要塞，在两栖部队进入隆加角3英里范围内时，登陆部队的巡洋掩护部队司令、海军少将维克托·A.C.克拉奇利下达命令，当运输舰行驶通过时，战舰要架起机枪实施掩护。凌晨3点刚过，所有船只上都拉响了内部警报，战舰内部通信系统发出阵阵军号。集合警报拉响，作战靴的厚重鞋底踩在钢铁甲板和楼梯上，发出一阵阵噔噔响的共鸣。集合完毕后，命令下达："全体作战人员听令——各就各位！一级战备！"

破晓时分，从巡洋舰前桅的高度上，几乎可以看到整个两栖部队和轰炸机部队的联合作战的部署情况。在"阿斯托里亚"号上，战地记者乔·卡斯特划亮一根火柴，点燃了一支香烟，从炮火指挥台向前看去：一架侦察机的引擎罩下弹如雨下，正试图摧毁这艘舰船中部的炮塔。突然一声沉闷的巨响，这架帆布蒙皮的双翼飞机被击中，摇摇晃晃地坠下天空，同时，它调转航向，朝岛上栽去，以警告岛上的日军自己已遭受敌军炮火攻击。这名记者惊得目瞪口呆，他还没来得及在双耳中各塞入一团棉花就被一次巨大的震动抛起，撞在指挥台后壁的铁板上，上面布满了显示日军飞机的航线标识。巡洋舰舷侧炮的威力往往会造成这样的后果。卡斯特的头盔被撞得变了形。"阿斯托里亚"号的 9 支主炮炮口发出的灰白烟雾包围了他。前方的"文森斯"号、"昆西"号和"芝加哥"号也在发射炮弹，它们直径 8 英寸的炮口中也突然断断续续吐出黄绿色的火焰。从远处看，它们发射出去的炮弹似乎被缓缓抛出，划亮了这片黎明前的天空，就像缓缓射出的信号弹。这些火焰被射入天空之后慢慢散开成小"V"字形，滑向这座漆黑的岛屿。炸弹的威力扫过山坡上的丛林，撕裂了树干，把地面炸得尘土飞扬。

距离产生美。"虽然前方被炸得灰尘四溅、丛林下的幽暗令人望而生畏、赤道上空的太阳升起之后会炙烤着大地，但只要你没有身临其境，仅从远处看，它们依然会令你产生一种恋恋不舍的感觉。"稍后抵达瓜岛的一名步兵詹姆斯·琼斯写道，"如果你没有亲身体验过逃命的感觉，仅凭想象而言，这里虽说险象环生，但是绝对刺激。离现场越远，越觉得刺激。但是，上帝请原谅我这么说——现场的确很漂亮。"

8 月 7 日，太阳升起的时候，没有人会比深陷困境中的原英国殖民地特工、现在的间谍马丁·克莱门斯更觉得它美。他近期藏身于瓜岛东部的山岭中。他昨天整个晚上都在向敦斯维尔汇报日军和日本设备的地点并策划逃跑计划。现在他刚小憩了一会儿。海军轰炸带来的剧烈晃动摇醒了他。他朝海上望去，隐隐约约地看到了水面上美国巡洋舰的轮廓。头顶上空，灰蓝色的战机不时呼啸而过。

见此情形，克莱门斯心潮澎湃，他调节无线电收发报机的频率，收到的信息全部是紧急内容：全部是航空用语，且带有典型的美国口音。克莱门斯的侦察员、一位美拉尼西亚军士长雅各布·乌扎找到他的时候，他正不顾电台里嗞嗞的噪声全神贯注地听某位飞行员的讲话。在隆加角附近的海边，他日思夜想的场景终于出现：

援军舰队正慢慢靠近，准备登陆的战船在汹涌的波涛中朝他驶来，要解救他于危难之中。"视线所及之处，皆是一幅幅震撼人心的图景，从萨沃岛到鲁阿苏拉岛，从隆加角到图拉吉岛，到处都是密密麻麻的舰船。"他辨认出其中有14艘运输舰和6艘巡洋舰。面对如此让人难以置信的场景，他内心涌动着刘易斯·卡罗尔笔下那条恶龙复出时的冲动台词——"重见天日！再不必躲避！！！"他写道。火光闪闪、炮声隆隆。援军的分遣舰队正怀着满腔仇恨朝着在此备受苦难的小岛疯狂开火。

美国巡洋舰越来越近，从原来10 000码[1]到现在的4 000码；驱逐舰就更近了。克莱门斯之前在无线电收发报机中听到的那位飞行员正驾驶飞机嗡嗡地驶入他的视线。航空母舰战机分成小队朝目标物俯冲攻击。鲍勃·戈姆利早就预料到在登陆的头几天里这些战机可以发挥至关重要的作用。8月2日，戈姆利听取了丹尼尔·卡拉汉对"萨拉托加会议"情况的汇报，知道弗莱彻和其他与会者之间就航空母舰撤离的时间问题产生了争端。他给弗莱彻发去一封急件，急件中写道："据悉，你计划在登陆日之后3天内从图拉吉地区撤回航空母舰支持。但在此区域内，有必要持续提供战斗机以继续发挥掩护作用。"但是，跟其他人一样，范德格里夫特将军对此感到好奇：作为戈姆利的代表，为什么当初丹尼尔·卡拉汉在会议上没有强调这一点？！

如果说戈姆利这封急件表达的重点还不够突出，细节也不够具体，那么他还提供了其他的备选方案来完成这个目标，包括在航空母舰离开时把飞行中队渡运到瓜岛，或者在后方基地额外储备燃油——这样，他们的战斗机就可以延长飞行距离进而完成任务。就在弗莱彻仍在对这些方案进行权衡和比较的时候，登陆舰队已经到了瓜岛近海地区，即将驶往由各色发烟罐标记出来的海滩。

渡过萨沃海峡，海军陆战队从"枷锁"登陆小组的4艘运输舰上冲下来，准备进攻图拉吉岛和吉沃图岛。他们遇到的抵抗将十分猛烈。马上就可以听到干脆的爆裂声和轻型武器开火的哒哒声。"芝加哥"号在与"圣胡安"号、"蒙森"号、"布坎南"号会合后，一起发动引擎往来游弋在近岸边。4艘军舰上的主炮口火光闪闪，炮声不绝于耳。8架日本水上飞机在图拉吉岛的南部海湾停靠时遭到攻击，在美方海军炮火和空中火力的密集打击下，它们像一根根被点燃的火柴棍一样，爆出朵

1　1码 = 0.914 4米。——译者注

朵灿烂的火花。在岸上，日本驻军总部最后成功发送给拉包尔一封急件：敌军来势汹汹，坚不可摧。这封急件勉强赶在"圣胡安"号炸平这个据点之前发送了出去。在海军少将诺曼·斯科特的指挥下，这些战舰完全摧毁了吉沃图的滨水地区。因此，首批抢滩队伍中的一个分队不得不从既定登陆地点转移到另外一处地点登陆，因为既定登陆地点的水上飞机活动舷梯已经被美军战舰发射的炮火彻底摧毁了。好在附近的利华兄弟公司的码头基本上还完好无损，因此，这个抢滩队伍便临时转移到那里登陆。

上午9时10分，受命夺取瓜岛的"X射线"登陆小组的海军陆战队在登陆艇中准备出发。早上风起之时，运输舰上吊艇柱上的铁索摩擦声徐徐传来，这是登陆艇被放下海时摇动铁索发出的声音。海军陆战队在翻越船舷之后，攀爬着走下搭在船外的软梯。这样新奇的两栖作战场面和动静，今后大家会司空见惯：飞机沙哑的嗡嗡声划过早晨的天际；柴油发动机咯咯作响，这是登陆艇跃跃欲试地冲向岸边的声音；岸上的军火库和分门别类的易燃品仓库爆出明亮的火光，缕缕浓烟腾空而起；之后，浓烟在上空随风飘散，形成一片片灰色雾霾，像一块脏兮兮的轻纱覆盖着整片区域。

虽然在斐济岛的演习中各种不好的预兆已经相继出现，但眼下刚刚登陆瓜岛的收获同样令美军扫兴。海军陆战队抵达隆加角东面5英里处的红海滩时发现敌军早已逃之夭夭。在飞机场附近，他们清理敌军未及带走的物品：桌子上仍然摆着食物，角落里到处散落着个人工具，甚至还有完好无损的贵重设备。他们甚至还缴获了枪炮武器、燃油、发报设备、卡车、筑路机、冰箱和发电机等物品。接下来，为了监视海上情况，美军在隆加河两岸用竹子搭建了瞭望平台，以控制西起希望角、东至科利角之间的这片萨沃海峡。从瞭望平台上架起的电话线可以直通范德格里夫特的指挥所，另一条电话线则可以连接那位监控所罗门群岛海岸监察网的澳大利亚情报官。

第一波抢滩美军很快占领了瓜岛的滩头阵地。此次行动深入敌区1.5英里，进入了本区域内海拔最高的阵地——飞机场南部6英里处的奥斯丁山上有一处高达1 500英尺的主峰。8月8日，范德格里夫特将军手下的士兵们在本次行动的军事目标——由黏土和砂砾铺就的飞机跑道——周边建造起一个环形防卫圈。见海军陆战队没有遭到敌军炮火攻击，凯利·特纳决定把运输舰泊到距海岸2 000码的地方下锚，并决定以最快的速度卸货下船。

就在当天早晨，期待已久的梦想终于实现了，美国国旗终于飘扬起来了。这是自这场战争爆发以来美军在占领的日军阵地上升起的第一面美国国旗。这面彩旗 6 英寸宽、8 英寸长，是美国海军陆战队埃瓦德·J. 斯内尔中尉于 1934 年"阵亡将士纪念日"当天在新泽西州瓦恩兰市购买的。经过 8 年的风吹雨打，这面原本鲜艳的旗帜早已磨损褪色。谁承想，如今这面国旗却被升上从日军手中缴获来的旗杆的顶端。此时距珍珠港遇袭已经过去了整整 8 个月。海军陆战队的一个分遣队当时正在向该岛内陆推进，看到此情此景，他们稍作停留，并以欢呼声庆祝胜利。这种姿态算不上张扬，但它确实表达了战士们激动的心情。

4

陛下勿忧

　　日本方面得知美国登陆瓜岛的消息时，裕仁天皇正在东京北部的皇家别苑消遣度假。他告诉他的高级顾问，他会即刻返回皇宫考虑对策。日本海军总参谋部参谋长、海军上将永野修身最先面见天皇。"陛下勿忧，陛下无须为此等些小之事挂怀。"他讲道。日本在莫斯科的军事专员发回的情报称，只有约 2 000 名美军在瓜岛登陆。这一数字说明美军没有多大的企图：他们不过是要拆除日军设备、摧毁机场跑道，之后便会自行撤军。根据日本帝国情报机构传回的消息，敌方盟军应该会在其他地方发动主攻，比如在巴布亚岛，这不仅是因为此地的重山密林凶险万分，更因为日军目前正从此地朝莫尔斯比港推进。在永野修身看来，美军攻打瓜岛不过是声东击西罢了。

　　其他日军长官则没有用如此高傲漠视的态度来看待美军的这次攻击。日本联合舰队参谋长海军上将宇垣缠闻知这次突袭怒火中烧。他认为美军登陆瓜岛对日军在新几内亚甚至对在拉包尔的军事行动构成了威胁。宇垣缠推测，不管怎样，这必将推迟日军在次要战区，比如在印度洋即将开展的军事行动，一如 6 月中途岛战役的失利迫使日军取消了攻打新喀里多尼亚和萨摩亚的计划一样。

　　然而，作为宇垣缠的顶头上司，海军上将山本五十六则认为瓜岛的战略价值微乎其微。虽然美国人把瓜岛看作日本对美军军事行动的一大威胁，但是日本并没有计划把此岛打造成具有威胁意义的军事存在。事实上，日本占领瓜岛的过程十分缓慢，日军也没有全心全意在此建造飞机跑道，这只是一个折中选择而已。山本也没有把飞机基地设在这里的意图。但是，山本很快就会意识到，瓜岛真正的重要性在于美国对它感兴趣。日本帝国海军参谋人员长久以来一直支持发动一次"决定性战斗"，希望用长期的消耗战拖垮美国舰队，而瓜岛恰好很有可能会把美军吸引到南太平洋。一旦此计得逞，日本海军部队则可以借机整合，一雪 6 月战败之耻。

7月末，日本的高级司令官们在特鲁克岛[1]召开了一次会议。特鲁克岛是（日本）东南战区部队总部暨大型海军基地所在地。就像美国人在"萨拉托加"号上召开的那次会议一样，在日军召开的这次会议上，日本各军种之间表现出严重的利益分歧。东南战区部队由距离前线较近且总部设在拉包尔的日军第8舰队、陆军第17军和海军第11航空机队组成。在瓜岛战斗之前关键的几周里，陆军第17军的司令官们大都心系莫尔斯比港的战斗，而且，据一位日本海军高层长官说，他们"几乎不关心所罗门群岛的战事"。

根据日本不同军种间达成的协议，由日本帝国海军全权负责所罗门群岛的防御工事。但是日本帝国海军并没有全面认识到这项任务的重要性。第8舰队司令官海军少将三川军一后来曾表示，他当时似乎意识到美国登陆瓜岛意味着将有一场重要的军事行动。但紧接着三川便因此被指责为一名急功近利的名利狂而被总部除名。由此可知，即使经过中途岛战役，日本海军司令官们依旧没有把美军放在眼里。日本陆军司令官们则有信心，机会合适时，他们肯定能重新把瓜岛夺回自己手中，因而不屑于同日本海军方面合作。

日本情报部门的失败即将发展到一发不可收拾的地步。日本陆军中天马行空般的乐观主义人士曾断言：德国会打败俄罗斯、日本会打败中国，而胜利后腾出的日本兵力可以用来对付美国。正是出于这样的乐观主义，日本才敢发动这场对美国的战争。日本陆军对日本帝国海军的顽固偏见同陆军中流行的乐观主义是一脉相承的。陆军不仅不与海军交流它当前的密码破译技术，更糟糕的是，陆军没有向海军透露美国密码破译人员已经在中途岛战役打响前成功破解了日本海军的军事行动密码的消息。另外，日本军队中不仅怠于开展军种间的合作，同样糟糕的是，日本陆、海两军自己内部的行动和情报部门之间还存在着严重的隔阂——日军各军种内的行动执行人员孤傲自负，以至于很少咨询本军种情报专员，因为在他们看来，情报专员提供的情报具有明显的政治导向。此外，日本在内阁层面并没有设立一个中央级的情报组织。

日本军队对信息和局势一无所知，在这种情况下，日军战斗司令官们仅凭他们以往的战斗经验采取行动。即便如此，日军高级长官仍然对南部战区军队的表现抱

---

1 该岛属于密克罗尼西亚联邦，曾是第二次世界大战太平洋战争期间，日本海军联合舰队司令部所在地。——译者注

有怨言。海军少将三川军一对他的同事中盛行的自满情绪十分震惊。三川军一是守旧派，他既是一名海军老战士，又是日本帝国海军经验丰富的作战司令官，他决策明断，颇有英勇之名。在江田岛的海军学院，他所在的班级共有149名学生，而他名列第三，并因思维敏捷、温文尔雅而闻名。对美战争开展8个月以来，日军势如破竹，捷报连连。如今，日军内部正因此而蔓延起某种"传染病"的症状，这种"传染病"被人冠以一个尖酸刻薄的名字——"胜利病"。

三川军一认为日军绝不应该有这种情绪。他决定命令他麾下的部队对美军做出反击，而且要尽快采取行动。8月7日正午时分，第8舰队司令官拍发急件给他麾下的巡洋舰舰长，概述了他的进攻计划。按照该进攻计划，部队会从南边推进，入夜时分攻打美国登陆舰队。他将充分调动身边一切可用资源发动攻击：他麾下众战舰包括重型巡洋舰"鸟海"号和其他4艘巡洋舰——"衣笠"号、"加古"号、"青叶"号和"古鹰"号，但这些战舰都在后方的卡维恩[1]，远在美军空袭的范围之外。海军上将永野修身则认为此计划过于轻率鲁莽，下令立即终止实施。然而，在同他的参谋商讨之后，他决定赞同三川军一的计划并调动巡洋舰参与此项行动。

拉包尔的日军部队也会提供相应的空中支援。收到从图拉吉岛传来的美军首支部队登陆的消息后不过几个小时，第11航空机队的54架日本战机便冲天而起，飞上天空，其中包括24架双引擎"贝蒂"轰炸机。8月7日下午早些时候，三川军一指挥"鸟海"号驶离拉包尔辛普森港，轻型巡洋舰"天龙"号，以及"夕张"号和"夕凪"号也加入战斗队伍。第二天早上，他下令让其他4艘巡洋舰驶离卡维恩，在日落前同他汇合。美国无线电通信情报人员截获了三川军一传输该计划的电讯，但是要破译出该电讯的密码，恐怕得等到两周之后了。

在图拉吉岛，日军展开了一场殊死奋战。在塔纳姆博格这座小岛旁，几艘美方海军陆战队的油轮在海边抛锚。在戈姆利看来，在成功登陆之后，他们马上面临的最大威胁不是地面阻击而是空袭。在行进到此岛的过程中，云层给他的特遣部队提供了保护伞。8月5日到6日，阴霾的天气干扰了拉包尔的日本飞机开展侦察，这让美军两栖部队有机会发动突袭。只有在登陆的时候，敌军的飞行员们才可能发现美

---

1 西太平洋俾斯麦群岛中新爱尔兰岛西北端的主要城镇和港口，为巴布亚新几内亚的新爱尔兰省首府。——译者注

军进攻的第一道突破口。

午后 1 点钟刚过，日军第 11 航空机队的飞行员驾机从图拉吉岛东面俯冲而过，大举进攻。24 架由三菱公司制造的双引擎一式陆攻中型轰炸机（"贝蒂"）和 16 架由爱知公司制造的"瓦尔"[1] 舰载俯冲轰炸机，由 17 架"零"式战机护卫，低飞掠过佛罗里达岛，在海面低空飞行。这些战机队形严密整齐，在海面投下的影子随着波峰上下跳动。美军一名海岸侦察人员见状，及时发出预警。在日军战机抵达之前，特纳的两栖部队已经启程离开。美军进行了防空部署，沉着应对攻击：巡洋舰和驱逐舰呈扇形散开，运输舰位于战舰形成的保护圈中心。头顶上方，"萨拉托加"号的 8 架"野猫"战机率先向敌方展开猛烈攻击，随后"企业"号上的 10 架"野猫"战机也立即投入战斗。最后，日军战机承受不住敌军庞大的火力，只好铩羽而归。美军只有一艘联合战舰被炸受损，即"麦霍"号驱逐舰——炸弹击中了它的后甲板舱室，19 人因此丧生。

次日正午，日本海军航空兵再次发动袭击。同上次一样，一位警觉的美军海岸侦察人员提前发出警报。所以，当空袭开始时，美军运输舰和它们的掩护部队正在以战斗速度调动。日军战机从西北方向进攻，队形为松散的菱形，战机飞掠过佛罗里达岛和图拉吉岛，低空飞过运输舰上空，随后分成较小的战斗队伍，各自寻找攻击目标。它们的首要任务是攻打美军航空母舰，据日军猜测，美军航空母舰会在图拉吉岛东部执行作战任务。它们的二级目标才是登陆部队。日军战机只发现了美军的登陆部队，但仅仅是美军的登陆部队就够日军"喝一壶"了。

凯利·特纳的舰队旗舰是"麦考利"号运输舰，整个队伍以 4 列纵队的形式齐头并进，这样的队形让敌军没有丝毫可乘之机，否则敌军就是自投罗网、自取灭亡。海军少将克拉奇利看到"我军猛烈的炮火构成了一道威力强大的弹幕，撞进弹幕的敌机都中弹着火坠落"，他十分震惊。执行这项任务的是海军少将诺曼·斯科特的旗舰船、"亚特兰大"号的姊妹战舰、防空巡洋舰"圣胡安"号。此战舰共配有 8 组、16 门 5 英寸口径的双联机炮。驾驭"圣胡安"号的军官们有很好的作战对策，而且有充足的时间开展训练、应付敌机。包括"阿斯托里亚"号在内的其他重型巡洋舰则用它们的老式主炮对付入侵的敌机。那些机身上带有"红肉丸"标识的敌方

---

1 盟军对其的昵称代号。——译者注

战机有的直接坠入海中；有的向前翻滚着落下水面；有的机翼上下震动，紧接着爆炸成碎片；还有的则挣扎着前行，身后拖出一条陡直的黑色尾线，然后栽向大海。

虽然当时正值两军对战，但在这场军火发展水平的现场展示中，"阿斯托里亚"号的射击指挥官威廉·H.特鲁斯德尔仍然腾出时间向记者乔·卡斯特解释防空火力控制的优势。技术问题是防空火力控制的一大重要因素，但是战士们心理状态的不可预测性也是整个控制系统中不可忽略的一部分。特鲁斯德尔听到一名炮手在枪林弹雨中吹着口琴，曲调是"不论故乡多凄凉，无与伦比是家乡"。他咯咯笑着说："这样热爱故土的孩子怎么会被敌人打败呢？"

战舰火炮的后坐力巨大。卡斯特回到他的船舱时，里面早已乱成一团：电话从舱壁上垂挂下来，灯泡外皮被震碎，地板上到处散落着他的个人物品，包括他的主要职业"武器"——打字机。多数日本轰炸机在完成任务后，其舱内的情况比这个记者的客舱更乱。由此来看，美军炮手的表现比对方略胜一筹。日军只有5架"贝蒂"勉强飞返回基地。虽然8个月前这批日军曾对英国皇家海军重器"威尔士亲王"号战列舰和"反击"号战列巡洋舰成功施以毁灭性打击，但他们这次的战果远远不及当日之勇。

虽然事先已经收到了可靠的情报，但是，要想在合适的时间、合适的地点从航空母舰上出动战斗机拦截敌军仍然具有一定的难度。由于航空母舰部队内部交流协作不畅，第二天，美军战机空中巡逻便显得力不从心。结果，18架"野猫"战机（其中10架来自"企业"号、8架来自"萨拉托加"号）没能及时拦截住日军。最后，虽然没有把日军逼回他们在新乔治亚岛的基地，但总算把他们逼回了半路。日方发动第二次空袭后收获也不甚大。美军驱逐舰"贾维斯"号遭受重创，"乔治·F.艾略特"号运输舰被日军一架负伤的轰炸机击中后急速下沉，最后在图拉吉岛浅滩地区爆炸并燃烧殆尽。

美国"瞭望塔行动"舰队和日本那支自称"天下无敌"的海空部队两度对垒，打破了日本在过去的一年中赢得的"战无不胜"的记录。美军目睹了大量日军轰炸机突然停止攻势，掉头向北方落荒而逃。"要么是因为他们是日本陆军部队的飞行员，要么就是因为日本海军只剩下这些不堪一击的二等飞行员梯队了。""阿斯托里亚"号的一名军官对敌军的仓皇之举嗤之以鼻，"我从来没见过他们如此落魄的表现。那些日本海军里的顶尖飞行员，那些在珊瑚海和中途岛与我们对抗过的飞行员，他们不会中途放弃，而且绝对不会。他们会正面出击，直接朝你冲过来，对你穷追不舍——直到你干掉他们或者他们干掉你。眼前这些鼠辈，居然望风而逃……"

乔·卡斯特看到 5 名敌军飞行员落入战舰附近的水域，他决定近距离观察一下他们的情况。透过望远镜，他看到对方身材健硕，头发剃得溜光，身上穿着充气救生衣。"阿斯托里亚"号上的水兵一边朝着这几位落水日军的方向嘲弄他们："这滋味儿怎么样，日本兵？"一边请求海军上尉威廉·G.格林曼同意用船上的 20 毫米口径机枪瞄准这些敌人，但格林曼上尉驳回了他们的请求。当一艘美国驱逐舰靠近他们打算施救时，这些日本飞行员拿起随身携带的手枪，自己结束了生命。

日落时分，登陆第一日和第二日给大家带来的兴奋已经渐渐消失。第 62 特混舰队重整队伍，静待夜晚来临。航空母舰已经退回他们在瓜岛南部的夜间巡逻区，那里处于敌军飞机侦察范围之外。6 点 30 分，海军上将克拉奇利下令让其麾下的重型巡洋舰在萨沃岛两侧驻守，确保通往萨沃岛海湾的两条通道的安全。在巡洋舰"万塞讷"号的舰长、海军上尉弗雷德里克·雷科尔的统领下，"万塞讷"号、"昆西"号和"阿斯托里亚"号 3 艘重型巡洋舰由另外 3 艘驱逐舰护航，在萨沃岛东部航道入口往来巡逻。"芝加哥"号连同澳大利亚皇家海军舰艇"澳大利亚"号和"堪培拉"号，在岛屿西南部监控巡逻。从东面通过西拉克海峡和朗沟海峡进入萨沃岛海湾的通道由"圣胡安"号、澳大利亚轻型巡洋舰"霍巴特"号和两艘驱逐舰负责守卫。在靠近运输舰停泊点的地方，驱逐舰和驱逐扫雷舰负责抵挡潜艇和鱼雷艇的入侵。驱逐舰"布鲁"号和"拉尔夫·塔尔博特"号奉命作为雷达预警哨在萨沃岛以北地区往来巡逻。

8 月 8 日，周六，美军余兴未尽。此时，距美军刚刚登陆日军占领的大洋洲还不到 48 小时，但日军最震撼的威力正在悄然抵近。作为"瞭望塔行动"远征部队司令官，海军上将弗莱彻当时正准备做出他最具有争议的一项决定，而此刻，日本帝国海军的军刀正在海面上慢慢滑出刀鞘。

5

航母撤离

第62特混舰队是一支两栖部队，它的司令官凯利·特纳跟他的良师益友欧内斯特·J.金一样脾气倔强，他曾经在战争刚开始的头几个月作为金的战争计划指挥官辅佐过金。特纳对下属极为严苛，而且性格明显冲动暴躁。"一旦他被激怒，"一位了解特纳的水手写道，"他就会朝地上啐一口，然后跺着脚大吼一声'混账'！"

但在必要的时候，特纳也会展现出他柔情的一面。"我曾经看到他对一名初级军官大发雷霆，但当我看到他目光中流露出的柔和眼神和脸上最后呈现出的笑容时，"一名杂志记者说，"我才发现自己被他的表象欺骗了……他懂得避讳敏感话题，即使战士们时不时地让他心烦意乱，他仍然认可战士们的能力。他手下的战士都承认特纳是一个倔强顽固之人——这一点他自己也承认。但是即便如此，他的手下依然热衷于为其效力。"

海滩上的物资供给工作已经遇到多重阻挠，但幸运的是，在地面进攻方面，特纳只遇到了些许阻力。可特纳还是没有足够人手连续48小时轮班卸载货船上的板条箱和设备。在这片尚未被开发的海滩上，如果没有造船厂、起重机或者其他搬运货物的便利设备，根本不可能直接把货物卸到岸边——必须借助小型船只搭载货物抵达海滩，数百只小船在岸边一字排开，由人力搬运货物。搬运劳动本身就是一种繁重的体力活暂且不说，组织工作和货物分类也是卸载货物过程中令人头疼的一大问题。运输舰"亨特·利格特"号的指挥官说："天黑之后，整个卸货工作几乎完全陷入瘫痪。"排队等候的船只往往需要等6个小时之久才能靠岸。

不同军种之间的争执很快表现出来，并贯穿了整个军事行动的前两周。"这次卸载耽误了时间，"这位指挥官继续说道，"各舰船在这片危机四伏的海域中多待了将近24个小时，海军陆战队的人事管理和组织安排不到位是这次卸货拖延的主要原因。海军陆战队轻工兵的任务是卸载船上的货物，清除海滩上的杂物。但是他们的人手的确太少了。"运输舰"巴尼特"号上的一名军官曾这样描述他们："他们懒洋洋地躺在棕榈树下，一边悠闲地喝着椰汁，一边手拿石块砸向树上的椰子，还有人在橡胶船上嬉笑打闹，泼水逗乐。这些海军陆战队队员此时本应该全部参与卸货工作。"凯利·特纳本来对其麾下航海步兵的喜爱已经到了无以复加的程度，但就连他也指出："（海军陆战队）第1师没能提供足够多的人力以保障海滩上的卸货任务井然有序地进行。我麾下的海军陆战队长官对此深有感触。我也对此颇有意见。"

时间很紧迫，但是要提高卸货速度面临很多阻碍。不少用来运输物资的小型船只由于负载过重，船头比船尾吃水要深，根本不能稳妥地停靠到海滩边。船上的活动舷梯刚刚一打开，海水就冲上来淹没了高负荷运转的发动机。雪上加霜的是如何更好地用大型运输舰在惠灵顿岸边装载货物也是一大考验——从商业角度而言，装载方式需要考虑最大容载量；但是就战事而言，装载方式则要便于部队快速卸载食物和军火。此时，无论在切萨皮克湾地区，还是在西海岸，美国海军仍在建设专业院校，争取把这些方法传授给他们的海滩勤务队队长。但在瓜岛，现场开展在职训练就足以解决燃眉之急。

8月8日傍晚，在"麦考利"号旗舰上，特纳正在绞尽脑汁想方设法解决这些问题，同时考虑对策以应对敌方可能会发动的进一步攻击。而此时，弗兰克·杰克·弗莱彻终究还是做出了特纳两周以来一直担心的举动。在给海军上将戈姆利的信中，弗莱彻请求允许他撤离其麾下的3艘航空母舰，而当时这3艘航空母舰正在瓜达尔卡纳尔附近的友军阵地向第62特混舰队提供保护和防御。

弗莱彻列出的撤离原因可谓五花八门：其麾下的F4F"野猫"战斗机部队与日本轰炸机对抗两天之后，数量已经由99架削减到了78架；其麾下的战舰燃油储备日渐减少；其麾下的航空母舰正面临敌军鱼雷飞艇的威胁……弗莱彻向来未曾提供一个清楚、明确或前后连贯的理由。但弗莱彻向航空母舰部队的战术司令官海军少将诺伊斯征询对撤离的看法时，他根本未曾提及燃油不足一事。但是，当戈姆利告诉尼米兹有关撤离的决定时，燃油不足倒是戈姆利提到的唯一一条理由。

特纳永远不会忘记在"萨拉托加"号上召开的那场唇枪舌剑般的策划会议。在会议上，他和范德格里夫特力争要让航空母舰驻守战斗岗位直到8月9日。弗莱彻的拥护者们则说弗莱彻只承诺提供空中援助并且只能持续两日，援助到8月8日为止。双方僵持不下。但总体来讲，动用航空母舰的热情十分高涨，甚至连颇有绅士风度的海军陆战队司令也不例外。范德格里夫特在他的回忆录中写道，他当时愤慨地指责弗莱彻是军队中的胆小鬼："这简直是'萨拉托加'会议的再现。唯一的不同在于，相比他在我们那次不愉快的会议中提出的撤离时间，弗莱彻这次居然还要提前12个小时撤离。我们都知道他的燃油储备不可能很少，因为他刚刚在斐济群岛补给过燃油。"

尽管戈姆利仅仅因为缺少燃油就同意了弗莱彻的撤离请求，但是事实上弗莱彻麾下航空母舰上的燃油足够它们以巡洋速度再航行几日。他麾下的驱逐舰燃油还剩大约一半，足够再进行36小时的高速航行。军中现有的较大型战舰还可以开足马力全速前进。由于戈姆利还没有收到弗莱彻的最终行动计划，他目前尚不能独立判断航空母舰面临的风险，所以他不得不相信弗莱彻的话。"所有人都知道敌军可能会发动大规模进攻，而我们的特遣部队却正好面临燃油短缺的难题，"戈姆利写道，"我必须认真考虑这些情况。所以，当身处前线的弗莱彻告诉我他因燃油不足需要撤离时，我予以了批准。对于他麾下部队的详细情况，他是了解的，而我并不了解。"

几周之前，戈姆利站在麦克阿瑟的一边，呼吁推迟进攻行动，当时，戈姆利曾经要求航空母舰上的飞机向本次行动提供持续援助。正如麦克阿瑟跟金说过的那样："两位司令官经过审慎的独立思考，在讨论后一致认为，此时还没有足够措施能确保在行动的每个阶段都有充足的空中掩护，如果在这个时候贸然发起进攻，肯定会带来很大的风险，日本在珊瑚海和中途岛的挫败就是前车之鉴。"海军的成功靠的就是他们行事谨慎小心。但如果"确保在行动的每个阶段都有充足的空中掩护"真的至关重要的话，那么可能会有人质疑：为什么戈姆利没有更加密切地跟踪航空母舰的实际燃油需求？或者，如果燃油真的短缺，为什么他没有让航空母舰就在滨海地区原地待命呢？

弗莱彻是"瞭望塔行动"里战斗经验最丰富的高级军官。他作战的经历让他领会到打仗是要付出代价的。在珊瑚海战役和中途岛战役中，他曾目睹他的巨型航空母舰"列克星敦"号和"约克城"号在他眼前沉没。当前，太平洋航空母舰部队里只有4艘航空母舰，其中3艘参加了"瞭望塔行动"，在这样的情况下，他十分担心航空母舰会再次遭受任何损失。白天，"企业"号、"黄蜂"号和"萨拉托加"号就从瓜岛东端向南方约25英里处的据点展开行动。在此巡逻的海军战机距离海岸只有短短几分钟的行程。就算远在600英里处拉包尔的日军战机发现了这些航空母舰，它们来攻打航空母舰的机会也是微乎其微的。尽管如此，日本航空母舰和潜艇仍旧会带来巨大的威胁。所以，当前最大的问题是——在弗莱彻的心中，最重要的是航空母舰，还是整个行动？！

在先前7月2日下达给尼米兹的行动指令中，金明确指出参谋长联席会议在何种情况下可以下达航空母舰撤离指令。"在以下任何一种情况下，参谋长可以在其完成行动中的任何一个阶段后向美国海军下属的美国舰队下达撤离指令：①形势的发展可能会导致航空母舰遭受不必要的重创；②因太平洋其他地区有紧急情况发生而需要撤离（着重强调此条）。"在金看来，完成行动中的某一个阶段（比如登陆阶段），是高层做出撤离航空母舰决定的先决条件。在一个行动阶段没有结束时，即使航空母舰面临严重威胁，也不能以此为理由提前撤离。尽管对"什么是一个'阶段'"的界定模糊不清，尽管参谋长联席会议下令撤离的条件跟战术司令官下令撤离的条件可能有所不同，但海军上将金确实没有想到在最初的物资没有卸载完毕时航空母舰就会撤离。根据允许撤离预案，如果要符合其中两个先决条件的第一个理由，即航空母舰可能遭受不必要的重创，那么弗莱彻在进行行动预测时就需要夸大其麾下战斗机的受损情况和燃油消耗量。而滑稽的是，这两个指标的预测基本上是显而易见的。

据说弗莱彻是唯一一个知道"瞭望塔行动"会引发日本海军发动大规模反击的人。作家理查德·B.弗兰克写道："他的主要任务是赢得航空母舰部队行动的胜利，而航空母舰部队是否胜利又决定着整支海军陆战队的命运。"如果是这样，那么在这样的时机尚未出现之前，让其麾下的航空母舰冒险行动无异于鲁莽之举。他明白，即便在他面临折兵损将却仍然得不到增援的情况下，他也必须打赢那场命运之战。因为他知道，在1943年底之前，美国造船厂不可能再有新的航空母舰出厂服役。

对于弗莱彻坚持撤离航空母舰带来的争议，海军上校梅尔文·J.马斯是一个立场中立的裁判员。虽然身为弗莱彻的参谋，他理所当然地赞同他的长官的做法，但是同时，其海军陆战队队员的身份让他对此事有一个不失偏颇的视角。他认为，日军能再度夺取瓜岛的唯一办法就是发动大规模的两栖部队战术反击。"轰炸机不可能撼动海军陆战队。"马斯写道。因为他认为阻击敌军登陆的关键就是航空母舰，所以他支持撤离航空母舰，即便这会暂时损害他的海军陆战队队友的利益。

"为了能拦截并打败敌军（日本登陆部队），我们的航空母舰特遣部队必须添加燃油，然后迅速离开，以免被困在这里……撤离到努美阿岛或者汤加塔布岛，我们就能拦截敌军，让敌军航空母舰再次尝尝中途岛战役那样的战败之痛。然而，如果我们一直驻守在这里，油量会慢慢消耗减少，逐渐变得不足。如此一来，我们就要撤离到油轮所在地加油。倘若，这些油轮遭到鱼雷攻击，我们整个航空母舰部队就会陷入孤立无援的境地，成为日本人的瓮中之鳖，任其宰割。最后的结果会是，我们的整支舰队会遭受重创，估计三分之二的航空母舰会受损，图拉吉岛会失守，整个海军陆战队也会蒙受重大损失，甚至所有的运输舰也难以幸免。"

"海军陆战队建起他们自己的空中力量约需 10 天，但在他们建起这支力量之前会受到猛烈攻击，这是不争的事实。但是，他们能挖战壕先藏匿起来然后等待时机。这样导致的额外损失顶多是在当地开展一场小范围的军事行动，从而避免了给整个国家带来灾难。若非如此，一旦我们的舰队或者一艘甚至更多艘航空母舰遭受损失，那将构成一场世界范围内的巨大灾难。"由于航空母舰数量极少，因此，毋庸置疑，正是出于对航空母舰的战略重要性的审慎考虑，弗莱彻才决定要航空母舰尽快撤离瓜岛。

激烈的争论将继续上演。8 月 8 日晚，凯利·特纳召集范德格里夫特和克拉奇利来到其麾下的"麦考利"号旗舰上。这几位负责合作两栖协同作战的司令们将要碰头探讨对策。范德格里夫特从海滩乘船抵达。晚上 9 点刚过，巡洋舰部队司令官克拉奇利下令重型巡洋舰"澳大利亚"号从西南掩护部队编队中撤出转而前往隆加角。掩护部队中只剩下其他两艘巡洋舰——"芝加哥"号和"堪培拉"号——驻守通往海峡的入口。克拉奇利让"芝加哥"号司令官海军上校霍华德·D.伯德暂时指挥这支部队。

"澳大利亚"号在隆加角抛锚停泊，克拉奇利乘坐着捕鲸船式救生艇驶向"麦考利"号。在会议中，特纳和克拉奇利身体疲惫的状态让范德格里夫特大吃一惊。他们面临的困难没有一点突破。两天以来的持续空袭和向岸上卸载物资而不断带来的各种困难已经让他们处于崩溃的边缘。虽然特纳很不情愿这么做，但他还是宣布了他的权宜之计：考虑到弗莱彻会撤离，他也会从这个区域撤离运输舰和所有的货船。撤离时间定在 9 日日出时分。特纳问范德格里夫特已经卸载的后备物资是否足够他的部队坚持几天。他还问克拉奇利在没有航空母舰的战斗机的保护之下，他的巡洋舰掩护部队能否再坚持一两天。从范德格里夫特和克拉奇利"但愿如此"的回答的声调和语气中，他听出了他们的怨愤。晚上 11 点 45 分，他宣布解散了会议。

就在这两位司令官拜别特纳的旗舰时，敌军的鱼雷艇已经潜入水下。

6

雾锁迷航

如果说司令部是一座孤山，那么几乎没有哪个山峰能比"芝加哥"号的舰长霍华德·D. 伯德这个山头更孤寂荒芜。但是，从很大程度上说，他倒也乐在其中。舰长常常在他的小舱内独自用餐。他这么做倒是给船上其他长官们行了方便，因为只要伯德出现在大家的身旁，他的语言总是充满谩骂与恫吓。他只在开会的时候来军官起居室，但只要他一出现，总让大伙儿一阵心悸。

就连伯德的贴身通信员也无意间变成了他这种让人望而生畏的气场的载体。"他的军官们怕他怕得要命，"他的海军陆战队通信员雷蒙德·扎克说，"我一进去，他们就像一群受到惊吓的兔子一样一动不动。"在另一艘船上，有一位了解伯德的海军少尉说："伯德身材矮小而健硕，对一名年轻的海军少尉而言，伯德身上最让人难以置信的事情就是，他居然留长发，头发甚至长到能垂在他白色军装的衣领上。他常常把双手插在裤子前面的裤兜内，他站立的姿势简直就像拿破仑——至少我印象中的拿破仑应该是这样一副形象。"

在"芝加哥"号巡洋舰上，随侍舰长左右开展侦察任务的军官尽力提供自己力所能及的帮助，但是直言进谏肯定要冒险。给一个暴君建言献策无异于揭示这位君主的无能，而且一旦事情稍有差池，建言者自己就会成为替罪之羊。虽然伯德确实在表面上对几位高级军官尊敬有加，但是他对待他们的感觉正好符合别人私下给他起的外号："残酷的布莱"[1]和"伯德国王"。在太平洋舰队的 11 艘重型巡洋舰中，"芝加哥"号在工程性能方面的表现最差强人意，出现这个结果的部分原因可能是他们的工兵不愿捏造燃油消耗记录——有工兵常常捏造虚假燃油记录来掩盖实际耗油量，但此举同时会触怒固守原则之人。伯德曾在海军学院就习高级海军军官学业，

---

1 语出美国电影《叛舰喋血记》（*Mutiny on the Bounty*，1935 年）。该电影中英国军舰"邦蒂"号上有一位为人残酷的女舰长名叫"布莱"。——译者注

当时就曾发生过一些不愉快的经历，他因动手打架而受到纪律处分，而且这样的事情总能准时登上《纽约时报》周末版的头版。伯德本来就志在攀登海军将官级别的高峰。自那以后，他就把这个目标作为他人生事业的奋斗方向。虽然曾经贻笑大方，但是这些经历不会让他退缩。他深信自己是一位豪杰，将来定会列入将班、肩扛金星、统率特遣部队。

"芝加哥"号上盛传伯德家财万贯。他的父亲是辛辛那提市的一名法官，后来伯德入赘成为杜邦家族的一员。虽然第二次世界大战前他作为一名驻外武官没有得到机会周游整个世界，但有如此显赫的家世背景，他早就对海外各大首府的迷人神韵了若指掌。再后来他又担任过海军情报处处长。有了这样的背景和经历，他俨然已成为外国情报方面的专家。当时，伯德曾强烈要求向珍珠港司令官公布证据，证明日本特工早已瞄准美国海军基地的抛锚点。据说，他还因此同海军上将特纳发生了冲突。但这是一场比谁更心狠的较量。据说，特纳在这场较量中没让伯德占到便宜，因为伯德接到的下一个任务就是指挥"俄克拉荷马"号战舰。而1941年12月7日，当日军战机的三菱瞄准器发现他的战舰时，他碰巧在岸上。可想而知，"俄克拉荷马"号受到了猛烈攻击，继而翻船沉入水中。在整条战舰的全部864位编制船员中，几近半数当场丧生。幸好伯德当时没在船上，因而逃过一劫。他和战舰上的其他10名幸存船员转移到了"芝加哥"号上。

8月8日晚，当海军少将克拉奇利指挥"澳大利亚"号撤出西南掩护部队赶去同特纳商讨时，他通过信号灯给"芝加哥"号发送了信号："接手巡逻工作。我正驶向第62特混舰队，之后可能会再同你汇合，也可能不汇合。"在会议结束后至黎明前仅仅数小时内，"澳大利亚"号和其他几艘巡洋舰本应南下去保护运输舰，但是克拉奇利觉得夜晚返回岗位巡逻没有意义。因此伯德又一次独自一人暂时指挥有两艘巡洋舰的分遣队，守卫着通往萨沃海峡的两条通道中的其中一条。在伯德看来，担任一晚上的海军准将理所当然就是他升职前的提前演练。

伯德曾经认真考虑过8月8日晚上跟日军进行一场战舰对战舰的战斗发生的可能性。一架澳大利亚飞机从新几内亚米尔恩湾执行任务归来时，其带回的一份侦察报告显示，日本舰队正在采取行动。这份报告记录于当日上午10点25分，但是却阴差阳错地在将近傍晚时分才发出，报告内容是："本机发现3艘巡洋舰、3艘驱逐舰、2艘水上飞机供应船或者炮艇，位置：南纬05° 49'、东经156° 07'，导航波束开角120°，实时速度15节。"

这份报告很反常，因为报告没有明确指认清楚船只型号。当"芝加哥"号驾驶员标示敌军海军分遣队的位置坐标时，伯德的副舰长塞西尔·阿德尔认为敌军距离"芝加哥"号的巡逻区还很远，到第二天10点钟之前，敌军应该不会抵达巡逻区。

"所以，今天晚上应该还会是一个风平浪静的夜晚。"伯德心想。

由于瓜岛和萨沃岛之间那片狭窄水域的海图制作粗糙，伯德决定不让自己的指挥舰带头巡逻这片水域，而是让600英尺长的另一艘重型巡洋舰领航这支部队——这才是一个司令官应该做的英明决定。入夜后，在没有航空母舰领航的情况下，这支队伍就必须在这片危机四伏的狭小水域中谨慎行进，就像一头巨兽跳小步舞一样缓缓移动。

连续几天一直处在战斗岗位已经让"芝加哥"号的全体船员的体力处于透支的边缘。每一场战斗任务结束之后，通常情况下马上就会有下次战斗的预警随之而来。今晚也会有一次战斗预警，或者至少会有一次战斗预警的些许迹象，但是发出的预警在大家心中产生的效力太微弱了，几乎没有人注意到这次预警或者说听出这次预警的潜在威胁。等到大家明白时，已经为时太晚。

日军方面，海军上将三川军一知道他的队伍已经暴露了行踪。他的一个监视哨看到了那架侦察飞机，这架飞机曾出现在他头顶的云层间隙。三川知晓后决定反向航行，希望借此骗过该飞行员，让他误以为队伍是要前往拉包尔或者特鲁克岛。但是，对于一个头脑已经混沌不堪的飞行员，三川完全没有必要采用声东击西的方式进行迷惑。

这架飞机的飞行员是一位新西兰人，名叫威廉·斯塔特。他在发往米尔恩湾基地的报告中称，在新乔治亚海峡水面航行的船只可能包括两艘水上飞机供应船或者炮艇。他给出的这种船只型号让收到报告的军官晕头转向，摸不着头脑。尽管炮艇可以算作小型战斗船，比如鱼雷艇，但是炮艇根本不是通常意义上的现代战舰类型；同时，水上飞机供应船一般很少被误认为是某种水上战船。这份含混不清的敌情报告不经意间帮助了三川的进攻部队，掩盖了其真正的致命威力。斯塔特不了解"瞭望塔行动"的任何情况，他不会倾向于就此事而发出任何战斗预警。他的报告在基地搁置了数小时，之后又在布里斯班耽误了数小时，最后在下午六七点的时候才呈现在特纳和克拉奇利的面前。由于报告中提到的是水上飞机供应船而不是战斗船只，这份报告没有在军官们之间引起它本该获得的重视。根据这份报告，特纳推测敌人的任务只是在圣伊莎贝尔岛北端的莱卡塔湾建造水上飞机基地而已。

三川继续变动航道以期蒙蔽美军进而掩盖自己真正的意图，他下令让其麾下的巡洋舰派出侦察机侦察前方水域。几个小时后，侦察机带回了侦察报告：在瓜岛海域有 15 艘运输舰、1 艘战舰、4 艘巡洋舰、7 艘驱逐舰和 1 艘 "非战斗用航空母舰"；在图拉吉岛海域有 2 艘重型巡洋舰、12 艘驱逐舰和 3 艘运输舰。4 点 45 分，三川向其麾下的所有船只都发出作战指挥信号："我军将从萨沃岛南部发起进攻，摧毁瓜岛海域的敌军主力部队。随后我军将进军抵达图拉吉岛，用鱼雷和炮火攻打敌军。战斗结束后，我军会撤离到萨沃岛北部。"

三川对弗莱彻的撤离计划毫不知情。他的无线电报务员截获的美国飞行员的谈话是他唯一能确定日军会遭受美军航空母舰攻击的证据。为避免遭遇航空母舰攻击，他不得不在夜幕掩盖下发动攻击。他一直在反复思量，只要确保能在凌晨 1 点 30 分之前开始战斗，他的部队在撤离时就能避免受到白天出动的美军航空母舰上战机的攻击。

三川的舰队以 24 节的速度前进，旗舰 "鸟海" 号重型巡洋舰领头，舰队中每两艘舰船之间前后相隔 1 300 码。在 "鸟海" 号身后，紧接着是重型巡洋舰 "加古"号、"衣笠" 号、"青叶" 号和 "古鹰" 号，之后又有小型巡洋舰 "天龙" 号、"夕张" 号和 "夕凪" 号。准备好挥军直入美军抛锚停泊地之后，三川命令他麾下的司令官们丢掉舰船上所有的易燃物。每艘舰船上的信标场地上都升起了白色的长条战旗，在空中随风飘扬。在特鲁克，日本海军上将宇垣缠整整一天都在饶有兴致地预想即将发生的事："今晚，第 8 舰队就会突袭瓜岛的敌军。一鼓作气啊，小子们！一定要不负我望，完成任务！"

澳大利亚皇家海军舰艇 "堪培拉" 号带领 "芝加哥" 号战舰，连同驱逐舰 "巴格利" 号和 "帕特森" 号组成纵队，由西北方向朝东南方向巡逻，每隔 45 分钟整个舰队就折返巡逻。为让筋疲力尽的船员们放松精神，战舰现在下调到二级战备状态，二级战备是部分人员备战的一种状态。其中一艘巡洋舰的两座前部主炮上的战斗人员全部到位，后部主炮部分人员到位。伯德收到了那条消息，克拉奇利和特纳都收到了跟他一样的敌情报告。特纳推断，如果报告中指的是水上飞机供应船，那么这些船应该只是要在瓜岛北部悄悄抛锚靠岸，因为这里有日本的一个水上飞机基地。因此，特纳丝毫没有怀疑会有敌军水面舰艇发动攻击。他曾经告诉克拉奇利，他十分满意派巡洋舰保卫抛锚地的部署。"这样的部署，我十分满意，而且，我怕的正是敌军不发动攻击，"特纳后来写道，"我保证会让他们吃不了兜着走。"当特纳跟克拉奇利和范德格里夫特在一起商讨时，一架日本战机——三川的巡洋舰上派出的水上飞机，被"拉尔夫·塔尔博特"号战舰上的哨兵发现。这架战机低空飞行，自东面飞掠过萨沃岛。驱逐舰随即发出预警："警戒！警戒！有战机飞掠萨沃岛向东而行。"这一预警在电台多个波段反复发出。其实这一消息早就称不上是什么新闻了。早在几个小时以前，带领3艘驱逐舰在图拉吉岛附近海域巡逻的"圣胡安"号就发出消息称，在萨沃岛上空发现不明战机。雷达哨驱逐舰"蓝色"号也发现了这架战机。"蓝色"号的射击指挥官请示舰长开火，但是因为这架战机明目张胆地开着夜航灯，所以被美军误认为是友军战机。"蓝色"号舰长担心，如果通过无线电通信上报此事，只会冒险让日军的无线电测向机侦察到"蓝色"号的方位——在掩护部队中，慎用探测器和通信仪器是非常普遍的做法。伯德舰长回到操舵室后面的舱室准备小憩，他深信当天晚上敌军不可能发动攻击，于是下令让雷达员关闭"芝加哥"号的搜索雷达，以免日军战舰侦察追踪雷达电波。

在环绕萨沃岛的那片水域里，大雨正倾盆而下。闪电时不时刺破夜空。凌晨1点42分，"芝加哥"号上的哨兵报告发现在萨沃岛的夜影远端出现了橙色的亮光。在伯德和桥楼哨岗上的士兵看来，这些亮光更像是海滩上的火光。一分钟过后，刚才在头顶盘旋的那架战机开始射出光芒四射的火物。5个刺眼的球形物在它身后爆炸，大体位置就在图拉吉岛的运输舰抛锚地点附近的海域。

前方的"帕特森"号驱逐舰发出警戒灯信号："警戒！警戒！不明战舰进入海湾。"在暴风雨肆虐的海峡，这些不明战舰的形状模糊不清，几乎正面朝海峡航行。"帕特森"号的舰炮向可疑战舰的背后发射照明弹，打算从火光的阴影中看清可疑战舰的具体情况。"芝加哥"号也随之照做，但是发出的磷光照明弹都没能点燃。黑暗中，关键的几分钟已经过去了。"巴格利"号向左转向，瞄准敌方战舰，从右舷的舰炮中发出4枚鱼雷攻击敌舰。借着照明弹的光亮，弗兰克·R.沃尔克看到了目标战舰，随即指挥"帕特森"号的舵轮手向左转，大声下令发射鱼雷，但是战舰上主炮的轰鸣声淹没了他的指令。随即，有人向伯德报告称，有鱼雷已在水下，正从四面八方靠拢而来。

前方，有一枚鱼雷朝"堪培拉"号的船头射去，"堪培拉"号见状向右舷急转。"芝加哥"号底部的工兵在听到警报后正用尽全力让战舰全速前进。这时，伯德下令立即转舵向左。伯德看到西面敌我双方激烈交战、炮火轰鸣，他下令让"芝加哥"号转向，"调整方位，以便舷炮齐发，攻打敌军"。"芝加哥"号提速到25节后，伯德仍然在找寻敌军。但问题是此时"堪培拉"号没有发出救援呼叫，也没有发出预警信号，它已经受到敌军密集的火力攻击。这艘澳大利亚重型巡洋舰受到30多枚炮弹攻击，司令官弗兰克·E.格廷舰长和其他几位高级军官当场丧生。几乎在转眼之间，它所有的锅炉房就毁于一旦，整条战舰内部变成了黑漆漆的一片。从外面看，"堪培拉"号则瞬间变成了一团漂浮在海上的大火球。

在双方交火的短短时间内，"芝加哥"号的主炮一直没有开火。该战舰主桅底部遭到敌军炮火攻击，两名水兵当即毙命，其中一名是舵长的副手。此外，还有13人受伤，其中包括副舰长兼司令官阿德尔，不幸有弹片击中了他的喉部。日军"加古"号战舰射出的鱼雷从右舷击中"芝加哥"号，后者的一部分船头开裂并脱离船身；在船身剧烈的震动下，炮火主发射台也断裂了。战舰上5英寸口径的二级主炮的炮手连发炮弹终于击中敌军的"天龙"号战舰，歼敌23人。但是在夜幕的掩盖下，"芝加哥"号根本发现不了敌军较大的可攻击目标。"芝加哥"号发射的44枚照明弹中，只有6枚成功点亮。伯德沉思下一步该如何攻打敌军，却忘记把这次交火军情上报给他不在场的上级克拉奇利，也没有发送报告给他的下一位可能遭受敌军攻击的战友。他的这位战友也即将被拉入这场炮火大战，他就是北部巡洋舰队的旗舰"文森斯"号上的莱福科尔舰长。

日军战舰队伍绕萨沃岛逆时针航行，迫近莱福科尔的巡洋舰队。此时伯德正继续向西航行，因为他认为西面才是主战场。之后，这场战斗的轨迹走向图会毫不留情、清清楚楚地呈现在世人面前。事实是，真实情况跟伯德的想法背道而驰。在满腹疑虑又铁面无私的上级看来，当时的战况甚至可能暗示，这位星级将官——"芝加哥"号巡洋舰的舰长，当时明显是心生胆怯才向西航行的。

在美军舰队需要它的司令官、长官和战士们众志成城展现出最好的品质时，伯德却在短时间内犯下了多个不可原谅的错误，这仅仅是其中第一个而已。日本海军少将三川取得胜利后，继续东行，发现了弗雷德里克·莱福科尔的巡洋舰队。尽管之前那场壮观的巨大灾难持续了长达400秒的时间，但是就跟刚才西南方向的美军巡逻舰队一样，美军这支巡洋舰队居然也没有加强警觉，而是继续雄赳赳、气昂昂地向前巡逻。

7

未捷先陨

在萨沃岛东侧的一片海域，即伯德舰长向西行进的战舰背后 20 英里处，断断续续的闪电和远处的炮火把夜空中密布的云层镀出灰白色的鲜明轮廓。在周围一片平静的海面上，巡洋舰"文森斯"号、"昆西"号和"阿斯托里亚"号正在沿着一个 5 英里见方的矩形巡逻路线的西北边线巡航。这些舰船的军官们看到了海面上泛起的火光，虽然舰队已经保持警戒，但是他们仍不清楚火光的来源，依然不知道关键时刻的警报早已发出。

"阿斯托里亚"号战舰上的威廉·格林曼舰长指挥本舰紧紧跟上前面的"昆西"号战舰，保持着他认为最妥当的距离，希望能得到前者反潜艇预警系统最大程度的保护。因为在这支行进舰队的前锋位置仅有两艘驱逐舰——"威尔逊"号和"赫尔姆"号，因而他最害怕的就是舰队遭到潜艇攻击。8 月 6 日，尼米兹就潜艇的潜在威胁曾发送"绝密"警告给其麾下所有参与"瞭望塔行动"的司令官。在战斗开始的前夕，特纳已经让克拉奇利停止使用他舰上的水上飞机在"狭槽地带"侦察敌军战舰。但是，他不知道其实真正的威胁正在水下一步步逼近。

忽然，来自南部掩护部队的一艘驱逐舰"帕特森"号发出一则无线电警告："警戒！警戒！不明船只……"这句话该怎么理解呢？

警告于凌晨 1 点 47 分发出，但"文森斯"号战舰的莱福科尔舰长却与这份警报失之交臂。当时，舰船之间的无线电通信波段充斥着各位司令官值夜班时相互间传达的行政性例行交流术语。而且，当天晚上的大部分时间里，驱逐舰军官们一直在无线电上商讨如何在头天中午空袭中中弹的运输舰"乔治·F.艾略特"号的甲板上凿孔，以便从该舰的腹仓中取出货物。尽管"昆西"号战舰上的桥楼哨兵收到了这条警告信号，并且拉响了紧急战备状态的警报，但是战舰的炮火控制台并没有立即收到警告发出的具体原因。

在"阿斯托里亚"号上，海军军士乔治·L.科尔曼正在桥楼下方的航海室坚守岗位。他把搜索雷达转向西方，紧接着就发现一架形迹可疑的飞机正从 29 英里外紧贴水面向这边靠近。虽然萨沃岛周围复杂的环境位置阻碍了雷达获取该岛两岸 25 度角弧形区域内的信息，但是科尔曼还是把敌情记录了下来，并上报给了上级指挥部。虽然当时战舰上的火力控制雷达发生了故障，但是科尔曼对他的远距离搜索设备充满信心。"这个搜索雷达运行状态一向没有出现过任何问题。""阿斯托里亚"号的雷达员海军少尉 R.G. 亨内伯格写道。当该舰的总值日军官拒绝发出紧急战备指令时，科尔曼毫不让步，坚持己见。"我越来越坚信敌军正在迫近，这让我变得热血沸腾起来。"科尔曼写道。

无独有偶，不论一项新技术有多么让人耳目一新的效果，却仍然很难征服那群决意要对其效果视而不见的自负的人。"舰上总值日军官和其他军官坚持想说服我——在我的观察范围内有一个双回波，原因是我们在这个区域内有一艘驱逐舰。"科尔曼说。在交接班的时间，他冒着遭人唾弃的风险还是坚持说敌军已经出现。结果有人警告他，如果他继续对这件事大惊小怪、小题大做，不让下一位值日军官按时接班值岗、正常工作，就把他送到禁闭室关起来。

能证明敌军战舰就在附近的第一个不容置疑的实证终于出现了。敌军的探照灯突然盯住"文森斯"号领航的舰队的懒散队形，就在"文森斯"号身边的海域发起了激烈的炮火攻击。没有人相信——就连其职责是做最坏打算的军官莱福科尔也无法相信——一支日军舰队会在凌晨之前出其不意地抵达他们的控制范围。

当时，"文森斯"号的副舰长透过双筒望远镜扫视这片海域，发现海面上有火光闪亮，就在距离战舰左舷 4 英里处还有一些不清晰的黑色影像。在雾霾中绽放的"巨大火光"其实是一枚照明弹在高空爆燃的光圈。射击指挥官认为这是美军朝海滩发射的炮火发出的亮光。同样，"阿斯托里亚"号的舰长格林曼眼睁睁地看着眼前敌军出现的确凿证据，却也没有辨别出那就是敌军战舰。当他被炮声惊醒，看到伯德带领的南部分遣部队在夜幕中做殊死挣扎的时候，他甚至说："我还不知道原来伯德的部队今天晚上要朝海滩发射炮弹做演习。"说着，他返回了他的舱室。水下爆炸传来频频震动，伯德的分遣部队此时正遭受敌军猛烈的攻击，但是周围的友军理所当然地以为"这不过是驱逐舰为追踪潜艇而投下的深水炸弹爆炸的声音"。周围的友军用这一貌似可信的堂皇理由说服了自己，没有向更糟糕的方向思考。

格林曼舰长根本不知道在操舵室里当时正在发生一场辩论——关于那份雷达探测结果而产生的争议。如果格林曼醒着的话，他从敞开的舱口就能听到这场辩论。

争论一方是哨岗上的一名掌舵手，名叫罗亚尔·雷克，当时，他听到头顶有飞机飞过，请求战舰拉响全面警报；争论的另一方是舰上总值日军官，他是一位年轻的中尉，他据理力争只有舰长才有拉响这个警报的权力。事关生死，雷克把这些客套的形式搁置一旁，他没有再左思右想，也没有继续恳请允许，毅然拉动了红色控制杆。将来有人会这样评价雷克：他不服从上级的行为最终挽救了不少美国人的性命。

在"鸟海"号率领下，"青叶"号、"加古"号和"衣笠"号共计4艘日本巡洋舰组成的一支分遣部队在以迅雷不及掩耳的猛烈攻势跟伯德的部队对战之后，顺势向东北方向横扫而去。掩后的"衣笠"号仍在朝被毁的"堪培拉"号开火，而此时，前方的"鸟海"号已经把探照灯打在了莱福科尔舰长带领的舰队最后方的"阿斯托里亚"号战舰上。当时，"阿斯托里亚"号在日军东北方向8 200码、约4.5英里处。日军"青叶"号战舰照亮了"昆西"号，"加古"号对付"文森斯"号。

卡尔·桑德中尉站在"阿斯托里亚"号的主发炮指挥平台上，透过望远镜，他侦察到一艘可疑的巡洋舰——这时，三川麾下的炮手正把他们的舰炮对准美军战舰编队。卡尔·桑德中尉辨认出可疑舰只有敌舰的构造风格后，他对着手中的话筒急呼："左舷转动！装弹药！"正当桑德试图下达指令把大箱子似的炮台对准目标时，在前桅的空中控制台的射击指挥官海军少校特鲁斯德尔看到敌舰的探照灯划破黑暗的夜空，照亮了本舰的左舷。他急忙呼喊："开火！用你们手上的一切武器开火！"

"阿斯托里亚"号发射了第一轮炮火，格林曼随即从睡梦中惊醒，他遂到桥楼处质问："谁拉响了全面警报，谁下令开炮的？"格林曼设想了他认为可能发生的最坏的情况——炮轰"阿斯托里亚"号的舰船不是敌军，这样发炮回击只会误杀友军。所以当第二轮炮火响起时，这位舰长担心他麾下炮手们的攻击目标会是友军。掌舵手雷克仍然在领受舰长的厉声呵斥。就在这时，消息传来说5英寸口径的主炮下的甲板着火了。当经验丰富的特鲁斯德尔证实探照灯确系来自敌军战舰时，格林曼才让炮手们重返岗位。从这一刻开始，"阿斯托里亚"号展开了猛烈的回击。

乔·卡斯特觉到船在向一边倾斜，他看到黄色的亮光从舷窗的板条透过，照进他的卧室。他突然明白，他不可能毫发无损地逃离这艘战舰。"战斗就在眼前上演，如此生动清晰，仿佛以前有人告诉过我一样。"他写道。一度，他疯狂地想知道到底他的身体哪个部位会受伤，但是随后他明白过来，他没必要为他无法掌控的事情而烦心，因为这没有任何意义。"我突然冷静下来，变得心平气和：该发生的，就随它发生吧！"

无线电部门的一位长官杰克·吉普森中尉跑到露天甲板，"他看到我们被探照灯罩住，就像被钉在原地的虫子，他惊呆了"。与两艘随行战舰"文森斯"号和"昆西"号一样，"阿斯托里亚"号只要一开炮，就会拼尽全力、奋起还击。但是在一轮轮的装弹、开火、调整瞄准方向的过程中，敌军的节奏领先于美军达数轮之多。在"阿斯托里亚"号前方200码、距离左舷500码处，敌军发射的一轮密集炮弹落入水中，水花四溅，他们没有击中目标。下一轮炮弹又近了一些，在"阿里斯托亚"号前方100码处落入水中，依然偏离左舷500码。此时，"阿斯托里亚"号抓住机会，顺势予以一轮回击。不过，敌方第三轮炮弹瞬间接踵而至，正对着左侧船舷中部飞来，但仍旧偏离了目标500码。为了追踪从对面逆向驶来、不断逼近的敌军目标，"阿斯托里亚"号上的炮台控制炮塔不停地被战士们压低射击角度，直至调整到最低角度不能继续调整为止，因为如果射击角度过低，射出的火力会摧毁舰船自身甲板上的各种构造。此时，日军乘机发起了第四轮炮击，炮弹落水处离船又近了300码。在敌军第五轮炮击过后，海军上将特纳麾下的这艘老战舰的飞机库的正中间部位不幸中弹。

萨沃岛战役日美双方兵力部署

盟军	日军
第62.6特混舰队	攻击部队
（皇家海军）海军少将 维克多·克拉奇利	海军少将 三川军一
雷达巡逻舰	"鸟海"号（重型巡洋舰）
"布鲁"号（驱逐舰）	"青叶"号（重型巡洋舰）
"拉尔夫·塔尔博特"号（驱逐舰）	"古鹰"号（重型巡洋舰）
	"加古"号（重型巡洋舰）
南部巡洋舰群	"衣笠"号（重型巡洋舰）
"澳大利亚"号（重型巡洋舰）	"天龙"号（轻型巡洋舰）
"堪培拉"号（重型巡洋舰）	"夕张"号（轻型巡洋舰）
"芝加哥"号（重型巡洋舰）	"夕凪"号（驱逐舰）
"巴格莱"号（驱逐舰）	
"帕特森"号（驱逐舰）	
北部巡洋舰群	
"文森斯"号（重型巡洋舰）	
"昆西"号（重型巡洋舰）	
"阿斯托里亚"号（重型巡洋舰）	
"赫尔姆"号（驱逐舰）	
"威尔逊"号（驱逐舰）	

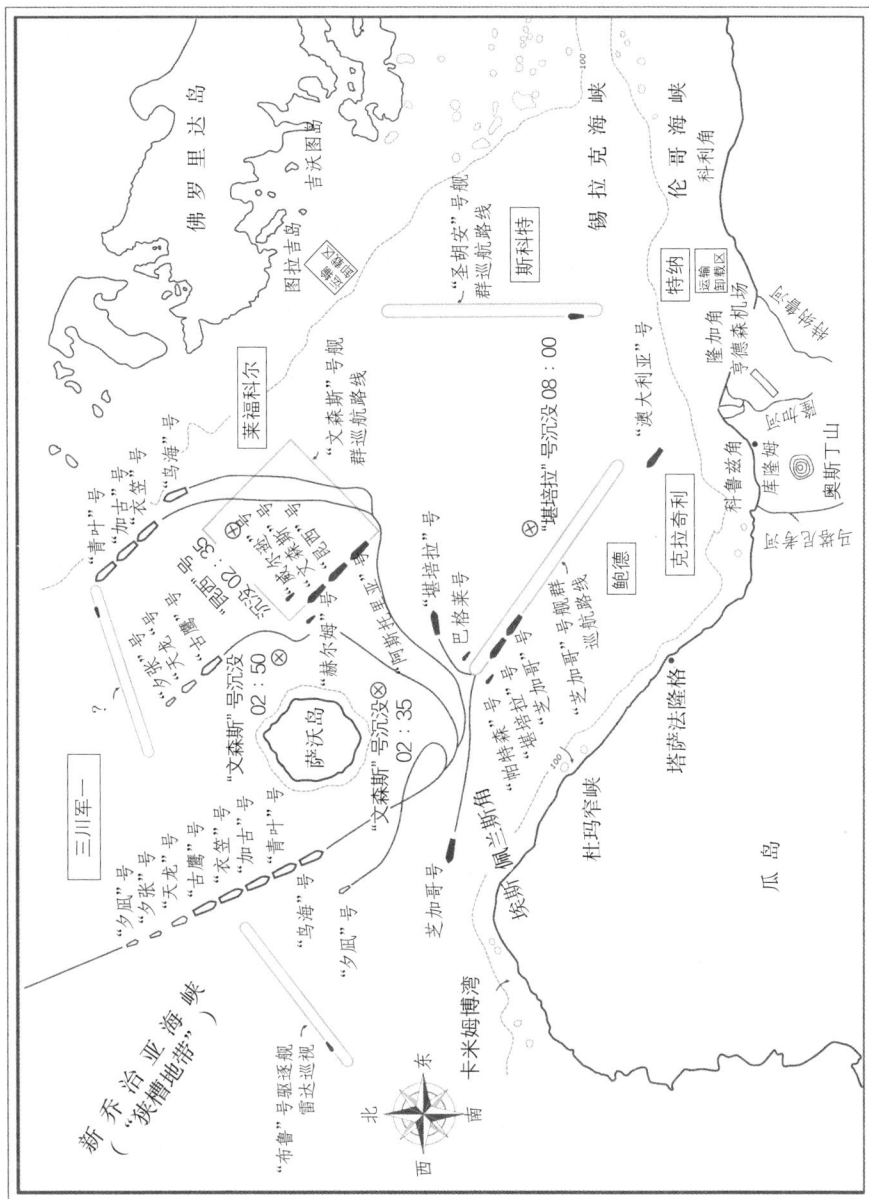

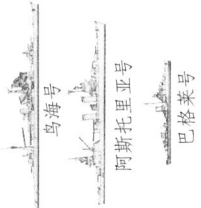

萨沃岛战役

★★★

1942 年 8 月 9 日

图例

□　日军重型巡洋舰

□　日军轻型巡洋舰

□　日军驱逐舰

■　美军重型巡洋舰

■　美军轻型巡洋舰

■　美军驱逐舰

　　暗礁

　　等深线

美军战舰在遭受攻击之后的备战回击过程说起来简直荒谬至极。紧急战斗警报或者说是战斗状态警报响起时，原本正在负责监守某一岗位的人员需要被同一岗位小组的其他人员替换下去，全部监守人员的岗位都要由临战人员上来接替。其中需要替换的也包括关键性的岗位，如瞭望监察员、舰上总值日军官、舰上总值日军官副手、舵手和负责接听桥楼电话的话务员。战斗警报拉响之后，所有这些人都需要立即换岗。虽然说训练有素的船员会在短短的几分钟内完成这种混乱的换岗安排，但是毫无疑问，这一过程让美军长官和士兵把最宝贵且有可能是决定性的几分钟浪费在混乱的换岗过程中，而没有用来攻打敌军。战斗就像是一场抢座位游戏，游戏一开始的那一刻就是决定胜负的关键时刻，开始的每一秒都异常珍贵，每一秒的流逝都会让大家付出高昂的边际成本。

比如，在战斗战舰前部的防空平台，即大家习惯上所说的"朝天炮"旁，值岗的一名炮手助手，在战斗警报响起时，需要马不停蹄地上下奔跑，十分不易。他必须爬下迷宫般的狭窄楼梯和通道，跑到军火库，先取到那枚用来打开5英寸口径炮弹库的钥匙，然后跑到炮弹的放置处，给管理人员打开炮弹库，最后飞速跑回，登上甲板，协助装弹器让炮弹上膛就位。这一切都必须在3分钟内完成。"这种部署程序毫无道理，""阿斯托里亚"号上的一名士兵后来说，"我一开始下楼梯的时候，船就已经被几轮炮火击中了，下面也已经着火了。"

对在这样的系统下运作的战舰而言，一旦遭遇突袭，往往是一场致命的灾难。由于甲板之间的梯子被炸得不见踪影，士兵没有办法到达他们的战斗岗位。杰克·吉普森中尉是一位无线电发报员，他当时目睹了这一荒谬、悲惨的混乱局面。第一轮炮击开始时，他正从露天甲板上的哨岗向主炮发射指挥平台攀爬。"由于受到炮火重击，加上自身发射炮弹的反冲力，'阿斯托里亚'号舰体发生了剧烈震颤，"他写道，"空中到处都有炮弹碎片飞来，叮叮当当地撞在舱壁上。我跑过舰桥甲板时，头顶上方不断有人摔落在我的身旁。为了保证自身安全，我不得不蜷伏下来，猫下身体跟金属栏杆的高度保持一致，然后匆匆向上爬到机库甲板上。在那儿，我完全暴露在了日舰的探照灯下。周围的金属呼啸声把我包围起来，我突然感到好像整场战争的残酷与暴虐都冲我扑来。"

吉普森鼓起勇气，继续向上攀爬。"再登一步，再爬一个舷梯，我就会回到我的舱位，敌军射来的亮光也就照不到我了。但呼啸而至的炮弹紧跟着我从门口穿过，击穿了机库甲板，汽艇随之着火。之后，飞机开始燃烧，飞机的油箱也被引燃，火势开始由此蔓延。"又有一枚炮弹击中右舷飞机弹射器的底部，舰桥甲板被击穿，炮弹落在了舰上厨房里面抑或是厨房下方的某个位置，并随即发生了爆炸。在爆炸中，右舷台着火，火势蔓延到了右舷弹射器上的飞机。

这是一次惨痛的教训：一艘处于战斗状态的巡洋舰的致命弱点就是舷侧航空部的极易燃区域。现代海军中，巡洋舰搭载依靠弹射器发射的水上飞机来侦察敌军和敌方炮火点。因循守旧的士兵常常抱怨飞机在他们舰上锃亮的柚木板上留下难以清理的油渍。经久未修的飞机在遭受攻击时会把舰上的情况搞得更糟。它们会把整个机舱变成易燃箱。在飞机库里，易燃物非常多：备用机翼、储存润滑油的油料箱、汽油和军械。像日本人先前已经示范过的那样——把无人飞机投入海中，把易燃物从舰上扔下去，确实是保全舰船本身的一项明智之举。但太平洋舰队总部在衡量过此举的风险后，让各舰司令官自行决定是否要抛弃飞机。

飞机库是导火索，能引燃难以计数的其他易燃物：油漆、纸张、设备和枪架附近装满弹药的板条箱——箱子的盖子已经掀开。钢铁、电线、软木和玻璃制品——所有这些物品在条件具备时也都很容易被引燃。有时候火光产生的炽热足以让两个隔间外的舱壁上的油漆发生自燃。燃烧的油漆让舱室里面火苗乱窜。而舰上极为重要的洒水装置通过长长的管道分布在各个地方，在炮火、冲击和炮弹碎片中，它们很容易受损。消防用水管的供水和管道线路都采用了集中安装的方式，一旦消防装置的关键地方被炮弹击中，全舰的消防系统就会瞬间失效。

高速飞来的碎片点燃了甲板上堆积的火药箱和军械箱。5英寸口径的炮弹被引燃之后，像火箭一样窜入空中；有的还在甲板上恣意燃烧，引燃了其他的炸药和炮弹，并引发了爆炸。

卡斯特看到其中一只箱子正熊熊燃烧起来，这时，一名水手拖着灭火水龙带把水喷在火苗上。"没过多久，水流开始变小，然后就彻底不出水了——水源断了。这名水手无奈地拖着水龙带匆匆离开了。我向前探身望去，想要看清楚底下着火的甲板的情况……就在这时，一道巨大而耀眼的白光一闪，然后深红色的火焰就向四面八方喷射出去。我听到炸弹碎片'唰'地一声向四周飞去……突然，我的左眼感到发烫，甚至烫得有些刺痛……碎片像天女散花一般猛烈地向四周散开，划出流星般的轨迹。"伤口烧灼一般的疼痛，他感到血已经弄得他面目模糊，他在想，"我再也看不见美丽的夏威夷了。"他眯着那只没受伤的眼睛透过眼帘的血迹向远处看去，一群水手正躲在舰体上部构造的某处。于是，他摸索着向他们的方向走去。此时，卡斯特思绪混乱，不禁在想："或许，这就是将死的感觉吧。"但是同时，他又为自己如此容易大惊小怪而自责起来。

战斗开始时，一名炮手的助手罗伯特·E.里德尔正在战舰左舷前方那座 1.1 英寸口径的四联机炮炮架旁睡觉，这个地方离他的岗位很近。突然，一道亮光惊醒了他。他马上让他的枪炮瞄准手 F.C.卢默瞄准那束照在本舰左舷上的探照灯光的来源。调整瞄准好目标后，里德尔拉动了发射杆，紧接着就是机炮发出的一连串"突突"声。敌军这一束探照灯光随之熄灭，但另一束紧接着又出现在空中。他甚至还没来得及捅一下卢默的肩膀示意他调整发射方向，就在这一瞬间，时间对于他仿佛停滞了，整个世界蓦地陷入一片黑暗。清醒过来后，他发现自己根本无法借助双腿站立起来——从卢默的躯干中瞬间直穿过去的东西顺带着把里德尔的双腿也毁掉了。

在"阿斯托里亚"号遭受攻击时，"文森斯"号也受到"加古"号的攻击，身中数弹，损失惨重。"文森斯"号刚开始遭受的几轮攻击最为猛烈，炮弹击中左舷的桥楼，操舵室里的一名通信兵和两名士兵丧生。在美军战舰几近混乱的应战指挥中，三川的单一纵队已经拆分为两个平行的纵队，包围了美军战舰。现在，日舰纵队每次以数十枚为基本单位发射炮弹攻击美军。美军做出的每一个紧急应对举动都暴露在日军炮手的眼下。美军舰队现在已受到左右两面的炮火夹击。最终，一连串 75 ~ 100 毫米的中等口径炮弹击中了莱福科尔所在的战舰。

按照设定，日军 8 英寸口径的炮弹射出之后，一般在穿越阻碍物运行 60 英尺后会发生爆炸。虽然这种炮弹给被袭目标造成的内部破坏已经很严重，但是鱼雷在爆发力方面比它有过之而无不及。在水面下发动攻击时，鱼雷可以把凝厚的大海所承受的重压转化为一种致命的武器。迅速地发动鱼雷攻势是日本人惯用的战术。日本帝国海军的鱼雷发射长官受命要收住火力，争取让慢速鱼雷和快速炮弹等一切火力同时击中目标，不给敌军预留任何反应时间。日本海军少将田中倡导在夜间作战时积极使用驱逐舰，据他所说："一名理想的鱼雷兵应当有进取精神、强大的责任感并以自己的本职工作为骄傲。"日本帝国海军的驱逐舰司令官通常由经验丰富的舰长担任，他们都是"海军首屈一指的夜间作战中坚力量"和"最出色的鱼雷专家"。按照田中的话："全体士兵，从上至下，都接受过无可挑剔的训练。他们借助最简单的信号就能传达行动指令，而且这些信号从未引发误解。"

多枚鱼雷击中了"文森斯"号的左舷。爆炸的威力经过水的重力放大之后，严重破坏了舰体的内部结构。突然涌入的海水让整艘战舰的电力系统陷入瘫痪，"文森斯"号的主炮台无电可用,内部通信电路的信号也戛然而止。由此,莱福科尔舰长旋即变成了光杆司令,因为他无法跟引擎室、中部操控室或者主炮台控制平台的射击小组通话;同时,他也无法使用信号灯通知紧随身后的其他舰船。在短短20分钟的激战中,这艘旗舰只在左舷处发射了两轮9联发炮弹、右舷处发射了两轮6联发炮弹。"文森斯"号的应战就这样很快结束了,几乎还没有来得及体验痛苦。三川手下的炮塔发射手发射的炮弹击中目标的精确度高得惊人。3艘美国巡洋舰上的9个8英寸炮塔中的6个炮塔被三川部队的炮弹直接击中摧毁。在遭受攻击前,尽管莱福科尔肯定已经知道周围有敌军潜伏,但在战斗开始的头几分钟,他依然感觉当时遭受的敌军攻击让他难以置信,他甚至还坚信攻击他们的是友军。所以,他用闪光信号灯向发动攻击的船只发送会话请求,悬挂起军舰旗,让军舰旗在敌军探照灯的照射下清晰可见。他这么做是要传达这样一条信息:这一切是个误会。这确实是个误会!只不过这不是对方的误会,而是这位美国海军准将的误会。

在三川的"鸟海"号的参谋长大前寿和看来,美国人就像他们室内靶场的靶子一样容易击中。"到处都是爆炸声的轰鸣。每一枚鱼雷、每一轮的炮火几乎都击中了目标。四面八方似乎都有敌舰在下沉!"在首次击中"文森斯"号约8分钟后,"加古"号和"衣笠"号把炮口转向摇摇欲坠的美舰编队末端的"阿斯托里亚"号。"古鹰"号和"夕张"号借助"文森斯"号上的火光和"古鹰"号的探照灯,顺势掩杀,接着攻打"文森斯"号。

面对"文森斯"号的遭遇,莱福科尔手下的两艘驱逐舰"威尔逊"号和"赫尔姆"号爱莫能助,只能望洋兴叹。"威尔逊"号行驶在"文森斯"号右舷船头附近,当它掉头左转想靠近敌军时,却发现美军自己的几艘巡洋舰阻挡了它的去路。由于距离友军太近,友军舰上的火光遮挡了它的视线,所以看不到任何敌舰。出于战术上的审慎原则,"威尔逊"号没有发射鱼雷。在三川舰队战斗海域的后方紧邻的就是萨沃岛,因为萨沃岛附近地形复杂,所以"威尔逊"号发射的雷达信号不能拿到准确的回报数据。仓促之间,它启动了舰上4门5英寸口径的主炮组,在它的立体测距仪测出的范围之内东一炮、西一炮地摸索着射击,而立体测距仪所测出来的范围跨度长达12 000码。"威尔逊"号前后发射了很多排射炮弹,其中有200多发防空炮弹的引信都设置在安全挡上。随着时间的流逝,情况变得让人晕头转向,就连"威尔逊"号上的钟表指示的时间都混乱了。"前面讲述这段故事所用的时间都是大致的时间点,"战斗过后,舰长写道,"因为在我们第一轮发炮的时候,桥楼上钟表里面的指针就掉在了地上。一段时间过后，我们才发现舵手没法把事件发生的准确时间记录下来。"而在"文森斯"号左舷船头处行进的"赫尔姆"号因为缺少可见目标，只对日军发射了4轮炮弹。

承蒙来自"青叶"号战舰第三轮炮击的"礼遇"，"昆西"号已经多处着火。战舰后部主炮的炮台中弹，一大块装甲脱落下来，堵住了准备发炮的炮管。左舷处的飞机弹射器上的飞机也着火了。战舰前部的两个炮塔发出3轮炮击后，第二个炮塔便中弹燃烧殆尽，炮塔中的士兵无一生还。舰上的一些着火点是由燃烧弹引起的，燃烧弹爆炸后没有直接破坏任何设施，只是把火苗溅得到处都是。

在"阿斯托里亚"号上，一名淡水补给员卡瑟尔·P.安东尼跑过机修车间，正要登上通往第三锅炉房的梯子。突然，一股巨大的推力推倒了他前面的舱壁，挡住了他的去路。他站在原地呆若木鸡、不知所措，因为他要走的路被堵住了。这时，一位名叫汤普森的中尉碰巧遇到了他，冲他喊道："在舰首的部队食堂，有人被困住了，需要帮助。你能跟我一起去吗？"安东尼答应了，他用皮带把防毒面具捆在头上，准备同中尉一起冒险前去营救。这时，又一次爆炸发生了。他顿时感到一阵眩晕。"灯光全都灭了，到处迸发出无数火花。就像遭受了电刑一样，我瞬间失去了知觉。我不知道我在甲板上昏迷了多久，但等我醒来之后，整个舱室里已经看不到一个人影。"

稍后，当安东尼再次看到汤普森中尉时，中尉已经停止了呼吸。"冲击波将他抛过一大圈电线网，投进一团乱麻似的烟窗排气管。"安东尼自己的左胳膊和左腿已经不能动弹，并且血流不止，这令他疼痛难忍。他挣扎着进入机修车间，发现远处还有两具尸体。他仔细思索自己是如何活下来的。很快，他发现原来事前不知为什么他居然鬼使神差般地把自己下巴上的防毒面具系带的子母扣顺手扣了起来，这让他成了舱室里唯一一位幸存者，而其他所有人都在失去意识的时候为吸入的毒气所害。安东尼半拖着身体穿过一个紧急舱口，来到右舷侧厨房边的主甲板上。"我瘫坐在那儿，听着左右两边的炮弹在头顶呼啸而过。这里早已成了一片火海。"

一枚日本炮弹击中了主炮台控制平台，杰克·吉普森中尉说当时"爆炸的轰鸣声就像一列特快列车穿过隧道的声音"。"炮弹穿过主炮台正中，瞄准器调整人员的坐凳为纯钢制品，而这个纯钢坐凳的前端却被这枚炮弹齐整地削掉了。口中谩骂不休的瞄准器调整人员被掀翻到了甲板上。在半黑半亮之中，我看到他的手在裤脚末端塞塞窣窣地来回摸索，他是在确认他是否依然安然无恙，抑或是已然肢残体缺。"这时，一位带有美国田纳西州口音的人用因为受伤而显得慢吞吞的语速跟他开玩笑说："这是在提醒你，以后你能站着的时候就不要坐着！"

"但我们笑不了多长时间了，"吉普森写道，"因为我们的炮台严重堵塞，我们根本无法清除这些堵塞物。"

敌军炭精电弧发出的刺眼强光淹没了乔·卡斯特的视野，慢慢地他才意识到周围的人们都挤作了一团。"他们发出低沉的声音，就像一些祈祷者做祷告一样发出含混不清的呻吟，"他写道，"我的耳朵里还充斥着炸弹爆裂的声音。突然，看不见的碎片在我的周围纷纷弹跳着'嗒嗒嗒'地落下，就像钢罐里的铁质爆米花纷纷撞到钢罐内壁的声音一样清脆。虽然我看不到这些碎片，但是我能听到它们在我头顶一阵阵呼啸而过，飞溅而下。"

回想起来，乔·卡斯特事前就曾预感到自己可能会受伤，而在事件发生的当场，潜意识里他也预感到自己不会命丧于此。首席无线电发报员领着他穿过甲板上一条很大的裂缝，来到第二炮塔，让他临时躲在第二炮塔的后面。虽然第二炮塔的 3 个炮口接连开炮会时不时地带动他随之震颤，但是这里至少可以给他提供一个暂避之所。然后，这位首席无线电发报员继续带着他沿着栅栏扶手向下走到主甲板上。就在这时，第二炮塔又发怒一般地开始了另一轮炮轰，刚好在他的头顶上方发出了一连串"令人撕心裂肺的爆炸声"。卡斯特拖着腿走下栅栏时，甲板仍然因刚才的震动而起伏不定，他像一名盲人一样靠着听觉和触觉估摸着向前迈着碎步。"小心我的腿。"附近的一位水手喊道。卡斯特费尽力气睁开没有受伤的那只眼睛，透过眼部的血迹缝隙，他模糊地看到一名身材臃肿的水手——他穿着一身粗棉工作服，右腿膝盖以下的部分仅有一条破布与大腿相连——看着这位全身浸透了鲜血的水手无助地坐在前甲板上，卡斯特心里忍不住想：人到生命终结的那一刻会是什么感觉？"如果我难逃一死，"他默念，"那我宁愿死得痛快一点！"

金属甲板上沾满了血，走上去异常湿滑，在主炮台驻守的吉普森中尉几乎没有办法从甲板上站起来。"在闪闪火光中，我看到我的士兵有的已经死去，但耳麦听筒还戴在他们的耳朵上。他们本来刚迈到门口，想看看外面究竟发生了什么事，没想到炮弹碎片随即刺入了他们的胸部。在我们这个'铁箱子'里，呛人的浓烟和超高的温度让人难以忍受。尽管如此，我们仍然坚持让手中的机炮发挥作用。一级火力控制手韦德·约翰斯用沙哑低沉的声音上报说：'我看到他们了！长官！'——他们做到了我做不到的事情——我的炮塔校准手和枪炮瞄准手依然在坚守岗位、竭尽全力把瞄准仪器整理好，瞄准器调整人员个个都稳如泰山般地坐在金属凳上。我还看到地板上的伤兵们正努力拖着自己的身体回到战斗岗位。"

敌军的第六轮炮击击中"阿斯托里亚"号前甲板最前端的第一炮塔。这座炮塔前后共中弹3枚。其中两枚射入炮室身下的塔座，另一枚直接射穿炮塔表面覆盖的那层8英寸厚的B级装甲，炮塔内无人生还。接下来的几分钟内，由于战舰遭受了连番迅猛的炮火攻击，渐渐地，战舰的火力控制设备瘫痪了。第二炮塔在准备就绪时转向盘突然被卡，不能再调整方向。格林曼舰长发现他只能靠调整战舰的方向舵来调整炮口的方向，于是他命令操作人员转动舵轮，以便让被卡住的炮塔能对准方向。之后，"阿斯托里亚"号发射了它的第12轮也是最后一轮炮火，但就局部火力控制而言，效果甚微。

"阿斯托里亚"号的工程兵们费尽心力想要让这艘陷入四面埋伏的战舰用战斗速度全速行进。淡水补给官弥尔顿·金布罗·史密斯刚刚点燃三号锅炉房的两个备用锅炉，他期望着锅炉能正常运转起来。这时，突然传来一声爆炸声响，整个舱室随之晃动不已。各种碎片透过控制面板上的计量器如雨点般穿泄而出。烟雾顿时朝他扑面喷涌而来，紧接着又顺着通风道向外钻去。

首席电工的助手吉尔伯特·G.迪茨站在该舰前部发动机室的主发电机控制面板前，他听到传言说上甲板已经变成一片火海。他头顶正上方的舱室正在一波又一波的冲击波下阵阵发抖。抽风机在费劲地从底部吸入可呼吸的新鲜空气，但是效果甚微。四周闪烁的火星如雨点般落下，断路器忽然也跳闸了。本来，工程间完全依赖于外力实现空气流通，但现在，工程间上面的空间已经被堵死了。此时，"阿斯托里亚"号战舰的航行速度已经达到15节，但就在这时，它的发电装置居然开始慢慢瘫痪。

没有戴面具的士兵都咳喘不已，纷纷倒在了甲板上，在地板上痛苦地挣扎着、呻吟着。史密斯中断了炉膛的燃油供给，拉响了紧急警报。第二锅炉室的士兵没能抵挡住阵阵浓烟的侵袭。爆炸碎片如下冰雹一般冲入鼓风机的管道。同时，锅炉产生的热量迫使待在后发动机舱室的士兵离开了岗位。一枚炮弹在击中并引爆舰尾食堂之前穿透了一个煤油罐，这种易燃液体流遍了整个舰桥甲板。一个主锅炉房、一个主发动机室、两个备用锅炉房、一个备用发动机舱，它们就这样一个接一个地被摧毁了。经历这诸多磨难后，"阿斯托里亚"号很快就停滞不前了。

"阿斯托里亚"号战舰的初级牧师马修·J.鲍特瑟后来回忆说，当时船上一片嘈杂之声，"火海中钢铁互相碰撞、穿透的声音，空中传来的电闪雷鸣声和战舰在死亡的剧痛中苦苦挣扎的幽怨之声……钢铁铸成的舱壁上火焰攒动，在闪电的映衬下，看似张牙舞爪"。浓烟弥漫了整个世界，他当时无处可逃。"我开始感觉到，我几乎快要停止呼吸了。"鲍特瑟回忆道。

到凌晨 2 点 08 分，格林曼的战舰的航行速度已经下降到 7 节。格林曼看到领头的"文森斯"号中部火光冲天，情况跟他的战舰一样糟糕。他站在舰首左舷向右看去，"昆西"号战舰映入他的眼帘。当时整艘战舰已经着火，塞缪尔·N.穆尔舰长还在不停地指挥发射炮弹。就在"阿斯托里亚"号刚要超过"昆西"号的时候，格林曼意识到这意味着"阿斯托里亚"号不仅不小心进入了"昆西"号的射击范围，而且两艘战舰有可能会发生碰撞。他下令让战舰向右急转，以便让路给"昆西"号向前航行。这样一转，"阿斯托里亚"号炮火锁定的那几艘日军战舰就越过了它的舰尾。特鲁斯德尔下令跟踪它们的轨迹，因为特鲁斯德尔当时正在"昆西"号的前部主炮指挥平台上。但由于该舰中部起火，他望向舰尾的视线被该舰中部燃起的大火阻断。他下令让舰尾的第二指挥室进行火力控制，但是他们同样失去了这几艘日舰的踪迹。

就在"阿斯托里亚"号右舷处超过"昆西"号时，一排炮弹击中了"阿斯托里亚"号右舷桥楼的上部构造，方位盘中弹。舵手唐纳德·伊曼斯被抛出 10 英尺外，摔到甲板上，右耳鼓膜被震破。这次爆炸让整个桥楼哨岗的上半部分构造完全坍塌，领航员和几名船员当场丧命。战舰只能摇摇晃晃地自由航行，因为此时已经无人领航。一段时间过后，帆缆军士长冒着头晕目眩的严重不适，接受格林曼的指令重新掌舵，让战舰左转，尽力找回"昆西"号重组纵队。当帆缆军士长告诉舰长他已身体不支、快坚持不住时，格林曼下令把操舵任务交由中部操控室通过电话指挥操舵。他本打算下令让战舰做"之"字形航行抵达运输舰抛锚点，但是他的对讲机通信员伊曼斯却发现电话线已然失灵。

负责中部操控室业务的长官海军少校詹姆斯·图波尔，虽远在船舱内部，却还是明显感觉到船体的剧烈振动，让人难以忍受的金属撞击声不绝于耳。他对这一切置若罔闻，继续通过各种线路同外面取得联系，并借此指挥大家去营救那些他看不见的站点。火警系统的恒温警报灯熄灭，警铃随之响起。电气工兵开始四处走动，他们通过转换电路来判断哪些还在运行，哪些已经损坏。随后，图波尔接连听到一连串令人沮丧的消息：甲板上是一片火海；桥楼上都是伤兵；第一炮塔遭受重击，几乎不可能有任何人幸存；接踵而至的三次爆炸之后，一号电台瘫痪；又一次让人震惊的炮击后，一号锅炉房陷于大火，最终毁于一旦；一个发动机舱室烟雾升腾；由副舰长指挥的舰尾指挥室火势凶猛，形势危急。

图波尔命令舰首维修队的一组船员到甲板上加入战斗，拯救本舰。突然，一枚炮弹伴着摩擦声穿入由前桅通向船底的装甲紧急通道，并在中部操控室的装甲舱门口爆炸。防水密封垫被炽焰的高温熔化，同时，一条金属接缝被震开，一股毒气顺着缝隙进入舱内。冒着火星的金属碎片、燃烧着的橡胶和爆炸造成的残块从上面倾泻而下。舱内所有人员立刻用领巾捂住鼻子，用碎布堵住缝隙，但是作用不大。在这种形势下，他们不得不请求离开舱位，但是没有被批准。所有舱内人员只好戴上防毒面具。首席电工哈利根抓起一个灭火器，朝燃烧的碎片喷去。这时，又有一颗炮弹穿透了战舰左舷，在第二炮塔的炮座处爆炸，这又给船员们带来了不少隐患。当"阿斯托里亚"号战舰停止滑行，调头准备重新启程时，一束探照灯光照亮了它的左舷。海军少校戴维森登上第二炮塔的校准窗口，把已经损坏的3口机炮对准那束让人感到恐惧的光源。

就格林曼所知，这已经是他的最后一座炮塔。舰船中部燃起的熊熊大火让他看不到船尾主炮台是不是还在继续发射炮弹。但格林曼的目光捕捉到了从本舰上发射出去的炮弹，看到它们击中了敌军。在"阿斯托里亚"号发射的炮弹中，有一排炮弹偏离了目标"衣笠"号战舰，却不意击中了日军另外一艘巡洋舰"鸟海"号的前炮塔。对日本旗舰船炮火的短暂压制并没有为"阿斯托里亚"号争取到分毫好处。格林曼问战舰还能以多快速度行进，他的工程部幸存下来的士兵给他的答案是："零。"到此时，"阿斯托里亚"号在海上已经停滞不前。

大约凌晨2点15分，曾经像火舌一般围攻"阿斯托里亚"号的炮火终于停息——火光退去，炮击的呼啸声减弱，水花四溅的声音也变得断断续续，最后完全停火了。对日军而言，继续炮轰"阿斯托里亚"号是多此一举。大火正里里外外吞噬着"阿斯托里亚"号。战舰上的工程兵请求格林曼允许他们撤出那些浓烟滚滚、烈火炎炎的工兵操作区间。其实，其他两艘美国巡洋舰上也在探讨同样的事情。

2点30分，由于"文森斯"号左舷侧的壳体被敌军的炮火撕裂，船腹直接暴露于海水中，因此莱福科尔舰长不得不下达"弃船"命令。凌晨3点前几分钟，"文森斯"号倾覆。这艘重型巡洋舰船倾覆时，船上的桅杆瞬间拍击海面溅起的浪花，险些把（救生艇上的）舰长击倒。转瞬之间，"文森斯"号以俯冲的姿势，船头朝下栽入水底。

跟"阿斯托里亚"号的遭遇一样，"昆西"号的机库甲板也在突然间遭到敌军炮弹猛烈轰击。对"昆西"号而言，这意味着大难临头。"昆西"号上共搭载着5架战机：两台弹射器上各有一架SOC海鸥战机，舰桥甲板上停靠着一架水上飞机，机库中还有两架水上飞机。这些飞机本不应停留在这里。它们本应该驶离甲板去阻击炮火，应该在空中巡逻，或者应该被沉入萨沃海峡的海底——就像日军主动抛弃那些易燃物一样。更不幸的是，环绕"昆西"号机库四周的钢铁卷帘门已在前一天被撤下，因为在此之前它朝海岸发动炮轰时产生的后坐力让这些卷帘受损。而就在"青叶"号的首轮炮弹击中"昆西"号时，"昆西"号为这次意外事故付出了沉重的代价：船头甲板的凶猛大火顺势蔓延，5架战机中的4架已引火上身，发出耀眼的火光。火势很大，战机无法被弹射出去。待消防灭火带装配完毕后，水管系统早已失去压力，导致灭火水龙带无法喷水。

大火如此一发不可收拾，这给日军大开方便之门。日军侦察员和炮火控制手可以关掉探照灯，躲在暗处，借助"昆西"号发出的亮光调整炮口并瞄准——其实，日军袭击美军其他巡洋舰时采用的是同样的攻击策略。火焰和烟雾渐渐蔓延到舰船中部的军械甲板，幸存下来的炮手根本无法看清周遭的作战状况。虽然根本看不到敌军，但他们还是挣扎着坚持继续作战。他们当中多数人可能根本不知晓，他们的战舰刚才受到的是致命一击。

可能是"青叶"号发射的炮弹击中了"昆西"号的桥楼，桥楼上值岗的多数船员瞬间失去了生命。待船尾的火势不那么凶猛之时，"昆西"号的副舰长海军少校约翰·D.安德鲁马上走向船头。他要找到他的舰长，他需要得到新的指令来指挥战舰的炮火和舵轮。然而，随后呈现在他眼前的一切令他目瞪口呆。"我在一堆凌乱的尸体中找到了舰长，只有三四个人还没有倒下去。在操舵室，唯一一个还屹立不倒的是一名正在掌舵的通信兵，他正在拼命阻止战舰向右舷方向的移动，并让它重新向左舷方向航行。但是，他的一切努力都是徒劳！经过一番追问，我才了解到，舰长当时因伤躺在方向盘附近，指导他把战舰开到岸边。他当时正尽力调整船头，试图往距离左舷方向约4英里处的萨沃岛方向开去。"

安德鲁试图测定萨沃岛的具体位置，同时掌舵手也在想方设法避免船只发生碰撞。"正在此时，"安德鲁写道，"舰长突然身体蹬直，随后向后倒了下去。显然，舰长牺牲了，除了一声呻吟，他走得几乎悄无声息。"在舰长倒下之前，他已下令把战舰的指挥控制权交给舰船的第二指挥室，也就是穆尔麾下的副舰长控制的战斗岗位，位置在船尾的三脚桅下。当安德鲁听说第二指挥室已经中弹被毁时，他明白，此时该弃船了。

仅仅一枚鱼雷就夺去了"昆西"号两个锅炉房里所有人的性命。凌晨2点20分，第三个锅炉房的几个锅炉的炉膛被炸毁。混乱中，"昆西"号的一个发动机室甚至自始至终根本没有收到弃船指令。这个发动机室的领班做出的最后一个决定就是命令一名水手到船头去告知穆尔上校发动机已濒临瘫痪。其实，当时舰长已经牺牲了。就在捎口信的人离开几分钟后，"天龙"号发射的两枚鱼雷就击中了发动机室。离开的那名水手是他们中唯一的幸存者。"昆西"号左舷栏杆浸到海中后，5英寸口径的机炮下面的甲板顿时被海水淹没。汹涌而入的海水浇灭了已燃船舱中的部分火苗。但是这种偶发事件带来的一线希望已经无法挽救整艘战舰即将沉没的命运了。凌晨2点35分左右，"昆西"号向左舷横梁前端倾覆，船头部分最后沉没入海。

"阿斯托里亚"号失去了她的姊妹们。日军消失在茫茫夜色中，在萨沃岛海边的交火中，有一千多条生命牺牲在这里，永远留在了人们的记忆深处。此时，"阿斯托里亚"号已经身心交瘁，但依然在苦苦挣扎。同"文森斯"号和"昆西"号一样，"阿斯托里亚"号也是在茫然不知、无所准备的时候遭受了莫名其妙的重击，被开膛破肚。虽然一些有远见的航空机械师已经在前一天晚上排光了海鸥战机油气管里的燃油，但是船上从来不缺乏会爆炸的东西。比如，机库内储备的一些高压加气泵的阀门头变得过热就会爆炸，而且场面蔚为壮观。"燃气喷射出去，像'焰火筒'一样窜入高空燃烧，"一名水手回忆道。"阿斯托里亚"号上的一名海军陆战队队员回忆说："我们的战舰失火之后，就像夏夜里的一个稻草堆一样燃起熊熊大火。"

在这个末日之夜，北部巡洋舰群有100首"小插曲"在上演。当"阿斯托里亚"号副舰长弗兰克·舒普下令撤离第二指挥室时，他看到甲板上的火已经蔓延到（船尾三脚）主桅的底部，正猖獗地向上攀爬，吞噬着光滑的灰色镶板。第二指挥室是最后一个避难所了，但现在有几十名水兵被困在里面。四面通往主甲板的舷梯全部被上窜的火苗堵住了去路。"所有的通信都中断了，"杰克·吉普森写道，"我们的眼睛被浓烟熏得刺痛，燃烧的柴油产生了大量浓烟，让人几欲窒息。"

吉普森离开指挥室，前往机炮平台。在那里，他看到7具尸体，"胳膊、腿和被炸得血肉模糊的残尸杂乱无章地堆积在被摧毁的防弹护板后面"。在他们当中，有一个人是机炮火力控制官海军少尉麦克劳克林，他和他的士兵还没来得及开炮就全军覆没了。此时此刻，困惑、愤怒和挫败感一齐涌上吉普森的心头，但他绝没有产生胆怯之心。吉普森看着一位名叫迪安的火力控制手从自己的大腿里面拔出一大块钢铁残片，恶狠狠地把它扔到了甲板上。

吉普森回忆时说："我们冒烟突火地从控制室把急救药箱抢救出来，在他的伤口处注射了几支吗啡。然后我朝下面的船尾甲板呼叫，让他们找灭火水龙带。"一些水手爬到了第三炮塔的顶部，把一条灭火水龙带系到一条细绳上，然后靠这条细绳把灭火水龙带拉到了机炮平台上。水龙带中并没有喷出多少水，干瘪地流出一些水后就断流了。

吉普森写道："水手巴克尔二话不说就沿着发烫的舷梯走下去，从燃烧着的备用汽艇上砍下很大一团绳索。机炮的弹药在他周围频频爆炸，但是他回来的时候只受了一些面积不大的灼伤。"这段临时找来的绳索已经严重烧焦，不知道到底能否派得上用场。由于不确定这段绳索的承重能力，他们想先测试一下，却想不出什么好的主意。最后他们决定采用的策略倒很实用但却颇为薄情——但这本来就是一道难解的道德微积分题：他们决定用受伤最严重的一名伤兵来做实验。一位失去知觉的水兵被系到这条绳索上，然后被吊着向第三炮塔的顶部慢慢放下。"我们把他向下放了还不到10英尺，"韦德·约翰斯回忆时说，"忽然感觉手中紧握的绳索变轻了——绳子断了，他坠下了最后40英尺。随后我们就听到下面传来'噗通'一声，那是他重重地摔倒在下面甲板上的声音。"

"我们随后检查了手中剩余的绳索。在所有被烧焦的部分我们都做了打结处理，并再次检查，然后才开始一个接一个地向下卸运伤兵，结果很成功。"

"阿斯托里亚"号中部那座无法逾越的"火焰山"把整条舰船一分为二。约有150名船员被困在船尾甲板，他们得不到前船同事的任何消息。由于舰船中部的大火把他们完全阻隔在后面，他们怀疑前船根本不会有任何人生还。"舰船中部大火肆虐，我们的军火库正在爆炸，此时我们坐在甲板上束手无策，"吉普森写道，"我们当时确信前船的所有船员都牺牲了，而前船的船员当时也不曾想到船尾会有人能在大火中存活下来。"在这场大火中，部分伤兵被解救出来的方式听起来有些匪夷所思，他们中甚至有些人是从敌军炮弹炸出的细长裂缝中被拉到干舷上面而逃过此劫的。

"阿斯托里亚"号的桥楼很大一部分被炮弹摧毁，烧焦的机库区已经变黑。战舰最具危险性的受伤区域是右舷侧的鱼雷区上方的 8 个中弹孔。虽然有炮弹孔，但是战舰还可以安全地在海上航行。尽管有很多的铆钉孔都在渗水，但是那些较大的漏水处已经从舱内堵住了。只要左舷的倾斜度在可控范围之内，渗入舰船中的海水就不会带来致命的灾难。

鲍特瑟牧师坐在船尾艄上，双腿悬垂在船体外侧随风晃荡。当时，他的腿恰好放在焊接在船身上的船名字母上方。天空下起了毛毛细雨，他喜欢这种凉丝丝的感觉。他脚下的海水如黑曜石一般，似乎预示着灾难的来临。只有闪闪火光和炽热的碎片提供着点点光亮。随爆炸迸出的七零八碎纷纷落入海中，惊扰了海中的浮游生物，发出短暂的绿色荧光。这些斑斑点点的荧光又忽然被海面上游过来的鲨鱼鳍划出的恐怖痕迹所冲散。

鲍特瑟正在沉思，"阿斯托里亚"号将从世界上消失了。突然，一个可怕的景象攫住了他的眼球。

"在机库靠近船尾的部分，上方有一些高高的上部构造，我们的后控制台就在这里，上面有我们的火力控制设备，一名战士牺牲在了他的工作岗位上。他的尸体此时搭在了栏杆上，就这么悲惨地挂在那里。下面燃起的火焰离他越来越近。看到这一景象，我震惊了！

"我知道，在那些茫然不知所措的生还者中，我并不是唯一一位看着火焰慢慢吞噬他的身体、看着他的身体慢慢萎缩的人。我本应该爬上去把他的尸体拉下来，但当时我的脑海中丝毫没有出现这样的想法。其他人也一动没动……在我们这艘战舰的最后一刻，其实我们都知道，这也是我们自己生命的最后一刻，这样的火葬看起来确实应情应景。我们每个人都必须保持庄严的静默，就这样肃然地看着他，向他道一声永别。"

有一名船员被派去船下找一些救生衣。他回来的时候却拿来了一盒雪茄。鲍特瑟认识这个孩子。他一直在教他识字写字。他回来后，给蜷缩在第三炮塔的船员——分发烟卷。此时，这个孩子的精神有些振奋，好像他知道他打赢了一场小战役一样。他喊着对牧师说："嘿！老伙计！我刚刚冲破层层壁垒回来了！"看到这名船员在此情此景之下还能重获骄傲的情致，鲍特瑟心中也有所感悟。"我的思绪重新回到了这个熟悉的世界，平常的日子里，船员们会有很多类似的疯狂举动。无论他们的敌人有多么残酷，他们的精神都绝不会被压垮……其笑虽苦，然亦不失勇气和凄美。"

8

—

雨中火海

凌晨 2 点 40 分左右，海军上将克拉奇利站在"澳大利亚"号的桥楼上向远处眺望，他看到在萨沃岛和佛罗里达岛之间有三个熊熊燃烧的火球。他不禁心生疑窦，到底发生了怎样的灾难。他之前看到的类似炮口火焰的那些闪光已经消失了。如果说打了胜仗，可是他手下的司令官们并没有捷报传来；如果说打了败仗，可是停泊地点随后也没有上报遭受攻击。到底发生了什么呢？整个海峡弥漫着一种怪异的氛围。

这位英国长官给他麾下的临时分遣部队司令官——"芝加哥"号的伯德上校——发送了一条简短的指令："汇报战况。"

伯德迅速发回汇报："'芝加哥'号现位于萨沃岛南部，已中鱼雷，船头轻微下沉。敌舰炮火从海面飞来。'堪培拉'号在萨沃岛 250 度角方向 5 英里处着火。两艘驱逐舰在'堪培拉'号周围待命。"

克拉奇利收到这份内容不详尽的汇报后，反复思量，尽量审慎地把信息传达给了凯利·特纳："萨沃岛附近海面有军事行动。战况有待确认。"

在图拉吉岛附近海域的运输舰上，船员们的神经一直像纤索一样紧绷着。"亨特·利格特"号在凌晨 2 点钟发现海面有异常情况之后，就即刻进入全船戒备状态。该战舰的舰长刘易斯·W.珀金斯是一位来自海岸警卫队的长官。此时，他靠在桥楼前部栏杆上，凝视着夜幕下的海面，仔细观察闪光的炮火。紧接着，他听到一阵飞机引擎发出的此起彼伏的"隆隆"声。突然，夜空像白昼一样明亮起来，这时，一个照明弹在头顶上空爆炸的声音徐徐传来。"照明弹发出耀眼的亮光，大大小小的运输舰和驱逐舰赤裸裸地暴露在视野下。在海平面上，又一轮炮击开始了。"珀金斯厉声疾呼："坚持住！现在是我们拿下敌军的时候了！"

"我们屏住呼吸站在那里，紧紧抓着栏杆。这些炮弹，如果是冲着我们发射而来的话，现在就正在空中朝着我们飞速逼近。上空的亮光照着我们。我们的战舰就停在那儿，在耀眼的照明弹下，我们的艘艘舰船就像是一群臃肿木讷的鸭群。"

对于三川舰队的深夜突袭，所有人都大吃一惊。乔·卡斯特曾询问过几位目击者，他至今仍能回忆起他们当时的困惑与恐惧。当天夜里那通炮火带来的悲惨现实让人难以接受。"一团团红色的火球由一艘船上抛出；他们能看到火球沿着弧形轨迹直捣对方船只，击中后爆炸喷射出耀眼的火团。然后，又有一些火球沿着同样的弧线反击回去，爆炸后就像一眼愤怒燃烧的喷泉涌出灼热的火花。"

"他们相互交火的时候，我们的眼球不由自主地跟着这些火球来回转动，从左边转到右边，从右边转到左边，"一艘运输舰上的领航员说，"那场景就像是在看一场网球比赛一样，只不过是在地狱里看。"这位领航员辨认出一艘体型较大的战舰，这艘战舰极有可能是三川的"鸟海"号。它以迅雷不及掩耳的速度猛然发射炮弹，这些炮弹好似一枚枚飞梭在空中竞相奔逐。在炮弹所攻击的方向，熊熊大火在黑色的苍穹下冲霄而起。再往远处望去，天空低处的云彩已经被炽热的火团晕染出红色的边缘。此时，"堪培拉"号战舰已经奄奄一息。

"帕特森"号驱逐舰本来是一路跟随火的"澳大利亚"号巡洋舰航行的，但是随后"帕特森"号在日军密集的炮火逼迫下被迫撤走。后来，"帕特森"号试着再次靠近，终于成功停靠在"澳大利亚"号附近，并把水泵和消防灭火水龙带传了过去。当时，大雨倾盆而下，浇灭了甲板上闷燃的七零八碎。但是，若要扑灭船上的大火，此刻的天降大雨恐怕也只能算是杯水车薪。

虽然"堪培拉"号战舰的形势不容乐观，但是弃船的计划还是推迟了。很明显，在船上所有伤员转移完之前，坚决不能选择弃船。两艘驱逐舰立刻投入到转移伤员的任务中来："帕特森"号搭载了400名幸存者，其中有70名是伤员；"威尔逊"号则搭救了200多名幸存者。就在这时，命令传来：要两艘驱逐舰去支援"阿斯托里亚"号巡洋舰。

即便无此命令，以这两艘驱逐舰的配置和能力，它们能做的也就这么多了。凌晨4点15分，"堪培拉"号战舰由于舱内发生爆炸，右舷开始倾斜，侧倾角度已经接近35度。"帕特森"号甲板上的部队把他们的灭火水龙带扔到"堪培拉"号上，帮助伤员登上"帕特森"号。然后，"帕特森"号向"堪培拉"号转达了上级指令：弃船！

凯利·特纳一直想要在登陆48小时后从瓜岛和图拉吉岛撤离其麾下大部分的两栖部队和供给船只。弗莱彻撤离其麾下航空母舰部队的时间尚不确定，因为他们从今晚到明日凌晨会待在圣克里斯托瓦尔西南方向的一处过夜地点休息。如果"堪培拉"号没办法及时将船身调整平衡以保证安全航行，并在预定的早晨 6 点 30 分加入舰队一起离开，那么，"堪培拉"号就必须选择主动凿沉。"帕特森"号向"堪培拉"号战舰传达了特纳的指令，虽然这一指令听起来令人沮丧。

5 点 15 分前后，一艘不明舰船出现在"堪培拉"号的左舷船尾处的海面上，这有可能是敌舰。"帕特森"号以为有危险，急忙向"堪培拉"号发送闪光信号通知其"关掉所有灯光！"但为时已晚。靠近的舰船居然转而朝"帕特森"号发射了炮弹。"帕特森"号即刻予以还击。好消息是：不明舰船发射的炮弹没有一枚击中目标。坏消息是：朝他们开炮的那艘战舰最后被证实是霍华德·伯德指挥的"芝加哥"号巡洋舰。当时，其实"芝加哥"号正从其孤胆西行的路上折返回来。"帕特森"号打开了身份标志灯，伯德才停止开火。

就在"文森斯"号和"昆西"号刚刚沉入海底、"堪培拉"号和"阿斯托里亚"号的一轮轮交火刚刚开始之际，日本海军少将三川军一已经开始着手思考他的下一个挑战：如何充分利用他刚刚取得的这场振奋人心的胜仗？！问题的关键在于他是不是要执行此行的主要任务：进攻美国运输舰抛锚区。三川和他的参谋长大前寿和心里都很清楚：美军在瓜岛和图拉吉岛海域的登陆区防守薄弱；同时，他们也清楚日军自己在刚才的战役中遭受的损失。"青叶"号左舷侧鱼雷发射台被美军炮弹击中，可谓死里逃生，仅以身免。正是因为它的 16 枚鱼雷中 13 枚已经发射出去，所以敌军发射来的炮火没有引发很可能会发生的极具毁灭性的二次爆炸。"昆西"号摧毁"鸟海"号的海图室的那枚炮弹击中了距离船尾桥楼 5 码处，就差一点点，三川少将本人和他手下多数船员就会成为弹下亡魂。对于夜间进行的分秒必争的战斗行动，有一个亘古不变的真理，那就是不管是哪一方，提前哪怕只有短短几分钟的预警就可能改变整场战事的结局。"美国北部巡洋舰群的英勇无畏给我留下了深刻印象，"三川后来评价说，"在没有做好迎敌准备的情况下，他们遭受了惨重的损失。但即便如此，他们还是做出了英勇的举动，在敌人已然先下手为强的情况下奋然予以回击。如果他们能在我们进攻之前收到哪怕只有短短几分钟的预警，那么此次行动的结果定会截然不同。"

由于没有完全掌握今晚整场战斗的总体结果，三川有些焦躁不安，于是他命令舰队在萨沃岛西北方向集结，重整队形。"鸟海"号在纵队最前面，紧跟其后的是

"古鹰"号、"加古"号、"衣笠"号、"青叶"号、"天龙"号、"夕张"号和
"夕凪"号。所有战舰搭载的鱼雷数量已经不多，因为在前一个小时的激战中有大
约一半的鱼雷已经射向敌人；此外，各战舰主炮台上的军火也只剩下了三分之一。
三川少将担心的主要问题是曙光出现之前时间是否充足。如果他挥军直入美军的抛
锚区，他担心在日光出现之前无法抽身撤离。根据他的推测，集合部队需要花费半
个小时、重整战斗队形也需要半个小时、起航之后恢复到战斗航速还要半个小时。
而从当前舰队所在地，高速冲刺到美军抛锚区还有 60 分钟的路程。完成所有这些步
骤需要花费的总时间共计两个小时三十分钟。这意味着三川的特遣部队在日出之前
只有一个小时的时间发动攻击；因此，双方一旦发生交火，日军不可能再借助夜色
的掩护逃离现场。

美国海军飞行员给日军的教训可谓刻骨铭心，弥久难忘。正如之前的珊瑚海战
役一样，中途岛战役的结果让三川明白，以陆地为基地的空中力量常常掌控着其周
边海域。"如果我们在日出时还停留在这个区域，这就意味着我军战舰的命运必会
像中途岛战役中日军航空母舰的命运一样悲惨。"日军基地拉包尔距离图拉吉岛有
600 英里，不论怎样，日军第 11 航空编队从拉包尔派遣战机来瓜岛参与支援都不是
一件易事。就在此时，又有一个麻烦出现了：从截获的无线电通信中，三川了解到
弗莱彻的航空母舰就在附近的某个地方。如果在光天化日之下打算全速返回日军基
地，那么在缺少友军空中力量支援的情况下，他将无法躲避美军战机的围攻。

在突袭伯德和莱福科尔的战舰时，三川的部队之所以能够切入包围萨沃岛周围
的黑色海岸，靠的是日军出色的航海技术。现在三川旗舰船的海图室已经中弹，航
海图已经化为灰烬。在没有高精度航海图的情况下，日军进入沿海抛锚地区会冒很
大风险。再说，何必要如此迫不及待地急于现在发动攻击呢？！战胜美军曾经易如
反掌，今后还有其他的机会嘛。况且，一直以来，日本陆军宣称把美国人从他们小
小的滩头阵地上轰走根本不费吹灰之力。

8 个月前，三川是珍珠港进攻部队司令官海军中将南云忠一的副手。当时，三川
负责指挥战舰部队第 3 师，麾下有威力无穷的"雾岛"号和"比睿"号。当时，在
决定是撤退还是继续进攻时，三川力争要对瓦胡岛的燃油储备基地和整修设备发动
进一步攻击。而现在，在类似的形势下，他反复权衡利弊——是冒险发动进攻还要
全身而退？最后他决定谨慎行事。他的这个决定有强烈的讽刺意味：因为当三川向
北撤退时，他所惧怕的强大的美军航空母舰正准备向南撤离。

　　"我们一度都还惊魂未定，"大前写道，"我们还沉浸在刚刚结束的那场恶战中，正在回味当时的细节，也不清楚具体时间。当我发现时间才刚过半夜时，我十分诧异。之后我们的舰队开始向北方行进。在北上途中，我们差一点航行到佛罗里达岛的南岸，所以我们马上向左调整了航线。我还询问哨兵有没有敌舰追来的迹象。其实根本就没有。"

　　营救"阿斯托里亚"号的战斗正在紧张进行。数百名水手集合，排成一列，相互接力传递水桶——他们用桶和废弃的 8 英寸炮弹的弹壳取水救火。整艘战舰上肆虐的火苗开始减弱并熄灭。整个上午，英勇动人的小事迹不可胜数。沃尔特·贝茨中尉从船上纵身一跃，跳入海中，推着载有一个移动水泵的救生艇慢慢靠近"阿斯托里亚"号。突然，他发现有一只鲨鱼尾随在他身后，他翻身跳到艇上，抓起一支船桨，朝这只不速之客的头部全力挥去。桨被震了个粉碎，这位捕食者也转身逃走。然后贝茨再次跳入海水，让救生艇就位。水泵的涡轮低声闷吼了一通，水流了一会儿。贝茨发现这个水泵彻底不能抽水之后，再次爬上甲板，跟其他人一起转移伤兵。"哪里都能看见他的身影，不辞劳苦地干活儿，"乔·卡斯特在报告中写道，"他下船时，除了一只脚踝扭伤，身体其他部位居然一点伤都没有。"一位名叫 C. C. 沃特金斯的海军一级军士身上有一种组织和团结整个传水队列的领导气势。"士兵很自然地听他指挥，因为他充满自信、语气很有领导的气势。"负责工兵的长官海军少校约翰·D. 海斯写道。当副舰长弗兰克·舒普乍一眼看到一名水手被夹在捕鲸式救生艇的吊艇柱和上甲板右舷处的裂缝之间时，他以为这个人已经一命呜呼了。但是刚才他居然看到这位水手的手微微动了一下。他还没有来得及做任何反应，沃特金斯就已经和另外两名战士——怀亚特·J. 勒特雷尔和诺曼·R. 托维一起冲进火海，把这位受困的水手从裂缝中救了出来。在搭救这位受困水手时，这三位救援人员意外发现了另外两位被困水手，其中一位在战舰濒临倾覆时，正紧紧抓住巡洋舰鱼雷区的凸起部位。舒普写道："这三个人的营救行为十分英勇。虽然整个晚上英勇事迹随处可见，但这件事是我那个晚上亲眼见过的最善良的举动……我甚至从未想到过下令让任何人去执行这样的营救，因为我觉得这样的营救根本不可能成功。"

　　隔着战舰中部的"火焰山"，舒普听到战舰前端有水泵发动的声响。这时，他才意识到在机库甲板另一端的人们还活着。传水队列经过连续一个小时的劳动，终于扑灭了前面舰桥甲板处的火。只有右舷前方舰桥甲板角落里润滑油燃起的明火能证明这里曾经有过一场大火。

舒普和海斯把形势看得过于乐观了。因为，一场更大的烈火正在蚕食"阿斯托里亚"号的船舱底部。这场发生在船腹舱室里的大火，不论是靠士兵还是靠消防灭火水龙带都无法靠近火源。了解到这一情况后，格林曼下令用水淹没军火库以防发生爆炸。富有创新精神的水手们的做法则更到位，他们在弹药起卸机上也装满阻燃物品，然后打开通海阀。覆盖了这些阻燃物品的军火被淹没后，这个潜在的爆炸危险的警报就自动解除了。但是同时，另一个危险信号又随之出现：因为舱底灌进来的海水越来越多，这导致原本安全的左舷侧倾斜角度更加严重，几欲失衡。

约在凌晨3点30分，天降大雨。磅礴冰冷的大雨持续了大约一个小时。这时卡斯特想起他听到过的一句民间俗语，"一场海战过后，总会天降大雨"。因为猛烈的炮火带来的冲击力打破了大气层的平衡。

大雨倾盆而下，落在战舰的甲板上。虽然雨水对井型甲板上熊熊燃烧的火焰没有什么影响，但是战舰的上部构造却在雨中逐渐冷却，火光熄灭后烟雾开始升腾。烧黑的前桅曾在高温下变软、熔融，此刻在雨中又淬成了坚硬的钢铁。消防灭火水龙带横七竖八地散落在甲板上，空瘪着肚皮，就像一条条蜕完的蛇皮。由一堆尸体掌控的前船炮塔仍然瞄向他们生前瞄准的最后一个目标的方向。战舰的舱内仍然烟雾升腾。由于起卸机过热，5英寸的弹射弹被意外引爆，爆炸后发出的阵阵沉闷响声，时不时地带动战舰震动。此时此刻此地，人们几乎个个静默不语。"我站在原地默哀，悼念那些我曾认识的战友。"杰克·吉普森说，"然后，我听到了喊叫声。声音是从战舰旁边驶来的一艘驱逐舰上发出的。"

当日凌晨4点钟左右，"巴格利"号第一次出现在"阿斯托里亚"的前方。由于该舰上灯火全部熄灭，因此人们无法辨认该舰是敌是友。"阿斯托里亚"号的幸存者看到"巴格利"号信号灯发出的亮光后，还误以为是敌军朝漂浮在海面的美军开枪时枪口发出的火光。格林曼舰长下令让一名信号兵到第二炮塔的顶端，用手提闪光信号灯发信号质问这位"不速之客"的身份。"当时我又冷又怕，浑身有些发抖，"信号员文斯·弗斯特回想，"我向对方发出了身份确认信号和惯用的紧急求救信号。"

回复的声音很快传来，这是"巴格利"号驱逐舰舰长海军少校乔治·A.辛克莱特有的新英格兰口音，绝对没错。"阿斯托里亚"号上的船员都知道他，他曾在"阿斯托里亚"号担任工兵长官，并在这里刚刚结束任期不久。他麾下的驱逐舰头对头直接紧紧靠上体型大于它的这艘巡洋舰，完美演绎了一场"中国式着陆"。伤兵分批次从"阿斯托里亚"号战舰上转移，行动不便需要用担架的首先转移。船员们在黑暗中呼喊摸索着开展营救工作。轮到乔·卡斯特转移了，他从"阿斯托里亚"号上下到"巴格利"号的甲板上。然后他听到格林曼在桥楼高喊了一声："身强体壮的人守在船上！我们不会弃船而去！"一阵欢呼声自发地随之而起。

虽然凯利·特纳的掩护部队已被敌军打击得千疮百孔，但营救"阿斯托里亚"号战舰还是迅速成为他们的一项新的崇高使命。"巴格利"号驱逐舰搭载了"阿斯托里亚"号巡洋舰上的 70 名伤兵。辛克莱的小驱逐舰缓慢驶离，沿着"阿斯托里亚"的船尾方向移动，打着探照灯在海面上寻找其他失散的水兵。这艘驱逐舰转移了更多的伤兵，并向"阿斯托里亚"号派遣了数百名战士参与救援。当朝阳从佛罗里达岛上方缓缓升起的时候，驱逐扫雷舰"霍普金斯"号从远处驶来，跟"阿斯托里亚"号船尾对船尾靠在一起。格林曼舰长身上血迹斑斑，胳膊上吊着绷带，他下令拖船。一根钢丝缆绳被系到这艘小驱逐舰的拖船绞盘上拧紧加固，一根 120 伏的电线和一条消防水龙带随后也分别连接妥当。舒普和海斯看到驱逐舰上的人欣然前来相助，感到十分高兴。如果电力能重启，那么船也有可能重新发动了！

随后，"威尔逊"号也从一侧驶来，从上风杆处侧身而行到右舷侧，用水泵抽水压制前船的火势。在进行营救工作的同时，战舰无时无刻不在提防敌军再次卷土重来。几艘驱逐舰曾数次被叫离现场去前方用雷达探测敌情。

"霍普金斯"号在船尾拖拽，"威尔逊"号上的舱面人员用消防水龙带扑救舱腹里的火势。在他们的努力下，战舰的倾斜角度终于纠正到了稳定的程度。传水队列继续热火朝天、汗流浃背地努力。但这些努力还是远远不够。由于船体下层的输弹机装满了用来对付敌军的军火，且上面有部分炮弹出现了破损，因此，当火势已经蔓延至输弹机时，那里发生了爆炸，接连的爆炸发出阵阵轰鸣，严重破坏了战舰的内部构造。几番爆炸之后，"阿斯托里亚"号的船体已经破裂，船体的倾斜角度变得越来越危险。它的倾侧角度已经达到 10 度，人们已经很难在甲板上继续走动了。

上午又过了一段时间后，"阿斯托里亚"号舱内发生了一次尤为严重的爆炸。这次爆炸可能发生在前舱存放 5 英寸炮弹的军火库。之前为预防爆炸而引入的海水没有抵达这个部位。爆炸的声音虽然不大，但是从深处的密闭空间传来的爆炸让船体有明显的震动，舱壁崩塌的低沉杂音随之传来。火药库燃尽后，残余的黄色烟雾从左舷侧源源不断地冒出。其他战舰上的水手能看到这艘战舰上成千上万颗铆钉的缝隙里卷须般的烟雾蒸腾而出。"阿斯托里亚"号的侧倾角已经达到15度，吃水线上方的炮弹孔开始灌进海水。用木头支撑床垫和枕头堵住孔洞等类似的临时修补措施在这种情形下已经发挥不了任何作用。侧倾角度渐渐达到30度了，这时，"阿斯托里亚"号上所有的水手唯一能做的事情就是眼睁睁地看着它沉没。

刚过正午，"阿斯托里亚"号左舷侧的上端已经跟水面齐平了。所有船员受命来到船尾，传水队列也离开了消防岗位。在一旁救火的"布坎南"号收起消防水龙带后开始帮助转移幸存者。没有救生衣的水手们抓着海面上废弃的火药桶漂浮在海面上。几艘待命的驱逐舰在旁边把水手们接上船。"阿斯托里亚"号船首炮塔上的一名生还者，查尔斯·C.戈尔曼，看到一个人在一艘驱逐舰的尾艄旁边的水面上呼喊"救命"。见状，该驱逐舰甲板上的水手扔给他一条绳索。但是正当此时，驱逐舰突然加速开走了。很明显，驱逐舰是接到命令被派遣去追踪一艘潜艇。此人虽然抓住了绳索，但又不小心失手了。他身后的鲨鱼群很快就扑了上来。戈尔曼称此为"我参加过的战争中最惨不忍睹的一幕"。

很多比他幸运的水手已经登上了这几艘小型驱逐舰，或趴或躺在钢铁甲板上。"巴格利"号的甲板上遍布着"阿斯托里亚"号的伤兵，他们或是四肢或是头部或是躯干都有伤，伤口处都用绷带和纱布包扎着。在"巴格利"号上，那些有能力站起来的人都倚靠在栏杆上，全神贯注地盯着"阿斯托里亚"号的躯壳，眼睁睁看着这艘巡洋舰挣扎着沉下去。那里毕竟曾经是他们的家。最后，"阿斯托里亚"号向左舷侧向翻转，船头深没水中，船尾高耸起来。在后甲板上，一名缝帆工和一个特别工作小组一直忙于把船上的尸体包裹起来进行海葬。直到舰船倾斜的角度太大，他们才被迫撤离。

"在与'阿斯托里亚'号倾斜方向相反的一侧，士兵们慢慢地自行走向这一侧的栏杆，"乔·卡斯特从"巴格利"号上看到，"就像孩子从木排上滑下一样，有些人从船舷外侧半滑半跳下来，这样入水不会很深；其他人则走到船的边缘挥动手臂'噗通'一声跳入海中。有些人穿了救生衣，还有一些人则没有。穿着卡其布制服的军官们跟穿着工作服的水手们混在一起。一时间，海水中有成百上千颗脑袋在浮动。现在，这支跳入海中的大军乱作一团，就像很多条海豚，游来游去，游向在旁边徘徊的驱逐舰和救生艇。"

"苍穹，美轮美奂；碧海，一尘不染。但'阿斯托里亚'号此刻正缓缓翻入海中，""艾尔奇巴"号运输舰上的一名水手写道，"水面上还有很多人，周围有很多小船正在搭救他们。那是一幅让人屏气凝神的画面。"9日中午刚过，"阿斯托里亚"号的船尾部分开始沉没。紧接着，它消失在了汪洋大海之中。后甲板堆积的那些包裹起来的尸首就这样融入了大海，没有任何丧葬仪式。在过去的12个小时内，这是沉入萨沃海峡的第三艘美军战舰，尽管沉没之时它们不过已是一堆炽热的废铜烂铁。

在努美阿总部，海军中将罗伯特·戈姆利还在痴痴等待有关登陆的消息。他没有收到有关登陆的任何信息，也不知道登陆后他们遭遇的炮袭。"那些天、那些分分秒秒，我们经历了漫无尽头的等待。"这位南太平洋战区司令部的司令官写道。然而，显而易见他并没有想急切地终止这场等待，因为他并没有要求他的司令官们汇报最新进展。"我无意要他们汇报，也不想干涉他们的具体军事行动，因为我并不清楚他们当时当地的情形是否允许他们发送急报。"戈姆利写道。他推断没有收到消息是因为那些经历过修修补补的无线电设备出现故障陷于瘫痪。戈姆利做出这个推断很明智。但是戈姆利，堂堂一位战区司令官，竟把质询和干涉混为一谈，利用自己对前线战区的不熟悉来解释他越来越脱离此战区的思想状态，这确实让人震惊！

当天上午，关于这几艘巡洋舰悲惨命运的消息开始慢慢在登陆地区传开后，卸载货物的速度呈疯狂式提高。本来按照特纳的既定计划，8月9日迎来第一缕晨光时，他的运输舰和货船就该做好准备撤离。现在看来，他的撤离行动更有必要加紧实施了。没有了航空母舰上飞机的支持，他们本来就失去了空中防卫。现在雪上加霜的是，他们的巡洋舰掩护部队也被敌军消灭了！

供给物资需要运上岸，船侧的甲板空地急需用来安置伤兵。当物资和军火最终被运上岸后，那些在战斗中受伤的士兵被顺理成章地安置进那批腾出的货舱。运输舰上的一名长官回忆说："他们中大多数都是年纪不大的孩子，他们呆呆地坐在甲板上，半裸的身躯露出黑色的烧伤和从沉船上沾到的油渍。我想我永远也不会忘记那种肉皮被烧熟的怪味。"

8月9日，星期日，凌晨日出之前，第62特混舰队的残部集合，反思这场耻辱的败仗。海军少将诺曼·斯科特的旗舰"圣胡安"号防空巡洋舰正在利用它的新型水面雷达在黑夜中整队。如果这个新型设备在撤退的时候可以派上用场，那么它在战斗中的表现就更不用说了。当战斗如火如荼地进行时，"圣胡安"号正在图拉吉岛运输舰抛锚区东南方向几英里处优哉游哉地巡逻。"如果'圣胡安'号出现在战斗发生地，"该舰的射击指挥台副官海军少校奥拉西奥·里韦罗说，"那么，我军当时就会探测到三川的舰队正在顺流而下……'圣胡安'号上装有我军舰队里唯一一台可以做到这一点的雷达，但是我们没能让它出现在那个有用武之地的地方。他们没有意识到这个设备的过人之处。"特纳确实不清楚当天值班警戒的两艘驱逐舰"蓝色"号和"拉尔夫·塔尔博特"号上面的设备不能覆盖整个警戒范围。尽管海军中将戈姆利对仅用两艘巡洋舰来做警戒哨曾怀有疑虑，但毕竟从他得到的肯定答复中，他确信这两艘战舰可以用他们的 SC 搜索雷达探测到周围 12～14 英里范围内任何靠近的敌舰。但实际上，这一覆盖范围仅仅只有 5 000 码，约为克拉奇利认为的覆盖范围的一半，也是太平洋舰队驱逐舰部队司令官海军少将沃尔登·L.安斯沃思上报给海军上将金的"保守估计"数值的一半。

当太阳升起时，第 62 特混舰队正穿过伦戈海峡向东航行。在之前的 6 个小时里的奋战彻底失败后，这支部队人员锐减，阵容沧桑了许多。但是，时间虽然仓促，却也足以让这支部队比以前更加审慎、明智。船头破损的"芝加哥"号领航，其后跟随着"帕特森"号、"马格福德"号、"拉尔夫·塔尔博特"号、"杜威"号、5 艘驱逐扫雷舰和若干运输舰；其余的运输舰与"澳大利亚"号、"圣胡安"号和"霍巴特"号等巡洋舰组成了第二支分队，由"塞尔弗里奇"号、"亨雷"号、"赫尔姆"号、"巴格利"号、"蓝色"号、"埃利特"号、"威尔逊"号、"赫尔"号、"蒙森"号和"布坎南"号这 10 艘驱逐舰护航。就在首个夜班（16：00—18：00）结束后不久，两栖部队也尽可能卸载了船上所有的货物，起锚驶往努美阿。

对于前一天晚上发生的事情，舰船上所有的长官都在反思事件的整个过程。"蒙森"号战舰的舰长罗兰·N.斯穆特就因为错失攻打敌军的良机而深以为憾。"我总是忍不住对桥楼上的战士说：'为什么老天不让我们遇到这样的事？我们在这里做什么？等着被敌军各个击破吗？我们这是怎么了？！'"斯穆特的言辞属于典型的事后诸葛亮。在两军激战之时，身处两军交战范围内的唯一一名美国海军将官是诺曼·斯科特，但他当时认为他看到的是美军两支巡洋舰分遣部队在互相开炮。斯科特的想法似乎反映了其他 5 位重型驱逐舰的舰长们的想法。除"芝加哥"号的舰长伯德以外，在警报响起之时，这 5 位舰长中有 4 位都在舱室内熟睡。虽然斯科特有革命性的雷达探测设备可用，但是据海军少将托马斯·金凯德讲，斯科特"除了看到一些模糊不清的景象，别的也一无所获"。当三川的巡洋舰部队航行到他们在萨沃岛周围的逆时针航行环线的底部时，斯科特的舰队刚好调转航向朝南巡逻。当时，"圣胡安"号距离三川麾下那艘快速开炮的"鸟海"号的船头仅仅只有15 000码。在舰队以24节速度巡逻的时候，机会现身了，但没承想到手的机会却又失之交臂、转瞬即逝。

作战部队当天显然没有处于良好的战备状态。海军上校莱福科尔承认他在战斗当天的下午曾经收到报告称有日军部队靠近，而且他甚至也计算过敌军很可能会在当天夜里抵达。可他在自己的夜间军令记录中写下这段预测之后，非但无所行动，反而回到他的卧室中去了。如果果真曾做此预测，那么他返回卧室的这一行为就很难依靠常理解释了！

当夜值巡的各舰舰长会用几年的时间来辩解自己是有罪还是无罪。而那些在战斗中沉入大海的战舰舰长们至少还能赢得人们的尊敬。但是"芝加哥"号的伯德上校没能获得这种荣誉，他始终无法缓解自己精神上的痛苦。如果"芝加哥"号当初沉没在现场，那么他就属于英勇的生还者，如果是那样的话，那么也许还会多少洗刷一些他心头的耻辱感。但他疏于职守，终要付出代价。

这一天被海军上将金称为"整场战争中最晦暗的一日"。8月8日到9日之间的那一夜，联军中有1 000多名士兵丧生。9日一整天，这个数字每个小时都在增长，因为伤势严重的人中有很多不治而亡。在向总统汇报这场败仗时，金承诺"南达科他"号和"华盛顿"号两艘新战舰以及"朱诺"号轻型巡洋舰会替补上来，弥补水面战斗部队的不足。这些战舰应该能在9月的第一个星期抵达汤加塔布。虽然金也请尼米兹派遣3～5艘修缮过的旧型战舰支援南太平洋上的水上舰队，但尼米兹一直是一个权衡利弊的好手，为了合理地拒绝金的请求，尼米兹列举了很多冠冕堂皇的理由。与此同时，范德格里夫特和他麾下的长官更是孤立无援。

特纳深知登陆部队最不可或缺的是食物，其次是以陆地为基地的飞机，继而是军火、防空武器、拦截气球[1]和无线电通信建设人员。为满足部队这些方面的需要，

1　指用强力钢缆固定在地面上的大型气球，用于战时拦截和摧毁在低空飞行的敌机。——译者注

特纳计划每周派遣海上运输舰队到努美阿。但是在没有空中力量掩护的情况下，海上运输队的航行必定要承担不可避免的风险。

格林曼搭乘"杰克逊总统"号战舰前往努美阿，他的身体正在复原。在此行程中，他惊喜地看到"阿斯托里亚"号上的两张熟悉的面孔——他的副舰长弗兰克·舒普和记者乔·卡斯特。当时，舰长正仰面朝天躺在他的铺位上，他向卡斯特点头示意后，指着副舰长说："看，这是谁！"

"鬼！"舒普自嘲地说。这位副舰长面颊又黑又肿，脸上涂满了黑色的烫伤膏，他的前臂和双手同样涂满了这种东西，只有指尖上没有。"好啦，我们看起来难道不像一对很可爱的水手吗？"

"我刚刚才发现我们自己居然还是'活物儿'。"格林曼说。他们点烟的时候，舒普发现自己右手中间的3根手指不能弯曲了，他只好用小指和大拇指夹住烟蒂。接下来的一周，他需要遵循医嘱，高抬手臂，以免血液回流淤滞到他双手和前臂烧伤的部位。格林曼体内有11块碎片，其中有一片击中了他后背的一小块地方，差不到1英寸就卡进脊柱了。在医生们忙于给他拍X光片取碎片期间，他脑海中就开始重新回忆战时的情景准备撰写战后报告。他还借机写下死者、伤者、幸存者名单，并向手下的官兵了解战时的一些具体细节。

抵达努美阿之后，格林曼全然不顾自己的伤势，坚持去探望失去战舰的船员，询问他们的状况，关心他们的精神状态。他还参加了很多战士的海葬。在此类简单的葬礼上，通常情况下先由一名牧师吟诵主祷文，随之会有两个人抬起帆布尸袋。抬起尸袋时，包裹着尸首的布料与外层的帆布尸袋之间会发出摩擦声。"每当听到这种声音，我就会产生一种骨髓被刺穿的感觉，"乔·卡斯特写道，"当时，我心里明白，这个声音我永远也不会忘记：尸体在帆布上滑动的声音……战争本身并没有传递这种绝望、无助的声音，因为在战斗的当天夜里，虽然现场一片混乱，天空电闪雷鸣，但当时到处都是充满活力的声音——人们的呼喊声、皮靴在钢铁甲板上的踩踏声，不绝于耳——彼时彼地，那种声音反映着生命与活力；而此时此刻，这种声音却预示着死亡与沉寂。"

"阿斯托里亚"号上的初级牧师马修·鲍特瑟从战斗结束后就一直被一个梦魇纠缠：梦魇中总是出现一具尸首，这具尸首就是那天他看到的吊在主桅栏杆上被火焰炙烤的那一具。"连续几周，梦中都看到这尸首在燃烧。与当时现场的情景一模一样。在梦里，火焰几乎完全吞噬了他的尸体；在梦里，我几乎和它一起被火焰吞噬。"

陆军十分慷慨，给每位被搭救的水手都配发了一双新鞋和一套橄榄色冬季制服。后来，"美国军团"号运输舰的船员筹款，给每位幸存者发放了一包香烟、一盒火柴、一把牙刷、一支牙膏，还有价值一美元的船上商店的代金券。

这个战区的一名高层领导去"慰藉"号医院船探望了伤员。走入病房中，他轻声细语地跟他见到的每一位水手交谈，其中很多人都是他原先战舰上的水手。"他来到我这里的时候，"一位名叫吉森·P.安东尼的淡水供给员说，"他跪了下来，问，'水手兄弟，你是哪艘战舰上的？'"

我答道："'阿斯托里亚'号。"

他又问："我担任舰长的时候你也在吗？"

"然后，我看了一眼他胸前姓名牌上的名字，惊讶地说：'哦，你是特纳上校。上帝啊！是的我在，我们去日本送还斋藤大使骨灰的时候你是舰长。'"

萨沃岛战败的灾难让他难以承受。他抓住安东尼的双手，泪水沿着脸颊滚落，他说："事情本不应该如此。如果我在战舰上，这样的事情绝不会发生。"安东尼对特纳讲的话深信不疑。

曾经有一段时间，海军竭尽全力做出这场灾难并没有发生过的假象。运输舰搭载着萨沃岛战役的幸存者最终回到故土之后，这些幸存者就被隔离起来。他们不能参加公共社交活动，因为他们知道一些战事情况。如果这些战事见诸报端，会招惹海军上将金的内心不快。"阿斯托里亚"号、"文森斯"号和"昆西"号上共计将近500名幸存者被安置进为1939年世界博览会建造的"金银岛"上的一处兵营。名为临时安置，实与软禁无异。海军陆战队曾收到明确指令要阻止士兵们离开这个地方。"对于这次战役，你们一个字都不能向外透露！"有人曾这样告诫他们。

当这些被软禁的士兵听到谣传说他们的长官已经得到允许回家时，他们暴动了！他们做出了这么多的牺牲，最后居然被当作某种安全威胁来对待，这让他们忍无可忍。所以，一时间桌椅乱飞，场面难以控制。根据"阿斯托里亚"号的幸存者约翰·C.鲍威尔所说，后来动用了100多名安保人员才平复下这场暴乱。关于8月9日溃败的消息直到10月中旬才见诸报端。之所以这么晚，据说是因为海军高级指挥部一直在探讨如何评估登报所带来的风险。

后来，日军"加古"号在返回卡维恩的途中，被美军S-44潜艇发射的鱼雷击中。[1]美军终于算是让日军血债血偿，为在瓜岛的军事行动开局之时的悲剧报了一箭之仇。但是，损失一艘战舰丝毫没有让特鲁克岛的日军意气消沉。日军联合舰队总司令山本五十六的参谋长海军上将宇垣缠仍旧洋洋自得。在他的日记中，他写道："自负的英国人和美国人把珊瑚海战役和中途岛战役的胜利看作至高无上的荣誉，现在他们可是无法炫耀了……敌军现在一定觉得自己在战争中时运不济，已经感受到秋日的凄凉了吧？！"他的话总归只是一面之词，后人对此事的评判一直是仁者见仁、智者见智。但是，三川的部队一离开这个区域，美国海军就可以借此宣传说："虽然美军巡洋舰初战不利，但他们后来居上，在当天结束时终于把日军赶出了其攻击目标所在的范围。"

8月初，对所有人而言，秋日的来临还为时尚早。瓜岛的军事行动才刚刚拉开序幕。然而，南太平洋上美日两大海军力量的首次交锋已经清清楚楚地表明谁高谁低、孰雄孰雌。对欧内斯特·金、切斯特·尼米兹和自他们而下的所有美军司令官们而言，春日的胜利所残留的香味已经被一股强劲的新风吹走了。

1　既然尼米兹一直担心敌军潜艇会发动攻击，而S-44潜艇在此又成功袭击了日军，那么为何美军没有在"狭槽地带"密集部署一部分潜艇呢？！这一点让人费解。正如美国海军战争学院院长海军上将威廉·S.派伊所言："有理由相信此地是发动潜艇攻击的一处理想场所。从此地设伏应该是万无一失的。我们知道日军决意要增强部队兵力、再次夺取瓜岛，他们必定会朝我们这边行进。后来他们确实来了，而且是一次接一次来。从我们占领这个岛屿后，对方就没有停止过，而且他们不得不穿过这段狭长的水域。"（威廉·S.派伊，1943年6月5日于美国海军战争学院，《论瓜岛海战（1942年11月11—15日）》。）1950年，戈姆利在给塞缪尔·艾略特·莫里森的信中写道："我麾下没有任何潜艇。我离任后，霍尔西可能分配到了一部分潜艇，但是我对此表示怀疑……我曾经有一两次请求过太平洋战区总司令部派遣潜艇，但最终一艘也未曾派出。"（戈姆利给莫里森的信，1950年11月15日《戈姆利报告文件》。）

第二部分

★ ★ ★

瀚海陈兵

海底冤魂几曾见，

逐风秉月掠浅滩。

夜半潮头千数百，

死而不已泣残蟾。

——"阿斯托里亚"号重型巡洋舰随军牧师沃特·A.马赫勒，

《铁底海峡》节选

9

—

新型战争

8月10日，珍珠港附近，在海军上将尼米兹的府邸里，尼米兹跟他的幕僚成员正在举办一场晚宴，欢迎一位来访的显要人物——他就是新西兰空军部队的总司令。后来，尼米兹才知道自己的部队在萨沃岛战役大溃败的罪魁祸首就是这位客人麾下某支无能的分支部队。但即使这位尊贵的客人难辞其咎，尼米兹当天晚上对双方共同事业所致的祝酒词可能也不会有什么不同。之后，这位太平洋舰队司令官对他的夫人凯瑟琳提及过此事："我们喝了一杯鸡尾酒，向我们在所罗门群岛的海军陆战队遥表敬意。尽管有所损失，但是他们曾英勇应战。虽然我也十分清楚，我们还没有脱离险境，但相对于过去的那几个夜晚，今天晚上我可以睡个好觉了。"

在萨沃岛海域溃败之后，尼米兹费尽心思地刻意低调掩饰。用他的话说，海军上将特纳的水面战斗舰队仍然"士气低沉、无精打采"。在战争开始8个月后，他的航空母舰部队学会了如何应对敌军炮火攻击，取得了惊人的进步，但是水面部队仍然没有做好战斗准备。此外，巡洋舰队的各位舰长并没有关注战场上变幻莫测、瞬息万变的形势。只要人们依旧把巡洋舰视为"珍宝"，认为不能用它们来冒险参战，整场战事仍只能寄希望于太平洋舰队的水面部队，希望他们能做好万全的准备以赢得最终的战局。但问题恰恰是水面部队过于自信。根据海军上将特纳的说法，当时的水面部队"沉浸在一种强烈的优越感之中，他们认为美军在技术层面和精神层面都要优于敌军。尽管有充足的证据可以证明敌军的能力，但是我军的多数长官和士兵都轻视敌军，而且认为无论在任何情况下、在任何交战中，美军必定会是当仁不让的胜利者"。殊不知，自满与怯懦一样，都是失败的近亲。

问题还不仅仅只是出在部队人员的认知层面，操作系统方面也存在问题。作战部队和司令部之间的无线通信频频失效，几乎不具备任何可靠性。由新喀里多尼亚、新赫布里底群岛、圣克鲁斯群岛和马莱塔岛基地的PBY"卡特琳娜"水上巡逻飞机和B-17s轰炸机机构建成的防空网络虽然覆盖范围广泛，但受天气恶劣、人们疏忽大意、沟通不顺畅和无线电接收信号不稳定等因素的影响，这个网络的覆盖范围现在已经日渐缩小。虽然侦察飞机在地理意义上的侦察能力让人赞叹。比如，马莱塔岛的 PBY 飞机可以轻松地抵达 650 英里外的拉包尔。但是麦克阿瑟麾下的西南太平洋司令部掌控的飞机并不能同南太平洋战区的海军部队取得直接联系。

8 月 8 日下午，"狭槽地带"的掩护工作变得尤为糟糕。特纳已经让陆基空军司令官、海军少将约翰·S. 麦凯恩增援麦克阿瑟的部队，对这一关键航路展开巡逻。碰巧，碍于恶劣的天气状况，麦凯恩的飞行员不能执行飞行任务。但是，麦凯恩对此向特纳所做的汇报直到 9 日将近午夜才送达特纳手中。如果特纳知道麦凯恩的侦察飞机不能起飞，他可能就会先提醒克拉奇利、伯德和莱福科尔提高警惕，以提防当天晚上敌军有可能发动的袭击，或者，他也许还可能会要求弗莱彻动用他的航空母舰上的飞机填补侦察网的缺口。

很多情况下，战斗机飞行员无法联系上他们的导航船，甚至有时各战斗机飞行员之间也会失去联系，这种情况在部队已经司空见惯；有时，轰炸机飞行员跟他们要支援的部队之间的通信也会发生中断；还有时，分遣部队司令官居然联系不上其麾下各战舰的舰长。当时根本没有什么通信网络可言。如果对现场军情失去清楚的把握，哪怕仅仅只有短暂的几分钟出现这种情况，也注定要付出高昂的代价。南太平洋司令部麾下各支队伍之间频频失去联系，这无疑会导致致命的后果。

当特纳的掩护部队在萨沃岛附近海域最终消亡殆尽的时候，他才发现他不能直接联系到当天晚上掩护部队里负责值班的唯一一名海军将官——那位颇有能力的诺曼·斯科特。由于特纳麾下的旗舰"麦考利"号的 TBS 无线电设备有部分元件发生短路，导致其信号覆盖范围只能达到 8 英里左右。在这种情况下，如果特纳想要联系到斯科特，他就必须通过"文森斯"号上的莱福科尔才能实现。与此同时，特纳也未能同戈姆利建立起无线电联系。根据戈姆利的说法，特纳的无线电波段"南太平洋部队总司令接收不到。至于第 61 特混舰队的其他司令官们能否听到这个波段上断断续续的通信，答案一直是未知数。"同样地，戈姆利也接收不到弗莱彻的通信信号。虽然后来"麦考利"号的通信配置中增加了 16 套战地无线电通信设备，特纳还是不能定期跟踪到弗莱彻的通信波段。

除了整个系统各项功能的衰竭，美国人还深切感受到了"屋漏偏逢连夜雨"带来的麻烦。8 月 8 日上午 10 点 25 分，新西兰空军侦察飞机将发现敌情的报告发送出去，但是福尔里弗的无线电设备在空袭下已经无法运行。飞行员比尔·斯塔特降落之后，他才了解到原来他发送的那份报告一直没有抵达目的地。随后，他开着吉普车一路飞奔到临时军事行动营房，亲自把报告送达。将近两个小时后，报告才被传输到位于布里斯班的西南太平洋总部；这份文件在布里斯班又耗费了3个半小时才被送去堪培拉向整个战区播报；最后，该消息传到珍珠港后才被转播给各支舰队；而直到受袭当晚，特纳本人才收到这份发现不明船只的重要报告。

　　弗莱彻及其航空母舰特遣部队仍在距离萨沃岛约150英里处集结待命，等待戈姆利同意他撤离航空母舰部队的请求。虽然他当时的位置处在三川部队的攻击范围之内，可惜，对摆在面前的这个机会，弗莱彻却全然不知。得到戈姆利首肯之后，航空母舰编队最后在9日凌晨4点30分掉头向南航行。据海军上将弗莱彻的下属托马斯·金凯德少将说，当天早上，航空母舰编队撤离一段时间之后，弗莱彻"在航空母舰航行过程中完全没有收到有关铁底海峡[1]发生水面军事行动的消息"。"如果弗莱彻及时收到了水面军事行动的准确信息，"金凯德写道，"那么，我们的航空母舰空中部队可以在凌晨对日军巡洋舰部队发动攻击，而这正是三川十分惧怕的事情。"但是航空母舰编队毕竟没有发动空袭，因为他们从未知晓敌军就在附近。三川凭着自己有限的三招两式侥幸逃过此劫。

　　在接下来的几周，对海军作战态度的不利评论渐渐涌现出来，这在范德格里夫特麾下那些部署在瓜岛周围的士兵当中不难发现。海军陆战队不仅对此颇有微词，甚至有少数人开始质疑航空母舰在战斗中的作用和能力。"在我看来，这些航空母舰简直胆小如鼠，"当时"亚特兰大"号上的一名少校劳埃德·马斯廷在8月8日写道，"如果你问我的话，我可以告诉你：就在圣克里斯托瓦尔附近海域，航空母舰又荒废了一天。这里距离图拉吉岛实在太远了，根本不可能给战区提供战斗支持。我真想知道，我们到底什么时候才能有胆子真正地去追击这些混蛋，把他们揪住，让他们死无葬身之地。""黄蜂"号航空母舰上的一名海军中尉托马斯·R.韦施勒说，他的舰长福里斯特·谢尔曼"一直尽力提醒海军上将诺伊斯关注他职权范围内应该仔细考虑的事情"，包括让弗莱彻改变在8月9日交战后从萨沃岛撤离的决定。虽然诺伊斯只是航空母舰部队的战术司令官，弗莱彻也在一艘航空母舰上悬挂了诺伊斯部队的旗帜，但是诺伊斯的职位几乎是多余的，不过是个应景花瓶而已。诺伊

1　铁底海峡（Iron Bottom Sound），意指瓜岛与萨沃岛之间的水域。——译者注

斯似乎对承担领导责任十分犹豫。根据韦施勒的说法："战斗发生当晚，海军上校谢尔曼对海军上将诺伊斯连续三次上报，'我建议您说服海军上将弗莱彻，我们应该掉头回去。他们需要我们的支援'。但是，海军上将诺伊斯从来没有向弗莱彻沟通过只言片语。"韦施勒当时即将成为海军中将阿利·伯克的助手，自己也将升为一名海军上尉。他对弗莱彻的副手诺伊斯的印象寥寥。"我一直认为海军上将诺伊斯有点过于胆小了……他穿着绿色军装，戴着猪皮航海手套，在后甲板上徘徊往复。那真的是我唯一一次看到他。我对他一直以来的印象是，他有点像模特，而不是一位真正的有血有肉的海军军官。在瞬息万变的战争期间，随时能运筹帷幄，掌控大局，雷厉风行，力挽狂澜，这一点他做不到。"

在一场美国人自以为胜券在握的对弈中，美国舰队要打败日军，很明显还有很长的路要走。海军在参与这场战争的时候，几乎整支部队的各个阶层都普遍存在着一种傲慢排外的职业沙文主义。他们必须摒弃这种思想，学习如何作战：采用新技术；改变船员在船上的生活方式和工作方式；采购确实可以有效引爆的军火。更重要的是，参战的司令官们需要培养一种"以战事为重"的职业态度。那些生来就拥有战斗者品质的人，在这一方面只需稍加引导即可胜任。但是，对那些从未经历过现场实战和血雨腥风的大部分军官而言，萨沃岛战役给他们的教训足以让他们深感不安，引起他们的彻底反思。

美国海军陆战队在初次登陆瓜岛时取得了胜利，并在飞机场周围布下了严密的防守。在瓜岛向西1 000英里，日军已经把麦克阿瑟的部队打退到新几内亚。在美国海军和陆军同时参与并融入这场军事行动后，同敌军进行作战的关键阵地被确定在南纬9度战线上。至此，南太平洋海域的战线已经划定。

一些军官认为，要想清除那些阻挠他们战舰做好战斗准备的障碍，其实很容易。其中有一个措施就很简单，那就是不让佐治亚州的士兵担任战时的电话接听员。因为接听员必须使用简洁明了的指挥用语，这样才能确保信息在战舰的无线通信体系中畅通无阻。地方口音有可能无法让对方快速识别对话内容，而快速识别对混战中的战斗船员来讲具有至关重要的军事意义。"弗莱彻"号驱逐舰的副舰长约瑟·C.怀利回忆说，当时一些富有爱国主义精神的人蜂拥而至，志愿加入了他的战舰部队，但是这些人中只有五分之一的人做过水手。其中有几个孩子是来自桃州（佐治亚州的别称）的边远地区，他们都没有接受过新兵入伍训练。在佐治亚州的沼泽地里，他们经常使用小口径步枪，捕猎技艺娴熟。但是，若要在更宽阔的水域上作战，他们肯定会把事情搞砸。"我们必须十分谨慎，这几名来自佐治亚州的孩子，要么全部安排在接听电话的岗位，要么一个都不要安排在这个岗位。这样，这个岗位上的人才能都听懂彼此间的话（当面汇报给我们之后），我们也能轻易地理解他们。"怀利说，"除此之外，我们还有很多的特别安排要考虑。"

其中一个就是如何交流相对方位。这些相对方位是根据环绕战舰四周的虚拟罗盘来给出的。0度是正前方，180度是船尾方向。"这些孩子从未听说过这种方位表述方式，我们也没有时间教他们。因而我们使用的是像航海员采用的现代钟表的方位表述……例如，如果要指示右舷侧，就说3点钟方向，明白了吧？"

在20世纪30年代中期，马尼拉的某个冬日，怀利走进他在"奥古斯塔"号重型巡洋舰（归时任海军上校切斯特·W.尼米兹指挥）的军官起居室，刚巧碰见两名后来前途无量的年轻军官之间"摩拳擦掌般的"唇枪舌剑。他们争论的焦点是什么样的人才能成为步枪或是手枪枪法精准的射手。其中一位是劳埃德·马斯廷长官，他说，只有生来有这个特殊天赋的人才能学着做到这一点；而另一位是海军陆战队的刘易斯·B.普勒长官，他说："随便捞一个呆呆傻傻的人，我都能教会他射击。"后来，马斯廷成为海军雷达控制重型舰炮技术的先驱；而普勒最后成为一名将军，而且是美国海军陆战队历史上载誉最多的一位将军。当时，普勒指向站在门口的怀利，自信满满地说："就算是他，我也能教会。"

随后，他们下了10美元的赌注。接下来，"奥古斯塔"号海军陆战队分遣部队抽出时间在靶场开展他们的年度测评，怀利是普勒的特邀嘉宾。测评结束后，怀利荣获海军陆战队的一枚金章，他成了一名专业的步枪射手。

这段经历让怀利明白，凭着天赋异秉，加之可传授的技巧，他已经提前做好准备以便今后去教导他麾下的那些来自边远地区的孩子们。如今，如果看到一架飞机自远处而来，但是目标距离未定，"弗莱彻"号桥楼上的士兵打电话上报此事时会用很土的地方口音说："嘿，丧校（口音，实为'上校'），又有一架那样儿（口音，实为'那样'）的航空飞机来了。但是你完全不用担心。它还在老远的地方嘞！"听到这样的上报，他现在只会微微一笑。怀利是一位十分优秀的领导，他十分赏识这些来自边远地区的士兵在战争中发挥的作用和优势。"他们态度十分积极，"他说，"他们可以义无反顾地直接冲上战场。"

在美国本土，一场规模盛大的部队集合仍在进行当中。这场世界大战推进的速度十分缓慢，这让美国可以从容不迫地开展大规模动员。从未旅行过的年轻士兵们首次向西行进，他们当中很少有人会忘记这次旅途中的情景。一列普尔曼式列车咔哒咔哒地在沼泽松林中蹒跚而行，穿过南部的沼泽地，驶入了其他地域。"月亮出来了，但是借着月光放眼望去，周围仍旧是一片松树，月光斑驳。铁路上的岔道铃声响过，看到对向一列车的头灯擦肩而过，然后又是一片茫茫黑夜。"海军陆战队第1师一名新上任的少尉写道。在餐车里的新兵或感到无聊之极，或满怀忧虑难以入眠，只好打牌到深夜。其他人则把前额靠在玻璃窗上，看着窗外漫无边际的夜幕。从奥古斯塔到亚特兰大，然后到伯明翰市，再到圣路易斯，之后越过高地平原，又穿过落基山脉，队伍正朝着太平洋的大前线行进。

接任尼米兹成为海军人事部主管的海军少将兰德尔·雅各布斯曾感叹，"美国人锦衣玉食、个人主义肆虐的时代已经一去不复返了"，在曾经的那个时代，新兵当中曾有压倒性比例的人因为身体缺陷而被拒入伍。但是新兵人数的高涨期来了。12月7日，海军在役人数为325 095人，海军陆战队队员则超过了70 000人。两年后，海军舰队的花名册上将有超过2 250 000个名字，海军陆战队的总人数也会超过39 1000人。

这些新兵从圣迭戈或者密歇根的训练中心整装出发，在诺福克海军基地或者马雷岛被分配到各条战舰上，然后在缅因州或者波多黎各附近海域开展试航和加速航行训练，他们已经把这些舰船当成自己的家。这些战舰会向着胜利前进，但是它们同样会把死亡带给船上的孩子、士兵和海军军官，甚至将官。虽然海军仍然在锻造过程中，他们能否获胜尚未可知，但组成这支海军队伍的战士们自身的潜力都将得到充分开发。此时，他们正雄赳赳、气昂昂地向西行进。正如后来海军陆战队的飞行员塞缪尔·海因斯评论所说："他们之所以上战场是因为他们不能不去。因为在社会上，上战场的迅猛潮流已经是大势所趋，每个年轻人只要一踏进社会就被卷入其中，顺流而下。"

站在这波滚滚入伍大潮中正在指挥人来人往的那位是鲍勃·哈根。哈根是新上任的海军少尉，他是五大湖海军训练站的军校生选拔官。在队员鱼龙混杂的情况下，他和新入伍的帮手把"龙"和"鱼"分开，因材施教，让新兵接受先进的训练。他每周给成千上万名士兵授课，向他们解释淡水供给员、火炮助手和文书军官的工作，等等。学员还需要参加测试，他们由此判定某个学员能否清楚分辨颜色成为一名合格的信号兵，或者判断某一名无线电报务员候选人的发音是否足够清晰可辨。哈根和他的军官综合分析这些测试的结果，反复查看每位申请人的优先选择职位。那些得分最高的人会被送去参加特殊训练，以满足海军最急需的岗位的人员需求。隔三岔五，上面还会有特殊命令传来。一次，哈根接到命令要物色人选去做药剂师的助手。之后，又有命令传来说需要物色人选去充实新成立的建设兵营。因而那些在农场上长大的孩子们就成为急需之人，而且很快，他们就穿上了带有Ｖ形臂章的高级海军军士军服。

有一天，哈根的司令官不在岗位上，他会见了5名身材高大的年轻人。"一不小心我会误以为自己正置身于一片森林里，"哈根说，"他们就像一株株高大的橡树，身高都快超过6英尺了。"他们告诉哈根，他们曾经得到承诺，可以在同一艘战舰上服役。听到他们的名字，哈根觉得有些熟悉，他的家乡旧金山的报纸曾经登过他们入伍的消息。这5个男孩儿来自艾奥瓦州的滑铁卢市，他们是阿丽塔·苏里文和汤姆·苏里文夫妇的孩子。其中，乔治和弗兰克曾经当过4年的兵。在珍珠港事件之前，他们已经退役。在珍珠港事件后，他们毅然决定重新入伍，并且动员他们的三位弟弟和家乡摩托俱乐部的两位好兄弟一起参军。1月，在他们抵达五大湖之前，乔治写信给海军部："作为一个团体，没有人能打败我们……我们会竭尽全力，做到跟海军里的任何一名水手一样好……我们会联合起来组成一支无人能敌的团队。"

在哈根看来，苏里文五兄弟在同一艘战舰上服役，这个安排似乎糟糕透顶。坚定自己的想法之后，这位22岁的军官利用自己的权限设法遣散了苏里文五兄弟。他告诉他们，他自己也爱莫能助。"我以为此事就算过去了，"哈根说，"但是几天之后，我的上级来找我了。他气得七窍生烟。"这位司令官告诉哈根他们应该履行海军公开做出的承诺，军队所有分部现在都求贤若渴。苏里文五兄弟此时显然已经理直气壮地找到了依据和靠山。

"哦? 在我看来，这并不怎么有道理。"哈根解释说。司令官摆出上级领导居高临下的一副姿态说："哈根，在海军，你只要服从上级的指令行事即可。你才22岁，（执行命令时）不需要去思考!"

苏里文兄弟信奉天主教，这一宗教信仰让他们在新教盛行的艾奥瓦州的居民中独树一帜。但是他们不属于表现突出的顺从的学生，倒是在搞恶作剧方面十分有天赋，这让人痛恨得咬牙切齿。虽然美国的大萧条限制了他们未来的发展，但是他们现在的前途没有受到丝毫影响，依旧光明一片。这些秉性使得他们待在台球房里的时候比在听讲解教义的时候更加自在。在家乡，他们属于铁手硬汉，他们的父亲是一位爱尔兰裔铁路工人，家里经济拮据。但是这几位调皮的兄弟居然能让滑铁卢市东部维持"国泰民安"，一位居民说："警察不怎么来我们这里，这几位兄弟'管理'这里的一切事务。"夏威夷遇袭再一次燃起他们替天行道、行侠仗义的决心。在夏威夷遇袭过程中，他们的一位兄弟，一位名叫比尔·鲍尔、来自弗雷德里克斯堡的孩子死于日军之手，就在美国63号国道上行40英里的地方遇害。每个家庭都有自己宝贝般的"比尔·鲍尔"，远隔重洋的日军跨越整个太平洋跑来夏威夷给这里的每个家庭都带来了痛苦和损失。苏里文兄弟下定决心要对付日本人，就像对付亚当斯街上那些跟他们作对的恶棍一样。"我想我们心意已决，是不是，兄弟们？"年纪最大的乔治问兄弟们，"而且，如果我们参军的话，我想我们要待在一起。不到万不得已的时候，我们绝不会一起赴死。"

在纽约造船厂的第二码头，这几位兄弟找到了他们的新家：美军"朱诺"号巡洋舰。这是一艘新型的"亚特兰大"级轻型巡洋舰，虽然装甲轻便，但是配有威力无穷的高射炮。"亚特兰大"级战舰中的前四艘都将在所罗门群岛作战。在应征时，苏里文兄弟早已名声在外，他们身穿扣紧的粗呢上衣，头戴低顶鸭舌帽，摆着各种姿势让通讯社照相。在士兵自由活动时，在百老汇杰克·登普西的休息室，他们跟这位重量级拳击手冠军一起合影。对于这种名气，"朱诺"号的舰长莱曼·克努特·斯温森持有不同的看法。这些名气带来的好处转瞬即逝，而且在即将面临的惨剧和风险前将显得更加不值一提。但是名气让人们沉醉，对这几位兄弟和军队中的其他战士而言，都是如此。

离开海军码头时，船身做过斑点伪装处理的"朱诺"号的主炮周围蒸汽升腾，它铆足马力，朝着休斯顿河驶去，最后抵达爱奥那岛的军火库。在这里，战舰将装载军火武器，为今后随时可能发生的战斗做准备。

鲍勃·哈根结束他们在五大湖的行程后，他自己接到的首个出海任务是搭乘"阿伦沃德"号新型驱逐舰奔赴太平洋。战舰司令官是奥维尔·F.格雷戈尔，他以独断的行事风格在周围同事中小有名气。哈根的新岗位是助理通信官，他的职责范围包括兼任雷达官。但几乎没有长官了解这个岗位的具体工作内容，甚至连"阿伦沃德"号的舰长也不知晓。

向目标发射一束无线电波脉冲，通过脉冲回波的情况来测量目标距离和方位，这样的技术有可能会改变战舰用军械对准目标的传统方式，具有革命性意义。英国皇家海军首先把雷达或者称为"雷达侦察和定位技术"付诸实践。这门技术通过海军研发实验室和麻省理工学院联合私人企业的工程师共同研究，最终在美国得到了应用。其中最早参与这项研究的私人企业包括贝尔实验室和美国无线电公司。但是在对雷达的认识层面存在着两种完全对立的立场，这阻碍了雷达技术的引进和应用。美国舰队的卢德派（反对技术改变的人）坚持认为，既然海军军官学校和战争学院一直把第一次世界大战的日德兰半岛之战作为教科书的研究案例，而雷达并没有在此次战役中出现，所以研究雷达并没有什么重要意义。与之持相反观点的那些雷达拥护者和传播者则怒斥卢德派，他们认为，正如一名雷达研究史学家所说，雷达就是一个"魔术箱，威力无比，只要按一下箱子上面的按钮，就能打胜仗"。

有一批海军军官即将被选送去麻省理工学院参加火力控制课程，他们之前都曾参与研发、设计雷达技术在海军部队里的应用，故而对雷达的潜力和不足可谓了若指掌。即将加入"北卡罗来纳"号战舰的阿尔佛雷德·G.沃德曾经协助研发电动伺服控制军械。作为刘易斯·普勒的对手和约瑟夫·怀利的射击教练，劳埃德·马斯廷曾经构思过稳定回转仪防空军械。在麻省理工学院电力工程系读研期间，他和"圣胡安"号的海军少校里韦罗共同研发了一种计算器，可以计算防空炮手在多远的距离可以击中目标。身为"亚特兰大"号上的助理射击指挥官，马斯廷有充裕的时间来完善他的理论；作为军械局的首席雷达官，里韦罗的工作是从工厂搞来新的雷达设备装备到所有战舰上——不论是那些在港口进行大修的还是那些接受部分修理的战舰，只要他能接触到的，都要安装这个设备。

然而雷达安装技术是一回事，鼓励士兵使用雷达并发掘他们在这一方面的后天热情则是另外一回事。有关雷达使用方面的技术一直是高级机密，海军迟迟未能走出这一保守阶段。"根本就没有开展过什么切实的雷达培训项目，"里韦罗说，"这是我们的失误。我们当时的眼光有些短浅。"

1942年，指挥部队的多数军官要么完全不了解雷达技术，要么在了解之后对这项技术持否定态度，他们对这项尚未完善的技术持有的态度充分说明他们对雷达一无所知。汉森·鲍德温把当时典型的海军军官看作"思想狭隘的人……对政治、生活和社会抱有的看法一成不变、顽固不化；尽管他在把握事务细节方面做得很好，但是他常常会只见树木不见森林"。这样的问题直接渗透到海军高层军官内部。"跟其他海军人员相比，我们的舰队司令和军官们都属于年长的一辈，他们当中有太多人都备受神经疾病和心血管疾病的折磨。要想经受住重任的磨砺，除非他们再年轻

10 岁。"凯利·特纳则坦诚相告："不论是我，还是我麾下部队的成员，我们对雷达都一无所知，仅仅是知道'雷达'这个名词的存在而已。"当海军舰队终于接触到这项雷达技术时，跟另一项功能更加强大的技术版本相比——SG[1]或称微波水面搜索雷达，原来的这项雷达技术已经过时了。这让负责战术行动的海军军官一直对新技术很是困惑。跟 SC 搜索雷达设备的 150 厘米的波长相比，SG 版雷达设备波长更短，仅为 10 厘米，因而 SG 雷达有更精准的距离分辨能力。加之 SG 雷达有电动旋转接收机和新型阴极平面位置显示器（PPI），它能即时呈现发送信号船只头顶上空 360 度视角、更加直观的空中影像。然而，技术的革新速度远远超过了军官培训或者战术学说的更新速度。

鲍勃·哈根所在的"阿伦沃德"号驱逐舰上的军官正在他们的海图室里慢慢研究这一新奇的雷达设备的不足之处。该战舰的 SC 雷达需要操作员转动操纵手轮，靠人工定位天线方向。雷达的 A 型显示器会呈现出此方位内的所有目标的坐标，并以 X 轴和 Y 轴的坐标显示出钉样图形。其中，X 轴指示的是目标距离，Y 轴指示的是信号强度，借此方式可以判断目标物大小。如果雷达需要跟踪多个目标物，那么雷达操作员需要来回反复旋转发射机以捕获具体目标，还要手工绘图，忙得不可开交。而且一旦设备出了问题，无线电技师和电工就需要耗费大量的时间整修，才能让雷达恢复正常运行。不过，SC 雷达有一个方面的性能超出大家的期望：由于方盒形状的接收机指示器控制台耗费大量电力，产生的热量集聚在表面足以让一个咖啡壶保温，这倒多少给大家带来一些便利。

日本人没有这项新技术，因此他们不需要为掌握它而心烦意乱。他们提升了光学目标识别技术，这项技术已经到了炉火纯青的地步，有致命的杀伤力。三川在萨沃岛战役中就上演了一场精湛的表演，美国海军上将金麾下的军官除目瞪口呆之外，根本无力回击："我希望能从他们的案例中吸取教训，既然他们成功地给我们上了一课，那么未来我们一定会再给他们上一课。"

海军上将金明白，他需要从头开始重新学习作战。他知道，兵法中，业余人员讲究战术，专业人员才讲究战斗后勤。欧内斯特·金是作战专家。"在很多相关方看来，这场战争被冠名为'军工生产战'和'机械战'，"他写道，"不论这场战

---

1 SG，全称 Sugar George，意思是"微波水面搜索雷达"。——译者注

争是什么战，在美国看来，这终归是一场后勤战。如何给我们在世界各地的军队（当然包括陆军在内）提供物资和支援，已经给美国带来了巨大的麻烦，要解决这些问题需要我们进行最细致、最精心的策划。那些不需要横跨太平洋这一浩瀚无边的海域的人不太可能会体会到后勤工作对我们的战略决策产生的深刻影响。在一场世界大战中，如何调度合适的物资并适时适量地运送到合适的地点，这绝不是一件易事。"

从努美阿北上到所罗门群岛南部的途中，在圣埃斯皮里图岛[1]基地所在的新赫布里底有一个重要的航线站点，这里距离瓜岛南部约625英里。8月10日，戈姆利把此地作为后方支援和部队增援的据点。圣埃斯皮里图岛甚至还没有努美阿发展程度好，但这里有充足的拓展空间：只要是第6和第7建设兵营能有办法建造的东西，不论是停泊区、货运码头，还是飞机跑道，都可以在这里建造。海军少将麦凯恩第一眼就看出在这里可以建造一个飞机场；他指挥着建造工程，下令修建一条5 000英尺长的飞机跑道长驱直入椰子种植园和丛林。戈姆利把所有的设备按规定路线重新运到圣埃斯皮里图岛。这些设备包括一艘拖船、两艘游艇、一个趸船码头和船舶系泊浮标。这些设备原本是为攻占圣克鲁斯而准备的，但是为了登陆瓜岛，就取消了第一任务的这个初始计划。他下令用木垛支架搭建一个大码头，这样的码头十分坚实，可以承载一辆重型吊车的重量；几个分码头可以用于快速装卸轻量货品，也可以作为靠近飞机场的另一通道。当然，这一整套物流体系的焦点就是这个岛，它是美国海军陆战队最新也是最危险重重的地产。

8月12日，麦凯恩麾下的一名军官搭乘PBY"卡特琳娜"水上巡逻飞机登陆瓜岛。在沿海视察一番后，他声称，在杂草丛生的宽阔平原上面建成的这处2 600英尺长、未铺筑硬路面的简易机场可以起用为战斗机的起飞场地。当天晚些时候，这个机场被命名为亨德森机场，以纪念海军少校洛夫顿·R.亨德森这位备受爱戴的海军陆战队轰炸中队的司令官。在中途岛战役中具有决定性意义的那一天，即6月4日，他在驾机轰炸日军"飞龙"号航空母舰时，飞机中弹被击落，他坠机身亡。如果没有航空母舰飞机的掩护、如果对于在圣埃斯皮里图岛建造飞机场这件事"戈姆利仍然只是干打雷不下雨的话"，那么瓜岛上的士兵就必须打造他们自己的空军队伍来保卫自己。而且很快地，这支空军队伍就以"仙人掌"航空队而闻名天下。

1　西南太平洋瓦努阿图（新赫布里底）最大和最西部的岛屿。——译者注

海军陆战队工程兵综合使用了蒸汽压路机、拖拉机和其他日本人遗弃的设备，让这个机场可供"无畏"式俯冲轰炸机和"复仇者"式鱼雷轰炸机之类的重型攻击机使用。机场四周隐伏着军械库和军火库。但是变幻莫测的天气让机场难以运行。"天气干燥时，飞机卷起的灰尘往往长达一英里，"海军上将尼米兹麾下的一名工作人员欧内斯特·M.埃勒说，"灰尘会遮住其身后飞来的其他所有飞机。一个小时后，就又下雨了。你会被地上的泥水溅满一身的污渍，好像刚从排垢孔出来一样。然后，再过一两个小时，炙热的太阳又会把机场晒干。"在机场刚刚建好的那段日子里，飞行员驾机滑行或者靠近的时候还要提防日军狙击手的火力。

面对海军的弃之不理，海军陆战队真是苦不堪言。过后他们曾说，尽管如此，海军陆战队仍然在这里坚持了下来。由于日本在拉包尔的基地范围逐渐扩大，美国海军陆战队驻防地变得触手可及，他们必须天天对付日本轰炸机发动的空袭。日本人的袭扰昼夜相继、从未休止。不过与此同时，日军的迫击炮手和剩余的火炮力量因为长时间工作，精神状态也已经趋于疲惫和低迷。美军在瓜岛登陆后，日军在此地的分遣部队已经提前撤离到了山上。日军这支小部队在此的主要目的是袭扰美军，同时等待拉包尔的日军赶来增援。

整个 1942 年 6 月的战斗模式已经表明巡洋舰在抗日海战中会发挥至关重要的作用。但这场南太平洋上的战争究竟会是一场怎样的战争，全军上下仍然众说纷纭。巡洋舰虽是至关重要的，但是在萨沃岛战役之后，很明显这个"炮舰俱乐部"现在解散还为时尚早。对于战舰的威力，海军上将戈姆利深信不疑。这种大型炮舰舰队见证了他的职业历程。他曾经在"内华达"号和"俄克拉何马"号战舰服役，当时是担任战斗部队重要的文职工作，之后他再次回到了"内华达"号战舰，并担任该舰司令官。

在所罗门群岛南部正在拉开架势的这场战争既不会像第一次世界大战一样的白日激战、作战方式单一，而且依赖天气变化，也不会重蹈中途岛的覆辙，或是有侦察飞机和远程海上空袭的上演。在同敌军的接触点相距遥远的南方建造的基地，南太平洋部队会从这里获得物资供给和部队增援。水面舰队、驱逐舰、巡洋舰和其他战舰会是同敌军发生正面冲突并展开殊死决斗的中坚力量。在战机的掩护下，它们将负责从敌军手中夺取航道的控制权。这样的战争，不论是海军还是海军陆战队以前都没有经历过。因此，在利用水面舰队进行作战的过程中，一些细微之处仍有待改善、检验并实时进行调整。

8月12日，"亚特兰大"号的舰长海军上校塞缪尔·詹金斯召集他麾下的军官，向他们讲述了4天前的那一夜发生的事情。在那个大雾笼罩的夜晚，在萨沃岛附近，日军率先发射信号弹，然后打出探照灯，最后发出密如流星群一样的炮火，并最终重创强大的美国重型巡洋舰，让美军置身火海、孤立无援，最终葬身鱼腹。但是，"亚特兰大"号和其他巡洋舰一直在努美阿北部绕圈，这种无所作为的情形更让复仇心切的人心绪难平。瓜岛之战才刚刚开始。南太平洋司令部收到的报告中至少有一份报告显示，在拉包尔停驻的日本驱逐舰多达40艘。"这里将会有一场激烈的夜战，夜幕下，水下的鱼雷会多得像苍蝇一般。"劳埃德·马斯廷在他的日记中言明自己的担忧。

在以战事为重的人看来，为登陆部队和登陆部队护航队提供掩护的航空母舰特遣部队在8月9日日出时分没能对三川的部队发动反攻，这种行为显然让他们无法容忍。美军的运输舰和货船在所罗门群岛与努美阿岛之间来回穿梭，极易受到攻击，这样的攻击目标更加让日本人垂涎三尺。因而有人认为日军飞机能从拉包尔长途跋涉飞抵此地，并能对有良好防卫且位置不定的航空母舰发动远程轰炸。在马斯廷看来，这样的想法"完全不切实际"。但是，他同样也不看好他的上级领导的斗志。"他们极其害怕他们差强人意的航空母舰会受伤，因而只要一提到有几架日本战机会来袭击，本来能发挥作用的太平洋舰队就整体溜之大吉，"马斯廷写道。"在同样的军种联盟中，日本军方各兵种高层有很多司令官倒是有一腔赤胆雄心，愿意合力应战。但是我们没有这样的高层司令官，"他继续写道，"我真希望疯狂的比尔·霍尔西能重回这里，给我们煽阵风、点把火。"

在短期内，"企业"号、"萨拉托加"号和"黄蜂"号这几艘航空母舰发挥的作用是无可替代的。几天以来，这3艘航空母舰一直在所罗门群岛东南方向400英里处的珊瑚海巡航，轮流从"普拉特河"号油轮和"卡斯卡斯基亚河"号油轮加油。包括"亚特兰大"号在内的掩护部队忠心耿耿地待在旁边，提供保护。

据说，英国皇家海军中爱说笑的人曾笑谈，如果他们有一天同他们大西洋彼岸的表亲（指美国）交战，"那么，他们的战舰无须大打出手，只要他们能在港口里坚持上6周，胜利就唾手可得；6周过后，他们尽可以出港航行，因为此时他们会发现美国海军早已变成一支被自身狂乱无序的操作体系折腾得筋疲力尽的部队"。在瓜岛海域最初的日子里，美国海军狂乱无序、闲散颠乱的情况就发展到了无以复加的地步。当海军上将戈姆利因费心于如何给范德格里夫特的部队供给物资而焦头烂额时、当美军航空母舰部队在努美阿北部反复耗油加油时，一周又一周的时间已经过去，但是他们仍然未能与日本帝国海军打过一次照面。

要找到可以遣往亨德森机场的飞机终归不是一件容易的事情，因为弗莱彻的航空母舰部队和戈姆利的海岛基地一直小心谨慎，尽量减少使用他们的飞机。但在 8 月 20 日，范德格里夫特的指挥范围内却传遍了空中增援部队终于启程的消息。原来，指定的飞行员在结束训练后，尼米兹就下令把他们部署到南太平洋。海军陆战队飞行员部队的两个飞行中队由"长岛"号护航航空母舰从斐济岛渡运，经历短短 200 英里的航程后，大家在欢呼声中登岛。这些飞行员刚从飞行学校出来，基本没有从航空母舰登陆的经历。这次的部队中包括海军上校约翰·L.史密斯指挥的 19 架 F4F "野猫"战机（归属海军陆战队第 223 战机中队）和海军少校理查德·C.曼格鲁姆指挥的 12 架 SBD "无畏"式战机（归属海军陆战队第 232 战机中队）。

在战机抵达时，海军陆战队队员开着吉普车一路追赶在飞机跑道上滑行的飞机。"我们的战机终于来啦！虽然只有 31 架，但是在当时那个愉悦的时刻，一架架战机似乎让整个天空都为之色变。"摄影师塞耶·索尔写道。一向沉着稳重的那位南方绅士，范德格里夫特激动得几乎不能自持，他把这些战机的到来列为"我一生当中见到的最美的景色之一"。当曼格鲁姆从他的"无畏"式战机的驾驶舱走下来的时候，范德格里夫特眼中满含激动的泪光迎了上去，说了一声："谢天谢地，你们终于来了！"

"那天晚上，我们很早就上床休息了，而且睡得很好。" 索尔写道，"毕竟，很久以前离我们而去的那支舰队还没有把我们完全抛诸脑后。"过去的两周看起来确实很漫长，但是接下来的 24 小时会更加漫长。因为就在飞行员登岛后的第二天晚上，日本人就选择对亨德森机场发动首次集中攻击，企图一举摧毁亨德森机场的这批捍卫者。

10

"东京快车"

美国总统罗斯福因错过莫斯科的会晤而向约瑟夫·斯大林发电报致歉，同时承认东线战情紧迫，并按照当时的政局需要，对外宣布"我们真正的敌人是德国"。苏军在进攻纳粹德国国防军之前就节节败退，于是跨大西洋护卫舰队打算冒着被U型潜艇攻击的危险拯救溃败的苏军。富兰克林·德拉诺·罗斯福也寄予了美军在太平洋上打胜仗的希望："我相信，我们已在西南太平洋占据了立足之地，日本人会发现，想要驱逐我们简直比登天还难。"不过，在8月19日夜，在亨德森机场以东约15英里的地方，一木清直大佐手下的一支突击队正沿岸潜行。这是日军第一次集中兵力，企图逐出美军。

运送一木支队登上瓜岛的指挥官是一位驱逐舰舰长，他在夜色的掩护下执行日军的快速补给和增援任务，并因此成名，他就是海军少将田中赖三。不久后，这些夜航运输的驱逐舰就被称为"东京快车"。田中仔细钻研过两栖作战中出现的新难题——既没有海军突袭，也没有空军轰炸，不能强有力地削弱对方兵力。他说："我预见到这项任务十分艰巨，也知道我们定会遭受重大损失。"在他看来，运送一木支队登岛"完全不切实际"。但他却小看了日本人对夜晚的控制力。在暗夜的掩护下，田中指挥6艘驱逐舰成功抵达瓜岛，使一木清直麾下的岸上兵力达到了900人。

一木清直麾下的第28联队拥有精良的装备，曾临危受命攻打中途岛，它的经验和成就现在足以与精锐美军匹敌。一木清直曾任日本侵略中国的中国驻屯军步兵第1联队第3大队队长，他在1937年7月参与并发动了臭名昭著的"卢沟桥事变"——很多历史学家认为，日本对中国发动的这次挑衅行动打响了第二次世界大战的第一枪。一木的情报人员曾警告过他，如果从正面进攻瓜岛，日军将会付出惨痛代价。但是他显然已经被自身的显赫声名冲昏了头脑，由此导致的轻率举动注定了他会失败。有些人将这种行为称为"胜利综合征"。一木清直想要速战速决！当他在传统的航海路线上明目张胆地大步前进的时候，他显然把敌人都当成了盲人或傻瓜。

范德格里夫特知道，就在他的巡逻队击退侦察的日军后，对方援军已经登陆并找回了他们的文件和日志。没有人知道日军主力在哪儿，但是一线日军的亮相的确给美军立起了警示牌。在一木清直大佐到来之前，日本海军在大多数情况下一直主张先让装备较差的部队出战，这支队伍又被称作"白蚁部队"。现在，富有经验的日军突击队正在某处备战。这简直是挑战人类神经的极限。

暗夜里，有上百种方式可以让哨兵因仓皇受惊而举枪齐射：蜥蜴、螃蟹穿过灌木丛时发出的窸窸窣窣的声响，还有某些鸟儿发出的那种像是木块撞击似的叫声。范德格里夫特手下的士兵大都经验尚浅，他们必须压制冲动以防胡乱开火。为了保证阵地隐蔽，他们要遵守严格的战场纪律，包括扳机、各种装备、卫生设施和巡逻注意事项等。他们由此培养起来的耐心应该能保证他们在发起致命突袭前保持冷静和沉默。

8月20日深夜，在一个潮汐潟湖（马丁·克莱门斯和他的侦察兵给它起名为"短吻鳄溪"）附近，美国海军哨兵听到了动静，那是一种集结声。过了不久，就在次日天亮的几个小时前，天还黑着，一颗绿色照明弹在他们头顶上空炸开。接着，由200人组成的日军先头突击部队一拥而出，跨过"短吻鳄溪"的沙堤迅速逼近美军防线。

范德格里夫特的步兵随时处于待命状态。反坦克炮射击引爆式霰弹所安设的地理位置十分关键，连锁火力防线也经过周密布局，美军占尽了天时、地利、人和。海军陆战队1团波洛克中校手下的2营完全切断了一木清直的进攻线路。随着美军大炮和迫击炮的协力轰击，日军突击队先是胆战心寒，随即溃不成军。后来，田中上将把这次进攻美军坚固阵地的作战比作"拿鸡蛋碰石头"。克里夫顿·B.凯茨上校的第1后备军团发起的反攻拉开了日军溃败的序幕。海军陆战队莱纳德·B.克莱斯维尔中校手下的1营对被困的日军部队发动了毁灭性的打击。

一木清直的部队在潟湖湖口处被美军包围，日军明显不敌4支"亨德森"野猫队的围攻，士兵伤亡惨重。野猫队的机关枪加入了战斗序列，这备受海军陆战队的欢迎。下午，来自凯茨军中的3辆坦克缓慢开进。"我们目睹了这群庞然大物冒着炮火前进，一直开到了小树林边缘。它们在树林中前行、旋转、拐弯，喷出成片的黄色火焰，这些景象让人着迷，就像是一场玩偶喜剧，令人难以置信。被坦克撞歪的棕榈树慢慢倒下，从履带旁冲出的士兵追着四散逃窜的日军开枪，"战地记者理查德·特里加斯基斯如此写道。到下午5点，这场战斗已持续了大约16个小时，美国海军陆战队有34人阵亡、75人受伤，而日军则有800余名士兵战死，绝大部分日军遭受重创。此战中美军共俘虏日军 15 人，其中仅有几人又返身逃回丛林——他们后来无疑会清醒地向本国人讲述美国海军陆战队精通集结和防御火力的神话。一木清直眼睁睁地目睹这场偷袭变成一场灾难，他似乎要畏罪自杀。因为最后一名见过他的士兵说他径直朝美军走去。

俯冲轰炸机中队指挥官曼格鲁姆少校从一开始就没意识到事情的严重性："我们原以为那只是 1.5 英里外举行的一场国庆庆典，所以就倒头继续睡觉。结果第二天，我们发现海军陆战队歼灭日军 830 多人，这才意识到是真的打仗了！"范德格里夫特部队的英勇作战也使曼格鲁姆立即明确了自己的工作。他命令飞行员驾驶 4 架巡逻机巡飞，用了整整一天的时间来熟悉这片区域的地形。海军陆战队已有两周基本没有得到美国空军的任何支援，所以 8 月 20 日和 21 日的战果对他们来说是很大的激励。他们在宣扬自己短距离作战的首场胜出。如今，独自拥有一支空军中队的同时，海军陆战队已经满怀希望、斗志高昂地为接下来的奋战做好了准备。

日军失败的消息传到特鲁克岛后，山本五十六"非常震惊"——驱逐舰舰长原为一是这么记述的。山本五十六与特遣队指挥官海军中将南云忠一和近藤信竹在"大和"号战舰的舰仓里开会。山本命令联合舰队聚集大量弹药物资，向南进发，迎战美军主力。他还拟订了一个部署周密、攻势强劲的作战计划。从特鲁克岛顺流而下，为了直达所罗门群岛东部海域，需将作战舰艇分为四部分投入作战：一是南云忠一中将指挥的主力舰队，由"翔鹤"号和"瑞鹤"号航空母舰及其护航船舶组成；二是海军少将阿部弘毅带领的先遣舰队，包括"比睿"号和"雾岛"号战舰、3 艘重型巡洋舰、1 艘轻型巡洋舰和 6 艘驱逐舰；三是一支牵制舰队，包括"龙骧"号轻型航空母舰、1 艘巡洋舰和 2 艘驱逐舰；最后是一支增援舰队，由战舰中的长老"陆奥"号、1 艘水上飞机勤务船和 4 艘驱逐舰组成。

日军第 17 军一直坚信，一木清直手下的登陆部队虽遭受重创，但无论如何仍会夺得亨德森机场。所以日方最后作出决定，派遣一木军团仅剩的 1 500 名士兵参加作战；另外，还有 1 000 名日本海军陆战队队员（隶属于特种海军登陆部队）分别登上了 3 艘运输舰，并由来自田中上将驱逐舰舰队第 2 中队的 8 艘驱逐舰护航。日军的航空母舰将在松德海峡东面执行任务，计划横扫海上的美军航空母舰，然后转而支援田中的登陆部队。此役日军兵力与中途岛战役所派军队的战斗力旗鼓相当。但美日双方都不确定对方的航空母舰到底在哪里。弗莱彻和他的航空母舰在瓜岛东南约 250 英里的海面上全力驶进，既要保证不在日军空袭的航程之内，还要能够在必要之时补给燃料，并能向松德海峡上空派遣空中搜索巡逻机，从而与适合更长距离作战的 PBY "卡特琳娜" 水上巡逻轰炸机和 B-17s 重型轰炸机遥相呼应、相得益彰。不过，从亨德森机场起飞的侦察机上的飞行员却遇到了恼人的技术难题。前一天，尽管离基地有 200 英里之遥，他们的无线电通信设备都能调好频率；但到第二天，即使在 20 英里内，他们的无线电通信设备要么接收到的全是扰乱信号，要么就根本默不作声。

于是，这两支实力相当但立场各异的海军力量，展开愈演愈烈的斗争。为了争夺制海权，瓜岛周围的海域完全可以都作为战场，供双方轻型部队打一场不动真刀实枪的战争。再离远一点，基本到了所罗门群岛北部和东部的海域，在这儿打场仗，地理条件对双方的束缚均相对较少。如果是在这片海域，航空母舰部队就能够施展拳脚，选择性地派出飞机进行战斗，而航空母舰自身却从来不必出现在对方的视线范围之内。

8 月 21 日夜，瓜岛上的海军陆战队队员见证了一场萨沃岛战役。美日均有装备轻武器的海军部队，双方激烈交锋，以期速战速决。夜里，曾引领两艘货船安全抵达瓜岛的美军 "布鲁" 号和 "亨利" 号驱逐舰恰巧遭遇敌舰 "江风" 号驱逐舰。"江风" 号决心拦截美军货船，而且他们早在下午就盯准了目标。在这两艘美军驱逐舰意识到情形不对劲之前，"江风" 号早已向水下发射了 6 枚鱼雷。"布鲁" 号遭到其中一枚鱼雷的袭击而受尽折磨，直到这时它的舰载雷达才发现了 3 英里外的敌军。爆炸的冲击波不仅使 9 名士兵当场丧生，还几乎毁掉了 "布鲁" 号的舰尾，这直接导致它于次日凌晨沉没。

比起小规模的驱逐舰遭遇战，还有更多战事让山本上将忧心忡忡。美军航空母舰到目前依然不知踪影，想到此时就要指挥日军航空母舰与美军的岛上飞机场对抗，山本上将不禁心神不宁，思绪回到了去年 6 月份——当时他面对的是一场情形类似的双重危机，一边是中途岛，一边是 3 艘敌军航空母舰，他为此付出了惨重的代价。若山本的航空母舰与美军航空母舰再次狭路相逢，那将是南云忠一和弗莱彻这两位指挥官之间的二度交锋。他们二人自从 11 个月之前的中途岛一役，到目前一直处于针锋相对的状态。

11

鱼雷对战

　　戈姆利猜测山本五十六正在筹办一场"盛大的欢迎宴"，以图"慰问"亨德森机场新到任的美方飞行员。根据飞机和潜艇的侦察结果研究并作出大胆的猜测之后，尼米兹指挥部发来了这条情报："由多艘航空母舰和战舰组成的日军重型攻击舰队将于8月24日左右抵达该地区。"好在这一预测分毫不差。戈姆利警告弗莱彻说："大量事实表明，8月23—26日，敌军极有可能对'仙人掌'航空队所在地区发起大举进攻。从手头情报来看……航空母舰是否参战尚不确定，但不是没有可能……要尽快进行必需的燃料补给，如果每次能指派一支航空母舰特混舰队执行任务，那么其余舰队就能借机得以休整。"

　　8月23日清晨，一架从恩代尼岛出发的搜索飞机在圣克鲁斯群岛发现，田中赖三的运输舰队正浩浩荡荡向南驶去。数架侦察机相继从亨德森野战机场和弗莱彻指挥下的"萨拉托加"号航空母舰起飞，力图跟踪田中的运输舰队，但无果而终。在这种情况下，弗莱彻认为发生战斗的势头已然烟消云散。当天夜里，既没有发现敌军目标，又受到舰队情报摘要的误导，他更误以为南云忠一所指挥的航空母舰于特鲁克岛现身。于是，弗莱彻听从了戈姆利上将的建议，调遣"黄蜂"号航空母舰及其护航舰转而南向行驶，去补给燃料。而就在北方数百英里处，火力充足的日军特混舰队正沿原定航线有序前行。

　　功夫不负有心人，次日上午，麦凯恩驾驶着PBY"卡特琳娜"水上巡逻轰炸机，终于发现了侦察目标——日军航空母舰的行踪。日军的轻型航空母舰"龙骧"号当时就在弗莱彻所率舰队的西北方，相距280英里。尽管"黄蜂"号不在手边，但弗莱彻仍准备与南云忠一再次一战高下。距离8月9日那场灾难性的大战已有两周之久，第三次海空大战一触即发。

　　从斗智斗勇的军事侦察行动，到难以掌握的飞行技术，再到棘手的机库甲板操作，美军和日军双方此时均已练就娴熟的航空母舰作战本领。由于航空母舰军火弹药充足，飞机各项操作均能顺利执行，所以能保障飞机持续进入循环工作状态：负载、侦察、发射、攻击。如果战机足够幸运，发现了敌军目标，则又会有许多因素促使攻击成功或导致失败，如飞行员技术、防御有效性、对方战机是否拦截、舰船的操纵及不得不强调的运气。

弗莱彻对手头上的两艘航空母舰作出部署，组成两支彼此相距 10 英里的航空母舰编队。一艘航空母舰是"企业"号，它位于由"北卡罗来纳"号战舰、"波特兰号"和"亚特兰大"号轻型巡洋舰以及 6 艘驱逐舰构成的保护圈的中央，保护圈直径达 4 000 码。另一艘航空母舰是"萨拉托加"号，由"明尼阿波利斯"号和"新奥尔良"号重型巡洋舰及 5 艘驱逐舰组成的航空母舰护航编队为它提供严密的保护屏障。

航空母舰部队里的所有指挥官都有一项重任，那就是决定何时发起进攻。上午9 点 35 分，弗莱彻虽然已经发现了"龙骧"号，但他猜测后面还会有大批敌舰，于是推迟下达发起进攻的命令。上午 11 点 28 分，"龙骧"号再次进入美军视野。料想"龙骧"号定会向瓜岛发起进攻，所以仅在两个小时后，来自"龙骧"号的战机刚一出现在"萨拉托加"号的雷达范围之内，弗莱彻就命令旗舰上的战机立即升空。他把大部分的空军力量都用以对抗"龙骧"号，总计动用了 30 架 SBD"无畏式"俯冲轰炸机和 8 架 TBF"复仇者式"鱼雷轰炸机。过了不久，据 PBY"卡特琳娜"水上巡逻轰炸机汇报，在"龙骧"号东北方向 60 英里处发现了更多的敌军航空母舰。众多侦察报告紧随其后，像洪水般涌向弗莱彻，几乎要将他的思绪淹没。在方圆225 英里的海域内，共有 3 支不同的日军舰队：两支航空母舰编队和一支先锋巡洋舰队。弗莱彻知道，日军间谍一定在暗中监视他。下午 2 点刚过，南云忠一就收到了侦察情报。一个半小时后，"瑞鹤"号和"翔鹤"号便装载妥当，舰载战机也准备就绪。空中，敌对的作战机群相向飞行，它们的表现决定着今天的最终战况。

下午 3 点过后，"企业"号航空母舰上派出的飞行员发现了日军的"翔鹤"号航空母舰并着力一击，可惜"翔鹤"号侥幸脱险，只是轻微受创。又过了不到一个小时，来自两艘美军航空母舰的战机群同时锁定了"龙骧"号，使它成为待宰羔羊。战机俯冲直下，对"龙骧"号一通狂轰滥炸。待它们飞离之时，这艘日军航空母舰已惨不忍睹，舰体左倾，大量进水，整艘航空母舰原地打转，火光冲天而起。

日军迅速作出反击。刚过 4 点，"北卡罗来纳"号的防空情报雷达就侦测到180 英里外有一批敌机来犯。这套新的雷达设备不仅能获得敌机的范围和方位信息，还能测定敌机的飞行高度。大敌压境，美军舰载的 F4F"野猫"战机全体紧急起飞。自从中途岛战役痛失"约克城"号航空母舰后，美军各艘航空母舰上战机的配置就从 23 架增到了 36 架，这与配备同等战斗力的鱼雷轰炸机所需成本相当。就这样，弗莱彻指挥的这两艘航空母舰上的战机起飞之后，空中警戒的"野猫"战机就达到了 53 架。塞缪尔·埃利奥特·莫里森曾在书中写道："转之当时，老'列克星敦'号和'约克城'号航空母舰所受的保护程度从未及此一半。"

日军航空母舰战机编队先是全心对战第一波美军战机，其后则忙于应付"企业"号航空母舰及其护航舰队。"企业"号航空母舰上一位 20 毫米口径机炮炮位上的军士长看到阳光下闪闪发光的金属机翼后，立刻通过发射大量曳光弹锁定了该飞机的方位。

激烈的战斗使得空中巡逻使用的无线电波频中的声音听起来混乱而又疯狂。美军飞行员从未受过相关训练，听不出无线电中重要指令和紧急指令的区别。加上每个人都用单波道传输信号，舰载雷达操作员发出的有决定性意义的指令变得与周围的汽笛声毫无差异。"企业"号遭到一波又一波俯冲轰炸机的狂轰滥炸，每隔几秒就有炸烂的舱板和桅杆穿过高射炮发射后留下的滚滚黑烟哗啦啦地砸落下来。"起初俯冲轰炸机只是击中我舰舰首左舷，导致头部下沉"，"亚特兰大"号上的劳埃德·马斯廷如是写道，"空中是成片的曳光弹和爆炸的炮弹——根本难分敌我。"飞到投弹点后，日军飞机就释放炮弹，然后迅速飞离。若不能及时飞离，便难逃坠入海中的厄运。

数秒钟之后，特混舰队情报收集舰上的 5 英寸口径的防空炮开始发射炮弹，先是断断续续、零零散散地发射了几颗，随即，炮弹像定音鼓的鼓点般汹涌而来。爱德华·科尔伯依写道："其他战舰上的士兵说，从远处看起来，'亚特兰大'号从舰头到舰尾、从桅杆顶到吃水线都是一片火光。""亚特兰大"号沿着"企业"号的舰首右舷方向渐行渐远。防空巡洋舰主炮组的每个炮塔每 4 秒钟就能执行一次双炮齐射；若 8 个炮塔协同合作，一分钟就能进行 15 次双炮齐射，发射 30 枚炮弹。"亚特兰大"号的吉祥物是一只名叫"幸运儿"的小狗，此刻它正一路狂吠，在甲板上四处寻找它最亲近的人——助理军医。"在军事行动结束之前，海军少校 C.C.加弗一般都会堵上'幸运儿'的耳朵，"科尔伯依写道，"但每次军事行动中，从头到尾这只小狗仍会狂吠不止。"美军特混舰队的高射炮火力威猛，能够有效地牵制敌机。马斯廷写道："第一架敌机侥幸逃过一劫，接下来的两架虽未被炮弹击中，但最终还是坠毁了。有的敌机在半空就被炸得支离破碎；有的则完全失控、一头栽下；有的燃烧起熊熊大火被迫降落；还有的直接冲进水里，飞行员只能想尽办法尽快逃离。绝大部分的目标敌机都被击中。"若空中当时飞来的有80架敌机，据保守估计，能幸免于难的顶多不超过10架。日机对"企业"号展开俯冲轰炸，美军飞机随即排成环形防空队形冒险迎战。当"企业"号上的空军指挥官麦克斯韦·F.莱斯利少校驾机飞过"北卡罗来纳"号上空时，他的"复仇者"座机已多处中弹，但莱斯利泰然处之，相信"复仇者"定能成功脱难。战舰上炮手发射的炮弹堪称完美，莱利斯向他们表示祝贺。

"企业"号上一字排开的"瓦尔"飞行员们有着顽强且持久的战斗力。他们幸存的人数足以抢修"企业"号上6处破坏性的弹伤：3次炸弹击中、3次轻微擦伤。第一枚炸弹击中了右舷处枪库旁边的升降机后部，穿透了5层甲板，然后在舰内剧烈爆炸；半分钟后，第二枚炸弹就落在离前一枚仅15英尺的地方，并立即发生爆炸，瞬间引燃了炸药包，导致整个甲板成为一片火海；第三枚炸弹击中了舰尾2号升降机上的安全岛，虽然没有完全爆炸，但威力也足以在飞行甲板上炸开一个10英尺深的大洞，使战斗中不可或缺的升降机丧失了工作能力。

随着炸弹在航空母舰内部及周边爆炸，信号桥楼周围的海军上将金凯德及舰上的地勤人员被巨大的冲击波震得东倒西歪。虽然"企业"号上有74名士兵伤重而亡，但实际情况已经比预想的好了很多。凭借一点点运气再加上舰上消防救援人员的齐心协力，"企业"号终于暂时脱难，得以继续服役。舰上四处流窜的火苗很快就气焰全无——多亏舰上官兵防患于未然，在空袭前几分钟彻底排空了输气管道，然后充满了二氧化碳，否则后果会比这严重得多。所以这艘旗舰将会很快重整旗鼓、再次上阵。用金属板紧急修补好飞行甲板上的炮洞后，"企业"号乘着东南风前行，开始接受飞机着舰。

最后一架"瓦尔"号飞机离舰90分钟后，舵手发现了一个极其严峻且可能致使全舰毁灭的大问题：航空母舰转向失控。舵机舱曾遭洪流般的海水和消防泡沫淹没，方向舵引擎因此失灵，航空母舰右转的方向舵无法打正。航空母舰因失控而不停打转，飞机着舰也被迫中止。"企业"号脱离编队偏航行驶，舰上总值日军官不得不高鸣汽笛，提醒较小的舰船注意避让。

海军上校亚瑟·C.戴维斯密切注视着操舵室里的平面位置指示器，此时又一波日军战机正步步逼近这艘伤痕累累的航空母舰。幸好在其西南方仅50英里的地方，成群结队的日机朝着东南方飞过，"企业"号航空母舰于是躲过一劫。 暂时的安全为舰上官兵紧急抢修"企业"号争取到了时间。 为了恢复航空母舰的转向控制，首席机械师威廉·A.史密斯与他的同事塞西尔·S.罗宾逊一起，在身上绑了救援呼吸机，冒着生命危险进入舵机舱，而此时舱内温度已经超过了170华氏度（约为76摄氏度）。 冒着令人窒息的高温，他们终于找到了方向舵引擎，史密斯成功发动了备用马达。38 分钟后，舰桥的转向控制也得以恢复。"企业"号的空军大队纷纷前往"黄蜂"号、"萨拉托加"号着舰，或飞到附近岛屿着陆。由于无须对偏航的"企业"号继续提供护航，"北卡罗来纳"号、"亚特兰大"号和两艘驱逐舰则按照上级指示加入了"萨拉托加"号航空母舰特混舰队。

在成功吸引美军航空母舰特混舰队的主力之后，南云忠一考虑到两艘大型航空母舰中已有一艘损毁，于是决定就此作罢。他命令全军撤回特鲁克岛。南云忠一指挥主力舰群掉头北撤，无暇再保护田中赖三的增援舰群。于是增援舰群在失去空中掩护的条件下，与亨德森机场的陆军少校曼格鲁姆指挥的俯冲轰炸机群展开了较量。8 月 24 日下午，数架"零"式战机及其掩护的 15 架轰炸机从"龙骧"号航空母舰起飞，美国海军陆战队 223 战机中队的飞行员们驾机成功拦截了其空袭，战绩卓著。在亨德森机场的砾石跑道被夜色笼罩之前，美军飞行员就已击退日军，共击落 6 架"零"式战机以及 10 架"贝蒂"轰炸机。

8 月 25 日晨，PBY "卡特琳娜"水上巡逻轰炸机再次发现目标，田中赖三所率领的增援舰群正处于瓜岛以北大约 150 英里的海域，于是"仙人掌"航空队再次投入战斗。来自"企业"号的战机从旁助阵，陆基"无畏式"俯冲轰炸机对日军的两艘运输舰展开疯狂轰炸，并且重伤田中赖三所率的旗舰"神通"号轻型巡洋舰。10点 30 分，从埃斯皮里图桑托岛赶来的 B-17s 轰炸机发现日军"睦月"号驱逐舰正朝受伤的运输舰行驶，遂将其击沉。 "空中堡垒"（第二次世界大战中美军使用的 B-17s 重型轰炸机）轰炸舰船的作战记录向来不佳，但在此次打击军舰目标的过程中，其战术高超，战绩罕见，击沉了素有海上"常固锡罐"之称的"睦月"号。

在这场空袭中，田中赖三曾因炸伤而出现短暂昏迷，他苏醒后命令即刻撤退。本来 8 月 24 日发生的这场后来被命名为"东所罗门群岛海战"的航空母舰舰队交锋双方在战术上不相伯仲、未分胜负，但田中赖三增援的失败却成了美军夺得此战胜利的转机所在。至于弗莱彻上将，不管后人如何评判，他都是挫败日军夺回瓜岛第一轮猛攻的功臣。"对于这次行动，我最害怕见到的事情还是发生了。"田中写道。他很清楚，"在既没有制订明确计划协调海军舰队，又没有为运输舰队提供空中掩护的情况下，欲将已受重创的残余部队送上瓜岛，简直是天方夜谭。"

南云忠一及其舰队消极避战，遭到言辞犀利的批判在所难免。正是因为他，数量上不占优势的美军才会后来者居上。当时，"企业"号已不在此服役——"企业"号、重型巡洋舰"波特兰"号以及其他4艘驱逐舰已起航前往珍珠港。两军的航空母舰部队都在找寻较为安全的海域，范德格里夫特麾下的一名士兵说笑道："除了海军陆战队队员，所有人都在打退堂鼓。"

8月25日，戈姆利焦虑万分地给尼米兹写了封信。他重新估算了兵团内部军需物资的短缺情况，并请示增加机务人员同时增派50架B-17"空中堡垒"轰炸机以及40架B-25"米切尔"型轰炸机。他写道："以我之见，形势危急！"尼米兹采纳了戈姆利的预警建议，并将信的内容加工了一番使形势看起来不那么消极，才向上级汇报。他给海军上将金写信称："我们在进攻中首战告捷。虽然既有伤亡也有损失，但若申请的后备兵力及物资能立即送达，所遭受的损失则在可以接受的范围之内。"随后他又不露痕迹地补充说，当下正流行福音主义——或许是怕金上将对前景太过乐观吧——"我们一定不能使这次进攻中途夭折。"

4天后，戈姆利的心情多云转晴。尽管前几天一直被战斗力疲软问题困扰，可现在他却宣称兵力足以招架任何威胁。"在确定敌方主要兵力强度以及作战路线之前，"8月29日他在给尼米兹的信中写道，"我必须保证麾下航空母舰特混舰队相对集中，无论在萨摩亚米尔恩湾前线何处作战，都要随时做好充分准备。"

对仅存的"黄蜂"号和"萨拉托加"号来说，这一命令实属苛求。戈姆利将它们作为保留航空母舰，并希望外人被此表象迷惑，从而揣度瓜岛的日常防御事务。"就目前情况来看，敌对渗透战术和第一次主攻本应当由地面部队和陆基空军承担。针对日军渗透的陆基空袭行动，应时不时地让其运输舰和护航舰受点损失，那么日军必将不会长久恋战。假使日军的航空母舰主力部队发起进攻，我方陆基空军实力当与对方航空母舰兵力旗鼓相当。简言之，我希望通过防御阵地以及陆基空军力量的协调配合，创造有利形势，使航空母舰特混舰队不管在前线还是继续向西作战，都能奉我之命自由调遣。我还希望自身的行动自由不会因限制性的行动或任务而受到约束。"

尼米兹和他的参谋读到这些话时一头雾水。就在4天前，戈姆利还说当前形势

"危急"。而他现在却要求"行动自由"，甚至宣称无须关注日方行军路线。他指挥的航空母舰退役的退役、维修的维修——"企业"号已奉命返回珍珠港大修——他还满口承诺为了捍卫这条长达 2 500 英里的战线愿意随时待命，并向最高指挥部做出保证，"仙人掌"航空队虽然遭受重创，但仍能与南云忠一率领的战斗力十足的航空母舰部队相抗衡。据戈姆利月底亲自清点，"仙人掌"航空队仅有 8 架战机可用于拦截日军轰炸机，而且该航空队一直对驱逐舰敬而远之，更不用说是联合舰队了。担任派驻伦敦的海军特别观察员时，根据英军在挪威和地中海的军事行动，戈姆利早就知道"如果水面舰艇没有空中战机进行严密保护，它们根本无力对抗岸基战机"。但他现在所期望的勇猛战机和地勤人员的数量远远超出了亨德森机场的承载能力。

此时，日军在其"主攻"的推动下刚刚稳定下来。鉴于直面美军空袭，日军传统的入侵护航队实在无法执行日间登陆，夜间潜行又太慢，山本五十六迫于无奈，放弃了完全通过运兵舰派遣增援部队的计划。作为山本五十六的参谋长，舰队司令宇垣缠曾写道："除非悉数歼灭敌机，运输舰要想在瓜岛登陆明显毫无希望可言。"为了将增援部队送上这座四面楚歌的岛屿，必须开辟一条新航路。田中赖三将不再使用缓慢的运输舰，而会换成行动迅速的驱逐舰和其他快速战舰，按照命令往复来回地向南运输一木支队。

日军增援行动开始的前几天，戈姆利给麦克阿瑟写信，指出了在他看来西南太平洋司令部的飞行员适合进攻的战舰类型。戈姆利认为，"对成功最大、最直接的威胁"来自日本水面舰队，优先级最高的目标应该是航空母舰和运输舰，而驱逐舰居于末位。戈姆利并不是唯一低估敌方驱逐舰的人。就在日军选定驱逐舰承担运输任务的当天，戈姆利就清楚地表达了自己的想法，他说日军向瓜岛运输武器和士兵的主要方式简直是滑天下之大稽。

在 8 月 28 日晚，7 艘日本驱逐舰接近了瓜岛。由于处于亨德森机场战机的攻击范围内，日军的先锋驱逐舰遭到"仙人掌"航空队俯冲轰炸机的残酷攻击，日舰付出了惨重的代价："朝雾"号被击沉，"白露"号丧失航行能力，"夕雾"号损坏严重，同时该舰指挥官身受重伤、命悬一线。在打击体积小、难以命中的驱逐舰方面，美军此次可谓战绩卓著。知道这骇人听闻的消息后，其余驱逐舰均拼命掉头返航。宇垣缠称此次行动"完败"。但在随后的一周里，恶劣的天气使得"仙人掌"航空队的飞行员无法有效阻截"东京快车"的运输任务。田中固执地坚持着从拉包尔出发到瓜岛的夜航运输路线，终于把一木支队和川口支队的最后一批武装力量送达——超过 5 000 名士兵。 日军东拼西凑，终于列编了足够的士兵以对瓜岛展开第一次大规模战略反攻。

山本五十六现已正式决定将瓜岛而非新几内亚作为"东南区的主要作战范围"，并推迟了攻占莫尔斯比港的行动。 瓜岛上，川口将军的部队集结完毕后，隐入了伦加附近的密林，并开始策划针对范德格里夫特的军事基地的新一轮突袭。

8 月 29 日，身披千疮百孔的"企业"号朝着珍珠港缓缓而行，戈姆利责令麾下其他航空母舰"黄蜂"号和"萨拉托加"号在汤加塔布轮流补给物资。 在日本舰队再一次露面之前，这些航空母舰将在瓜岛东南 220 英里处待命，不会轻易出动，并需负责派遣战机，保护从埃斯皮里图桑托岛到瓜岛的护航舰队。此时，美国第三艘航空母舰"大黄蜂"号正从珍珠港出发一路南下。

由于存在潜艇的威胁，航空母舰特混舰队通常以 13 节的航速行进，确保周围护航驱逐舰的声呐装置发挥最佳性能。 但缓慢的航速却增大了遭到潜艇拦截的概率，并会导致它们自身在第一时间成为攻击目标。8 月 31 日上午，I-26 潜艇在舰长横田稔中佐的指挥下神不知鬼不觉地逼近了在圣克里斯托瓦尔岛东部的"萨拉托加"号。 就在他决定进攻的时候，因为前进幅度太大，所以美军从监视屏上观察到该潜艇的潜望镜从美军的一艘驱逐舰旁划过。这时美军才发现横田的鱼雷航迹，但想躲避为时已晚。不到上午 7 点， 鱼雷击中了"萨拉托加"号，它"像房子遭遇了严重的地震一样"剧烈地晃动起来。 冲击波鞭笞着舰体，从海平面以下一直传到信号桥楼，弗莱彻海军上将被震得东倒西歪，甚至一度被震得凌空而起，在前额碰了个大口子——最让他尴尬的是，他会因此成为迄今为止被授予紫心勋章（美国授予作战负伤军人的勋章）的军衔最高的美国海军军官。 爆炸冲击波触发了"萨拉托加"号涡轮机发电驱动系统的断路器，使它就此停在水中无计可施。

"萨拉托加"号舰身异常坚固，最初拟建为战列巡洋舰，签订海军合同后才改建成航空母舰。它的工程师通过在油罐间转移燃料，缓解了倾斜并修复了舰首右舷。然后巡洋舰"明尼阿波利斯"号以 7 节的航速小心翼翼地拖着它前行。顶着强劲的逆风，德威特·C.拉姆齐上尉的机组人员成功地执行了飞行操作，即使面对离岸对流也照样能有出色的表现。"萨拉托加"号的 29 架攻击机先后从甲板出发，向埃斯皮里图桑托岛飞去，毕竟此时他们的航空母舰状况不佳、体弱待修。

瓜岛东南方的这片海域看来要获得一个听起来有点尖酸的绰号——"鱼雷枢纽"

了。每当听到炮火声或是深水炸弹"砰砰"地低鸣，总免不了有人说一句，"听起来似乎又有鱼雷对战了。""萨拉托加"号就此 3 个月未能参战，弗莱彻再也无法忍受欧内斯特·金尖酸刻薄且充满不信任的语气。他曾获得的殊荣使他常想起那艘远在珍珠港身负重伤的旗舰，他的航空母舰经常出没的地点虽处于敌人空袭的范围之外，但现在却有大量潜艇出没。弗莱彻的万分小心没有得到任何实质性的回报，在今年年底之前成为一名航空母舰特混舰队司令的职业追求也已被美国海军舰队总司令亲手终结。在利·诺伊斯就任美国海军陆战队第 61 特混舰队司令之后，弗兰克·杰克·弗莱彻，这位中途岛战役的大功臣，就再也没有任何升职的指望了。

不过，值得高兴的是，有更多的战机加入编队中来。"萨拉托加"号停用后，它那价值连城的空军大队跟"企业"号上的战机一样，都已找到临时的落脚地——"黄蜂"号、埃斯皮里图桑托岛以及瓜岛。据说，有位海军军官对乱象丛生的事件具有敏锐的直觉，他就曾提到"数艘航空母舰壮烈牺牲会换来瓜岛幸免于难"。

12

养兵千日

接下来的几个星期，进攻和防御的形势随时随刻都可能有变数，因为即使美军白天将天空和海洋控制于股掌中，日军晚上就会恢复他们的制空和制海权。美日双方都无法一劳永逸地一次性击倒对方。虽然三川军一已在萨沃岛重创美军勇士，但他的海军水面舰艇部队将继续花费大半个月时间排查美军航空母舰特混舰队或护航舰队——他们绝不是单纯地在海上闲逛，毕竟他们目前的身份是捕食者。"似乎我们数月来都徘徊在战斗的边缘，""拉菲"号上的理查德·黑尔说，"得知真正的战争就发生在我们北边仅 500 英里的所罗门群岛，我内心十分懊悔和不安，若是日夜兼程，我们本可以在一天内赶到那里的。"

在东所罗门群岛战役爆发 10 天前，有份作战计划大纲流传开来，它原本是专为弗莱彻麾下的巡洋舰总指挥海军少将卡尔顿·H. 赖特打造的"水面舰艇攻击群"准备的，却未曾得到执行。其意图是将"北卡罗来纳"号、"明尼阿波利斯"号、"旧金山"号、"新奥尔良"号、"波特兰"号和"盐湖城"号，以及"亚特兰大"号和其他 4 艘驱逐舰编入同一支战斗舰队中，日军舰队必然处于综合火力的覆盖射程之内。但据最终估算，上述舰船若是用于防空防御之外的任务实在是大材小用，最终只能作罢。

海军水面舰艇部队说不定总有一天会再凭自身优势施展拳脚，这个想法让配备于特混舰队中的巡洋舰和驱逐舰非常受用。日本驱逐舰向瓜岛运送物资和士兵，如入无人之境，他们舰上的主炮冲着亨德森机场乱轰一气后，就掉头返回。日本第 17 军的高层指挥官讨厌轻装上阵，虽然运输机或许可以没有重型武器和装备压阵，但驱逐舰却万万不可。日军炮兵和隐藏在周围深山的迫击炮手都因其舰队的活动增强了底气。零散的堰坝偷袭、夜间出没的敌机、小岛北部平原四周不定时落下的小炸弹，使美国海军陆战队队员们难以成眠，实属恶意滋扰。

山本五十六迟迟不发起全面夺岛进攻的主要原因是对美国空中力量怀有敬畏的

情感。亨德森机场就像一个永不沉没的航空母舰，在战火和伤亡的考验下，更加强了飞行员与各军种之间的兄弟情谊。越来越多的海军飞行员和飞机加入进来，其中包括来自"萨拉托加"号的24架历经千锤百炼的"野猫"战机。于是在9月初，美军在瓜岛周围曾经较难维系的薄弱的兵力防御网变得严密了一些。

而日军飞行员对自身的薄弱方面也十分忧虑。8月下旬，第8舰队参谋长神重德从特鲁克岛来到拉包尔，看到松散的港口防御体系以及防守整体上存在的明显漏洞，大为惊骇。当时新不列颠群岛上的大本营只有19架战机、29架中型轰炸机和4架水上飞机。"仙人掌"航空队实力则日益增强，日本帝国的飞行员却因地理上的不利条件备受困扰。为了使飞行燃料能够支撑他们发起进攻并在日落前返回，飞行员不得不在破晓时分便动身起飞，他们必须按照计划表的规定于当天中午从西北方向飞到目标正上方。因为美方海岸监察员会提前预警，所以"仙人掌"航空队"野猫"战机的飞行员在敌机抵达前，有40分钟的时间应急起飞并升至拦截高度。美国空军距离基地近、油箱储备充盈，因此他们在应战、调遣、出击上具有灵活性，而这些方面日军望尘莫及。不过，日军中有许多驾驶"零"式战机的飞行员执行远距离飞行任务的经验丰富——他们去年12月8日从台湾出发，突袭吕宋岛上麦克阿瑟所指挥的机场，就是一个很好的例子。所以，对美军而言，突破距离远的障碍和不明期限地维持日常运作依然是一个巨大的挑战。

因为直到傍晚，日军战舰一直处在美军搜索飞机范围之外，曼格鲁姆指挥的俯冲轰炸机天黑前极少有机会击中他们，即使天气条件有利也于事无补。夜幕降临后，美国海军飞行员可以根据月亮的高度、云层的位置及星星投射的光线，尽最大努力锁定日机。但适合夜间出击的月相每个月也就只有四五天，再加上恶劣天气出现的可能性，可用天数就更少了。即使是白天，美军的俯冲轰炸机也无法准确命中田中赖三手下航速为34节的驱逐舰，这些驱逐舰躲闪敏捷，舵手个个富有经验——他们不仅技术令人钦佩，而且似乎对瓜岛的北部海岸了如指掌——因为他们的士兵和物资经常从那里登陆。尽管夜航危险重重，"仙人掌"航空队黎明巡逻的时候，却从来没有发现日军舰船搁浅或在浅水区挣扎前行。"他们径直冲上海滩却平安无事……很快又重新回到海里，一点时间也不浪费，"海空第23集群副舰长查尔斯·L.菲克中校说，"当然，我们现有的手段是不够的。控制增援渠道这事总得提上议事日程，日本人往往比我们自己的海军更常将这些渠道打通落实后为己所用。在同样的情况下，我们则可能会因为无法满足供应需求而不愿增强瓜岛兵力。"

美军以瓜岛为基地的飞行队伍实力日升，给日本帝国海军施加了无形的压力。8月29日晚，田中麾下一名舰长直接拒绝执行调动4艘驱逐舰攻击归国美军护卫舰的命令——夜色晴朗，圆月当空，洋之助村上大佐说美军飞机可以准确击中他的战舰。田中赖三觉得这话"让人哭笑不得……甚至说不出什么话来驳斥他。当然也怪我，有个这样的手下"。第二天，田中赖三感到疲惫不堪，并因为日本第17军高层迟迟不批准改用驱逐舰运输补给物资而怒火中烧——田中发现自己被严阵以待的敌军折磨得心力交瘁。在其被解除增援舰队的指挥权后，他返回特鲁克岛并归入第2舰队，担任驱逐舰中队的指挥官。

但曼格鲁姆少校真切了解自己在制空权上的局限性。他说："我们很难想象，蜗居在隐秘的地方，没有足够的水面支持（军舰），居然还被寄以厚望去保持瓜岛的和平与安宁。"尼米兹正向金上将施压，请求飞机支援，飞机类型不限，多多益善。9月1日深夜，他在珍珠港总部恳求顶头上司："拨给'仙人掌'航空队必要的物资吧，好让它称得起'航空队'这个名号，也能给日本人点颜色看看，让他们永世难忘。"但若海陆空三足只具两足，不管实力多么雄厚，战斗任务执行起来也不会得心应手。在尼米兹恳求金上将强化硬件配备的时候，范德格里夫特向海军上将特纳传达了戈姆利的想法，对如何守住瓜岛予以强有力的论证。

"敌人看上去是通过夜间连续开展小批量运输来增强军队攻击力的，"范德格里夫特写道，"由于地形复杂，除非以削弱空中防御力量为代价，地面部队作战才有可乘之机。我们的作战力量有失平衡，当务之急是要采取以下措施：一、飞机夜间巡逻的搜寻半径要大于敌舰巡航半径。二、安排舷号以'DD'开头的水面舰艇或马达鱼雷艇开展夜间巡逻。三、把第7舰队编入'仙人掌'航空队，以提升其攻击力，为积极防御做准备。如果没有水面舰艇加以制衡，敌军就能在我们的作战范围外继续进行增援，从而组建起庞大的军事力量。"换句话说，海军陆战队需要海军。

海军少将利·诺伊斯接替弗莱彻担任航空母舰指挥官，他于9月3日建议将已解散的"萨拉托加"号航空母舰部队中的巡洋舰和驱逐舰重新部署——几乎与范德格里夫特曾提议的如出一辙——增强海军水面舰队兵力，直接支援海军陆战队。几天后，戈姆利调整了航空母舰特混舰队的任务分配情况，单独编组了一支由巡洋舰和驱逐舰构成的"水面巡查和攻击部队"，又称为第64特混舰队。这是一支不起眼的小舰队，战斗力远不及之前构想中的以"北卡罗来纳"号为旗舰的舰队。其军事基地设在埃斯皮里图桑托岛，海军少将卡尔顿·H.赖特担任临时指挥——这一新的水面攻击舰队由重型巡洋舰"明尼阿波利斯"号、轻型巡洋舰"博伊西"号和"利安德"号以及4艘驱逐舰组成。不过,单从编制上看,第64特混舰队的这些舰船很明显将承担重大使命,并与航空母舰特混舰队(第61特混舰队)、特纳的两栖舰队(第62特混舰队)和麦凯恩的陆基空军兵团(第63特混舰队)地位相当。

第64特混舰队全部由"亲兵"组成,不像以前巡洋舰护航舰队一样受制于外来旗舰,也不像莱福科尔麾下罹难的第62.6特混舰队那样在一定程度上要担负两栖任务。名义上凯利·特纳掌握其指挥大权,但一个义不容辞的使命要求"特混舰队指挥官充分发挥能动性",戈姆利如此写道,"请记住,击沉敌舰是取得最终胜利的最迅速的手段"。

只有水面舰队可以守住夜间补给航道,确保美国最终握有该岛的控制权。只有灵活机动的水面舰艇——海上航道的重型护甲,可以在天黑后阻挡"东京快车"的去路,保持制海权。存留至今的舰船都是为海军酝酿斗志和寻找机会重新杀回战场而存在,并且都能用以对抗顽固守旧地进行海战的那些"不败船长"。

到1942年为止,盟军手中7艘重型巡洋舰中已有6艘英勇参战,与日本水面舰艇枪炮对阵,最终长眠于那片泛着血光的温暖海水之下——"文森斯"号、"昆西"号、"阿斯托里亚"号和澳大利亚皇家海军舰艇"堪培拉"号,还有4个月前在距离所罗门群岛很远的那艘"休斯敦"号和英国皇家海军舰艇"埃克塞特"号都已惨遇劲敌,完败于敌军同级别的战舰手中。8月9日晚上,如果霍华德·伯德手下的"芝加哥"号陷入战团,所有7艘战舰或许早已不复存在。这种败绩无疑让所有舰长都耿耿于怀,他们的战舰航速快,且能担任多重角色,美国海军一直认为,它们与日军水面舰艇交锋,定会大获全胜。在海战的冷酷对手面前,此等先入之见没有任何价值可言。可以说这里蕴含着一条真理(三川军一现在已用事实证明并进行了改进):胜败可见于一击之后,再而衰,三而竭!

美军开展的诸如射击控制等训练活动里的课程都被大幅修改,某些课程(例如雷达员培训)以前甚至没有存在过,课程的设计是从零开始的。所有这些变化,即兵力的扩充和军事原则的改变,它们的目的只有一个:在当前正在紧密酝酿的史诗级海上大战中打倒日军。在气候闷热的南太平洋,打胜仗需要做到的是一从演习场回来就驾船南下打探敌情。

9月6日上午,"亚特兰大"号与遭受重创的"萨拉托加"号在一同前往夏威夷的途中抵达汤加塔布岛时,有个令人振奋的发现:两艘威风凛凛的新舰正停在港口,分别是"南达科他"号战列舰和"朱诺"号防空巡洋舰。更有消息称，强力战列舰"北卡罗来纳"号的姊妹舰"华盛顿"号已于 7 天前从巴拿马运河驶出，下周便可抵达战区。

这几艘威力大而且更省油的快速战舰带来了希望，毕竟此时海军的上层规划者们都因为日本 69 000 吨级的"大和"号战列舰和几艘预料中的 36 600 吨的"金刚级"战列舰尚停泊在特鲁克岛而紧张不安。在这片海域，美军没有战舰可以与它们匹敌。"我会一直祈愿，希望我们的某位海军上将某天能够主导战况，我们可以自主决定是否紧追那些败逃的混蛋，从排兵布阵到武器装备都令我们满意，并将该死的敌人打进十八层地狱。'北卡罗来纳'号和'华盛顿'号战列舰是实现如此宏图愿景的必备帮手"，劳埃德·马斯廷写道。

海军少校埃德温·B.胡珀毕业于麻省理工学院的火控专业，同时还是"华盛顿"号上枪炮官的助理。他称快速战列舰是"技术前进一大步的结晶，老旧战列舰即使进行现代化翻新，前者在量级上也优于后者"。新造战列舰与老旧战列舰相比，最显著的改进是配备了高频 SG 雷达，该雷达的存在仍是绝密。因为船厂耳目众多，"北卡罗来纳"号在海上完成了所有新设备的安装工作。该舰的海事支队荷枪实弹，守卫着新配备的火控室和绘图室。"亚特兰大"号的水手们都没有机会了解一些有关"南达科他"号的内幕消息，也未能向姊妹舰"朱诺"号上的同行打个招呼，两艘新战列舰就这样再次踏上了征程。只是很奇怪，仅仅几个小时后，它们再次返回港口。"南达科他"号一直被不幸笼罩，它甚至倒霉到曾在一个海图上未标明的珊瑚岬搁浅。

好事不出门，坏事传千里。消息沿着舰队隐秘的航道不胫而走。"南达科他"号成了人们口中的"倒霉舰"。有人把原因归于南达科他州未能按照各州传统，授予与自己同名的无畏级战舰手工银制徽章。州长没有这么做，后果自然不可避免。在切萨皮克湾试航时，它遭遇搁浅并出现电力系统故障。在缅因州的卡斯科湾附近进行速度试验时，"南达科他"号撞死一头鲸——在对动力装置执行严格的规定测试过程中，该舰未能及时减速，将这头不幸的哺乳动物撞成两半。然而，有些海军上士则说，这莫名其妙地预示着好运气。即使有好运气，也是属于托马斯·盖奇舰长，因为只要上述任何一个事故登上报纸，本就足以卸去他的指挥大权。不过现在，他又一次把事情搞砸了，舰体底部从头到尾划开了一条 18 英寸宽的裂口。该舰不得不受命返回珍珠港接受为期两周的大修。这对南太平洋指挥部重建的水面攻击舰队来说是个严重打击。

　　9月7日，尼米兹上将飞抵旧金山，在圣弗朗西斯酒店会见金上将及海军部长佛瑞斯塔。评价南太平洋指挥部的表现之所以提上他们的议事日程，部分原因是萨沃岛战役失利——这些问题要成为头条新闻记者笔下的素材，至少还要过一个多月的时间才有可能。

　　就在同一天，戈姆利上将麾下的旗舰"阿尔贡"号正停泊于努美阿港内，他在这里给尼米兹写了封信，他知道自己没有权力写这封信。他似乎因为需要粉饰一切而疲惫不堪，也可能是由于幽闭症，自从8月1日来到这里，他从未离开旗舰半步。他禁不住想要吐露些心声。"我一定要找一位倾诉对象，腹中苦水不吐不快，"他写道，"所以，恐怕你是不二人选……但我希望此信中的内容你阅后即焚。"

　　"当你收到这封信的时候，佛瑞斯塔先生一定已经见过你了。我觉得他来到这里，会看个够，也能听个够。至于他是否会做些什么，我不知道。昨天，抑或是前天，我听说，英国人第一次闯入华盛顿就把美国国会大厦和总统府付之一炬，第二次便占领了华盛顿。[1] 在我看来，我们正在世界各地做着跟他们一样的事，但我们在这里需要的东西，政府无法给我们增援，至于为什么，我不知道。我相信你对此一清二楚，不过我对金上将所做出的一两次调度非常惊讶，我不敢相信他居然赞同这种批示。"

　　金上将和戈姆利彼此之间都心存疑惑。金上将越来越怀疑海军南太平洋战区的指挥官们能否胜任战事指挥。金上将问尼米兹，戈姆利在南太平洋泰山压顶般的压力面前身体上能否撑得住？尼米兹当然不了解情况。他知道自己的朋友是一名老水手、军事家、外交家，还是一位正人君子。不过他很快又不确定戈姆利现在是不是具备1942年南太平洋战区最需要的东西：奋战之心。

　　"目前，我们的航空母舰形势岌岌可危，"戈姆利在9月7日给尼米兹的信中继续写道，"有些人可能会问我为什么不在夜间将水面舰队大批地送往瓜岛。原因很简单，在现有条件下，此举太过于危险。在那片水域内，他们有潜艇、鱼雷舰、水面舰队和岸基战机助阵。可能遭受的损失可想而知，我们不能明知故犯。"

1　该处意指发生在1814年的美国同英国进行第二次美英战争中的英国人攻占并火烧白宫事件。——译者注

最后一句话透露出戈姆利并未真正了解他的士兵们在战区内要面对什么。如果说日本人改变无线电代码后，美国海军情报人员对日军动向所知甚少，但至少到9月的第二个星期应该已经清楚日本的鱼雷舰根本不是松德海峡内的主要威胁，日军也未曾在夜间起飞岸基战机。至于在那片固定的水域，日军和美军作战的局限性是一样的，美军在这片水域享有的巨大优势是防守而不是进攻。虽然美国海军的航空母舰采取保守主义做法情有可原，但没想到轻型突击队也用同样的理由搪塞。如果现在不舍得让舰队的枪炮手冒险，更待何时？

对于如何在适当范围行使自己的指挥权，戈姆利思绪万千。他在给尼米兹的那封信中还写道："我从华盛顿的最近一次派兵行动中得知好几艘战舰载有P-38战机，但他们从来没有给我调度相关战舰的权力。我并不希望有这样的权力。因为若是以获得战机为目的而调度战舰，我估计会选择装载紧急弹药的那一艘，目的是方便度过在澳大利亚的艰难岁月。"身上肩负的指挥压力无疑使他苦恼万分。他手中的权力不足以履行职责，但他又不确信自己是否依然希望获取更大的权力。

在圣弗朗西斯酒店，尼米兹向金上将和佛瑞斯塔承认目前南太平洋的问题非常严峻。虽然他很高兴战区内尚有3艘战列舰——"华盛顿"号、"北卡罗来纳"号和"南达科他"号，但它们不过是萨沃岛战役中牺牲的那批重型巡洋舰的临时替身，这几艘战列舰因为对燃料需求很大而降低了可部署性。尼米兹现在尚没有足够的油轮来保证它们正常工作。佛瑞斯塔答应他会尽其所能做点什么。

但戈姆利是否适合指挥战舰是个更为费神的问题。尼米兹当时就知道，面对欧内斯特·金的询问，他没有别的选择：依照他的性格，他会跳上"科罗拉多"式巡逻机飞到努美阿，亲自见见这个老朋友；他也可能会命令戈姆利做身体检查，然后他会把自己所发现的问题通知金上将。

戈姆利早就抱怨说，华盛顿总部对他的问题兴趣不大、没有表示同情。他并不知道佛瑞斯塔根据自己最近到努美阿巡视的印象，正想给他提供强有力的支持。佛瑞斯塔还到医院看了看，萨沃岛战役中被严重烧伤的船员仍然挣扎于生死一线。"在这样的英雄气概和痛苦煎熬面前，除了深深鞠躬，我再无法用言语表达情感"，佛瑞斯塔说。海军部长会为尼米兹多派几艘油轮，并敦促罗斯福加快增援步伐。他站在戈姆利的立场上，言辞恳切、声情并茂。现在正忙于策划进攻北非地区的战争部长亨利·L.史汀生甚至认为佛瑞斯塔受到个人情感的过度影响。"吉姆，"史汀生说，"你患了很严重的局部利益症（军事指挥官等过分关注某一特定地区或形势）。"佛瑞斯塔掷地有声地回答说："部长先生，如果海军陆战队在瓜岛被消灭了，整个国家都会觉得你凭主观感觉做事才是患了不可救药的'局部利益症'。"

在圣弗朗西斯酒店的会见结束之前，3位首长决定进行人员调动——这将给全体航空母舰舰队和其他部门都带来紧张情绪。与会者一致认为，海军中将哈尔西应与尼米兹同回珍珠港，并最迟在10月中旬那艘千疮百孔的航空母舰整修完毕后，尽快重回原岗位继续担任"企业"号航空母舰特混舰队司令。

他们回到珍珠港不久，尼米兹就带哈尔西视察"企业"号航空母舰的整修情况。他们来到舰上，这艘航空母舰饱经风霜且备受战争蹂躏，相比之下，气胎和液压声听起来仍铿锵有力。尼米兹向全体工作人员颁发了荣誉勋章。然后他宣布："小伙子们，我要给你们一个惊喜——比尔·哈尔西回来了！"大家一片欢呼。他接着说："我知道，我曾承诺会让你们好好休息一番，上帝知道你们应得休息的机会。但你们也知道，最近我们的战舰和士兵都损失惨重。我别无良策，只能让你们尽快再次投入战斗。"这番言论之后是出于礼貌的沉默。出发前，他们还有5个多星期可以用来好好想想这番话。

事后看来，人们当时并不清楚哪一支舰队对眼前的战斗准备不足。正如美军的智囊团在旧金山所言，山本五十六在特鲁克岛的"大和"号旗舰指挥部里召开了一系列会议。原为一是参加过这些会议的一名驱逐舰舰长。据他所说，总司令的议程几乎都是与紧迫问题擦边的一些琐碎问题：什么时候召集世界一流的联合舰队协调布阵以便一举粉碎自命不凡的美军舰队？帝国战舰浩荡南进的时候所需燃料从哪里来？……日本文化主张顺从权威，因为既然总司令只是打擦边球，所以那些棘手问题并没有人提起。"帝国海军中持批评主义观点的人本应指责这些位高权重的海军大将，不过这会使那些直言相谏的人立遭免职，"原为一写道。

山本所面临的问题也困扰着机器时代的每一位舰队司令，战舰虽然变得比以往任何时候都更强大，实际上却因其对燃料的巨大需求而只能被"供养"在基地中。山本当时的处境与美国军队无异，作战的地方离祖国有6 000英里远。相比之下日本人更加努力，因为他们对舰队怀着巨大的自豪感，这些战舰至少可以满足高速航行的需求。这种自豪感表现在授予战列舰至高霸权的信条上：日本舰队创建的信念就是它会在一场由日军选定的时间和地点的决定性战役中大败美军。这些战舰已经到位——"大和"号、"陆奥"号、"比睿"号和"雾岛"号都已到达特鲁克岛战区，支援南云忠一率领出战的航空母舰。如果说日军不打算派级别最高的海军重挫美军，那么对期望日军赢得这场"决定性战役"的广大日本人来说，目前的情况绝对令他们难以忍受。

日军的狂妄和野心是问题的部分症结所在。虽以钢铁纪律闻名，却未能善始善终。由于第17军顽固地拒绝放弃"穿过新几内亚岛中部并夺取莫尔斯比港"的企图，因此士兵们的心都绷紧了。日本帝国海军对这里的局限性看得更是一清二楚。"除非解决瓜岛的问题，"宇垣缠写道，"否则我们不用指望在这个区域会有任何进展。"由于真实的战争场面很少真如游戏桌上展现的一样，双方在战场上的厮杀异常复杂、瞬息万变，所以作战手段一直处于不断改变中，作战目标也随之调整。

9月11日，特纳和麦凯恩与范德格里夫特将军进行会晤，规划他们如何抵御预料之中的日军突袭——那时候美军舰队一定不能停止反抗。那天清晨，戈姆利再次给尼米兹写信，述说了南太平洋战区各部门的预算赤字和士气松懈的情况，"今天我看到的形势真是万分危急"。由于不希望卷进不必要的战斗中，戈姆利命令诺伊斯保持舰队位于南纬12度以南、约距离亨德森机场南150英里之处。瓜岛配备的陆基空中力量已降至11架"野猫"战机和22架"无畏"式战机，于是海军陆战队再次勇担重任抵抗空袭、抵御海军炮火轰炸和阻止敌人海运而来的增援部队着陆。9月13日晚上，亨德森机场的捍卫者面临着当时最严峻的一次考验。

那天晚上，在世界的另一端德军正因突袭斯大林格勒而令地球都为之震颤的时候，范德格里夫特的海军陆战队队员面前则是1 700名日本士兵在亨德森机场以南约1英里的地方排兵布阵。陆军中校梅里特·埃德森马上予以坚决反击，协同近距离射击火炮和迫击炮的步兵，巧妙地在一处高山上掘壕固守，不久后这座山便以他的名字命名。然而，日本人的坚毅精神竟让人心生敬畏，虽然他们的屡次失败令人唏嘘，但他们很快占领了亨德森机场东面正在建设中的第二简易机场，名叫第一战机场。日军一支侦察队里的渗透人员都在距离范德格里夫特的营帐50英尺的距离内全部毙命。虽然这场战斗伤亡人数的统计并不充分，但日军在对抗100人左右的美军的过程中损失了大约800人——埃德森山之战是美国海军陆战队的又一个轰动性的胜利。然而，野蛮和决绝的日军进攻也暗示，如果日军的夜间增援行动得逞，情况就会变得极为糟糕。好在美国的援军都在路上。海军陆战队第1师和陆战第7团都从努美阿出发，正赶来加入范德格里夫特的大军。

"黄蜂"号和新近到达的"大黄蜂"号都被调去为运输舰队提供空中掩护。9月

15 日下午，在它们向北驶往任务区的路上，航空母舰特混舰队遭遇了目前为止最大的惊吓。那时，当天的飞行任务已经结束，海军上将诺伊斯将"黄蜂"号置于毫无外部力量保护的形势下。它以 16 节的速度航行，位置约在圣克里斯托瓦尔东南 150 英里的地方。这时一架潜望镜破水而出，瞄准器锁定在了航空母舰身上。日军出动的 I-19 潜艇对准"黄蜂"号航空母舰，发射了 6 枚鱼雷。

作为战斗火力中毁灭性最强的鱼雷，被其命中的军舰都难逃折戟沉沙的下场。这次 I-19 潜艇发射的鱼雷击中了 3 艘美军战舰。"黄蜂"号中了两枚鱼雷，由于鱼雷引燃了舰载的航空燃油和储存的炸弹，遮天蔽日的大火顺势蔓延开来。短短几分钟之内，燃起熊熊大火的"黄蜂"号就像是火葬场中的柴堆，站在数英里以外都能望见空中弥漫的黑烟。未中目标的鱼雷向着 6 英里外的"大黄蜂"号航空母舰特混舰队飞潜而去。"奥拜恩"号驱逐舰也不幸中弹，被炸掉部分舰首架构。"北卡罗来纳"号战列舰是第三艘受害舰，一枚鱼雷命中其左舷，在舰体炸开一个 32 英尺宽的大洞，两层甲板被炸得变了形，一号炮塔也因此失去作战能力，6 名士兵命丧黄泉。

"黄蜂"号濒死挣扎，它的护航舰不得不为此展开紧急的救援工作。南太平洋上有个特殊现象，发生这种战事，鲨鱼定会趁势而来。随着驶来的护航舰把吊货网扔过舷缘，水手们无不吓出一身冷汗。福特·理查森是"法伦霍尔特"号驱逐舰的水手，他写道："到处都是鲨鱼。有几十头，甚至数百头。鲨鱼叼住水手的胳膊或脚就把他们拉下军舰，他们的惨叫声湮没于海水中。这些大恶魔会一再跃出水面，好像拴在钓鱼线上的浮塞。那惊恐的尖叫声一次比一次低。最后再也不会有人为此尖叫了。有时鲨鱼会咬住某个可怜士兵的躯干乱甩一气，就像一只恶狗咬着老鼠摇晃脑袋一样，然后便渐渐安静下来，嘴里咬着内脏，拖走身后奄奄一息的士兵。血染海水，混沌不清。"夜幕逐渐笼罩了弥漫于空气中的恐怖感，救援工作仍在继续。对尽力打捞"法伦霍尔特"号的舱面人员的一对兄弟来说，没有什么比这更让人毛骨悚然的了。"黑暗中，一名水手在水中缓慢游动，略远于引缆绳可抛至的范围。他怀里还抱着另一名水手，但那人的头耷拉着没在水面下——他死了。我们对那名水手大喊，"松开他！游过来！他死了！""他是我的兄弟！"他回应道。

"他死了，放手吧，游近一点！"

"他是我的兄弟！他是我的兄弟！他是我的兄弟！……"

"不远处的我们眼睁睁地看着他被卷进海水，沉入不见天日的黑暗之中。我们看到他的最后一刻，他仍然抓着死去的兄弟不放。我们依稀听到的最后一句话是：他是我的兄弟！"

尽管"黄蜂"号的护航舰救上来的 400 多名幸存者已挤满了所有可用的空地和通道，但"黄蜂"号本身仍载着 173 名士兵沉入珊瑚海。虽然"北卡罗来纳"号的损害防控人员作出快速反应，竭力使它保持全速行驶才脱离此难，但在接下来的 6 个星期里，它仍需要在珍珠港接受维修。"奥拜恩"号同样接受了修补，不过它在前往西海岸的途中舰身变形依然导致了下沉。

面对 I-19 潜艇的鱼雷攻击，除了"黄蜂"号沉没，代价最大的损失是美海军丧失了对其指挥官的信任。尼米兹不赞成利·诺伊斯的航空母舰指挥策略，这位太平洋司令部总司令认为诺伊斯指挥的航空母舰运行速度太慢，才导致未能及时避开敌军潜行的潜艇。（驱逐舰的指挥官们倾向于使驱逐舰航速控制在 13 节以内，其目的本来是便于声呐装置发挥最佳性能。）诺伊斯就这样不声不响地被撤去职务，返回美国担任岸上指挥，并要配合调查委员会的问讯，以商定他应为航空母舰被击沉而承担的罪责。1943 年调查完"黄蜂"号沉没的原因后，诺伊斯被确认无罪，可他的战绩从此再未得到承认。

"黄蜂"号航空母舰的"失事"几乎被视为绝密，大家总是对此讳莫如深。"他们不希望让任何人知道'黄蜂'号已不复存在，"托马斯·韦施勒说，"就像他们不希望让任何人知道'列克星敦'号在珊瑚海毁于一旦一样……如果日本人知道我们究竟处于何等窘境，他们一定会欢呼不已。""黄蜂"号的幸存者与萨沃岛战役的幸存者一样，被软禁在努美阿，与世隔绝起来。航空母舰沉没的消息 12 月前不会公布，届时，愿发誓保密而获批准离开的那些航空母舰幸存者才可以敞开心扉，告诉家人和朋友之前保留未讲的故事。毕竟充满悲剧色彩的灾难故事对鼓舞士气有害无益。虽然"南达科他"号还在珍珠港修理，它的舰长托马斯·盖奇却试着把萨沃岛战役失利作为教育下属的好机会，并借机邀请了一位被击沉的巡洋舰的舰长来到他的军官室。他的"客人"讲起那场巡洋舰之战、那场对抗三川军一的灾难性的战斗时，声调从严肃降到了恐怖的程度。"我猜他和盖奇舰长是老朋友，我敢肯定盖奇舰长事先不知道这位受邀的舰长会说些什么。他的话里尽是悲观情绪"，战舰上的海军中尉保罗·H.巴库斯回忆说，"最后，盖奇舰长不得不起身，站在这位军官面前说，'南达科他'号不会发生这种事，面对那种突发战况，我们最好的防御手段是手头的 9 门 16 英寸口径舰炮——这是老生常谈了——然后他陪着这位舰长走出军官室。这是一种悲哀，因为他失去了自己的巡洋舰，而那份经历给他留下的印象深入心底，使他每次想起来都气馁不已。"这种情绪会让他一直耿耿于怀，除非舰队东山再起，取得挽回士气的战绩。第64特混舰队的赖特将军手下具备完成这项工作的条件。不过所谓的条件并不是指军舰，因为在真正的良将贤才出现之前，军舰本身的存在几乎没有任何实际意义。

13
—
钢铁勇士

为了使目前几近瘫痪状态的日常军务重回正轨，使预测能力方面出现的严重惰性销声匿迹，美军需要极大的意志力和决心，不管是制订当日计划，还是绘制导航板上的编队安排，海军工作的方方面面几乎都有很大空间需要改进和提升。当琐碎的日常事务日复一日地变成一种既定程序时，人们很难注意到生活中有什么变化，昨日与今日的内容似乎出人意料地千篇一律。恰恰是因为有过之前取得的几次伟大胜利，海军部队才保留下某些所谓的专业化程序；而恰恰是因为这些所谓的专业化程序，军队中才出现了当前这种工作节奏。在战争时期，若想胜利在望，则必须坚决摒弃那些安逸的备战节奏。要克服当前的困难，美军需要的是一批思维敏捷、行动迅速的战士。

一旦人群中有某一个人怀有某种叛逆心理，这就像是在释放信息素似的，周围的人能立即感知。他没有必要挥舞拳脚，也不必对人威逼利诱，哪怕他默不作声，但只要他身上具有那些"必备品质"，那些品质马上会使他周围布满强大的气场。有些战士脾气大、执行力强、行事鲁莽轻率、不计后果，言谈间永远透露出愤怒气息。还有一些战士则智勇双全，逻辑思维像电路系统一样缜密，大脑就像空间矩阵，一个向量指向另一个。战斗的结果往往是由这些向量交点决定的。战士的生存哲学就是大道至简，根本不可能在学术精英教育制度下培养而成，也不可能按照类别等级加以衡量。曾经在新奥尔良扛着松鼠猎枪击败了英国人的森林勇士已经准备就绪，空气中弥漫的火药味让人心生恐惧，也让人本能地不再缩手缩脚，甚至很可能突然大开杀戒。这样的男人知道军舰不是花瓶女神，而是一座能够发射强大杀伤力炮弹的系统平台。尝过失败的滋味，海军开始重新审视来自佐治亚州农场上的那些男孩，他们尚未崭露头角，却发现自己在指挥官怀利的"弗莱彻"号上慢慢地遭受着折磨。其中某个叛逆的战士张口大吼一声，效果几近于火药横飞。就这样，在现在的兵源基础之上，稍微计划一番再加上熟练的技术，胜利指日可待。

海军少将诺曼·斯科特就是其中之一。他 1911 年毕业于美国海军学院，被认为是全班"最有魅力的人"之一，这在某种程度上无疑是因为他徒手格斗的英勇和实力。他是个专业击剑手，曾击败西点军校的选手，成为校际冠军——正如秉公执笔的年鉴作者所言，他赢得的是"不朽的荣耀"。他是个战士，利剑出鞘一直是他心之所向。据海军上将雷蒙德·斯普鲁恩斯讲，斯科特在美国海军作战部部长办公室的轮值期是他最痛苦的时刻。在担任"彭萨科拉"号舰长的任期结束后，斯科特被派往美国海军作战部部长办公室轮值，"在华盛顿，他故意把经手的事务弄得一团糟，最终如愿以偿——回到海上舰队"。"亚特兰大"号的罗伯特·格拉夫认为斯科特"有点像年轻时的哈尔西"。可并不是所有的战士都能遇上这种能实现自我价值的战斗。8 月 9 日夜，日军横穿弗雷德里克舰长指挥的巡洋舰护航舰队作业区时，诺曼·斯科特正无所事事地坐在图拉吉岛附近的防空巡洋舰"圣胡安"号上，这是他命中注定的事。次日是斯科特的 53 岁生日，他用了一整天时间仔细思考自己对萨沃岛战役仅有的少许见解。对于护航舰队没有做好作战准备，他对外声称自己早有先见之明。三川军一的舰队现身后，美军的应敌反应行动迟缓，原因在于前段时间为开展局部战斗而酝酿的人事轮换实际上成了毫无意义的兜圈子，斯科特曾经警告克拉奇利，方案二的局部作战准备存在"严重不足"。

他在 9 月中旬作为卡尔顿·赖特的继任者担任第 64 特混舰队司令后，首批举措之一便是复兴海军传统。在 20 世纪 30 年代末，美国海军借鉴了英国皇家海军的一套训练方案，即所谓的"对抗射击演习"。在那些训练中，军舰按照作战时的真实情景排兵布阵，彼此间固定好枪炮方向，但要与炮塔所在的直线形成几度的夹角。由于枪炮斜向射击，第二发时便可精确判断方向并正中目标。只要炮弹落于战舰后方，且炮弹与战舰的距离经过精心计算，就被认为是一次成功的发射。相比于同时调动两艘战舰开足马力相向冲刺而言，一般来说若是选择一艘战舰进攻开火、另一艘战舰充当敌舰的演练方式，指挥起来会更为有序。尽管演习只为有备无患，却对大家的信心产生了影响：由于担心灾难性事故随时可能发生，他们因此心生畏惧，常备不懈，军官们甚至无一夜安眠。

失眠的更主要的原因在于不了解手下海军的作战熟练程度。戈姆利海军上将一直深受这种不确定性的牵制。他不知道自己麾下的战舰及其指挥官的本领大小。他没有与他们共处过，也没有共事过；从无形的士气高低到有形的机械完损，他都未曾亲临现场评估一下诸多关键变量。他对此直言不讳。"就实际接触而言，对于指挥官的能力、军舰的维护状况和军队的作战准备，我都一无所知。甚至是将在这一战区开展的战事训练，他们之前达到了什么程度，我也不曾知晓。执行作战任务之时就是提升作战能力之日，"到时候他就会这么写。此番承认领导不力之言，真是令人震惊。诺曼·斯科特并不打算效仿戈姆利，当然肯定也不满于把对士兵的教育留作敌人给的教训。

"南达科他"号、"北卡罗来纳"号、"企业"号和"萨拉托加"号牺牲后，美国海军的主力舰在后方观战的比在前方冲锋陷阵的要多。"黄蜂"号沉没后，整个南太平洋战区就只剩"大黄蜂"号一艘航空母舰。待时机成熟、必须一搏的那一刻到来，所有战列舰都会实现自己的存在价值。在此之前，"轻型舰队"——巡洋舰和驱逐舰——将担负稳住阵脚的大任。"狭槽地带"将是它们大显身手的战场。"这是日军的必经之路。我们时常探讨一些问题，"来自"海伦娜"号轻型巡洋舰的奇克·莫里斯如此写道，"谈论的内容无非是与日军战舰之间这场迫在眉睫的交锋。我们实力够不够？我们都不知道。毕竟我们从来没有这么真刀实枪地干过。"

9月份过去的两个星期里，斯科特从护航任务的苦差中忙里偷闲，安排手下的巡洋舰练兵。他立志把自己的海军力量提升到足以匹敌日军，他仔细研究了水面舰艇最近的夜间行动，并制订了一套行动方案。"旧金山"号上的海军陆战队重机枪手克里夫·C.斯宾塞把它称为"夜战指南101"。这可不是和平时期的月下远足。"接下来的两个星期，我们每天都开展日常重炮实射训练和高速夜航战术演习。每天晚上，夜夜训练，坚持不懈，"斯宾塞写道，"我们每天晚上都处在全舰备战状态，与扮演敌对角色的战舰进行模拟战，所有战舰都全速运行。有意思！战事演习的目标就是提高大家的夜视水平，以便在被敌人发现之前，先发制人。经过一番训练，舵手们能够更精准地保持船间距，更全面地搜寻敌舰，使我们在更为有利的条件下打出具有重要意义的炮队齐射。"

水上飞机在空中拖带起筒靶（圆筒状靶标）。各种舰船的轮廓迅速闪过。组织竞赛是为了选出反应最快的舰艇炮手。斯宾塞写道："当年在得克萨斯州，战斗口号是'记住阿拉莫！'今天，盟军的战斗口号是'不忘萨沃岛！'"他还写道："想到8月9日那场遭致骂声一片的'坐以待毙之战'中因毫无还手之力而导致战友死伤惨重的败仗，疲劳困乏顿时一扫而光。"

诺曼·斯科特自9月22日开始备战练兵，这是他麾下的重型巡洋舰5个月内第一次发射炮弹，也是一年多来第一次进行对抗射击演习。为了瞄准机动性较强的驱逐舰，"盐湖城"号上的炮手学到了重要一课：警惕观察具有重要价值，同时侦察机、射程计算仪或雷达操作员必须密切合作。"盐湖城"号上的军官都说"这是该舰迄今为止开展过的最好的一次模拟射击训练"。几天后，"盐湖城"号再次出动，斯科特命令它与"海伦娜"号对战。各项参数要求不严，所准许的时速级别放宽至15～20节。"盐湖城"号超越极限，以24节的航速猛冲向"海伦娜"号，在距离对方23 500码（超过13英里）的位置投下第一批调整了炸点偏差的夹叉试射炮弹。原则上来说，在天气良好的情况下，重型巡洋舰从距离目标20 000码处开火最佳。有了雷达的帮助，在远达30 000码的射程范围内便可交战，所以雷达能使炮弹投放效果更佳。

6月，中途岛战役过后，雷达被标榜为"战争火力控制技术的重大发展"。在一次夜战练习中，一艘配有全新高频磁控供电FD火力控制装置的巡洋舰在其射程范围内缓行，向目标连续投放了11颗夹叉试射炮弹。尼米兹的下属审视着这些练兵成果，研究过前线反馈的作战报告后，得出了以下这一结论："我们仍有潜力使这个高端设备发挥更大功用。"战舰朝着靶标发射炮弹时，斯科特下令用金属或铁丝网裹住靶标，以提供更清晰的雷达回波。

"盐湖城"号舰长斯莫尔知道，只弄清楚技术本身于事无补，了解和应用才是王道。斯莫尔已让雷达隶属于射击指挥所，这已经成为该舰的"雷达应用的基本方针"。"盐湖城"号的雷达数据不像其他战舰那样仅传输到舰桥和中央指挥部，而是直接传达到所有射击指挥所和控制站。这是对长期以来的教条理论的修改，意义非同小可。据"亚特兰大"号的劳埃德·马斯廷所说："之前的做法中，把搜索雷达侦察到的雷达目标信号传输给火控雷达需要相当多的技术支持。"搜索雷达辛辛苦苦侦察到的目标信号必须在舰桥上经过手动绘制后，才能通过电话传达给射击指挥官。斯莫尔舰长的办法是让射击指挥官自己绘图，直接获取当下局势信息，节省了宝贵的时间。

只要经过充分训练，重重缺陷也能转化为护身甲胄。在斯科特指挥士兵进行训练的过程中，"盐湖城"号的火控小组发现，舰上主炮和副炮之间的电路因为线路故障经常发生串扰。若是舰组成员没有实践经验一定会对此苦恼不已，但是斯莫尔的舰员却把这一劣势变成了优势。从两个部门的通信串音中，他们逐渐分辨出对方的声音，很快便不亦乐乎地开展起高效的合作。

无论是在机械上还是心理上，好的指挥官总能帮助士兵突破自我。斯科特的战士们得到的经验不出所料地传遍了全舰队。"见猎心喜"效应是个难题，炮手第一次见到敌舰，解决方案还没成形就会迫不及待地发起攻势。克服这一问题的方案只有一个：让经验与冷静同行。只要有军舰开始"听音乐抢椅子"般地抢占地盘，就必须格外注意，要保证火控人员获悉雷达数据。若是主要负责人换岗，很可能造成紧急信息流通不畅。此外，包括斯科特的旗舰"旧金山"号重型巡洋舰在内，有些军舰主炮塔的第一次齐射确实会使 FC 雷达的精密仪表出现线路故障。主炮塔受到冲击力作用可能使前桅发生猛烈晃动，从而使正在瞄准的士兵脱靶，他们有时身上还带着探照灯。下小雨的话，探照灯观测不到 5 000 码以外的地方，那种感觉就好像在浓雾中开着远光灯驾车前行。弹道性能也难以捉摸，冰冷的枪管总会让人惊讶不已。天黑后舰对舰的枪炮战一如既往地让人头疼，这时候人们的感官处于一片混沌中。打个比方来说，那难度就像骑着疾驰的野马穿梭在雾夜里，同时举起步枪射击，目标的前面还有一座火光冲天的建筑物。简而言之，没有完全恰如其分的方式可以用来战胜水手的宿敌——墨菲定律和信息熵（即信号传输过程中损失的信息量）这一普遍存在的问题。

　　他们在 9 月 30 日夜里经历的恐惧感比以往任何一次演习时经历的都要强烈。"旧金山"号炮击的目标本由"布里斯"号扫雷艇拖曳，正在这时"布里斯"号传来消息称拖链断裂。晚上靶标脱落会给夜航带来危险。有时拖靶不是小滑橇，而是废弃的船舶或大型驳船，它们的外表面已经按照目标的轮廓进行了逼真的改造。为了找到那块位置不定的金属体，斯科特的军舰开始一圈圈地搜索，探照灯的光线延伸进无边的黑夜中。刚传来消息称已经发现脱落的靶标，有些炮手就在"旧金山"号右舷的某个炮架上，眼看着一艘军舰的舰首正对着他们的右舷横梁冲过来，船员们个个吓得心惊肉跳。

　　船员向舰桥发出警报的同时，"旧金山"号说时迟那时快，来了个向左急转弯，"布里斯"号则急忙向右转舵。扫雷艇因为惯性撞上"旧金山"号的右舷舰尾，在舰侧发生剧烈撞击。"布里斯"号船首毁坏严重，重型巡洋舰的侧面则豁开了一道 30 英尺长的大口子。两船转向的时候，船尾又撞在一起，发生了第二次碰撞。从物理学角度来看，这纯属协调不当。扫雷艇的船尾撞上"旧金山"号铜墙铁壁般的灰钢舰尾的一刹那，就被面前这艘大块头的重型巡洋舰拖到水下。"旧金山"号的海军军士克里夫·斯宾塞是这样描写的："在一片恐惧的包围下，我们的舷外船员'咚咚咚'地穿过'布里斯'号的船尾甲板，迅速排清舰尾涌入的海水，扫雷艇的船尾才像个软木塞似的又突然出现在水面上。我没有听说‘布里斯’号上是否有人员伤亡，可能会有几个人吧。毕竟在那段日子里，人命不值钱，而那次碰撞，很快就只会成为一份记忆。”

如何避免应对这种横祸已为我们敲响警钟。斯宾塞说："这段日子，从地位最高的海军上将到级别最低的士兵，整个舰队都在努力营造紧张氛围。我很茫然，但也试着这样做，把客厅想象成钢铁建的，窗户是哨所，自己已经这样待了两个星期。为了防止家园遭到破坏，避免家人性命堪虞，自己几乎没有休息和睡眠的时间，日日夜夜地监视敌情，以防敌人从空中、水面或是水下发起突袭。在真正发生海战时，海军的身体和精神状况到底会如何，你可以从以上描述中略知一二。虽然这只是演习，可我们知道真正的战争已然迫在眉睫。是的，真够折磨人的，斯科特海军上将也没有办法，他必须逐步培养手下舰队和士兵的作战能力，毕竟日军经过多年磨炼，海战已经非常熟练。海军上将斯科特只有几天、最多几个星期的时间练兵。我们牢骚满腹，甚至抱怨重重，不过谢天谢地，我们的战术还是借机精进了不少！"

"海伦娜"号的炮塔控制人员进步也很神速，几乎可以跟斯科特的特遣部队相提并论。他们"行动起来几乎就像精密仪器一样灵敏完美，"据奇克·莫里斯记录，"为了保证弹药能源源不断地从军火库运到炮塔，他们挥手臂的动作与巴黎舞者一样尽显力道之美"。他们训练得不错，百发百中，屡试不爽。莫里斯写道，枪炮部门最近有种"靶心情结"。为了对抗三川军一手下那些观察力机警敏锐的炮手，他们需要这种心态并练就这种本领。

"海伦娜"号上最近来了一位新舰长。吉尔伯特·C.胡佛舰长站在帆布吊包中，从一艘驱逐舰悬吊到稍大一点的"海伦娜"号上，全体舰员无不觉得眼前这一幕很有意思。48岁的胡佛来自美国罗德岛的布里斯托尔，他穿着飞行员的皮夹克，自信满满地戴着船形帽（军帽），朝着舰上的士兵招手。他也有一枚海军十字勋章。奇克·莫里斯回忆说，"只要他踏上我们的甲板，就是'海伦娜'号轻型巡洋舰的人了"，这是我们当时一致的想法。

胡佛既聪明又老练。他曾是赫伯特·胡佛总统（两人不是亲属关系）的助理，并在富兰克林·罗斯福专为研究核裂变而成立的第一届政府委员会里担任职务。这些品质淋漓尽致地体现在他的言行举止和看法态度上。"他们喜欢他登舰的方式。他们喜欢他的长相和笑容。他们喜欢他的着装。他的表情充分说明，他登舰的时候充满自豪感，而这正是他们需要知道的全部内容。"莫里斯写道。

在接任仪式上，文化的更迭显而易见。他的前任身穿传统的白色军装。胡佛则已经准备好投入工作中，穿着便裤和短袖。"我们看得出来，舰上的事务都会有所改变，""海伦娜"号上一位名叫罗伯特·豪的水手说，"自战争打响以来，胡佛舰长一直在海外。我们当时并不知情，但他知道如何指挥战舰，这就够了。"

莫里斯看到胡佛在靠近驾驶室的应急舱里凝视"海伦娜"号的模型的时候，他发现胡佛的身形称不上魁梧。他不高不矮、不胖不瘦，看起来长得很匀称，人又睿智、可靠，什么事都能沉着应对。"他穿着皮夹克，看上去有点像个胳膊下夹着鳟鱼竿、要去树林里散步的一位中年乡下人。这个房间本是个肃静、机密的地方，现在也受胡佛舰长感染，气氛变得柔和了。"这正是"海伦娜"号在接下来的日子里所需要的。

"海伦娜"号是"黄蜂"号航空母舰的护航舰之一，"黄蜂"号被击沉后，"海伦娜"号救上来约400名幸存者。这不是"海伦娜"号舰员第一次遭遇主力舰沉没的情况。为了能从12月7日的那场战事中获得化悲愤为正义的力量，过去的9个月他们都在秣马厉兵。当时他们的军舰就停在珍珠港，正是日军间谍报告的"宾夕法尼亚"号战列舰抛锚的地方。在（珍珠港基地东边的海军造船厂）1010码头边，"海伦娜"号开战以来第一次被鱼雷击中而负伤。这枚鱼雷由一架鱼雷机投下后在水下钻行，越过"海伦娜"号旁边停泊的一艘浅水舰的底部，击中它的前机舱。爆炸使40人丧生，100人受伤。但在"海伦娜"号的泊位旁边，爆炸的冲击波可以说是大获全胜。老布雷舰"奥格拉拉"号为木质舰身，在紧贴舰体的水下爆炸面前无能为力。布雷舰上的舰员说它是有史以来唯一一艘被吓沉的军舰。

无论他们出现在珍珠港还是萨沃岛，失败的影响要彻底消散殆尽总要经历一段时间，于是他们采取了特别措施以期彻底根除。5月和6月发生航空母舰大战的时候，"海伦娜"号正在马雷岛海军船厂接受大修。1942年7月23日，它离开旧金山，负责掩护一支由6艘补给舰组成的运输队驶往南太平洋。前往珍珠港的途中，"海伦娜"号再次驰骋于滚滚海浪中，全体舰员同仇敌忾、斗志昂扬。"'海伦娜'号渴望接受任务，"该舰的一名军官莫里斯写道，"它的舰员别无所求，全心盼望有朝一日舰上的炮火可以打出雄壮的战争之歌。"

"海伦娜"号专为火炮交战而建，装备5座6英寸三联装炮塔以及47倍口径舰炮，满载排水量为14 000吨——比普通重型巡洋舰的满载排水量还要多2 000吨。或许只有它的主炮能被称为轻型巡洋舰的配备。它发射的6英寸炮弹每颗重130磅，是普通重型巡洋舰 8 英寸炮弹重量的一半。不过其火炮的射速弥补了重量上的不足。

"海伦娜"号采用"半固定"式弹药,炮弹与火药包被放在同一件包装内;15 门火炮每分钟各能发射 10 发炮弹,而普通重型巡洋舰每分钟也就三四发。除了舰载军火库的炮弹数量可能会供不应求,限制火炮狂射的唯一因素在于炮管会因过热而软化变形。

"海伦娜"号的前任枪炮官欧文·T. 杜克,为现任枪炮官兼指挥官罗德曼·D. 史密斯打下了良好基础。杜克 1939 年 9 月在纽约海军工厂接受任命时,曾告诫全体舰员"我们的目标是善始善终,杜绝情绪化,做到始终如一。我对大家的要求,也就是我的主张,即我们每次射击炮弹的命中率要高于平均命中率。要想做到这一点,我们就必须首先了解我们的火炮"。"海伦娜"号还没开始执行任务,杜克就被调到别处,但他的指挥策略延续了下来。莫里斯写道:"'海伦娜'号全体舰员永远不会忘记在训练初期,杜克对他们的谆谆教诲。"

莫里斯与另外两名海军少尉——奥兹·柯纳和山姆·霍林斯沃思在圣埃斯皮里图岛登上了"海伦娜"号,他们在这次南太平洋之行中共换乘了 9 艘不同的军舰,历时一个半月,该岛是最后一站。他们登舰时为眼前所见惊诧不已,差点没看到站在舷梯顶、准备打招呼的枪炮官助理。沃伦·博尔斯中尉把这几个少尉的神情看在眼里,只见他们目瞪口呆地看着舰上的五座三联炮——三座在前,两座在后。"你有没有听过 15 个 6 英寸炮管火力齐射的动响?"他问。他们三个新来的摇摇头。"第一次听肯定会被震撼到。只要注意别被吓一跳就好。"

老水手努力使自己若无其事地对待"海伦娜"号震耳欲聋的炮声,可是人们的神经系统如何运作又不会以个人的意志为转移。莫里斯是这么写的,"整艘巡洋舰都笼罩在巨大的爆炸声中,人人都胆战心惊"。在射击演习中,无线电广播室值班的舰员研究出一个办法,可以在撰写由 5 个字符段构成的舰队加密广播的同时俯身打字,这比把他们震得从办公桌上跳起来要好一些。

"海伦娜"号和第 64 特混舰队中的其他军舰没有时间进行战争演习。金上将称,"对一支新组建的舰队来说",单日演习"时间过短,根本不可能在战术上达到充分的和谐一致"。射击演习充满危险因素。炮塔和起重机的火药若是操作不当,会发生意外爆炸,相关人员还会付出可怕的生命的代价。为使和平时期演习的危险系数降到最小,从飞越每艘战舰的炮弹的数量,到哪座炮塔发射、什么时候发射,再到军舰航速,都要事先仔细计划。进行夜间演习时,拖曳靶标的军舰体贴地保持他们的探照灯对准目标军舰，所以不会出现后果严重的错误。目标舰的位置始终清晰可见的话，在书面计划中就不用考虑混淆敌我、虚实不分的可能性了。

在和平时期的演习中排除干扰、避免危险，这可以理解。但在战争期间演习时不顾现实、避重就轻，就不可原谅。围绕这一分歧，尼米兹海军上将的参谋人员内部逐渐形成了对立的两派。他的一位参谋，欧内斯特·M.埃勒回忆说："训练组时常与行动组意见不合。一方面，训练组的目标是使舰员能以最大的操作熟练度迎战；另一方面，行动组眼中的世界不外乎是无数次的行动和收兵，训练的内容按说是舰员们早已知道的东西。"他们尚不知道的战术策略最终会在与活生生的敌人拼个你死我活的过程中学到。

在局部刺激因素的作用下，指挥官会尽己所能。"斯特瑞特"号驱逐舰上，枪炮官举行了一个竞赛，看看哪个士兵往实践装弹机中装400枚炮弹需要的时间最短。获胜的舰员在不到30分钟的时间里完成了比赛，大约装一枚炮弹只需4秒。枪炮官拿出4 000美元的现金作为他们的奖励。第64特混舰队仍有许多工作要做。正如戈姆利海军上将所写，它与航空母舰共同行动时，水上战斗的训练"实际上已经结束"。他所需要的是对准备完善度和战斗士气的全面审视。就这两个方面而言，1942年9月接手这支小舰队的诺曼·斯科特正是舰队指挥官的不二人选。

随着诸如诺曼·斯科特、吉尔·胡佛和"博伊西"号的爱德华·J.迈克·莫兰舰长来到南太平洋，随着军舰火炮射击王子海军少将小威利斯·李随"华盛顿"号从汤加塔布岛到来，海军走马换将，改组领导架构，为打好一场新型战斗做好了必要的准备。主战的军官与那些为了自己仕途发展而收敛锋芒不战主和的将领之间的区别越拉越大。在和平时期使你出人头地的品质是掌握相对来说永不落伍的技能，而在动荡绝望的年代，人们只看重目光中的坚毅果敢、步履匆匆的前进姿态、由内而外散发出来的专业战斗精神。

个人的领导能力和影响力在机器时代可能会发挥无限大的影响作用。传说在11世纪，西班牙有位名叫埃尔·锡德的将军，拥有强大的指挥魄力，即使在他死后，那种力量仍然发挥着作用——把他的尸体绑在马鞍上，让这匹马在军队的最前方打头阵，据说仅凭这一"他仍在领导众人"的假象，就能使敌人闻风丧胆、溃不成军。战术创新一定程度上可以扩大个人的影响力和能力范围。在这个空中力量决定成败的年代，"企业"号航空母舰的指挥官提到一种新态势。"不断有证据表明单个的个体有能力创造或破坏一个局面，"他说。飞机赋予战争明显的个体特色。手握操纵杆的飞行员就相当于火炮的制导系统。但是，在军舰上开展团队合作仍然具有非常重要的意义。全心为战的军人只要保持一触即发的斗志，定会旗开得胜。不管是否附着成功的光环，有上进心的人们都会一如既往地追名逐利。尽管断定哪个人属于哪个阵营是一个尚待商榷的问题，但至少有一点可以确定，在 1942 年，航空母舰上的各位指挥官正是这场论战的主角。这群"街头霸王"们开始在南太平洋翻云覆雨。

随着斯科特把重点放到基础训练上而并没有把时间浪费在毫无意义的视察上，他作为第 64 特混舰队的指挥官，正一步步赢得手下的爱戴。"亚特兰大"号上的罗伯特·格拉夫称赞道："斯科特勇气可嘉、聪慧过人、精明老练。这三种品质足以造就一位名副其实的'斗士'。"

就在 9 月即将结束之际，他的使命马上就要到来：对"东京快车"，忍无可忍则无须再忍，该让它尝尝遭到迎头痛击的滋味了。

14

身不由己

罗兰·斯穆特发现，即使在海上的位置距海岸很近，也会觉得陆上作战地点遥不可及，不会受到战火的任何影响。他指挥"蒙森"号在瓜岛北岸潜行。其间，他发现自己忽然在思考：哦，原来这便是战争，也没什么！当然，实际情况绝非如此。水面舰队鏖战将近 10 个月，却尚未打得一场大胜仗，面对此等事实，很少会有舰长任由思绪飘远。

事实证明，航空母舰以及舰载战机的飞行员都很成功。美国潜艇正以前所未有之势崭露头角。由传统的"黑鞋舰队"的战列舰、巡洋舰以及驱逐舰组成的海军水面舰队一定会有机会创造它们自己的命运。瓜岛的深海作战舰队中，每次牺牲最大的都是驱逐舰，这次也是驱逐舰最先与敌人交手，并与敌军周旋到底。正当诺曼·斯科特作为第 64 特混舰队的指挥官刚站稳脚跟之际，海军驱逐舰舰队接到命令，要求他们调转炮筒，支援他们在岸上冲锋陷阵的兄弟们。

众位驱逐舰舰长都因其智勇双全而远近闻名。1942 年 1 月，现已解散的亚洲舰队的 4 艘锡铁罐似的旧军舰离开婆罗洲的巴厘巴板[1]后，发起了水面舰队在此次战争中的第一次突袭。4 艘驱逐舰夜间突袭一批在下锚地休整的日军军舰。它们横冲直撞，如入无人之境，并速战速决。最后，日军几艘运输舰火光冲天。美日开战以来第一次，美军方面整个夜晚都笼罩在胜利的喜悦氛围中。

切斯特·尼米兹对这种情绪了如指掌。1907 年，他还是一名海军少尉时，曾在"迪凯特"号驱逐舰上的某个指挥岗位工作，由于判断潮汐差和位置出现失误，使该舰搁浅于紧邻巴丹半岛的河口沙洲。他像传说中的乔治·华盛顿一样选择自首，直面军事法庭对其疏忽大意和玩忽职守的指控。他的辩护律师在整个审判过程中从

1　或称巴里八班，印度尼西亚东加里曼丹省的城市，位于加里曼丹岛东岸，临望加锡海峡。——译者注

容陈述，指出驱逐舰的指挥官应该具有无所畏惧的态度，而这恰恰是他的舰员从他身上感受到的品质。鉴于他是初犯（之前的小错可忽略不计），而且是因为手中的海图过于陈旧、标识不明，军事法庭原谅了他，对之减轻判罚，并保留他晋升军衔的资格。

9月27日上午，"蒙森"号按照惯例在海上巡察。斯穆特的这艘驱逐舰是护卫大型运输舰"井宿三"号从努美阿到瓜岛执行任务。"井宿三"号卸货的时候，海事指挥部决定好好利用在该地区拥有现代化驱逐舰的优势。"蒙森"号是1 630吨级的"班森级"驱逐舰，此时奉命沿西部海岸线巡航，并伺机轰炸意外发现的目标。它是一艘身经百战的资深军舰，曾隶属北大西洋护航舰队，曾参与吉米·杜立特指挥的东京空袭，以及参与珊瑚海和中途岛战役。但斯穆特从未经历过这样的事情，敌人虽近在咫尺，自己却备受对方嘲弄而无法还击。

日本的驻军已经充分调用了"东京快车"计划带给他们的增援部队。他们不再低估美国海军陆战队队员的实力。在日军学着智斗美军的同时，美军巡逻队则进入了亨德森机场附近的丛林和山脉，但他们发现自身的处境变得越来越危险。海军陆战队请求"蒙森"号施以援手，斯穆特舰长欣然应允。

沿着巡逻路线，"蒙森"号来到马塔尼考河河口，即靠近滩头阵地的西部边界处，距离隆加角以西约3英里。一连几个小时，"蒙森"号的炮手对着海滩上的日军登陆艇、可能隐藏日军的可疑构筑物以及任何貌似燃料或弹药库的地点发射火炮。

接下来，"蒙森"号驶离隆加角继续巡航。忽然，斯穆特通过双筒望远镜发现，一辆美国坦克正沿着山坡上行，一小队日军从附近的一个山洞里突然钻了出来。对执行火力支援任务的军舰来说，在这种情况下，行动是否能取得战功是由数弹齐发的炮弹飞到海滩的时间决定的。对坦克中的士兵而言，他们与自己友军之间的这片海湾实在难以逾越，无法向这边靠拢汇合。而此时，日军士兵却开始冲向坦克。他们爬上坦克顶，浇上汽油，接着拿出火把。当时的情景的确如此。但以牺牲士兵为代价换取炸毁美军一辆坦克的战绩，对日军来说也是绝对的损失。"我手下的枪炮官看到那些日本人开始往回跑，"斯穆特说，"他命令全舰舷炮炮轰目标洞穴，把它炸个稀巴烂。"瞬间，那队日军所有人都浑身是火。

头顶上，日军一队"贝蒂"轰炸机排成"V"字阵形从高空飞来，一架接一架飞向亨德森机场的停机坪方向。"蒙森"号一直保持炮筒瞄准高处，随时准备发炮，直到几架美国海军舰载"野猫"战机前来支援。战机对日军编队中最后一架"贝蒂"

轰炸机展开猛烈攻击。斯穆特和他的手下目睹了这架"贝蒂"轰炸机下坠和爆炸的全过程。它的一侧机翼的落水位置距离"蒙森"号仅100英尺。而在马塔尼考河河口的沙滩上，可以看到那里堆满了日军尸体。这一幕就活生生地发生在眼前——这是一场一对一的战斗。

快到中午的时候，战斗的声音依旧回荡在椰林中，"蒙森"号奉命护送几艘登陆艇上的200名海军陆战队步枪手迂回到敌后登陆。在"蒙森"号驱逐舰的掩护下，他们乘着4艘希金斯登陆艇，前往马塔尼考河以西1英里处的一片凸出的海岸。海军陆战队队员上岸并消失在沙滩后方的丛林中后，"蒙森"号连发炮弹，为他们提供空中掩护。

正在这时，天空中又飞来一队日军"贝蒂"轰炸机。"仙人掌"航空队的飞行员立即起飞迎敌。"蒙森"号驱逐舰的水手切斯特·C.托马森说："双方飞机发射的炮弹刺破苍穹，从高空到海平面很快就布满几十条纵横交错的白色线条，持续了数分钟之久方才散去。对敌我双方而言，共有十几架飞机被击沉入海。这时，'蒙森'号没有打算开火，毕竟单打独斗的空战场面十分混乱。"随后，躲过一劫的那些轰炸机投下炸弹后纷纷离开。一群显然是美军的士兵出现在距离海边大约半英里的空旷的山坡草地上，他们似乎已被重重包围。迫击炮弹在他们中间炸开。显然，"蒙森"号掩护上岸并施加援助的那支队伍未能成功包围并清剿全部日军。

就在那时，斯穆特注意到在另一个山头上，有一个孤独的模糊身影向他们挥舞信号旗。他发送的信号是：把船靠岸。斯穆特舰长担心这是日军的阴谋诡计不敢轻易相信。那个人穿着他口中常说的"军事训练服"，但是距离太远，当时仅凭目测难以断定这个士兵是敌是友。"我们不知道那究竟是谁，我绝不会冒任何风险轻信任何人。"斯穆特问一个信号兵，有没有办法确定对方的身份。信号兵灵机一动，用信号旗向对面那位神秘的通信者一通比画，打出一个问题：谁赢了1941年的世界职业棒球大赛？他们得到的答案是——洋基队，6年来第五次——是敌是友终于水落石出。

舱面人员将舰载救生艇从舷外侧放下来，救生艇开向海滩。它回来时，带来了第7陆战团第1营营长、他的副官和另外两名海军陆战队队员。上船后，时年44岁的刘易斯·B."挺胸王"普勒中校跟斯穆特互行军礼。"该死的，为了到海滩上来我差点丢了命。山上有我一整队的士兵。我有义务把他们带出困境。"

普勒后来讲述了一个凄惨的故事。他带领的海军陆战队本打算在科鲁兹角登陆，并与梅里特·A.埃德森上校的第1突击营会合，不料却在将日本军队逐出马塔尼考村一带的战斗中分身乏术，力不从心。普勒的第1营惨遭伏击，被日本第17军川口将军带领的兵强马壮的部队打得毫无还手之力。他们就这样与外界失去了联系，弹尽粮绝。如果拖到晚上，20多个士兵可能会因伤势过重而丧命，而受轻伤的士兵数目也不小——他们需要立即被撤离出来。普勒安排了几十艘次的希金斯登陆艇来完成这项任务。"蒙森"号将给他们提供火力支援。他跟斯穆特说："我知道他们被困何处，让我来告诉你射击方位。"

普勒与驱逐舰的枪炮官经过一番协商，决定该舰的4座5英寸口径的火炮立即再次向山坡试射，一时间炮声轰鸣。"我们径直装上了炮弹，朝正前方向发射，炮弹落到目标区域的中心地带，"斯穆特说，"然后，我们把火力向两侧分散。"另有许多自愿执行任务的士兵驾着几艘希金斯登陆艇，在炮火的掩护下，冲滩解救被困的海军陆战队队员。

主炮塔的炮筒像长臂犁似的挥舞着，斯穆特麾下的炮兵为执行任务的士兵在丛林中轰开了一条路。"作为在这片海滩上出现的第一支海军陆战队，"切斯特·托马森写道，"我们遭到敌人的步枪和机枪猛烈扫射。几分钟后，登陆艇无奈地退回'蒙森'号旁边。"比起帮助被困的海军陆战队队员从海岸安全撤离，士兵冲上海滩可以说相对容易得多。普勒就此认为登陆艇上的士兵没有为了完成任务而拼尽全力，不禁勃然大怒。他冲着登陆艇艇长大吼，要求他们驾驶登陆艇再次冲上海滩，直到所有的被困士兵都安全撤出才能回来。他这么做有点无视斯穆特的指挥权。

"先前已经有4名海军陆战队队员爬进了其中一艘登陆艇，"据托马森讲述，"他们在船底筋疲力尽地躺着。当他们意识到登陆艇要再次返回沙滩时，他们奋力爬了起来，拼尽全力往'蒙森'号上跳。其中三个人抓住了救生索，被拉上甲板。第四个没有抓牢，因为他身上装备沉重，所以转瞬便落入水中并消失了。'蒙森'号的两名水手迅速脱掉衣服，跳入大海，希望可以找到他，但是最终失望而归。大家再也没有见过那名士兵。"

戴尔·M.莱斯利是一名海军"无畏"式俯冲轰炸机飞行员，他一直在扫射日军据点，引导登陆艇到达登陆区。"蒙森"号的"师爷"们借助望远镜，透过渐渐散去的烟雾，正确地出谋划策，登陆艇才得以步步逼近海滩。即将到来的黑夜也会为他们的行动提供掩护。随着太阳落山，一道道红色的曳光弹自丛林中射出，划破长空，照亮了周围所有正待离去的船只。海岸警卫队信号员道格拉斯·A.芒罗在先遣登陆部队中担任艇长，当时他正在用艇上的轻机枪为战友提供火力支援，为掩护被困海军陆战队队员安全撤离而逗留过久，这时一位日军机枪手趁机瞄准了他的登陆艇，他中枪而亡。

普勒及岛上获救的海军陆战队队员在隆加角登上等候多时的美军军舰之后，斯穆特才指挥"蒙森"号离瓜岛而去。"蒙森"号与"井宿三"号一起趁夜色出海，以便远离夜间遭到水面舰队攻击的威胁。第二天，两艘舰船又返回基地，其所装载的货物要在这最后一天卸完，同时"井宿三"号转移了前一天获救的许多伤员。岸上的战争暂时告一段落，不用担心从天而降的空袭，这一天是在平静中度过的。当天下午前往圣埃斯皮里图岛的军舰一直到很晚才抛锚停航。

它们以前的工作是往返运输物资，可是这并不能阻止海军陆战队对它们有更高的期望。"蒙森"号表现出的作战士气使他们对此又坚信了一些。许多人已遍尝海上生活，他们受够了，因为这不是他们想要的生活。斯穆特提前一天送了普勒一份临别礼物：请他在军官室吃了一顿牛排大餐，洗了个热水浴，送了他一袋干净衣服，以及许多存下的饼干和香烟。第二天，这位步兵汉子便离开了"蒙森"号。斯穆特很高兴自己能为海军陆战队帮忙，"当时为了打破他们在岸上的困顿局面，能做的我们都做了"。普勒向他表示感谢，接着对斯穆特说："上帝啊，不管你拿世间何物诱惑我，我都不换工作。"

斯穆特听到后不禁挑了挑眉毛，反问："你的意思是说还要回到那种脏乱差的环境中、过穿不上干净衣服、吃 C 类口粮（美国军人曾用的一种罐装食品）的生活？你来这里已经见识了我的工作环境，可还是对你的工作矢志不渝？"

"那是当然。中弹的时候，你能知道自己在哪儿？反正我是知道的。"

罗兰·斯穆特像大多数瓜岛海战的指挥官一样，根本不可能知道自己何时何地会悲惨中弹。但就目前而言，战争的风暴已将目光锁定在这座充斥着邪恶的岛屿。当然，大战的那一刻还没有真正到来。真到那时，恐怕这艘可怜的铁皮船"蒙森"号也将在劫难逃。

15
—
军情视察

9 月，是个厉兵秣马的月份，也是个筹划部署的月份。"过了今天，"日本海军中将宇垣缠 9 月 30 日在日记中写道："九月就过去了。回想起来，这个月似乎一事无成。"考虑到他们对美军前往所罗门群岛的意图一无所知，或许他得出上述论断也不无道理。日军发现自己在与美军交战时军火储备有余，战斗力却不足，开展岛屿间战役时需要考量的边角关系更是让他们一筹莫展。驻拉包尔的日海军陆战队燃料短缺，迫使他们不得不处处以节省燃料为先，选择性地调用主力战舰。

美军也有自己的难题，有些与日军相似，但不同的是，他们能积极应对，力求解决困难。舰队的服务中枢，即指挥油轮、运输舰、后勤舰及补给舰的司令部，已将位于奥克兰的总部搬到了北边的努美阿。为了保障海军军队正常运作，他们正按人头计算需要供应的物资、弹药、淡水和食物的数量。"拉菲"号离开船厂准备投身战斗时，随舰装载了 103 磅牛肝、280 磅白菜、400 磅胡萝卜、418 磅熏肉、499磅猪里脊肉和 36 磅辣椒粉以及 9 加仑冰淇淋，所有这些都是仅供该舰士兵所需而已。舰上贮存的这些食物非常具有代表性，不过，对规划人员来说，如何按计划运送全部物资是一个巨大的挑战。

尼米兹那里有位新闻采编人员，他奉命前去考察并报道后勤供应状况，发现努美阿的海港交通遇到了淤塞难通的瓶颈问题——满载的货船苦苦等待码头腾出地方停泊。从旧金山到新西兰的惠灵顿，问题层出不穷——旧金山几乎无人知晓南太平洋军事指挥部的装卸工遇到了什么样的麻烦，而惠灵顿这边码头装卸工人举行的罢工实在有些不合时宜。虽然按照努美阿的设施条件来说，每月只能卸载 24 艘货船，但往往那里有多达 80 艘甚至更多的货船等待卸货。而港口的起重机也不够强力，无法拖吊诸如鱼雷艇等重物。思前想后，也只有一个拆了东墙补西墙的笨办法：把货船沉下水，这样长 80 英尺、重 50 吨的 Elco[1] 鱼雷艇在海面上自由航行就不成问题了。

尼米兹上将一直对南太平洋军事指挥部的事务挂心不已，于是他决定亲自前去，不仅要了解一下那里的物资需求情况，也要考察一下士气高低。9 月 28 日，他乘坐水上飞机在努美阿港降落后，立即被送到旗舰"阿尔贡"号上参加下午的会议，与会者为各战区指挥官。

尼米兹一到达就很失望地获悉，"华盛顿"号战列舰仍然在汤加塔布岛的海军加油基地，距离瓜岛 1 800 英里。"目前必须远离那片危险区域，"他斥责戈姆利，"它本该在珍珠港或旧金山，以尽其所能利用有利时机。"尼米兹还认为戈姆利把海军上将斯科特麾下的突击部队部署的位置安排得过于偏南，从而使斯科特鞭长莫及，"无法与敌舰近距离交锋"。

下午 4 点 30 分，尼米兹在旗舰的会议室里落座。与会的还有许多高级军官，其中包括戈姆利、南太平洋军事指挥部的参谋长丹尼尔·卡拉汉、凯利·特纳、来自麦克阿瑟所在指挥部的少将理查德·K.萨瑟兰和美国陆军航空兵总司令亨利·H.阿诺德（被誉为"美国现代空军之父"）。

阿诺德当时是四星上将，是会议室里唯一与尼米兹军衔相当的人。阿诺德对于海军在太平洋的野心不甚了解。临行前，他向马歇尔上将取经，以求与对方指挥层会谈时游刃有余。马歇尔的建议源自戴尔·卡耐基的基本理论：静听他人述说，保持头脑冷静，让其他人首先发言。

"我们认识到，海军在瓜岛的处境实为捉襟见肘，"阿诺德写道，"他们需要、而且是迫切需要一针'兴奋剂'；但我不敢肯定送飞机给他们是不是解决之道，毕竟这些飞机用在英格兰对抗德国方面可能更好一些。"在他看来，海军对飞机的需求犹如一场"与众不同的内战"，太平洋战争的公众利益造成的"未知的压力"则是背后的推手。

罗斯福总统回答各个战场的轻重缓急的问题时言不由衷，着实令阿诺德颇为震惊。私下里，罗斯福首肯"欧洲战场排第一位"的策略，在公开场合，他却宣称必须"不惜一切代价"保住瓜岛。虽然阿诺德没有就保住瓜岛的言辞加以反驳，但他指出，"总统不经意间表达的鼓励话语立刻被看作他已改变主意的证据"——总统

1　公司名。——译者注

就战区孰轻孰重有了新的想法。正如阿诺德记录的，"有两点显而易见，一是这个战区的海军军官个个神经紧绷，二是他们心存不满，怒火中烧"。戈姆利说，工作节奏太紧张，他有一个月左右没有离开旗舰"阿尔贡"号的舰舱。阿诺德告诉他，"他现在面临着的一些问题，或许原因就在这儿，因为没有人——不管是谁——可以一直坐在狭小的办公室里，轻松克服心理上和生理上的障碍，镇静从容地派兵打仗，得心应手地解决不断涌现的所有棘手难题"。戈姆利听闻后迅速予以回击。"戈姆利海军上将不失时机地告诫我，在这个战区是他掌握指挥权，不用任何人教他如何指挥战局、排兵布阵。我向他保证，我想要的唯有信息而已，从未试图以任何方式干涉他的指挥权。事态虽然逐渐平稳，但很明显，戈姆利与该战区的其他海军军官——海军少将约翰·S.麦凯恩和海军少将丹尼尔·卡拉汉——都对那里的局势忧心忡忡……在我眼中，似乎南太平洋前线的每个人都严重神经过敏。"

努美阿港暴露出的后勤运输上的瓶颈问题使阿诺德震惊不已。考虑到其余各处物资同样匮乏，他发现变更舰船航线、使它们开往新西兰进行卸载和重新装货的做法荒唐至极，不可原谅。"那一刻，运输规划人员在搜寻舰船的过程中几乎到了濒临疯癫的边缘，"他写道。阿诺德在努美阿发现运输舰上有很多飞机甚至尚未及时安排卸载。他据此指出，在完成积压货物的卸载及转运之前，不宜再运送飞机至南太平洋军事指挥部。他对金上将说，海军的主要问题不在于飞机数量不足，而在于军用机场满足不了当前的需求。

戈姆利则不以为然。"本将军倒觉得我们急需各种类型的飞机，特别是军用战机……即使美国出台租借法案，承诺援助那些抵抗德军的盟国，即使美军承诺支援尚未开战的非洲战场，这些许诺也应有所放缓，以满足我们自身的紧急需求。"无奈啊，手中握着向世界各地分派飞机大权的军队规划者综合考虑了美军的计划和美日的空中力量对比，于6个月后，也就是1943年4月才作出了决定。由于这些规划者预估美国在太平洋战场拥有5 000架飞机，而日本只有4 000架，双方兵力对比已然悬殊，所以南太平洋军事指挥部的需求并不急迫。在此之前，"仙人掌"航空队则不得不勉强熬过1942年。

虽然美英联军参谋长曾特别批准从英国调派15个陆军航空团到南太平洋，但是阿诺德将军百般阻挠，最终成功说服上级取消了此次派遣行动。他争辩称，任何形式的重新分配兵力，无论部署得多么具体，都是徒劳的，毕竟它已妨害到北非战场目前采用的"既定的攻防战略方针"。

截至 1942 年 9 月，盟军的进攻形势只有一处举步维艰，这个地方距离卡萨布兰卡的海滩非常远。美军"仙人掌"航空队面临的局势，用戈姆利的话说就是"压力一如既往。最困难的方面是后勤补给。我们每次只能派出一艘运输舰，向东只有一个海峡能够通行……尽管我方也有空中防御，日本还是得逞了，成功潜入进来。没有人知道'仙人掌'航空队的任务区域内现在到底潜伏着多少日军"。戈姆利的上司觉得他惶惶不安。尼米兹注意到虽然戈姆利话语平静，但他的内心充满担忧，若是细看，就会发现他脸上的神情其实极不自然。戈姆利发言的时候尼米兹对他端详了一番，此时的戈姆利疲惫不堪、焦虑不安。在某种程度上，他无法估计敌人兵力的强弱态势，因为他从未亲身去岛上视察军队工作，也未曾借助与海军陆战队队员交谈以了解一些情况。范德格里夫特的情报部门都是通过实际接触和敌后侦察的方式获取情报。戈姆利提到岛上航空汽油的库存只剩 10 000 加仑，特纳立即指出，实际航空汽油量只有他说的一半。

阿诺德对"全球范围内各战场均迫切需要飞机"这一问题发表看法，并指出南太平洋部署的飞机数量已经达到本地机场能够有效调度的最大极限后，尼米兹向戈姆利提出了一个尖锐的问题：为什么南太平洋军事指挥部未曾夜间指挥海军出兵，一举重创嚣张的"东京快车"计划？戈姆利向大家解释时，勤务兵为了传达无线电广播传来的紧急调度命令两次打断会议。他两次阅读文件的反应都是："上帝啊，你要我们怎么办？"他的嗓音中充斥着萨沃岛失败的回声，一种普遍意义上的恐惧体现在他失败主义的情绪中。戈姆利把整个行动都看作铤而走险之举。正如他后来回忆时所说，"如果日本在他们的舰队的大力支持下，广泛动员登陆部队孤注一掷、冒险一试，他们很可能成功重夺瓜岛，并突破我们的交通要道"。

无巧不成书，戈姆利最害怕发生的也正是山本五十六和他的手下在特鲁克岛潜心筹划的阴谋。日本帝国海军的作战地图上标识出的是雄心勃勃的作战计划，他们希望后方源源不断的增援部队可以配合发起 10 月份的另一波大规模的海军攻势。

"阿尔贡"号高级指挥官会议结束次日，切斯特·尼米兹登上一架 B-17 "空中堡垒"轰炸机，飞到亨德森机场巡察该岛战线。范德格里夫特将军在那里恭候他的大驾。尼米兹抓住时机向他重申，他的首要任务是保住亨德森机场，而绝对不是驱逐周围山林中潜伏的日本驻军。范德格里夫特一开始制订登陆计划的时候就已将这一点牢记于心。

在范德格里夫特指挥部外的竹林里，尼米兹向几名军官亲授了荣誉勋章。陆军上校梅里特·埃德森是海军陆战队第1突击营营长，也是早前在亨德森机场南部的冲突中取得胜利的功臣，他与海军陆战队的王牌斗士卡尔·马里昂海军上尉和范德格里夫特同批荣获海军十字勋章。尼米兹的参谋长哈尔·拉马尔宣读嘉奖令时，尼米兹把海军十字勋章别在了他们每个人的衣服上。他们中还有一位身材高大的海军陆战队中士，他曾截获了一辆日军坦克，并炸毁了几处机枪巢。尼米兹走到他面前，给他戴上海军十字勋章。这位中士竟然因激动过度而晕了过去。他后来说是因为"我之前从来没有见过海军上将这么高军衔的长官"。

尼米兹回到努美阿后再次与戈姆利会面，他进一步向戈姆利表述了自己究竟想要什么。他希望建造一个全天候军用机场，扩建航空汽油存储设施，修建活动板房供飞行员居住，而不是让他们住在临时搭建的帐篷里。他希望货物装卸设施能够更加完备，道路条件更加良好，飞机维修技术更加精湛。他说，"飞机造价高昂，我们不能只因为轻微损伤就令它们永久退役"。尼米兹还希望在该地区有一艘海难救助拖船，同时提高无线电操作水平和设备质量。他希望通信水平能达到新的层次，能够更高效地分配邮件。

在逐条指示这些事项的同时，尼米兹无意间向戈姆利展示了应该如何行使领导权。尼米兹先于戈姆利巡察了瓜岛，这对戈姆利的海军职业生涯来说没什么好处。这位美军太平洋指挥部总司令还是一如既往地亲切而含蓄，他心平气和地对戈姆利说了下面这句话，"我希望你能亲自到岛上各处去亲眼勘察一番"。这是从一位特立独行的总司令口中说出的半带嗔怒、半带勉励的话。

他们第二次会面的时候，尼米兹得知戈姆利没有按照参谋长联席会议的要求制订从所罗门群岛北上到拉包尔的进攻计划表。戈姆利解释称，他之所以没有制订，是因为"我觉得就我们目前的作战形势来说，还没有必要制订那样的计划和时间表"。

戈姆利未能提交上级要求的未来作战计划表是他作为高级军官的指挥失误。尼米兹不会信任想方设法逃避危险的指挥官。他通常对他人持保留意见、不多评价，可是接连两个月都不曾听闻捷报，他因承担一定责任而心情糟糕。他指示戈姆利在提交的萨沃岛战役的总结报告中，应包含他对当晚的败绩应承担责任的看法。尼米兹说："军队遭遇到如此巨大的打击，我们不能视而不见，我们应该尽力明确这场灾难的原因，给祖国一个交代，并采取必要行动以杜绝此类事件再次发生。"

尼米兹回到珍珠港后，对《纽约时报》记者做了一个乐观的评估。他宣称自己此行"对所见所闻都特别满意"。而他的其他言论虽然巧妙地避重就轻，却无疑向南太平洋指挥部的指挥官们发出了警告。尼米兹告诉特朗布尔，"这只不过是高级军官开展的一次普通的不定期军情视察"。

离岛前的某日深夜，尼米兹在瓜岛与范德格里夫特将军对饮畅谈，尼米兹说："战争结束后，我们要重新编写一套海军条例。那时我会征求你的意见，看看哪些地方需要改动，所以请你对这件事稍微上点心。"

"我现在就想到一点，"这位海军高级军官答道，"删去所有关于'致使军舰搁浅的不可原谅的'条款。现在的情况是，大多数指挥官因为吃透政策而狡猾有余，绝不令麾下军舰涉难犯险。"

尼米兹笑而不语，也许是回忆起他任"迪凯特"号驱逐舰的指挥官时在军事法庭面临指控无畏地赢得官司的事了吧。此时此刻，无论如何都要鼓舞士气。他给老朋友鲍勃·戈姆利发了一封电报，毫无疑问也是要传达这层意思：对战区和指挥部加深了解，选拔有上进心、誓有一番作为的军官和战士。

在距离塔萨法隆格和埃斯佩兰斯角[1]不远处，日本帝国海军的巡洋舰和驱逐舰夜复一夜地向岸上输送部队和物资，很少与美军爆发冲突。9月底到10月的第一个星期，日本海军将官三川军一利用快速驱逐舰进行了8次夜航运输，成功护送帝国军队第2师的10 000名士兵登陆，几乎没有发生任何意外。而这支老兵队伍因以残忍的手段攻占南京（南京大屠杀）而臭名昭著。

对诺曼·斯科特和他的诸位巡洋舰舰长——"海伦娜"号的吉尔伯特·胡佛、"博伊西"号的迈克·莫兰、"旧金山"号的查尔斯·H.麦克莫里斯和"盐湖城"号的欧内斯特·G.斯莫尔，以及许多很快就要牵涉进来的其他人——来说，他们即将迎来一个重任，即晚上正面迎战日军，大挫其夜航运输的嚣张势头。

可能是在尼米兹的鼓舞下，戈姆利命令斯科特10月5日那天务必保证"突击部队做好战斗准备，攻击向'仙人掌'责任区域内输送增援部队的敌舰"。斯科特从前几个月的作战教训中汲取经验，编写了一份新的夜战计划。"旧金山"号的旗帜随风飘扬，与护航航空母舰"科伯希"号一起静候于瓜岛的炮火支援范围内。空军

1　Cape Esperance，又译为希望角。——译者注

增援部队飞往亨德森机场时，斯科特正在第六艘军舰上进行作战动员。然后他召集"盐湖城"号、"海伦娜"号、"博伊西"号和位于伦内尔岛东的5艘驱逐舰依次出发，准备随时抓住机会大显身手。

16
—
新月之夜

　　手里握着戈姆利的作战命令，诺曼·斯科特指挥大军离圣埃斯皮里图岛而去，一刻也不耽搁。第 64 特混舰队于 10 月 9 日到达伦内尔岛南部。他在那里开展了一系列的内部拉练赛，麾下的巡洋舰也因在对抗射击演习中相互对抗而弹坑累累。就在同一天，"泽林"号和"麦考利"号两艘运输舰也离开了努美阿港。舰上装载的是美军新喀里多尼亚基地的第 23 步兵师（由第 164 步兵师和布莱恩特·E.摩尔陆军上校率领的 2 837 名士兵编组而成）和海军陆战队第 1 航空联队的 210 名地面机务人员、81 辆吉普车、卡车和重型火炮，以及 4 200 吨物资和货物。斯科特的巡洋舰舰队与它们一起在海上浩浩荡荡地朝着瓜岛进发。

　　斯科特选择重型巡洋舰"旧金山"号做旗舰，由海军上校查尔斯·H.麦克莫里斯指挥。"旧金山"号作为第 64 特混舰队中的两艘重型巡洋舰之一，即使不是理想之选，按照惯例也会统率此次战役的兵力部署。但其实在所有重型巡洋舰中，它的战斗力实在是无足轻重。自 1942 年初"旧金山"号在夏威夷附近进行的射击训练中表现不佳以来，它就只承担了运输护航任务，没再参与特遣部队的作战行动。为使它胜任护航的角色，珍珠港的船体装配工在它的扇形船尾上安装了一个深水炸弹架。而这种硬件通常是配备在驱逐舰上的，安装在重型巡洋舰上的实战价值尚有待验证，毕竟目前重型巡洋舰上并没有用以定位潜艇位置的声呐设备。巡洋舰本就意在应对水面作战，所以舰载深水炸弹很明显毫无用处。这个有悖常理的装配就像是一枚可耻的"红字"（美国作家霍桑小说《红字》中的"红字"代表不贞），成为其他巡洋舰上水手们的笑柄。

　　虽然 12 000 吨级的"旧金山"号和"盐湖城"号是斯科特所率战舰中体积最大、武器配备最精良的，也是舰队中就整体设计性能而言规格和级别最高的巡洋舰，但在实际战斗中，它们不一定是作战水平最高、战斗力最强的。作战水平和战斗力的荣誉属于舰队中的轻型巡洋舰"海伦娜"号和"博伊西"号，这两艘战舰配备了 6

英寸口径的快射主炮塔和新型微波频率 SG 水面搜索雷达，特别是后一项比大多数重型巡洋舰装配的 SC 雷达设备先进得多。但雷达毕竟是新生的复杂设备。在第二次世界大战期间，几乎所有的舰队司令都认为靠直接观察和视觉调整来操作的机械光学射击控制体系更为得心应手。另外，综合考虑包括旗舰士兵生活空间等在内的其他因素，推选重型巡洋舰担当旗舰仍是众望所归。

10 月如期而至，无线电通信来往频繁，说明所罗门群岛北部的敌方海军正蠢蠢欲动。海军上将戈姆利找来麦克阿瑟和海军少将奥布里·W. 费奇谈话——后者 9 月 21 日刚刚取代海军少将约翰·S. 麦凯恩成为南太平洋军事指挥部陆基空军司令[1]，询问他们手下执行搜索任务的飞行员是否曾经看到任何"新型大规模部队"，他认为日本军队在这片地区有所活动。他还提及曾侦察到"超大号的陆奥型巡洋舰"及某种"神秘战舰"。或许是故意嘲笑他作为南太平洋指挥部司令对众所周知的日本海军战舰级别描述得模棱两可，尼米兹淡淡地回答说："这里没有什么神秘战舰。"但是作战中一直有条真理：信息流通越快，问题就越多。

10 月 11 日上午，任何手头上有收音机的人都能明显感觉到行动与否仍是悬而未决的问题。"海伦娜"号上，加密的文字编码以闪电般的速度穿过前桅的无线电天线钻进奇克·莫里斯的广播室，他写道："一股股持续而跃动的文字洪流令打字员无暇他顾。"里面有目击报告、有信息问询和解释说明，也有巡逻机飞行员等待解答的疑惑。最新消息称，日均 2 艘巡洋舰和 6 艘驱逐舰从拉包尔南行。这份报告就其表面信息来看没什么意义，况且也不完全准确。侦察到的日军舰队由两支独立的作战舰队组成，海军少将五藤存知担任舰队总司令。五藤存知在旗舰"青叶"号上亲自指挥的巡洋舰群实际上包括 3 艘重型巡洋舰，即"青叶"号、"古鹰"号和"衣笠"号，以及 2 艘驱逐舰；分道而驰的增援部队则包括快速水上飞机母舰"日新"号和"千岁"号，以及 5 艘用来运载士兵的驱逐舰。

五藤存知计划于 10 月 11 日夜至 12 日派遣巡洋舰炮轰亨德森机场。同时，他的两艘水上飞机母舰应停泊于塔萨法隆格，向岸上运送重型火炮、弹药、装备以及一个营的作战部队。尽管五藤存知率领的混合舰队实力超群，但它也不过是山本五十六在特鲁克岛调集的战斗力更为卓越的那支大部队的先锋部队，他们力求在不久的将来一

---

1 麦凯恩则回到华盛顿担任海军航空局局长。——译者注

举炸平亨德森机场，彻底摧毁美国的海军防线。海军中将近藤信竹全权指挥的整支舰队囊括了山本五十六手下的全部5艘航空母舰。一支分遣舰队由近藤信竹直接指挥，其中包括"隼鹰"号和"飞鹰"号航空母舰、"金刚"号和"榛名"号战列舰、4艘重型巡洋舰，以及来自田中赖三麾下第2驱逐舰舰队的10艘战舰。而海军中将南云忠一率领的快速航空母舰突击部队——由"翔鹤"号、"瑞鹤"号和"瑞凤"号三大航空母舰联手，另选一条航线霸气而去。海军少将阿部弘毅则将指挥联合特混舰队的重型水面舰队：15艘驱逐舰护航，以及并驾齐驱的"比睿"号和"雾岛"号两大战列舰与3艘重型巡洋舰，另有16艘潜艇先行，在水面舰队前方形成散兵线。

日方数支舰队汇集成空前的海军力量，待抵达瓜岛及其邻近海域之时，它们将发挥自身实力，配合第17军突袭亨德森机场，这场大战初步定于10月22日。山本五十六将等待第17军的信号。同时，五藤存知的舰队将作为此次联合反攻的先锋部队。

斯科特基于手头上仅有的部分信息正确但残缺不全的情报，做好了作战准备。美军搜索飞机发现了日军的增援部队，但把后勤舰误判为巡洋舰——这个错误恰恰与通常情况下他们所犯的错误相反——之前在8月，新西兰侦察机飞行员误报侦察到的舰艇为后勤舰或炮艇，从而掩盖了巡洋舰的真实身份。现在五藤存知的巡洋舰跟在增援舰队后面，悄无声息地到来。这种行军方式使得日军毫不害怕美军的水面舰队。10月11—12日，第11航空舰队的飞机持续发起空袭，并通过巡洋舰牵制亨德森机场的兵力，从而方便后勤舰得以抵达塔萨法隆格，确保瓜岛一战的后期补给。

在"旧金山"号的旗舰指挥室里，斯科特和他的参谋共同研究海图，运用数学原理计算出对手最可能采取的进攻方式，并就如何在最佳时机从后方发动反击做出规划。他被称为"夜巡和特攻司令"，这一称号暗示出他在捍卫萨沃岛海峡时会使用的策略。早在8月海军上将克拉奇利的作战策略完全不以进攻为主导时，斯科特就更倾向于一见敌军就兵戎相见。关于8月9日那场不堪回首的战役，"昆西"号上一位大难不死的将官曾写了一段话，似乎写到了斯科特的心坎里："只有战舰与攻势同在，战役才能取得胜利……尽管我们在该地区兵力总量占有优势是事实，但敌人若是冒险进攻，那么他们在一定程度上就赢了。毫无疑问，若是我们对日军大本营发起类似的进攻，在一定程度上赢得这场战争的就是我们。"金上将的指挥部发布了一份预测评估，敦促"水面舰艇应被用作突击舰队。到目前为止，太平洋战场充斥着远程航空母舰与战机之间的对决。不过在潜艇和水面舰艇的对战中，就双方损失而言，如果不用'惨重'二字来形容的话，那至少也是双方损失相当。我们要抓住契机，更大胆地使用我们的水面舰艇"。在斯科特眼中，夜间巡逻堪比狩猎——要先秘密潜伏，搜寻敌人踪迹，待到时机成熟，就迅速出击，一举歼敌。在圣埃斯皮里图岛举行的会议中，他和众位指挥官共同商定了新的作战任务，制订了相应的细则，以求在这场他们主宰的决斗中有把握击败日本。

简单地说，所谓的细则就是行动的议定方案，明确规定了何人在何时应如何做何事。对战事指挥官而言，现有的战术指导强调主力舰之间远程作战的重大行动。按照1940年美军制订的《通用战术指导》，所有17 000码（1码约为91.4厘米）以内的射击都属于"近距离射击"。参与近距离射击的轻型舰队就编队来说没有固定标准，由舰队司令和指挥官负责制订切合自身实际的作战细则和计划。诺曼·斯科特在大战前夜为第64特混舰队制订的计划大致如下：斯科特打算夜间出击，9艘战舰将听他号令，最晚到第二天中午都排布于瓜岛南边的伦内尔岛附近——那里处于敌人轰炸机的射程范围之外。空袭结束后，他会开始采取一系列行动。下午3点左右，他在萨沃岛海峡以南130英里处向北进发，航行速度加至临战时的25节，麾下驱逐舰上的航空力量精简到只剩1架水上飞机。在特混舰队狂奔5个小时到达瓜岛北部战区的过程中，侦察机将利用最后的日光帮助他们确认敌人的位置。刚刚到达战区，美军就变换队形，把5艘巡洋舰和6艘驱逐舰编成单纵队迎敌，驱逐舰"法伦霍尔特"号、"邓肯"号和"拉菲"号打前锋，旗舰"旧金山"号及"博伊西"号、"盐湖城"号和"海伦娜"号紧随其后，驱逐舰"布坎南"号和"麦卡拉"号为大军殿后。在交战之前，他还会调动水上飞机开展战术观察。整个行动过程中，只有汇报实际交战情况时才允许启用舰船之间的无线电通信频道。

只要把敌方的活动时间规律摸索出来，斯科特就会完全依据日军的配给交接时间在萨沃岛以西拦截"东京快车"。届时他的驱逐舰将利用雷达以迅雷不及掩耳之势锁定目标，让他们尝尝鱼雷的滋味。而且"将在外君命有所不从"，他的下级指挥官不必请示将令，只要遭遇敌舰，就可以根据实际情况自行决定开火与否——先斩后奏是当时条件下的必然选择。先锋巡洋舰要速战速决，短距离连续射击，不准进行多炮齐射。两艘殿后的巡洋舰"盐湖城"号和"海伦娜"号以及另外两艘殿后的驱逐舰将密切注视编队中尚未开战的战舰。先锋驱逐舰必须时刻注意尾随于后的"旧金山"号重型巡洋舰，它可能打闪光信号以表达其更改航线的意图，这对先锋驱逐舰也是一项特别的挑战：一旦行动开始，随时都有可能调整队形，变更舰阵。

战争刚开始的那段日子，美国海军的上层智囊们无不把种种预想建立在万事俱备的假设基础上，但如今，斯科特一改旧习，他制订作战计划依据的是最有可能发生的战况。不管凯利·特纳和他的指挥官们是否曾经料及日军8月9日早上之前到不了萨沃岛海峡，斯科特都已为最坏的情景做好了准备。他如此制订作战计划谈不上是灵光一现，而且这也不是美军原创，他只是善于取长补短，汲取敌人的成功经验。两个月前，日本海军少将三川军一曾制订以防御为主的作战细则，斯科特的作战计划与之如出一辙。

斯科特的战术指导中有一件事未能阐明，即驱逐舰舰长如何运载鱼雷。鱼雷是海战中的杀伤性武器，比起枪炮更容易瞄准。射击技术尤其是射击移动目标需要做到头脑聪明、思维敏捷，要做到既能在波涛翻滚的海上稳定枪炮，又能明辨变化莫测的三维空间。发射鱼雷只需要两个维度的几何平面知识即可。如果你了解己方鱼雷速度，知道与敌军位置的交角后，估算出鱼雷轨迹与敌军航线的交点就不是一件难事了。"编队中任何一名老练合格的驱逐舰值班驾驶员都可以精确估算导程角，确定'鱼雷专用'的碰撞航向"，一位经验丰富的驱逐舰将官如是写道，"在接到短距离交战详细汇报之前，驱逐舰的舰体长度几乎是造成所有预估错误的原因。"暂且不谈失误在所难免，斯科特打算用手里的炮管说话，他天生有敏锐、实用的直觉决断力，同时熟谙美国海军战争学院每一个专业毕业生都了然于心的水面战役标准战术。

与南太平洋军事指挥部管辖的所有战舰一样，"海伦娜"号上的通信兵跑来跑去，急忙将解密的电文呈递给胡佛舰长和各部门主管将官。莫里斯少尉每个小时都得往舰桥后面胡佛的办公舱跑三四次，把斯科特发过来的情报和作战计划交给他。毫无疑问，舰长的脑筋一定在飞速地转着。舱壁上贴满了所罗门群岛南部的水域图，上面红色的标记代表已发现的敌方潜艇和军舰。每当胡佛收到急件，他总是默默地审读一番，然后转身走到墙上的地图前，手指在地图上沿着标出的日本军舰的位置滑动。莫里斯是这么记录的，"图上的那两条路线就像两条电路线，彼此慢慢相互靠近，一旦相遇，就会爆出火花"。

尽管如此，胡佛"绝对是'海伦娜'号上最沉稳的人"，莫里斯继续写道，"事实上，那种品质并不仅仅是'沉稳'二字可概括的。穿过一片喧闹区进入胡佛所在的舰舱，一种孤独感扑面而来。你会从这位一小时接一小时坐在那里的男人身上感到责任感带来的压抑，而他别无选择，必须深思熟虑后决定他麾下战舰——也是美军战舰的进攻计划……'海伦娜'号上所有官兵的内心早已进入战备状态，他们正磨砺意志，锻炼勇气，探究如何才能在战斗中好好表现一番。"胡佛告诉莫里斯，他预计当晚会有行动，命令他前去向"海伦娜"号各个部门的将官传达指令。

胡佛麾下的枪炮官叫罗德曼·史密斯，他体格魁梧，声音沙哑，毫无幽默感，有人评价他是"冷面寒枪"。莫里斯找到他的时候，他正聚精会神地查看射击图表、军械资料以及其他决定战舰能否齐射目标的几百个技术问题。莫里斯少尉把派遣文书递给史密斯，史密斯草草地签上自己姓名的首字母，没有发表任何意见，接着把它给了旁边的沃伦·博尔斯副官。

博尔斯中尉问："舰长有没有什么担心的？"

莫里斯回答："没看出来。"

"我们会参战？"

"他说有可能。"

"希望如此。我们的战士需要目标，好让他们发射几炮。"

能够做到屏气凝神的人才能在这个钢铁封闭的小小世界里工作，这个世界的前景画卷就此展开。战士们的工作岗位设在甲板下的舰舱里，位于吃水线以下，战争打响的时候他们还被关在水密门之内，他们清醒地知道如果有鱼雷袭击，他们注定将成冢中枯骨。尤其是在尚未经历战争洗礼的战舰上，人们往往会莫名地烦躁，坐立不安。"海伦娜"号上有位名叫塞缪尔·马斯洛的射击控制官，他言之凿凿地告诉大家他做好了最坏的打算。"拦截'东京快车'是个永恒的话题，"每当谈起相关事宜，他总会这么说，"我们肯定能截住他们。不过我们在战舰数量上是以一敌二十，他们能围剿了我们。"他因此得名"'抽泣的'射击控制官萨姆"（英语中萨姆是塞缪尔的昵称）。像这种于事无补的苦恼言论，大家总能一笑置之，但其回声却会萦绕脑际久久不去。不过，舰上紧张的生活节奏教会大家不要执念于对这些可能性做出无尽的猜测。尼米兹发现，一旦到达战斗前线，信心必会随着悲观情绪的逐渐湮灭而增长。

对舰上的普通士兵和军官来说，他们在学校里了解到的关于战争的一切都与实际战争的残酷性有着天壤之别，为了接受这种差距，他们经常头顶蓝天直抒胸臆，借以寻求慰藉。在"海伦娜"号上，奇克·莫里斯和众多同为少尉的战友们有在前甲板上聚会的习惯。他们自称为"初级战略理事会"。直到落日燃尽最后一点光芒，他们围坐在黑暗中，研究海军上将斯科特向分遣队传递消息的旗语，讨论并分析其中隐含的意思。夜色如水，月光明亮到打扑克都丝毫不成问题。洒满月光的夜晚对普通人来说美丽缥缈，而对战区的水手来说却充满危险气息。他们的精力此时正集中于另一个层面的争辩中。

战争真正来临时会怎么样？"日本会进攻——他们不可能不进攻——但他们会选什么时机呢？"奇克·莫里斯很纳闷。"舰上的军官一直在探讨这件事。"年轻的军官神经紧张可以谅解，资深的那些却也无法那么坦然地尽情放纵自己的心绪。

莫里斯不曾忘记 10 月 11 日那个酷热的傍晚，静得一丝声响都没有。"初级战略理事会"的会员们站在一块儿，看"旧金山"号打旗语下达当夜的指令。"我们西向前进，直直地朝着夕阳的方向驶去，"他如实记录下当时的情景，"空气清澈，无风无尘，眼中的整个世界都沐浴着落日的余晖。站在那里，注视着我们编队中的战舰沿着平静的海面远去，心情舒畅淡然。我并不孤单。其他人都有同样的想法。有的无所事事地围坐在起锚机旁；有的则立在系缆柱上轻声闲谈。有个士兵在钢甲板上睡着了，旁边还有一个士兵正在专心致志地读一本关于西部故事的杂志。"

4 艘巡洋舰排成一列，5 艘驱逐舰摆出专门对抗潜艇的阵仗，整个战舰编队浩浩荡荡，绵延近 3 英里的海域。特混舰队官兵就站在那里，已然不见定格许久的高强度战备状态造成的无限乏味、沉闷之感。迎面驶来的那只舰队气势磅礴，除了 SG 搜索雷达绘图人员见怪不怪，数量如此庞大的战舰编队远远超出了常人的见识范围。"博伊西"号射程计算仪的操作员把那架沿抛物线轨迹抛射的发射机连续旋转 360 度进行扫测，于是在环视扫描显示器（PPI）的中继器上出现了一幅类似地图的图像，将舰船与海岸明显地区别开来——旧式海图的绘制误差可以一目了然。搜索雷达四处搜寻目标。一旦发现目标，舰载火控雷达会射出极细的光束瞄准，以便士兵对目标集中火力。火控雷达同样具有搜索功能。莫兰指挥 FD 设备操作员在以东端为顶点的、四分之一圆大小的扇形区域内搜索目标。斯科特信不过雷达，禁止手下在战事准备阶段使用较为老旧的 SC 雷达设备，以免敌方发现他们的通信信号。不过其侦测的有效范围远小于灯塔探照灯的照射范围，即使会被敌方发现，也是先暴露于探照灯之下。肉眼的视力极限不过是从舰首荡涤的航迹到船舷翻边所激起的浪花这段距离而已。从舰队司令到军火起重机上的装卸兵，参与作战的每个人，无不在初生牛犊不怕虎的精神感染下情绪高涨。

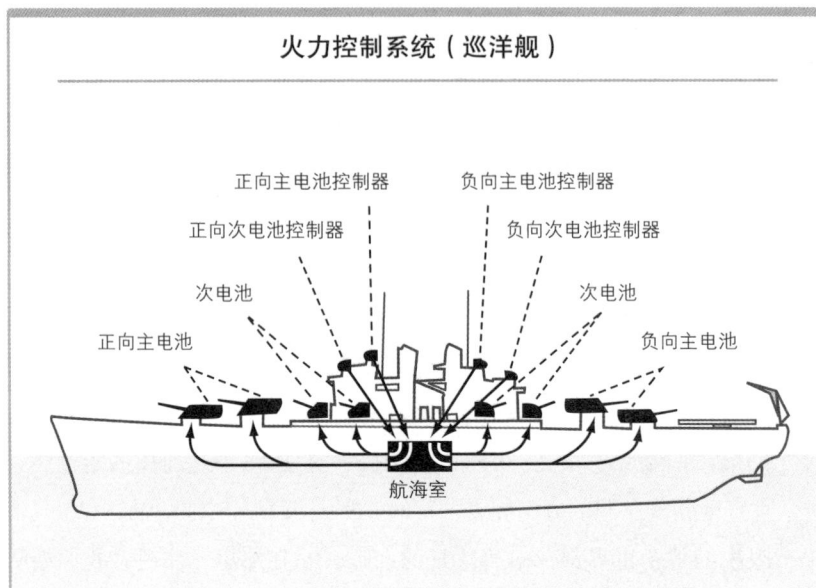

火力控制系统（巡洋舰）

　　"博伊西"号炮塔人员对着作战对讲机轻声哼起战歌来："打响的枪声是命令的号角，不是演习，是真正的战场。"海军上校莫兰曾指挥麾下战舰创下了不起的战争纪录——"铁人"迈克·莫兰的舰队曾辅助瓜岛登陆；他也曾率众将士一雪前耻，在日军眼皮底下单枪匹马冒险突袭日军运输舰，报了1月份美国亚洲舰队因部署失当而致受辱之仇。不过，他们在帝汶岛（马来群岛中的一个岛屿，南临帝汶海）附近重蹈了"南达科他"号在汤加塔布岛悲惨遭遇的覆辙——不幸搁浅珊瑚岬。"博伊西"号从亚洲战区撤回本土整修，因此获得了"避战弱龙"的外号。由于无缘参战，莫兰等一行人与第64特混舰队的其他人颇有共鸣：迫切希望打一仗，无奈时机未到，只能等待证明自己实力的那一刻。诺曼·斯科特同样心急如焚，他的内心比所有人都承受着更痛苦的煎熬。

　　傍晚刚过6点，侦察机发现了日军战舰踪迹——其实当天早上也曾发现这支队伍——此时他们位于瓜岛以北110英里处，以20节的航速沿松德海峡而下。他们此行目的何在？是轰炸还是增援？谁也没法料事如神。晚上要求舰艇战斗部署的指令是高潮前的协奏乐。斯科特全军要持续这种备战状态数个小时，忧虑与沉闷的情绪蔓延开来。奇克·莫里斯说当时的情况是"没什么可以做，侦察机都已返回基地，所以也没有任何更新的情报"。尽管斯科特早就下令搜索雷达保持无线电静默，但

"盐湖城"号直到照明弹上膛仍开启着 SC 雷达设备传输电波。

一轮新月挂在层层叠叠的卷积云后面，海风以 7 节的速度从东偏北一点的方向徐徐吹来，海面上波澜不惊，第 64 特混舰队绕过瓜岛西北岸，转而北上截击"东京快车"。

埃斯佩兰斯角海战战斗序列表（1942 年 10 月 11 日）

美国
第 64 特混舰队
海军少将诺曼·斯科特
"旧金山"号（重型巡洋舰）（旗舰）
"盐湖城"号（重型巡洋舰）
"博伊西"号（轻型巡洋舰）
"海伦娜"号（轻型巡洋舰）
"法伦霍尔特"号（驱逐舰）
"邓肯"号（驱逐舰）
"拉菲"号（驱逐舰）
"布坎南"号（驱逐舰）
"麦卡拉"号（驱逐舰）

日本
轰炸机部队
海军少将五藤存知
"青叶"号（重型巡洋舰）（旗舰）
"古鹰"号（重型巡洋舰）
"衣笠"号（重型巡洋舰）
"吹雪"号（驱逐舰）
"初雪"号（驱逐舰）

增援部队
"日进"号水上飞机母舰
"千岁"号水上飞机母舰
"朝云"号（驱逐舰）
"夏云"号（驱逐舰）
"山云"号（驱逐舰）
"丛云"号（驱逐舰）
"白雪"（驱逐舰）
"秋月"（驱逐舰）

不过那段海峡中藏有日军"哨兵"，那是一艘航行于卡密泊湾[1]水面上的潜艇，位于"东京快车"习惯卸载弹药物资的埃斯佩兰斯角附近。斯科特对这艘 I-26 潜艇的存在毫不知情。8 月 31 日"萨拉托加"号遭到鱼雷袭击，发射鱼雷的正是这艘潜艇。雷达对它秋毫无察，可能是因为潜艇所在位置离海岸过近。美军的出现无疑令艇长横田大吃一惊，他还没来得及发送目击报告，便慌忙下令潜艇紧急入水。待潜艇再次出水发送报告已是两个小时之后的事情了，他错过了最佳发报时间——今夜大战的结果如何实在难以先下定论。

1　Kamimbo Bay，据史料疑此海域即俗称的"铁底湾"。——译者注

　　海军少将五藤存知下辖的3艘重型巡洋舰和2艘驱逐舰向着南方的亨德森机场隆隆开去。3艘重型巡洋舰依次是"青叶"号、"古鹰"号和"衣笠"号——都是经历了萨沃岛战役的老舰，驱逐舰"吹雪"号和"初雪"号分列其舰艇编队两侧。

　　"旧金山"号上有位海军陆战队队员被任命为5英寸炮台的机炮兵，名叫克伦罗·W.戴维斯。因为线路串音偶然听到雷达室向舰桥军官室报告雷达监测到不明物光点。雷达室通信兵听完军官回话后答道："是的，长官，那些不明物移动速度约为30节。"

　　"海伦娜"号驶于巡洋舰单纵列尾，由于舰桥上的士兵穿了数层防护服，所以互相之间根本无法辨清彼此。据奇克·莫里斯描述："他们戴着防火护目镜、钢盔、手套，穿着海上救生衣，看起来就像火星来客。"船上湿气重，不直接参与作战的舰兵通常不愿套上防护服。有的士兵较为清楚战争的摧毁性力量，比较情愿地穿上厚重的防护服，至少也会放下挽着的衬衣袖子。

　　晚上10点，斯科特命令巡洋舰上的舰载侦察机分别起飞开展侦察。但"盐湖城"号的舰载侦察机在飞机弹射器上起飞时因发生故障而瞬间起火。飞机燃着熊熊火焰坠入海中，嚣张的火焰跳动着映射在哨兵的虹膜上。所有人无不害怕因此而暴露行踪，神经都紧绷起来。燃烧的飞机就像是火葬场，一刻不停地燃烧，感觉过了好几个小时火才熄灭。

　　根据作战计划，斯科特下令驱逐舰与巡洋舰重组单纵队形列队前进。"布坎南"号和"麦卡拉"号侧斜航向，驶出队列，使单纵列中的其他战舰驶过，从而尾随于队列之尾为整支舰队殿后。"旧金山"号的舰载侦察机起飞后，发回报告称"在瓜岛以北，距萨沃岛16英里处发现日军一大两小共计3艘战舰，将进一步侦察来舰身份"。斯科特下令向东北方向转舵，从而驶过萨沃岛。由于夜深雾浓，能见度只有距离右舷5英里的海面而已。"麦卡拉"号的海军少尉乔治·B.威姆斯回忆道："只有飞速前进的舰队才能给人一种大战迫在眉睫的感觉。我们时不时地还会再把时速提上几节，直到大家能够齐头并进为止。"

　　差不多是夜里11点半，"盐湖城"号的搜索雷达侦测到正西方或西北方向水上明显有3处舰群。海军上校斯莫尔命令火控雷达操作员在该方位搜索目标。雷达传回的电磁波中带来了大量有价值的信息：不明物距离此处16 000码，与当前航向呈120度夹角，航速20节。

　　巧合的是，美军如今追踪的这条航线正是当年执行侦察特勤任务的"布鲁"号

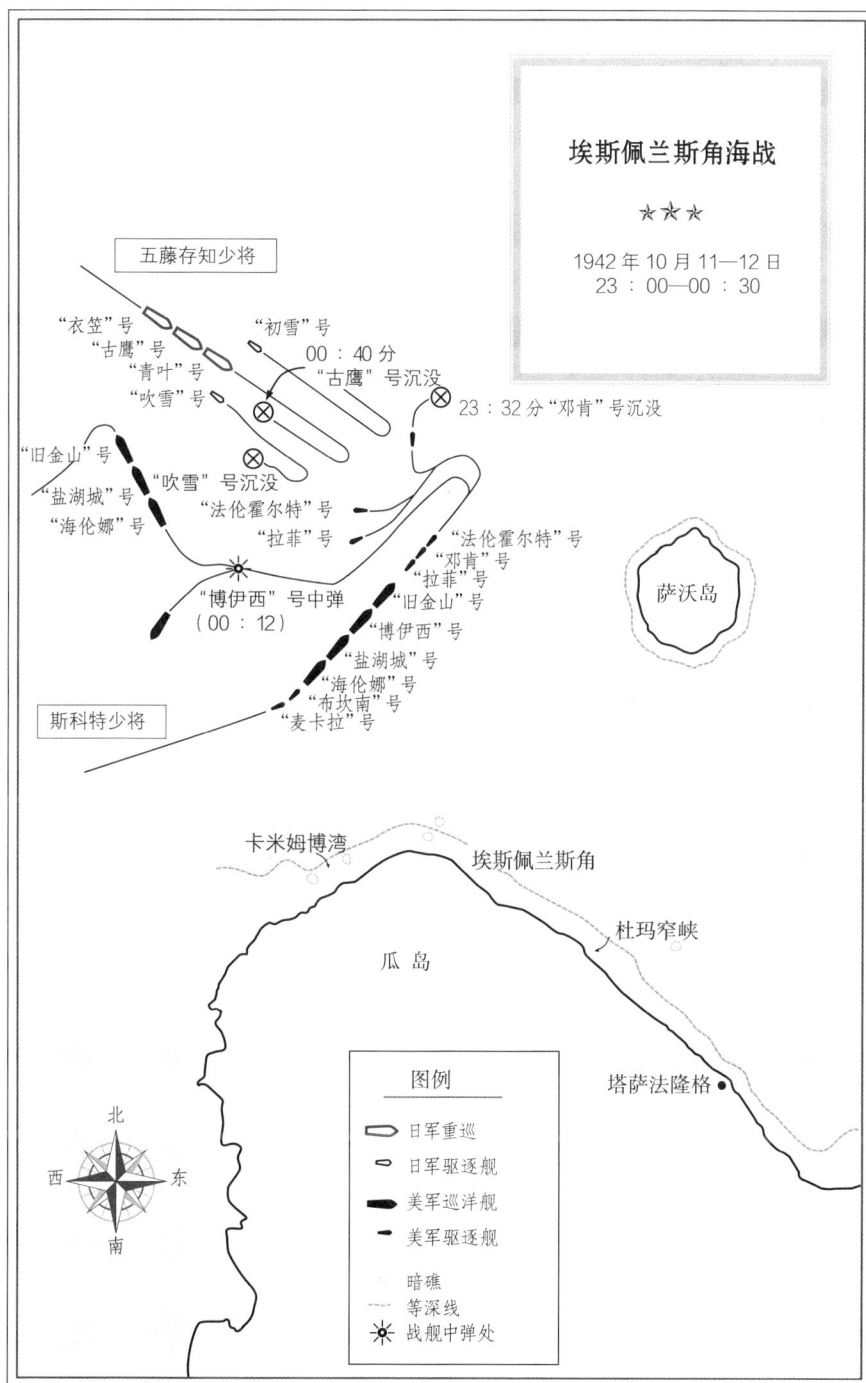

埃斯佩兰斯角海战

★★★

1942 年 10 月 11—12 日
23：00—00：30

五藤存知少将

"衣笠"号
"古鹰"号
"青叶"号
"吹雪"号

"初雪"号

00：40 分
"古鹰"号沉没

23：32 分"邓肯"号沉没

"旧金山"号
"盐湖城"号
"海伦娜"号

"吹雪"号沉没
"法伦霍尔特"号
"拉菲"号

"法伦霍尔特"号
"邓肯"号
"拉菲"号
"旧金山"号
"博伊西"号
"盐湖城"号
"海伦娜"号
"布坎南"号
"麦卡拉"号

萨沃岛

"博伊西"号中弹
（00：12）

斯科特少将

卡米姆博湾

埃斯佩兰斯角

杜玛窄峡

瓜 岛

塔萨法隆格

图例

日军重巡
日军驱逐舰
美军巡洋舰
美军驱逐舰

暗礁
等深线
战舰中弹处

北
西 东
南

驱逐舰拦截日本海军中将三川军一时走的路线。虽然态势与位置一如当年，但斯科特如今面临的形势已与当时不可同日而语。斯科特麾下9艘战舰已经准备妥当，他们正垂直于日军航线，朝东北行进，只待斯科特一声令下！随着侦察机飞行员不断传回警戒细节，斯科特通报全军："听我口令——以230度航向单纵列左转。"第64特混舰队终于迎来了这场久违的命定之战！

17

一触即发

尽管诺曼·斯科特一丝一毫都不敢松懈，但作战计划还是险些胎死腹中。海军队伍正在按部就班地朝着战场进发，但他发出的最新作战指令打破了这一秩序，"单纵列左转230度——执行命令！"

在"整列调转"状态下，舰队战舰可以在到达空间中某个定点时鱼贯转向指定方向。随着领头舰转向，后舰行至前舰转舵产生的漩涡处时，依次开始转向。这样做能保证所有战舰循着前舰航迹依旧成列。如果能见度很高，可以轻松确认自身在队列中的位置：前舰航迹就是现成的视觉参考。这种舰队转向方式的缺点是所需时间较长，直到最后一艘舰只行驶至领头舰转向的位置，"整列调转"过程方才完成。

还有一种截然不同的方式叫"同时转向"，意思是单纵列内的每艘舰只接到指令后立即就地转向。单纵列舰队若是奉命调转90度，舰队会呈横列队形，朝着新的航向前进。纵列舰队若是同时调转180度，行驶方向则完全相反，领头和殿后的舰只身份互换，原来殿后的战舰成为单纵列的新领头舰。"同时转向"比"整列调转"执行起来花费时间少，但由于每艘舰上的操舵指挥官无法根据前方的舰尾吃水深度确定视觉参考点，所以，尤其是在能见度低的条件下，这种转向方式务必精心部署而后方可执行。

这项技能属于基本课程的学习范畴，是海军所有船舶操纵课程的基础，但斯科特的作战计划就差点毁在这上面。正如SG雷达显示，编队成功实现"整列调转"航行就正好齐头拦住五藤存知的队伍——由于日军是以"T"字形舰阵驶来，美军舰队可以用侧炮猛射日本纵向行驶来的舰队，使五藤存知只能调用有限的前置炮台勉强应付。可是斯科特的先锋驱逐舰"法伦霍尔特"号刚一转舵，斯科特对作战时间和舰间距离的把握就瞬间陷入一片混乱。

斯科特怎么也没想到，"旧金山"号会跟着"法伦霍尔特"号同时开始转向。这个失误很难处理，"博伊西"号的舰长莫兰少校措手不及——莫兰的战舰位于"旧金山"号后，他需要马上做出一个关键决定：是按照命令继续执行"整列转向"、握紧方向舵行驶到"法伦霍尔特"号驱逐舰转向的地方再调转航向，还是立即就地转向，与旗舰并驾齐驱？不管作何决定，斯科特指挥的单纵列舰阵都难免一分为二：前者会使"旧金山"号脱离队伍；后者会造成先锋驱逐舰脱离队伍。也许意识到重中之重是维系巡洋舰列的紧凑性，莫兰选择了后者。随着"博伊西"号转向，"盐湖城"号也紧随其后。斯科特麾下行驶在前方的三大驱逐舰则孤零零地没入茫茫黑夜之中。

巡洋舰沿西南方向平稳前行，炮组人员接到命令，配合炮塔方位锁定搜索雷达大体定位的目标。副炮塔的炮尾处已经藏好了照明弹。"盐湖城"号装配的 SC 搜索雷达首先与日军展开交锋。"博伊西"号的雷达不久后便发现敌军踪迹，通过电子束绘出草图，"T"形战阵中日军的"丨"部分仅在西北方向 14 000 码处。莫兰的手下报告时称它们为"敌机"，有些将官听后不禁好奇，若换作是侦察飞机，这个士兵要怎么报告呢？

斯科特曾经特地知会各舰指挥官，只要确信锁定敌军就立即开火。可是现在驱逐舰都消失在夜色中，拿什么来锁定？他用作旗舰的这艘战舰上没有 SG 雷达，舰上的 SC 设备又被禁用，斯科特一时也不确定这场战争的胜负格局会怎样，实际状况早已在他的预料之外。他从其他巡洋舰上转听敌情报告，听到的很可能是罗伯特·G. 托宾舰长报告的驱逐舰的情况——由于"旧金山"号失误而被甩出单纵列。从"博伊西"号传来消息——前方 65 度方向发现不明编队，这让他本就惶遽的心情雪上加霜。莫兰报告的 65 度方向实际上是以"博伊西"号目前航向为参考坐标。可是根据标准战术原则，舰只真实方位的参考坐标应该以正北为 0 度，正南为 180 度。

即使只是些微偏差，对海军上将斯科特来说也很重要。在 65 度方向上发现不明舰船的报告与他脑海中对"法伦霍尔特"号、"邓肯"号和"拉菲"号位置的推断吻合。托宾舰长当时正处于巡洋舰队列右舷舰尾附近，他发现自己脱离主战舰队后心灰意冷，于是命令麾下驱逐舰全速前进。巡洋舰舰队的诸位指挥官准备开火之际，"法伦霍尔特"号正保持航速以大约 900 码的间距与"博伊西"号并肩前进，后面是"拉菲"号，以及"海伦娜"号。直到夜里 11 点 45 分，斯科特还是一头雾水。他给托宾发电报询问："你舰在我舰前方？"托宾答复："是的，长官。你舰右舷侧。"

斯科特制订作战计划时，曾考虑过战舰掉队、自己鞭长莫及的情况。他假定双方如期交战，要求掉队的战舰不要与敌舰同侧，并把弄清美军纵列舰队的位置看作第一要务。敌我身份不明，则后患无穷。"除非口头明确方位并获准归队，"斯科特在作战方案中如是写道，"否则不准并入舰队。"托宾差不多就是这么做的，仅有一点除外——斯科特指挥的战舰完全不清楚友舰究竟会从右舷何处出现。他们正在追踪的日军战舰也是在右舷一侧。

"博伊西"号和"海伦娜"号的抛物面天线不断发出 10 厘米长的脉冲，舰上的操作员们眼睁睁地看着斯科特已不成形的单纵列舰队与五藤存知的"T"形舰队逐步逼近，最后距离只剩 3 英里。但双方都没有开火，炮口依旧沉寂。"海伦娜"号的哨兵报告胡佛海军上校："舰只肉眼可见。""海伦娜"号上年轻的雷达官问领航员："我们这是要做什么？难不成要登船？"另一名将官也说出心中疑惑："我们非得近得能看到那群日军混蛋的眼白才行吗？"

不过，"海伦娜"号的指挥官胡佛根本没有意识到问题的严重性。他只指挥过驱逐舰。5 月份的时候，他在珊瑚海战役中担任驱逐舰第 2 中队的指挥官，后来在中途岛任职于"约克城"号航空母舰的护航舰队。他从在美国海军军备局工作开始就对海军雷达试验有所了解，也深知驱逐舰军演的重要性——可以充分利用这一新工具辅助作战。随着视野内的目标离得越来越近，他才彻底明白得天独厚的优势正因决策层的优柔寡断而逐渐浪费殆尽。

"海伦娜"号舰长命令通信兵向"旧金山"号发出是否开火的请示。按照舰队《通用信号流程》的要求，"海伦娜"号发出去的信号的字样是"询：Roger？"（"Roge"一词的本义是"收悉"，而在《通用信号流程》中，它的首字母"R"的代码含义为"Fire"，即"开火"之意。）舰队司令斯科特迅速给以肯定回复："Roger！"为了保险起见，胡佛重复了一遍请求。"旧金山"号上传来的答复仍是"Roger！"

不过，斯科特的确误解了，他认为自己回答的是另一个问题。之前他因为麾下驱逐舰行踪不明而忧心不已，并未做好开战准备。他后来解释称，他误把胡佛发出的信号当成询问他是否"收悉""海伦娜"号向他发出的上一条雷达消息。当然，胡佛对于斯科特是否知其用意也没多想——要是斯科特想完全依赖雷达电波，早就把"海伦娜"号用作他的旗舰了。总之，最后的结果是，胡佛对斯科特的回复按照《通用信号流程》的标准进行理解，"Roger"一词代表代码"R"，而代码"R"等同于"Fire"，也就是"开火"的意思。

这次"沟通"可谓牵一发而动全身，"海伦娜"号的 15 门 6 英寸口径舰炮立即发起猛轰。传达不清加上理解错误，原本欲求青史留名的埃斯佩兰斯角海战陷入一片混乱，超出了任何一位指挥官的临战掌控能力。

"海伦娜"号是最后一艘"布鲁克林"级火炮轻型巡洋舰。它和其他所有"布鲁克林"级火炮轻型巡洋舰一样最擅长炮击水面目标。这可以说是轻型巡洋舰首要也是唯一的本领了。霎时，"海伦娜"号炮火轰鸣——一颗颗黄铜管炮弹从弹药舱提升上来，从隆隆作响的扬弹机托盘上通过传送滑架和炮塔下部侧壁上的装填口被推入炮膛；炮栓上的螺纹与炮管尾部的螺纹丝丝相扣，炮栓牢牢地拧紧在炮管上；关闭炮栓后，俯仰作动器再将炮身调整至发射角度，便可进行炮塔齐射。火控细则规定，目标若是距离本舰12 000码以上，齐射（15门舰炮对同一目标同时发射）与否要经深思熟虑再做定夺；距离较近时，战舰要转换到自动连续发射模式。这属于最基本的作战经验。奇克·莫里斯对当时的记录是："片刻之前，这个夜晚还是那样平静，周围的一切都如墨水般漆黑。突然间，战火纷飞，混乱一片。'海伦娜'号由于侧舷炮齐射的反作用力向后退去，向一侧倾斜，舰身不断晃动。我们在无线电广播和译电室里站都站不稳，跟跟跄跄地撞在舱壁上，桌上的书本和纸片在空中翻飞，像暴风雪来临一般，让我们紧张得感到窒息。钟表也从底座上弹了起来。电扇砸向甲板，传来金属碰撞后哗哗啦啦的声响。这里每一个人的呼吸都急促而紧张。"发炮舰上士兵的境况都如此之惨，目标舰上会是什么情况大家可想而知。

"盐湖城"号启动重型舰炮朝着右舷方向开展夹叉轰炸（为测量某一距离而在目标前后各进行射击），炮弹在目标前方落水。而这一目标可能正是五藤存知的旗舰"青叶"号，两舰相距4 000码。指挥官命令将射程增加300码，再次齐射。"第二次齐射炮弹无一落水，"美军巡洋舰行动报告宣称，"全中目标！"

整个夜空都被爆炸的火光照亮，"博伊西"号的舰长莫兰戴着耳机和钢盔，向他的枪炮官海军少校约翰·J.拉芬喊话："找最大的目标，开火！"

"博伊西"号跟"盐湖城"号锁定了同一艘敌舰，那是日军单纵列的领头舰"青叶"号，在右舷方向，仅距离4 500码。在"博伊西"号舰腹深处的指挥中心，伤情对策官海军少校汤姆·沃尔弗顿觉得有必要舒缓一下大家的压力。他回想起4岁的儿子第一次坐过山车时随着过山车铿铿锵锵地往上爬而吓得大叫的场景，于是他深吸一口气，用他那浑厚洪亮的男中音喊道："爸爸，我要回家！"他用尽全力，希望每个人都能听到他的声音。这句话像有魔力一般，十来个士兵都笑了起来，仰坐在椅子上，放松了下来。海军上尉麦克莫里斯在"旧金山"号的右舷方向发现一处目标，看外形像驱逐舰，等他确信了该舰不可能属于托宾率领的驱逐舰中队后，也下令开了火。第 64 特混舰队的巡洋舰已全部参战，该舰队从头到尾都是一片炮火声。

在雷达诞生的那个年代，传统的开火方式是首先齐射，然后逐步校正来使炮弹正中目标，不过这都是过去式了。三川军一和弗雷德里克海军上校之间开展闪电战的时候，日军就是奉行这种老套的作战方式。他们击中目标"文森斯"号和"昆西"号之前，齐射了 4 次。而今，微波雷达引导射击，火控官运用牛顿物理学知识御敌。电子束能帮助人们弥补肉眼观察的局限，以最小的角度开展夹叉试射后即可击中目标。据说"博伊西"号发射的几枚外围炮弹都击中了某艘重型巡洋舰。射程计算仪调高"100"个刻度单位，炮弹射程也就相应增加了一个足球场的长度。接下来的齐射杀伤力更大，在无线电探测齐射式攻击下，日舰很快失稳，燃起熊熊大火。炮弹以迅雷不及掩耳之势从天而降，日军根本不知道是怎样遭袭的。

各位炮手默契配合，富有结构层次的全体齐射随后变得断断续续起来，就好像各炮手已经开始单独作战，炮塔一座接一座地奏出三重奏。射击越来越猛烈，由于舰桥指挥中心前方的某座炮塔不断发出轰鸣声，莫兰和胡佛的行动指令几乎被这些几近走火入魔的炮声掩盖下去。斯科特指挥下辖的巡洋舰没发信号便向西北转向，莫兰的操舵指挥官只能根据"旧金山"号上炮火的亮光以及舰上定时闪烁的作战识别灯辨别出"旧金山"号尚在前方。

"麦卡拉"号位于美军单纵列列尾，该舰的海军少尉威姆斯误把巡洋舰上的炮火错认为是机关枪火花。从 6 英寸口径的炮口绵延而出的机炮炮弹轨迹从远处看起来像出自 1.1 英寸口径、外号叫作"芝加哥钢琴"的冲锋机关枪。日军是受打击方，不知道日军会对出现的所谓"机关枪驱逐舰"作何探讨。"麦卡拉"号第三座炮塔发射出的炮弹恰巧从威姆斯头顶上方滑过，他根据闪光和冲击波瞬间瞥见了敌军位置。"看到这一幕我心内狂喜，射程如此近，杀伤力可想而知，敌舰必毁无疑。只要静下心来，稍一琢磨就会发现 2 500 ~ 3 500 码的距离属于近距离平射射程（直接瞄准距离）范围之内，你不想击中目标都难！"

燃烧的敌舰在他眼中无疑是"最生动的好莱坞电影再现……我曾经看过两个类似的影片场景，剧情都是按照下列步骤展开：①漆黑的夜晚；②我方机炮轨迹示踪；③目标处有一系列闪光，照明弹映出舰只轮廓；④大火漫天，爆炸连连；⑤敌舰变形；⑥最后沉没。总而言之，即使是后期制作最精良的好莱坞影片，都没法与现在的现场直播相比"。

　　他心里燃烧的是纯粹的野性，是海军陆战队队员特有的心态，也是陆军中校"挺胸王"普勒带到海上的战争精神。炮声有时零碎闷响，有时众炮齐鸣，时密时疏，粗腔横调听起来很不和谐，就像活塞在巨型内燃机内胡乱活动，但巡洋舰的炮火声一直不绝于耳，冲击着耳膜。每个急速跑过炮塔的水手都觉得自己的耳朵要被震聋，面部要被灼伤了。

　　"博伊西"号开火仅4分钟，舰上主炮就已经发射了300枚炮弹。此时，右舷方向远处，为暗夜笼罩，但莫兰能勉强看出那个庞然大物前面高出一块儿，后面高出一块儿，旁边还立着三脚架格栅主桅，那可都是巡洋舰的特征。"博伊西"号早就做好了行动准备，再次开火。"博伊西"号夹叉试射炮弹呼啸着从夜空猛然坠下。那晚美军统计的日本帝国舰队伤亡报告有言过其实之嫌，因为美军官方记录的击沉的日军驱逐舰数量比五藤存知实际指挥的数量都多。可是没人对战果质疑。斯科特所率舰队的航线多少可以说明一些问题。至少有3艘与"博伊西"号紧邻的敌舰难逃起火的噩运。

　　战斗开始后的前20分钟里，"青叶"号至少中弹24次，两座主炮塔、主要的舰炮指挥仪、几处探照灯平台、舰载机起飞弹射装置和几间锅炉房都被炸毁。"青叶"号前桅被炸倒，砸坏右舷的一座高射炮炮架。五藤存知误认美军舰队为友舰，在右舷拼命向其发出信号"我是'青叶'！我是'青叶'！"五藤存知自一开始似乎就不知道自己正在靠近敌舰。美舰集中火力射击，击中"青叶"号舰桥，舰上79名官兵丧命。五藤存知本人在交战中也是两足断飞，最后战死。这位日舰指挥官在生命的最后一刻，显然依旧认为是前来增援的日舰误射。"青叶"号遭到美军巡洋舰致命轰击的时候，他还在失望地大叫："八嘎呀路！"（意为"混蛋"，日语中较为严重的骂人话语）久宗米次郎少将随后下令施放烟幕，"青叶"号才消失在美军视野中。

　　那几分钟现场十分混乱，诺曼·斯科特以为误射了己方战舰，不禁吓得面如土色。斯科特从"旧金山"号的信号桥楼爬梯子登上舰桥，心情糟糕透顶。他一声令下"所有舰只听令，停火！"接此命令，所有士兵都非常吃惊。

　　斯科特又像上来的时候一样急匆匆地走下去，特混舰队之间开始转发停火命令。交战双方都因为火力减弱而有喘息的机会，但"博伊西"号等几艘军舰仍在继续射击。斯科特一再重申，并亲自督促莫兰暂停射击。麦克莫里斯仍旧没停火。他抓起报话机，全舰官兵都能听到他给炮手下令："速射！继续……"然后为了表示不受将命的歉意，他把身子探出驾驶室翼桥，大吼一声："抱歉啦，少将先生！"麦克莫里斯清楚地知道自己射击的目标是什么——舰上士兵很有可能因为先于敌军停火而丧命。

驱逐舰指挥官托宾用无线电跟斯科特说："我舰正在你舰右舷方向前行。"射击仍在继续，而斯科特一直徒劳地拿着报话机重复停火指令，就像没有经验的猎人，初次见到猎物的时候都会激动不已。斯科特记录道："花了些时间来执行停止射击命令，可事实上，射击根本没有完全停下来。"

士兵都知道"唯将命是从"的军队纪律。可是"法伦霍尔特"号上有一位炮长名叫维根斯，他这次无论如何也说服不了自己听从命令停火，即使是顶头上司海军少校尤金·T.斯沃德不断敦促也无济于事。维根斯是美国亚洲舰队的老兵，1941年12月英国在新加坡的大本营即将被日军攻占，他被迫把他的华人妻子留在新加坡而仓促出征。他后来得知，妻子最终命丧侵略者之手。福特·理查森类似于"法伦霍尔特"号枪炮官的发言人，他写道："他每次瞄准日军庞大的战列巡洋舰（近距离平射射程内），都禁不住要多发射一轮，维根斯疯了，已经近乎发狂。他痛恨日本人。"永远别指望他放弃炮轰日军。

"旧金山"号掉头偏离航线行驶对领头驱逐舰上的众参谋来说是个未解之谜。"法伦霍尔特"号的主任参谋是海军少校奥尔康·G.贝克曼，他看着旗舰引导其余3艘巡洋舰进入"法伦霍尔特"号的视线范围，就开始琢磨自己究竟滞后了多少。当时的情况是，斯科特率领的巡洋舰都超过了他下辖的驱逐舰。他之前听到托宾舰长回复斯科特的质询时称："是的，在你舰右舷侧前行。"所以他们需要抓紧时间穿过美日两军交战的火线，以防被击中。

"法伦霍尔特"号带领脱队的驱逐舰单独组成一列纵队继续前行。"邓肯"号则往偏西一点的方向行驶，该舰指挥官海军少校艾德蒙·B.泰勒正根据雷达标绘一个位于正西8 000码处的不明捕捉物，同时请求全速追踪。美军巡洋舰舰队现在完全占据优势，泰勒借助射击目标产生的火光发现那是一艘巡洋舰。过了不久，这艘巡洋舰后方不远处又出现一艘敌舰。泰勒命令"邓肯"号舷侧朝向敌舰，准备发射右舷鱼雷。但就在此时，他突然发现他现在的位置比较尴尬——正好在斯科特的巡洋舰和其射击目标之间。向左转舵之后，"海伦娜"号熟悉的身影又映入眼帘。"邓肯"号从后面赶超"海伦娜"号时不得不向右转舵，以避开这艘轻型巡洋舰的火力发射线。

斯科特意识到现在局面混乱，无法辨别敌我，于是拿起报话机设法联系托宾。"情况如何？"斯科特问第12驱逐舰支队的指挥官，"我们的巡洋舰有没有误射你？"

托宾回答说："第12驱逐舰支队一切正常。我们在你们巡洋舰舰队右舷方前行。我不知道你们射击的目标是谁。"

但斯科特还不放心，接着命令托宾打开驱逐舰上的识别灯。驱逐舰上立刻闪起白色和绿色交替闪烁的禁止信号灯。友舰相互亮明身份后，斯科特下令右舷恢复射击。托宾很快就会知道哪艘战舰遭到了斯科特麾下巡洋舰的射击。

福特·理查森担任"法伦霍尔特"号主炮炮长，"按兵不动，注意炮火，我们一侧的友舰巡洋舰正向对面的日舰开火"。他站在舰炮指挥仪舱外，枪炮官用前置5英寸口径炮塔发射了一枚炮弹，击中被照明弹照得通明的敌舰。枪炮官退进指挥仪舱，理查森也跟了进去。据理查森回忆："就在那一瞬间，我舰遭到一枚6英寸或8英寸的炮弹袭击，击中前桅横臂，距离我的头顶也就25英尺！"

托宾刚下令要求驱逐舰支队朝临时目标发射鱼雷，半空中传来的轰隆隆爆炸声就已响彻"法伦霍尔特"号的甲板。有几位站在外面的士兵因为没有任何保护物而被弹片击中丧生。沉重尖锐的弹片刺入测距仪，并穿透一位站在测距仪前的士兵的身体。这位浑身鲜血淋漓的士兵被抬到理查德面前。理查森打开笔形电筒，发现弹片从这位士兵的锁骨那里穿进身体，从腋下出来，又从腹股沟重新进入他的身体，他大腿上有个大洞，因为弹片从中窜出来后又切进了甲板。理查森拿了一件T恤衫堵住他同舰战友的伤口以防失血过多，并解下腰带扎紧以施加压力止血。

这枚炮弹本来是冲着"法伦霍尔特"号的中心线前端呼啸而来的，没想到却意外炸断了前桅的雷达天线，炸得非常厉害，雨点般坠下的碎片甚至刺穿了鱼雷的空气瓶——5个一组，装载在该舰底部——压缩空气通过裂缝泄漏，发出嘶嘶的响声，鱼雷自动冲射出去，插入驱逐舰前部底层；冲击力震倒发射装置，启动了鱼雷马达；马达烧毁前发出刺耳的动响，所幸没有爆炸。又有一枚炮弹击中左舷吃水线，该舰前部的所有电力设备和通信设施都宣告报废。海水从豁口大量涌入，舰身向左倾斜。斯沃德舰长的"法伦霍尔特"号驱逐舰左舷吃水线总共被4枚美军炮弹误伤。袭击"法伦霍尔特"号驱逐舰的炮弹最可能来自斯科特指挥的某艘重型巡洋舰，即"旧金山"号或"盐湖城"号。"邓肯"号也遭到友舰误射。当时"邓肯"号已将前炮指向右舷舰首 3300 码外的日军巡洋舰，正在这时从天而降的炮弹击中舰桥，摧毁了射击控制设备，使 2 号炮塔下的操作室燃起熊熊大火。"邓肯"号的舰长名叫泰勒，他刚设法让鱼雷发射器保持稳定，释放了他的第一枚鱼雷，又一枚炮弹炸在炮火指挥台前，舰炮指挥仪顿时陷入瘫痪，还重伤了鱼雷官 R.L. 富勒中尉。这名鱼雷官刚利用局部控制发射了另一枚鱼雷，目标是一艘已经对斯科特的巡洋舰虎视眈眈的敌舰。"一瞬间，那艘敌舰从中间断裂，翻转几圈后就消失在茫茫大海中。"泰勒写道。"邓肯"号也难以逃脱这种命运。

又一波齐射袭来，炸毁了海图室，炸死了"邓肯"号的两名 SC 雷达官、一名声呐操作员、舰桥的无线电操作人员和记录战事的文书军士。无线电总控室全员牺牲，那里燃起的大火与 1 号锅炉舱的烈火融为一体，空气源源不断地从头顶上方舱板的裂缝中涌进来。舰舵完全失去控制，泰勒绝望地任由舰身在海里逆时针打转。前方的舷窗打开排烟的时候，汩汩蒸汽冲进操舵室，这时舷窗再也起不到排气的作用，反而成了 2 号炮塔燃烧的烈焰和浓烟溢进来的通路。周围都是让人窒息的烟雾，泰勒现在几乎观察不到战况如何，但是舰身不断旋转让他觉得自己已经脱离美军巡洋舰的大队伍了。而且可悲的是，没人会来援救"邓肯"号。该舰后部锅炉舱里的锅炉再也无法继续供水，主泵也不能用了，火焰四窜，舱外 5 英寸炮弹的爆炸声此起彼伏。全体舰员英勇奋战到最后一刻，用轻便手提泵积极扑救，但泰勒明白，一切都是徒劳。他帮着士兵们把伤员抬下舰桥，抬到甲板上。不久后，大火从四面包围了操舵室，而他发现逃生出路只有一条——从驾驶室翼桥右边跳水。

斯科特指挥的巡洋舰的炮火力量极其猛烈，他们迅速击毁了位于弹道线上的先锋驱逐舰这一"障碍物"。不过比起在打击意外目标上的收获，他们对预定目标的打击能力反而显得很弱。"古鹰"号驶于斯科特率领的巡洋舰单纵列轴线上，美军的 4 艘巡洋舰都在追踪它，而它本身已经多处严重中弹，后来证明确实已经无力回天。这艘日军巡洋舰的 3 号炮塔和左舷中部中弹，同时舰上多枚 24 英寸的"长矛"鱼雷起火，火焰四处蔓延，火势越来越大。

午夜刚过，"盐湖城"号便用火控雷达对参战双方进行了大范围电波扫描。斯科特麾下战舰给敌军造成的损失在这些高频微波上得到了体现——雷达扫描到的所有战舰都显示有可见光光波。

18

万箭齐发

10月11日的最后一个小时就这样过去了，时间在不经意间进入新的一天。五藤存知的舰队也意识到自己的作战对手实属劲敌，让人心惊胆寒。日本巡洋舰把战斗的第一分钟花在了旋转炮塔上，以方便换装炮弹——起初，战舰为了执行海岸炮击任务，扬弹机上装满了预制破片弹，这种炮弹在爆炸时除了产生爆炸冲击波，还会大范围地飞掷燃烧的碎片。他们撑过斯科特舰队的攻击后终于得以施展他们的威力。午夜前几分钟，"盐湖城"号所处位置不利，一枚杀伤性强的炮弹在该巡洋舰中部上空爆炸。弹片飞射而下，"盐湖城"号吃水线以上的舰身无一处幸免，右舷炮架上有20名士兵被弹片击中，其中4人当场死亡。

而"博伊西"号被一枚8英寸炮弹击中，水线装甲带上方的舷侧外板发生凹陷并出现破裂。舰上，尉官们的休息舱全被炸毁。一分钟后，该舰又遭到两三轮小规模射击。海军上校莫兰的军官室被炸得惨不忍睹，只剩下了扭曲变形的金属残骸。时钟从舰长的办公桌上弹了起来，摔在甲板上，零件散落一地。在舰舱蔓延的火焰中，时钟指针定格在差5分钟到午夜12点的位置。

当时，"博伊西"号的损害控制官汤姆·沃尔弗顿正在甲板下的舰舱里向船员们现场直播战况，"比美国选手乔·路易斯（美国拳击手，20世纪第二位黑人世界重量级拳击冠军）的比赛广播气氛更热烈"。那时沃尔弗顿在他的职责范围内几乎还无事可做。斯科特的快射巡洋舰已经开始进行单向齐射式攻击，势头凶猛。但是在战斗中，情况总是瞬息万变，知觉也逐渐变得靠不住。斯科特唯恐后面的美舰将"旧金山"号误认为日舰，再次下令短暂停火以调整散乱的队形。他通过无线电通知大家变更航线，日本舰队则很好地利用了这个空当继续换下扬弹机上的远程轰炸炮弹，换上专门用来击沉战舰的炮弹。

"博伊西"号紧紧跟在"旧金山"号后面，莫兰发现舰载雷达系统也变得跟自己的眼睛一样力有不逮。满目尽是战舰，敌我难辨。许多飞散而下的弹片很大，他的雷达甚至可以检测到回波。虽然其他舰只善用照明弹映照出目标的轮廓，莫兰现在却选择使用探照灯。"博伊西"号的雷达发现右后方有不明目标，遂使用探照灯照射，认定是日舰后，立刻进行炮击。只听一阵炮响，炮弹齐刷刷地砸向雷达锁定的日军轻型巡洋舰，大火瞬间在目标舰上窜了起来。日舰上的火光暴露了"博伊西"号的位置，日舰"青叶"号开始还击，至少有4枚炮弹命中。

在"博伊西"号的舰首右舷前方，还有一艘较大型的日舰从远处发炮。这艘战舰很可能是"衣笠"号。"'博伊西'号对'衣笠'号猛然发起的攻势毫无防备。"莫兰肯定地在行动报告中如是描述，"两枚8英寸炮弹精确地击中我舰。'衣笠'号先是反复在我舰前甲板的前半部夹叉试射炮弹，然后漂亮地命中两枚。"第一枚炮弹击中1号炮塔下方的炮座，巨大的冲击力使它穿透甲板，窜入炮塔手柄旁的小货舱里，那里有一个装满炸药的定时炸弹，而引信正不合时宜地嘶嘶作响。炮塔官比弗黑德·托马斯中尉提前嗅到空气中的灾难性气息，他推开炮塔的小型逃生舱口，下令舱内士兵撤出。他一边指挥炮手们向安全的地方转移，一边向指挥官拉芬也就是他的上级枪炮官报告，称他已放弃炮塔。他的原话是这么说的："信管被引燃后没有熄灭，我仍能听到引信燃烧时噼噼啪啪的声音。"这是他最后的遗言。那枚重达250磅的炸弹伴着一声低沉的巨响炸穿了数条通道、数个舱口和通风排气口，上百人在一瞬间或是被烧成灰烬或是因窒息而亡。

1号炮塔的11名幸存者在千钧一发之际退至甲板，躲过了接下来的两枚炮弹。其中一枚炮弹恰好落在舰桥前部的正下方，爆炸碎屑糊满了3号炮塔的面板；炮筒和它上面装配的3挺机枪都被炸出裂缝；散落的弹片布满战舰主甲板上方的构造。"衣笠"号反击时发射的另一枚炮弹落在"博伊西"号前方的水里，发射的预定目标正是此处，因为该弹是"水中弹"，采用了保护帽的设计，受到冲击时自动脱落，使其在水下也能保持弹道性能。而且它的入水位置足够接近目标，在水中向下运动后迅疾穿透水线以下9英尺处的舰体。该弹击穿舰体后由水线下贯入"博伊西"号存放6英寸炮弹的前弹药库，随即爆炸并引发火灾。大火从前操作室一直烧上两座前置炮塔，2号炮塔的所有炮手瞬间置身火海，倒是3号炮塔中居然有几人逃出脱险。

迈克·莫兰自豪地说，左舷5英寸炮炮位处的士兵们不为右舷激烈的战斗场面所影响，任凭背后硝烟四起，一直目视前方。他们的职责就是防备敌军偷袭战舰未开战的一侧，坚决应对敌方在这一侧发动的任何行动。"博伊西"号的前置炮塔猛然向空中喷出一团燃烧的火焰，剧烈的颠簸使舰上的士兵完全无法站稳。喷出的火星有浮桥那么高，点着了大部分的艏楼甲板。紧接着是滚烫的海水、残骸、烟尘和火花混合而成的洪流。泛着火光的残骸、燃烧的皮革衣物、燃烧的救生衣和救生筏碎片像一阵风暴，在甲板上漫卷开来。消防队伍拖出沉重的软管对付弥漫的烟雾，战舰后部的水电总管道为他们提供源源不断的动力。

"海伦娜"号的高处有个防空主管台，吉姆·贝尔德中尉手里拿着秒表和带夹笔记板，随时记录炮手的发射情况和齐射炮数并在表上勾画命中数。他难以置信地摇摇头，这艘新型轻型巡洋舰射击居然如此厉害。执行射击控制的战友们正指挥"海伦娜"号射击右方目标，美海军单纵列前方有艘军舰瞬间起火，纷纷扬扬的爆炸碎屑飘落至"海伦娜"号四周。很快，有消息称被炸的是"博伊西"号。"海伦娜"号驶过惨被误炸而火光漫天的姊妹舰"博伊西"号时，一轮夹叉试射炮弹齐刷刷地迅猛袭来。胡佛舰上的士兵早在努美阿时就非常了解莫兰的那些手下，双方曾在棒球场上进行过肉搏战，而他们身上散发的那种骄傲只有参加过互殴的那些轻型巡洋舰水兵才体会得真切。在诺曼·斯科特的指导下，他们通过军事演习对舰队的认同感越来越强。"在那之前，这场战斗对他们来说一直只是游戏而已。"奇克·莫里斯写道。经过军事演习后，他们在作战中多了几分拼劲。莫兰喊："巡洋舰向右转舵。转移目标！"这时，沃伦·博尔斯中将会在1号指挥台沉着地转述指令："接下来注意瞄准敌舰。争取一击制胜。"看到他旁边站立的通信兵中有人焦虑不安，胡佛舰长把手放在他肩头安慰道："放心吧，孩子。这一切都会过去的。"

在"博伊西"号上，一位名叫爱德华·廷德尔的枪炮军士长恳求上级允许他进入炮塔寻找幸存者。他无法说服自己相信他的弟弟比尔已经死在里面——说不定自己的弟弟正等他去营救呢。消防队员们试图从舱口把喷嘴伸进炮塔，却发现几个舱口都堵满了扭曲的烧焦的尸体，很明显他们为了逃生曾做过最后的尝试。消防人员在这一救援行动受阻后转而通过炮塔底部的舷窗把喷嘴硬塞进去，淬熄里面燃烧着的火焰。

不管是英国皇家海军舰艇"胡德"号战列巡洋舰对战德国"俾斯麦"号战列舰，还是美国"亚利桑那"号战列舰在珍珠港与南云忠一的轰炸机进行决斗，参战官兵们都深有体会：火药库爆炸对任何一艘军舰来说都是最严重的灾难。莫兰非常清楚，他必须下令让火药库进水，但他发现，远程阀控中心的士兵根本意识不到问题的严重性，也没有把他的命令落到实处。"博伊西"号多亏了军舰内部构造的连带效应才得以幸免于难：海水从舰身水下中弹处汹涌而入，包括火药库在内的舰身前部的所有舰舱全被淹没。海水对第三甲板施加的作用力很大，狭长的舰体一阵剧烈晃动，这足以使船员相信本舰已被鱼雷击中。

燃烧产生的烟雾蔓延开来，士兵们穿戴上救援呼吸器迅速加固舱壁，抵抗涌入的海水带来的冲击，并用潜水泵把从舰体缺口涌进的海水快速排出。医务处决定把舰上的医务室从军官室转移到战斗急救站。其中有位伤员拖着打满石膏的断腿，挂着拐杖一瘸一拐地快步移动。还有位水手几天前刚做了阑尾切除手术，他从病床上坐起来，对着为他抬担架的海军看护兵大吼，"别挡路！我要离开这个鬼地方！"

斯科特所率特混舰队中凡是目睹这一切的人都认为"博伊西"号已经走到服役生涯尽头。不过，尽管"博伊西"号舰身前部已经报废，上空也弥漫着爆炸后的浓烟，但该舰的锅炉和发动机都完好无损。莫兰手下的工程兵接到命令后即刻驾驶"博伊西"号全速前进。鉴于舰首下沉，舰身右倾，"博伊西"号向左转舵偏出航线，并加速到 30 节。而正在这时，"衣笠"号又齐射了一次，在"博伊西"号原来的航向位置炸起一层层水花——若是莫兰没有下令改变航向，后果将不堪□□□间，"博伊西"号的后炮塔也不曾松懈，一直保持连续射击。不久，□□□的发射量已经超出了 800 枚炮弹。

为了避免前方的"博伊西"号再次受创，海军上校斯莫尔下令□□满舵，并使右舷发动机反转以加快转向。这一动作使斯莫尔的军□□□大火包围的"博伊西"号之间。"博伊西"号顺势匿身于其后，可"盐湖城"号瞬间便付出了惨痛代价。一枚 8 英寸的炮弹击中"盐湖城"号的右舷并发生爆炸，造成装甲带钢板凹陷。还有一枚侵入舰体，穿过供应室，"咚"的一声巨响撞上锅炉舱的甲板钢板，伴着一声闷响炸了开来。有几名士兵福大命大，虽然站的位置距离弹着点仅有 6 英尺远，但毫发无伤，这得多亏了炮弹中的火药不知是技术性原因还是化学反应无效导致爆炸没有完全成功。尽管如此，爆炸冲击波也炸断了电缆，毁掉了一个锅炉，并造成舱底着火。26 000 加仑燃油因为输送管道破裂而泄漏，更加助长了火势，释放出大量热能，舰上一根沉重的纵向 I 形梁和装甲第二甲板因受热过度而变形。

"盐湖城"号离燃烧着的"博伊西"号越来越远，"博伊西"号彻底偏出航线，"一瘸一拐地"退出战斗。此时"盐湖城"号的炮塔瞄准右舷方向前行的敌方重型巡洋舰，于是斯莫尔再次下令全速前进，目标是 3 英里远的日军巡洋舰。"盐湖城"号的次级炮塔打出一串照明弹，照明弹窜到日舰后方，完美地照亮夜空。"盐湖城"号又打开探照灯，照射片刻后又立刻关闭，紧接着，10座炮塔齐射，炮弹呼啸而出。落弹——夹叉试射后，重新调整射程计算仪，接下来的4次齐射全部击中目标舰，无一落空。多亏"盐湖城"号大无畏地介入战斗，否则"博伊西"号可能早就葬身海底了。消防兵扑灭炮塔上的火灾之前，数百里以外都能看见"博伊西"号上肆虐的火光，就像是舰上为那一百多名牺牲士兵举行的火葬柴堆。火光退去之后，由于没有火光暴露行迹，"博伊西"号孤零零地漂浮在海上，眨眼间就消失在夜色中。

炮弹齐射时，"盐湖城"号全舰出现电路故障。海军上校斯莫尔在舰桥上转向失控。接到舰身前部发生火灾的报告后，他下令主动让前火药库进水以防万一，不过他接到的是个错误报告。舰桥转向失灵，于是操舵任务转到应急操舵舱。"盐湖城"号的工程师考虑到前锅炉房提供的蒸汽动力不足，于是关闭了舷外发动机油门，只留两个舷内油门承担全舰驱动重任。

"古鹰"号和"青叶"号都遭到了粉碎性打击，海军少将五藤存知战死；经历枪林弹雨洗礼后依然完好的"衣笠"号紧随前面两舰的脚步，也转向北上——日本海军开始撤出战斗。上午12点16分，诺曼·斯科特要求"旧金山"号向北转舵，似乎想趁势追击。不过，在对能够继续参加战斗的军舰数量作出再三考虑后，他最终决定放弃。他后来回忆说："敌人像装了消音器似的再也没有什么动静，我们当时的编队也毫无队形可言。"这场战役中，美军吃的最大的亏是分辨不清敌舰和友舰，当夜作战多数伤亡惨剧都源于误射。美日双方在不言自明的默契中各自停战，埃斯佩兰斯角海战似乎就这样结束了。

不过，当时至少有一艘或是更多的日本军舰打算利用当时混乱的局面大做文章。从"旧金山"号的航行驾驶台上传来了大声警告：发现身份不明的驱逐舰正在接近。一艘神秘的军舰冲着旗舰"旧金山"号的右舷舰首方向冲过来，识别灯闪烁的模式极不常见——红白交替。这种开战策略也过于大胆了吧。发现识别灯信号异常后，"旧金山"号主动开火，然后迎面而来的驱逐舰上的信号兵更加卖力地施展欺骗伎俩，打出摩尔斯电码："D491 v D456"——这分别是"法伦霍尔特"号驱逐舰和"拉菲"号驱逐舰的舰体代号，表示前者呼叫后者。麦克莫里斯海军上校认为眼前的信号属于合理请求，于是立即命令手下的巡洋舰停火。根据其他的美国士兵回忆，当时的情景是那艘军舰离得越来越近，日军标绘在驱逐舰堆栈上的白色条纹暴露了它的真实身份。双方的炮战立刻打响，本该载入史册的一场"奇袭"就此永久地湮没在历史长河中——这艘驱逐舰很快就消失不见了。

"海伦娜"号虽然经历炮弹的洗礼，但除了炙热的弹壳和 4 号炮塔因险些发射不出炮弹而在舰尾引发的小火灾，几乎安然无恙。"盐湖城"号被打得"鼻青眼肿"，但终究也不负太平洋指挥部高级技术科的期望。海军上校斯莫尔用信号通知斯科特，尽管锅炉舱起火，但在他的工程兵们的努力下，"盐湖城"号仍可以达到 25 节的航速。

然而，当时尚未得到任何关于迈克·莫兰和"博伊西"号的消息。斯科特通过船间通话系统向海军上校托宾传达指令："选派麾下一艘驱逐舰前往支援'博伊西'号。"斯科特因"博伊西"号位置不明而质问"盐湖城"号的斯莫尔，于是得知"博伊西"号最后一次露面的位置距离萨沃岛以西 12 英里，向西行驶。"博伊西"号很快成为美军舰队暗夜里集中搜索的对象。

斯科特迅速向远在努美阿的海军上将戈姆利汇报当晚的战事。"约于午夜时分在萨沃岛西与敌军交火。敌方至少 4 艘驱逐舰起火，一艘重型巡洋舰中弹并可能受损严重。'博伊西'号最后一次被观察到时已严重烧毁。'法伦霍尔特'号目前下落不明。'麦卡拉'号正全力搜索。请求空军支援。我舰继续定点行进，位置是圣克里斯托瓦尔叙维尔角南 50 英里，航速 20 节。"

然后，斯科特为了召集散乱的特混舰队，通过无线电下令所有舰只打开紧急识别灯并持续 10 秒。"旧金山"号上的海军少校布鲁斯·麦坎德利斯注意到旗舰"旧金山"号左舷的灯泡不亮。刚过不久，两枚照明弹就在头顶上炸开，黑暗的夜空被瞬间照亮——预示着大家即将迎来更为激烈的战火。确定不明军舰是友舰后，"旧金山"号的一名信号兵发射了 3 枚绿色的信号弹。"领航员加了把劲按下电钮，"麦坎德利斯这么写道，"旗舰左右两边的识别灯都亮了起来。左舷 3 000 码外的'盐湖城'号才终于相信对方是友舰。""盐湖城"号主炮的一名炮手早已拉了两遍蜂鸣器表示待命，"旧金山"号亮起识别灯时他正要拉响第三遍且准备齐射。"住手！那是'旧金山'号！"一声喝止传来，有人把他从金属座位上踹了下来。"就这一点而言，我们应该永远感激上帝对我们的荣宠。"麦坎德利斯写道。

"古鹰"号被炸得支离破碎。午夜刚过，荒木传大佐下令弃舰。他命令一名三尉[1]执行沉船命令并抢救出天皇画像，不过这名三尉还没来得及拿到画像就死在了美军的炮火之下。荒木黯然走上舰桥的驾驶舱，想痛快地了结这场屈辱的战斗，但他发现自己的左轮手枪和武士刀都被拿走了。于是他回到舰桥，想把自己绑在罗盘底座上，却又找不到合适的绳扣。藏起枪、刀和系绳的最大嫌疑人现在就站在他面前——那是他的主任参谋——恳求他不要一心赴死。就在两人争执不下时，翻腾的海水漫上舰桥下方的甲板。随着"古鹰"号下沉，荒木发现自己漂浮在舰首旁，在他看来，这无异于苟全性命。

舰长与军舰同生共死的信念一直是日本海军职业道德的中心价值观，而山本五十六对此颇有微词。山本五十六跟他的参谋长宇垣缠曾经探讨过这个话题，对于最高统帅部"惩罚作战失利的指挥官是否稍显感性"的问题，他们两人还给人事局的负责人写过一封信："军舰被击沉，如果我们不允许该舰舰长在苦战无果后幸存，那么这场战争恐怕无法走到最后，毕竟短期内这场战争结束不了。我们没有理由打消他们生还的念头，我们不是也鼓励飞行员用降落伞逃生吗？在一场求胜的规模如此大的战争里，要让我这个舰队总司令下达'舰在人在，舰亡人亡'的军令，我于心不忍。"他觉得，一支装备现代化的舰队若是囿于原始主义的束缚，让战舰的主官除了随舰沉毁没有别的出路可言，那么战斗的经验也将随之沉没。"帝国海军身经百战，战斗力会不断提高，在我们面前，美军将不堪一击。但前提是，帝国海军这种内在的细腻的荣誉感不会变质，经验丰富的作战指挥官不必为了荣誉的祭坛而自杀献祭。"

在萨沃岛西北 22 英里处，"古鹰"号舰尾向下栽入水中。全舰 33 名军官和至少 225 名船员都随之葬身海底，下落不明。其他两艘重型巡洋舰"青叶"号和"衣笠"号，前者遭到重创，而后者几乎安然无恙，它们与舰队的驱逐舰一起朝着肖特兰岛进发。

美军直到接近凌晨 3 点才再次确定了"博伊西"号的位置。莫兰舰长率着这艘弹痕累累的轻型巡洋舰偶然遇上"旧金山"号、"盐湖城"号、"海伦娜"号、"布坎南"号和"拉菲"号，于是结伴南下。贴着瓜岛的西端，海军上将斯科特指挥舰

1　日军军衔，相当于美国海军少尉。——译者注

队前往预定的交汇点，寄希望于全速航行可以尽快驶出敌军轰炸机的轰炸半径，同时使整支舰队进一步处于南太平洋航空队提供的掩护下。可"博伊西"号此时已近乎残废。救援和善后人员在烧毁的前置炮塔处全力抢救伤员。许多士兵被困在炮塔的火海中：通过人工呼吸有几个苏醒过来，但十有八九都被燃烧产生的浓烟呛死，或死于爆炸产生的巨大冲击波。迈克·莫兰将航速放缓至20节，以减轻海水对已加固的前舱壁的冲击。"法伦霍尔特"号虽然惨遭美军巡洋舰误射，却也顽强地挺了过来。"法伦霍尔特"号机敏地撤出已然空空如也却曾飘洒着腥风血雨的战场，迅速采取损害防控措施：移开舰身倾斜侧的舰载尖尾救生艇、深水炸弹等重物，把燃料从左舷转移到右舷，利用手提泵、组成水桶传递队列加速排水、减轻舰体负载，直到吃水线旁的弹孔高出水面为止。"法伦霍尔特"号虽然落后"博伊西"号50英里，却凭一己之力到达了圣埃斯皮里图岛。

友舰维修队登上"邓肯"号徒劳地抢修之时，后面的"麦卡拉"号正在萨沃岛松德海峡搜救幸存者，共救起195名伤员，差不多是"邓肯"号上全部人员的总数。亨德森机场派出的"野猫"战机黎明巡逻队在萨沃岛附近发现了被遗弃的"邓肯"号——水线以上的舰体被大火烧得面目全非。飞行队队长注意到舰身有两个大洞，称"舰首末端看起来像遭受过油煎似的"。随着黎明到来，美军巡逻机通过追踪油迹，发现了第64特混舰队的其余舰只，然后一路护航至圣埃斯皮里图岛锚地。

暂且不谈激战现场何等惨烈——何况其中大部分还是自相残杀，斯科特的特混舰队没有理由不搞一场庆功会，10月12日在这场斗争中伤退的老兵回到圣埃斯皮里图岛后也是这么做的。"进港时，我们有一种扬眉吐气的感觉。""拉菲"号上的信号兵理查德·黑尔回忆说，"我们甚至想在炮座侧面漆画几个巡洋舰和驱逐舰的标志性符号，借此让大家知道'拉菲'号是名副其实的战斗舰。那一刻，大家对战争的恐惧烟消云散。重创敌舰，自己毫发未伤，这一结果本身就证明了我们必定是这场战争的赢家。"炮塔人员集合起来清扫炮筒里的火药残渣，4名水手两两一组，一组在炮塔里，另一组在炮塔外，来回推拉硬线，擦洗得干干净净。他们重温战斗的场景，回顾作战的点点滴滴——"都是些琐碎小事，现在却记得格外真切，战友之间口耳相传，往往还没传出去多远，就被改编得神乎其神了，"据奇克·莫里斯记录，"不过这有利于鼓舞海军士气。不管真事假事，只要有助于战胜敌人，就是好事。"

斯科特把胜利归功于他的"夜间仿真射击演习"。迈克·莫兰对"博伊西"号的表现欣慰不已，早就忘了手下几个一腔杀敌热忱的炮兵对斯科特停止射击的将命有所不受的事实。莫兰表示："在射击演习中，开创了训练射击速度、射击精度、射击纪律以及模拟实际伤亡的先例。严格的射击纪律体现得尤为明显。'开始射击'一声令下，瞬间开始连续射击。严令停火或暂停射击的时候也立马配合。在涉及相对短时的火灾和频繁转换目标的行动中，上述积极的火力控制的重要性再怎么强调也不为过。"当然，"法伦霍尔特"号和"邓肯"号上的水手认为，巡洋舰舰队在射击纪律上的不足比比皆是。麦克莫里斯舰长按照惯例向"法伦霍尔特"号致以歉意并进行补偿。他们到达圣埃斯皮里图后，旗舰送来了20多加仑冰淇淋——按福特·理查森的说法，这是"赔偿金"。但这丝毫没有轻视这个酿成惨剧的错误的意思。毕竟"法伦霍尔特"号因为友舰误击而造成3人死亡、43人受伤。

美军在萨沃岛战役中的惨痛教训与日军在这场战役中的感受在很多方面都如出一辙，总之绝非"顺心如意"：擅长夜战的自满日军溃败于战斗准备充分的美军巡洋舰舰队。当然，如果不是海军少将斯科特把伯德和弗雷德里克海军上校在三川军一身上所吃过的亏"以彼之道还施彼身"、把五藤存知打得落花流水，那么美军士气较以前不同就是会计的功劳了。日军将这次海战称为"萨沃岛夜战"，美军则称为"埃斯佩兰斯角海战"。"在'萨沃岛夜战'的整个过程中，"一份日本官方文件这么写道，"苍天不佑我军……纵然水面舰队夜战实力超群，前途也黯淡无光。"美国海军士兵先前一直为日军夜战实力的积威所劫，这次终于明白日本帝国海军也不过是肉体凡胎而已。

斯莫尔舰长的"盐湖城"号上的全体官兵在这次作战中得出许多经验教训，在"盐湖城"号行动报告中分段枚举，共写了39段，涵盖了从射击和火力控制到船舶操纵、维修和通信等多个方面。其中大多数经验只可能在实际战斗中才领悟得到：

"电话线留给紧急事务；通话时语调或内容不表现出不确定性或恐慌情绪。"

"搜索目标是射击控制人员的本职。绝不能把射击目标的搜索任务留待交战时用舰炮指挥仪解决。"

"短距离夜间作战中，利用炮弹装载间隔转换射击目标。"

"担架员夜战期间应当一直待在无灯舰舱中或者佩戴暗适应护目镜，以便维持较好的夜视能力。"

虽然美国海军取得的胜利值得庆祝，但它给瓜岛上的美军带来的直接利益几乎可以忽略不计。先于五藤存知而行的增援部队趁斯科特与五藤存知激战之际，为日军岛上作战提供了巨大支援。为了使增援行动神不知鬼不觉，增援部队一到瓜岛北部海岸的多马湾，就急忙卸下火炮、重型装备、士兵和物资，赶在黎明前迅速离开。

接下来的 48 小时内，战斗的趋势到底要走向何方，范德格里夫特将军的海军陆战队和亨德森机场的飞行员还不知道。但毫无疑问，迎接他们的将是此生难忘的一场恶战。尽管斯科特率领麾下舰队取得的胜利极大地振奋了军心，但依然无力避免这场来势汹汹的两军交锋。

第三部分

★ ★ ★

风起云涌

"今天，美国海军士兵的素质在历史上可谓空前绝后。他们个个智勇双全、奋发向上、积极主动……尽管他们有时会对军队纪律不屑一顾，但如果加以适当引导，他们宁愿赴汤蹈火，在所不辞。不过，他们并不总是那么温顺服管。"

——汉森·W.鲍德温 1941 年 4 月《哈珀斯》杂志，"美国海防"

19

"地狱之夜"

10 月 11 日晚埃斯佩兰斯角发生海战。诺曼·斯科特将军发出报捷消息时，南太平洋战区指挥总部的海军上将戈姆利正在他的旗舰"阿尔贡"号上招待丹尼尔·卡拉汉参谋长和他在伦敦时的老朋友唐纳德·麦克唐纳共进午餐。麦克唐纳说："海军上将戈姆利待我如儿子一般。"——麦克唐纳后来成为"奥班农"号驱逐舰副舰长——"我们午餐吃得很愉快，其间我们谈论了当下的世界形势，戈姆利上将并非完全消极，他只是觉得现在兵力单薄，支撑得很辛苦。他说他的兵力远远不够，仅靠着有限的几队人马支撑着战斗。"南太平洋指挥部指挥官戈姆利上将跟客人讲了很多战争方面的问题，其中一个问题是关于战争指挥的问题。他说："唐纳德，你知道吗？我这里没有作战将军跟随。"他的话像是在埋怨自己——直到斯科特在埃斯佩兰斯角指挥作战时，戈姆利手下的将军才有机会参与实战——斯科特发来的战争捷报马上驳回了戈姆利的悲叹。

有人说，一支军队要像士兵一样勇敢，像将军一样优秀。海军队伍里职责的分配是不同的。开赴战场的舰船上，将军和船员同样面临战争的危险。将军必须像士兵一样勇敢。一位海军战略家写道："舰船上的士兵和船员的职责在于将军指挥他们去哪儿，他们就去哪儿，这一点有军队纪律和日常训练作为保证；但是将军自己的责任在于决策，而他的决策稍有不慎就可能招致危险。"

历史学家为了自身利益，通常倾向于记录自己这一方所取得的胜利，就像操纵联赛积分和股票市场价格。战争指挥官们看待战争结果往往更加实事求是。他们最在意的不是摧毁了敌人多少重型装备，也不是自己的士兵死伤多少。他们最在意的是战争结果对士兵的影响、能否激励士兵继续作战、将来作战时打败敌人的士气又有多高。战争的成败关键在于士兵斗志的高低，而不在于作战装备的先进与否。

不论是从击沉敌军舰船的数量来看，还是从作战目标的实现速度来看，抑或是从这次战役对更大层面的瓜岛海战的实际影响来看，埃斯佩兰斯角海战都是美军的一大胜利。但是美军是否真的赢了这场战斗，目前尚未明确，因为美军第 64 特混舰队中的巡洋舰被敌军击损后都被迫回到圣埃斯皮里图返修。

未来取胜的一方一定是能保持士气、坚持战斗下去的那一方。亨德森机场上的"仙人掌"航空队现有：45 架"野猫"战机，其中有几架是刚刚从"萨拉托加"号抽调来的；12 架"空中眼镜蛇"战机，被分别编入海军陆战队第 67 战机中队和第 339 战机中队；16 架"无畏"式轰炸机，分别编入三支轰炸机中队，其中两支归海军，另外一支归海军陆战队；6 架"复仇者"式轰炸机，编入"大黄蜂"号航空母舰上的第 8 鱼雷机中队。在瓜岛的大本营，"仙人掌"航空队活动半径充裕，可以从容应对从拉包尔、布卡和布因抽调过来的日本空军。不过日本海军第 11 航空舰队十分强大，他们有 86 架"零"式舰上战机、63 架"一"式陆上攻击机以及几架"爱知瓦尔"俯冲轰炸机和"凯特"鱼雷轰炸机[1]。尽管敌方力量强大，"仙人掌"航空队仍全力坚守瓜岛。

目前，日军陆战失败了，空战僵持着。于是山本将军又制订了一项雄心勃勃的海上作战计划，那就是从海上轰炸驻扎在瓜岛的美军。日军五藤支队败在诺曼·斯科特将军手上这一事实虽然对日军构成一个小小的打击，但打击瓜岛美军的其他作战安排仍照原计划进行。斯科特在埃斯佩兰斯角结束与日军五藤支队巡洋舰的战斗时，日军的"金刚"号战舰和"榛名"号战舰正趁机向它们的目标——亨德森机场——驶去，准备轰炸亨德森机场。

接近 10 月 13 日午夜时，在亨德森机场日军早先修建的塔台上，警报声轰然大作，凄凉的哀鸣萦绕在上空。一架单引擎飞机在上空盘旋着，空中雷电闪烁。有半秒钟的时间，机场周边的草地被照亮了，然后一切又都暗了下去。美军却没有太注意这些小事。日军擅长夜战，其炮轰和小规模的空袭都发生在夜间，让人防不胜防，恨之入骨。塞耶·索尔是海军陆战队情报部门的一名军官，他躺在床铺上数着从闪电到雷声的时间间隔。听到头顶上日本飞机的嗡嗡声时，他想，该死的飞机，把我们都吵醒了。

飞机的噪声越来越大，随之而来的是一场活生生的噩梦："帐篷之外，无数枚

火箭弹在空中爆炸。帐篷被冲击波扯紧了。炸弹爆炸的气浪把我从床上掀了下来。我摸索着寻找鞋子。用少校的话说，这是一个光脚的夜晚。灯光随着一阵火花闪现而熄灭了。有人喊：'照明弹！'又一枚炸弹爆炸了！紧接着一排排炸弹发射到了山脊的那一边。树木被炸断了，悬崖上的士兵像瀑布一样摔了下来。马瑟少校还穿着睡衣。我们11个人在地上挖了散兵坑，挤坐在这个9平方英尺的坑里。"

红色警报响起，守卫亨德森机场的美军从帐篷的蚊帐里涌出，又奔赴到昆虫肆虐、疟疾横行的战场。这些久经沙场的美军本能的反应就是争着寻找掩护。

比尔·肯尼迪是一位抽调到海军指挥基地的士兵，是一名炮手的助手，他回忆起10月13日晚的经历时，觉得那真的就是一场可怕的大屠杀——每个人都会这么觉得。"舰船上炮火的爆炸声如此之大，威力如此之强，我们简直就是被炸弹爆炸的气浪掀下床的。剃须镜和我们周围的玻璃制品，无论大小，都被震碎了。从帐篷跑到散兵坑的过程就像是一种新式跨越障碍训练。新一轮轰炸又开始了，震天的炮弹把你甩到地上。你挣扎着刚站起来，飞机跑道上刚引爆的炸弹就又一次把你无情地甩到地上了。"

正在轰炸机场的日舰已接近海岸，但根本看不见在哪儿，这令美军十分慌张。炸弹发射的轨迹明显是平的。海军陆战队队员们可以感受到从头顶飞射过去的炸弹爆炸时的热度。炸弹掠过棕榈树树顶，带下一片片树叶，炸弹爆炸的气浪震动着他们头上高高的椰树丛，一个个椰子砸落到地上。即使是作战经验最丰富的老兵也会吓得呆若木鸡。"空中是一片乱哄哄的声音：炮弹的呼啸声、近海处的炮管连续发射炮弹的沉闷轰鸣声、弹片划过的清脆哀鸣声、棕榈树被折断砸到地上的闷响声……轰轰的爆炸声间歇里，不时有泥土被炸飞到散兵坑里。"

索尔快速爬行到另一个隐蔽处躲了起来，这个地方是用圆木、钢板和沙袋堆起来的，巧妙地建在山脊的一处隐蔽的地方。"我们唯一的一枚电灯泡随着炸弹爆炸时大地的震动而摇晃。砰！附近又是一波炸弹落下，然后就是一片安静。上校、中校、少校、我们所有人都坐在横躺着的棕榈树树干上，盯着低低的天花板，没有人说话。飞机就在头顶盘旋，又闪过一阵炮火的亮光——我从眼角瞥见一片火光。做点什么排遣一下呢？就数数吧，数到28就好了。我们一边数着数，一边等待炮火的平息。我的膝盖忍不住发抖，大地像是被炸翻了。一块块炸飞的弹片重重地砸在屋顶上。我饿得撑不住了，头也晕了。灯是灭了吗？还是我的眼睛受伤看不见了？我被空气里浓浓的灰尘呛着了。我们都咳嗽起来，喘几口气，又咳嗽起来。我们就这么茫然地坐着、等着。"

有人想点一盏灯。但这时电话响了，有人挪过去接听。"大地像是再次被炸翻了一样。屋顶被震飞出去了。钢板被炸飞了。我们坐着的一块木头也被炸裂了，但依然顽强地支撑着我们的重量。我背后的入口处落下好多泥土。随着一声声爆炸，传来一阵阵玻璃碎裂的清脆的咔咔声。我还闻到了煤油的味道。因为我们在日军轰炸区域的中心，我们没有抱怨，没有尖叫，什么多余的声音都没有，只有轰轰的爆炸声传来，就像是火车行驶时从不间断的轰轰声。突然，所有的噪声，连同呼呼的风声，和着泥土都一股脑儿冲了过来。我想我们都被炸昏过去了。"

日本海军可怕的狂轰滥炸终于远去了。这次轰炸中，美军从士兵到军官无一幸免。之前日军的轰炸力度从来没有像这次这么大。日军野外炮兵弹药紧缺，每天最多只能进行 12 轮轰炸。日军的枪炮也因为先前在中国华东和满洲里作战而出现大量损耗。美国海军就不同了。美军战列舰上配置的大型机炮维护良好，其射程依然在正常范围之内。海军陆战队王牌飞行员乔·福斯发现自己彻底被此番轰炸震慑住了。他说："天好像塌了下来一样，我们都被压在了下面。" 一枚炮弹就落在海军陆战队第 1 师师长阿彻尔·范德格里夫特少将附近，把他炸进了他的藏身之所的泥土里，险些让他命丧黄泉。

后来，日军停泊在海岸外的战舰终于停火了。高大的装甲炮塔回复到中心线上，扬弹机也停下来了，船舵调转了方向，起航急驶，这样天亮之后日军就不容易被美军发现了。早上，天亮了，一夜狂轰滥炸后的惨状赤裸裸地呈现在大家面前。亨德森机场周围的散兵坑里、帐篷里、被废弃的煤矿里，总共有 41 人牺牲。

一夜间被撕裂的大地上布满成百上千枚小管子。这些小管子有一根手指长，直径有一寸。拿起来仔细检查一下，它们看上去是那么普通无害。但如果将这些管子装载到炮弹里，从海上几英里的地方，以设计好的特定的角度发射到空中，并在炸弹抵达电线杆的高度上时引爆，那么，这些管子就会如雨点般瞬间倾泻到地面上，那些燃烧着的弹片能把飞机和士兵炸得支离破碎——整个飞机场上凡有弹片散落之处均在其威力爆发范围之内。此次机场上空的轰炸摧毁了整个美军军营及其所有装备。

索尔回忆说："阳光暴露了我们的恐惧，但是我们都不敢说出来。"营地里，帐篷都破了，装备都毁了，整片营地上被炸出一个个大坑。"在我们躲避的地方上方有两块大弹片，每块弹片有 3 英寸厚、2 英尺见方。两个人都不一定能抬得起来。

若将弹片还原回整枚炸弹，它们其实是一枚枚直径为 14 英寸的炸弹的一部分！整整一批炸弹全部投射在我们周围。亨德森机场因此遭受重创。"只有海岸瞭望哨的 3 根天线杆还屹立不倒，澳大利亚哨兵麦肯齐写道："但是幸运的是，无线电发射天线倒在了棕榈树树冠上。我们通过电台向 20J 频道发出信息，要求他们检测一下我们电台信号的强度和可读性。回复马上就传过来了：'信号似乎增强了不少。（你们）是做过什么调整吗？'"

然而，那一夜，日本"金刚"号战列舰和"榛名"号战列舰对亨德森机场的密集型轰炸可是动真格的。在经历这次轰炸之后，年轻的美国海军陆战队才学会如何淡定地应对藏在山上的日本榴弹炮，做到从容应对、毫无惧色。日军的炮火从此很少再危及亨德森机场。这里的特派记者写道："亨德森机场上的海军陆战队对待日军的炮弹，就像是城市里机灵的行人对待出租车的样子，谨慎却不再紧张。"但同时，还是这些人，他们震惊于这样一个事实——日军口径为 14 英寸的火炮可以投掷更重的炸弹。实际上，并不是炮弹的重量让他们感到恐慌。海军上尉约翰·爱德华·劳伦斯是"仙人掌"航空队的一位空战情报员，他认为让他们恐慌的"是内心的绝望感，因为没有人可以明确地告诉他们——他们能否活下来。这种想法会渗透到你的大脑里，直到你自己都无法再相信自己。你给飞行员下完简短的指令，他刚起飞时，你可能就会发疯地想，自己是不是有什么细节没有提醒到他，而这个细节很可能就是关乎其性命安危的关键因素"。海军陆战队在未来很长一段时间内，都将遭受日军这 973 条大口径炮管对其身体和精神带来的折磨。有人将此次日军对亨德森机场的轰炸称作"地狱之夜"。这是第二次世界大战时美军士兵承受的炮击中最严重、最集中的一次。

用战列舰直接向军队补给物资的方法是日本帝国海军少有的一次背离常规的典型做法。以日军的老策略来看，当与敌方舰队发生具有决定性意义的战役时，他们往常更倾向于养精蓄锐，等待时机，集中全力再给对方以致命一击，从而结束战争。海军少将栗田健男下令将两门 762 英尺长的大炮运到萨沃海峡，海军上将山本五十六对此表示强烈反对，最后山本甚至不得不威胁说要亲自领军去执行这项任务，栗田健男才最终妥协。

靠那些从步因机场，也就是布干维尔岛南部的机场上飞来的战机做掩护，日军战列舰冒着巨大的风险来到了萨沃海峡。最后他们成功了。亨德森机场上空浓烟滚滚，日军运来的所有"复仇者"式轰炸机、42 架战机中的 12 架以及 39 架俯冲轰炸机中的大约 7 架都在这团浓烟里战斗着，而且他们几乎带上了所有的航空燃油。美国海军那晚唯一的防御就是用 4 艘鱼雷艇从图拉吉岛突击日军，却不幸遭遇栗田的驱逐舰，未能突破其保护屏障，结果徒劳一场。美军强大的"华盛顿"号战列舰就在不远处，它刚刚护送舰队把增援士兵和装备运到圣克里斯托瓦尔南的一个营地上。10 月 12 日晚，栗田收到山本轰炸亨德森机场的命令时，"华盛顿"号战列舰正在"亚特兰大"号轻型巡洋舰和两艘驱逐舰的陪同下，护送运输舰队向南驶往圣埃斯皮里图。

日军轰炸美军驻防海岸的气焰如此之高、胃口如此之大，即使远处的圣埃斯皮里图也有被吞噬的危险。10 月 14 日早晨，一艘日军潜艇在塞贡海峡浮出水面，用甲板炮对着机场开火。那一天，山本宣布亨德森机场已被日军火力"压制"下去。

埃斯佩兰斯角海战后，斯科特将军回到基地的那段时间里，美国海军力量很大程度上无力迎战那些似乎还在不断涌来的日军舰船。美军巡逻飞机上的飞行员报告称，有更多的日军舰船正向南驶向瓜岛，留下一行行白沫翻腾的海面航迹。10 月 14 日早上，美军发现有两队日舰正向瓜岛行驶。其中一队日舰尤其明显，是 6 艘运兵舰组成的舰队，由驱逐舰护航；另一支舰队是两艘重型巡洋舰，由两艘驱逐舰护航。

"大黄蜂"号航空母舰目前是美军唯一可用的航空母舰，但它离瓜岛较远，此时正往新喀里多尼亚岛的西北方向行驶。而"华盛顿"号战列舰和"亚特兰大"号轻型巡洋舰正往南行驶，再有一天时间，就能抵达圣埃斯皮里图。

瓜岛上，海军航空司令部罗伊·盖格将军手下的一名中校视察了他所率领的一支飞行中队。视察时，他说当前形势艰苦，而且我们很有可能会输得很惨。在山上的日军发射炮弹的间歇，他对士兵们说："不知道我们能不能守住。" 他还说，又有一支由战舰和运兵舰组成的日军特混舰队正往这边驶来。盖格将军说："我们的汽油足够好好打他们一次了。把飞机都装上炸弹，让它们随俯冲轰炸机起飞吧。"将军对他们说，如果在他们返回基地的途中不得不在那片正与新登陆的日军展开激战的战场上着陆，他们则不可能再奢望用飞机两翼上的机枪在几千英尺的高空打击敌军。盖格将军说："航空燃料用完了，我们就只能让陆上的士兵接手了。所以你们要随身带上步兵装备。祝你们好运！再见！"

按照指示，飞行员们在南部海域明媚的阳光下起飞了。结果，变化远比计划快，他们执行的重大任务不是参演什么好莱坞电影，可以原封不动地照剧本走。他们需要将那批带有延时引信的重达 1 000 磅的炸弹投放出并击中下方那些正在加速行驶且不断改变航向的驱逐舰，像这样的任务即使是对一般的飞行员来说也是非常困难的，更何况他们已经历接连数周的炮轰、空袭，几夜未眠、身体虚弱。即使是很小的失误也可能影响战斗结果，比如炸弹稍稍偏离了目标，发射到了距目标 75 英尺的地方。"无畏"式俯冲轰炸机队，是临时编凑起来的，有时仅有 2～4 架轰炸机执行任务，所以对战斗结果影响不大。在 14 日美军"仙人掌"航空队对日军的两波轰炸中，他们仅摧毁日军 1 艘驱逐舰。同时，日军 6 艘满载着士兵和补给装备的运输舰，连同联合舰队的主要力量正远远地从东边一路颠簸着劈涛斩浪向瓜岛驶去。

戈姆利 10 月 14 日下午通知尼米兹将军说，日军的运输舰将于当晚登岛，日军的航空母舰和巡洋舰也正向瓜岛方向行驶，但是他这边没有可供派遣的航空母舰去拦截敌军。戈姆利说："情况危急，我们要想守住瓜岛，就必须截击日军增援部队。"

那晚，守卫亨德森机场的美军根本无暇休息。三川将军率他的"鸟海"号旗舰和"衣笠"号重型巡洋舰，陪同护航舰队抵达卸载装备的目的地——塔萨法隆格角附近的海面。之后，这两艘巡洋舰就悄悄行驶到亨德森机场附近的水面。当日军士兵开始从停泊在海岸外的日军运输舰上涌向海滩时，这两艘巡洋舰发出了轰炸机场的作战信号，这是日军连续第二晚继续对这里开展轰炸。这一夜，日军再次不宣而战，将 700 多枚 8 英寸炮弹射向机场。

黎明时分，美国海军陆战队分遣队发现了日军运输舰，但日军并不在美军火炮的射程之内，于是，日军运输舰的卸载工作还在继续。"仙人掌"航空队把还能用的飞机凑成一支队伍，抗击日军。这些飞机靠剩下的少量航空汽油勉强维持飞行——这些汽油都是原先回收回来的，或是通过紧急手段运到机场的。这支临时拼凑的航空队重创了日军 3 艘运输舰，迫使运输舰指挥官不得不把舰船拖到岸上来。日军战机从南云忠一的航空母舰上起飞，组成伞形的屏障掩护日军开展卸载。所以，这些日军的海战专家才得以继续从已经登岸的运输舰上卸载了 4 500 名士兵和三分之二的装备补给。

因为日军方面一直陆陆续续地有增援部队和物资装备的补给，而且日本空军的掩护能力非常强大，所以戈姆利不得不命令他的一支护航船队掉头返回瓜岛，预计于那天早上抵达。10 月 16 日早晨，他又命令 3 艘拖船拖着满载汽油的驳船，改变航线，开赴瓜岛。随行的还有"梅雷迪斯"号驱逐舰，它也拖着一艘驳船被派往瓜岛，但是途中遭到日军"瑞鹤"号航空母舰的袭击，很快被击沉。"梅雷迪斯"号上幸存的士兵在海上漂了3天，有200多人都尸沉大海，葬身鱼腹。

日军的成功登陆说明了一个不可否认的事实。用海岸瞭望哨上的哨兵麦肯基的话说就是："很明显，美军若想获得海洋的控制权，守住瓜岛这一步至关重要。"尼米兹看着埃斯佩兰斯角海战后的船队名册，这样对金写道："守住瓜岛关键在增援部队，但增援部队现现在还迟迟未到，这令形势雪上加霜。"他注意到，范德格里夫特所率的海军陆战队在空战和海战中均遭受重创，"以目前这种状况，根本无法撑到最后"。

尽管山本胜利了，日方士兵和装备的损耗仍然让他感到不安。在给朋友的消息中，山本写道："以现在的士兵和装备也就能撑100天，我做好了最坏的打算，我余下的生命就是这100天了。"

尼米兹写道："以现在的形势来看，我们似乎守不住瓜岛这片海域了。所以我们可能要付出意想不到的代价才能守住瓜岛。这并非完全没有希望，但是形势的确很严峻。"似乎是要印证他的观点，日军的重型巡洋舰"玛雅"号和"妙高"号于15日晚抵达隆加角，一路未遇美军抵抗。两艘巡洋舰向亨德森机场倾泻下1 000多枚炮弹——日军开始了接连第三晚对机场的轰炸。这时，"仙人掌"航空队仅有9架"野猫"战机、11架"无畏"式战机和7架"空中眼镜蛇"式战机，已经没有"复仇者"式轰炸机了——军队战斗力不足开始的三分之一。

尽管此时美军的航空燃料不再像原来那么紧缺，但偶尔还是会有汽油短缺的情况出现。海军少将费奇是南太平洋指挥部陆基空军部队的新任司令，他向戈姆利递交了一份评估报告，分析出当前的情况很不乐观。费奇少将写道，海军陆战队"在汽油紧缺的情况没有得到改善时，不能再派飞机执行任务；在日军从海上、陆上对机场实施的毁灭性轰炸未停止之前，也不可冒险派遣飞机。日军的舰船日日夜夜在隆加角附近巡逻，这种情况下，我们的驱逐舰和驳船怎么可能进得来？就算我们的舰船进得来，我们的汽油紧缺状况也不会改善多少。我们的空军现在只能从圣埃斯皮里图向日军发动袭击"。

燃料运送的重任落在了一些通常不做运输用途的装备上，像潜水艇、由拖船拖着的驳船和货运飞机等。地勤人员搜光了所有已经被炸毁了的飞机残骸，只为了能回收油箱里最后那点残存的底油。

因为一直都是后勤舰队、潜艇部队和货运飞机飞行员队伍在尽各自最大的努力帮助增援瓜岛，不少步兵不禁怀疑己方真正的作战部队上哪儿去了。海军陆战队情报员赫伯特·梅里拉特在10月15日的日记中就写道："日本人牢牢控制着瓜岛海域的制海权。那我们的海军上哪儿去了？所有人都想知道。但是我对我们的海军依然有信心，我相信他们一定在努力备战以抗衡日军。如果我们的海军没有这么做的话，那我们就输定了。" 盖格将军向1号战机跑道旁的草坪看去，那里离亨德森机场有半英里的样子，他搜寻着战机的影子，却一无所获，他对他麾下飞行中队的一名指挥官说："我觉得我们的海军压根儿就不存在！"

20

泰山压顶

1942 年上半年的珊瑚海航空母舰大战之后，要为双方的海面舰队断出胜负还为时尚早。尽管斯科特在埃斯佩兰斯角海战中获胜了，却并没有挫败日军轰炸亨德森机场的计划——斯科特避过了那支日军的攻击，但是没有拦阻到日军的第二轮攻击。日军于第二晚发起的地动山摇似的狂轰滥炸几乎要将整个亨德森机场吞没。不过，斯科特打破了日本海军不可战胜的神话，给美国海军带来了荣耀。

戈姆利将军缺少胆识和魄力，会继续保守地把"华盛顿"号束缚在航空母舰特遣部队里。"亚特兰大"号原计划留在航空母舰特混编队作防守之用，现在却连同舰上的炮塔一齐被拖到了斯科特的战场上，其炮塔的威力有驱逐舰的 8 倍之大。

"亚特兰大"号上的士兵对实际作战技巧了如指掌。长官会在舰上的通信内容里敦促士兵做各种可以提高作战效率的准备：执行射击任务时要塞耳棉；在甲板上守夜时要熄烟；在战斗岗位上时要集中注意力，不能胡思乱想；水手闲着时，可以想一下灭火器的位置，在脑子里形成一张地图。假如舰上的 600 名船员中的每个人都能改善一下完成每项小任务的方式方法，整个队伍都会受益良多。

劳埃德·马斯廷是枪炮队的副长官，他觉得，若是美军舰队与日军舰队对抗，谁胜谁败将一目了然。他在日记里写道："不管你怎么污蔑日本海军，他们对海洋的控制力的确是无处不在的，他们的战斗力量也因这无处不在的控制力而不断增长……反观我军，指挥官优柔寡断，害怕海面舰艇会战，而且不顾多次失败的事实，仍停留于采用仅靠飞机作战的方法，于是我们就被推向了战争的风口浪尖，不得不被动参与到海面舰艇会战中去。"海军上校塞缪尔·詹金斯所率舰船上的军官抓住每个机会反思"旧金山"号和"盐湖城"号同日军的作战过程，他们学习：这两艘舰上与自己同岗位的军官们是如何对付日军的？士兵们一齐开火时火力有多大？敌军在什么范围内能够被雷达捕捉到信号？他们的战舰航行速率是多少？他们是如何随机应变的？马斯廷说："有很多实际作战技巧要学习，我们迫切地学习他们的战斗经历，并且掌握了一定的作战技巧。"

10月份的上半月，"亚特兰大"号一直在海洋上疾驶，一同出发的还有小威利斯·李率领的"华盛顿"号旗舰，它们要护送"大黄蜂"号航空母舰特混编队赶赴战场。目前，"大黄蜂"号是美军唯一能参与瓜岛海战的航空母舰。马斯廷发现，每次李将军在的时候，舰上的气氛都会不一样。他说："有些军官一定要确保每位士兵都清楚自己的职责，然后自己心里才放心。他就是典型的这样一位军官。"士兵只有清楚了自己的职责，目标才会明确，脑子里才会有计划。

马斯廷喜欢讲话，李将军就推荐他做通信联络工作。达拉斯·埃默里是"亚特兰大"号的副舰长，他派马斯廷去"华盛顿"号上与炮兵部队分享他在战场上的经历，这些炮兵部队还从未参与过战事。达拉斯·埃默里请马斯廷分享一下他在航空母舰交锋的东所罗门群岛海战中和萨沃岛海面艇舰会战中的经历。分享经验的过程中，马斯廷发现"华盛顿"号上的船员都"训练有素，很有士气"，这一方面是因为他们最近曾被急调到大西洋战场，他们极有可能与德军的"提皮茨"号在大西洋相遇，所以每个人都很紧张；另一方面则体现在与"亚特兰大"号共同开展的射击演习中，"华盛顿"号为大家上演了一场精彩的射击表演。

"华盛顿"号从35 000码远的海面上进行射击，远远望去，大家只能看到它的桅杆顶。马斯廷把自己的观摩哨位选在"亚特兰大"号舰尾，用一个特定装置来测量"华盛顿"号战列舰上舰炮的位置，并做汇报。射击时，炮口冒出的一股股棕黄色的烟模糊了海平面。不久后，海上传来重型炮弹爆炸的声音，随后是超声波炸弹爆炸的声音——炮弹的震动激起了一圈圈涟漪。炮弹正好落在"亚特兰大"号行驶时留下的尾流中，激起了密集的水柱。马斯廷了解射击水平的评价标准——射击不仅要准确，还要密集。小威利斯·李将军和格伦·戴维斯船长对炮弹射击也非常在行。"炮弹落得不近不远，正对目标，这意味着'华盛顿'号炮台准头很好，校准也很棒。对它所指向的任何敌人来说，这些重达2 700磅的装甲炮都是一种巨大威胁。"

因为"华盛顿"号被海军总部派往了萨沃海峡，不再参与护送"大黄蜂"号航空母舰特混编队的任务，所以亨德森机场上的"仙人掌"航空队要想撑过10月13日和14日这两天肯定不容易。

10月初，切斯特·尼米兹从南太平洋指挥部视察回来。视察中他发现老朋友鲍勃·戈姆利作为总司令缺乏胆识与魄力，他为此一直苦恼不已。考虑到新闻的引导作用，尼米兹接受采访时对所有战事都持乐观态度，他对《纽约时报》的记者说："日军的力量不容小觑。他们的士兵勇敢，物资充盈，最重要的是，他们作战经验丰富。但是他们却遇到了同样优秀的我军，因此对战时有所吃亏在所难免。"他的真实体会只有在私下里和贴身士兵交谈时才会说出来。最让尼米兹困扰的是阿诺德将军发现的一个规律，即士兵离前线越近，他们就越有信心，反而是在后方作战的士兵信心不足，常吃败仗。

9月底，汉森·鲍德温飞去战场的时候，《纽约时报》的记者挖到了关于戈姆利的一条消息，"戈姆利几乎要绝望了。他工作过于劳累，他说：'这次战争，我们兵力单薄，装备短缺，只是在硬撑着而已。'戈姆利将军对此毫不避讳。战争年代，我们需要的是身体强健、作战勇猛甚至是冷面无情的士兵。我认为戈姆利并不适合总司令的角色。他本就不该接手这个任务。他是一位出色的规划者，却不是一位出色的执行者，他应该一直扮演规划者的角色才对。……虽然并非所有士兵都这么认为，但是他们却都受到戈姆利性格的影响，不够坚毅。所以一直以来战争结果都不甚理想"。

尼米兹上将决策失败的几个有限的例子之一，就是没有确保戈姆利对他麾下的南太平洋海军部队进行亲力亲为的指挥。金将军最初给尼米兹的指令说："设想一下，你要任命戈姆利做特混编队的指挥官，至少在任务一，即夺取图拉吉岛和瓜岛战事中要任命他做指挥官吧，那他就必须亲自上战场领导军队。"这条指令究竟是什么含义，我们不清楚，但戈姆利到任后最先去了新喀里多尼亚岛和新赫布里底群岛地区，却从未踏足过努美阿北部地区。

在这段艰难支撑着的日子里，戈姆利召来他手下的查尔斯·韦弗中尉，让他坚持记录个人日志，把每天的事件都记录下来。韦弗解释说："我觉得他可能在那时已经预感到日后要对这段往事做一些交代吧。"

10月16日凌晨，范德格里夫特将军用无线电通知戈姆利说："情势所逼，我们要立即执行以下两步行动：第一步，夺取瓜岛周围海域的控制权并将其牢牢控制在手中，以防再有敌军登陆，并避免敌军再次发起像此次这样持续三晚的狂轰滥炸；第二步，至少要增援一个师的力量给陆战队，以反击岛上的日军。"

戈姆利看到消息后，过了几个钟头，给尼米兹将军、金将军和在他指挥范围内的所有舰船都转发去了这条信息，他指出，范德格里夫特将军所提的第二步要求，需要我们夺取敌军的基地要塞，但是从目前战场上我军的兵力来看，不可能做到。他说："有关'我们急需增援一个步兵师'的任务。以目前的兵力，驻守现有的基地都很难，更不用说去反击岛上的敌军了。目前岛上兵力单薄，增援更是遥遥无期，根本没有额外的兵力来抵挡敌军小范围力量向瓜岛的渗透。"

戈姆利发送给尼米兹的下一封电传则成了压死骆驼的最后一根稻草。从堪培拉发来的飞行员的目击报告称，日军航空母舰已出现在圣克鲁斯群岛西部。他写道："这似乎是日军的全力一击，可能针对瓜岛，也可能是其他地方。以我们目前的兵力根本无力应对敌军，急需将所有能调动的空军派来增援瓜岛。"

消息发到太平洋舰队总部的那晚，欧内斯特·埃勒上尉正与尼米兹在一起。他们已经是提心吊胆了。尼米兹开始做战斗准备，他通知阿留申群岛总部的指挥官将名册上的战列舰都派往南太平洋指挥部，以满足"瓜岛对兵力的庞大需求"。情报机构刚刚成功破译了日军针对亨德森机场的一次轰炸计划，又从截取的情报中得知有两艘日军的航空母舰在瓜岛附近，就在瓜岛北部。埃勒说："尼米兹将军很少像这次那么兴奋，他虽然没有表现出来，但是从他的脸上，从他的眼睛里，你能看得出他是真的兴奋。"

此前的某天夜里，已经很晚了，埃勒在尼米兹办公室门外偶然听到尼米兹手下的士兵在跟他谈话，谈话声突然大了起来，声音大得几乎都传到了大厅。讲话的士兵们情绪明显有点激动，声音激昂。埃勒说："当时瓜岛形势非常严峻。日本人好像就要占领机场了。我们的舰船损失惨重。那时大概将近午夜，我还在办公，刚从办公室出来就听到了他们的谈话。"尼米兹手下的士兵像是忍不住要造反似的。

士兵们觉得戈姆利优柔寡断，缺少胆识和魄力。尼米兹手下的情报官埃德温·莱顿写道："其实我们都明白，珍珠港战役的时候，戈姆利就很优柔寡断。他的作为，或者也可以说是不作为，已经让我们丢掉了海上的控制权。"这个血淋淋的事实让尼米兹左右为难。尽管"尼米兹很明显也觉得是戈姆利指挥不力让我们丢失了海上控制权"，不过，尼米兹还是严令部下不许死气沉沉、没有信心，要相信我们会胜利的。尼米兹显然不喜欢解除戈姆利职务的提议。他说，这最后一项提议是"叛变"，当然，这样说显然有些夸张了。

实际上，早在9月份第一周的全体参谋长会议上，就有人提议解除戈姆利的职务。当时没有立即接受这一建议一方面是担心戈姆利的身体，另一方面也要商议推选接替戈姆利职务的人选。小道消息称，尼米兹更倾向于推选有"两栖之王"之称的凯利·特纳，但是凯利·特纳在早些年的一次战斗中，所率巡洋舰部队作战时伤亡惨重的问题却给他的军旅生涯带来了污点。所以，会议上尼米兹借势转移了话题，他说他会亲自前往努美阿视察并看望戈姆利。尼米兹经过长时间对戈姆利领导风格和用兵特点的思考后认为，一方面，戈姆利"太过关注细节，关键时刻缺乏胆识与魄力"，另一方面，他真的是已经濒临精神崩溃的边缘了。虽然尼米兹不是什么临床医生，但是他有一种敏锐的觉察力。如果说他当时得出这一结论还太过武断的话，多年后，他的这个结论无疑得到了事实印证。

就在尼米兹谴责士兵的"叛变"行为后几天，莱顿和其他一些士兵觉得他们有必要再一次面见尼米兹将军，重申早先的提议。虽然尼米兹将军马上要睡了，但还是答应给他们5分钟的时间。莱顿写道："我们简要说明了一下想法。形势已经相当严峻了，将军不能再出于仁慈或者是对兄弟的同情而妨碍此事。尼米兹对我们表示感谢。他说他完全理解我们讲话如此直接坦白的原因，但没有再继续讨论这件麻烦事。"

尼米兹对戈姆利坚定不移的完全信任让戈姆利本人产生了很重的负担。尼米兹不忍看到戈姆利在这种压力下开展指挥工作。10月15日晚，尼米兹一夜无眠，第二天早上，他就写信给金上将说明了自己对戈姆利能力的一些质疑。他在信中写道："鉴于戈姆利最近对前线的调度情况及其他种种迹象，更鉴于我本人在考察戈姆利部队时留意到的部分现象，现我正在考虑让哈尔西尽早接任戈姆利之职。呈上请将军定夺。"

尼米兹在给爱妻凯瑟琳的信中说："这是一场痛苦的思想斗争，经过好几个小时的思考之后，我才做了这个决定。不过做出决定之后，我就感觉好多了。我很欣赏戈姆利，希望这件事不会影响我们的友情。我相信不会的。毕竟国家利益高于个人利益。"

当天下午尼米兹的消息就发到了华盛顿，当时，金上将正忙着与阿诺德将军讨论战事——他们新发现了敌军的15组飞机编队，金认为这些飞机是飞往太平洋战场的。所以，当时答复非常简短，简短到更像是对尼米兹提议的一种响应，而不是在交换意见。他给尼米兹的回复文件上标着"私密、秘密兼高度机密"字样，其实里面就只有简单的一个词："批准"。不过，正是这两个字标志着戈姆利的战争领袖生涯结束了。

在斯科特从埃斯佩兰斯角海战中取得胜利之后，海军才首次公开了在前两个月里的海战实情。公众期盼有美军首次主动发起进攻的消息。记者发回的一份新闻报道详细叙述了斯科特战胜日军五藤支队的整个过程。有这则好消息缓和之前曾作战失利的事实，美军也坦承了在萨沃岛战役中的失败。其实就在《纽约时报》记者汉森·鲍德温来到亨德森机场的时候，他就已经敏锐地觉察到了萨沃岛战役的失败，而且也知道"北卡罗来纳"号在战斗中被鱼雷击中的消息。他很想把消息发回报社，因为有很多读者关心战况，且美国读者有权知道萨沃岛战役的真相，但难以预料的问题是这样的负面报道会不会在接下来的战争中给美军带来不利。鲍德温写了一系列战争报道，其中也包括萨沃岛战役，当时他在瓜岛海岸上和战舰的甲板上见识了这场海战。他的报道对战争中所击沉舰船的数量、名称以及战争失败的原因都有所保留。鲍德温说："我小心翼翼地回避这些信息，因为不能把我们的损失暴露给日军，这对今后的战争非常重要。"

在圣埃斯皮里图，那些尚且完好的舰船接受了初步清理和整修。"盐湖城"号的铆钉缝还在漏水，而"博伊西"号三成重损，不得不回国返修。10月15日，这两艘巡洋舰在返回努美阿之前，分别把剩余的弹药给了"旧金山"号和"海伦娜"号。斯科特将军亲自看望了医护船上的伤员们，在医务室对士兵们给予了高度赞扬。斯科特在写给远在华盛顿家里的妻子玛乔莉的信中说："在我看望伤员的整个过程里，他们没有一丝抱怨、牢骚或是不满，他们总是笑着对我，或者至少都努力地对我笑一笑。有时候伤员对我反应冷淡，我就靠到他们身边跟他们谈话，拉近我们的距离。没过几秒，士兵就会回应我：'我很好，长官，谢谢您。'每当这时，你都会打心底里感激他。海军队伍里有一个传统就是在医护船上要脱帽。我会永远为这些人脱帽来表达我的敬意。"

斯科特也会为他的老友戈姆利脱帽。他们之间的交情已有近四分之一个世纪之久。在给戈姆利的信中，斯科特写道："亲爱的戈姆利，回想我们24年来的友情，我不想说我为你现在的状况感到悲伤——悲伤远远不能表达我的心情。在我看来，如果你说的是真的，职务的更替是不可避免的。那我怀疑大家到底知不知道感激你，你从8月1日刚到南太平洋战区开始，在作战条件如此艰苦的情况下，经历了一次次波折与困难。你能撑到现在已经很不容易了，他们却还提出那么多的要求。"

"你来到这里之后的战局开场非常顺利，今后这一定会令那些弹劾你的人羞愧万分，我们的信件往来可以证明这一切。"

"如果哪天到了华盛顿，请给我妻子打电话，到家里叙叙，我们都会非常欢迎。"

"祝好运连连。诺曼。"

作为战区司令，戈姆利下达的最后一道指令就是派遣第 64 特混舰队中尚且完好的舰船回到萨沃海峡的战斗中。"旧金山"号重型巡洋舰、"海伦娜"号轻型巡洋舰、"亚特兰大"号轻型防空巡洋舰，以及"切斯特"号重型巡洋舰和 8 艘驱逐舰，都加满了燃料，在黎明时分出发了。护航的还有 6 艘驱逐舰。很快，一个真正的重量级成员又加入了这支强大的舰队中。新加入的这艘战舰就是——海军少将李的旗舰——重达 44 500 吨的"华盛顿"号战列舰。"亚特兰大"号原计划也是要去的，但在最后一刻它又接到了其他指令——它被指派去隆加角外的海域，从那里轰炸日军阵地，在敌军后方支援美军步兵的战斗。詹金斯舰长的舰船到达作战地点时，海军陆战队军官们前来迎接他们，并递上一幅地图，上面标注了日军军营的位置和军需品的临时存放点。不到两个小时的时间，"亚特兰大"号就向瓜岛北部的丛林里投满了杀伤性炮弹，其导火线引燃迅速，撞到树梢和地面上就能引爆；同时，它还向丛林和地面投满了定时炸弹；另外还有信号弹发射过去，信号弹溅射出燃烧的镁，碰到任何东西都会粘在上面，把它烧焦。行动结束时，"亚特兰大"号的前甲板和舰尾都堆满了一堆堆空的铜弹壳，总计有 4 000 多枚。

船员们给来访的海军陆战队队员分发烟卷，像对待兄弟一样热情。马斯廷说："他们为我们的行动感到高兴。他们觉得，即使我们一个日本人都没打倒也没关系。因为，我们的反击能让日本人意识到他们要抗衡的不仅是瓜岛上已所剩不多的海军陆战队，美军的兵力还很足呢！"

21

山雨欲来

10月16日，哈尔西将军登上一架巨大的"科罗拉多"水上飞机从珍珠港飞往努美阿。此前他接到上级命令，指令他去指挥一支美军特遣部队，其中包括他原先指挥过的航空母舰——"企业"号。"企业"号如今已修复完善，重整待发，随时准备投入战斗。与哈尔西一同乘坐这架巨大的四引擎飞机前往目的地的还有尼米兹手下的参谋长——海军少将雷蒙德·阿姆斯·斯普鲁恩斯。他此次跟来的目的是视察努阿美总部的情况并向上级汇报，此外要听从小威廉·弗雷德里克·哈尔西的一切调遣。小威廉·弗雷德里克·哈尔西在马绍尔群岛和吉尔帕特群岛的航空母舰大战中名声大噪，在杜立特空袭中也做出了突出贡献。中途岛战役时，哈尔西因为患上一种病毒性皮肤感染病而无缘此次战役——这种皮肤病叫作带状疱疹，据说是身心压力过大所致。尼米兹同意哈尔西继任他的总指挥之职前，他希望能够再确认一下哈尔西是可以信赖的人。尼米兹希望哈尔西能够重新做回原来那个无往不胜的他，带领美军重回战场，找回胜利的信心。

通过在飞机上对哈尔西的观察，斯普鲁恩斯认为哈尔西既有平稳的心态又有必胜的气势，他如实向尼米兹做了汇报。于是尼米兹最后的使命也完成了。10月18日下午，哈尔西的水上飞机降落在努美阿波光粼粼的海面上，一艘捕鲸船迎了上来。戈姆利将军旗舰上的一位海军上尉参谋走了出来，向哈尔西行了军礼，然后递给哈尔西一个密封的信封。打开外层信封，里边还有一个内层信封。这个信封里面是尼米兹写给他的一份内部通知。

上面写道："兹委任你全权指挥南太平洋战区及南太平洋部队，见信之时，即刻生效！"

哈尔西将军阅信后"非常惊讶"，他在回信中开头就写道："这是我接到过的最棘手的任务！"哈尔西登上"阿尔贡"号，终于在一排狭小的钢板隔间里找到了他的老朋友戈姆利，他们曾是美国海军军官学校足球队的队友。隔间里又热又闷，哈尔西很快意识到了朋友离开的原因,这里的确太苦了。在哈尔西眼中,戈姆利"所肩负的重任超出了我自己的承受能力",他在一大堆数据和计划中忙得不可开交,监控整个区域的军事行动是一项庞大而复杂的任务,但他身边仅有一名助手协助他监督所有军事行动。依哈尔西的性子,他写道:"我一直坚持要给自己的部下提供舒适的办公场所和住处。他们白天劳累到很晚,工作也很不规律,每天都很紧张,所以我决定让他们根据自己的情况,怎么舒服怎么干。"为什么总部的规模这么小呢?戈姆利告诉哈尔西说,他一直未能在岸上找到合适的基地——法国人似乎一直都不肯让步。

哈尔西的飞机登陆努美阿海港的那天,戈姆利一早就收到了尼米兹的消息,说哈尔西正在赶来的路上,他马上就可以解放了。而早在哈尔西登上飞机准备先去珍珠港然后去华盛顿的时候,戈姆利就已经告诉他这里的现状了。

新司令上任的消息很快通过扬声器在南太平洋指挥部的每一艘舰船上传开,从甲板上的帐篷到活动房,再到岸上的营帐里,士兵们都接到了这一消息。哈尔西的接任在军营里引发了一阵轰动。埃德温·B.胡珀是"华盛顿"号上的枪炮官助理,他说:"听到消息的时候,我们非常激动,整个指挥部都很兴奋,这里有很长一段时间都是死气沉沉的。"原来的司令带兵不够鼓舞人心,就连一些初级军官都常常感到惶惶不安。"亚特兰大"号上的一名军官,罗伯特·格拉夫说:"战争中的领导者尤为重要,包括从海军作战部部长往下的所有军官在下达命令时,都要确保命令能够下达到每艘船、每艘潜艇、每架飞机,还有岸上每个信号站的每个人。你希望领导者能够鼓舞你,告诉你这既是你生命中最非同寻常的一刻,也是整个国家历史上最不平凡的一刻,你一定不会让我们的国家失望。但是之前指挥作战的将军从来没有这样鼓舞过我们。"

1941年末,哈尔西乘"企业"号航空母舰出海作战,他公布了一号作战计划:"'企业'号航空母舰现处于交战状态。我军的飞行员一旦发现敌舰,务必将其击沉。"这条作战宣言本身并无特别之处,但可贵的是,在日军偷袭珍珠港的一周之前,哈尔西就已经超前地提出了这条作战计划。哈尔西还不到20岁时,他在安纳波利斯的同学们就已经夸奖他"海战经验丰富,是海神尼普顿的化身"。他的士兵都很钦佩他的作战风格。哈尔西曾霸气地说他很乐意跟日本瓜分太平洋,但是"我们要先挑选,日本人只能捡我们挑剩下的"。

哈尔西出生于航海世家,他曾作为当年"白色舰队"中"堪萨斯"号战列舰上的一名海军少尉同西奥多·罗斯福一同远航。那次经历教会他感激海军力量的伟大，他不会像政客一样净说些冠冕堂皇的官话。"毫不夸张地说，哈尔西是一位真正的战士。"记者乔·杰姆斯·卡斯特写道，"他不声不响地灵活深入敌境，打击敌军，哪怕自己受伤也在所不惜。他动作迅捷、战术巧妙，对敌军穷追猛打。他是太平洋上的奇袭者，是拳手杰克·登普西，他把日本人当靶子使，瞅准机会只管一顿猛击。"

早在1942年1月，他曾指挥"企业"号航空母舰对日本马绍尔群岛基地发动突袭。当时他通过无线电嘲弄日军基地的指挥官，"指挥突击部队的美国海军上将敬致驻守马绍尔群岛的日本海军上将大人：美国海军向您致敬，感谢贵军巡逻机未能发现我军！"哈尔西对日军的公开嘲弄是一种赤裸裸的挑衅，而且他对日军的嘲弄就如同家常便饭一样频繁，于是有传闻说日军对他恨之入骨，甚至发誓要俘虏他，将其折磨致死。据报道，他的同事奥伯瑞·费奇和威廉·卡尔霍恩大大方方地接受了这一传闻，还到处散布这一传闻。有时他们碰上哈尔西时，还会模仿用大锅炒菜的动作，用奇怪的音调调侃哈尔西："（要把您）下油锅了！……"哈尔西也不气，只是佯怒道："滚！"

哈尔西既非天才，也非从事学术或技术领域工作的学者，但他身上有一种闪闪发光的品质，他非凡的作战能力正是基于这种品质。有人说他"头脑非常灵光"。他明白，战争的胜利主要靠的不是巧妙的文书工作或外交言辞，也不是舰船的材质或工程的评级，而是取决于一些非常简单而直接的东西，比如，要想摧毁某一目标，直接在目标处放上炸药就行了，就是这么简单。他知道，反过来考虑一下，其实手持武器的士兵的心理素质和战斗精神至少同武器本身的精良程度同样重要。而且他明白，细微而简单的行动看似平凡，实际上却有着看不见的强大力量，这种力量能够提升士兵的心理素质，激发士兵的战斗精神。而这些看起来、听起来往往可能都是平淡无奇的。

南太平洋战区新总部的管理向来比较自由。哈尔西否决了华盛顿总部新规定的灰色制服。他支持穿卡其色制服。他写道："我所领导的各级军官和指挥官完全可以遵照政府的命令，依照新规定穿灰色制服，这是他们的自由——当然前提是如果他们不懂纪律、傻到违背我这个最高指挥官的意愿去穿灰色制服的话！"哈尔西赞成穿卡其色制服并非教条或独裁。在总部前厅有一块牌匾，上有打油诗一首，令该牌匾尤其显眼："灰制服配上黑领带，你看起来的确很帅；不过到了这里就脱了吧，要知道，这里可是'南太'！"

　　这种随性的穿衣风格有助于催生出其他一些哈尔西认为更加关键的东西，即能够忽略不同类型队伍间的差异。他的手下没有海军陆战队、水手与士兵之分，他们都是南太平洋作战部队的战士。哈尔西所提倡的团队合作战斗精神是极其现实的。这种跨部队的合作的代价是昂贵的，但能够给敌军带来更大的打击，敌军的损失足以抵消这一额外的代价。哈尔西毫不避讳地从军队预算中抽钱。为团结统一南太平洋战区各兵种，他提请陆军焊工、电工和机械师为整个舰队服务，并要求大家大力吹捧他们同陆军的合作。"我希望看到这种合作被广而告之，希望更多的人知道陆军正在这里帮助我们。我从来没有在军事圈里见过这种跨兵种的合作。这才是真正的'美利坚合众国'式的互帮互助。"

　　当哈尔西真正开始广泛地履行自己的职责时，他马上就开始同情自己的前任了。"当我真正开始投入我的新工作中时，我意识到原来鲍勃·戈姆利所承担的责任远远超出了我的能力范围。"无论戈姆利这个人多么才华横溢、多么刻苦勤奋，只凭他自己是承担不了如此繁杂的责任的。而哈尔西决定倚靠他的士兵们。"还有很多工作要做，"他告诉士兵们，"看看身边又有什么事需要做，立即去做，刻不容缓。"上级曾经调派哈尔西前往指挥诺福克海军造船厂，而他推辞了。他当时告诉海军部人事主管的理由就是他觉得自己并不适合管理工业机构。而此时上任后，这项工作恰恰就在他职责范围内。

　　哈尔西继续推动完成戈姆利遗留下的工作，争取打破美军在努美阿军备物资运输方面的僵局。他将存储面积从 20 万平方英尺增至 100 万平方英尺，然后为修建 160 英尺×600 英尺的新码头引进设备，并引进工具以组建 3 支新的施工队——因为似乎总是缺乏强有力的领导者，他从土木工程集团调派人员前来指挥海军工程营的施工。他在写给金的信中说："当前最紧迫的可能就是军事基地的发展了。"当哈尔西向金上将说明此事万分火急、必须立即进行时，其实他并不是在抱怨，而是非常中肯地说明该项任务所面临的严峻挑战。他给尼米兹发去一封长长的报告，在报告中，他请求每种物资在分配时都尽量分配得再多些（我们需要"油轮、很多的油轮、更多的油轮"，这是最基本的需求）。哈尔西提出的要求详细而直接，他不像戈姆利那样去暗示尼米兹："倘若物资要求得不到满足，战争很难取胜。"他在写给尼米兹的信中说："相信您也很清楚我们的需要，我们并不是在抱怨分配的物资少，或是在找借口，这完全是为了能够继续维持战争的正常开展。"

他向驻守努美阿的法国行政当局提出在努美阿建立新的美军总部的要求，这件事就充分说明了他超强的个人行动力。有一天，他派他的情报官——海军陆战队上校朱利安·布朗——前去同法国驻此处的总督讨论关于他想要设立新总部一事。布朗穿上他最整洁的制服，衣服上还别着可追溯至第一次世界大战的一枚徽章。他简单介绍了一下自己，然后就开始积极地向这位法国总督说明美国打算在岸上建立新总部的事。这位法国总督问："那作为回报，我们有什么好处呢？"哈尔西的火暴脾气众所周知，而布朗此时的口气一点儿不输哈尔西，他不留一丝颜面地答道："我们将一如既往地继续保护你们。"但这并未打动这位法国总督，他用惯常的外交口吻称会将此事纳入考虑范围。看来在哈尔西大发雷霆之前，他还要多折腾几次来做这位总督的工作。哈尔西则很快就随海军陆战队队伍一同上岸，来到法国海军上将梯也尔·达尚礼的总部——他的确霸气，一上岸就挂出了美国国旗——发现梯也尔·达尚礼不在后，立马抢占了他的办公室，把梯也尔·达尚礼的保镖都解散了。哈尔西又控制了前日本领事的官邸作为他的个人宿舍——从这栋砖房能够看到海港上的一举一动。加之美国海军工程兵施工大队正破土动工建造新的娱乐设施——在那之前一直为自由法国政府所禁止——不难看出，哈尔西究竟在乎的是谁的福祉，究竟想要赢得谁的信任。

当哈尔西在努美阿接过南太平洋战区的指挥权时，美国海军情报机构得出结论，日本海军上将山本五十六已经能够直接指挥该地区的日本海军力量。10月19日，无线电侦听者又注意到了其他一些信息，产生了不祥的预感：日军高优先级舰船数量大幅下降，这表明联合舰队可能"马上调整完毕，准备采取大规模行动"。日军借助萨沃海峡在夜间展开的"东京快车"计划成功增援了瓜岛上的日本驻军，从原来的不足6 000人增至22 000人，几乎同瓜岛上23 000人的美军持平。瓜岛以北几百公里处，日军航空母舰和战列舰舰队的主要力量还在原地待命，随时准备在岛上展开新一轮攻击，配合日军的岸上攻击。

由于参谋长联席会议的频繁施压——争取向瓜岛支援更多兵力和物资，因此道格拉斯·麦克阿瑟将军也预见，如果海军力量无法与山本抗衡，那么战争的前景堪忧。"如果我们在所罗门群岛的战役中战败了，那么除非我们的海军能够承受住敌军水面舰队的挑战，否则整个西南太平洋都将陷入危险。"他继续补充说，"我呼吁美国将所有军备物资都临时调往瓜岛，以应对当前的严峻形势。"美军舰队将留下来继续同敌军周旋。10 月 20 日，"旧金山"号和"海伦娜"号连同重型巡洋舰"切斯特"号以及 6 艘驱逐舰一同驶入萨沃海峡，向埃斯佩兰斯角的丛林里投射炸弹。但在执行任务时，"切斯特"号不幸被日军潜艇发射的鱼雷击中，损失惨重，不得不退出战斗返航接受维修。

因为瓜岛的日本帝国陆军正集结起来准备在马塔尼考三角洲附近发起新一轮攻击，所以哈尔西决定将他的航空母舰特遣部队调往瓜岛东部海域——瓜岛上的两军早就严阵以待。"企业"号和"大黄蜂"号航空母舰在"南达科他"号战列舰的护航下驶往圣克鲁斯西北方，周围还有侦察机一路跟随。10 月 25 日中午，一架"卡特琳娜"水上巡逻机发现了敌军的一支大型航空母舰战斗群。两大主力舰——"企业"号和"南达科他"号的强势回归，以及霸气的战区新司令的到来，令美军再次变得势不可当。这些消息一路传到珍珠港。尼米兹在给凯瑟琳的家书中写道："今天——我们这里的 10 月 24 日星期六——哈尔西那里的 10 月 25 日星期天——将会是值得纪念的一天。这正是我们久久盼望的重大的战争进展，我们主观上已经做好了迎接战争的一切准备……今晚和明天将会是我们历史上最为重要的日子——让我们祈求上帝带给我们胜利吧。"

当戈姆利和斯普鲁恩斯一同抵达珍珠港时，如尼米兹所写的那样，他们"又累又饿，急需洗个澡，几天前他们还在岛上的补给站时就想洗澡了"。他们很快如愿以偿，只不过是在"光天化日"之下洗澡而已。几乎在他们到达尼米兹总部的同一时刻，军营的晨报里公布了新司令上任的消息。《纽约时报》的查尔斯·赫德在报纸头版的报道中写道："这里想要明确的是，在所罗门群岛新上任的这位司令有望能够使战争从目前的防守状态进入主动进攻状态……对于战争形势的变化，究竟该如何解读，目前并没有权威的说法，因为最有资格进行诠释的人此刻正保持沉默。"

戈姆利与尼米兹一起坐下来，他问道："我究竟哪里做错了？"尼米兹拿出戈姆利发给他的整整一捆急件，然后回答说，如果战争形势真如急件中所说的那样，那么"我们需要最出色的将军来力挽狂澜，然后我需要问问这位将军本人，他是不是那位最出色的将军"。戈姆利回答尼米兹说，他自己无法做出这么至关重要的判断。

美国海军驻瓜岛将官名单

"瞭望塔行动"（截至 1942 年 10 月 18 日）

海军上将欧内斯特·J. 金
美国海军舰队总司令，（COMINCH）
兼海军作战部部长（CNO）

海军上将切斯特·威廉·尼米兹
美国太平洋舰队总司令（CINCPAC）

海军中将小威廉·弗雷德里克·哈尔西
美国南太平洋部队司令（COMSOPAC）

海军少将里奇蒙德·凯利·特纳
两栖部队、第 62 特混舰队（后改为第 67 特混舰队）司令

海军少将奥伯瑞·费奇
南太平洋指挥部（陆基）航空部队、
第 63 特混舰队司令

海军少将托马斯·卡森·金凯德
第 16 特混舰队、"企业"号航空母
舰舰队司令

海军陆战队少将亚历山大·范德格里夫特
海军陆战队第 1 师师长

海军少将乔治·墨里
第 17 特混舰队、"大黄蜂"号航空
母舰舰队司令

海军少将小威利斯·奥古斯塔斯·李
第 64 特混舰队、"华盛顿"号战列舰司令

海军少将诺曼·斯科特
第 64.4 特混舰队、巡洋舰攻击舰队司令（后改为第 67.4 特混舰队）、"旧金
山"号重型巡洋舰司令

戈姆利是一个有才且正直的人，但战争形势越来越严峻，他已经有些江郎才尽、应对不迭了。尼米兹的秘书弗兰克·诺克斯对戈姆利有一句较为尖刻的评价，他说戈姆利"完全没有充分发挥出水面舰队的攻击能力，直到诺曼·斯科特成功突袭萨沃岛北部"。诺克斯认为太平洋战争初期同美国内战刚开始的情形十分相似。"如果战争初期我们需要从有才而亲民的麦克莱伦和粗鲁而不合群的格兰特二人之中挑选一位领导者的话，我相信我们大多数人会选择麦克莱伦，就像当初林肯的选择那样。"戈姆利的部下查尔斯·韦弗则这样评价："当这段战争被写入历史时，如果史册打算如实记录戈姆利将军在太平洋战争初期所承受的巨大负担，那么仅凭这一点，我们优秀的戈姆利将军就应该留名青史。"

当戈姆利返回珍珠港任职、在夏威夷指挥海军第 14 军区时，罗斯福总统正在南太平洋观战，这不单单是三军统帅前来观战那么简单。之前他曾强烈主张支援俄罗斯，认为这对于打败轴心国至关重要，主张"先欧后亚"的战略计划。但此次视察之后，他迫切想要在所罗门群岛开战。他的大儿子詹姆斯也在瓜岛打仗。詹姆斯·罗斯福少校 28 岁时被任命为海军预备役中尉，因为有些不够资格，他本人及时拒绝了这项任命，他希望以他父亲（富兰克林·罗斯福）那位雷厉风行的五堂弟（西奥多·罗斯福）为榜样，多磨炼一番。他是一位有能力且备受欢迎的军官，他后来敦促建立了一支新型的突击队——海军陆战队突击营，由埃文斯·卡尔森和梅里特·埃德森来领导，这样能够保证美军继续在瓜岛及其他战场上所向披靡。詹姆斯曾任海军陆战队突击营第 2 营营长，尽管他身患慢性疾病。

10 月 24 日，罗斯福写信给参谋长联席会议说："我对太平洋西南战场的战况感到焦虑，我们要确保所有能用的武器都调往瓜岛以支援战斗，同时还要确保能够充分利用瓜岛上已有的军火、飞机等物资，要确保现有兵力能够发挥出最大的战斗力。我们很快就会积极投入两大战线，而且两大战线上都必须有足够的空中支援力量。虽然这意味着我们的承诺无法马上实现——尤其是对英国的承诺，但如果我们不能倾尽全力投入已经迫在眉睫的战斗，那么我们的长期计划可能就要推迟好几个月。"

罗斯福迫切希望在南太平洋开战，对尼米兹、哈尔西和金上将来说，这并不突然。正是在罗斯福敦促参谋长联席会议重新派兵向西参战的那天，也就是哈尔西上任的第七天，日军展开了行动，而这次行动可能是有史以来对美国岛屿据点展开的最凶猛、最集中的攻击。

22

"全力进攻"

瓜岛的"空气中弥漫着紧张的气氛",赫伯特·梅丽特写道:"我也不知道究竟要发生什么,但也不难猜测。所有迹象都表明日军的军事行动越来越频繁,马上就要开战了。我想日军这次会有大动作,他们会发起猛烈的进攻以重夺瓜岛——西北面布满了他们的海军,而且他们在两周前就已经开始在岛上建立飞机预备队。所以要格外小心他们的炸弹、14英寸的海军炮弹和大炮。我敢打赌,他们会使用野战炮从山上先入手展开攻击。总之,接下来几天这里要发生一场恶战了。作战指挥官和战争命令突然变得隐秘起来。指挥所里涌动着战前的紧张和兴奋。"

新战区司令并没有深思该如何利用尼米兹授予他的自由领导权。担任南太平洋司令的6天以来,他的办公桌上堆满了敌军舰船出现在所罗门群岛东北部海域的目击报告,哈尔西下令命"企业"号和"大黄蜂"号航空母舰冒险往更偏北的区域进发,侦察敌军以与之决战。他越来越觉得应该冒险同日军赌上一把,他随时准备派遣海军少将小威利斯·李的部队、"华盛顿"号战列舰以及它的巡洋舰穿过萨沃海峡,前去轰炸日军在布干维尔岛南部的港口。

李少将在"华盛顿"号旗舰上指挥水上突击部队以及"旧金山"号、"海伦娜"号、"亚特兰大"号巡洋舰和10艘驱逐舰,以协助两大航空母舰战斗群分别发起进攻。他还在瓜岛南部和伦内尔岛东部进行巡航,准备日落时发动突击,从西面打入铁底海峡。他的部队将横扫埃斯佩兰斯角及萨沃岛周围海域——正如"亚特兰大"号的劳埃德·马斯廷在日记中写的——"一旦发现任何敌军,立马就地消灭,甚至不惜与敌军展开近距离搏斗。"对于敌军那群乌合之众,凡是特纳的部队能够应付的,他们都会拼尽全力进行打击。至少该舰队的重要力量都已派出去搜寻敌军了。

第一次搜寻并未有收获,反而让北部数百英里外的日军觉察到了他们的存在。日军获得消息,说一艘美国战舰正在萨沃海峡巡航。这导致日军第8舰队的领导层不得不取消原定于10月2—26日晚的"东京快车"轰击行动。

这支日军部队是从特鲁克调来的海军，该部队是目前为止美军在南太平洋见过的最强大的海军。这是自 9 月日军丢失瓜岛机场以来，日军驻扎在拉包尔的第 17 集团军司令部所一直期盼的全面海上反攻，他们派出了海军中将近藤信竹的先遣部队——包括战列舰和巡洋舰——以支援陆军成功夺回亨德森机场，此外"隼鹰"号航空母舰也参与其中。（日军另一艘航空母舰——"飞鹰"号航空母舰，本该参与近藤的行动，但因在 10 月 22 日意外失火而不得不返回特鲁克接受维修。）除近藤的部队之外，在往东 200 英里的海域上，还潜伏着南云忠一的突击部队，该部队由"翔鹤"号、"瑞鹤"号和"瑞凤"号航空母舰组成。从南云的突击部队再往南就是海军少将阿部弘毅的先锋部队，该部队由"比睿"号、"雾岛"号战列舰和 3 艘重型巡洋舰组成。

相比于两个月前东所罗门群岛之战中美日双方的首次航空母舰交锋，日军此次的作战计划在协调方面做得更好。他们将部队集合起来，要发动一次大规模的攻击：在陆军对亨德森机场发起猛烈攻击之时，还会有大批日军不断涌上岛上，同时日军的多艘航空母舰也正席卷美国海军驻防的海域。该舰队将挥师南下，一旦陆军夺回亨德森机场的消息传来，他们就会立即发起进攻。山本五十六及其部下美滋滋地想着要为中途岛战役报一箭之仇，要设法引诱神出鬼没的美国航空母舰现身，进而一举将其摧毁。

日军第 17 军军长、陆军中将百武晴吉计划于 22 日对亨德森机场发起全面进攻，并将亲自指挥军队作战。该集团军兵力包括第 2 师团（仙台师团）、第 38 师团的 2 个营、清直和川口的残余部队，以及 1 个重型野战炮团外加 3 个重型野战炮连、2 个防空野战炮营外加 1 个防空野战炮连、1 个山炮营外加 1 个山炮连、1 个迫击炮营、1 个坦克连和 3 个速射炮营。百武中将开始组织自己麾下的所有部队，一旦军队通过"东京快车"计划成功上岸，他就会马上下令开战。

日军的进攻会从西面开始，集结在那里的军队将跨过马塔尼考河炮击美军，以迷惑美军的视听和判断。随后展开的才是真正的主攻，埋伏在亨德森机场南面郁郁葱葱丛林里的仙台师团将承担此次主攻任务。但是日军仍然低估了美军在岛上的兵力——9 月下旬的一份情报把范德格里夫特在岛上的驻军数量估计为 7 500 人，而实际上范德格里夫特在岛上的驻军远多于此——百武中将显然还是自信满满，当初他命令陆军上校清直手下的军队屠杀中国人时也是这样的骄横狂妄。

日军驻扎在马塔尼考河西侧的重型火炮按计划开始对亨德森机场进行轰炸，同时负责牵制美军的步兵团也投入战斗。轰炸刚刚开始时，百武的部下就通过无线电给驻拉包尔的第17集团军司令部发去了必胜的消息："战争的胜利已唾手可及，请静待捷报！"他已经命令部下开始着手策划接受美国人的投降。

但是说来容易做起来难。日本海军获知陆上攻击并未如消息所预测的那样迅速取得胜利。由于受陆军延误的影响，山本五十六威胁说如果陆军方面进展不佳的话，他会把舰队调回特鲁克岛续加燃油，因为原计划要前来支援的近藤和南云的部队也还未抵达。

就在日本帝国陆军偷偷往亨德森机场周围的丛林里埋伏时，暴雨席卷而来。但不久，暴风雨就结束了。当晚，驻扎在特鲁克的日军接到一封电报。海军上将宇垣收到这封电报的时候已经是24日凌晨1∶30之后了，当时，他正在月光下的露天甲板上沉思。这封电报来自第17集团军，电报上宣称："23点万岁！——刚刚快到23点的时候，右翼部队成功夺下了机场。""这样战局基本上就确定了，"宇垣在日记中写道，"冲！所有部队都向前冲吧！争取更大的胜利！此时的任何犹豫或优柔寡断都会留下永久的遗憾！"

于是日军舰队继续前行。得知成功夺取机场后，海军中将三川派遣"由良"号轻型巡洋舰和若干艘驱逐舰分区域前往封锁海岸，并展开炮击以掩护皇军前进。当天上午晚些时候，虽然日军第17军宣称已成功夺取了机场，但是亨德森机场上的美国飞机仍然成功袭击了"由良"号。美军SBD"无畏"式俯冲轰炸机发射的一枚炸弹正中日军"由良"号，同时还击中了日军的一艘驱逐舰。当天下午晚些时候，另一架俯冲轰炸机和6架B-17s轰炸机对已被击中的日军舰船展开了新一轮轰炸，日军不得不凿沉了受伤舰船。

日本陆军究竟驻扎于何处，美军对此所知甚少——隐藏在隆加平原茂密丛林里的美军地面兵力和搜索飞机并没有侦察到日军仙台师团的任何消息——但是，美军上下已各就各位，进入战争戒备状态，美军对边界进行了划分，分别由5个团守卫。

海军陆战队司令托马斯·霍尔科姆上将来视察"仙人掌"航空队的时间太不凑巧。在托马斯·霍尔科姆上将的敦促下，范德格里夫特将军已前往努美阿同哈尔西进行商谈，他本人将不能亲自指挥这一战线上即将迎来的战斗。范德格里夫特将军手下分管航空部队的副手——盖格将军——将临时负责指挥岛上的军队。

10月23日的晚上到24日凌晨，日军从西面入手采取迂回攻击的方式跨越马塔尼考河展开攻势。美军的大炮很快捣毁了领先的冲锋坦克。次日晚，在阵地南面距机场跑道仅半英里的地方，也就是刚被命名为埃德森岭的地方，日军仙台师团派出两支强大的军队前往亨德森机场。每支军队各由3个步枪营和另外3支预备步枪营组成，日军计划向机场同时展开两大波突袭，双管齐下。但是由于日军疲惫困顿且行军不便，这次的袭击攻势也是零零散散的。特别是由于对美军力量的轻视，日军此次的进攻同9月份的那次攻击一样以惨败收场。日军现在凭借控制着埃德森岭，开始直接纵向对美军进行凶猛的火炮轰炸和步枪扫射，但是军队间协调不佳。美军陆军上校切斯提·普勒手下的一支700人的队伍来自作战经验丰富的海军陆战队第7团，同时刚到岛上的陆军中校罗伯特·霍尔也率领第164步兵营加入作战队伍，一同坚守阵地，尽管他们事先对敌军的实力并不了解。10月25日破晓时分，小型武器射击的啪啪声终于渐渐消退，日军的第一次攻击行动失败了，美军成功坚守住了阵地。

虽说第17军宣布夺取了机场的消息是一个很大的误解，甚至可以说是一个谎言，却引来了日本舰队。受到日本陆军虚假报告的鼓舞，近藤和南云的舰船仍直指南方，寻找哈尔西的舰队，同时也伺机支援并巩固亨德森机场。日军的舰载飞机没有侦察到美军的任何部队，除了空旷的海洋别无他物。而从布因和拉包尔飞来的陆基第11航空队的飞机多次在伦内尔岛附近目击到李将军麾下的"华盛顿"号特遣部队，但美军重头部队距日军太远，根本无法展开攻击。受日军已夺取亨德森机场的虚假消息的影响，日军的一支优势兵力也正在赶来的路上。由此而产生的恶劣后果是难以估量的，日军只有再发起一场致命的攻击才能弥补此次损失。

切斯特·尼米兹已经制订了一个应对敌军优势兵力的总体方案。他早前参战的时候就写道："如果我们的兵力处于劣势，那么我们必须借消耗战来削弱敌军的力量。当然，首先要权衡一下风险，如果可以，也不要放弃任何与敌军正面交锋的机会。"但是该作战方案的具体要求并不明了——该如何权衡风险，又将会冒怎样的风险呢？

这种非常主观的作战原则对战争根本起不到任何的指导作用。这种原则没有明确规定该如何展开行动，充其量也就仅仅是一种建议而已。但这似乎是一种传统的美式作战方式，自美国独立战争以来的指挥官在指挥作战时都很自由，他们认为这样能够最好地发挥指挥官的个人能动性。其实尼米兹在战斗中给予指挥官们的这种决策上的灵活性和自由性对他们来说既是一种权力，也是一种负担。海军上将哈尔西现在就是这样，一方面他能够依自己的自由判断指挥战斗，一方面这对他来说又何尝不是一种负担。

当日军侦察机惊讶地得知日军不但没有派兵驻守亨德森机场，甚至都没有夺下机场时，小威利斯·李的水面突击部队，包括"华盛顿"号和"旧金山"号重型巡洋舰，正在伦内尔岛以东约30英里的位置，随时准备向北横扫整个萨沃海峡。24日，海军少将诺曼·斯科特从"旧金山"号调往"亚特兰大"号。"亚特兰大"号很快将脱离李将军的第64特混舰队，然后带领一支驱逐舰突击部队直接参与瓜岛的战斗。

与此同时，哈尔西的两个航空母舰战斗群——一个是由第16特混舰队和"企业"号航空母舰、"南达科他"号战列舰组成的航空母舰战斗群，另一个是由第17特混舰队和"大黄蜂"号航空母舰及4艘巡洋舰组成的航空母舰战斗群——在海军少将托马斯·金凯德（在"企业"号航空母舰上指挥作战）的指挥下，像是受到引力吸引作用一样飞快地移向了日本航空母舰部队的可疑位置。

10月24日深夜，停泊在努美阿港的"阿尔贡"号的船舱里，哈尔西正准备推迟与范德格里夫特将军、凯利·特纳将军以及和高级陆军、海军军官的会议。地面指挥官明确说明了长期驻扎在瓜岛上的驻军所面临的困境。他们说驻军的士气随日军的攻击而时起时落，起伏不定，他们凭直觉判断目前正有更多的敌军在拉包尔和特鲁克集结起来。据哈尔西说，"日军偷袭珍珠港后的几个星期里，公众就不断质问我们'发生偷袭时我们的海军去哪儿了？'现在我们的士兵也开始质疑了"。

关于步兵现状的会商讨论结束时已经很晚了。哈尔西最后问范德格里夫特将军和陆军少将马德·哈蒙（南太平洋总指挥部美军高级军官）："我们是撤离呢，还是坚守？"

范德格里夫特回答说："我可以坚守下去，但我需要大家能够比现在更加积极地支持我们。"凯利·特纳的反应颇有戒备自卫的意味，他指出在舰队和驻军损失都很严重的情况下，要想保卫混乱的浅滩航道是很困难的。哈尔西的回应跟范德格里夫特的声明有所不同，他明知没有选择，但还要牢牢坚守。据历史学家理查德·弗兰克所说："如果海军陆战队认为海军没有尽责，哈尔西完全无法接受，没有什么比这更让他寒心的了。"哈尔西告诉范德格里夫特："好吧，我们全力以赴吧。我答应你但凡有能够调遣的兵力物资我都会派给你。"

对刚开始指挥军队的哈尔西来说，他重新考虑了一下原来早已提出来的一项计划，即让陆军部队占领圣克鲁斯群岛中的恩代尼岛。尽管南太平洋指挥部司令哈蒙将军认为该项行动会分散兵力，但是当初戈姆利批准了此项行动。所以哈尔西取消了该项行动，并将计划参与此项行动的所有士兵调往瓜岛。

哈尔西当前面临的更紧迫的任务是决定如何应对日军联合舰队的进攻。调查情报和侦察报告显示，日军的航空母舰部队正在靠近，他认为，"日军果断出击是早晚的事，也就这几个小时了！"他对海军陆战队所需的兵力物资以及海军的战斗力进行了评估。哈尔西相信凭借现在手上的两大航空母舰战斗群，军队战斗力会有很大提升。"如果调配得当，航空母舰的战斗力是可以翻番的，"他在回忆录中写道，"两艘航空母舰的战斗力就是一艘航空母舰战斗力的四倍。"拥有两艘航空母舰的特遣部队，可以将其中的一艘航空母舰指定为"当值"航空母舰，其主要工作是起降侦察机、空中战斗巡逻机和反潜巡逻机，而另一艘航空母舰此时可以全副武装起来，随时准备从甲板上发起攻击。一艘航空母舰不可能同时有效地进行这两项任务，而且船员要不断在两种角色之间转换，压力会更大。哈尔西补充说："'企业'号加入战斗之前，凭我们的处境，基本是取胜无望。但现在我们终于有一支像样的作战部队了。"

确定了拦截南云忠一的目标后，哈尔西命令金凯德前进 22 海里，并带领"企业"号和"大黄蜂"号航空母舰特遣部队从圣克鲁斯以东的巡逻位置向西北方行驶。这是中途岛战役的重演，是珊瑚海战役的谢幕，美日双方航空母舰空军力量的下一次对战将会是这两支舰队的最后一次空战，直到美军达成此次作战的目的，直至抵达塞班岛海滩、抵达诺曼底的灌木丛。

岸上，日军的攻势如铁锤般反复敲打着铁砧一样的美军防线。不过遭受损失的却是铁锤。同时日军舰队也将开始准备清算损失。

10 月 24 日午夜前，岸上的海军陆战队正奋力抵抗日军的袭击，此时，哈尔西通过无线电向主要海军将领金凯德和李发去了振奋人心的消息，该消息将回荡在南太平洋部队每艘舰船的房间和走廊里。这则简短的消息，不是什么特殊的军事行动，也不是对作战细节的指挥，更不是什么特殊的作战目标，但是这个消息却让每个美军士兵都找到了方向，指引着他们的下一步行动。

这个消息就是："全力进攻！"

23

圣克鲁斯海战

即使美军知道日军的一支舰队正在不远处虎视眈眈、伺机反扑，但要想准确定位敌军舰队的位置，还要指挥航空母舰对敌军舰队进行有效的攻击，这是不小的挑战。航空母舰上储备的飞机燃油很有限，非常珍贵，飞机飞不了很远，飞行范围是有限的，再加上海上天气变化不定，而且美军对日军指挥官此次的作战意图和策略并不了解，所以此次战斗要想抢占先机还是极具挑战性的。美军航空母舰作战时一直沿用承袭下来的传统战术，比如派多少架飞机出去侦察敌军、留多少架飞机伺机攻击敌军、派多少架飞机到半空中作为舰队的防御伞，这些都是需要提前考虑清楚的战术问题，而且实际作战中还要相应地根据战争形势的发展进行不断的尝试和适时的调整。此外还要将大自然因素考虑在内，比如最好趁着风势起飞升空，这样飞机能飞得更高。还有，应该朝哪个方向追击敌军，白天对敌军的追击应该到什么时候结束，何时召回飞机最合适，太晚会不会影响飞机的着陆，或者太早会不会错过了追击敌军的最佳时机？这些都是需要考虑的战术问题。

在圣埃斯皮里图和其他岛群上，海军少将费奇正在指挥陆基 PBY "卡特琳娜"水上巡逻轰炸机和 B-17 "空中堡垒"轰炸机协助作战，所以美军在战争中占有相当优势——他们的飞机晚上也可以飞行，而且飞行半径可达 800 英里，这是日军无可匹敌的。10 月 25 日上午，有关美军发现了日军舰队的一系列报告纷纷传到美军指挥官手上。9 时 30 分，一架 B-17 "空中堡垒"轰炸机在马莱塔岛东北部发现了日军"隼鹰"号航空母舰。几分钟后，有 PBY "卡特琳娜"水上巡逻轰炸机发现了安倍先锋部队中的战列舰和巡洋舰。10 多分钟后，美军又陆续发现了日军的 3 艘航空母舰。此时，日军正位于圣克鲁斯群岛西北方向 300 英里的海面上。而金凯德和墨里所率的特遣部队已经抵达圣克鲁斯群岛东面大约 300 英里的海面。

日军南云将军意识到他已经被美军发现了行踪时变得十分愤怒，因为他派出的侦察机尚未发现美军的航空母舰，于是他临时决定改变路线，一路向北，以避免军队里最珍贵的 3 艘航空母舰遭到敌军的偷袭。这一决策极其明智，日军航空母舰因此幸运地躲过了美军的袭击。第一轮攻击中，美军从圣埃斯皮里图召来了一架 B-17s 轰炸机，"企业"号航空母舰也参与了战斗。南云有丰富的作战经验，他很清楚第一艘被发现的航空母舰往往首当其冲会被敌军击沉。日军突然转变航线后，美军偷袭日军的计划落空了，事实证明南云临时改变计划是相当明智的，作战时谨慎些总是好的。而此时，"企业"号航空母舰上的飞行员则遇到了棘手的问题——即使是最有经验的飞行员也会遇到束手无策的情况——夜间，飞行员想要在航空母舰的飞行甲板上着陆，结果因此损失了 8 架飞机。8 架飞机要么是不幸坠海，要么是因为硬着陆受损。另外还有两名飞行员不幸丧生。

经过这一夜，费奇执意增派雷达窥探机开展夜间巡逻，以重新定位日军航空母舰的位置。当天晚上，瓜岛上的日军再次对亨德森机场展开狂轰滥炸，轰炸战术和激烈程度同上一次如出一辙，但依然没有夺下机场。在美军机枪、迫击炮和霰弹的轮番轰炸回击中，瓜岛上百武将军所率步兵死伤惨重，不得不撤退，以期重整旗鼓，伺机再来。这次轰炸中日军士兵阵亡人数多达 3 500 人。而同时美军仅有轻微伤亡，阵亡人数约为 90 人。这就是著名的亨德森机场争夺战。

范德格里夫特将军的军队再次成功守住机场，而金凯德收到 PBY "卡特琳娜"水上巡逻轰炸机发来的最新战斗报告时已过了午夜时分，报告随后传到了哈尔西手中。该电报从瓜岛指挥部发出的时间是 10 月 26 日凌晨 3 点刚过，但因为一名驾驶"卡特琳娜"水上巡逻轰炸机的飞行员不自量力，逞一时之勇，试图轰炸日军的"瑞鹤"号航空母舰，结果拖延了电报转发的时间。所以，这封电报发出两小时后，金凯德还没有收到消息。而当他最后终于收到电报时，他又因为这个延误的消息而犹豫了。他不想盲目出击，希望等最新的战报发来、掌握战斗的最新形势后再有的放矢发起攻击。

作为当值航空母舰的"企业"号黎明时分派出巡逻机继续在西部和北部进行搜索，寻找敌军特遣部队。6 时 17 分，负责搜索西面海域的两架"无畏"式俯冲轰炸机在离海岸大约 85 英里的海面上发现了日军的战列舰，也就是安倍的先锋部队。但是，因为"企业"号是美军最珍贵的航空母舰，所以美军也不敢贸然发起攻击。不到 30 分钟后，"企业"号的另两名飞行员就成功侦察到了南云航空母舰编队的位置——南云的舰队就在金凯德的舰队西北偏西的地方，此时两军距离约为 200 英里。

　　不幸的是，金凯德想要在发起攻击前再看看最新的战况，而就在他等待消息的时候，近藤的侦察机先美军一步发现了金凯德的舰队。因为美军指挥官决策的延迟，加上又不幸先被日军发现，所以日军抢占了先机，比美军早出击约 20 分钟之久。7 时 32 分，距"企业"号航空母舰特遣部队约 10 英里的海面上，"大黄蜂"号航空母舰的飞行甲板上第一波飞机终于起飞了。

　　因为近藤正向东南方驶进，是逆风行驶，而金凯德的航空母舰却是顺风行驶，所以金凯德的舰队不得不改变航向逆向行驶，以方便飞机的起飞和回落，这样日军又比美军提前了 30 分钟进入战斗戒备状态。到 7 时 40 分，日军有 64 架飞机已均匀分配、组合完毕，每个作战小组都包含数量大抵相当的"凯特"鱼雷轰炸机和"瓦尔"俯冲轰炸机；另外，"翔鹤"号、"瑞鹤"号和"瑞凤"号航空母舰上的"零"式战机也已升空投入战斗。

南太平洋战场上美国海军特遣部队兵力部署
（1942 年 10 月 26 日）

航空母舰特遣部队（第 61 特混舰队）
海军少将托马斯·金凯德

第 16 特混舰队	第 17 特混舰队
"企业"号（航空母舰）	"大黄蜂"号（航空母舰）
（海军少将金凯德）	（海军少将乔治·墨里）
"南达科他"号（战列舰）	"北安普敦"号（重型巡洋舰）
"波特兰"号（重型巡洋舰）	"彭萨科拉"号（巡洋舰）
"圣胡安"号（防空巡洋舰）	"圣迭戈"号（防空巡洋舰）
"库欣"号（驱逐舰）	"朱诺"号（防空巡洋舰）
"普雷斯顿"号（驱逐舰）	"莫里斯"号（驱逐舰）
"史密斯"号（驱逐舰）	"安德森"号（驱逐舰）
"莫里"号（驱逐舰）	"休斯"号（驱逐舰）
"科宁厄姆"号（驱逐舰）	"马斯廷"号（驱逐舰）
"肖"号（驱逐舰）	"罗素"号（驱逐舰）
"波特"号（驱逐舰）	"巴顿"号（驱逐舰）

战列舰特遣部队（第 64 特混舰队）

（伦内尔岛外）

海军少将小威利斯·奥古斯塔斯·李

第 64 特混舰队

"华盛顿"号（战列舰）　　　　　"旧金山"号 （重型巡洋舰）

（海军少将李）　　　　　　　　（海军少将诺曼·斯科特）

"海伦娜"号（轻型巡洋舰）　　　"拉德诺"号（驱逐舰）

"亚特兰大"号（轻型防空巡洋舰）　"麦卡拉"号（驱逐舰）

"阿伦沃德"号（驱逐舰）　　　　"贝纳姆"号（驱逐舰）

"弗莱彻"号（驱逐舰）　　　　　"兰斯顿"号（驱逐舰）

　　日军很快就截获了发现南云航空母舰部队的美军侦察机，美军飞行员驾驶的侦察机被敌军的空中巡逻战机赶进了云层。"企业"号的另外两架临空的舰载"无畏"式战机获知美军已发现日军航空母舰的消息后，通过导航定位到敌军舰队的位置，随后一个空翻猛地瞄准"瑞凤"号俯冲了下去。斯托克顿·斯特朗上尉和查尔斯·欧文少尉驾驶着这两架"无畏"式战机向"瑞凤"号的飞行甲板后部成功扔下一枚重达 500 磅的炸弹，炸开一个直径 50 英尺的弹坑。"瑞凤"号就此无法继续起落战机参战，但是"瑞凤"号上的舰载飞机已经高飞，正呼啸着朝金凯德的航空母舰舰队汹汹而来。

　　美军的两艘航空母舰共有 137 架舰载作战飞机起飞，其中有 64 架战机、47 架俯冲轰炸机和 26 架鱼雷轰炸机。敌军的 4 艘航空母舰共有 194 架舰载作战飞机起飞，其中有 76 架战机、60 架俯冲轰炸机、57 架鱼雷轰炸机和 1 架侦察机。但比数量更重要的是速度，飞机能够快速定位目标并展开攻击才是最关键的。随着第一轮小规模空袭的展开，圣克鲁斯海战也就正式打响了。此次小规模空袭中，日军"瑞凤"号航空母舰的制动装置受损，无力回收已经起飞的战机。

圣克鲁斯海战中的日军兵力部署

增援部队
海军中将近藤信竹

先遣部队
海军中将近藤信竹
"隼鹰"号（航空母舰）
"金刚"号（战列舰）
"榛名"号（战列舰）
"爱宕"号（巡洋舰）
"高雄"号（巡洋舰）
"妙高"号（巡洋舰）
"玛雅"号（巡洋舰）
10 艘驱逐舰

突击部队
海军中将南云忠一
"翔鹤"号（航空母舰）
"瑞鹤"号（航空母舰）
"瑞凤"号（轻型航空母舰）
"熊野"号（巡洋舰）
8 艘驱逐舰

先锋部队
海军少将阿部弘毅

"比睿"号（战列舰）
"雾岛"号（战列舰）
"铃谷"号（重型巡洋舰）

"利根"号（重型巡洋舰）
"筑摩"号（重型巡洋舰）
"长良"号（轻型巡洋舰）
7 艘驱逐舰

由于美军方面的指挥官们在决策上有分歧，无论作何决定都存在很大的不确定性，所以尚无法确定哪种决策更加保险审慎——究竟是让舰载飞机离开航空母舰甲板远距离快速攻击好，还是让飞机在航空母舰上保存实力等到敌人出现时再进行近距离的攻击更好？更由于美军的两支特遣分队是单独行动，两支队伍相距约 10 英里，在这种情况下要将两军进行整合，重新对飞机进行编队是不可能的。加之"企业"号航空母舰的飞行员又收到了自相矛盾的指示。于是随后的战斗变得毫无章法。

日军就在 200 英里远的地方，但是美军航空母舰上装载的飞机燃料太珍贵了，所以要集合两支特遣分队更是不可能，因为那样必然会浪费很多燃料。"大黄蜂"号和"企业"号匆忙起飞了一大批舰载飞机，并命令飞机升空后立刻寻找日军位置展开攻击。"企业"号飞行甲板上的一位船员高举着条幅——"没有'大黄蜂'号与我们协同作战了！"也就是说每个航空母舰战斗群都要单独作战了。8 时 20 分，美军由 27 架"无畏"式俯冲轰炸机、20 架"复仇者"式轰炸机和 23 架"野猫"战机松松散散组成的 3 组机队，匆匆地向近藤的舰队扑去。

美军航空母舰上最先起飞的飞机在升空后不到 30 分钟的时间，就看到日军的一波飞机正迎面逼近。转眼间两支队伍就在空中展开了混战。日方有 9 架护航的"零"式战机突然离队急降，俯冲而下，扑向美军航空母舰所在的西北方约 60 英里的海面。

第 10 鱼雷中队指挥官约翰·科利特上尉驾驶的是一架"复仇者"式轰炸机，他与另外 3 架同型号飞机领先于其他飞机冲在最前方。此刻他感觉飞机正在颤抖，飞机的右翼被击中，发生侧倾。炮塔上的炮手开启了 0.5 英寸口径的机枪，中队的报务员小托马斯·尼尔森的对讲机里却没有收到飞行员的回应。当时，第 10 鱼雷中队指挥官科利特已不得不放弃燃烧的驾驶舱，掀开飞机座舱罩，爬到了飞机右舷翼上。由于科利特直接爬到了飞机的右舷翼，所以其他飞行员怎么都看不到他。此刻报务员尼尔森也离开了位于飞机腹部的报务舱。尼尔森是第 10 鱼雷中队里唯一幸存下来的。此次空中混战，"企业"号航空母舰飞行队损失了 4 架"野猫"战机，另外有 4 架"复仇者"式轰炸机被击落或被迫返航。此刻在"企业"号航空母舰上，金凯德从飞行员无线电频率上传来的嘈杂的声音中听明白，一定是两军相遇，已然展开了混战。综合一下这些信息，他简单部署了下一步的近距离作战方案，他下令在约 10 英里外的航空母舰让剩余的所有舰载飞机全部起飞。

约 9 点钟时，正向美军逼近的日军进入了"北安普敦"号的雷达搜索范围内——"北安普敦"号奉命护送第 17 特混舰队的"大黄蜂"号航空母舰。但是，不知为什么"大黄蜂"号和"企业"号的电子眼均未发现敌军。"北安普敦"号的舰长并不知道这一状况，还悠闲地用信号旗向"大黄蜂"号传递消息，但没有使用速度更快的方式传递信息，而是使用安全性较低的无线电通信传递消息。这最终导致"企业"号没有收到任何发现敌军的消息。更糟糕的是，"企业"号上负责指挥战机对敌军进行侦察的长官，因为缺乏战斗经验，竟然以自己的舰船航向为参照汇报日军突击部队的航向。殊不知如果飞行员看不到作为参照物的这艘舰船，那么以这艘舰船本身航向为参照就没多大用处。而那天恰巧乌云密布，飞行员根本看不到参照舰船在哪里，更不用说搞清楚日军突击部队的航向了。于是 37 架"野猫"战机组成的空中战斗巡逻队中的大部分飞机都没有成功拦截日军飞机，而日机此时已经逼近美军航空母舰编队。不过幸运的是，当时暴雨来袭，"企业"号幸运地躲在了积雨云下，日机没有发现它。结果日机的全部火力都用来对付"大黄蜂"号航空母舰了，因为在杜立特空袭中日本人曾吃过"大黄蜂"号的大亏。

"大黄蜂"号航空母舰特遣部队在出击舰队后面，出击的一些飞行员看到他们身后的天空中弥漫着一团团黑烟——那是高射炮发射后爆炸产生的。这时他们才知道原来日军已经发现了他们的舰队。日本海军上尉高桥定命率领21架来自"瑞鹤"号航空母舰的"瓦尔"俯冲轰炸机，对"大黄蜂"号展开了第一轮攻击。

令"大黄蜂"号上的船员沮丧的是，航空母舰上火力较强的5英寸高射炮组中有一半被禁用了，因为监管后舰的5英寸高射炮组的年轻军官"把高射炮炮管的角度调整到了'停用'状态"。现在这些炮管都维持在水平方向上，正如同敌军的第一波俯冲轰炸机出现在上空时美军的尴尬布局一样。"你要相信我，这完全是高射炮组负责人自己拍脑袋作出的决定。他无视自己所接受的培训、军队的纪律等，他可能有自己的想法，自以为是为军队利益着想，"1班的射击军士长阿尔文·格兰回忆说，"于是，现在我们的枪炮中最具杀伤力的5门高射炮的炮管却处于'停用'状态。否则当时就派上用场的话，一定能把日军的飞机炸成碎片，绝不会搞得那么狼狈。"

由于美军负责空中战斗巡逻任务的"野猫"战机正和日军负责护航的"零"式战机混战，日军的俯冲轰炸机的任务就是集中轰炸"大黄蜂"号。日机有3枚炸弹命中了"大黄蜂"号。日军的一架"瓦尔"俯冲轰炸机遭到美军高射炮火力网的集中攻击，并很快被击落，冒着青烟燃着熊熊火焰撞向了"大黄蜂"号的岛状上层舱面，一时间大火席卷舰岛。这架飞机一路冲破多层甲板，火焰也一路蔓延，一直烧到飞行甲板上仅一层舱面之隔的中队准备室。日机还扔下一枚500磅的炸弹，当时没有立即爆炸，后来"大黄蜂"号上的船员才发现，炸弹在外面的过道上滚来滚去。一方面，日军的"瓦尔"俯冲轰炸机还在半空中马不停蹄地对"大黄蜂"号展开轰炸；另一方面，从"翔鹤"号航空母舰发射过来的鱼雷此刻正埋伏在海面下，正分别从右舷船头和左舷船尾两个方向逼近"大黄蜂"号。这是一种典型的"铁砧式"攻击策略，这样能够将"大黄蜂"号置于进退两难的境地，使其腹背受敌——不管从哪一面撤退，都会遭遇"凯特"鱼雷的攻击。短短几分钟内，就有两枚鱼雷撞上"大黄蜂"号的右舷，熊熊大火席卷而来，而航空母舰的推进系统也被破坏，"大黄蜂"号失去了机动能力，动弹不得。此刻钟表的时针刚刚指向9时15分。

在几百英里外的北部，相比于这里日军的所向披靡，海军上将南云将军的处境却并不乐观。空中，从"大黄蜂"号起飞的两架舰载"无畏"式俯冲轰炸机发现了日军的航空母舰战斗群。

正当第 8 侦察中队的指挥官、海军上尉威廉·"格斯"·威德海姆在研究侦察到的日军的兵力情况时，他的飞机遭到日军"翔鹤"号航空母舰派出的 4 架舰载"零"式战机的拦截。驾驶俯冲轰炸机的飞行员经过谨慎的思考，觉得此时如果两军空战，自己肯定抗衡不了日军的战机，所以果断选择避开正从前方劈面而来的日机以及两边高空中日军的空中战斗巡逻队。飞在最先的日军战机从 12 点钟正上方的方向俯冲而下，准备对威德海姆的侦察中队展开攻击，于是威德海姆的侦察中队立即停止侦察行动，用 0.5 英寸口径的狙击枪稍稍打退了敌军，摆脱了他们的第一波攻击。在一场空中决斗中，如果驾驶俯冲轰炸机的飞行员的炮弹基本没有命中对方的战机，那么作战经验丰富的老兵有时用狙击枪也能命中对方的飞机，成功逃脱。此时就是这样，美军侦察中队的 0.5 英寸口径狙击枪就正中日军的一架"零"式战机，战机起火爆炸——当时威德海姆的侦察机距离"零"式战机仅一个足球场的距离。战机穿过爆炸碎片后，威德海姆继续跟进日军的"翔鹤"号航空母舰。

此时，日军的"零"式战机和威德海姆的"无畏"式俯冲轰炸机已陷入缠斗状态，一架日机紧咬威德海姆的飞机，用 20 毫米口径机炮展开了一阵轰击。威德海姆的队友们驾驶着飞机以 70 度角呼啸着向"翔鹤"号俯冲而下，飞机呼啸着扑向目标，炸弹瞄准器直直地瞄准了日舰，俯冲制动器紧紧控制住飞机姿态，他们此刻展现出了大无畏的战斗精神。但威德海姆的飞机引擎起火了，他的队友们发现飞机中心部位燃起了熊熊大火，此刻他们听到有人咒骂着"大黄蜂"号上的舰载机没有发挥有效的协助，这使得他们的飞机只能坠入大海。威德海姆在海面迫降中幸存下来，他在一起一伏的黄色救生筏上目睹其他队友们一个个英勇战斗，至死方休。

不久后，"大黄蜂"号的第二支"无畏"式俯冲轰炸机中队指挥官詹姆斯·沃赛上尉也发现了南云的航空母舰战斗群。通过无线电上报了发现敌军航空母舰的消息后，他们继续跟进日军的"翔鹤"号以寻找合适的攻击机会。"无畏"式俯冲轰炸机在执行飞行搜索任务或者说"侦察"任务时，携带的一般都是 500 磅重的中型炸弹，这种炸弹可以投得更远。而这批"无畏"式俯冲轰炸机机腹都携带着 1 000 磅重的炸弹。沃赛带领的这支与日军抗衡的俯冲轰炸机队伍已全副武装起来。他们朝"翔鹤"号呼啸着俯冲下去。"翔鹤"号发现后急速躲闪，经历过珍珠港偷袭的这些日军老将作战经验尤其丰富，他们成功地避过了刚开始美军从前方扔下的三四枚大炸弹。但是接下来的几枚炸弹都达 1 000 磅重，"翔鹤"号这回没能幸免。炸弹重重地撞在了"翔鹤"号上，航空母舰的飞行甲板瞬间被炸得粉碎，中心电梯也被毁坏。9时30分，爆炸引起的大火很快席卷了"翔鹤"号的飞机库甲板。"翔鹤"号再无力起飞任何舰载机，不过它依然强撑着行驶了31海里之远，但同之前的"瑞凤"号的遭遇一样，已是废舰一艘，彻底退出了战斗。

"筑摩"号重型巡洋舰，虽然比不上"翔鹤"号航空母舰的作战价值大，但仍然是日军的一股重要力量。"筑摩"号被"大黄蜂"号第8轰炸中队的两三枚炸弹命中，还两次险些被"企业"号航空母舰的舰载"无畏"式俯冲轰炸机命中，饱受炮火重创后，它几乎被燃起的熊熊大火吞噬，但依然可以航行。这次轰炸中舰上有近200名士兵葬身大海。

从美军飞行员发现敌军，准备发起攻击到攻击行动结束，战斗共持续了半小时。结束攻击后，美军就开始往回赶。

日军结束对"大黄蜂"号的第一波轰炸后的间隙，"北安普敦"号巡洋舰拖着早已千疮百孔的"大黄蜂"号离开战场。几英里外就是美军第16特混舰队，海军少将金凯德已经得知"大黄蜂"号的不幸遭遇，此时他收到消息称，他的旗舰"企业"号准备接收全部返回的飞机，当然也包括原属"大黄蜂"号的舰载机——所有飞机都将在"企业"号上降落。当时大E（"企业"号的绰号）准备对日军展开又一轮空袭，弹药装卸人员把所有炸弹都安装上膛，到处都是装满航空燃油的燃料管。堆满航空燃油和炸弹的甲板已经成为一个随时会被引爆的目标，如果敌人此时扔下炸弹，"企业"号将被炸得粉身碎骨。但是没想到最先让"企业"号航空母舰特遣部队遭受损失的竟是他们自己的一架飞机。

战争中什么事都有可能发生，所以战争中的际遇常常需要碰碰运气。快到10点时，一架受损的"复仇者"式轰炸机尝试从"企业"号进场着陆时未能成功。这架"复仇者"式轰炸机已经无法继续飞行，急需寻找另一着陆点，于是紧急降落在"波特"号附近的海面上。飞行员艰难地爬上救生筏，"波特"号驶近他们并停了下来。就在"波特"号甲板上的船员正准备把飞行员拉上来时，有人喊道："左舷方向有鱼雷航迹！"上空的飞行员也发现了鱼雷，对鱼雷进行追踪——"波特"号前方的鱼雷航迹呈逆时针循环。飞行员驾驶飞机俯冲下来，进行了两次扫射，本想引爆就要逼近"波特"号的鱼雷，但是紧要关头鱼雷急转，最终居然命中了"波特"号中部左舷侧。15名水手因此丧生，美军不得不下令将"波特"号凿沉。另一艘驱逐舰前往搜寻幸存者时，发现了疑似日军的潜望镜，这才明白原来造成"波特"号左舷爆炸的鱼雷正是"波特"号当时紧急前往援助的飞机所发射的。飞机迫降到海面时因为强烈震动已经基本散架了。

几分钟后，日军突击部队锁定了"企业"号航空母舰特遣部队。日军的一大波"瓦尔"俯冲轰炸机从 6 000 英尺的高空向"企业"号航空母舰的舰尾扑来，却未遇到任何美军战机迎空拦截。

刚刚全副武装起来的"南达科他"号战列舰是"企业"号航空母舰特遣部队中最重量级的舰船，它与"圣胡安"号防空巡洋舰以及"波特兰"号重型巡洋舰一起，对日机展开猛烈的火力拦截。一名美军的飞行员回忆说："每次日军的飞机俯冲下来时，就会被我军的锥形示踪弹包围。你能够清楚地看到日军的飞机被击中，天空中满是炸弹爆炸后的碎弹片。"

具备雷达定向能力的 5 英寸防空炮的杀伤力极强，也极具致命性。"南达科他"号和"圣胡安"号共击落 32 架俯冲扑向美军第 16 特混舰队的日军飞机。"隼鹰"号上的一位日军长官彻底惊呆了，他根本没有想到损失的飞机会有那么多，而顺利返回的飞机却只有那么几架。"飞机跌跌撞撞地摇晃着在飞行甲板上降落，每架战机和轰炸机上都布满了弹孔……飞行员疲惫地从狭小的驾驶舱爬出来，汇报说难以置信地遭到了美军顽强的火力网阻拦，天空满是防空炮和示踪弹爆炸时的一团团黑烟。"幸存下来顺利返回"隼鹰"号的一位轰炸机中队队长"当时吓得直打哆嗦，有时甚至连话都说不清楚"。但是，任何防御不管多么坚实，总有被攻破的时候。10 时 17 分至 10 时 20 分，日机终于突破美军的火力防御圈，美舰遭到日机的猛烈攻击，"企业"号的飞行甲板连中 3 枚炸弹。战争爆发之前 3 天，新任"企业"号舰长的奥斯本·哈迪森取代了原来的舰长亚瑟·戴维斯。凭借哈迪森灵巧的船舶操纵技术，"企业"号接连躲过了日军鱼雷机上发射来的威力更甚于鱼雷的导弹，幸免于难。另外消防人员和伤情管控组的高效率工作也成功控制住了炸弹爆炸后引起的大火，没有给航空母舰造成不可挽救的损失，稍加修复即可再次投入战斗。

10 点 20 分，又一架受损的"复仇者"式轰炸机攻击日军后返回舰队，迫降在"南达科他"号战列舰附近的海面上。"南达科他"号上的炮手和附近驱逐舰上的船员误以为是日军的潜艇浮出水面，对其开火。正前往参与营救工作的"普雷斯顿"号驱逐舰只好转向远离，以免被炮火误伤。

那天的战斗中，"史密斯"号驱逐舰舰长展现了超强的船舶操纵能力，战绩非凡，没有谁的贡献能与他匹敌。在那天的空袭中，美军的一架"野猫"战机一直紧咬日军一架被击伤的鱼雷机，对其穷追不舍，结果逼得这架鱼雷机走投无路，最后竟冒着滚滚黑烟向"史密斯"号扑来，撞上了"史密斯"号的前甲板。"史密斯"号遭到日军这种自杀式攻击，一时间整个前部都被浓烟烈火吞没。这时要想挽救"史密斯"号，舰长必须急中生智。舰长亨特·伍德少校还真想到了办法，他驾驶燃烧着的驱逐舰躲到前面疾驶的"南达科他"号的舰尾，战列舰激起的巨大浪花如天降大雨，倾泻而下，浇到了熊熊燃烧着的甲板上，驱逐舰的猛烈火势因此得到了控制，"史密斯"号失而复得，重新回归战斗。

遭到日军猛烈火力轰炸的"大黄蜂"号航空母舰已经不成样子，修复的希望极其渺茫。大约正午时，舰长通过闪光信号灯发出信号："去找'企业'号。"当时"大黄蜂"号舰长发这个消息的本意，是让尚在上空飞行的众多还在寻找降落地点的飞行员驾驶着飞机降落到"企业"号上，结果"北安普敦"号巡洋舰重复该信号并广而告之时，"朱诺"号舰长莱曼·斯文森误以为这消息是发给他的。于是，"朱诺"号脱离"大黄蜂"号航空母舰特遣部队，全速驶往"企业"号所在的方向，赶去加入海平面那端的第16特混舰队。但实际上此时第17特混舰队还急需"朱诺"号的高射炮兵连的掩护。在那天早上长达13分钟的空袭中，"朱诺"号立下了汗马功劳，舰上的炮兵成功击落日军10多架飞机，这些飞机最后都坠落在特混舰队附近的海面上。

美军司令部执意让"大黄蜂"号和"企业"号单独作战，这一决定注定"大黄蜂"号会因缺乏后援而孤独死去。下午1时35分，金凯德所在的"企业"号航空母舰特遣部队已经回收所有返回的飞机，他决定率第16特混舰队南撤。"企业"号航空母舰、"南达科他"号战列舰以及众多护航舰转向东南方向行驶。这使"大黄蜂"号航空母舰的处境更加糟糕，因为大约一个小时前，日军飞行员再次发现了它，并发回报告称"大黄蜂"号孤立无援，加之受损严重，此时防御能力极弱，完全可以成为日军的活靶子，现在是一举歼灭"大黄蜂"号的大好时机。"企业"号离开后，众多战机组成的防护伞也一并离开，由"隼鹰"号发起的又一轮攻击即将拉开序幕。随着越来越多的敌机出现在"大黄蜂"号的上空，航空母舰的处境越来越凶险。情急之下，为提高"大黄蜂"号规避炸弹的机动能力，"北安普敦"号一度解开拖航钢索抛系到"大黄蜂"号上。"大黄蜂"号此刻已经呈15度侧倾，而且船舵也卡在了右舷，现在的它在任何情况下都没有再抢救的价值——它马上就要面临日军的又一次狂轰滥炸。

负责枪炮管理的军士长阿尔文·格兰回忆说："因为我们上空的防护伞已经随'企业'号一起离开了，所以当时我们完全就是日本人的活靶子。就像我说的，上空是日军无数的俯冲轰炸机和鱼雷机，海上到处都是日军的驱逐舰和巡洋舰，他们疯了一样朝我们猛烈地射击，甚至因为海上日军的舰船太多，他们的鱼雷轰炸机想要排成一列对'大黄蜂'号展开轰炸都有困难。鱼雷机群最终在'大黄蜂'号的右舷侧找到突破口，于是我们真的开始陷入地狱。其中一架鱼雷机扔下鱼雷后，猛扑到'大黄蜂'号的飞行甲板上空。美军正巧击中该鱼雷机，鱼雷机燃起大火。但它仅仅是着火、起落架脱落了而已。出人意料的是，这架鱼雷机的飞行员重新调整飞机，急转返回，呼啸着撞向了'大黄蜂'号的左舷——'大黄蜂'号遭到鱼雷机自杀式的攻击。鱼雷机的发动机和机身穿过航空母舰四五个舱室，爆炸的威力携着弹片一直席卷到前面的电梯井坑。经受了日军的一连串攻击，'大黄蜂'号此时已是千疮百孔，进水严重，丝毫动弹不得，成为一艘废舰。航空母舰上的士兵排成一字队传递着水桶仍希望能够控制一下火势。"

日军对"企业"号航空母舰特遣部队的最后一波袭击也终于拉开了序幕。近藤麾下的日军飞机从迟到的"隼鹰"号航空母舰起飞，他们同样遭到了美军航空母舰特遣部队防空炮火的顽强拦阻，但最终还是成功地突破了美军的交叉射击。日机向"圣胡安"号防空巡洋舰扔下一枚重达500磅的炸弹，炸弹穿透脆弱的甲板在舰船下部爆炸，船舵被炸毁。日机扔下的另一枚炸弹命中"南达科他"号的前炮塔，在重甲武装的顶板之上爆炸，弹片无处可去，只能向上、向外爆射。

战列舰舰桥上的所有军官都被震倒在了甲板上，除了一名叫托马斯·盖奇的军官，他就是"南达科他"号的舰长。舰长当时正站在指挥塔前的狭窄甬道上，透过黄昏时的云霞和雾气，遥望着前面远处的"企业"号。舰长是一位颇受欢迎的指挥官，他对拿破仑的战争策略很有研究，对莎士比亚文学也做过研究，另外他对各国的战争史也有涉猎，是个多面手，因此在军队里小有名气。如果他还活着，他肯定会说："如果在日军的炸弹面前低头，身为一舰之长的我，将会感到万分羞愧，这简直有失尊严。"他逞强的结果就是飞溅的弹片呼啸着打在他的青色的颈部静脉上。军需组长官急忙过来帮他压住伤口，舰上的医生也赶到舰桥。一时间，盖奇生命垂危、行将逝世的传言四起。但对他来说，做好战争的准备高于一切；军队要极度重视气势和秩序，实行严格的编队和管制；同时严格的军队纪律必须能够促进军队的作战而不会影响军队的作战效率才行。他的健康状况连续多日一直是船员们谈论的重要话题。

"大黄蜂"号逐渐下沉、侧倾，舰上的熊熊大火再也无法控制，最终有111名士兵葬身其中。美军两艘驱逐舰"马斯廷"号和"安德森"号接到弃船的命令，要将"大黄蜂"号击沉。于是两艘驱逐舰指挥鱼雷炮组瞄准"大黄蜂"号发射了鱼雷，但"大黄蜂"号似乎是不愿死去，就算这样，也没有被击沉。于是两艘驱逐舰转而用舰炮射击，向"大黄蜂"号吃水线处发射5英寸炮弹。就这样，数百枚炮弹在"大黄蜂"号吃水线处爆炸，舰上因爆炸而引发的大火更盛了，但是"大黄蜂"号似乎还是不愿沉没。于是两艘驱逐舰不再继续对"大黄蜂"号进行轰击，趁着夜色离开了。夜色中被留下的"大黄蜂"号淹没在熊熊大火中，大火一直烧到约凌晨1时30分近藤的战舰赶来。近藤发现"大黄蜂"号时，舰上已是火光冲天，即使日军将其作为战利品收缴，也没有多大用处了。所以，最后是几枚日本鱼雷的齐射终结了"大黄蜂"号航空母舰，它终于沉入了大海。

一天之中，美军损失如此惨重。金凯德对战绩非常不满，美军一天之内就损失了一艘航空母舰，而日军的两艘航空母舰"瑞鹤"号和"隼鹰"号却完好无损，尚在远处虎视眈眈。此外，金凯德此刻尚不知道他们的空军早已遭到日军的打击，几近分崩离析。金凯德决定继续南撤，以期重整旗鼓。他将为放弃"大黄蜂"号的决定而遭到大家的指责。

海军少将阿部弘毅是日军先锋部队的指挥官，在未来的战斗中，他也将因为在做决断时太过小心、畏首畏尾而遭到谴责。要知道战场上的情况是瞬息万变的，机会稍纵即逝。10月26日夜幕降临时，他决定不再对金凯德的"企业"号航空母舰特遣部队进行追击。做出这样的决定当然不是因为缺乏战斗的热情，而是因为夜色太黑，敌友难分。他曾参加过埃斯佩兰斯角海战，他毕生的挚友五藤存知就死于这场海战。他曾听别人说过好友临终前气得爆粗口，大骂"八嘎呀路！"，因为当时五藤存知所率的"青叶"号巡洋舰误将美军认作友军，结果被美军重伤。

在"南达科他"号战列舰跟随已被日军炮火重伤的"企业"号航空母舰艰难地向南行驶期间，"南达科他"号的船员们决定为战死的战友举行海葬仪式，以缅怀他们的离开。天黑后，舰长托马斯·盖奇下令放慢引擎，让船停下来，这样才能在海上体面地为最先牺牲的两名战友举行海葬仪式。夜色深沉，阴郁的感觉重重地压在大家的心头。军队的牧师詹姆斯·V.克雷普吟诵祷文时，一直用力拉着离他最近的那名护柩者的腰带，生怕他因跌倒而越过船舷掉进海里。牧师用庄重的语调吟诵祷文："上帝赋予他们的魂灵已回归上帝身边，因此，就让他们的身体长眠大海深处吧……"舰长盖奇在舰船主甲板下的底舱，此刻他悲痛万分！他当时颈静脉被弹片击中，自觉所剩时日也不多了。所有参加仪式的士兵心里都明白盖奇舰长很有可能就是下一个长眠海底的大兵。克雷普吟诵祷文的同时，"南达科他"号上执行仪式的船员抬高托尸板的一端，使它倾斜起来。于是，尸体慢慢滑入海里，牧师吟诵着："愿主保佑你，留你在天堂……"此时，月光透过云层的缝隙照在舰上，照亮了甲板。克雷普觉得这就是灵魂不朽的征兆，人终有一死，只要相信灵魂不朽就能获得永生。

　　"南达科他"号战列舰把"波特"号驱逐舰上的幸存者救上船后，给他们提供了衣服、香烟、床铺等一切他们需要的物资。那天的战斗中，一架受损的"复仇者"式轰炸机失控扔下的鱼雷正中"波特"号驱逐舰。"波特"号驱逐舰轮机舱里的很多船员在鱼雷爆炸引发的大火中被严重烧伤，不少人在战列舰的医务室里不治身亡。"波特"号舰长要求克雷普等驱逐舰上的船员都聚集到船尾后再举行仪式。克雷普写道："他们穿着从'南达科他'号船员那里借来的衣服，在船的鸭尾艄站成一个马蹄形，听着我们的主耶稣基督充满爱与希望的话，他们悲痛万分，不禁泪流满面，忍不住拿袖子抹眼泪。但是等葬礼结束时，他们都是挺直了肩膀、高昂着头颅离开的。看着他们高昂的士气，我似乎听到海军部队里振奋人心的号角响起，鼓舞大家'坚持！坚持！再坚持！'"

　　10 月 26 日战斗结束后，"南达科他"号战列舰返回努美阿，那些受伤的士兵被送往医院治疗，他们自己却请求让他们返回战场、不过必须还要盖奇继续做他们的指挥官。盖奇舰长还活着吗？他们都迫切地想要知道答案。海军南太平洋部队的医务人员告诉他们，一切都很好。据说盖奇舰长的确是一位棘手的病患，但是牧师克雷普把他照顾得很好。按英国人的传统，盖奇作为舰长需要在弥撒上吟诵经文。舰长的信念无疑也给牧师带来了希望，克雷普认为海军队伍需要推崇一种信仰，自成体系的宗教信仰很有必要。他写道："军人的脑子里必须要有一种东西，这种东西就是信仰。如果没有信仰，那么乱七八糟的迷信思想就会填充他们的脑子……这样他们就不能勇敢地面对敌军的炮火，就会深陷畏惧和恐惧。我们的海军队伍作战时，携带的不仅有弹药，还有心底的那份信仰，这才是我们比弹药更有力的武器。""南达科他"号战列舰的士兵在作战时，时刻记着他们的信仰，这种信仰变作火力更为猛烈的弹药，给敌军以沉重的打击。跨越国际日期变更线时，克雷普欣喜地发现因为时区的变化，他们连续过了两个周日。

　　日军并没有浪费时间去对那天战斗中飞行员的表现开展乐观的评价。第二天，尼米兹在写给凯瑟琳的信中说："我希望我们能有更多的航空母舰，像他们声称已经击沉的航空母舰一样多。"但是毫不夸张地说，日军的确是取得了实质性的胜利。日本帝国海军驱逐舰舰长原为一对战斗的描述正印证了美军的说法，至少在舰船的损失方面的说法是大抵一致的。他是这样描述的："接战时，美军在战术和士气上是占优势的，但是他们过分自满自大的心态令他们付出了沉重的代价。美军在作战时机和地点方面抢占了主动权，但是他们没有想到，他们的对手——我们日军现在不同于当初在中途岛战役中那支反应笨拙的队伍，此次战斗中我军的先锋部队和突击部队都展现出惊人的灵活性、多样性，因此出其不意地给美军以重重一击。"

　　两军损失的飞机数大致相当，日军损失 97 架飞机，美军损失 81 架飞机。但在人员伤亡方面，美国稍胜一筹——美军取得的仅有的胜利大概就是这点了。日军首次集中遭遇美军最先进的防空炮火阻拦时，就有 148 名飞行员和机组人员阵亡，比中途岛战役时的伤亡数（110 人）几乎多出三分之一；南云的俯冲轰炸机队足足有半数机组人员丧生。而圣克鲁斯一战，美军飞行中队死伤 20 人，另有 4 名士兵被日军救出成为日军的俘虏。在日本帝国海军飞行中队准备室待命的指挥官也死伤惨重，有 23 名中队长、分队长阵亡。当天日落时，曾于 12 月 7 日参与过偷袭珍珠港军事行动的飞行员中有一半都在此次战斗中阵亡。"瑞鹤"号和"隼鹰"号航空母舰虽然没有受到严重损伤，但是因为飞行员死伤太多，没有人驾驶飞机作战，两艘航空母舰不得不返回日本补充兵力。日本海军在此次战役中损失了大量十分关键的精英飞行员，这种人才上的损失将永远无法弥补。日军舰长原为一对此有一个稍显保守却极其深刻的评价："考虑到我们的敌人在工业能力方面超前的优越性，我们必须百战百胜，而且要取得压倒性的胜利。但不幸的是，在最后一次战役中，我们并没有取得压倒性的胜利。"

　　此次战斗中，日军航空母舰也付出了沉重代价，一直以来负责指挥作战的老将南云忠一也是心力交瘁。在南云的战友看来，虽然开战还不到一年，但是他看上去仿佛因过度憔悴而老了 20 岁。不过，马上南云就可以松口气了，因为他很快就会从航空母舰突击部队司令的职位卸任，一艘驱逐舰的指挥官小泽治三郎将会继任，但是小泽治三郎究竟能否胜任舰队司令的角色还是未知数。

圣克鲁斯海战后，美军在南太平洋战场上就暂时没有能够执行作战任务的航空母舰了，直到"企业"号航空母舰在努美阿完成修复重回战场后，才能改变这种局面。随着"大黄蜂"号航空母舰的沉没，美军第17特混舰队也不存在了。而在"企业"号航空母舰返回努美阿进行修复的同时，"南达科他"号战列舰被调往"华盛顿"号航空母舰所在的第64特混舰队。

10月26日在瓜岛东面发生的海战中，美军航空母舰力量已经消耗殆尽。而敌军的舰队也返回基地以待重整旗鼓。于是哈尔西的航空母舰部队和山本五十六的航空母舰部队现在都处于修整状态，无力参战，那么未来几周内亟待见分晓的问题就是：究竟哪一方的水面作战舰队经过修整后将会实力大增并最终能够在夜幕降临前取得海洋的控制权！不管陆军作战多么英勇，如果海军在海战中失败，那么陆上的胜利也不会长久。未来几周内，美军在瓜岛的控制权将迎来最大的挑战，这一挑战将渐渐浮现在萨沃海峡幽蓝的海面上。

24

—

传闻秘史

10 月底，战争暂时平息了下来，两军忙于恢复元气、重整旗鼓。因为圣克鲁斯一战中航空母舰力量损失惨重，现在双方的作战节奏也慢了下来，慢得像热带地区慵懒的微风一样。伤痕累累的航空母舰撤回军事基地修复保养。而岸上，范德格里夫特将军的步兵有效击退了日方百武将军的手下毫无章法、毫无套路的攻击，战斗至此也暂时告一段落。尽管如此，日本海陆空三军依然持续向机场施压，美军疲于应对、心力交瘁。

10 月底，来自"萨拉托加"号航空母舰特遣部队第 3 侦察中队驾驶"无畏"式俯冲轰炸机的所有 19 名飞行员，皆因疾病、疲劳、严重的失重和"持续紧绷的精神状态"而无力继续参战，于是不得不被替换下来，不再轮番执行飞行侦察任务。中队的技工同样因为身体和精神的双重压力而疲于应对当前紧张的战斗任务，因此他们不再对飞机故障进行记录，所以目前飞机的基本预防性维修也顾不上了。只有当飞机运行出现故障时，技工们才会出马，至于平时的基本维护，因为迫于战争的压力，他们的身体渐渐衰弱、精神几近崩溃的边缘，所以也是毫无办法。圣克鲁斯海战中，军队的人力、物力就在这短短的几天内迅速消耗殆尽。盖格将军是瓜岛空军指挥官，他同样迫于战争的压力而濒临崩溃，不得不在每次警卫队换岗时，由他的参谋长——路易·伍兹准将——暂时代替他指挥作战。后者恰好获知几支新的海军陆战队航空兵中队将要登陆——目的是能够多少改变当前将寡兵微的局面。

10 月 27 日，哈尔西下令命"旧金山"号和"海伦娜"号在几艘驱逐舰的护航下，脱离第 64 特混舰队前往圣埃斯皮里图。此次任务中，他们将护送 3 艘运输舰运送兵力和物资增援瓜岛。因为凯利·特纳曾承诺范德格里夫特，"会优先满足"海军指挥官的增援请求，所以凯利·特纳派出快速运输舰"富勒"号和"阿赤巴"号从努美阿出发，运送重型火炮、弹药和其他物资增援瓜岛。其中的 155 毫米火炮将于 11 月 2 日抵达瓜岛，这将大大提高步兵抗击日军火炮的能力，因为一直以来日军埋伏在机场周围山丘里的火炮严重威胁着亨德森机场的安全。另一艘护卫舰装载着来自第8陆战团的援军，有了这些援军的加入，范德格里夫特的军力将大大提升，这样美军在岛上的战斗力将大大增强，范德格里夫特将军就可以指挥士兵在岸上对日军展开攻击了。

在这些分遣舰船到来的同时，海军上将戈姆利麾下的作战团队也将解散。哈尔西在努美阿上任不仅仅意味着戈姆利下台、其职位由哈尔西取而代之，同时即将被取而代之的还有整个总部的每一名军官。鉴于哈尔西特立独行的个性，他必须与他亲手挑选的团队一起工作才行。一直有个说法，那就是只有某种特定类型的海军才能任职于哈尔西麾下，这有点带半开玩笑的性质，但其实那就是哈尔西不希望自己的士兵不会抽烟、不会喝酒或者不会跟女人调情，他的士兵要样样在行才行。虽说这有些是玩笑话，但金将军听到这话肯定是要笑的。金将军向来消息灵通，这在军队里也是众所周知的。原来跟随戈姆利的军官中，第一个有职位变动的人就是极善交际的参谋长丹尼尔·卡拉汉，他就是像玩笑里说的那样的人。他在哈尔西麾下做远洋作战指挥。卡拉汉从海军上校一跃晋升为海军少将仅仅是"瞭望塔行动"开始前几天的事。卡拉汉实际是一名经验丰富的老海军，所以哈尔西派他回归海军，担任"旧金山"号的指挥官——"旧金山"号原来的指挥官是诺曼·斯科特，几天前诺曼·斯科特回家工作了。

10月30日，哈尔西对水面舰队指挥官进行部署时，指出"自9月15日以来，日军的攻势很有规律，都遵循大抵相同的模式"，航空母舰从马莱塔岛东北部的矩形海域出击，而增援部队穿过"狭槽地带"，跟进的航空母舰然后从西北偏北方向逼近。他指出，因为有海岸警卫哨、潜艇和远程空中搜索的帮助，通常我们能够提前两三天得知敌军海军即将逼近的消息，并警示我军提高警惕。他强调对敌军开展空中搜索应该与后续的空中和海上袭击相配合的重要性。他写道："发现敌军后，要通过航空通信手段尽快提交作战意见和建议。"

日军也面临着十分困窘的局面，至于目前日军处境究竟如何，哈尔西无从得知。但是日军因为受军队补给和石油生命线的限制，他们的行动越来越牢牢地被限定住。日军现在进行的"东京快车"计划里，驱逐舰平均每月要奔走6趟，以向瓜岛的北部海岸运送士兵、军火和关键的战时消耗物资。这些物资通常由6艘运输舰运送，由两艘驱逐舰担任护航任务。但日军当前的作战能力还远远达不到水准。每月仅仅36艘驱逐舰的增援量还远远满足不了日军第17军的作战需求。百武将军的部下算了笔账，每晚卸载 5 艘驱逐舰的增援，也就是每月卸载 150 艘驱逐舰的增援才能满足当前的战争需求。如果将重武器和配套装备的增援考虑在内，每月要运输 800 趟才够用，另外还需要 20 多艘水上飞机勤务支援船的增援，而这些船也急需燃料。正如历史学家乔纳森·巴歇尔所计算的那样，日本帝国海军每月要拨一半的燃料储备用于运输才能满足当前的需求。燃烧的石油如果以吨为单位计算，货船比运输舰要高效 30 倍。但是只要美军飞行员还控制着"狭槽地带"上空，日军想要通过慢货船增援的计划就不可能实现。这是一个棘手的问题：如果没有这些可运输重型设备的大型船舶，日本帝国陆军重夺飞机场的希望就非常渺茫。

唯一可行的办法就是，日军必须通过海上炮击的方式摧毁美军在机场的空军，削弱美军的空中优势。反过来，如果美军想避免 10 月中旬那晚的梦魇再度重演，唯一可行的办法就是将海面部队拉进战斗，取得夜晚的控制权。于是，战时"食物链"退回到古时最原始的那种方式，究竟谁胜谁败，两军相遇，一场海上厮斗即可立见分晓。

因为已经 10 月底，时间非常紧迫，所以哈尔西继续抓紧时间调整军队部署。30 日那天，哈尔西命诺曼·斯科特率领由"亚特兰大"号和 4 艘驱逐舰组成的一支小型特遣分队，前去支援并保护陆战队免受驻扎在科鲁兹角的日军的侵袭。陆战队正穿过马塔尼考河前去保卫亨德森机场西侧。该舰队不管以何种方式，终将参与战斗。

在 11 月 1 日一篇题为《海军有重大部署，即将在所罗门展开生死一战》的报道中，《纽约时报》记者查尔斯·赫德写道："最终，争夺瓜岛的两军必将有一方因支援不足而败下阵来……海上争夺战即将进入另一个新阶段。这场激烈的海陆空战役或者可能随时都会打响，或者可能再过几个星期的时间也不会打响。究竟会是何种情况我们无从得知，因为军方尚未做出任何决定。"

如果金将军不通报给新闻媒体的话，他们自然不会知道。金将军跟新闻界可不是什么好朋友。记者汉森·鲍德温曾报道了战前军队在巴拿马的演习，最后懊恼地发现其中一封发往《纽约时报》的电讯稿件在审查过程中被毙掉了，而原因只是他提到了一位指挥官的高尔夫球得分。现在战争迫在眉睫，审查只会更加严格。坊间一直流传说，金将军对待新闻界的办法就是一直保持沉默，直到战争结束，然后再宣布："我们赢了！"金将军告诉《科利尔杂志》的一位记者说："依目前情况来看，我认为我们告知公众的任何消息肯定都会传到敌军的耳朵里……我不希望透露任何消息给敌军，因为敌军有了这些消息做参考，他们的作战计划只会更加缜密，他们会步步为营，稳扎稳打，这是我们所不希望的。我就是要对外界保持沉默，其实我一直都是这样的，并且也将永远保持沉默。"军队的保密工作做得如此严密，就连海军正式承认其在新赫布里底群岛和斐济群岛建有军事基地这样的事，也成了大新闻，登上了《纽约时报》10月中旬这期的头条。

《芝加哥论坛报》一位名叫斯坦利·约翰逊的记者获知了军队最严密保守的秘密之一，那就是美军已成功破解日军通信编码，而且海军已具备追踪日军舰队动向的能力。在一篇关于中途岛的报道中，他透露了参战敌舰的信息，而这些信息只有日方才有。这显然暴露了美军已成功破解日军通信编码这一事实，海军因此指控该杂志，但在控诉前似乎没有事先考虑过这样做的后果。就海军控诉报社透露机密信息一事，《芝加哥论坛报》开始就政府的压制行为发表社论。因为诺克斯部长在战前就是某一日报的出版商，该日报与《芝加哥论坛报》之间存在竞争关系，所以《芝加哥论坛报》的控诉反而显得更加有理了。海军对此无法做出任何回应，只能干着急，因为其诉讼理由涉及国家敏感机密。当然也根本不可能通过法庭来解决，因为陪审团中大多陪审员都拒绝起诉。

在南太平洋战役开始的前两个月里，美军的舰队行动一直都很低调。切斯特·尼米兹能够在不泄露真正有新闻价值的信息的同时对来访的记者表现得彬彬有礼、热情好客。海军坚持称，一切进展顺利，美军即将对日军展开主要攻势，迫使日军北退。萨沃岛战役打响的消息最终于10月中旬传来；几周后，"大黄蜂"号航空母舰牺牲的消息又传来，海军在公众中的信誉因此受到威胁。历史学家罗伊德·J.格雷贝尔写道："海军对新闻发布的管理不善，对信息发布的时机掌握不佳，在信息披露的坦诚方面也做得不够。据一位知情人士透露，美国公众甚至开始相信日军对珍珠港战役的报道比我们自己的报道更加可信，这也使得日方在后续战役中相继公开的作战胜利的系列声明更加具有可信度。"

鲍德温因为10月份发表的那篇新闻而被邀请参加一场11月份的联合战略调查委员会联席会议，这是在美国公共卫生服务大厦举行的一场"庄严而秘密的会议"，地点就在宪法大道海军大厦的对面。鲍德温被要求坐在一张长桌前，并秘密地为他在瓜岛所看到的一切作证。另外出席这场会议的还有25～30名来自各部门的身穿制服的官员。关键问题是他不能将此事告知《纽约时报》的老板。他同意了这些要求，并作为见证了前线战况的证人进入了会议室。

鲍德温说："我在会议上说的当然比在新闻里写的更加坦率。"他描述了"北卡罗来纳"号如何被鱼雷击中的情形，而当时战场上仅剩一艘战列舰和一艘航空母舰，"我们当时就这么硬撑着，我如实说了舰船的损毁情况以及在萨沃岛海域损失的多艘巡洋舰，并在这次秘密会议上列出了这些巡洋舰的具体名称。一位海军上校愤怒地站了起来，说：'我抗议！我抗议！这是绝密资料！金将军下达了严格的命令，任何人都不得知道！'"

鲍德温对这位上校说："当然了，我明白这是绝密资料，所以我并没有公布损失舰船的名字和确切的损失，也没有透露任何其他细节，我也没有想过要这样做。（调查委员会）有人让我到这儿来，并对此事完全保密，甚至连报社也不能告诉，我已经按照要求这样做了。"这位上校一再强调战争保密的重要性，鲍德温渐渐觉得当时参战的很多将军，他们作为该委员会的一员向总统提供了很多军事部署建议，但实际上他们对8月份发生在瓜岛外海域的战斗的实际情况知道得并不清楚。鲍德温觉得"那些对战争整体情况并不是很了解的人却担任着指挥战斗的重大使命，真的是太过于拿战场当儿戏了。"

不过现在这种情况已经开始慢慢好转。"博伊西"号将从埃斯佩兰斯角海战发来战果报告给海军少将斯普鲁恩斯，斯普鲁恩斯看过后又马上将报告从努美阿空邮到了珍珠港，交给了尼米兹，之后尼米兹又传给了金将军，现在大家都意识到了及时共享信息的关键性。不过虽然信息共享时效性的问题解决了，但是新的问题又出现了，那就是信息在传递中出现的失真现象——很多舰船并没有在战斗中取得骄人的战绩反而因为某些不切实的报道而名噪一时，相反，那些在战斗中切实做出了突出贡献的舰船因为没有报道反而默默无闻。一份战果报告中写道"'博伊西'号6次命中敌舰"，但是等传到新闻界，却变成"博伊西"号击沉敌军6艘舰船。一位海军公关甚至称"博伊西"号为"仅有一艘舰船的特遣部队"。这种炒作的结果就是，很少有人知道胡佛舰长和"海伦娜"号，他们在瓜岛海战中的贡献不比"博伊西"号少。11月下旬，"博伊西"号返回费城海军造船厂接受整修，因饱受战争摧残而伤痕累累的舰船完全暴露在公众视野下，这时真实的战况才得以揭露。

"博伊西"号在埃斯佩兰斯角海战中的精彩表现的消息传来的同时，萨沃岛战役损失惨重的消息也一同传开。记者开始质问海军的作战部署问题，金将军也开始学着像尼米兹那样跟记者打太极。他安排与新闻记者会面，会面地点就在他的律师朋友科尼利厄斯·布尔在弗吉尼亚的家里。11 月 6 日是他第一次与记者们会面，8 名记者轮番提问，金将军一一做出回答，并一一反驳了坊间对瓜岛军事行动失败的谣传，还澄清了新闻界对于海军重重阻挠新闻咨询的问题。他辩护说行动初始阶段之所以对新闻界保密是出于行动安全的考虑。他说："同样，我们有充分的理由相信，日军同样对战争行动进行了不亚于我们的严格的保密审查，他们的民众也不知道他们的军队究竟取得了怎样的成功与失败的战绩。"他还破例跟记者们喝酒。4 个小时的晚会终于为海军重新赢得了新闻界的支持。一位与会者说："当晚会结束，记者们纷纷离开，向金将军告别时，他们真的是已经百分百支持他了。"会议书记员起初称这种会面为"星期日晚祷服务"，这种会面还会继续在布尔家进行下去，直至 1944 年战争结束。

　　战争信息办公室负责人埃尔默·戴维斯认为适当宣传一下海军部队在所罗门群岛所做出的开创性努力是非常重要的，却又感叹："但其实政府官员并不觉得海军有任何功劳可表，也不会以任何形式或任何方式将他们的这些功绩告知民众。"不过，很快民众就会迫不及待地想要了解战区的情况，民众对战争的好奇心是不容忽视的。如果新闻界能够做到不干涉海军，让海军安心作战，以全力赢得战争，那么海军迟早也会对新闻界让步，将自己的故事告诉新闻界，并通过他们将自己的故事告诉广大民众。

25

特纳的抉择

"亚特兰大"号防空巡洋舰不再作为航空母舰特遣部队的护卫舰参与战斗，它一路摆脱了敌军潜艇的纠缠，安全穿过鱼雷经常出没的海域，驶入西拉克海峡，逼近隆加角，它将投身于一场协助友军在岸上开辟一个新战场的任务。爱德华·科尔伯依写道："快破晓时，我们看到飞机闪烁着信号灯不时地降落、起飞。天空中炸弹不时爆炸的强光照亮了天幕，显然海军陆战队正同日本人交战。"

一位海军陆战队少校乘汽艇来到船上，协助大家观瞄火炮的射击位置。"亚特兰大"号驶入有效攻击范围后开火，由"空中眼镜蛇"战机协助作战。战机盘旋于敌军上空，通过俯冲扑向目标的方式，为"亚特兰大"号点明敌军目标所在的位置，并通过无线电通信随时校正舰船的攻击方位。诺曼·斯科特的舰队在另一侧海岸线进行协助，他们一路从马塔尼考河三角洲向上到达塔萨法隆格角。战斗结束时，可以看到舰身上的灰色油漆开始从弹孔的位置逐渐向周围剥落；"亚特兰大"号尾艄上散落着5英寸炮弹的弹壳和已空空如也的弹药箱；战场上随处可见日军丢弃的炮台、补给和弹药，这些对日军来说已经没什么用处了。甲板上的士兵正用消防水管对炮管进行冷却时，少校公布了他的下一步作战计划——返回岸上。他眼睛里噙着感激的热泪。科尔伯依说："他的确得好好谢谢我们，我们把岸上的日军打得屁滚尿流，这在所罗门群岛一系列海战中，足以载入史册了。"

因为哈尔西承诺一定会给予帮助，而且后续的增援马上就能来到，所以范德格里夫特将军于10月30日提前下达了军事行动命令，要对敌军发起反攻，向亨德森机场西部推进。目前美军仍处于战争防守状态，西进是冒险之举，但是这无疑能够激发部队的士气，士兵们反而会使出浑身解数、奋力一搏。他们做好了倾尽全力投入战斗的准备，只要是机场上炮火射程范围内的敌军他们都会努力驱逐；对于驻扎在马塔尼考河三角洲的任何敌军队伍，他们也都会对其围而歼之。11月1日，第5陆战队的两个营，凭借炮火力量的协助，一度越过马塔尼考河，杀入敌阵。但美军士兵忙于作战，早已有些精疲力竭，加之疟疾的困扰，日本人最终化解了美军的这场攻击。当时美方援军还没有及时赶到，范德格里夫特已经没有足够的兵力保全机场，也没有多余兵力对日军展开一系列攻击，于是日军第 2 师团（仙台师团）的残部因此免于一劫。

美军舰队在此次战争中扮演着多个重要角色，每个角色都各有各的挑战性：保护瓜岛补给线，发射炮火镇守岸上的海军陆战队阵地，并直面敌军战舰、潜艇和飞机等一系列可能的攻击等，这些都不是轻松的任务。哈尔西命特纳全权指挥瓜岛上的海军部队，命卡拉汉和斯科特指挥巡洋舰特遣部队，这支特遣部队是由残余舰只随意组合起来的。金凯德仍在努美阿忙着"企业"号航空母舰的抢修，而李将军麾下的第 64 特混舰队则避开了日军的空袭范围，悄悄潜入了瓜岛南部。

哈尔西尚未从之前的航空母舰之战中缓过劲儿来，迫于需要调配战舰完成护航任务的紧急使命，他没有将主要战舰用作突击部队，而是充分调动现有兵力，将巡洋舰和驱逐舰从护航舰队剥离，一路向北搜寻敌军。11 月 4 日，范德格里夫特率舰队沿海岸线西进，特纳命"旧金山"号重型巡洋舰、"海伦娜"号轻型巡洋舰及"斯特瑞特"号驱逐舰攻击日军阵地。他们沿海岸线攻破 4 处缺口，"海伦娜"号沿途共射出 1 200 多枚 6 英寸炮弹和 400 多枚 5 英寸炮弹。虽然这顶多算是一场实弹演习，但也足以让丹尼尔·卡拉汉熟悉他的旗舰"旧金山"号上的一切作战工具，以便在未来的战斗中更好地进行战斗部署。

日军似乎对美军海军力量的这次挑衅感到十分不安。尽管"东京快车"计划还在持续进行，不断有兵力及物资运到岸上，但是由于目前缺乏联合舰队的强力支撑，日军对于美军的挑衅无力回应。据特纳所说，缴获的日军文件和日记表明，美国军舰在这时的出击给日本海军以强有力的震慑，他们不得不再另外增加数千援兵，以保证有充足的兵力再次对亨德森机场发起攻击。

因为日军在瓜岛上处于劣势，第 17 军恳求日本海军第 11 航空队紧急增援。11 月 5 日，伴着第一道曙光，冢原将军麾下第 11 航空队的战机从高空蜂拥而来。但因机场上空有厚厚的云层阻挡，日军的 27 架"贝蒂"和 24 架"零"式战机无法展开攻击。相比之下，日本海军部队的作战环境要幸运多了。当天晚上，"天龙"号轻型巡洋舰率 15 艘驱逐舰前往日军在塔萨法隆格和埃斯佩兰斯角的卸载点，日军刚卸载了一个团的兵力，就遭到范德格里夫特先头部队的攻击。这一个团的兵力仅仅是日军增援计划中小小的一部分而已，日军"东京快车"计划中预计运输的增援和补给远远不止这些。美军情报人员监听到日军从特鲁克和拉包尔通过无线电传送的消息，他们需要的增援兵力比现在"东京快车"计划的增援兵力要多得多。山本五十六现在正忙于兵力资源的整合，预计要运送一整个师的兵力到现在已经处于大战边缘的瓜岛。

第二天，布干维尔岛南的一个海岸警卫哨报告，发现日军的33艘运输舰正逼近肖特兰岛。两天后，也就是11月8日，另一处海岸警卫哨也发来警告，称日军在布干维尔岛北端的十几艘运输舰正通过布卡通道向东南方向行驶。

11月8日，哈尔西抵达亨德森机场，对目前战争的准备情况进行了巡查。他知道日军目前正全力以赴准备争夺瓜岛。他开始考虑下一步行动计划，同时反思几周前圣克鲁斯海战中的成败得失。在圣克鲁斯海战中，为打击日军的优势兵力，哈尔西将仅有的两艘航空母舰均投入战斗，这使他彻底失去了"大黄蜂"号，也使仅剩的一艘航空母舰——"企业"号备显珍贵，所以后续战斗是万万不能再失去这艘航空母舰了。"企业"号对于海军意义重大、万分珍贵，小威利斯·李的战舰、"华盛顿"号、"南达科他"号战列舰以及整个太平洋舰队中最强大的水面舰队都将跟随"企业"号展开行动。这样一来，岸上的海军陆战队将再次因为缺少强有力的航空母舰舰队的支援而暴露在敌军猛烈的炮火之下，也将再次集合海军的轻型舰艇，共同抵挡日军的猛烈攻击。

为给哈尔西接风，范德格里夫特命令船员餐厅的服务员，要他们为他的上级哈尔西上最好的菜肴。范德格里夫特告诉他们："我知道现在物资紧缺，没有条件做一道像样的菜，但就算这样也一定要为哈尔西上将上最好的菜。"在战场这种尘土漫天、疾病肆虐的恶劣条件下，一罐斯帕姆午餐肉已经称得上四星级的美食了。范德格里夫特的厨师用豆子、脱水土豆和几块罐装肉炖了一锅灰色的咸味汤，之后又上了一道用几片熟了的斯帕姆午餐肉和煮熟的豆子拼成的粗糙的菜，最后的甜点是用水果罐头制作的酥皮桃肉馅饼。

吃完饭，船员收走餐盘后，哈尔西说："我想我该称赞一下为我们制作晚餐的厨师。"于是范德格里夫特召来一位身材魁梧、面色红润的中士，他似乎是为了给哈尔西烹饪菜肴而刚刚临时从前线调回的。哈尔西对他说："孩子，我要表扬你。今天的晚餐跟我在华尔道夫吃的晚餐一样美味。世界上再找不到第二道这么好喝的汤了。我从没吃过这样烹饪的牛肉和斯帕姆，很有创意。这个豆子也做得恰到好处。还有你做的馅饼，就是那个酥皮桃肉馅饼，连我母亲都不会做呢！"在哈尔西的赞美之下，中士害羞得脸越来越红，最后只能结巴地说："噢，上将先生，都是平平常常……的食物而已。"

那天晚上，日军的一艘驱逐舰逼近瓜岛的海岸线，给南太平洋舰队总司令哈尔西以沉重打击。因为没有任何舰队的保护，哈尔西第一次发现自己竟身处如此尴尬的境地。当亨德森机场遭到日军攻击时，他渐渐被恐惧笼罩。此时他写道："我此刻万分清醒，不过并不是因为外面连天的炮火震耳欲聋的爆炸声让我出奇地清醒，而是因为太过惊恐。我觉得自己真的很胆怯，不，甚至比胆怯更甚，我告诉自己，'滚去睡觉吧，你这该死的懦夫！'但还是无济于事，我的头脑依然出奇地清醒。"

美军的3支护航舰队正在驶往瓜岛的途中。回到圣埃斯皮里图后，他们在舰船上装载了最新的5英寸炸弹，以补充快枯竭的军火库，之后"亚特兰大"号的船员们又奉命返回大海。11月9日8时30分，诺曼·斯科特作为特遣部队指挥官登船指挥，"亚特兰大"号还带领着4艘驱逐舰，分别是"阿伦·华特"号、"弗莱彻"号、"拉德诺"号和"麦卡拉"号，舰队从圣埃斯皮里图出发，任务是护送3艘货运船舶。11月10日拂晓前，另一支舰队，"旧金山"号领衔的舰队也驶离圣埃斯皮里图，船上载着海军少将卡拉汉和舰长卡辛·扬，卡辛·扬代替了原来的舰长查尔斯·H.麦克莫里斯进行指挥。该舰队中除了"旧金山"号，还有"彭萨科拉"号重型巡洋舰、"海伦娜"号轻型巡洋舰以及"库欣"号、"拉菲"号、"斯特瑞特"号、"肖"号、"格温"号、"普雷斯顿"号和"布坎南"号驱逐舰。海军上将特纳本人也正在从努美阿赶来的路上，他率领的是第67特混舰队。他的旗舰"麦考利"号运输舰，率领着"杰克逊总统"号、"亚当斯总统"号和"新奥尔良"号运输舰行驶，担任护航的是巡洋舰"波特兰"号、"朱诺"号以及驱逐舰"奥班农"号、"巴顿"号和"蒙森"号。运输舰安全抵达锚地后，特纳决定将巡洋舰和驱逐舰单独整合为一支突击部队。

11日上午，斯科特的"亚特兰大"号特遣部队安全抵达瓜岛，护送的3艘运输舰也陆续开始在伦加角附近卸载兵力和补给。天黑后，斯科特的护航舰与卡拉汉的护航舰只合并为一支舰队。特纳的运输舰共卸载了6 000名士兵，这样美国在瓜岛的驻军升至29 000人。哈尔西命"彭萨科拉"号重型巡洋舰以及"普雷斯顿"号和"格温"号两艘驱逐舰回归"企业"号航空母舰特遣部队，以增强"企业"号航空母舰特遣部队的战斗力。当天晚上，合并后的巡洋舰队搜遍萨沃海峡却一无所获。12日黎明，另一组运输舰也安全抵达，停泊在库库米。日出后，这些舰只遭到日军岸上炮组猛烈的炮火攻击，美军派"海伦娜"号、"肖"号和"巴顿"号平息了战斗。

清晨的宁静是超现实的，海面像玻璃一样平静无澜，晴朗的天空，灿烂温暖的阳光，一切看上去都是这么美好，殊不知，一场大战即将打响。来袭的日军飞机现仍在数百英里之外。在"海伦娜"号上可以看到远处岸上的目标被炸弹命中爆炸，莫里斯写道："炮手的射击就像是在演习一样，瓜岛就像是为他们准备的方便他们随时轰炸的目标一样。经过长达一个小时的狂轰滥炸，岛上的椰子树倒了一大片，丛林中也被炸出一条一条的小道。海军工程兵施工大队的推土机恐怕也从未有过这般惊人的动工速度。炮弹爆裂的弹片能往四周射出好几码远。我们看到敌军万分惊恐，争先恐后地爬上了山坡。我们看着他们死在我们的炮弹之下。""布坎南"号和"库欣"号驱逐舰沿海岸线一路向西攻击日军，所经之处皆被夷为平地，敌军停靠在海滩上的数十艘小驳船也被炮火摧毁，敌军不得不将弹药库和补给转移至岛内。

此次轰炸对于岛上的步兵来说意义重大，但是美国海军面临的最大挑战却在海上。舰队指挥官诺曼·斯科特也将是迎接海上挑战的最合适人选。在埃斯佩兰斯角海战中，他凝视着黑夜的虚空，斜眼看着敌军炮弹爆炸的火光，在脑子里研究那些不明船只的黑影，在一次次反思的过程中，他积累了丰厚的作战经验，这将是他成功率领舰队取得胜利的基础。尽管此次战斗并没有取得决定性的胜利，却把一个人锻炼成为真正的战士，当然他骨子里本身就是一个战士。后来斯科特成为水面舰队指挥官中的常胜将军，这算是唯一可以对他的能力给予认可的一种身份地位的象征。他不断在战争中总结经验教训，始终以严谨的态度认真对待每一次战斗。

斯科特很快就将学到重要的一课，那就是作战的要义在于果断拿起枪炮对准目标，就这么简单。而这一课在世界各地其他战场上也同样用得到。毕竟烦琐的军旅训练最重要的目的就在于对士兵性格的塑造，训练他们将一切行为变成下意识的习惯，这样遇到危险他们才能够迅速高效地做出回应，才能在那至关重要的半秒钟内条件反射式地迅速做出生死攸关的重要抉择。即使是满载着操舵高手、海军副官和才华横溢的"万事通"的舰船，如果他们在战争中思前想后、犹犹豫豫凭感觉作战的话，在面对行动敏捷、队伍紧凑、出手果断的对手时，也会在一眨眼的时间内输得一败涂地，因为他们的对手早已快速瞄准目标，敏捷而果断地开火。从珍珠港海战到阿拉曼战役再到斯大林格勒战役，领导世界各地各种战役的将军们都在战争中明白了这个真理。斯科特将军同样历经沙场磨砺，对这一真理深信不疑。在世界的另一头，德军被俄军困在斯大林格勒，两军展开了殊死较量。在北非，英国军队在阿拉曼大败非洲军团，已赢得决定性胜利。很快，南太平洋战区也将迎来一个新的转折。

斯科特是在炮火下成长起来的，睿智而聪明，加上他之前丰富的作战成功经验也让大家对他更加信服——斯科特知道什么时候用什么样的武器来打击敌军能够收到最好的效果，获得最大的胜利。他跟特纳一样，有充分的时间去思考同日军"东京快车"展开的一系列战斗，并从中总结出一系列经验教训。8日，斯科特在写给哈尔西的简讯中说："要重点打击日军轻型舰队，必要时可用5英寸以上的大口径炮轰击日舰。让5英寸的AA式防空炮去击沉一艘驱逐舰或许是不可能的，那只有用更大口径的火炮才能抗衡日舰在战斗开始时就习惯性投放的鱼雷。'亚特兰大'号仅装备了占存量10%的普通MK32型高平两用炮，要想让战斗力不太强的鱼雷驱逐舰产生最大的杀伤力，应该分配两门或两门以上的大口径炮给突击舰队，配合鱼雷驱逐舰的作战。"

斯科特悟出的这些战略战术是以在一场场战斗中牺牲的无数优秀士兵为代价的。虽然他强调要为舰船配备更大口径的枪炮，但"彭萨科拉"号重型巡洋舰已经从南太平洋调离。埃斯佩兰斯角海战的胜利在很大程度上仰赖"海伦娜"号的扫射和"博伊西"号的6英寸炮组——相比于防空巡洋舰，他更喜欢被舰炮全副武装的舰船。"彭萨科拉"号巡洋舰本身就存在一些问题。它是第一艘违反条约规定配备了8英寸口径舰炮的巡洋舰，即使在风平浪静的海域也有重心不稳而导致偏摇的危险，这将极大地影响舰炮射击的准确性。每一轮舰炮齐射时，"彭萨科拉"号的接缝处都像是要爆裂一样震颤。所以，尽管"朱诺"号或者"亚特兰大"号可能更适合承担为美军在南太平洋战区的最后一艘航空母舰护航的任务，但是担任护航的却是"彭萨科拉"号，而那些防空巡洋舰却被调往前线作战。虽然可能斯科特并不希望这样，但这样才能充分利用舰船，发挥各艘舰船的最大功用。

"亚特兰大"号不像其他旗舰那样，有可以留给将军和船员休息用的额外空间，但斯科特对此并不介意。"亚特兰大"号的副炮长劳埃德·马斯廷说："斯科特大部分时间都在舰桥上指挥作战或思考战略战术，而一般的指挥官大部分时间是在驱逐舰旗舰上指挥作战。舰长斯科特平时坐的椅子就在驾驶舱右舷侧的角落里。他在左舷侧的角落也放着这样一把椅子。斯科特将军在日日夜夜的漫长时间里，就坐在这把椅子上。甲板上的工作人员跟他一起在驾驶舱度过这漫长的时光。有时，他就坐在驾驶舱翼桥一侧的门内，脚搭在另一把椅子上，平易近人、友善亲切，而且非常健谈。任何事他都能跟大家讨论得头头是道。"一般的将军通常会待在军官起居室里，跟工作人员隔离起来，不喜欢他人打扰。但是斯科特并不介意同旗舰上的工作人员打交道。马斯廷说："我们就是舰长的眼睛和耳朵，在跟我们的交谈中，将军也能获得一些关键消息。他不在舰桥上时，我们更要当好斯科特将军的眼睛和耳朵。"

从凯利·特纳的总部发来的调令绝对让大家出乎意料。当卡拉汉和斯科特的舰队合并为一支单独的舰队即调令中提到的第67.4特混舰队后，斯科特将位列卡拉汉之下，听从卡拉汉的指挥。实际上哈尔西本人私下里跟斯科特的关系更为亲近。但因为卡拉汉晋升海军少将这一军衔的时间比斯科特要长15天，按军队的传统就产生了这样一个荒谬的结果：曾因缺乏战斗意识而被免职的卡拉汉，当上了战地指挥官参谋长，而斯科特这位唯一经过实战检验的美军水面舰队格斗士，却因为仅仅比卡拉汉少15天军龄而位列其下，作为突击舰队的战术指挥官参与战斗。

卡拉汉在"新奥尔良"号重型巡洋舰上任职时，结识了一位名叫罗斯·麦金泰尔的军医。这位军医后来成为富兰克林·罗斯福总统的私人医生，是他建议总统任命卡拉汉为海军副官。接到任命前，卡拉汉在一艘主战舰上担任指挥，当时怀才不遇的他非常沮丧，但是他依然尽心尽力、尽职尽责地履行义务。1941年春，他恳求参与海上作战，于是总统任命他指挥"旧金山"号作战。一年后，他奉命担任戈姆利的总参谋长。同年10月，似乎是命运的轮回，哈尔西上任后，卡拉汉卸任，当时能够派给卡拉汉指挥的最合适的战舰就是他原来指挥过的"旧金山"号，于是他又回归"旧金山"号，不巧的是此时的"旧金山"号正处在风口浪尖上。

他回归海上作战的消息让"旧金山"号上的船员们备感喜悦，在"旧金山"号上，大家亲切地称呼卡拉汉为"丹叔叔"，因为他喜欢与人合议。第67特混舰队麾下的另一艘重型巡洋舰"波特兰"号上的船员们也很高兴，因为卡拉汉曾经也是他们的副舰长，还完成了之前很多任副舰长不可能完成的任务——成为挑剔的舰长最得力的左膀右臂。虽然出生于奥克兰，成长于旧金山，但卡拉汉的职业生涯却过早地暗淡下来，据说，1915年，卡拉汉在"特鲁斯顿"号驱逐舰担任机械军官时，因为涉嫌对一些机舱设备管理不善而被告上军事法庭（最终以完全无罪释放）。

不过，他升任的消息却给"亚特兰大"号的船员以沉重打击。"亚特兰大"号的船员们本来还为斯科特能够率领他的旗舰加入战斗而狂喜不已，现在斯科特卸任，转而由卡拉汉代替，大家都显得垂头丧气。斯科特作为旗舰舰长、战绩显赫的海军少将，其在海军中的威信不言而喻。现在尽管斯科特依然参与战斗，但是他能做的仅仅是向卡拉汉提供建议、跟卡拉汉共同商议作战计划而已（当然前提是卡拉汉得主动找他商议），都是些对战争不会有实质性贡献的工作，其他的就是听从卡拉汉的命令了。这对一众士兵来说是一种打击，更是一种耻辱，因为斯科特亲身经历一系列惨烈的战斗，以众多优秀士兵的牺牲为代价、辛苦积攒下来的战斗经验，如今却毫无用武之地了。

卡拉汉替代斯科特升任指挥官后，唯一没有改变的就是"亚特兰大"号依然要同战机一起外出搜寻敌军。但极具讽刺意味的是，就算是斯科特本人可能也不会把"亚特兰大"号留在特遣部队里，即便他一直负责"亚特兰大"号的调度安排。在这支强劲的团队里，"亚特兰大"号防空巡洋舰就像是被一群狼包围的小狐狸一样，显得格格不入。

就在大批美军集结整合的同时，美国无线电情报部门获悉日本大批海军力量也正在北部集结。哈尔西在视察亨德森机场后回到努美阿，对太平洋舰队无线电密码分析专家发来的简讯进行了一番研究。因为日军对无线电代码组和呼号做了改动，所以传来的消息对美军而言几乎是乱码，但他们依然能够从这份貌似乱码的简讯中断定，就在11月8日，几乎是在哈尔西与范德格里夫特一同就餐的同一时间，山本五十六的海军力量已经收到命令展开行动。未来几日，日军整体的参战兵力将会达到空前壮观的规模：2艘航空母舰、4艘主力舰、5艘重型巡洋舰，以及约30艘驱逐舰都将参与此次战斗。美军对日军作战兵力的评估大致是准确的，虽然高估了日军航空母舰现有的战斗力，同时也没有参透山本五十六已经着手展开的复杂计划。

日军11月8日发给舰队的行动计划是要求将田中将军所率的11艘运兵船安全送达塔萨法隆格和埃斯佩兰斯角处的卸载点。这些运兵船上搭载着7 000名士兵，以及足够维持30 000名士兵生活20天的物资，另外还有火炮弹药补给。此次行动中担任护航的是日军的10多艘驱逐舰。在更远的东部，等待运兵船登陆的是联合舰队的一支强大兵力——近藤将军的先遣部队。该部队麾下有"比睿"号、"雾岛"号、"金刚"号和"榛名"号4艘战列舰，另外还有3艘重型巡洋舰、3艘轻型巡洋舰和21艘驱逐舰。此外，三川将军还率领着一支突击部队，麾下有"鸟海"号、"衣笠"号、"熊野"号和"玛雅"号4艘重型巡洋舰。这些舰船因为曾遭到美国空军的狂轰滥炸而伤痕累累且有严重磨损，并且这次仅有"隼鹰"号这一艘航空母舰能够随队出动，对此次的大规模卸载计划进行空中掩护。太平洋舰队传给哈尔西的简讯还暗示，日军正在布因地带集合空军力量，将于运兵船登陆 3 天之前发起集中攻击。尽管日军士兵忍饥挨饿、日军飞行员队伍的意志力正在变得薄弱，但是他们依然决定绝对不能放弃重夺瓜岛的计划。日军依然可以凭借其战舰队伍强大的攻击力发起进攻。

11 月的第 2 周，瓜岛海战进入一个新阶段。在特纳写给卡拉汉的关于美军第 67 特混舰队未来作战计划部署的信件里，特纳预测日军未来的攻击模式会像气象学家的预报那样：10 日展开空袭，白天也会不断加强兵力持续展开攻击；运兵船队也将在护航队的护送下从布因启程；之后，战列舰和巡洋舰将分别对亨德森机场展开炮击；日军舰载机也会陆续展开攻击；然后他们会在空中形成密集的火力网对我军展开轰炸；最后在另一波日本海军炮击的掩护下，日军将在埃斯佩兰斯角或者科利角展开两栖登陆。日军的实际行动同美军最初预测的情况相差不大，行动仅仅比预测的时间延后了一天左右，但是日军这次是真的来了，他们的兵力物资得到充分的补给后，将如狂风暴雨般迅猛袭来，容不得美军懈怠。

特纳此刻面临的最紧迫的决定就是如何部署现有兵力以对抗日军迎面而来的水上舰队，这可以说是美军面临的最致命的威胁。因为尚未搜寻到日军运兵船的位置，他猜想日军此次行动可能有两个目的：夜间袭击美军的运输舰，或者炮击亨德森机场和范德格里夫特的步兵阵地。这样一来，特纳就面临两个选择，或是继续将作战舰艇留在锚地以守护运输舰，或是派出作战舰艇同日军在海上正面开战以使亨德森机场免受日本海军的狂轰滥炸。

因为夜间海上的控制权至关重要，所以特纳选择了后者。他没有出于自己眼前安全的考虑而选择前者，而是派出第 67 特混舰队的整个巡洋舰舰队交给卡拉汉率领，正面迎击日军。如此一来，守卫泊于锚地的运输舰的主要掩护力量就被剥离了。这是一场至关重要的赌博，因为特纳本来是可以将战舰留在登陆点附近的锚地保护他的运输舰的。显然，他做这个决定已经认真考虑过了在战争初期美军所犯的一系列错误——当时美军将巡洋舰舰队分散部署在萨沃海峡，导致力量过于分散轻易就被敌军的优势舰队摧毁。战场上瞬息万变，很多决定往往都在一念之间。现在 3 支独立的舰队机缘巧合地一下子都聚集到了一处，战争迫在眉睫，我们也终于有机会将注意力集中于一处，密切关注这里的战况了。特纳在写给卡拉汉的信中说："看来敌人终于要倾尽全力打击我们的'仙人掌'航空队了。如果你能够给敌人以沉重打击，那比守卫我的运输舰要重要得多。祝你好运，丹。愿上帝保佑你们所有人，并赐予你们力量。"

　　哈尔西痛苦地意识到，他唯一的航空母舰"企业"号前部的升降机几乎要等到月末才能抢修好，然后才能投入使用。但是，现在已管不了那么多了，不管"企业"号航空母舰上能够起飞何种飞机，哪怕是仅仅成功起飞一架战机，那对于战斗来说也是一股不可或缺的力量。所以，11 月 11 日上午，哈尔西命"企业"号航空母舰特遣部队从努美阿出发向北行驶。此次他们接到的指示是在圣克里斯托瓦尔以南 200英里的地方做好战斗准备，以打击瓜岛附近的日军舰队。"企业"号航空母舰前部的升降机没有抢修好，让"企业"号再次投入战斗已经冒了很大的风险，这也许可以解释为什么哈尔西思虑很久才终于决定将"企业"号派往北面战场，因为这时赶往战场已经迟了——如果航空母舰此前赶去战场的话，既不利于找到隐蔽的位置正面迎击敌军，也无法保证能在战斗结束后悄悄向南撤离。他也曾考虑过不通过"企业"号起飞战机，而是将空中力量从舰队剥离，让其独立前往圣埃斯皮里图。但是他在圣克鲁斯海战的时候就因为如此大胆的决定而付出了惨痛的代价。当时他也是将李将军的战列舰舰队派往南部协助"企业"号作战，尽管李将军的战列舰舰队是一支强大的后备力量。

　　在当时的情况下，特纳选择出动所有作战力量前往海上迎击敌军是唯一的可行方案。正如汉森·鲍德温在《纽约时报》中告诉读者的那样，这是圣克鲁斯海域航空母舰之战的导火索："我们必须在瓜岛周围建立起海军优势兵力……而这要水面舰队不断对日军发起攻击才能做到；当然空军力量也是达成该目的的重要力量。但正如我们所看到的，海军和空军分开单独作战是万万不行的，单靠海军或单靠空军的力量都不足以抵挡日军在夜间通过'东京快车'计划实现从海上对瓜岛的兵力渗透。"夜间打击敌军水面舰艇部队的方法只有一个，那就是倾尽全力打击他们。此时"摧毁一切的进攻精神"，鲍德温写道，"才是一切的关键。如果他们成功遏止了日军对飞机场的破坏，就算登陆的日军有可能对美军的运输舰造成威胁，那么夜晚结束后，早上的情况是，还有岛上的'仙人掌'航空队收拾那些流落在岛上的日军散兵游勇。而这时日军最早起飞的战机距此地也还有几个小时的航程，根本无暇顾及这些留在岛上的士兵"。

南太平洋地区美国海军特遣部队
（1942 年 11 月 12 日）

第 67.4 特混舰队
（巡洋舰支援小组）
海军少将丹尼尔·J. 卡拉汉

"旧金山"号（重型巡洋舰）	"斯特瑞特"号（驱逐舰）
"波特兰"号（重型巡洋舰）	"奥班农"号（驱逐舰）
"海伦娜"号（轻型巡洋舰）	"阿伦沃德"号（驱逐舰）
"亚特兰大"号（轻型防空巡洋舰）	"巴顿"号（驱逐舰）
"朱诺"号（轻型防空巡洋舰）	"蒙森"号（驱逐舰）
"库欣"号（驱逐舰）	"弗莱彻"号（驱逐舰）
"拉菲"号（驱逐舰）	

第 16 特混舰队
（航空母舰特遣部队）
海军中将托马斯·E. 金凯德

第 64 特混舰队
（战列舰支援小组）
海军少将小威利斯·奥古斯塔斯·李

"企业"号（航空母舰（受损））	"华盛顿"号（战列舰）
"北安普敦"号（重型巡洋舰）	"南达科他"号（战列舰（受损））
"彭萨科拉"号（巡洋舰）	"普雷斯顿"号（驱逐舰）
"圣迭戈"号（防空巡洋舰）	"格温"号（驱逐舰）
"莫里斯"号（驱逐舰）	"贝纳姆"号（驱逐舰）
"休斯"号（驱逐舰）	"沃克"号（驱逐舰）
"罗素"号（驱逐舰）	
"克拉克"号（驱逐舰）	
"安德森"号（驱逐舰）	

现在，轮到凯利·特纳做一回河船赌徒了。初出茅庐的丹尼尔·卡拉汉能否应付这沉重的赌博，不负众望呢？且听下回分解。

26
—
飞蛾扑火

现在"旧金山"号又回到了原来的老样子。前任舰长丹尼尔·卡拉汉身着海军少将的两星制服登船。"旧金山"号上的水手尤金·塔兰特发现，跟原来一样，从自己的岗位上依然能够清晰地看到卡拉汉。卡拉汉工作、休息时的一举一动从他这里都能看得一清二楚。

船上没有人比那些悄无声息地出入于军官起居室的水手们对战争情况更加了解的了。那些身着白色制服的食堂服务员和厨师，看似来自卑微的服务部门——要为全体船员服务，保证船上物资的供应与维持，而且大多还是征募来的非洲裔美国人——他们却是一股不容小觑的力量。像所有被招募的士兵一样，他们知道自己身处什么样的地位，手中有什么样的权力。等级也有其特殊性，除了排在中间的那些副官，其实真正的权力属于排在金字塔最底层和最顶层的人。

在战列舰和航空母舰上，初级军官和高级军官分别在不同等级的餐厅就餐。巡洋舰上的所有船员除了舰长在自己的小客舱就餐，其他人都聚在一处就餐。卡拉汉在"旧金山"号指挥作战的时候就习惯同船员一起吃饭。他在舱室跟船员一同用餐，这样可以消除与船员之间的隔阂，还可以加快年轻军官的培养与成长。就连食堂工作人员和厨师对于目前战争形势的了解都不亚于舰船上的任何一个人。

塔兰特在军官的厨房任职，他发现储藏室的门设计得像杂物电梯一样可以拉起来，在里面可以听到卡拉汉与手下在隔壁的谈话。因为时常能够听到一些关于高层的八卦，塔兰特有时候甚至觉得自己跟总部的情报分析员一样消息灵通。塔兰特说："我在储藏室里几乎偷听到了整个作战计划，卡拉汉跟官员们谈论了目前面对的敌军是如何的强大、谈论了预计何时会与敌军交锋，以及舰队打算如何部署的问题。"

11月12日晨曦时分，海军上将特纳告诉卡拉汉，有巡逻机报告发现敌军两艘不知是战列舰还是重型巡洋舰的舰船，另外还有一艘巡洋舰和6艘驱逐舰，他们就在南面以 25 节的速度航行，距萨沃海峡不过一天的航程而已。卡拉汉收到特纳的命令后，从 3 支特遣部队中分别将巡洋舰和驱逐舰抽调出来，集合成一支舰队，做好了迎击敌军的准备。而卡拉汉接到命令的时候，恰巧是塔兰特当值。

卡拉汉在得知与日军战舰的一场殊死战斗即将打响后，焦灼不安地在舰桥上来回踱步。有人听到他喃喃自语道，"对抗敌军有'旧金山'号 3 倍之大的战舰，这简直就是鸡蛋碰石头的愚蠢行为"，他惭愧自责的是现在已经没有时间同哈尔西将军商议更为妥当的作战计划了。尤金·塔兰特看时机恰当，借身为厨师之便，询问卡拉汉是否真的认为这次行动是胜利无望的。塔兰特回忆说，这位特遣部队指挥官非常坦率，"他告诉我说：'对，这次战斗可能真的是让大家眼睁睁往火坑里跳，可即便如此，我们还是要跳，绝不能退缩！'"

当天第一班轮值时，舱面值班员杰克·贝内特中尉听到了站在驾驶台右边的翼台上的卡拉汉将军同舰长卡辛·扬的谈话。贝内特说："我在甲板上走动巡逻的时候，他们的说话声恰巧顺着风势传来，我还能清楚地看到他们交谈时的神态。他们在讨论一个秘而不宣的事实，那就是日军的'东京快车'计划中包括增援的战列舰……卡辛·扬看上去焦虑不安，非常激动，当然这也是可以理解的。他情绪非常激动，挥舞着手臂说：'这完全就是飞蛾扑火嘛！'海军少将丹尼尔·卡拉汉说：'对，没错，我知道。但是就算是刀山火海，我们也必须要冲上去呀。'"贝内特说，他看到那时的卡拉汉恰是"一副平静沉着、坚定果断的超然姿态。"

流言像野火一样席卷了整艘舰船。消息很快在"旧金山"号上传开了，大家都知道卡拉汉在接到这个命令的时候就已经给自己判了死刑。约瑟夫·威特是待命于 1 号炮台的一名一等兵，他说："其实我们都做好了赴死一战的准备，毫无疑问，我们不可能逃过日军战列舰的，这是没有悬念的。"

1906 年，卡拉汉 15 岁，那年复活节后的第三天，旧金山发生了特大地震。整个城市都变成一片废墟、混乱不堪。当时还是一名青少年的卡拉汉幸免于难，他竭尽全力地帮助伤者。他的预科学校——圣伊格内修斯大学——也被夷为平地。大火吞没了学校和教堂，一名学生当时觉得"大火无情地呼啸着，吞没了世界，给我们带来身处炼狱般的苦难"。剩下的学年里，卡拉汉都在城市废墟之上建立的临时教室里学习维吉尔和但丁两位古诗人的著作，与此同时，耶稣会教徒们也正忙于重建他们的学校。对"旧金山"号上的工作人员和第 67 特混舰队的所有士兵来说，他们清楚地知道，等待他们的炼狱之日即将来临。现在敌军的一大波双引擎"贝蒂"轰炸机和 30 架"零"式战机正从 20 000 英尺远处呼啸着向岛上袭来——他们如迅猛的鹰，虎视眈眈看着自己的猎物——燃料在半空的燃料箱里快速地燃烧着，他们就要呼啸着杀过来了。

　　山本五十六一直以为美军的航空母舰力量早在圣克鲁斯海战的时候就已经被消灭殆尽，并对这一点深信不疑，所以他计划空军空袭和海军轰炸同时发力、双管齐下，集中消灭那支在久攻不下的亨德森机场残余的美军空中力量。日军的"贝蒂"轰炸机于下午 1 点左右最先暴露，被布因托纳雷港的美军海岸警卫哨发现。敌机还在 100 多英里之外时，瓜岛上执行空中搜索任务的雷达就已经监测到他们了。凯利·特纳有足够的时间让萨沃海峡的运输舰做好准备，他们可以事先进行机动隐蔽，增强军队的防御能力。同时卡拉汉也有足够的时间派出巡洋舰特遣部队在瓜岛周围组织一个防空圈，执行掩护任务。

　　日军的鱼雷轰炸机一直躲在云层之上，直至最后一刻才完全暴露在美军的视野内。他们一出云层就呼啸着向佛罗里达岛扑去。日军飞行员将轰炸机的油门关闭，一直平稳滑落到快要到海面时才提升起来。美军战机飞行员一直对他们紧追不舍。队长乔·福斯带领 8 架海军陆战队"野猫"战机和 8 架陆军"空中眼镜蛇"战机从 29 000 英尺的高空向日军逼近。其俯冲的速度如此迅猛，福斯驾驶的"野猫"战机的座舱罩都被飞行时形成的强大空气阻力撕裂了。日军的"贝蒂"轰炸机分为两组向特纳所率的一支朝北的舰船编队的右舷侧面袭来。福斯和他的队友们不顾日军 5 英寸炮弹在空中的疯狂扫射，不顾日军舰船（日军舰船已经掉头将舰尾上装备的曳光示踪弹对准福斯他们的战机）向空中发射的 20 毫米曳光示踪弹的威胁，一直将日军轰炸机逼迫至甲板上方距海面仅 50 英尺高处。

　　日军的"贝蒂"轰炸机机队呈扇形散开，排成横队呼啸着向美军战机逼近，以避免不时在空中爆炸的高射炮弹给己方造成伤亡。"旧金山"号上的副指挥官布鲁斯·麦坎德利斯觉得日军这 21 架飞机看起来像"旧时代的骑兵队伍"。天空满是高射防空炮爆炸的炮灰与弹片。日军飞机飞进 5 000 码的范围时，"旧金山"号和"海伦娜"号巡洋舰都将主炮熄闭，全力向敌军飞机前方的海域猛冲，试图激起高高的浪花迫使敌机转向，或者利用惯性形成的高大水墙挡住敌机。战斗中很少会用到这样的战术，可能都从来没有出现过。大多数情况下，娴熟的炮手一般都以炮弹爆炸产生的威力和烟雾作掩护，配合其他防空炮手完成更为关键的防御任务。

　　"亚特兰大"号防空巡洋舰在舰队的最远端，离敌机较远。劳埃德·马斯廷作为一名经验丰富的炮手，他眼睛看到的一切告诉他，如果舰船过早开火会有击中友舰的风险。要想命中日军低飞的战机，需要的火炮射角实际上几乎是水平的。他说："等到能将来袭的敌机看得一清二楚时、等到敌机飞进了整个'亚特兰大'号舷侧的舰炮都能够瞄准的范围时，我们开火才更有把握命中敌机，并避免射中友舰。"据马斯廷所说，无论是海军还是当地指挥官都没有下令在敌军大波战机刚刚进入视野的时候就展开防空扫射，大家都懂得等待时机的重要性。所以，直到敌军的轰炸机排成一排飞过他们舰队的舰尾时，马斯廷的炮手才开火。

　　面对美军的严防死守和猛烈反击，许多日本飞行员退缩了。队形的失守往往是自寻死路的开始。危急时刻，日军飞行员面临着关键抉择，要么选择勇往直前投下鱼雷，要么垂头丧气地掉头离开，但大多数日军飞行员都因为害怕和退缩而选择了后者。其实，即使他们选择后者、选择掉头，这时飞机已经失去了飞行速度，且飞机机腹会直接暴露在美国海军猛烈的炮火下，也是死路一条。在美军20倍口径和40倍口径舰炮的轮番炮轰下，日军战机像易燃的导火线一样轻易就被点着了。"海伦娜"号舰长胡佛说，我们的5英寸炮"感觉像是直接把他们从空中锤下来似的"。

　　"旧金山"号上的约翰·G.华莱士中尉看到日军一架"贝蒂"轰炸机在舰船的甲板横梁前投下了一枚鱼雷，于是他一直站在主炮控制台后紧紧盯着右舷的情况。不久，鱼雷果然爆炸了。安装在主桅周围的20倍口径舰炮突然一声咆哮，随之，敌军一架轰炸机右翼引擎蔓延起滚滚灰烟，灰色烟雾随着爆炸的强气流而逐渐消散。这架轰炸机离"旧金山"号越来越近，显然如果轰炸机驾驶舱的飞行员还活着的话，他是抱定了必死的决心。尽管刚才的鱼雷稍有偏离，并未给舰船带来实质性的伤害，但此时日军的轰炸机却要硬生生地撞上"旧金山"号。还在其他岗位坚守的士兵只能眼巴巴看着日军轰炸机撞向舰船。"旧金山"号上的防空炮手在最后时刻急中生智：当日军轰炸机对准他们射击时，他们就死死盯着瞄准器全力回击，滚烫的炮弹一轮轮袭来，他们弯下腰，但决不退缩，直到这架"贝蒂"轰炸机直直地撞上高高的主桅，他们同归于尽。轰炸机撞上美军舰船的同时，机身的钝头也折断了，重型引擎从机翼上撕裂下来，弹飞出去，一直越过炮火指挥台，砸向一侧。机箱汽油泄漏流满了整个区域，舰上立即燃起了熊熊大火。

　　华莱士写道："爆炸产生的巨大气浪一直把我撞飞到第二控制室前面，我刚好来得及蹲下躲进外门。"当他苏醒过来时，他的裤子和衬衫都着火了，他的头发和脸也被烧焦了。"我环顾四周，发现只有我自己幸存了下来。我随即翻身跳进身边甲板上的一艘敞篷摩托艇，在它的防水篷布上滚灭了身上的火焰。"

此外，因为保罗·丰塔纳少校率领海军陆战队"野猫"战机奋勇加入，乔·福斯和他的飞行员队伍对敌军的追击更加勇猛。他们浑身是胆，敢于冒险，加之长期的共同训练让他们的配合更加默契，就像一支紧密凝聚在一起的乐队一样。他们齐心协力又训练有素，如今真正到了战场上，这一切优秀的素质都带来了丰厚的回报。"海伦娜"号上的一位名叫莫里斯的新兵回忆说："我们听到他们一边欢呼打气，一边诅咒着敌军，只有那些真正有实力、有信心干掉敌军的战机飞行员，才有胆量蔑视敌人、诅咒敌人。""看！日本正向我们左舷船尾冲来！""他正要逃跑呢。他真是个傻瓜！飞到这该死的混蛋顶上干掉他！"其中的一位飞行员就是这样轻而易举地打下日军的一架"贝蒂"轰炸机。"亚特兰大"号上的帕特·麦肯蒂中尉碰巧见证了这一切，他看到紧跟日军"贝蒂"轰炸机的一架"野猫"战机从后面冲上来，用很短的时间就消灭了这架"贝蒂"轰炸机。"野猫"战机上装载的弹药显然已经消耗殆尽，因为这名飞行员在消灭"贝蒂"轰炸机时用了一个不太常见的战术——他把飞机的起落架放下，同时飞机的速度也降了下来。在麦肯蒂看来，这名飞行员像是要"把飞机降落到'贝蒂'轰炸机那开阔的背上。他一次次试图降落，每次都像是一把大锤子一样猛烈地锤打在'贝蒂'轰炸机的背部。可以说，驾驶这架'野猫'战机的飞行员简直就是硬生生地用飞机的机腹把敌机锤击到海里的。""贝蒂"轰炸机的飞行员根本无路可逃。如果他往上逃脱，只会受到"野猫"战机更猛烈的锤击。往哪个方向躲避都逃不出"野猫"战机飞行员的五指山，"贝蒂"轰炸机往任何方向躲避，"野猫"战机都会敏捷地跟上。"唯一的出路就是往下逃脱了，但是在美军'野猫'战机的不断紧逼之下，还未等日军飞行员反应过来，'野猫'战机一个猛扑，日军的"贝蒂"轰炸机就一头栽进了萨沃海峡的汹涌波浪中。"

在短短5分钟内，日军的轰炸机编队在很大程度上已经被美军的特遣部队瓦解了。侥幸逃脱的几架轰炸机向西飞去，但是最后也只有两架轰炸机成功返回了拉包尔。日机投下的鱼雷也均未命中美军的舰船。日军轰炸机撤离之时，"亚特兰大"号又打落了两架轰炸机。而第67特混舰队所遭受的战火损失大都是自己人的误伤。"布坎南"号驱逐舰行驶在"亚特兰大"号和"旧金山"号的前面，它的烟囱后部被友舰发射的5英寸炮弹命中。"海伦娜"号上的炮手因过于紧张，竟然失手用20

毫米的炮弹连续轰击自己舰船的上层结构，船上的发烟装置被损坏，整个炮组都没身于发烟器冒出的有害气体中。

第67特混舰队所在的海域成为一个废物垃圾场，这里散落着断裂的机翼和损坏的机身，还有身穿救生衣的敌军飞行员的尸体漂浮在海面上。那天下午，美日两军至少还有一次正面对决，虽然这场对决多少有些滑稽荒谬。这次的正面对决是一架被击落的"贝蒂"轰炸机炮塔上的炮手和一艘不断逼近的驱逐舰的炮手之间的对决。但是，目中无人的日军飞行员很快就被打得灰飞烟灭了。

"巴顿"号驱逐舰也正巧经过一架被击落的"贝蒂"轰炸机，驾驶轰炸机的飞行员正爬出机舱往机翼移动。"巴顿"号舰长命令船上士兵不准开枪，希望将飞行员带回以便进行审讯。但是美军的一位上士却用汤普森冲锋枪瞄准了敌军飞行员，随着几发子弹的射出，结束了对方的生命。一位目击者说："在舰桥上指挥作战的舰长当时并没有意见。"

"海伦娜"号不远处，有两个日军飞行员悬挂在飞机机翼上。其中一个显然还只是少年，他求生欲很强，很想我们救他。当美军舰船开过去的时候，新兵莫里斯说："他几乎是哀求着伸出手向我们求救的。"但是这个少年的队友，一名相对年长得多的飞行员却"愤怒地抓住他的脖子，把他拽了回去，把他试图向我们求救的手拍了下去。当少年想要挣脱时，他拿手枪把少年打死了。随后，他游泳远离了我们放下的救援艇，并随即转身挑衅般地开枪自杀了。我们清楚地目睹了这一悲剧发生的整个过程"。

虽然特纳的运输舰保住了，但是"旧金山"号的舰尾却被熊熊大火吞没。火势顺着两扇门一直烧到主炮控制台，对于战斗至关重要的武器装备都被大火焚为灰烬。杰克·华莱士听到有人呼救，他循声走了过去，脚几乎踩到了一个躺在甲板上呻吟的人。躺在甲板上痛苦呻吟的正是船上的一位消防员。"我把他扛在肩上，他的衣服还在冒烟，我半跌半爬地从梯子上下来，把他放了飞机库甲板顶上。然后，我又跑着爬上梯子回到主炮控制台，我看见一个人站在那里，浑身的衣服都着了火，但是他似乎走不了路了。我把他扶进第二驾驶舱，替他把身上烧着火的衣服都扒去。我问他还能不能走路，然后指了指，示意他从左舷侧的门出去，到梯子那儿。我再次回到主炮控制台，架起一位小伙子，他名叫波西，大约只有17岁的样子。他全身严重烧伤，脸已经被烧焦了。我把他背到下面的甲板上，又回到第二驾驶舱，却不巧被火势困住，熊熊大火完全封住了出入口。于是我从第二驾驶舱前部的窗户跳出，落在飞机库甲板上——中间我感到有很长一段距离的落差。"

在飞机库甲板上，华莱士只协助消防队员灭火，他听到从左舷侧的马达艇那里传来一阵微弱的哭声。他站在高处，眼睛越过船舷上缘看向船内，他看到他在主炮控制台救下的那位消防员此时正趴在那里，浑身上下只穿着短裤。"他是怎么爬到艇里的我已经无从知晓。他背上的大块肉皮已脱落了一半。我大声呼喊着让他爬出来，最后他终于爬了出来。我用双臂接住他，半背半拖地把他拽到飞机库甲板前部的担架上。我给他注射了一针吗啡。"后来华莱士在弹药安装间附近的过道上又发现几名男子，他们趴在那里，奄奄一息。其中就有他之前救起的波西。"他从头到脚都已经烧伤了，浑身上下一片焦黑色。"

"我把他留在梯子那里后，他一定又从左舷侧爬了过来。我问他：'你现在感觉怎么样，波西？'他说：'我觉得我快要死了，但我知道我还不想死。我从大火中挺了过来，我一定要挺下去。'我不得不骗他说：'你还年轻呢，身体又健康，很快就会好起来的。我给你打一针吗啡，你睡一觉，醒来就没事了。'一开始他不让我给他注射吗啡，但在几个人的帮助下，我们终于把他手臂上的衬衫扒了下来。往他手臂上扎针就像往木板上扎针一样。他手臂上根本没有皮肤覆盖，肌肉赤裸裸地暴露在外面。吗啡根本注射不进去，即使注射进去之后也会再渗出来。我试了三次都没有成功。最后担架终于来了，我们费了好大劲儿才把波西抬上担架。他此刻正在经受炼狱般的痛苦。他们把他抬到食堂，那里有一个临时设立的医务室。"此次的伤亡人员中还有舰船副舰长马克·H.克劳特指挥官，他的两条腿从脚到膝盖的部位都被严重烧伤。后来，年轻的波西最终还是没能抢救过来。

卡拉汉的旗舰上同样伤亡不小，一共有 22 人死亡，22 人受伤。伤员都被送往"杰克逊总统"号运输舰上进行医治。克劳特副舰长依然坚持待在"旧金山"号重型巡洋舰上。他坚持认为，他应该留下来辅助新委任的副舰长约瑟夫·C.哈伯德，这是他的职责；而且对前不久新到任的舰长扬来说，他还不够熟悉舰上的情况，所以扬也需要他的帮助。扬在 12 月 7 日的珍珠港事件中是"维斯塔"号修理船上的指挥官，他因为作战英勇而获得荣誉勋章，尽管如此，指挥"旧金山"号却是他第一次担任主战舰的指挥官。他需要一位经验丰富的副舰长在旁协助。克劳特被护送到他的小屋休养，而哈伯德代替他成为副舰长。舰务官助理少校赫伯特·E.史纲兰德则替代哈伯德担任伤情对策官。

虽然对"旧金山"号上的士兵来说，他们度过了一个可怕的下午，但对整支特遣部队来说，此次战斗还是取得了不小的胜利。对特纳的运输舰而言，这次空袭仅仅耽误了他们短短几个小时的卸载时间而已。日军幸存的飞机消失在战场后，运输舰编队就又返回了锚地，继续卸载美国陆军第182步兵团的兵力，一直卸载到日落时分。

天黑前，日军的一艘潜艇试图抵近发起攻击。卡拉汉的驱逐舰对其穷追不舍，但不得要领，引起了一阵骚动。6时15分，特纳下令命运输舰编队出发前往圣埃斯皮里图，担任护航的是5艘驱逐舰。卡拉汉和斯科特则朝着相反的方向行驶，他们将穿过西拉克海峡，前往萨沃海峡，并在那里整队，合力扫除敌军。在研究南太平洋战区的历史学家看来，这次行动是有一个总体规划的，卡拉汉会采取"拖延行动，这样金凯德海军上将的战舰和航空母舰部队恰巧可以在半路上拦截那支即将抵达并登陆的日军部队"。但目前并没有材料能证明他们本来提前就有这样的规划。当时凯利·特纳对第16特混舰队的行动计划一无所知。他只知道，卡拉汉率领着南太平洋战区的所有兵力——它们对于战争的成败至关重要。

晚上8点，第67.4特混舰队已经进入一级战备状态。海面上刮起了十级东南风，卷起一层又一层愤怒的波浪。月亮已经落下，整支编队都处于黑暗之中。"库欣"号一马当先，率领着"拉菲"号、"斯特瑞特"号和"奥班农"号，接下来是"亚特兰大"号（它是在军队领导层内部调整后闲下来的诺曼·斯科特率领的旗舰）、"旧金山"号（卡拉汉的旗舰）、"波特兰"号巡洋舰、"海伦娜"号、"朱诺"号，跟在最后的是4艘驱逐舰组成的方队。在这支长达6英里的宏伟舰队进入西拉克海峡后，舰船上各岗位的船员都收到了热汤和咖啡，以庆祝成功抵达。

但是舰队在穿过海峡时，"亚特兰大"号上的一名水手注意到一个不祥之兆，海面上出现了一种叫作"圣埃尔莫火球"的电击现象。这种神秘的光球，灵活性非常强，一有风吹草动就四处游走，被一致认为是危险的信号。在一个世纪之前的文学作品《白鲸》一书中就有对这种神秘光球的描述。在《白鲸》一书中，捕鲸船"皮廓德"号就十分不巧地碰上了这些能够放电的光球，书中的陈述者伊什梅尔称其为"上帝将他燃烧着的手指弹到了船上"。书上描述道："船上所有的横椼杆臂都带上了暗淡的火光，每个三向接头的避雷针顶端都燃着三簇下粗上细的白色火焰，三根高大的椼杆暴露在硫黄气中静静地燃烧，像圣坛前燃烧着的一字排开的三根巨大蜡烛。"塞缪尔·泰勒·柯勒律治[1]曾将这种神秘的放电光球称为"死亡之火"。

　　海军队伍里常常都是很迷信的，但有时过于迷信不祥之兆则会令大家恐慌，进而对战争不利。在卡拉汉的队伍里，数字 13 的出现就太过普遍了，比如，13 日星期五第 67 特混舰队的 13 艘舰船被派出同日军作战，过于迷信反而真的使 13 变成了代表厄运的数字。"波特兰"号舰长劳伦斯·T.杜博斯在阅读了特纳给卡拉汉的指示后，又将其转交给了他的副舰长特克·沃斯指挥官，后者在看到指示后的话语几乎跟卡拉汉刚接到指示时的评论一模一样："你知道吗，这无异于'飞蛾扑火''以卵击石'。" 他们对于战列舰的讨论启发他们想到了另一点。杜博斯让沃斯注意 11 月 12 日这天，他说："如果我们当时不那么执拗，坚持熬过 12 日的 24 点，等到 13 日再开战的话，或许我们还能打胜仗，起码不至于输得那么惨。就是因为太迷信数字 13，反而招致了厄运。"沃斯明白杜博斯是什么意思。杜博斯曾于 1913 年在海军学院担任校长，他一直将数字 13 看作幸运数字。

　　随着 13 日星期五的临近，卡拉汉所率舰队的最后一艘舰船又有一件事情引起大家挂心：斯普鲁恩斯级驱逐舰"弗莱彻"号排在编队的第十三位，该驱逐舰是为了纪念法兰克·弗莱德·弗莱彻（Frank Friday Fletcher）而命名的，他的名字中间就直接含有"黑色星期五"这个不吉利的词，而且"弗莱彻"号驱逐舰的船号是 445，3 个数相加的总和不巧刚好是 13，大家都在担心这是不是预示着什么。但是驱逐舰上那些来自佐治亚州的船员们却并不为此感到恐慌。这种种巧合像是预示各种各样的不祥，反而成了大家消遣调侃的对象。"弗莱彻"号副舰长卫理指挥官将这种对不祥之兆的调侃玩笑称作"迷信恐惧综合征"（为了避讳数字 13，大家甚至借用该词指代数字 13）。不管夜晚的降临意味着什么，不管 13 日的到来有多么可怕，该来的就让它来吧。他们是美国海军水手，《圣经》第 91 章的歌词是他们永远的盾牌："你必不怕黑夜的惊骇，或是白日的飞箭；也不怕黑夜行的瘟疫，或是午间灭人的毒病。虽有千人仆倒在你左边，万人仆倒在你右边，这灾难却不得临近你。"相比于数字的巧合所预示的不祥之兆，更令人担忧的是，卫理渐渐意识到，卡拉汉对战争、对自己所承担的一切似乎理解得并非那么透彻，有些懵懵懂懂很外行的样子。至少他似乎并不知道或了解队伍中最新配备的那些工具究竟可以完成怎样的高难度

任务。"弗莱彻"号、"奥班农"号、"海伦娜"号、"朱诺"号和"波特兰"号巡洋舰都配备了新型高频信号发生器搜索雷达，但是卡拉汉的旗舰"旧金山"号重型巡洋舰还没有改装该雷达。卫理多次进言指出担当指挥任务的旗舰有必要配备一台高频信号发生器搜索雷达，但是卡拉汉却一直没有做出回应。

劳埃德·马斯廷说："如果卡拉汉对于他本身职位的重要性、对于本人的工作有清楚的认识的话，他肯定会认真考虑用'海伦娜'号轻型巡洋舰替代'旧金山'号重型巡洋舰作为旗舰，吉尔·胡佛曾经有机会让卡拉汉知道他可以帮助卡拉汉了解高频信号发生器搜索雷达的强大功能……但是究竟他俩有没有真的去交流，我们'亚特兰大'号上的人就无从得知了。但是如果他真的能够停下来认真考虑一下高频信号发生器搜索雷达所具备的强大能力的话，相信他一定会认真考虑在其他舰船上指挥作战，把旗舰换成配备了该种雷达的舰船。"就在卡拉汉接到升任指挥的调令时，他按照传统选择了旗舰——按传统，军队中最重的舰船可以担任旗舰。当初诺曼·斯科特在10月份的埃斯佩兰斯角海战中也做了相同的决定，选择最重的"旧金山"号作为他的旗舰。加之因为"旧金山"号刚刚担任了斯科特的旗舰，所以舰船上设备齐全。于是所有这些因素都促使卡拉汉选择"旧金山"号重型巡洋舰作为他的旗舰，即使另外一艘重型巡洋舰——"波特兰"号——也配备了高频信号发生器搜索雷达，但他终究没有选择"波特兰"号。

贝内特中尉换岗从"旧金山"号的舰桥离开的时候，他回忆说，正是在一年前，1941年11月12日这一天，布鲁斯·麦坎德利斯在重炮组开了一个短期学习班。他整理的讲义中将"旧金山"号和敌军各种类型的舰船进行了比较。他将日军的一艘金刚级战列舰也列在其中，"只是为了突出美日战斗实力的悬殊"，贝内特说，"在实际作战中，两军实力不太可能会出现如此悬殊的情况"，甚至通常都是势均力敌的，不值得摆在一起进行比较，但如此可见敌军一次完整齐射的威力是一艘美军重型巡洋舰一次完整齐射的威力的五倍之大。

贝内特换岗过来的时候，卡拉汉、上尉扬和领航员雷伊·哈里森正弯腰趴在海图桌上讨论着什么。贝内特出现后，他们不得不临时转换话题，不过下属过来需要临时转换话题这种事对他们来说是很平常、很轻松的。卡拉汉认出贝内特，是因为贝内特是舰船篮球队的一员。卡拉汉是篮球迷，以前檀香山艾亚高中体育馆的每一场篮球赛他都会参加。舰长是船上唯一不参与篮球赛的人，但是他对篮球队的积极支持却帮助他们拿到了与"西弗吉尼亚"号战列舰并列第一名的位次。贝内特争论说，这是因为"西弗吉尼亚"号战列舰上的军官跟航海局的朋友说好了，要把最擅长运动的士兵安排到他们的舰船上。他们正追忆往事的时候，扬发现贝内特手臂吊带包扎的伤口处正在渗血——这是被撞向他们的"贝蒂"轰炸机的翼梢划伤的。"你现在的身体状况不适合站岗，"扬说："去下面睡吧，顺便检查一下伤口。"贝内特简单争辩了一下说，他刚刚还站过岗呢，没有问题。但是，命令就是命令，只能听从。据贝内特所说，"我的确听从命令去了下面，但我并没有睡。我那会儿听到了他们谈论的内容，敌我战斗力悬殊如此之大，我根本没有办法在床铺上安然入睡。我在军官起居室转了一圈，然后汇报给了威利·威尔伯恩"。这位射击负责人理解贝内特，准许他去舰船扇尾站岗，接手一个 1.1 英寸口径的火炮。

　　月亮渐渐落下去，星空逐渐热闹了起来。"海伦娜"号上的罗伯特·豪说："我祈求上帝能够眷顾我们。此刻你心里的感受很难用言语表达出来，当看着深邃的海水逐渐融入漆黑的夜，你明白，很快你就会听到雷达室传来的消息'报告！前方敌舰来袭……'，每当想到这里，你就会忍不住颤抖起来。"

27
—
黑色星期五

日军曾企图摧毁美军滩头堡却惨遭失败，从此之后，裕仁天皇一直深受其困扰。尽管他最近在诏书中表扬了日本帝国海军付出的努力，但之后，他在一封电报中称瓜岛为"苦痛纠结之地"，由此可见，他对该岛局势非常担忧。日本海军军官宇垣缠据此断定，"天皇希望迅速收复该岛！"

驱逐舰舰队指挥官田中赖三一向办事迅速，他讨厌像人质一样乘坐低矮、缓慢的运兵舰。作为一名驱逐舰舰队指挥官，他最先使用快速护航舰来运送兵力。护航舰能在夜晚快速靠岸、卸载、返航，护航舰的使用缓解了美国飞行员对日本援军的干扰。但是，"东京快车"计划的这位缔造者（即田中赖三）无法再享受这种自由了，因为护航舰的有效负荷太小，无法满足军队的巨大需求，所以，当田中乘"早潮"号驱逐舰南下时，与之随行的多是大母猪般笨重的运兵舰。只要可恶的美国军用机场不出故障，这些缓慢的运兵舰定将于次日遭受空袭。他们若想顺利完成任务，唯一的方法就是——联合舰队的重型武器要比近一个月前的"榛名"号行动时和"金刚"号给美国空军造成更严重的军事打击效果。

与此相应的，掌管"比睿"号和"雾岛"号战列舰的海军少将阿部弘毅被调离佐藤的先遣部队，他受命于11月13日夜间再次用燃烧弹突袭美军控制下的亨德森空军基地。日军高层希望保持之前栗田健男少将取得的辉煌战绩，这使阿部非常紧张，因为他知道，美国人不可能任由日本的同一计谋成功两次。和田中一样，阿部也是驱逐舰领域的专家，但他不像田中那样鲁莽、蛮勇。阿部的特遣部队取名为"志愿者特攻部队"，有人认为，采用这一名称意味着联合舰队在心理上的变化。不过，人们更为期望的依旧是胜利。现在，由于南方诸岛局势有变，水手们也响应号召，挺身而出，走上前线——他们必须想方设法扭转局势。到目前为止，陆军尚未突围，空军毫无战果，海军也是一败涂地，不过，海军还有再战之机。联合舰队的战略家们也从未预见过会有这样一场具有决定性意义的战斗。

　　11月12日上午10点左右，阿部在瓜岛以北300英里处布好作战方阵。方阵以轻型巡洋舰"长良"号打头，两艘战列舰紧随其后，而其他驱逐舰则行驶在战列舰两侧，如同一面盾牌，为其发挥掩护作用。整个方队以18节每小时的速度行进，到下午4点，他们距离瓜岛已不到200英里。这时，为侦察前方情势，阿部的旗舰——"比督"号投出一艘飞行艇。随着夜幕降临，整支舰队驶进了一团暴风云笼罩的海域，没过多久天就下起雨来。"天津风"号驱逐舰舰长原村写道："在多年的军事生涯中，我从未遇到过这样的雨，好像它凶残到能完全把人给生吞活剥下去。"原村麾下的一名少尉说，他宁可上前线打仗，也不愿在这场雨中挣扎。整支舰队继续南下，在一段时间内，风暴也一直如影随形，不过这也使特遣部队躲过了敌军的侦察。阿部的部下称，能见度过低可能造成定位困难，也不利于保持方阵的紧凑结构，但阿部没有理会这些。阿部非常信任木村少将——后者被视为帝国海军最杰出的领航员之一，他在第10驱逐舰舰队的主舰"长良"号上挂起了旗帜。阿部的做法很快就被证明是正确的，因为飞行艇的领航员报告称，在隆加角附近监测到十几艘敌舰——那正是卡拉汉的部队。如果这场雨配合巧妙的话，日军可能就会完全躲过敌军的侦察。阿部说："这场暴风雨也在移动，且与我们同速同向，真是上天保佑。如果上天依旧如此眷顾，我们很可能会不战而胜。"

　　然而，这场雨也带来了许多实际困难。由于日军的炮击受视距和雨幕所限，阿部在向机场开火前必须先摆脱风暴的束缚。从这一意义上讲，风暴不但起不到任何保护作用，反而成了障目之叶、绊脚之石。阿部在操舵室苦心思索摆脱风暴的方法，然而外面大雨滂沱，雨点打在挡风玻璃上的声音此起彼伏，使他无法集中注意力。接近午夜时分，阿部下令要求所有舰只后退，以摆脱风暴。通常情况下，一旦所有军舰都表示已经做好准备，执行这样一个命令仅需30秒左右的时间。然而，本应位于阿部旗舰右舷前侧的两艘驱逐舰——"夕立"号和"春雨"号——却没有照做，而且偏离了原来的方向。难道它们这样做是为了避免搁浅？阿部又用中频波段复述了一遍该命令。对此，原村舰长大为不满，他喊道："阿部疯了吗？"因为中频波段很容易被敌军窥探到。

　　阿部要求舰队掉头向北，为安全起见，他又将速度降到12节，大约行驶了30分钟后，队伍才摆脱这场风暴。当阿部摆脱了风暴，舰队再次往南驶向瓜岛时，他才意识到后退的做法浪费了宝贵的时间和燃料，但这些都已无法挽回。经过7个小时的盲行和两次180度大转弯，阿部的舰队原本紧凑的阵形已经凌乱不堪。尽管两艘战列舰依旧紧紧跟随在"长良"号巡洋舰身后,并且占据舰队的中心位置,但两翼的驱逐舰已经散乱。

由3艘驱逐舰组成一支小纵队行驶在"比睿"号的左舷前方,在小纵队中间的"天津风"号上,一名瞭望员大叫:"发现一座小岛,方位:左舷60度角方向!"另有一名瞭望员喊道:"正前方发现高山!"这两座岛就是萨沃岛和瓜岛,它们就像两尊门神守卫在萨沃海峡的两侧。这时,日军设在瓜岛上的观察员报告称,大雨已经停止,隆加角附近也未发现敌舰。在距离瓜岛12海里的地方,阿部命令"比睿"号和"雾岛"号将主炮送弹机装满3号燃烧弹,它们将在靠岸时狂轰"仙人掌"航空队。

但原村舰长期待的并不是一次轰炸任务,而是真真正正地与美国舰队打一仗。当看到瓜岛上黑压压的覆盖物时,原村不禁打了个寒战。他对炮火手下令:"在右舷准备好枪炮和鱼雷!炮弹射程3 000米,鱼雷射击角度15度。"他已经做好了准备,迎接可能发生的任何事情。

约瑟夫·哈特尼是美军"朱诺"号上的水兵,他回忆起当晚的漆黑状况时这样说道:"眼前一片漆黑,黑得如此浓密,如此厚重,又如此柔软,就像天鹅绒一样,仿佛可以把它握在手中,像拧抹布一样拧来拧去。"附近岛屿的高山上,闪电阵阵,乌云好像也在随之跳动。在夜空下,哈特尼只能看到瓜岛的黑色轮廓。忽然,岛上传来一阵急促的锣声,他据此怀疑这可能是海军陆战队发布的海上轰炸预警信号。哈特尼坐在"朱诺"号的上层炮架上,对岛上的陆战队队员们深感同情。"'我们的军舰哪里去了?'这个问题他们问了一个小时",哈特尼说,"我们就是他们的军舰,我们要让他们知道海军也能以弱胜强。几个星期以来,他们在散兵坑中奋勇顽抗,击退了大批敌人。我们要对这种英勇无畏的精神予以回报。"这时,岛上飘来一阵栀子花香,仿佛葬礼上的花香之气。想到这里,他心里不禁为之一颤。

卡拉汉舰队的第8号舰是"海伦娜"号,该舰的士兵显得有些懈怠颓废。此时,"海伦娜"号的领航员正在用六分仪练习射击,值班的几名年轻军官正在讨论佐治亚理工学院足球队,译电室里几个人正在安静地玩着拉米纸牌游戏。卡拉汉的13艘军舰排成一列纵队,经过隆加角后转头向北行进。一路上,卡拉汉没有收到任何关于敌军行迹的无线电报告。岛上,步兵射出几发曳光弹,在漆黑的夜晚,曳光弹来回摇摆,闪闪发光。后来,美军首次侦测到日本军舰时,已经是11月13日凌晨1

点半左右。对"海伦娜"号的雷达指挥官罗素·W.加什上尉来说,通过探测雷达的平面位置显示器,日军的一切,包括舰船数量、队形和方位,都已清晰地展现了出来。同时,雷达回波也传回了精确数据:一组敌舰方位在312度角方向,直线距离27 100码;另一组敌舰方位在310度角方向,直线距离28 000码;还有一组方位在310度角方向,距离32 000码。通过流明的相对亮度,加什判断,距离美军较近的两组敌舰都是小舰艇——可能是远处那组敌舰的护航舰。"海伦娜"号的5座三联装炮塔已经转向左舷,并且升到了最高处。北上的卡拉汉舰队和南下的阿部舰队不断接近,它们彼此接近之速度,通过炮口下落瞄准目标时炮塔发动机的呼旋声就可判断出来。

无线电记录簿对一路上的通信情况做了记录。该记录显示,卡拉汉不断询问前方的驱逐舰观察到了什么,这说明他对当前情况尚无准确判断。此时,"海伦娜"号已经很负责任地做出了判断,并及时将雷达传来的信息反馈给卡拉汉,但卡拉汉对此置之不理。"库欣"号是先锋舰队的打头驱逐舰,与卡拉汉的舰艇之间相距两英里。卡拉汉询问"库欣"号的所有问题几乎都能从尾随其后半英里处的"海伦娜"号轻型巡洋舰上得到及时回答。据说,卡拉汉最相信的是人,而非技术,这一点在他为自己舰队选择打头舰时得到了印证。"库欣"号的舰长是爱德华·N.帕克少校,他是一位有名的硬汉,且作战经验丰富。他曾于1942年初在亚洲打过仗,同时,作为驱逐舰舰队的指挥官,他也参加过爪哇海的几场战役。

卡拉汉要找的是拥有夜间近距离作战经验的驱逐舰军官,在整个美国海军中,满足该条件的人屈指可数,而帕克就是其中之一。"库欣"号上的火控雷达自从安装完毕以来工作就不可靠,但卡拉汉并没有因此而烦心,因为有经验丰富的帕克打头阵,可以很好地弥补设备上的不足。

"海伦娜"号的舰长吉尔伯特·胡佛和枪炮指挥官罗德曼·D.史密斯得到了一份电子情报,但卡拉汉对这种电子侦察却毫无兴趣。胡佛和史密斯对此感到十分恼火。望着"波特兰"号留在水上的航迹,胡佛只能闷闷不乐地等待开火命令。斯科特在埃斯佩兰斯角耽搁了行程,直至与敌军相距只有4 000码时,他才启程继续前行。然而,船舶间的无线电通话频道每次只能供一人使用,因此,无论是胡佛还是其他人,都无法通过无线电向卡拉汉充分表达自己的想法。

卡拉汉排兵布阵的方法无法使其最先进的传感器发挥应有的作用。在由4艘驱逐舰组成的先锋舰队中,只有最后一艘——"奥班农"号驱逐舰——设有SG雷达;

同样，在末尾的驱逐舰舰队中，也只有殿后的"弗莱彻"号驱逐舰安装了该装置；而在5艘巡洋舰组成的"基本舰队"中，只有领航的两艘——"亚特兰大"号和"旧金山"号——没有此装置。当然，"亚特兰大"号防空巡洋舰上的老式单波道雷达也不逊色，它在相距22 000码时就监测到了阿部的舰队。

随着时间的流逝，卡拉汉舰队的雷达监测优势逐渐消失。对此，格拉夫说："当看到敌军的完整阵形时，我们相距大约10 000码。很快两军之间的距离就不到5 000码了。转眼之间，就只剩下3 000码了。"当奇克·莫里斯从"海伦娜"号上观察到敌舰时，卡拉汉依旧命令舰队向前行进，"就像火车一头扎进隧道一样，卡拉汉一门心思向前行驶。他和他的部下早已决定要对日军发动突袭，并且要速战速决。因此，我们驶进了日军这只怪兽的嘴巴。此时，每一艘军舰、每一座炮台上的每一名士兵都屏住了呼吸，准备随时开火"。

随着距离标度盘上的指针不断下移，驱逐舰舰队的所有成员都在好奇：为什么不对日军发动鱼雷攻击。"阿伦沃德"号的雷达指挥官鲍勃·哈根上尉期望从罗伯特·G.托宾上校（第12驱逐舰中队指挥官）那里得到命令——准备好鱼雷，以备随时使用。哈根说："我们很清楚日军的装备、速度和距离，但我们一直没有发射鱼雷。以前遇到类似情况时，托宾上校从来没有这样处理过，不过，这次上校只是施了个障眼法而已。"

在埃斯佩兰斯角海战中，托宾是驱逐舰中队的指挥官，当时他所在的军舰是"法伦霍尔特"号。海战当夜，"法伦霍尔特"号和"邓肯"号都遭到友舰的误射，这些经历使托宾意识到，脱离整支队伍、独立掌控驱逐舰舰队存在种种风险，他也因此时刻保持谨慎以规避风险。在"斯特瑞特"号（先锋舰队的第3艘驱逐舰）的炮火指挥室中，C.雷蒙德·卡尔霍恩上尉听到炮火指挥官大声叫道："注意！敌舰航向107度，航速23节！"在这种情况下，只用简单的三角学原理发射鱼雷就能击中目标，因为鱼雷入水之后穿行一段距离刚好能借助浮力浮出水面撞向敌舰。卡尔霍恩向旗舰上的卡拉汉请示应对策略，但卡拉汉没有任何回应。卡尔霍恩说："长官（此处指美军的战术指挥官卡拉汉）对此没有下达任何命令，我们只能继续前行，穿越日军的两组军舰。"此前，驱逐舰舰员的训练重心也放在了枪炮射击上，而并没有特别操练鱼雷攻击——整个美国海军还从未真正对哪项训练如此敦促和看重过。

比尔·麦金尼是"亚特兰大"号上电气技师的助手，主要负责船舱内的维修工作，他的任务是在一个大铁箱旁边随时待命，箱子里装满了维修和抢救工具，包括壁架、楔子、绳子、呼吸器、氧气面罩、软管、提灯以及闪光防护服。他检查了一下中心维修室，发现人员齐备且一切都已准备妥当，固定好舱门后，他就满怀忐忑地坐了下来。此时，"亚特兰大"号正在加速，由于发动机剧烈振动，甲板、舱壁，乃至整艘军舰都在振动。通风系统停止运转后，两架弹药起重机从麦金尼所在舱室侧下方的弹药库升到了他头顶上的5英寸双联机炮上，起重机上的金属组件发出巨大的嘎吱声，就连发动机的振动声也淹没于其中。"我做了个简短的祷告，等待着战争的爆发。"麦金尼这样写道。

凌晨1时40分左右，美军先锋舰队的"库欣"号的瞭望员看到一艘陌生军舰从其一侧驶过，帕克舰长随即用无线电向卡拉汉报告了首次目视发现阿部先头舰队的消息，他说："一艘日舰从我舰左舷经过舰首向右舷方向驶去，与我舰距离不到4 000码"。接着，又一艘日舰出现了，紧随其后的居然还有一艘更大的军舰。

经过之前在瓢泼大雨中的两次掉头行驶，日军驱逐舰"夕立"号和"春雨"号已经远远领先于阿部的舰队，因此，这两艘军舰最先从黑暗中暴露出来，被美军发现。日军的驱逐舰已围绕舰队中心（轻型巡洋舰"长良"号带领的两艘战列舰"比睿"号和"雾岛"号）四散开来。"库欣"号观察到的第三艘，也就是最大的那艘日舰极有可能就是"长良"号。

"海伦娜"号持续向卡拉汉汇报雷达传来的消息，但是船舶间的无线电通话经常处于占线状态，卡拉汉也只顾向前行进，对"海伦娜"号的消息充耳不闻。他问帕克："你对目前的形势有何看法？"吉尔伯特·胡佛随即向他汇报情况，胡佛说："日军约有10艘军舰，看起来像是按巡洋序列编排的。"跟在"库欣"号和另外3艘先头驱逐舰后面的军舰依次是"亚特兰大"号、"旧金山"号、"波特兰"号、"海伦娜"号、"朱诺"号以及后续驱逐舰舰队，这些军舰默默地向敌军驶去，它们已储存好能量，钢铁外壳也已经过热蒸汽的锻造和加固。表面看来，它们翻卷着海水咆哮着向前驶去，但整支舰队的紧张气氛其实已经达到了极限，随时都有可能爆发。

当两军相距接近2 000码时，帕克舰长将"库欣"号转向左舷方向，为发射鱼雷做好准备。驱逐舰第10中队的指挥官托马斯·M.斯托克斯中校也在"库欣"号上效力，他请求对敌舰进行鱼雷攻击，他通过无线电向卡拉汉发出请示："是否可以向敌军发射鱼雷？"卡拉汉没有同意，要求驱逐舰紧随大部队径直向北行进。同样的，

"拉菲"号上的鱼雷指挥官托马斯·A.埃文斯上尉的请求也被驳回。

帕克舰长按命令继续向北行进，但为避免和前方的日本军舰相撞，帕克突然转向左方，这使紧随其后500码处的"拉菲"号、"斯特瑞特"号和更靠后的"奥班农"号不得不更大幅度地左转，以避免队伍先头部分乱了方阵。凌晨1时45分左右，双方的先头部队几乎同时开火，打破了持续数分钟的令人紧张不安的寂静。

在美军的巡洋舰中，"亚特兰大"号上的几名军火指挥官首先观察到了两军相遇的混乱场面，但其他巡洋舰对此还是一无所知。劳埃德·马斯廷说："如果能完全适应黑暗环境，即使在微弱的光线中，也能看到许多东西，我就借着茫茫苍穹下的点点星光发现了敌方军舰。"透过双筒望远镜，马斯廷看到一艘轻型巡洋舰从"亚特兰大"号前方6 000码处横穿而过。见此状，航行在"亚特兰大"号所在航线一侧的4艘先头驱逐舰大吃一惊，然后迅速紧急转向，以避免与敌舰相撞。塞缪尔·詹金斯舰长手掌船舵，见状也随之猛地左转。卡拉汉看到该舰侧倾且向西转去，便责问道："山姆，你意欲何为？！"

舰长答道："避免撞到己方驱逐舰！"

凌晨1时46分，卡拉汉说："立即回到既定航道上来，你一人转向，会导致整支队伍随之乱套。"实际上，错并不在詹金斯。此时，第67特混舰队的混乱局面已经无法挽回，而造成混乱的真正原因在于整个编队的布局、在于卡拉汉当初在作战策略上的犹豫不决、在于指挥官们对自身舰船生存的迫切需求。

随着特遣部队不断向北行进，航行的困难也越来越多，卡拉汉下了最新的一道命令，要求舰队左转90度直接驶向阿部那支散乱的舰队。"波特兰"号的舵手将信将疑地左转了，但其他军舰却都没有执行这一命令。通过这条命令，我们大体可以看出卡拉汉的想法——一旦遇到日军战列舰，美军巡洋舰必须对其进行近距离平射，因为战列舰的重型装甲无法抵抗8英寸口径舰炮的直接轰击。

"夕立"号首先发现美军，并在发现后第一时间报告给了阿部上将，舰长吉川清中校对自己的具体位置并不确定，但他确定敌军就在隆加角的方向。一分钟后，"比睿"号的瞭望员发现在距其9 000米（约9 800码）的地方有4艘美国巡洋舰。阿部向他的炮击部队发了一串闪光信号，"敌军疑似出现，方位136度角"。

美日巡洋舰夜间对战战斗序列表

美军	日军
第 67.4 特混舰队	轰炸机部队

海军少将丹尼尔·J. 卡拉汉	**海军少将近藤信竹**
"旧金山"号（重型巡洋舰）（旗舰）	"比睿"号（战列舰）（旗舰）
"波特兰"号　（重型巡洋舰）	"雾岛"号（战列舰）
"海伦娜"号（轻型巡洋舰）	"长良"号（轻型巡洋舰）
"亚特兰大"号（轻型防空巡洋舰）	"晓"号（驱逐舰）
"朱诺"号（轻型防空巡洋舰）	"雷"号（驱逐舰）
"库欣"号（驱逐舰）	"屯"号（驱逐舰）
"拉菲"号（驱逐舰）	"天津风"号　（驱逐舰）
"斯特瑞特"号（驱逐舰）	"雪风"号（驱逐舰）
"奥班农"号（驱逐舰）	"照月"号（驱逐舰）
"阿伦沃德"号（驱逐舰）	"朝云"号（驱逐舰）
"巴顿"号（驱逐舰）	"春雨"号　（驱逐舰）
"蒙森"号（驱逐舰）	"村雨"号（驱逐舰）
"弗莱彻"号（驱逐舰）	"夕立"号（驱逐舰）
	"五月雨"号　（驱逐舰）

　　据"天津风"号原村舰长的回忆，日军在与美军相遇后立刻陷入混乱。"比睿"号上，政雄西田舰长和炮火指挥官就该舰应采用何种武器的问题争论不休。炮火指挥官认为，要想执行炮击任务，就应使用 3 号燃烧弹和高爆弹，且他已经在送弹机上装满了这两种炮弹。经过争论，二人最后达成一致，决定使用穿甲弹。接着，"比睿"号和"雾岛"号的士兵就散布在甲板上、炮塔中，争抢着从送弹机上卸载炸弹并将其搬回仓库。这足以说明，做决定不难，但执行起来却不容易。原村在回忆录中写道："弹药库中一片混乱，人们拥挤着、推搡着去争先恐后地搬起储存在船舱底部的穿甲弹。"不过，根据当夜在卡拉汉舰队阵形中爆炸的炮弹的数量来看，日军方面切换发射的火力并不成功。

　　双方的先头舰队竟然在如此近的距离内才开火，机械传感器的作用丝毫没有发挥出来。这场海战，即 11 月 13 日的"黑色星期五"之战，就以双方舰队差点儿在黑暗中迎头相撞开始，这在蒸汽时代以来的世界军事史上还是头一次。

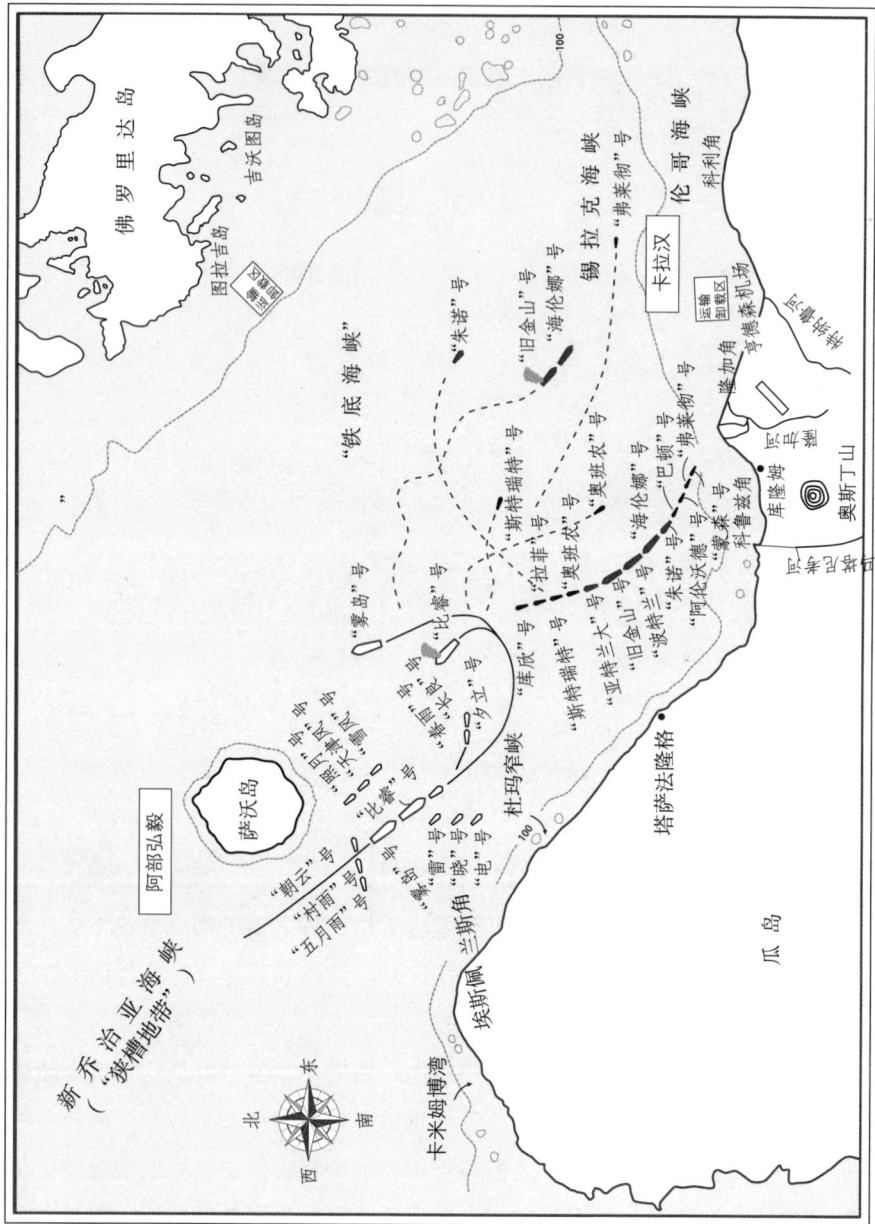

巡洋舰夜战示意图

★★★

1942 年
11 月 12—13 日

图例

日军战列列舰
日军重型巡洋舰
日军轻型巡洋舰
日军驱逐舰
美军巡洋舰
美军防空巡洋舰
美军驱逐舰
正在冒烟的舰船
暗礁
等深线

28

聚焦扫射

"海伦娜"号的枪炮已经水平架好，但是仍然没人下令开火。忽然，在舰的左舷处，一道刺眼的亮光划破了夜空——此光并非自然之物，而且亮得惊人——高处作业的美国士兵在黑夜中待久了，已经适应了黑暗的环境，突如其来的亮光使他们顿感不适。本·科克伦少尉写道："这道光看起来很高，仿佛是从比舰桥还高的地方照射下来的。亮光出现的一刹那，所有人都震惊了，大家注视着亮光，现场一片寂静。在茫茫夜空下，本来一切都很安静，一切都很昏暗，谁也看不见谁，但现在，刺眼的亮光却把我们暴露在众目睽睽之下。"在这样的夜晚，在这样漆黑的海面上，即使是微弱的火柴光也能在方圆几英里的地方看得见，就更不用说亮度这么大的探照灯了。

"我有一种感觉——当然这种感觉是毫无逻辑性可言的——我们要即刻摆脱这道强光，否则会有危险，"科克伦说，"我看到大家都蜷缩在暗处。"在"海伦娜"号 4 英尺高的露天舰桥上，罗德曼·史密斯蹲在黑暗的角落里，他已经受够了，于是便催促舰长："请求开火！"

胡佛猫腰躲开来光，高声喊道："开火！"

这道强光很有可能来自日本驱逐舰"晓"号，它从左舷后方照亮了"亚特兰大"号。而此时，为了避免撞向自己的先头部队，"亚特兰大"号正在转向。詹金斯舰长的反应就像和平时期的训练，他喊道："强光对射！"炮火指挥官小威廉·R.D. 尼克尔森少校更想用真枪真炮来还击。忽然，詹金斯在耳麦中大喊："开火！"此时，他的助手劳埃德·马斯廷正在记录与日军的准确距离，他用的是短波火控雷达，并未用到其他波长工具。威廉命令各位炮长："瞄准有光的舰船，马上开火！"马斯廷主要负责位于该舰后部的 5 英寸口径三联炮台，收到该命令后，他和尼克尔森把指挥仪转向目标舰，并立即开火。

随着阿部的战舰所发射的照明弹在美军巡洋舰后方爆炸，其驱逐舰群向斯托克斯麾下的驱逐舰展开了猛烈攻击，与此同时，"亚特兰大"号也遭到了袭击。日军"晓"号驱逐舰向"亚特兰大"号的左舷鱼雷指挥仪发射了数枚小口径炮弹。对此，詹金斯舰长要求防空巡洋舰（实际就是一艘特大号的驱逐舰）发射鱼雷予以还击。亨利·P. 詹克斯上尉被派去执行此项任务，他也随即成为此次战役中的第一批伤亡人员之一。在敌军炮火的攻击下，巨大的鱼雷炮架失去了自动控制功能，装上 4 枚"马克 15"型鱼雷后，其重量进一步增大，致使士兵们难以通过人工操作使其全速工作。

此时美军继续使用炮弹进行攻击。尽管没有日军发射的照明弹，但借着碳弧灯的白色光亮，马斯廷也能看到美军枪炮齐射的场景。此时，着弹点观察员调高了指针的标高，马斯廷让他修正过来。当他们的目标（后面还跟着另外一艘驱逐舰）经过"亚特兰大"号的船首，然后径直向北行进时，马斯廷说："我们的炮弹正在对其狂轰滥炸，从 600 码处炮轰一艘驱逐舰，我们定会百发百中。"

好几艘日本军舰在黑夜中暴露了行踪，但只有"晓"号为此付出了惨痛代价。"亚特兰大"号、"旧金山"号、"海伦娜"号以及另外几艘美军驱逐舰都瞄准了"晓"号，不多久，"晓"号就着火沉没了——其船舵、发动机以及军火全部付之一炬——"晓"号所配备的鱼雷杀伤力很大，但此时再也派不上用场了。

"晓"号本在"比睿"号的右舷处，"晓"号覆没后，紧随其后的"电"号、"雷"号等其他驱逐舰却借机摆脱了这场暴风雨，并成为整个日本舰队的先头舰。日本海军的信条是，能用鱼雷，就不用亮度大且容易暴露自身方位的炮弹。寺内政道中校是"电"号的舰长，他要求该舰对准航线继续前行，经过业已解体的"晓"号时，他才在美方炮火的闪光中隐约看到了美国军舰。直到此时寺内还是没有收到阿部的命令，而"比睿"号传来的第一条信号也不是作战命令，而是要求其提供战况信息。尽管没有具体命令，寺内和鱼雷兵们还是愿意全力以赴。这些军舰就在美军的斜前方，规模之大，令人惊叹。"雷"号前部的炮架遭到至少 3 枚 8 英寸口径炮弹的攻击。趁自身还未受重创，每艘驱逐舰都向距其最近的目标——"亚特兰大"号——发射了 6 枚鱼雷，"亚特兰大"号随即着火撤退。

两军开火后没多久，卡拉汉就下了一道愚蠢的命令，"奇数舰向右侧射击，偶数舰向左侧射击"。由于双方已经开火，且美舰正在大幅度转弯，在这个时候，依据舰船的左右航向来下命令，用马斯廷的话说，"简直就是徒劳"。他说："右舷在北，左舷在南，而我们的目标却在东边。"尽管卡拉汉的命令出发点是为了避免军火的浪费，但这种事无巨细的做法在真刀真枪的实战中并无益处。通常情况下，军官们都很清楚自己的目标是谁，这一点在战斗开始后尤为突出。

"斯特瑞特"号在美国舰队中位列第三，舰长杰西·科沃德中校早已发出指示，要求所有炮弹和鱼雷做好准备，瞄准正在靠近的目标舰只的左舷。然而，卡拉汉却命令所有奇数号舰向目标军舰的右舷开火，杰西选择遵从卡拉汉的命令，将火力转向目标舰的右舷，但很不情愿。与此同时，"斯特瑞特"号的枪炮指挥官卡尔·卡尔霍恩命令炮兵向距其最近的目标开火，而这一目标就是轻型巡洋舰"长良"号。

"斯特瑞特"号的多个炮架已经装上了信号弹，从 4 000 码的位置发射这些信号弹就会非常有用，即便近距离接触引爆无效，且用镁 – 磷烟火包围"长良"号的前甲板也不成功，那么接下来科沃德的军舰四炮齐发猛射一阵普通炮弹，这对"长良"号来说无疑是更猛烈的打击。当"长良"号经过"斯特瑞特"号时，"斯特瑞特"号就是用这种方式对其进行了攻击。此时，敌人是生是死，谁都不敢断定，就连先遣队的指挥官对此也不敢妄下结论。

"库欣"号向一艘向东行驶的日本军舰（该舰极有可能是"雪风"号）发起了攻击。此时由于震荡剧烈，帕克舰长的无线通话设备出了故障，无法即时联络火控雷达，也无法接收卡拉汉关于航向和速度的任何指令，帕克就像被屏蔽了一样，这是相当危险的。"库欣"号在开火后依旧保持 25 节的航速，但只坚持了一小会儿——开火后没几分钟，"库欣"号就因遭炮轰而受重创，并开始丧失驱动力。很快，"库欣"号就陷入了敌舰的重重包围中，受到日军轻型武器的猛烈攻击后，"库欣"号驱逐舰的速度逐渐慢了下来并且偏离了既定航向。紧接着，一个新的威胁出现在了"库欣"号驱逐舰的右舷方向。

此时的夜幕中闪烁着炮火的光亮。忽然，一艘军舰出现在"库欣"号的右舷船首。从轮廓来看，该舰很大且外形略显怪异——这艘军舰就是"比睿"号。很快，从"库欣"号到"拉菲"号，到"斯特瑞特"号，再到"奥班农"号，美军打头的几艘军舰依次认出了"比睿"号。通过士兵的手动掌舵，帕克的"亚特兰大"号转向右方，并在局部控制下发射了 6 枚鱼雷。"亚特兰大"号防空巡航舰距离目标舰只有 1 200 码左右，这个距离很近，一般不会射偏，但如果距离太近，鱼雷引爆就会危及本舰安全。同样地，驱逐舰一旦距离战列舰过近，那它离解体也就不远了。"比睿"号向"库欣"号发起了第二轮炮弹攻击，其他日军驱逐舰也向"库欣"号发起猛攻，他们对"库欣"号炮台的攻击可谓百发百中，而且他们的中等口径炮弹还摧毁了"亚特兰大"号的机械设备。在多艘日舰的包围和打击下，"库欣"号开始剧烈摇动，很快就完全丧失了蒸汽动力。随着美军先头部队的其他驱逐舰陆续从"库欣"号两侧驶过，并闯入阿部的方阵，整个战阵也在持续往前推进。"阿伦沃德"号的副舰长朱利安·贝克顿写道："现场一片混乱，每艘军舰都只关心自己的生死，完全不为大局着想。要是英国诗人丁尼生看到这样的场景，定会以'壮观'称之。"

现在，"拉菲"号已经成为美国舰队的领头羊，其鱼雷指挥官汤姆·埃文斯正在该舰的火力掩护下对前方的日本驱逐舰进行攻击。"拉菲"号的炮声持续不断，而且声音巨大，几乎能够掩盖其他一切声音。"拉菲"号曾在埃斯佩兰斯角海战中充当过斯科特的先锋舰，它所参加的每场战役都让人牢记在心。"拉菲"号的士兵知道，刚才的怪异船影就是"比睿"号——它与"拉菲"号的距离非常近，超出了所有人的预期。由于压力过大，埃文斯已逐渐变得麻木，但"比睿"号的靠近还是使埃文斯大吃一惊，他说："这应该是人类有史以来创造的最大的怪物，它正逼向我们的左舷，即将与我们相撞。"

理查德·黑尔是"拉菲"号上2号火炮的瞄准手，他能清楚地看到"比睿"号的舰桥和上部构造，对此，黑尔大为惊讶，他说："两舰之间的距离太近了，几乎可以直接用手榴弹攻击。"据黑尔回忆，5英寸口径的舰炮开始对"比睿"号驱逐舰展开攻击，很快，20倍口径的舰炮也加入其中。他写道："炮弹发出后，即刻就能击中目标，我们能亲眼看见炮弹穿透敌舰舱壁，然后在敌舰内部爆炸。"

"'比睿'号距离我们只有1000码，显然，我们不能错失这个目标。"汤姆·埃文斯说，"感觉似乎经过了漫长的等待，我们才终于发射出5枚单平面蒸汽瓦斯鱼雷，而此时，'比睿'号也径直驶来，似乎试图要把我们撞得粉碎。""比睿"号驱逐舰就像一把巨斧，划过水面，正劈向"拉菲"号。

"拉菲"号的舰长威廉·E.汉克少校见状紧急要求全速后退，发动机和锅炉舱的交叉连接刚完成，且燃烧炉完全打开后，他又发出信号，要求立即全速前进。在先前的一次常规进港行动中，汉克舰长曾经打算启用应急发动机，那一度让船员们惊慌失措。然而，此时此刻，迫于战斗形势，他们必须启用应急发动机。应急发动机启用后，"拉菲"号的螺旋桨在水中剧烈搅动，整艘军舰也随之急速前进。与此同时，"比睿"号也在全速前进，并与"拉菲"号的尾艄擦肩而过。朱利安·贝克顿写道："两舰之间的距离太近了，汉克用弹弓就能打到'比睿'号。""拉菲"

号的炮手开始使用各种口径的炮弹对"比睿"号进行密集扫射。有个叫约翰·H.詹金斯的士兵发现眼下正是一个杀敌的好机会,他奔向一门20毫米口径的火炮——该炮的主人已经阵亡,他用双臂揽住这个士兵的尸体,把它用作保护盾——然后抬高炮筒,对着"比睿"号的舷窗就是一阵猛射。"拉菲"号和其他驱逐舰对"比睿"号展开了狂轰滥炸,横飞的榴霰弹弹片使阿部的脸部受了轻伤,西田昌男舰长也受了伤,参谋长铃木正兼则阵亡了。离"比睿"号稍远一些的美国军舰也对其发起了猛烈的攻击,漫天的火焰和浓烟冲向"比睿"号的掌舵室,詹金斯看到船体上层结构的碎片不断掉落在下方14英寸口径的巨大炮塔上。

用贝克顿的话说,暂时"躲过'比睿'号这艘独眼巨人"后,"拉菲"号继续向北行驶,虽然还一直遭到日军的猛烈攻击,但已与日本军舰拉开了距离。"拉菲"号在向北行进的过程中又差点与一艘重它17倍的日本军舰相撞,但这只是它艰难旅程上的第一道坎儿。"拉菲"号向萨沃岛驶去,打算利用该岛在黑夜中的轮廓混淆日军,以此作为掩护。然而,阿部的先头部队北面的3艘驱逐舰——"朝云"号、"村雨"号和"五月雨"号却从左到右拦住了"拉菲"号,并对准"拉菲"号发动炮火攻击。汤姆·埃文斯回忆道:"日军的照明弹忽然在我们上方爆炸,整个世界瞬间变得湛蓝,仿佛正午时分,但此时的场景却令人不寒而栗。""拉菲"号的工程师——尤金·A.巴勒姆写道:"此时'拉菲'号的航速为40节,已经超出了其最大设计航速——37.5节。"

行驶在"比睿"号左舷船尾的"雾岛"号也对"拉菲"号开了火,其中有两枚炮弹分别在"拉菲"号的船桥和2号炮台爆炸。埃文斯回忆说:"遭到炮轰后,我紧紧抓住一根柱子,努力使自己保持平衡,尽量不被剧烈晃动的船体甩出去。我们的船猛地弹向空中,然后又俯冲下来,一头扎向海底;大量海水翻卷而来,涌向"拉菲"号的上层结构,这些海水加重了船的重量,使之难以保持平稳;船体上部的所有工作人员都已全身湿透。"日军利用手中的14英寸口径舰炮发动的这一阵夹叉射击可谓惊心动魄,接着,一枚炮弹又射穿了鱼雷控制台下面的甲板室,越过"拉菲"号,最后冲入水中爆炸,激起一片海水。

差不多在同一时间,一枚鱼雷击中了"拉菲"号的船尾,船尾被炸开一道15英尺的裂缝,4号炮台也遭到轰炸,垮塌在前面的一座炮台上。舰体后部的锅炉舱和电气室也被炸得破烂不堪,这对"拉菲"号来说无疑是一次沉重打击。然而,祸不单行,船体上部燃起了熊熊大火。在前方的机舱,由于螺旋桨和船舵都已损坏,只剩下桨轴在急速转动。据理查德·黑尔回忆："我看到大火向弹药库扑去，弹药库随时可能爆炸，于是我向船头跑去，尽可能远离这场大火"。

"拉菲"号4号炮台的工作人员几乎全部牺牲了，前来营救的水手发现一位引信操作员还有一息尚存——炮弹提升机压在他身上，将其困住——由于四周浓烟密布，这个操作员几近昏厥。据称，如果装配工的技术足够高超，用一盏喷灯就能把这名操作员解救出来。恩赛因·大卫·S.斯特雷特说："那个时候，整个天空黑烟滚滚，我们也无能为力，只能给他一个防毒面罩，让他多呼吸一口新鲜空气。"

阿部左侧的先头部队正继续向前行进。"天津风"号如影随形，船头的波浪水花四溅，原村舰长从右舷船首看到前方5 000米（约5 450码）处有五六艘美国军舰，在黄白色的闪烁灯光下，他能看到的也只是美国军舰的大体轮廓。"我深吸一口气，心里还是七上八下的。"他这样写道，这些军舰极有可能就是卡拉汉的后续部队——他判断的不错，它们依次是"朱诺"号、"阿伦沃德"号、"巴顿"号、"蒙森"号以及"弗莱彻"号驱逐舰。"天津风"号的鱼雷指挥官三吉正俊上尉大喊道："司令，请下令发射鱼雷！"原村就此下令："鱼雷手！准备！"随着船只转向左方，8枚鱼雷也顺势发了出去。

日军在萨沃海峡的"烟火秀"吸引了大批"观众"。探照灯光穿透力很强，交叉射出后，照在美国军舰上，待美军炮手反应过来，灯光便又立即消失。灯光照亮的同一时间，漫天都是照明弹的闪闪亮光，甚至在某些瞬间，就连美军士兵也沉浸在了这场"烟火秀"中——整个夜空明光闪烁，就像烟花和火星一样——令人唏嘘不已。日军则在两军之间的相对低位上开火了。"斯特瑞特"号舰长科沃德中校认为日军意图非常明显，他们之所以这么做，就是为了蒙蔽美国巡洋舰。这些炮火定是早就装在战列舰送弹机上的爆炸性燃烧弹，其原定目标为亨德森空军基地的工作人员。

一开始，"斯特瑞特"号的副舰长并没有让炮手开火，他认为驱逐舰的小型枪械不可能对他们造成任何威胁。但他错了，因为这场战役不能依靠经验来打。在"斯特瑞特"号前面，"库欣"号正遭受来自"长良"号的猛烈炮火攻击，"库欣"号驱逐舰的工程师们正抓紧利用敌军攻打的间隔时间，努力使其发动机重新运转起来。而在此时，"拉菲"号也遭到双面夹击。"斯特瑞特"号集中起火力攻击"长良"号，但没过多久，一个更大的目标——"比睿"号——出现了。"比睿"号在"斯特瑞特"号的左舷方向出现，很快，二者相距只有2 000码了。此时，由于整个船身映衬在火光之下，"比睿"号褪去了刚出现时"幽灵般的灰色"，变成了现在"明亮的橘红色"。

此时，美日两军队形均已大乱，且已互相穿插行进。忽然，一艘日本驱逐舰（很有可能是"春雨"号）在"斯特瑞特"号右舷船首方向出现，二者相距 1 000 码时，科沃德向其发射了两枚鱼雷；相距 800 码时，"斯特瑞特"号又集中火力对敌舰进行了几番扫射。科沃德发射的鱼雷并没有爆炸成功，但不知为何，敌舰的舰尾却翘了起来，由此看来，它极有可能遭到了另外一艘军舰的攻击，船身后部的几座炮台已经淹没在火海中，整个船尾都发出熠熠红光。卡尔霍恩上尉从控制台上望过去，大声叫道："你这只可怜虫！"正如卡尔霍恩回忆的，"敌舰周围的水好像都沸腾了，舰上'嘶嘶'地冒着蒸汽，声音很大，我们在'斯特瑞特'号上都能听得见。"卡尔霍恩通过电话向炮长传达了这一消息，他说："我让弹药搬运工爬到主甲板的梯子上去，这样他们就能看到自己的战果了。"

但差不多就在这个时候，"斯特瑞特"号的左舷遭到了毁灭性打击。据佩里·豪尔回忆，"当时的场景就像是爆炸了一颗燃烧弹，整个海域变得明亮又炫目，仿佛艳阳高照的正午。""比睿"号和其他几只日舰都集中火力对准了"斯特瑞特"号。"斯特瑞特"号的雷达和无线电天线被击落后，前桅也随之弯曲变形了。而日军的榴霰弹也在不停地攻击"斯特瑞特"号的枪炮指挥仪，许多火力控制人员阵亡。子弹如阵雨般袭来，射入卡尔霍恩的木棉救生衣和头盔，对于这身行头而言，这样的遭遇真是令人难以置信。

随着日军的火力越来越猛，其攻击范围也越来越大。"斯特瑞特"号的消防人员发现该舰的主消防泵软管已经压力不足——消防软管外层的主要材料为防光布，表面是一层防火石棉。此时，船尾已经燃起熊熊烈火，而消防软管中只能流出的涓涓细流，对于火势的控制几乎起不到任何作用。"斯特瑞特"号一直左右摇摆，要想在其满是鲜血的甲板上稳步行走，简直比登天还难。忽然，一颗炮弹击中了船上的储物室，土豆被炸得漫天横飞，伤员的尖叫声划破了夜空。佩里·豪尔回忆说："附近的 4 号操作室惨遭浩劫，狭窄的过道还有碎片在闷烧，烧焦的尸体遍布甲板，海水从弹孔中涌入舰艇内部，而且水位已经超过了吃水线，舰艇随时都有可能侧翻……燃烧的尸体和粉尘发出阵阵恶臭，令人窒息。"

"斯特瑞特"号共遭到 11 枚炮弹的直接打击，而且全部作用于该舰左侧吃水线以上的部分。另外，许多日军榴霰弹混射造成的近失弹破坏效果也对该舰造成了严重损伤。由于没有任何掩护设施，"斯特瑞特"号后部的甲板室和尾部的一个露天炮架——3号炮台，已被大火吞没，火光明亮，照亮了主桅桅帽上的旗帜。舰尾后部的操作室也已着火并引燃了储藏的备用弹药。尽管船上火势凶猛，但万幸的是，发动机还完好无损。到目前为止，该舰只剩下两门可用的舰炮，还有两枚鱼雷——但卡在了已经损坏的鱼雷发射管中，这样并不安全。科沃德舰长认为，他应该不时地减慢速度以防止船体上部即将失控的大火因风力过大而越烧越旺。该舰共有28人牺牲，13人重伤，有4人跳到了海里以扑灭衣服上的火。那些留在船上保卫舰艇的人英勇地冲进燃烧的船舱，关上进水阀，并将伤员转移到安全地带。他们冒着浓烟，浸湿火药，扎牢船舱隔板，修补弹孔，抢修水泵，用水龙带抽走涌入船舱的海水，并且尽力保持电力通畅。水龙带的接口被烧得滚烫，但为了救火，士兵们即使烫坏了自己的双手，也要把水龙带接好。在他们的努力下，大火终于被扑灭了。他们扔掉了被烘热的炮弹，放下救生筏来拯救自己的同胞。

冷静、高效、大公无私，而且富有领导才干，这是目睹这一切的人们给予士兵们的高度评价。记者们也做出了这样的报道，"他们值得我们称颂"——在战事结束后的几周里，这句话反复出现在各个报道中——"由于对炮火的精确控制……他冒着生命危险冲进浓烟滚滚的3号和4号操作室……指挥抢修组的工作……他英勇坚强，亲自指挥甲板下的消防工作……他丝毫不顾自己的安危……连续工作了一整夜后，第二天又在忙着加固顶撑、修理水泵……鉴于他在大火中的忘我精神和英雄气概，有人推荐晋升他为军士长……但榴霰弹弹片击中了他的脖子，除了能够感觉到鲜血浸湿了衣衫，他对自己的伤情一无所知，尽管如此，当敌舰出现时，他还是清醒地将其辨认了出来……他把伤员从3号炮台转移出来，把7号救生筏扔到了水中……他不屈不挠、恪尽职守……指挥消防人员成功扑灭了大火，这使得该舰能够继续战斗下去……他为扑灭C-203-L舱的大火做出了可敬可叹的贡献……由于他对3号炮台伤亡人员的妥善处理……以及对熄灭船帆大火的帮助……"

这些英雄壮举很快就被人们遗忘了，就如同这些英雄的名字：拜尔斯、布瑞斯、洛瓦斯、基纳姆、科扎克、康恩、哈马克、凯利、弗雷、拉斯特拉、迪安、韦勒、塔尔博特、西摩、布罗德、布兰肯西普、斯彭斯、谢尔顿、豪尔、汉纳、霍奇、霍默和鲁滨孙。他们没有军衔，不足以让后人为之树碑纪念，但是，在铺天盖地的新闻报道中，他们的名字却闪耀着夺目光彩，他们值得受到我们的关注和缅怀。当然，值得我们缅怀的不只是"斯特瑞特"号的士兵，还包括美军特遣部队的所有士兵，在 1942 年 11 月 13 日星期五这天的殊死一战中，他们不顾一切力求胜利。他们也曾害怕，也曾恼怒，也曾温柔，他们身上闪耀着人性的光辉！

29
—
夺命狂击

卡拉汉的单纵列阵形似曾相识，那已是第一次世界大战时候的事了，第一次世界大战期间卡拉汉曾经担任护航舰队指挥官。因此，这种阵形可以说是很久以前的老式阵形了。但随着他的单纵列遭遇阿部弘毅的舰队，这种打法恍如隔年皇历，可以比作锋利的大刀或长剑。正如弓箭手发射弓箭时一样，迎战者不仅要注意躲避四周的袭击，还得会利用自身敏锐的感官，为探寻冲出黑暗之路而竭力杀敌制胜。美军指挥官很可能用的就是这种战术。若非如此，那他一定是义无反顾，认准目标，勇往直前。可刚一交手，精良的剑刃就毁了——先锋驱逐舰在支离破碎前瞬间被穿透，手握剑柄的卡拉汉真切地听到了这声巨响。随之而来的是一场混战，现场的气氛堪比古罗马圆形竞技场，灯火尽熄，还有一场大雾笼罩在"竞技场"上空。能说得清道得明的也就只有这场战役开始和结束的时间了。可怕的中间过程是一场充斥着枪林弹雨的兵器风暴，战舰挨着战舰，只要眼前有敌人，舰长就命令射击。当一艘敌舰受创、沉没，紧接着就另有敌舰取而代之；新出现的敌舰要么先下手为强、出其不意地发来几枚炮弹，要么尚未来得及反应就在浑然不觉中被动受弹。事情发生的时候自然顺序分明，可是记录时难免先后混杂。当事者个人的记忆固然清晰鲜明，不会随时间磨灭，但对旁人来说这有点像点彩画（利用细小的彩点堆砌创造整体形象的油画绘画方法）似的流水账，很少能在他人的记忆中形成一种连贯的印象，并且对事件大局来说这种做法有些过于零散。1942年11月13日的海战事件以其现场混乱和头绪繁多而为后人所知，有人说战事可以娓娓记叙，但这不过是善意的谎言。整体情况很简单，但要进行精确的360度无死角地描述十分棘手。夜色漆黑，若双方舰队都因为意外发现对方战舰抵近而惊慌失措，来不及仔细权衡便选择转舵，这种贸然举措就与以大局为重的作战计划毫不相配。真正的成熟舰队，应该时刻准备抓住时机，随时开火，直至战舰沉没的最后一刻。

不仅是当时的参战者，就连接下来几十年中诸多战事分析师也想不明白，为什么当时卡拉汉没给指挥官们下达书面作战计划。当日，"旧金山"号舰上总值日军官布鲁斯·麦坎德利斯的亲身经历如下：一开始，他首先稍微向右转舵，避开迎面而来的日军舰队，尔后抢占阿部弘毅舰队的"T"字横头阵位，使美军舰队队形垂直于日军舰队。斯科特在埃斯佩兰斯角海战时曾通过上述机动取得赫赫战绩，于是这便成了美国海军演习的教科书式的固定战术。卡拉汉占据"T"字横头阵位本意是想火力全开，同时单纵列两端的驱逐舰可沿舰首方向利用鱼雷发起攻击。麦坎德利斯写道："一举破坏'东京快车'计划，本是万无一失的。"当然，这都是后见之明。而在当时，可没有此等战术规划。也没有证据表明卡拉汉曾经对部下传达过他的预期。交战时，他只是命令单纵列向左转舵，直插敌方舰队中部。

美军先锋驱逐舰与阿部弘毅的主力舰队血腥交手。"亚特兰大"号遭受重创之后，接下来卷入混战漩涡的是卡拉汉的巡洋舰舰队。"波特兰"号紧随"旧金山"号向西转舵，劳伦斯·杜博斯舰长看到正前方和右舷方向有5束探照灯灯光均匀分布开来，灯光越过水面直接照向美军单纵列。他的5英寸炮筒里发射出一枚照明弹，夜空下的局势马上一目了然——两军相距仅6200码，形势十分危急。美军主炮立即发起猛击。虽然前置火控雷达因为线路短路受损，但8英寸炮弹还是在第一轮炮火中击中目标。据枪炮官、海军少校艾略特·W.尚克林记录，"敌舰至少有4个起火点"。第二轮炮火过后，目标驱逐舰已被炸毁，并开始慢慢下沉。那极可能是日军的"晓"号驱逐舰。

紧跟在"波特兰"号之后的"海伦娜"号把目标锁定在它西边仅4200码外的探照灯灯光来源处，舰上的6英寸口径主炮早已蓄势待发。对方的光线又高又强，所以不可能是由驱逐舰发出来的，那一定是"比睿"号。高处射击观测站的军官称，机炮轨迹显示射击弧线完美，"理论上而言应该是弹无虚发"。"海伦娜"号的一位炮手指挥官厄尔·A.鲁曼观察到，"眼前无数条机炮轨迹从15个炮口飞射而出，像一群蜜蜂直奔对面那些你看不见的目标"。按下射击按钮之后，"海伦娜"号的舷侧舰炮看起来就像一台活塞出了问题的内燃机。在舰炮指挥仪的控制下，舰炮不遗余力地来回往复，并运用"摇摆梯阶射击法"使炮弹能多飞越200码的距离，集中射向雷达测定的范围。宾·科克伦称，不管对方是什么样的战舰，不管它的装甲多么坚不可摧，都绝不想被我舰的舰炮摧残——你想一想，每分钟至少有200枚130磅的炮弹发射出去呢！"海伦娜"号到达左侧单纵列转向的位置后，原本舰炮瞄准射击的光点已然消失在黑暗中。敌舰的上半部分就好比"一团烟雾升腾的橙红色篝火"，奇克·莫里斯回忆说，"没有人能判断出对面舰上的火焰有多高，但就火光而言，的确是亮得令人难以置信"。

远在前方的"亚特兰大"号向左转舵，避开拥堵的先锋驱逐舰舰群。当时"旧金山"号在"亚特兰大"号的左舷舰尾。为旗舰操舵的布鲁斯·麦坎德利斯见状询问舰长詹金斯，"'亚特兰大'号左转了，我舰是否跟过去？"回复是"不，保持既定航线。"几秒钟后，又命令"跟上'亚特兰大'号！"

据麦坎德利斯回忆："我首先使'旧金山'号稍稍右转，周围留出足够的空隙，然后向左打满舵。这样一来，我们就能与'亚特兰大'号航向并行——都向西北方向行驶——只不过'亚特兰大'号稍偏舰首左舷一点。正当我们在它后面开始转向的时候，敌人的探照灯从左边打了过来。'亚特兰大'号随即又从左向右转过我舰前方，一边移动一边迅速向左射击。"

吨位较大的"旧金山"号转弯半径也较大，两次都转到了"亚特兰大"号舷外侧，导致卡拉汉的旗舰没能紧随"亚特兰大"号这艘防空巡洋舰后方行驶，而是在左侧与它并行。"海伦娜"号上的奇克·莫里斯写道，"亚特兰大"号"就这样脱离了阵列，5英寸口径舰炮打出的炮弹好似令人眼花缭乱的烟花。其余军舰仍旧保持单纵列阵形，而当我们在'旧金山'号的带领下继续以高速驶离这处是非之地时，两边的日舰陆续燃起了火。映着火光，我们化身一道黑影，就像巫婆在万圣节晚上从月亮前飞过一样"。

突然，"亚特兰大"号541英尺长的舰身剧烈晃动起来——它在水下受到了攻击。罗伯特·格拉夫当时的感觉是"猛地震了一下，舰身立刻倾斜，好比一个人没注意脚下的大坑，突然一个趔趄"。消息立即传遍：左舷遭到鱼雷攻击！实际上是中了两条鱼雷。一枚"长矛"鱼雷（九三式氧气鱼雷，美军授之外号"长矛"）击中前锅炉舱与前轮机舱的中间位置，上千磅的弹头随即发生剧烈爆炸。（鱼雷很可能来自日军的"雷"号驱逐舰。）虽然在海水的裹挟下，其冲击波放大了数倍，但"亚特兰大"号仍然顽强地保持着完整的舰身，未被冲击波撕裂。这艘轻型防空巡洋舰吃水线以下由3.75英寸的装甲带防护两侧舰体，吃水线以上装备的是1.25英寸的装甲钢板——可以说是身披坚甲，无懈可击。但猛烈的冲击波的杀伤力也不可小觑。据劳埃德·马斯廷回忆，冲击波从舰首贯穿舰尾，其摧枯拉朽之势使前轮机舱防水壁最终未能幸免，海水灌入机舱。"一大片混着油污的海水出现在左侧海面，舱内的海水越升越高，浸没了整个内层甲板，干舷部分则全部进水。舰上的官兵，包括我在内，无不被爆炸震得东倒西歪。"第二枚鱼雷击穿了舰壳，就牢牢地卡在那里，但是迟迟没有引爆。

雷蒙德·E.莱斯利感觉脚下的"亚特兰大"号"像个钟摆"一样左右摆动，他禁不住担心自己站不稳就会被甩下探照灯平台从而跌进海里。"鱼雷爆炸掀起的海浪从我们头顶上瓢泼而下，整个探照灯平台上全是海水，这里简直瞬间变成了一口浴缸。"参谋官詹姆斯·C.肖中尉驻防在第5层甲板下面，他被冲击波抛向舱壁，造成右手粉碎性骨折。海水在甲板上打着漩涡往下灌，他向枪炮官海军少校尼科尔森打报告，目的有二：一是告诉他该舰进水的情况，二是请求下一步指令。尼科尔森回答说"塞个枕头进去"，然后电话就没声儿了。

锅炉舱虽总体无虞，却有一个安全阀松了，加压的蒸汽通过第二个堆栈上的排气孔上涌，那里正好是马斯廷和副舰长所在的后舰防空站附近。"那声响绝对震耳欲聋。"马斯丁说，"当时，两人面对面交谈毫不现实，即使对着耳朵大喊也听不见。人声根本无法压过高压蒸汽汹涌逸出时的尖啸声。"

黑暗中，电气师助手比尔·麦金尼拿着应急手提灯摸索着走上甲板，耳膜里充斥着金属碰撞、断裂的声音，仿佛他旁边的弹药升降机突然脱轨了。无线电断了；舰上的照明、发动机和炮塔都废了；轮机长也当场死于非命。

断电前，电气师助手鲍勃·泰勒在内部通信舱的测绘板上看到了前舰主炮塔射击导向仪上的火控雷达最后测定的目标位置，他震惊不已——测出的距离仅有450码。

麦金尼砸了几下舱壁，有人也靠敲击舱壁做出回应，于是他又叫了几声，发现黑暗中还有几名战友。损害控制原则禁止他们打开舱门，因为那会破坏这艘遭受重创的战舰的密封完整性。所有垂死挣扎的舰船都面临这个问题：是否要继续遵循原则？全舰的集体战斗精神是否要让步于个人的求生意志？每个人都想知道詹金斯舰长是否会命令他们弃舰。透过上方的薄钢板，麦金尼听到有士兵艰难地喘气、咳嗽，还有些听辨不出的杂声。接下来，他有充足的时间去想明白那些到底是什么声音。

就在这时，摇摇欲坠的"亚特兰大"号遭到左后方3 500码处的一艘重型巡洋舰的攻击。马斯廷试图仅凭尚能通过对讲机指挥的7号炮塔回击，这座炮塔位于舰尾，且必须手动发射。但舰上士兵看到目标舰射击的火光时就放弃了行动——对方是友舰啊！劳埃德·马斯廷认得出，那是无烟火药的闪光，而且从炮弹有条不紊的射击节奏来判断，正是美军8英寸炮筒所特有的。美军巡洋舰的炮手们也太娴熟了——经过一连串炮弹重击，"亚特兰大"号干舷前部和甲板已经惨不忍睹。

詹金斯和海军少将斯科特站在右舷驾驶室翼桥向北望去，战事重心似乎在向那边转移。可就在此时，"左舷出现警报"。劳埃德·马斯廷说："詹金斯舰长通过简易栈桥绕至左边，察看发生了什么。等他再走回来，右舷驾驶室翼桥已不复存在。"7枚炮弹从舰桥甲板下方刺穿"亚特兰大"号防空巡洋舰。操舵室虽然有4英寸的防弹钢板保护，但在如此多的炮弹面前也无济于事。炮弹从前面直穿而出，舱壁门被从铰链上炸飞出去，撞在詹金斯的背上，但这个待遇也使他侥幸免于遭受操舵室最残酷的剧烈震荡——那里有20人驻防，其中16人当场丧生。

罗伯特·格拉夫浑身上下——双腿、臀部、双臂、手和脸——全是弹片，最大的弹片有胡桃那么大——从左舷信号桥射进操舵室，越过数具横陈的尸体，一直到达右舷信号桥。那里的舱壁上有个巨大的破洞。据格拉夫回忆，他当时好像就是从洞里爬出去，然后下到炮座，最后到的主甲板。他不记得自己是如何到达那里的，但他永远不会忘记一路过去到达操舵室的经历：他爬过好几具军官的尸体，其中一位军衔很高，并且他们彼此还相当熟悉。

天哪，斯科特居然也被炸死了，格拉夫边爬边想。

"我从他身边爬过，我忘不了那一阵伤感袭来时的心痛。当时还在想，不，临阵将陨乃兵家大忌!

斯科特的行动事务员斯图尔特·莫雷多克中尉亲眼见证了他的海军少将最后的行动。只要他伤势复原，不久定会想起那段记忆。詹金斯舰长走过来，跟他说："我们下去吧，在上边什么也干不了。"由于找不到下到主甲板的梯子，斯科特贴身士兵中唯一的幸存者莫雷多克抱着驾驶室甲板栏杆，摇摇摆摆地往下爬。他右手骨折，左手承受不住全身的重量，重重地摔在了20英尺下的炮筒上。"我非常肯定，炮位上全是尸体，我砸在了一堆尸体上。"莫雷多克说，"你知道吗，我能听到他们身体里的动静，说不定是肺，那是一种撕心裂肺的感觉。"

到处都是死人，视线里的残肢断臂让人毛骨悚然，但它们却显得那么无力，就像暗淡的星星，只能看到边缘模糊的痕迹。罗伯特·格拉夫一路寻找下到主甲板的方法，却被眼前的情景震惊得手足无措，"我不知道军舰要开到哪里去。现在可是无人驾驶状态。我又为什么要去主甲板？难道是为了看到活生生的人？"斯科特已经阵亡的现实不断地冲击着他脑海——怎么可能？斯科特就这么死了! 他想一吐心中郁结，却找不到可以听他说话的活人。

这么多年来，谁都无法轻松地讲述那天晚上到底发生了什么，一切又是怎么发生的。劳埃德·马斯廷是对"亚特兰大"号悲剧存疑的第一批人之一。当时，在硝化纤维素火药发出的刺眼白光中，他亲眼看到了这一切故事的发生过程。马斯廷称在炫目的闪光下"开火的军舰可以看得清清楚楚的"，"在自己炮火辉映下的'旧金山'号就像日正当午时泊于旧金山港，一眼就能认出来"。

诺曼·斯科特、他的众位参谋以及很多士兵都命丧卡拉汉指挥的旗舰，不过有一种情形很有可能存在，旗舰开火的目标其实是"亚特兰大"号身后的敌舰。斯科特在埃斯佩兰斯角海战中曾亲身体验过一旦军舰在夜战中夹于敌舰和友舰中间，而且友舰彼此失去联系，又没有及时有效的办法证明身份时会发生什么。浓烟蔽目，能见度很差，在炮口喷出的火光的刺激下，人的瞳孔会不由自主地收缩再收缩。

据"旧金山"号上的通信兵维克·吉布森所言，他从信号桥上看到"亚特兰大"号无辜遭受来自敌我双方的交叉火力攻击。"敌我交火距离很近，我方发射的炮弹会正好穿过'亚特兰大'号干舷部分，日军发射的炮弹也是。"经过一番混战，"旧金山"号与"亚特兰大"号失去了联系。"或许它在不知不觉中驶入了我舰发射线，毕竟射击距离那么近，而且几乎是完全平射。"布鲁斯·麦坎德利斯写道，"双方编队混杂，在激烈的作战中也许难以避免发生这种惨剧。"

"亚特兰大"号的救生艇甲板四周的遗痕是证明炮弹来自哪方的最佳证据——一堆绿色染料粉末，卡拉汉的旗舰利用这种颜色的粉末帮助找到炮弹爆炸后弹片飞溅的位置。马斯廷发现"旧金山"号还发射了一组齐射，击中左舷中部5英寸炮塔底座——经历了与阿部弘毅的先锋驱逐舰对决后，这类齐射火炮越发训练有素。炮弹从左向右击穿炮座，炸碎了后膛，削去一根炮筒，里面的士兵几乎无一生还。炮塔后部也被炸散了架，斜靠着干舷舰舱。这绝对是几枚8英寸炮弹所为。"不信你用尺子量。"马斯廷说。当夜只有两艘军舰发射过8英寸炮弹，另一艘是"波特兰"号，但后者火药中添加的是橙色染料。在"亚特兰大"号上，电气师助手比尔·麦金尼听到一个舱口传来"砰砰"的响声和喊声，这个舱口通往伤情控制室。按他们的说法，甲板之下的船舱发现豁口，且有明火。舱门缝隙中渗出从士兵身上伤口中涌出的鲜血，他们需要尽快脱身。麦金尼写道："我还寄希望于打通电话，但这只是徒劳。我们所在的舰舱很大，是军舰保持浮态的关键因素之一，我不敢冒险打开水密门。转念间，我透过头顶的巨型舱口盖上的逃生门往外看了一眼，可上方全是黄色的浓烟，而上面正好是通往医务室的走廊。"

麦金尼戴好救援呼吸器，从头顶上的逃生舱口爬了出去。有个叫丹尼尔·柯廷的水手跟了过来，踩着梯子爬进通道。"烟气太重，应急手提灯的光线略显无力，能够照亮的距离不超过两英尺。我们一不留神，脚下被绊了一脚，定睛一看，原来是一名早先因烟雾窒息而倒在这里的水手。我心想，我要是早点来到这里，说不定能救他一命。"

双方本就觉得这场海战打打停停，舰载无线电又传来一条命令，让"波特兰"号上的劳伦斯·杜博斯、他的枪炮官艾略特·尚克林和所有炮塔指挥官都不敢相信自己的耳朵："停止射击，对方是友舰。停止射击，对方是友舰。停止射击，对方是友舰。"

这条指令是卡拉汉下达的。指令下达时，"波特兰"号刚刚发射了两轮9炮齐射的炮弹，还没有来得及确认是否射中目标。这条指令让大家有些匪夷所思。杜博斯舰长向他的舰队司令再次确认："怎么回事？您确定停火？"

卡拉汉答道："对。"后来有种说法甚嚣尘上，称本应只给"旧金山"号下达的命令阴差阳错地传给了全体舰队。幸好卡拉汉当时的回复被记录在"波特兰"号的无线电日志中，这条记录成了反驳上述谣言的有力证据。有一点毋庸置疑，旗舰和"波特兰"号都没有资格对这条命令品头论足，更何况"波特兰"号就在刚才还朝一艘身份不明的军舰开了火，停火的命令越发显得必要。检查射击记录就会发现，当时"波特兰"号确定那艘目标舰是"小型巡洋舰或大型驱逐舰"，仅此而已。当时是夜晚，并且烟遮雾蔽，辨识难度的确很大，所以不能排除它射击的"敌舰"有可能就是"亚特兰大"号。

"旧金山"号的炮手只顾冲着影影绰绰的轮廓一阵狂轰。5英寸炮塔射击指挥军士埃德加·哈里森说："我们射击的目标很多，而我的任务正是让炮塔对着一团黑影开火。我在计算仪上调节射程远近，亲眼看着火红的炮弹发射出去，然后上下调动射程范围，直到所有炮弹都消失在前方的阴影里为止。接下来我暂停射击，等待锁定下一个目标，再次开火。"

在"海伦娜"号的海图室里，雷·卡斯登一边负责领航和推算航位，一边密切关注着面前的平面位置显示屏。这位年轻的军官写道："发现我方军舰与敌舰交错航行，我一时怔住了，不知如何是好。在面前的平面位置显示屏上，方圆5 000码内竟然有26处雷达光点。怎么可能！任谁都无法相信。即使胡佛舰长询问我方舰队方位时，我也只能告诉他大体位置而已。"双方舰队混行，到底孰敌孰友只好交给各舰舰长自行把握。如果说卡拉汉麾下的大部分舰长确曾听到过停火的命令，那么他们肯定对这条命令置若罔闻了，以至于在这种生死攸关的节骨眼上各行其道。

30
—
重炮威力

那天晚上，他大概连抽了两包香烟。他在旗舰的甲板上焦急地踱来踱去，眉头紧锁，神情焦躁。自从他意识到自己的舰队已经投入军事行动而自己却落在了大后方之后，他发现自己内心一时间无法承受这一现实。在努美阿方向，白天嘈杂的声音已经明显安静了下来，这让哈尔西的精神更加紧张起来。他乘坐的"阿尔贡"号运输舰的值班员每隔一会儿就给他送来一段截获的电讯。今天夜里，哈尔西和他手下的参谋军官们恐怕要度过一个不眠之夜！

在机械时代担任军事指挥官，意味着要忍受空间距离的障碍，战斗进程和结果也不一定能及时掌握。在战争开始的那段日子里，他和"企业"号航空母舰一直在等待自己的飞行部队从马绍尔群岛、吉尔伯特群岛和日本本州岛沿海方向返回这里。但此一时彼一时，今天的情况又与当初有所不同。在焦急的等待过程中，他时而凝视着地图，时而起身在甲板上徘徊，时而点燃一根香烟，时而又跟自己的参谋军官们商讨对策；有时，为了分散注意力，他拿起军官室墙角处陈旧不堪的杂志打发时间；还有抽烟，他不停地抽烟。他在日记中写道："我喝下的咖啡可以按加仑为单位来计算。"他麾下的南太平洋部队目前正处于千钧一发的时刻。他刚才收到的所有电文都在向他传达这样一条信息：另一场战斗就要到来了。那么这场战斗到底会如何降临，这是大家目前都在猜测的一个问题。

对于瓜岛北岸上的那些美军官兵而言，从远处看来，这场军事行动无异于一场激动人心的影视大片。对于他们这些整日与死亡为伍的战区官兵而言，这次观战过程刚好可以转移一下他们的注意力。在萨沃岛以东大约 50 英里处，那里有一处名叫奥拉湾的地方。"我们明显能感觉到那里空气中的震动；爆炸的威力几乎能把我们脚下的地皮掀翻，"当时美国陆军部队驻守在瓜岛上的一位步兵事后回忆说，"我们明显能看到战场上浓厚的黑烟腾空而起，直上云霄；深夜到来之后，上空的浓烟也迟迟不肯散去，烟云的边际上闪烁着赤红的光芒。"

　　有一位名叫罗伯特·莱基的海军陆战队队员事后写道："曳光弹冲天而起，发出恐怖的红光。巨大的曳光弹拖着橘红色的弧线划过漆黑的夜空……海面，像一块光滑的黑曜石一样。无数条战舰停驻在海面上，随炸弹掀起的波浪自然分布成若干圆圈的形状，犹如一块石子投入一片稀泥地里形成的涟漪状圆圈一样。"从图拉吉岛的山上望过去，"你只能看到曳光弹的亮光、炮口的火光和炮弹落地爆炸形成的火焰。但是你根本无法判断炮弹到底落在了谁的阵地上。"这是一位水手写下的一段话。曳光弹像一个个灼热的灯泡一样，拖着长长的尾巴飞向自己的目标，在击中目标物的那一刻炸出巨大的火焰，3秒之后，爆炸的声波才会传到近处水面上来。

　　经过数月的殊死战斗，这些步兵们心里对生死早已麻木。小说家詹姆斯·琼斯当时是一名陆军战士，因为心理的变化，他当时的面部表情已经有些怪异。那时候，他已经抱定了必死的决心，因此能够随时随地直面死亡。琼斯后来写道："无论意识到这一点还是没有意识到这一点，其实我们内心都已经接受了一个现实，那就是我们不可能活着离开。所以我们从山上的防空洞里观看这场海军战斗的时候毫不掩饰脸上兴致勃勃的表情。我们看到别人被攻击时的确很高兴，对于这一点我们无须否认，尽管那些战士有的正在痛苦地死去，或是被炸得肢残体缺，或是被炸晕过去，或是被炸到水里淹死，这都没有什么区别。我们已经被轰炸过了，这次又轮到他们受罪了。我们并不是悲观主义者，我们只是没有什么值得担心的。我们早把自己当作死人了。"

　　卡拉汉和阿部双方手下的重型舰船刚好在凌晨两点之前互掐起来。"海伦娜"号正在循着一队由4艘战船组成的日军舰队向西北方向追去。同时，"海伦娜"号向卡拉汉请示，"一旦发现目标，我们是否开火？"这位特遣部队司令的回答是，"发现目标之后，首先汇报舰船类型。我们争取俘获更大的目标"。后来的事实还真的被他一言说中。据约翰·本纳特所言，"旧金山"号正在与3艘敌舰展开近身搏斗：它的右后方有一艘驱逐舰向其船尾方向赶来，"比睿"号战列舰正在从右前方2 200英尺处向它靠拢，而"雾岛"号驱逐舰也同时出现在它的右舷垂直方向3 000英尺处。"旗舰与旗舰直接对决似乎是很久以前的事了……这场军事行动非常迅速，但却异常猛烈。"因为"比睿"号战列舰和"旧金山"号重型巡洋舰两艘舰船是迎面开来的。

　　就在卡辛·扬向枪炮官威廉姆·W.威尔伯恩中校指派炮击目标的同时，麦坎德利斯把手中的轮舵转向左侧，以方便舰尾的炮塔直面并对准敌舰。"旧金山"号上8英寸口径的火炮咆哮起来，对面的"比睿"号上巨大的炮塔也立刻发出震耳欲聋的声音予以回击。据麦坎德利斯记述，"有两拨4连发炮弹落在舰旁的水里，爆炸的冲击波从甲板上呼啸而过，并在海面上燃起熊熊大火"。当时威尔伯恩除了操作手中的引爆器钥匙，能做的只能是不停地祈祷。如果要压制住敌舰的火力，他的动作能有多快就得有多快，因为他的炮弹的发射重量只有敌舰的五分之一。"如果当晚有人为我们炮塔上的填弹速度计时比较的话，毫无疑问他一定能注意到我们又破了几项纪录。"由于后舰操控室在昨天下午被敌军的"贝蒂"轰炸机扔下的炮弹所毁，因此，"旧金山"号上的3号炮塔的运行基本上属于自治状态。当两舰相距仅有2 200英尺的时候，你想不击中目标都难。"旧金山"号上的3座炮塔一齐开火，让"比睿"号的整条侧舷千疮百孔。1号炮塔的负责人通过对讲系统对他手下的战士喊道："我们刚才的9连发炮弹击中了日舰的腹舱！"在如此近的距离发生交火，没有任何一艘战舰的铁甲能够抵挡住巡洋舰上发射的炮弹。"旧金山"号最终统计有"至少18发炮弹"击中"比睿"号。有一发炮弹击中"比睿"号中央部位的吃水线附近，"炸起的碎片残壳到处横飞"，"旧金山"号的战术行动报告上是这样描述的。克里夫·斯宾塞当时正站在右侧一座5英寸炮塔塔座上，看到这一幕，斯宾塞不禁又惊又喜。"'比睿'号的上部构造像一座佛塔一样，它距离我舰太近了，望过去就像纽约的地平线一样清楚。随着我们的炮弹一波波发射过去，你甚至能清楚地看到它上面的战士和舰体残渣碎片纷纷落下海里，当时的距离确实近到这个程度……我的双眼恢复视觉之后，我再次把目光投向舰船右侧的混战场景……这场海战的规模之大简直令人难以想象……"

　　接近凌晨两点时，萨沃岛的这片海域上已经乱作一团，各战舰为了杀敌自保，纷纷开炮射向敌舰。水面上漩涡状波纹中心的西北方向上，"库欣"号迎来了一波暴风雨般的轰击，因为阿部舰队里的后3艘驱逐舰"朝云"号、"村雨"号和"五月雨"号以迅雷不及掩耳之势横扫过"库欣"号。"库欣"号舰长帕克谈到这天晚上的情况时说："简直跟酒吧里的狂欢夜一样疯狂，唯一的不同就是那里没有灯光而已。"

　　尽管各方对这天晚上的描述有不同版本，但美军的驱逐舰似乎从未发挥有效作用。他们本来有机会反击的，但是恰恰因为双方距离太近了，以至于他们都没来得及装填炮弹。美军舰队里最后面的一艘驱逐舰"奥班农"号紧紧锁定了"比睿"号的左舷船首。其实，此时"比睿"号虽然舰面失火，但仍然在发疯一般地冲着美军这艘驱逐舰喷射火力，只不过这些发射出来的炮弹越过驱逐舰的舰尾射向它的身后。"奥班农"号舰长 E.R. 威尔金森先后施放了 4 枚鱼雷，其中第三枚鱼雷击中"比睿"号的同时刚好敌舰从船头到船尾全部陷入一片火海。"斯特瑞特"号后来也宣称自己有几枚鱼雷击中"比睿"号。不过，日军的记录都是按照时间顺序登记的，根据这份记录，"斯特瑞特"号的那几枚鱼雷并没有留下相应的损伤记录。因此，据推测，"比睿"号所遭受的猛击是同时间段内"旧金山"号施加的。

看到"比睿"号上的燃烧颗粒和碎片纷纷落到"奥班农"号的前甲板上，威尔金森舰长认为这艘日军战舰已经"完蛋"，而且此时他也没有收到指令去攻击其他任何目标，因此，他命令本舰向右转舵，并向正东方向航行。调转航向之后，"奥班农"号又不得不转舵避开那艘已经千疮百孔的"拉菲"号残骸，然后又穿过一片水域——那里到处漂满了美军的水手。就在"奥班农"号从这片水域开过去时，舰上有 50 多名官兵把自己的救生衣抛下海面，希望能救他们一命。为找到明确的目标战舰或明确的友军战舰，"奥班农"号一直向东航行。在途中，大家看到有五艘身份不明的舰船要么在疯狂地燃烧，要么正响起爆炸的声音——它们很可能是"库欣"号、"斯特瑞特"号、"亚特兰大"号、"比睿"号和"晓"号。

此时，"旧金山"号已经吸引了日军所有重型战舰的注意力。"比睿"号战列舰处于它的右舷方向，而"雾岛"号也悄然行至它的左舷方向。据事后统计，"旧金山"号共计身中 45 枚炮弹，其中 12 枚属于大口径炮弹。有一枚 14 英寸的炮弹击中了它的 2 号炮塔塔座，掀开了它的焊接缝并炸碎了防水控制阀。因此，这导致海水灌入前部弹药库和底舱操作室。该炮塔系统的官兵误认为本舰正在沉没，因此一拥而上，冲到甲板上的空阔地带。当然，在这里迎接他们的只有那些被炸得漫天飞扬的金属碎片。14 英寸的炮弹在空中爆炸具有很强的杀伤力，能震碎船上的附件，并能引发大火。日军的做法对美军舰面上的官兵可谓惨绝人寰。每一次有炮弹击中该舰的防护甲，弹体随即炸开，在钢板上留下深深的凹坑，并把表面的油漆灼化；炮弹在空中爆炸时，碎片和火焰就向四面八方炸开。"我们看到到处都是短短的煤气管管状物，直径有一英寸左右，其中有些短管里面还有未燃尽的燃烧物，是铝粉和镁粉的混合物。这些短管的两端都有引信……这些东西给我们造成了大量伤亡和损失。"这是布鲁斯·麦坎德利斯事后的描述。最终，2 号炮塔的炮组工作人员中仅有一人幸存下来。"空气中弥漫着烧焦的尸体的味道……这些记忆令我终生难忘，你永远也不可能摆脱这些噩梦般的场景。"

一枚穿甲弹轰隆一声穿进军官起居室集中区。由于副舰长马克·克劳特在下午的空袭中烧伤了双腿，因此，他此时正在自己的起居室内修养。正是由于他坚持留在舰上疗伤，这个决定让他葬送了自己的性命。这枚穿甲弹把他炸死在疗伤的那张床铺上。这是"比睿"号发射过来的第三枚炮弹，造成了很大的损失。另有 4 枚1 400 磅的齐射炮弹击中了"旧金山"号的舰桥和舰首的上部构造，炸碎了地图室，并把领航员雷伊·哈里森中校抛到左舷方向——巨大的气浪使他在空中连续翻转两周，掉下三层甲板下面的 5 英寸口径火炮的炮筒上。巨大的动量和重力令他的双腿当场骨折。令人惊讶的是，该炮台上的枪炮官一把抓住哈里森并把他顺势推到一边的梯子口旁——这条梯子是直通下层甲板的。万般无奈之下，哈里森只好借助惯性滚下梯子，掉到下面的船面舱室的屋顶上。他滚落到下面之后，脸朝下趴在甲板上的一大摊水里。他在这个地方已经安全多了。透过因为疼痛而流出的泪水，他看到上方陷入一片大火。此刻，他终于明白为什么刚才那位枪炮官要把他残忍地推下来了。为了止住疼痛，他试图伸手去取下腰带上的吗啡安瓿注射器，但这时他才发现，他的右臂因为骨折已经不听使唤了。他事后回忆说："正是因为没能给自己打上一针吗啡，所以我才能幸存下来。如果当时我拿到了吗啡并给自己注射下去，那我肯定会因为失去意识而在那滩水中不知不觉地溺亡。"正是因为他苦苦挣扎着去取腰带上的吗啡，所以不经意间他的意识一直保持了清醒，而且，他认为正是这种清醒的意识挽救了他的性命。他曾两次试图向路过的船员呼救，但他发现自己根本没法发出声音——因为颈部骨折造成的一块碎骨抵在了他的咽喉部位。

克里夫·斯宾塞也未能从这次爆炸中幸免。"头一分钟我还好好的，结果转眼之间我就被强大的气流抛出 12 英尺开外，头朝下倒挂在船中部梯子的扶手上，吊在那里晃来晃去。"他后来写道，"当时我头昏眼花、晕头转向。我那时的第一意识就是'我被击中了'，我挣扎着从上面爬下来。正当我马上就要站起来的时候，我感到有一块弹片从下方飞来击中了我的后腰。当我把身体的重量放在右脚上的时候，我感到脚踝部位似乎在向后倾斜，令我无法站稳。我慢慢地伸手沿腿摸下去，这时我发现脚后跟似乎已被一把锋利的大刀削掉一块。"他麻木地向雷达室走去，结果在雷达室门口又遭受一击。然后，他在雷达室里接到一个电话，是海军陆战队员艾伦·B.萨米尔逊从被炸坏了的炮台那边打过来的。斯宾塞赶过去之后，发现有一条机枪的反冲弹簧横嵌在萨米尔逊的脖子上，"远远看过去像是一条荒诞不经的蝴蝶结，让人忍俊不禁"。萨米尔逊请斯宾塞给他拿一件救生衣。斯宾塞说："我安慰他说，船不会沉的，但同时我也向他承诺，我马上就拿一件救生衣给他。"

在舰桥上，布鲁斯·麦坎德利斯也被一连串爆炸震得耳鸣目眩。他还在纳闷，为什么周围一个人都看不到了？舵手哈里·S.希戈登在操舵室里喊他："长官，舵轮不灵了，你看……"这位小伙子一边说，一边还动手演示给他看。这位舵手发现，在航速达到18节之后，这艘重型巡洋舰的舵轮已经被锁定在左转向。新任副舰长约瑟夫·哈伯立即联系中部控制室，并指令他的助手赫伯特·E.史纲兰德把方向操控和马力操控移交给第二操控室——也就是昨天下午曾经被日军"贝蒂"轰炸机炸成一团火焰山的那间后舰操控间。麦坎德利斯写道："转移工作刚刚完成，就有一枚炮弹从屋顶上直窜进第二操控室，把那里炸成了一片垃圾场，并当场炸死了哈伯德和他身边的战士们。在过去的12个小时里，这间操控室已经是第二次蒙受这样的灾难了。"史纲兰德不得不再次下令，命该舰的方向操控和马力操控转交给指挥塔负责指挥。

麦坎德利斯再次被突如其来的爆炸震得头脑混沌，但史纲兰德还是设法询问他的舰长卡辛·扬和卡拉汉少将的下落。麦坎德利斯说他好像是舰桥上唯一一位生存下来的军官。此言一出，史纲兰德倒像是被列入了高级军官的行列。麦坎德利斯顺势问道："您有什么指令？"其实，作为一名伤情控制官，舱内还有很多事情等着史纲兰德去做。船体上的几个漏洞令海水冲进船舱，已经淹没了第二层甲板，距离吃水线已经很近了。从弹药库往外放水的出水阀门也遇到了问题——有一枚炮弹击中舰体前侧时炸毁了伤情控制系统并把操控这些出水阀门的控制面板炸烂了。此时，因为操控失灵，这些出水阀门意外地打开了，海水开始源源不断地倒灌进弹药库里。很快，开始有水通过通风系统灌进来，并流满舰首前部的船舱。此外，舰上的消防人员用水泵抽上来用以灭火的水从甲板的缝隙中流了下来，也加重了这一问题。

"旧金山"号上的起火点至少达到25处，但是，救火带来的问题比火灾本身带来的问题更可怕。因为整艘舰船已经在面临平衡问题——每次转舵转向之时，出于惯性原因，船上的水都会涌向转弯的外侧，严重加重了外侧的重力——船上大量的海水造成了"自由液面效应"，这种效应很可能随时造成整艘舰船倾覆。史纲兰德意识到，如果他跑到舰桥上去接手指挥，那么下部船舱这边就再没有人能操控微妙的排水系统。这令他陷入两难的境地。于是，他指令麦坎德利斯"接任航向总指挥"。如果麦坎德利斯在上面需要帮助，史纲兰德说他在解决当下的平衡问题之后随叫随到。

　　麦坎德利斯立即起身前往舰桥下面的那间有重甲防护的小房间，里面已经有两位舵手，分别是希戈登和弗洛伊德·A.罗杰斯。他们轮流到后面那间中央操舵室替换已经累得几乎无法站稳的舵手，因为操舵室里已经灌满了令人窒息的浓烟，况且，单就操舵而言，这本身就是一件体力活。指挥塔的外壳包有一层8英寸厚的钢甲，透过钢甲上的水平透视孔，麦坎德利斯双眼紧紧盯着前方，尽量让该舰在萨沃岛和瓜岛之间的开阔水域航行。看到隆加角的海岸之后，他心里已经暗下决定，如果他不得不选择让这艘舰船搁浅保命，那他一定选择美军控制下的海滩。他一边航行，一边在想象，希望此时的第67.4特遣部队正在他身后恢复壮观的阵形。就在"旧金山"号身后，"波特兰"号也不小心闯入了阿部手下的战舰群。"海伦娜"号上的炮手正在朝一切能找到的目标疯狂射击。"海伦娜"号身后的"朱诺"号正在率领其后的驱逐舰群用5英寸口径火炮朝远近不同的各种目标扫射。但是，从实战角度而言，这支特遣部队此时已经不再是一个连贯协调的整体。

　　因为克里夫·斯宾塞已经答应取救生衣给艾伦·萨米尔逊，所以他走向救生衣柜。打开救生衣柜的一霎那，他意外地发现里面居然藏了一个人。他忍不住朝这个人喊了一声："柜子的铁皮太薄了，它保护不了你。"这是一位海军陆战队队员，这位陆战队队员很不情愿地走到另外一个地点去躲避战火，结果几分钟之后他还是不幸遇难了。拿出一套救生衣后，斯宾塞带上这套救生衣去找萨米尔逊，沿途不得不穿过横七竖八的死尸。他把救生衣递给萨米尔逊，萨米尔逊激动地把这件救生衣捂在胸前。按照斯宾塞后来的说法："他的眼泪像断了线的珠子一样滚落下来。"当时，斯宾塞站在他的身旁，他已经死去，而斯宾塞却因为自己是一位幸存者而充满内疚感和负罪感。斯宾塞后来写道："在他死去之前的最后几分钟里，他没有任何痛苦——我递给他的那套救生衣给他带来无限安慰。然后，他就那么悄然睡去。"

　　忽然，他的右手猛然疼痛了一下，像是被棒球拍击打了一下似的。斯宾塞低头一看，发现自己的拇指被打没了，"在手掌与手腕交界处露出血肉模糊的一片"。斯宾塞所在的小分队里有一位军士名叫约翰·伊根。伊根正在忙着把所有幸存下来的战士集合到5英寸口径副炮的炮台处。本舰的炮声已经停止了很久，他们必须采取行动，对敌舰予以反击。一看斯宾塞根本帮不上忙，伊根干脆让他直接去医务室。

斯宾塞逐级走下楼梯，不巧因为这段楼梯的最后一阶已经被炸飞，斯宾塞不小心一步踏空，摔了个狗啃食，重重地撞在后甲板上昏迷过去。当他醒来之后，斯宾塞抬起头往四周望去，发现刚才的副炮台上只剩下了一个人没被炸倒。这位孤零零的幸存者是一名消防控制员。其实他也身负重伤，却坚持着没有倒下去。"他的钢盔帽绳在下巴处被炸弹碎片割断了，他的耳朵和鼻孔里都在往外流血，"斯宾塞后来写道，"他仍然在一遍遍向他的炮组人员下达指令——'开火！'——但实际上，他的炮组人员刚刚已经都被炸死了。他已经疯了。我知道我无论如何呼唤，他都听不见，更不可能给我提供任何帮助了。"

斯宾塞一瘸一拐地走过一地锋利的碎片和碎屑，或踩过或越过满地的人体部件。为了不至于踏空或绊倒，他用一只脚试探性地踩实地上尸体的一条袖子或一条裤腿摸索着一步步往前挪。忽然，脚下传来一阵痛骂，"你这没长眼的不要踩我，我还没有死呢！"原来，地上躺着一位伤兵。这时，日军一艘驱逐舰上有人举起了轻武器朝这边射击，斯宾塞不得不连忙躲到一个探照灯平台背后。随着曳光弹和轻武器子弹从隔离壁上反弹回来，斯宾塞不幸又一次中招。他忍不住大吼一声，并尝试着用祈祷的方式减轻痛苦。忽然，从一个阴暗的角落里传来一阵抽泣声，是另一名船员在掉泪。从这个人的哭声中，斯宾塞认出这个人与自己相熟，因此，他叫着对方的名字与对方打招呼。这位海员解释说："我不是胆小鬼，我只是不知道该做什么。"听到这里，斯宾塞随即给他分配了一项任务，"他把我的贴身背心剪成布条，然后一圈圈缠在我右手的创口上……然后，他用脖子架起我的一侧胳膊，把我扶到下面乱作一团的医务室接受治疗。我们蹚水走过舰船右舷一侧的通道，他一路上跟我说话聊天，鼓励我走完全程。我告诉你，这名海员的确不是一名胆小鬼"。在医务室里，一位海军医护兵为斯宾塞的手和脚包扎上了止血敷布，给他注射了两支吗啡止痛针，然后让他到机械修理间等待接受进一步治疗。"我靠单脚一瘸一拐地蹚过地面上的水，越过地上七零八落的消防软管，来到机械修理间，走进那扇钢铁大门。我又瘸着腿走到一台机床背后，心想即便有炸弹袭来我也可以安然无恙。然后，我又给自己补打了一针吗啡。""吗啡"二字的原意是指古希腊的睡眠之神。因此，斯宾塞给自己打过吗啡之后，头下枕着一套救生衣就沉沉睡去，果然没有做任何噩梦。

杰克·贝内特到"旧金山"号的舰桥上报到之时，麦坎德利斯已经离开了指挥塔，因为他看到他手下炮组的多数成员已经死于敌军的火力。"我把希戈登留下，让他负责前舰指挥，并让罗杰斯负责掌舵和航向，然后我又到后面的领航桥上再一次寻找舰长卡辛·扬。如果他依然健在的话，争取让他到指挥塔全权指挥他麾下的这艘战舰。"

对于麦坎德利斯而言，他以往所接受的培训并没有让他做好充分的思想准备面对眼前这种血腥的场面。因此，对于他而言，此时最好的做法就是找到舰长本人，让舰长亲自指挥这艘即将侧倾的战舰。这时，麦坎德利斯感到有几块炸弹碎片打在了自己的头骨上。他的耳朵嗡鸣不止，但他对周围的环境依然保持戒备。后来，他在日记中写道："几发照明弹从天空中落进远处的海里，让周围沉浸在一片幽蓝色的光幕里。这时，红色、白色和蓝色的曳光弹竞相腾空而起，留下长长的尾迹在夜空中交织在一起。几束探照灯突然打破了黑暗的笼罩，聚焦在我们的战舰上。'比睿'号上有三束探照灯灯光照射过来，结果却引来周围五六艘驱逐舰上的自动武器一齐对准它开火，于是，它又不得不马上关掉探照灯。枪炮口上闪烁着黄色的火焰，子弹击中钢板之后擦出红色的火星，更多的时候是擦出明亮的闪光。那些没有击中目标舰的炮弹在周围的海里激起巨大的浪花。从远处望去，越过'比睿'号桅顶爆炸的炮弹像雪花一样明亮，又如瀑布一般倾泻下去。"

麦坎德利斯继续写道："在断断续续的火力互射中，领航桥看起来的确像一个不可思议的地方。在我离开的这短短几分钟时间里，它又有几次被敌舰击中。周围的甲板上乱纷纷摆满了尸体，有的戴着头盔，有的穿着救生衣；还有炸断的四肢和炸烂的各种工具。警报响起来了，水像瓢泼一样从上面的甲板洞里倾泻而下——这是因为舰船前部1.1英寸防空炮组的液体冷却系统被炸断了。我扫了一眼领航桥，匆忙中未能找到舰长卡辛·扬的任何影子。但是我确信，如果他在这里的话，这里的任何人都不可能再参加接下来的战斗了，因为这里的人根本不可能幸存下来。"的确，卡辛·扬是不可能了，卡拉汉少将也不可能了，卡拉汉手下的任何一位参谋军官也不可能了——因为麦坎德利斯在指挥室的右侧发现他们全都躺在了地上。敌军战舰上的一枚炸弹击中了领航桥的底部，在横梁偏后侧的地方发生了爆炸，直接炸掉了它正上方的全部构造。卡拉汉的尸体躺在了甲板上，与他同时牺牲的还有他的3名参谋军官——路易斯·M.莱哈迪、达蒙·M.卡明斯和杰克·温特尔中校。其实，他的第四名参谋军官也躺在这里，只不过他仅仅陷入了昏迷，没有死去。他是高级参谋中唯一幸存下来的一位，他的名字叫艾米特·奥伯恩。

看到这一幕后，麦坎德利斯垂头丧气、心灰意冷地往回走，却因满腹愁肠而不小心一步踏入甲板上炸开的一个破洞，并紧紧地卡在了里面。当他从这个洞里慢慢蠕动着脱身并爬行一段时间之后，他发现自己已经不小心爬到该舰左舷舰桥钢甲处的另一个炸洞旁。从这个炸洞里望去，他看到有一艘日军驱逐舰就在几百码开外的位置，从本舰左侧相向而来，并向本舰发射了火炮。"其中头几发炮弹击中了舰桥的前部，而我当时刚刚逃到舰桥的后部；但敌舰很快转而轰击我们左舷侧的 5 英寸炮台，并导致该炮台燃起熊熊大火。在双方的阵营都陷入骚乱的过程中，我们又有一处明装炮台不幸被击中，其他几处炮台也蒙上了一层层炸起的碎片。但是，由副水手长约翰·麦卡洛本人直接操控的一台火炮射出最后一发炮弹时击中了日军驱逐舰的舰尾，并引发了大型爆炸，把这艘驱逐舰炸得好似要离地起飞一样。"

大约与此同时，麦坎德利斯通过船上的作战电话联系上了史纲兰德，并确认了史纲兰德的确是一名幸存下来的高级军官。虽然这艘战舰的指挥链此时已经十分脆弱，但是，用麦坎德利斯本人的话来说，"这艘战舰依然在以部门为单位开展战斗；每一个部门都有一名中校担任指挥。在史纲兰德的全权指挥下，这艘战舰在向左舷侧倾的情况下依然能继续漂浮在海上。罗德内·B.莱尔负责动力组，而且到目前为止动力组一切安好；威尔伯恩和科宁二人分别负责主炮台和防空炮台，只要能辨认出敌舰，他们一定会不惜余力地向对方扫射；而我，则尝试着担任领航员的角色；爱德华·S.洛威医生负责照管伤员"。

"尽管舰上严重缺乏接话员，但是我们启用了声控作战电话机，内部沟通非常和谐。不过，囿于教条主义和培训范围的限制，各部门之间也几乎不需要协调，因为官兵们齐心协力、心息相通。他们看到该做什么就直接去做，根本无须有人指挥他们。这并非经营舰船的最佳方式，但是，当一艘战舰的领导层被意外消灭以后，整艘战舰的所有系统居然还能强势运行下去，这不能不说是一个奇迹！"

31
步步惊魂

那天夜里，日本海军的鱼雷战术又一次发挥到了极致。日军的"长矛"鱼雷直接炸开了"拉菲"号和"亚特兰大"号的船腹。现在，日军似乎已经掌握了用这种武器攻击美军船腹的诀窍。

时间已经是凌晨2时，双方开战才刚刚15分钟。"波特兰"号巡洋舰舰长杜博斯已经命令该舰舰首调向正北方向。该舰右舷侧正在朝一处敌军目标集中开火，但就在这时，有一枚鱼雷从水里冒出来，击中了该舰右舷侧靠近船尾的部分——这枚鱼雷很可能是从日军"夕立"号驱逐舰上发射来的。巨大的冲击力让这枚鱼雷直接突进船尾，在船壳上留下一个直径达60英寸的半圆形破洞；爆炸的威力直接损坏了18间船舱，把船上的官兵全都震倒在地，并导致3号炮台脱离了它的定轮轨道，再不能发挥作用。这枚鱼雷在炸开船壳的时候，有一块被炸开的钢板向外侧张开，刮起巨大的水流。巨大的摩擦力迫使船头急剧右摆，由于船舵出现故障，一时间居然无法校正航向。就在该舰因此而原地打转时，舵手们围着船舵和引擎忙得汗流浃背，但终究无济于事。

在"波特兰"号以顺时针方向原地打转一圈之后，"比睿"号出现在正前方4 000码处。随着"波特兰"号向右旋转，它的前炮塔负责人尚克林少校指挥手下填满炮弹，一连发出4轮多连发炮火。由于本舰在向右侧移动，因此在射击时，他们刻意让炮口向左侧略作倾斜。这批炮火中有10 ~ 14枚炮弹击中敌舰。"比睿"号的上部构造随即起火，同时，"比睿"号也立刻组织回击。它有两枚14英寸的炮弹射中"波特兰"号，但这两枚炮弹没有穿破"波特兰"号的船体，在船壳外发生爆炸时把大部分能量都浪费在外部空间了。

此时，大家已经无法留意周围的一切所发生的先后顺序，尽管身处在这场暴风雨核心的一切片段式印象给大家留下了终生难忘的记忆。杜博斯舰长看到有一艘身份不明的大型舰船受到火力的困阻；他也看到"旧金山"号正陷于一片火海；他还看见"海伦娜"号紧贴他们的右舷向前方飞速前进，它的距离越来越近了，它的 6 英寸炮组对准远方黑暗处的目标轮番射击。奇克·莫里斯负责的发动机组再一次陷入困境，海军战斗中这种情况几乎是家常便饭。"其他舰船上燃起的火焰也一样明亮耀眼，它们在夜色中窜来窜去，好似漂浮在海面上的大型火把一样。那种壮观的景象简直令常人难以想象。即便当时那一幕结束多年之后，大家也不一定能再次把那幅'如火如荼'的场面拼凑起来，也不一定能完全明白当时到底在发生什么。"

"比睿"号已经基本被疯狂燃烧的火焰所吞没。大火的亮光引来了美军"朱诺"号横身举炮对准了它。随即，这艘日舰"像一只受伤的猛兽一样在海面上咆哮，浑身上下吞吐着欢快的火苗，但它舰上的炮火却一刻未曾停止"，这是"朱诺"号上的约瑟夫·哈特尼在日后的日记中记下的一段现场描述。"它的探照灯打开了，在周围 2 000 码范围内来回搜索，并最终聚焦在我们这艘舰船上。"哈特尼连忙调整手中的炮口对准探照灯的光源。"我当时脑子里什么想法都没有，只是感觉我已经与手中不停抖动的机炮连为一体。"这艘防空巡洋舰上的 5 英寸炮弹以闪电般的速度射入敌舰。从背后远远望去，曳光弹留下的长长尾迹"好像一座赤红色的铁桥一样架在我舰与敌舰之间。"

"比睿"号和"雾岛"号背负着火焰向正南方向逃去之后，阿部手下阵容里还有 3 艘驱逐舰尚未与美军交火，因此，它们一起驶入这片狼藉的海域，打算不劳而获。这 3 艘驱逐舰分别是"朝云"号、"村雨"号和"五月雨"号。它们一进入这片战场就发现七歪八扭的残船破舰到处都是，舰上还燃烧着熊熊的火焰。很快，"村雨"号就与"朱诺"号交起手来，双方你来我往，打得不可开交。"村雨"号向"朱诺"号施放了 8 枚鱼雷。

其中一枚鱼雷正中"朱诺"号的左侧船腹，离前舰锅炉房不远。约瑟夫·哈特尼感到本舰猛然一震，自己几乎腾空而起，然后又落回原位。但是，此后，该舰的吃水更深了，而且明显向左侧倾斜。猛烈的爆炸震断了舱内隔离壁，并导致甲板弯曲变形。舰上共有 8 门 5 英寸口径双联机炮，它们的火控系统全部失灵。机油泄漏又引起内部失火。舰上的主动力师认为该舰的龙骨在刚才的爆炸中受损。

"朱诺"号受伤之后转而朝一艘身份不明的日舰的方向冲去，因为很明显那艘日舰跟它的境遇一样狼狈。看到船员们从失火的甲板上跳下海面、看到官兵们争先恐后地从喷着火舌的通道里逃出来，哈特尼认为"这种场景简直不可思议，但又十分壮观。即便但丁再世，恐怕他也想象不出这种画面"。有一位瞭望员大声警告大家，有撞船的危险。后舰控制室里的一名舵手在接到副舰长的指令后居然及时逃出。在克服了一切困难并重新组织射击之后，"朱诺"号的上部构造又受到敌舰发起的另一轮炮火的猛烈轰击。其中一座烟筒受重击，附着在上面的一组探照灯从支架上脱落下来，砸到了甲板上。有一枚14英寸炮弹射入了食堂分诊室，那里的伤员和服务员全部当场毙命。遗留在现场的全都是杂乱无章的钢板和碎片，这让大家根本无法辨认头顶上方哪里是隔离壁、哪里是甲板。

当天晚上，美军这支海上编队里发生的惨剧有不下上百场："波特兰"号被鱼雷击中，只能在原地打转；"旧金山"号已经千疮百孔，几乎成了敌人的口中猎物；"亚特兰大"号，底舱漏水，内部起火，也只剩下一具残壳；"朱诺"号被鱼雷击中，龙骨严重受损；"拉菲"号正在沉没；"库欣"号勉强漂浮在海面上，但也已经是一具残壳；"斯特瑞特"号还在与敌舰交火，但是本舰已经燃起大火。"拉菲"号的船尾螺旋桨已经与整个船尾一起被撕掉，它的整个船体已经几乎一分为二，因此舰长汉克与自己麾下分管引擎动力的军官巴勒姆中尉就此产生了分歧和争论，他们争论的焦点就是这艘舰船是否还有救。汉克说："动力主管，你听我的，我们继续前行，我一定能把大家安全带出去。"但是，这位动力主管还是建议弃船。巴勒姆中尉请求舰长允许把救生船放下船侧，因为有些船员已经跃过船舷上的护栏跳进水里，他只能这样做以挽救那些跳海的船员。听到这里，舰长点头允许了。就在巴勒姆跑出去监督履行这项任务期间，汉克舰长正式下令弃船。很快，大火烧到了军火库，里面的爆炸掀开了甲板，炸碎的钢铁残片像天女散花一样向四面八方抛射开去。"我当时完全没反应过来——就好像有一位忠实可靠的老朋友忽然拿棒球拍出其不意地砸了我一下，"汤姆·伊文斯回忆起当时的场景时说。这场灾难是这艘船遭受的最后一次痛苦了。从此大家也再没有见过汉克舰长。

这里发生的灾难只能让这些幸存下来的受害者们默默承受着，即便是周围的战舰也没有发现这里发生了什么。布鲁斯·麦坎德利斯后来写道："在距离旗舰如此近的距离内发生这种灾难事故居然没有被发现，这太不可思议了。当然，这也从侧面印证了另外一个事实：可见当时的旗舰爆发的火灾有多么严重。"每当有不利的消息传来，尼米兹上将总是这样安慰自己的下属，"敌人同样遭受了损失！"他说得没错，他们的敌人的确损失惨重。

"比睿"号与"海伦娜"号对决之后，其实阿部麾下的旗舰已经与美军舰队的所有战舰都有过厮杀。"比睿"号的整个上部构造已经烧成一座火焰山，而且主要是由腹中的弹药之火引发的。这团巨大的钢铁之躯就这样熊熊燃烧着屹立在那里，它的前甲板上的两座 14 英寸口径双联装炮台依然像两只眼睛一样虎视眈眈地凝视前方。胡佛舰长手下的一名海军陆战队联络员杰克·库克后来描述说：“那团巨大的钢铁之躯看起来就像一座大楼陷入火海一样。这是我一生中见到的最令人惊异的一幕。”这艘日舰落到如此下场，美军舰队里的所有舰船都做出了贡献，因为它们几乎都跟“比睿”号交过手。对于所有美军官兵而言，思想深处的感情可以说是敬畏大于喜悦的。这团正在融化的钢铁之躯曾经一直是日军官兵心中的骄傲，是一名横冲战场的斗士，曾经为自己赢得尊严。在那样一个夜晚，正当美军官兵举手欢呼的那一霎那，又无不为之惋惜和怜悯。1898 年，美国海军上将杰克·菲利普在美国与古巴之间的圣地亚哥战斗中获胜之后曾经说过这样一段话：“战士们，不要欢呼雀跃，毕竟那些可怜的恶魔正在死亡中痛苦挣扎。”因此，此情此景之下，大家的心里可以说是成就感与敬畏感之间的平衡达到了最佳结合。

有人怀疑“比睿”号和“雾岛”号两艘快速战列舰很可能横扫了“旧金山”号和“波特兰”号等重型巡洋舰所在的海域，这种说法是没有依据的。因为虽然重型巡洋舰的体积仅为快速战列舰体积的三分之一，但是在近身搏斗过程中，日军快速战列舰上的重型装甲也占不到优势。“比睿”号舰身上所受的致命一击很可能就是“旧金山”号施加的，这给“比睿”号右舷船尾部分留下一个直径两米的破洞，海水很快灌进了操舵室，并导致舵机短路。由于发电机也很快出现短路，这艘日军战列舰的炮塔和液压舵轮也立即失效。控制塔受损，导致该舰第二炮台瘫痪。尽管“比睿”号惨遭美军 50 多枚 8 英寸炮弹和 85 枚 5 英寸炮弹洗礼，但它的水下部分却没有任何损伤，除操舵室进水以外，其他部分并未出现透水情况。

大约与此同时，日军阿部少将面部被弹片击中。他本应陷入昏迷的，但是相信他一定是在第一反应和自己肾上腺激素的支撑下，他才坚持了下来，因为自他被击中以后，他什么事情都记不起来了。大约在凌晨 2 时前后，可能是受自身伤痛的影响，也可能是出于对美军炮火的畏惧，还可能是他已经相信自己所面对的确实是一支压不倒的劲旅，因此，他下令收兵回营。

在那间进水的船舱里，“比睿”号的舵手不得不用尽浑身力气来确保本舰航行在预订航道上，因为“比睿”号的转弯动作已经远不如“雾岛”号灵活。日舰转身离去之后，“波特兰”号舰长杜博斯开始困惑起来，“看到周围的舰船不是燃起大火就是被炸得面目全非，从表面来看，已经很难判断它们到底是敌是友”。“五月雨"号驱逐舰上的炮手也一度错把"比睿"号误作美军舰船，它的舰长正打算发射一枚鱼雷，幸好及时收到确认身份的正确信息。不过，此时"比睿"号已经朝"五月雨"号发射了两轮炮弹。

卡拉汉手下的战舰从没有对准前方的"五月雨"号，以至于这艘日舰浑身上下唯一的直接损伤只是一枚8英寸炮弹击中了它的后甲板。在离开之际，日军这艘战舰的后舰炮塔不慌不忙地向"旧金山"号重型巡洋舰发射了一组14英寸双联发炮弹，直中目标舰的舰尾。"五月雨"号从现场离开之后又继续且战且退地与美军交战一天；而"比睿"号恐怕要在萨沃岛海域多待一段时间了。

"海伦娜"号从原地打转的"波特兰"号身边快速经过之后，紧跟"旧金山"号的步伐前行。这时，它的主炮塔指挥员发现右舷侧有一个目标已经逃至9 000码以外。时隔半分钟之后，这艘身份不明的战舰朝"旧金山"号开了火——这是一艘驱逐舰。很快，胡佛舰长指挥本舰侧方位迎敌，并让自己手下的5座炮塔填弹准备，对准目标。"海伦娜"号轻型巡洋舰对准的这艘目标舰正是原为一舰长指挥的"天津风"号驱逐舰，它正在持续不断地向"旧金山"号自动发射炮火。

原为一犯下一个不可饶恕的战术性错误：在把探照灯聚焦在"旧金山"号上并发动炮击之后，他忘记指令下属快速关闭探照灯。对手的反应速度是超乎想象的，忽然之间，他自己的舰船受到来自四面八方的齐射，他的整艘船为之震颤。他立即命令自己的炮手组织回击，让自己的探照灯操作员关闭灯光，并让舰面人员施放烟幕弹。"我弓着背走上甲板，并攀附在护栏上望出去。当时的震爆非常强烈，几乎把我掀下舰桥。爆炸声震耳欲聋。我勉强站稳。连续有那么几秒的时间，我的大脑一片空白。接下来，我动手摸遍全身，幸运地发现自己没有受伤。"原为一的确比较幸运。"海伦娜"号上发射的炮弹中，有30多发击中了"天津风"号，几乎每一枚炸弹都在这艘船上留下了一米多宽的口子。"天津风"号的液压系统也出现了故障，以至于船舵和所有炮塔都无法转动。测距仪旁边有一位年轻的准尉，有一块碎钢片飞来时把他的颅骨削作两半。同时，炸飞这块碎片的那枚炸弹还把原为一的枪炮官抛离地面，摔到一旁。炮塔下面的无线电室里的官兵也无一幸存。在短短的90秒内，吉尔·胡佛手下的炮手共向"天津风"号驱逐舰发射了125枚6英寸炮弹。直到"旧金山"号的舰体干扰了他们的视线。此时，胡佛才下令住手。同时，在这场交火过程中，"海伦娜"号仅被日舰的一枚5英寸炮弹击中后舰高底座炮塔，中部炮管的皮套筒被气浪吹落、炮筒背后的铜滑槽被卡住，导致该炮筒无法回冲。该炮筒再次成功填弹之后，该炮塔负责人厄尔·尤赫曼中尉发现该炮筒未能成功发射出炮弹。面对炮管里这枚发烫的实弹，他即刻命令炮手将之从炮筒中弹射出来。这枚 6 英寸的炮弹撞到甲板上后，火药粉散落了一地，立即引起了大火，火势凶猛难挡，直到消防分队的队员赶来才被遏制。

"旧金山"号船舱里渗进的海水有可能导致整艘舰船倾覆，为了防止出现这种情况，负责修复损伤的官兵也在马不停蹄地拼命忙活。可问题在于，一时间居然找不到水泵向船外抽水；第二层甲板上的水灾最严重，但是也苦于没有任何排水设备。每一次船舵转向都造成舰面上的水来回流动，改变着该舰的重心。舰里的海水每一分钟都在上涨，可是大家却无法将之有效地排出。要解决这一问题，首先面对的一个挑战就是如何堵住进水的源头。海军少尉罗伯特·杜希从被水淹没的通道和船舱中低头爬过去，伸手到水下去摸索弹药库的透水阀门，把它们一一关闭，并把插销杆插上。其他官兵则像进攻线的球员一样抱起填塞物去堵住船壳上的漏洞。在战舰以作战速度航行的时候，这些看似简单的动作十分难以完成。

史纲兰德从中央控制室爬出来，打算看一下自己能否尽一份力。此时，大水已经蔓延到顶部舱口的围沿处，很快就要漫过舱口围沿冲进下层船舱。而他的战友们，此时还被困在一片黑暗中，依靠手提灯采光——他们看到经验丰富的史纲兰德从舱口爬上去，心里感到空落落的。有一部分水已开始从舱口围沿上飞溅下来，里面的战友们都担心自己会不会被上面冲下来的大水淹死。

为了把这些水弄出去，史纲兰德和杜希少尉指挥船员们把填充麻垫挡在左舷侧通往海军陆战队船舱的通道上，用这些麻垫充当水闸，然后他们打开门，并打开锁气室的舱口——锁气室舱口的另一侧是锅炉房。他们朝舱口下面喊了一声："我们马上从这里放水下去，水量很大，流速很快。"然后，他们把第二层甲板各舱室里的水引到了更下面的几层甲板上。这样，整艘船的重心就被转移到了舰船的底舱，整艘舰船恢复了平稳。在那里，他们启用了底舱抽水泵，把这些水排出船外。

起初，发现本舰步态失衡之后，杰克·贝内特中尉马上返回前舰，发现布鲁斯·麦坎德利斯躺在指挥塔的地板上昏迷过去——有一枚炸弹击中了指挥塔的上部，就在麦坎德利斯头顶上方两英尺的地方爆炸了。所幸他头顶上方的顶棚装配有重甲，因此他没有被直接炸死。但是，爆炸引起的火焰从瞭望孔里呼啸而入，他当时正手持望远镜向外瞭望。可能正是手中的望远镜拯救了他的双眼，但巨大的冲击波却令他昏迷过去，躺在了地板上——看到这一幕之后，贝内特心里也不清楚麦坎德利斯已经昏倒了多长时间，不过，在他昏倒期间，只能依靠弗洛伊德·罗杰斯一个人指挥全舰并向后舰操舵室下达指令了。"可是，罗杰斯已经看不见罗盘，而陀螺仪的偏离度已经达到 15 度以上。他什么也看不见，那里漆黑一片，而且头上戴着的耳麦也已经什么都听不见。当然，他依然保持着自己与生俱来的那份冷静！"贝内特后来说。卡拉汉和他的下属们七零八落地躺在甲板上，从尸体上判断，看不出他们身上留有任何外部创伤的痕迹。但是，1.1 英寸副炮炮台上的冷却箱受损，里面的循环水滴漏出来，浸湿了他们的衣服。

因为断电的影响，这艘旗舰上的洒水系统失灵，官兵们不得不依靠水桶去扑灭船内 20 多处火源。他们需要大量的水，其实三层甲板下船舱内的积水量足够他们使用，但是由于抽水泵和主要管道出现问题，他们不得不用电话线作缆绳，把水桶吊进海里直接打水上来灭火。

透水问题非常严重，如果阿部麾下的战舰向这艘战舰发射的是穿甲弹，而不是燃烧弹，那么这艘战舰会更没有幸存下去的希望。到目前为止，"旧金山"号的船体依然完整，如果说这是它极大的幸运的话，那么它舰面伤亡率的惨重程度就羞于一提了。舰上的厨师尤金·塔兰特同时担任舰上一座 5 英寸口径火炮炮台上的后备引信操作员。同时，他还像其他战友一样被列入后备协助名单，在紧急情况下为 2 名医生和 4 名药剂师助理提供协助，救治伤员。战斗刚刚打响，他就听到了广播系统里传来呼吁——请所有医护人员到船台甲板上面去报道。医护人员迅速增加了一倍，但救治伤员的工作量却有增无减。

塔兰特被分配到一名药剂师助理的手下帮忙。他尽自己的最大努力去救助伤员：缠好绷带，给需要止痛的伤员注射吗啡，并帮助其他一些伤员贴上姓名标签；如果有人需要止血绷带，或有人需要紧急抢救，或需要手术操作，那么塔兰特的任务就是把他们扶到手术台上并确保在这位药剂师助理开展手术过程中，伤员本人能安静地躺在那里。很快，他身上的吗啡针剂用光了，因此，他不得不从那些倒下去的官兵的腰带上拿——因为他们每个人的腰带上都带有 6 管针剂。后来，他手中的吗啡针剂再次用光之后，他只能把一份针剂分给两个人，甚至三个人。其实，他心里也不确定，剂量减少之后还能达到既定的效果吗？

后来，塔兰特还从 3 号炮台上抱起消防栓冲进烈火熊熊的飞机库——这是敌舰射来的一枚炮弹引发的大火。飞机已经被弹射出去，但是，机库中有些易燃物品没有来得及转移，像纺织品、布料、汽油和大量的空投深水炸弹。有一堆木棉材料的救生衣越烧越旺。大火被扑灭以后，大家在这堆灰烬下面发现了一位舰载飞行员的尸体——他本来试图在那里躲避大火，没想到最终却被烧死在那里。有一位一级水手长的助手名叫雷恩哈德·J.开普勒，他来自华盛顿州的沃帕托市，他除了在飞机库和舰上其他地方参加救火，还主动照顾其他伤员。其实，他本人也已经身负重伤。他的精神是伟大的，在他因为失血过多而倒下去之前，他已经救起了若干名与他一样负伤累累的伤兵。

里昂纳德·罗伊·哈蒙是舰上的一名一级乘务员，他亲切和蔼，个子高高大大。据塔兰特的评价，哈蒙到哪里都能给大家带来欢乐。他来自得克萨斯州的奎罗市，长得轮廓鲜明，特别像一位乡间牛仔。他不吸烟、不喝酒，甚至站在舞池里都会脸红。他在老家有一位女朋友，他打算回去之后就跟她结婚。在那场战斗之前，他一直耐心地在船上度过每一天，并到处跟大家交朋友，尤其是与厨师和乘务员。塔兰特曾说："我们是彼此之间至诚的朋友，如果我们之间不能共处，那么我们的队伍肯定不像样子。我们在船上除了彼此之外一无所有。我们曾一起上岸，一起去跳舞，一起去找岸上的女孩。"

塔兰特和哈蒙被叫到上层甲板，每人领取了数条拐拐——他们通常将这些拐拐戏称为"盆景托架"。然后，他们接到指令，协助几位药剂师助理到下面几层甲板上去搜索并救助伤员。即便这艘战舰此时不处于迎战状态，这项工作对体力的要求也非常高。何况此时舰上的梯子几乎全被炸飞，各舱口已被东倒西歪的杂物堵塞，到处飞溅的弹片、熊熊燃烧的大火和四处涌进的海水更令他们寸步难行。从该舰底舱爬到上层甲板，然后再从上层甲板转移到船尾，纵使一名肌肉壮男，恐怕也会筋疲力竭。

塔兰特从未像这次一样感到跟这艘舰船成为亲密的一体。他天性执着，即便是那些不喜欢他的人平日向他投来鄙夷的眼光，他也敢于直视对方。即便是舰上的文化氛围从来不排外，对于一名总有自己独立思想的人而言照样难以融入这个集体。但是，此时此刻、此情此景之下，虽然他还在"旧金山"号上四处奔波、救护伤员，但他忽然感觉平日里彼此之间的隔阂已经消除。他所在的舰船面临沉没的危险，所有人都不会全身而退，大家在此起彼伏的爆炸声中反而找到了共同的事业。肩膀上的衣服不小心被引燃了、拐拐杆在甲板上的清脆声沿着楼梯传上来了、他的袖子上不知从哪里沾上了殷红的鲜血、同船战友们因疼痛而发出阵阵呻吟声，周围总是充满瞬息万变的情况……

　　他后来回忆说："当时的行动就像梦游一样。我们接受的培训就是要应对这些情况。我们当时的动作和速度就像一台机器人。"在该舰的后甲板上，有一座防空炮台已经被敌舰炸毁，黑暗中，塔兰特听到一声"救命！"他定睛一看，似乎有一个人影从该炮台的炮手座椅上掉了下来。为了检查这名炮手的伤情，塔兰特扶住了他的一侧肩膀。令他万万没想到的是，这侧肩膀连同手臂，居然从这名炮手的身上脱落下来。瞬间，温热的鲜血喷了他一脸，并沿着他的衬衫前襟流到地上。跟其他所有训练有素的医护人员一样，他迅速攥起拳头，紧紧地压在那人腋窝上部的断口处。血停止喷涌之后，一名药剂师助理给这名炮手的创口敷上了填塞物，并紧紧地包扎起来。"从此，多年以来，我的梦里再也没有摆脱过那一幕。每天都是如此，无论是黑夜，还是白天。"

　　在"旧金山"号上的另一个角落里，里昂纳德·罗伊·哈蒙又被调去帮助另外一名药剂师助理——他的名字叫林福德·邦德斯蒂尔。哈蒙在他手下做了好多慈悲、功德无量的举动，例如：他把昏迷不醒的领航员雷伊·哈里森从水洼里面拉出来，使他免于溺亡；克鲁特副舰长在特等舱里倒地之后，哈蒙不断地安慰他并把他挪到外面的过道里，而在他撒手归天之前，哈蒙一直陪伴在他的身旁。此后，哈蒙又来到上层甲板，与邦德斯蒂尔会合后赶往飞机库旁边的急救站。就在这时，几枚曳光弹相继射入他俩身旁的舱壁。哈蒙立刻用力压下邦德斯蒂尔的头，而他自己却不小心被气浪冲下楼梯。后来，塔兰特找到了他，他头部负伤，已经失去意识。塔兰特抱住他，大声呼叫他的名字，希望他能坚持下去。"哈蒙死去之前，痛苦折磨了他很长一段时间。他遭受痛苦的样子永远留在了我的心里。"塔兰特在炸碎的军官起居室那里找到了另外一位朋友——查尔斯·杰克逊，他当时躺在军官起居室内的甲板上，腹部被炸开一条巨大的口子。塔兰特还有一位朝夕与共的损友名叫赫伯特·麦迪逊，长得一表人才，也富有英雄气概。此时他也躺在地上，浑身上下没有任何明显的外伤，纯粹是被冲击波震死的。

　　需要照料的人太多了，但是大家不分种族、不分宗教。这些接受照料的人中，没有任何一位对塔兰特喊一声："把你的手拿开，我不希望你这样的人来救我。"像"蒙森"号上那些来自佐治亚州、说话口音很重的男孩，或是"弗莱彻"号上那些来自边远地区、超级迷信、听到一声"13"就会打几声"呸"以去除晦气的老古董们——塔兰特在这艘舰船上救助了很多这样的人，他们谁都没有像平常一样见到塔兰特就直呼名字。塔兰特回忆说："他们用眼睛看着我，他们是在向我道谢。他们中有些人在死去时已经精神错乱。他们会叫我一声'妈'，或者'兄弟'，或者其他一些亲属间的称呼。他们有的说'妈，抱紧我'，然后我就真的抱紧他们。我们都在流血，我们都在悲痛，我们有过关爱，我们有过痛恨，凡人类身上应该有的情感，我们都经历了。我们都知道，在那天晚上的战斗中，我们什么情感都经历过了！"

美日双方舰队最后面的几艘舰船一直没有直接交手，他们急切想确认前方到底发生了什么让那片海域如此沸腾，并试图在这场美日近身相搏的战斗中贡献自己的一份力量。"阿伦沃德"号的副舰长朱利安·贝克顿在日记中写道："我不愿把当时的战斗场景与陆上战斗相比较，但是，在当时那种情况下，我们的舰船就懵懵懂懂地闯进日军阵形的中段，这种勇气几乎可以与丁尼生笔下的《轻骑兵进攻》中的场景相提并论。"每一艘美军战舰都决定破釜沉舟、背水一战，对准阿部少将麾下的舰船一拥而上。日军还没有反应过来怎么回事，这几艘战舰已经冲到了他们中间——美军早已把所有的炮筒填满，此刻万弹齐发，左舷侧和右舷侧同时向日舰发射鱼雷。

在"天津风"号的舰桥上，原为一舰长看到，就在几百码之外，"夕立"号上炮火闪动，截住了美军，并几乎与美军的"阿伦沃德"号对撞在一起。而当时，"阿伦沃德"号前面追随的是"朱诺"号，而它身后还带领了4艘驱逐舰。其中第二艘驱逐舰"巴顿"号不得不反转引擎，因为它马上就要跟"阿伦沃德"号发生追尾。结果，一分钟的时间不到，身处"阿伦沃德"号右后方向的"巴顿"号就被日军的两枚"长矛"鱼雷击中，引起了巨大的爆炸，它瞬时变成了一团耀眼的火球。"阿伦沃德"号上的鲍勃·哈根将这一幕看得清清楚楚。"弗莱彻"号的副舰长威利少校当时正在带领该舰执行断后任务。他后来写道："'巴顿'号上传来一声爆响，然后整艘船就化成碎片，沉入了大海。"原为一擦了擦双眼，唯恐自己看走了眼，但他最终还是相信，是自己施放的鱼雷取得了这一战果。"这艘驱逐舰从中间断为两截，顷刻之间就沉下水底。我深深地叹了一口气。这是多么壮观的一头'猎物'啊！然后，我听到我的下属们爆发出一阵雷鸣般的欢呼。"

"巴顿"号上共有276名船员，但其中仅有42名幸存下来。在这些幸存者还没弄明白怎么回事之前，巨大的冲击力已经把他们抛出船外，抛进海里。这42名船员中，只有两名是军官。也就是说，在整艘驱逐舰上执行任务的官兵中，每一百多人中只有一位军官幸存下来。这些幸存者中，有一位名叫阿尔伯特·阿坎德的无线电操作员。他当时正在后舰底舱的无线电室里面，他打开头顶上方的舱盖后，大量的海水猛然涌入，经过一番拼死挣扎，他居然成功地死里逃生。这些掉进海里的幸存者很快就被迎风踏浪而来的"奥班农"号践踏在水浪之下。当时，"奥班农"号正在离开战斗区域朝正东方向航行，而且它是直接从这些幸存者中间劈浪而过。

对于海里的这些幸存者而言，后来的经历简直太过恐怖。先是"奥班农"号的船头掀起的浪花把他们从海中抛起并推向两侧，然后，等它的船体航行过去之后，它船身的吃水深度造成的巨大吸力又把他们吸了回来，令他们在船身背后留下的两个大漩涡里苦苦挣扎。"奥班农"号驶过去的时候，他们中有人看到其船体上清清楚楚地标有"450"字样。很快，可能是一枚入水的重型炮弹射中了"奥班农"号，把它的整个船尾从海里抛起。这次爆炸和船尾的一起一落令当时海里的幸存人员死伤无数。

鲍勃·哈根正在帮格雷戈尔舰长辨认周围的舰船是敌是友，看到自己右后侧的"巴顿"号被摧毁之后，他感到惊愕万分。此时，"阿伦沃德"号发现有一艘敌舰刚刚行驶过去，很可能是日军的"夕立"号。美军的舰船以更加迅猛的方式把这艘日舰消灭在现场。几分钟后，"阿伦沃德"号也遭受了一枚重磅炮弹的攻击。一枚14英寸的炮弹在该舰左舷侧撕开了一个30英寸宽的大洞，炸起的碎片撒得到处都是。下方传来的强烈震荡把哈根震晕在地板上，震碎的餐具和玻璃碴打在他的身上，留下多处外伤。他的肱二头肌被残片切割得血肉模糊，成为一块碎肉，有一根4英寸长的插销栓插进了他的大腿。刚才的爆震让他头晕目眩，身上的多处外伤让他的失血速度加快，他试图推开赶来照顾他的两位药剂师助理，但是这两位助理配合娴熟地给他打了一针吗啡针剂，其中一位助理还帮他把左臂包上了止血带。很快，他就进入了酣睡的梦乡。

"蒙森"号紧跟在"巴顿"号身后，它是整支队伍里面的倒数第二艘战舰。它先向右舷方向的一艘战列舰陆续施放了5枚鱼雷。几分钟之后，目标舰方向陆续传来了5声爆炸声。于是，海军少校查尔斯·麦库姆斯又转向另一艘日军驱逐舰连续发射了5枚鱼雷。在左前方，他看到美军有一艘驱逐舰——很可能是"阿伦沃德"号——在与一艘日舰的交火过程中明显一败涂地。因此，为保护这艘美军驱逐舰，他手下的枪炮负责人把"蒙森"号上的4座炮台全部对准那艘日舰发炮，直到那艘日舰停止射击。

　　几枚照明弹在头顶上方腾空而起，麦库姆斯指挥本舰右方转舵并在右前方不到1 000 码处看见一艘驱逐舰。毫无疑问，这艘驱逐舰是一艘日本舰船，因为它的烟囱上标着显眼的两条白杠。"蒙森"号右舷侧的 20 毫米口径机炮像断线的珠子一样连续射向这艘日舰，前后共往这艘日舰的舰面设备发射了 1 000 多发炮弹；麦库姆斯的后舰 5 英寸火炮也向其发射了五六枚炮弹。麦库姆斯误以为刚才的照明弹是从友军舰船上发射来的，因此顺口骂了一句"不懂事"。为了避免对方继续误会自己的身份，他连续打开和关闭上部构造上的彩色信号灯，向对方亮明自己的美军身份。结果，就在此时，一轮地狱之火从天而降，像暴风雨一样倾泻在这条舰船上。

　　大约 2 时 25 分，"蒙森"号遭受了猛烈而密集的轰炸。一枚 5 英寸炮弹落在 1 号炮台上，让该炮台的所有士兵当场殉命。负责调度 2 号炮台和 3 号炮台的指挥室也连遭轰击，导致这两座炮台失去效用。还有一枚炮弹击中了"蒙森"号的锅炉舱，炸断了蒸汽管道，并炸碎了蒸汽阀管的主控部位。在该舰右舷方向上，还有一艘身形巨大的敌舰正发出深沉、浑厚的发射节奏，其中一枚重型炮弹似乎是一枚燃烧弹。这枚超大型号的燃烧弹射在"蒙森"号上之后，立刻让它的整个上部构造燃起了巨型篝火。其他一些小型炮弹射在了该舰的侧舷上，多得不可胜数，但麦库姆斯估计大概得有 40 多枚。

　　在瓜岛海战之初，"蒙森"号的舰长由海军中校罗兰德·斯穆特担任，但是由于他突然生病，他被送往努美阿住院接受治疗。斯穆特的接任人在搭乘飞机赶往战场的过程中，飞机不幸失事坠毁，这位接任人也随之命殒。因此，命运之神似乎是把这份机遇留给了麦库姆斯少校，而他之前就在斯穆特手下担任副舰长。此时，他站在舰桥上，看到周围一片火起。如果他知道当初命运之神是有意把他推向这个位置的话，他宁愿把当初那个机会一拳打烂。他想从船尾方向逃出去，但是大火已经吞没了那条通道；他想从正门走下去，但门外的梯子被直接从舱壁上撕裂下来，炸得无影无踪。军官起居室已经燃起熊熊烈火，舰船本身又失去了动力，所有枪炮也已经失灵，输电线路全部失效，两大战斗救护站都毁于敌军炮火，而且舰上的每一个人，包括麦库姆斯本人都被弹片击伤，有的甚至伤势十分严重。万念俱灰之下，麦库姆斯下令弃船。忽然，在照明弹的照耀下，大家看到一枚鱼雷在海面上划出白色的水迹，出现在前方 50 码处；紧接着，又有两枚鱼雷从船下的水里钻过；第四枚鱼雷终于在海面上命中舰尾，爆炸之前，它的助推器在海里激起很高的水花。

　　"蒙森"号的速度慢慢降了下来，终于停止在海面上。这时，"弗莱彻"号从它的左舷侧呼啸而过。"弗莱彻"号是卡拉汉舰队里的最后一艘战舰，等它进入战场之后，其实战场的结果早已注定，任凭它怎样凶猛都无力挽回局势。约瑟夫·威利是这艘驱逐舰的副舰长。当他在舰桥后面的海图室里面查看SG雷达时，他听到了"巴顿"号爆炸产生的金属残片纷纷落到本舰的甲板上的声响。他的舰长、海军中校威廉姆·科尔十分赞叹雷达装备的先进之处，尽管卡拉汉少将本人从未如此表示。科尔打破了传统，把他的副舰长威利从后舰控制室调到前舰海图室里来工作。威利正在记录雷达坐标，但是，这一切努力都是徒劳的，因为敌军的主力战舰已经耗尽了军火，正打算整队收兵。科尔指挥"弗莱彻"号向正南方的瓜岛方向航行，然后转舵向东，沿海岸的平行方向行进。这艘驱逐舰在抵达隆加角附近时，瞭望员发现有一艘大船正在朝北方的某个目标射击。科尔认出这是一艘敌舰，因此他命令打开鱼雷发射器，施放了几枚鱼雷。看到目标方向传来几阵爆炸声，他宣称本舰有数枚鱼雷击中远处目标。海图室和舰桥之间有一堵舱壁，舱壁上有一处通风窗，威利与自己的舰长一直在通过这一窗口交谈。此时，心情放松后的科尔朝着威利那边喊了一句："嘿，威利，现在我们的妻子不知道我们具体在哪里，你难道不为此感到高兴吗？"

32

月黑风高

船上的大火渐渐熄灭，黑夜再次笼罩了这片海域，炮筒的温度也很快冷却了下来，周围的世界再次恢复了黑暗与安静。在刚才的交火过程中，整个特遣部队的官兵们经受住了精神和肉体上的双重打击。此时，这片刻的安宁看似掩盖了大家的心理创伤，但实际上官兵们反而因为安宁而感觉到压抑和沮丧。"海伦娜"号正在开往萨沃岛方向，吉尔·胡佛始终有些担心，因为他并没有收到"旧金山"号的任何消息。"波特兰"号通过无线电提出请求，它需要友舰前去拖曳。但是胡佛认为它还不到被拖曳的程度。他心里始终在想，刚才战火正酣的时候，旗舰"旧金山"号就这么忽然人间蒸发，它到底去了哪里呢？

大约凌晨2时30分，由于卡拉汉和斯科特两位主将官都明显缺位，因此胡佛决定他应该挑起战术指挥官的重担。他的第一任务是联系幸存舰船并安排大家集结。在"海伦娜"号的领航桥上，他拿起TBS对讲系统向所有战舰传达指令："队形，18；航向，092；航速，18。不必应答！"这串指令里含有暗语，实际是在要求各舰以18节的航速向正东方向航行。胡佛不希望任何舰船发来信号打断对讲系统，但"奥班农"号还是插入一个问题：请求塔台重复航向。胡佛又重复了一遍正确航向，并补了一句："如不熟悉电台术语，可请其他有经验者代替操作。"虽然无法判断有多远，但他的确看到远处似乎有两艘日舰在对射。

忽然，有一名瞭望员大叫一声，他发现左前方有一艘大型舰船。胡佛当时正紧跟在这艘舰船身后800码的距离处。"这艘舰船肯定是一艘战列舰。"罗伯特·豪威对另一名海员说。他猜这一定是一艘友舰，不然它怎么可能敢跟本舰距离这么近？！"我们不知道它是从哪个方向过来的，但是发现有自己一方的战列舰过来，我们还是很高兴的。"

紧接着，头顶上发射起一枚照明弹。照明弹带着自己的降落伞缓缓下坠。豪威说："当时我们就像坐在一盏明亮的路灯下面一样。"谁知，他借着亮光，定睛一看前方的舰船，却发现对方的海员身穿日本海军的白色制服。"我们百分之百确信那是一艘日本海军的战列舰。"他说。

他们跟在这艘敌舰身后长达几分钟时间。这艘敌舰最终全速撤离了。它很可能是"雾岛"号，而且浑身上下基本上没有任何损伤，所以能达到这个速度。随后，胡佛也停止了追逐，掉头继续向东航行。他的舰载PPI显示器上显示，有若干绿色的小点正在零零星星地向北方游动——这是阿部手下的舰队正在落荒而逃。

很快，又有一个黑影从黑夜中靠拢过来，而且直冲本舰舰首右舷侧而来。经过辨别，本·科克伦认为这是一艘"亚特兰大"级巡洋舰。转眼间，它已经直冲"海伦娜"号中央部位飞速驶来。因为大家都知道"亚特兰大"号早已葬身水底，因此，这一艘肯定是"朱诺"号无疑。胡佛连忙下令急速右转舵。就在舰尾向左摆动之时，科克伦明显感觉到右侧船尾方向因来舰驶过而带起的水压。水波带来的压力迟迟没有消失，"朱诺"号却转眼之间再次消失在夜空下。

其实，"朱诺"号上已经问题重重：塔台上已经没有火控；舰尾也已经破损；舰尾甲板高高向前掀起，压坏了舰尾右侧甲板上的5英寸口径火炮；舰上的所有电器设备仅靠一台可怜的柴油应急发电机维持电力；下层甲板的船舱里到处都是死人，其中多数是因为一枚鱼雷击中了锅炉舱引发的爆炸而牺牲的；从敌军舰阵里面穿过时又损伤了龙骨和一座主炮台；多数海员也因为敌军的猛烈轰击而遭受了严重的创伤。他们曾经与特遣部队的其他官兵一样勇猛、一样充满斗志，但是在敌军的炮火打击下，大家第一反应是用双手紧抓甲板以免被爆炸波所伤，有的则因为紧张而蹲在甲板上呕吐，还有的甚至躲在角落里无助地哭泣。

"朱诺"号舰尾的深水炸弹弹架上有一位炮手助手名叫艾伦·海恩，他负责观察射击目标——以前，苏利文兄弟中的老大——乔治·苏利文——曾经在这个岗位上工作过。据海恩事后描述："好像周围所有敌舰都把炮口对准了我们，你能想象到吗？！只见敌舰炮口上火光一闪，然后炮弹就落在了我们舰船的一侧，舰面上到处都是溅起的海水；然后，他们的另一轮炮弹又落在了船的另外一侧……第三轮炮弹袭来时，终于有一枚炮弹击中了前舰某部位。我当时不清楚那是一枚什么型号的炮弹，因为紧接着他们又射来一轮炮弹，整艘舰船浑身上下都在震颤。它似乎已经失控。"在独自面临如此困境的情况下，"朱诺"号居然发现了一处避难场所——它的舰长里曼·斯文森认为他在马莱塔岛大概能找到庇护场所，于是夺路而去，借机修理本舰。

卡拉汉手下的大多数舰船——当然，准确地说，此时应该是胡佛指挥下的多数舰船——已经严重受损。但是，唯独"海伦娜"号的伤情不严重——总共有 5 枚敌军炮弹击中它，而且没有任何一枚给它造成严重损伤；此外，仅死亡一人，重伤住院两人。它已经非常走运了。两个月以来，它已身经两场一级夜战，但却几乎毫发未损。由于胡佛非常明智地依赖 SG 雷达，这就让他在敌我双方距离在射程以内之时不必去打开探照灯，避免了打草惊蛇，因此也避免了那些虽然合乎标准流程却无异于自杀的战场行为。他也会主动去探照敌舰，却不是通过传统的探照灯，而是用肉眼看不见的波频——雷达！

最终，当夜晚些时候，"奥班农"号、"弗莱彻"号，最后还有"斯特瑞特"号在电台上报出了自己的信号。其中，"斯特瑞特"号的舰长杰西·科沃德在电台上被问及"是否打算退兵"之后，他简直暴怒了，"在击沉对方之前，我宁死不退！"他的鱼雷发射管里还剩有两枚鱼雷，当他的鱼雷官禀报说发射台已经无法操作时，科沃德转向自己的副舰长弗兰克·古尔德中尉："弗兰克，我们马上离开这个鬼地方！"这艘驱逐舰离开这片海域时，身后的海面上留下了六七团熊熊燃烧的焰火。

在甲板下的船舱内，消防队员正用手中的消防水管浇灭烟火缭绕的纺织品，并给那些灼热的炮弹外壳降温，还有队员正在用填充麻垫堵住船壳上的破洞，并用木质支架紧紧支撑以顶住外面海水的压力。派里·霍尔事后回忆说："随着船体的运动，这些麻垫和船上的垃圾来回晃动。要想站稳，非常不容易。战斗照明灯是唯一的照明方式。我当时不知道时间，也不知道船到底到了哪里。我只知道，我们的船舵失灵了，我们不得不靠螺丝刀的撬动来保持舵轮的转动。"

前面已经能看到佛罗里达岛的轮廓。"我们已经很长时间没有看到一艘美军舰船了，这令我不得不怀疑：我们是否是唯一幸存下来的美军战舰？"这是"斯特瑞特"号上的炮手指挥官卡尔霍恩中尉事后写下的一段话。他在本舰的残迹中找出了 28 名官兵的尸体。卡尔霍恩感到有一种"离群索居的感觉，就好像我在另外一个星球上寻找地球的缩影一样困难"。这种孤独的感觉一直萦绕在他的心头，直到他们到达了朗沟海峡才消散，因为他们在那里终于遇到了胡佛舰长手下的幸存人员。

胡佛依然在尝试着集结所有幸存的战舰，因此，他给"旧金山"号发送了指令："请回应！"但对方没有任何回应。卡拉汉在哪里？诺曼·斯科特在哪里？"亚特兰大"号也下落不明。后来，终于有一位瞭望员宣布在左前方发现另外一艘身份不明的舰船。"海伦娜"号上的所有炮台立刻转动起来。胡佛下令，"对准目标！"炮手指挥官罗德曼·史密斯指挥自己的炮手调整方位。那艘幽灵似的舰船的确形迹可疑，但是它已经被轰炸得千疮百孔，舰面上连一块玻璃碴都看不到；甲板上还有几处火种的残迹在发出红色的余光。

这艘神秘的破船上，它的舰面值班员正在用手中的双筒望远镜仔细观察"海伦娜"号，因为"海伦娜"号正在它的右舷方向超越它向前行驶。两舰之间的距离有2 000码，但是，这位总值班员还是能够清楚地辨认出，来舰上有一对烟囱和5座细高的炮塔，而且每一座炮都已经对准了他。另一边，"海伦娜"号通过信号装置用光信号向这艘神秘的破船发送了几个字母："H-I-S，H-I-S。"这一组编码是在要求对方"立即回复身份"，但此时站在这艘破船的领航桥上的两位军官分别是布鲁斯·麦坎德利斯和约翰·本纳特，他们二人均不知道应该如何回复这组有挑战性的编码。因为，按照既定安排，今天回复这段编码需要特定的字母组合，而记载有这份字母组合的那篇通令却早已被烧毁在大火中。虽然一些常用编码曾经用粉笔写在了舰桥的舱壁上，但是写有这些编码的那段舱壁要么已经千疮百孔，要么已经被大火融化。麦坎德利斯后来写道："本来打算绞尽脑汁去回忆这些编码，但是一个小时之前发生的事情已经让他们的脑袋失去了这些细节性记忆。而再过几秒钟，如果还不能给出正确的应答，就会有15枚6英寸炮弹和4枚5英寸炮弹射向我们。"实际上，本舰的一切主要通信设备要么已经完全损毁，要么已经失去了可操作性，包括TBS对讲系统、探照灯、信号旗、升降索、战斗照明灯……这艘旗舰上，通往警报器和汽笛的蒸汽管道已经被碎钢片所毁，肯定也不能派上用场了。信号员们手中倒是有一台闪光信号灯，但是他们却不敢如实回应，原因只有信号员们清楚——他们的长官们却不理解——根据之前的通令安排，他们当天在回答这种询问时应该使用三个字母回应，那就是"J-A-P"，而这三个字母又恰恰阴差阳错地是日本国名的前三个字母。这些信号员中，有一位名叫维克·吉布森。他告诉那位手持信号灯的同事说："如果你不想被来舰炸死的话，你最好赶紧把这组代码发送给他们。"但是这位同事还是不敢如实发送，因为他认为，不发送这组代码会挨打，但发送这组代码也会面临挨打的可能。眼看"海伦娜"号上的炮台还有几秒就要施放炮弹了，就在这时，"旧金山"号上的一名信号员在麦坎德利斯的命令下，转而采用了摩尔斯代码，从舰桥上发送信息给对方："C38……C38……"

这组代码与"旧金山"号的船体代号非常接近，因为它完整的船体代号是"CA38"。收到这组信号之后，罗德曼·史密斯把自己的手从炮台的发射按钮上移了下来，"海伦娜"号上的各位炮长也从战斗岗位上恢复到正常执勤状态。杰克·贝内特感到终于放下了一桩心事，"谢天谢地！他们总算接受了这组代码！"麦坎德利斯事后写道："感谢胡佛舰长！祝他长命百岁！在他施放炮弹之前，还是经过了反复思考。"不过，随后胡佛很快得知了噩耗，"最高指挥官已牺牲在'旧金山'号上"。听闻此消息，吉尔·胡佛答复对方说，他将接管第67特混舰队，并带领这支舰队返回大本营。

凌晨3时45分，在"弗莱彻"号的领航下，胡佛舰队里的幸存舰只开始摸排整个锡拉克海峡。虽然"弗莱彻"号也经历了无数险难，但是它总体依然完好无损；"奥班农"号依靠舰载SG雷达在海峡里找到了他们，并在前方停下来等待大家。在瓜岛和马莱塔岛之间的那条海峡中，满身创伤的"斯特瑞特"号终于追上了队伍；它的船舵已经严重僵化，需要靠舵手费尽力气才能避免它冲上瓜岛附近的沙洲。再后来，"朱诺"号也出现在队伍的左前方；胡佛指令斯文森舰长指挥的这条不停颤抖的舰船入列。他们航行的这片水域经常有日军潜艇出没，因此，他们目前还没有驶出危险区域。但实际上，他们中的有些舰船甚至不需要敌军出手就已经自身难保了。

经过11月13日的这场夜间行动，形势出现了大转变，但就领航这一项工作而言，仍然不是一项简单的任务。"朱诺"号的船头吃水比正常情况下的吃水线下沉了12英尺，而且整艘战舰轻微向左侧倾斜；这艘舰船又抖又颤，好像它的底部已经裂为两段一样；船舷的上沿周边已经凹凸不平；有一个螺旋桨因为轴承弯曲已经脱落；海水沿着船体上的裂缝渗透进来；而它的备用发电机的功率不足以支持所有抽水泵同时运行。尽管问题重重，"朱诺"号上的技师们还是赶在黎明之前把大部分问题解决完毕；他们甚至还修复了一座5英寸口径机炮炮台的本机控制器。斯文森决定率舰南下，前赴圣埃斯皮里图岛。

在天亮之前的最后几个小时里，"旧金山"号载着83具尸体和106名重伤船员，跟在"海伦娜"号模糊的身影之后缓缓前行。麦坎德利斯后来说："我耐心地等待着，偶尔通过手提闪光信号灯呼叫它，并朝着对方冲我们回闪信号的方向前进。"其实，以"旧金山"号的引擎动力，此时开到28节的航速是没有问题的，但问题是这艘巡洋舰的操舵系统出现了严重的问题。在瓜岛和佛罗里达岛之间的锡拉克海峡，贝内特接班替下了麦坎德利斯，但是他很快就发现，他的舵手罗杰斯不得不依靠声控电话重复他的指令；另外一位舵手名叫希戈登，现在已经去了下层船舱的应急操舵室——那里烟雾弥漫，而且舵柄需要手动操作。在意识到希戈登每次呼叫都反应迟钝之后，贝内特担心应急操舵室里因缺乏新鲜空气会造成希戈登昏迷过去，所以，贝内特刻意提醒罗杰斯，要不断保持跟希戈登对话，确保他一直处于清醒状态，以免最终导致整艘舰船无人驾驶。

前舰瞭望哨上有一位中尉名叫迪克·马夸特，他从上面打电话给贝内特，"再往前走就会在马莱塔岛的浅滩上搁浅了！"这时，贝内特才意识到自己走得有些晕头转向，因为刚才向南转向时，"海伦娜"号的身影被马莱塔岛遮挡住了。后来，他们纠正了航行路线，并跟上了胡佛的步伐。但此时，甲板明显出现了倾斜——伤情控制官鲍勃·杜希向他报告说，船舱内的水自由地来回晃动，几乎冲开了那些用来抵住堵洞麻垫的木质顶棍。贝内特的替班终于来了，他拿起粉笔把航行路线标画在指挥塔的门上，然后递给这位接班人一块手表——其实这块手表是他从卡拉汉手下一位牺牲的军官身上拿来的。然后，他起身去寻找布鲁斯·麦坎德利斯。

贝内特在舰长的应急舱室里面找到了麦坎德利斯。当时，麦坎德利斯正静静地坐在床铺边上，双眼无神地凝视着前方，任由鲜血从脸上滴落下来——这是弹片击中了他的前额和耳朵所致。贝内特帮助他拔出了好多碎片，然后他才意识到麦坎德利斯根本不需要急救。随后，贝内特起身离开应急舱室，走到火炮甲板上，摊开身体，躺在了甲板上，顺手拿过一顶钢盔当作枕头——"那是最不理想的枕头"。没有任何语言能够表达过去数小时他所经历的一切，也没有任何语言能够表达天亮之后他回到上层甲板时将面临的恐惧！

33
—
折戟沉沙

噩梦之夜终于过去了。太阳升起来了，图拉吉岛和佛罗里达岛上的大树投射在萨沃岛海峡上的影子越来越短。昨夜的挣扎留下了太多痕迹，只需看一眼那些被炸得七零八落的破铜烂铁就明白了。

"亚特兰大"号从龙骨处就断裂了，它的舰首和舰尾耷拉下来，颤颤巍巍地被海浪拍打。它停在距隆加角几英里外的浅海处，恐怕要永远长眠在这里了。它身上的大火还在剧烈地燃烧着，如果不是因为几层甲板的张力超乎想象，如果不是因为这天早晨的海浪如此平静，恐怕它早已断成几节。即便船上那些较重的可移动设备已经被抛在了远处——船锚和拴锚的铁链、一条吊艇和它的支架、左舷发射管里的四枚鱼雷，以及其他一些不胜枚举的各种装备，像扫雷器、舷梯、烟幕发射器和深水炸弹发射台等各有若干套也被抛出去很远。

清晨的太阳发出第一缕阳光之际，劳埃德·马斯廷清清楚楚地看到了昨夜船上留下的一片狼藉。它的后舰防空站附近的一杆主桅的直径虽然只有 8 英寸，但上面却留下了千疮百孔；前舰的 3 座炮塔全部被炸倒了，甚至有很多炮管被炸得不知去向；它的前舰轮机舱被从外面炸开，木讷地张开黑黑的大口，从海上望去，好像悬崖峭壁上的一处黑暗的山洞一样；轮机舱里的海水被周围的烟灰染成了黑色，轮机组所有成员的性命全都葬送在这里，包括轮机组组长亚瑟·卢埃塞少校和主机师助手亨利·伍尔夫；因为那枚鱼雷在轮机舱发生爆炸，在其正上方的官兵餐厅里，一张餐桌被瞬间震到顶棚上，落下来时，已经呈完全扁平的状态。

有人快速拉动了几下飞轮，发现一台手动汽油泵还可以继续用来抽水。人们很快把直径 1.5 英寸的吸水管抛下船舷，垂到海里——那里有取之不尽的海水。水泵的压力足以把抽上来的水喷到舰船的上部构造上去，也足以喷射到舰面上任何一处着火点。那天早上，"亚特兰大"号上能燃烧的东西几乎都在燃烧。

电气师助手比尔·麦金尼后来写道："一艘钢铁制造的战舰在燃烧，而且你是在近距离观察。"他随身携带着氧气呼吸器，从船顶炽热的梯子爬上去，到烧得红彤彤的船舱去灭火。本来一套呼吸器应该能维持15分钟，他一路走来却发现，它能维持的真正时间远远不足15分钟。他打算尽快退回到主甲板上透口气，结果上来之后却意外地发现自己面对着一座火焰山。舰上明亮的大火与周围早已被熏黑的舰面设备形成鲜明的对比。他心里一直在想："到底是什么材料把船壳炸洞的边缘烧成了白炽状态？油漆？其他易燃物？……很可能是敌军发射的炮弹含有灼热剂，任何东西只要沾上这种灼热剂就会立刻焚烧起来。弹药库已经不必施加任何救援了，因为甲板下面满仓库的20毫米机炮子弹正在遍地开花，整箱的子弹一齐爆炸，正是因为它们的剧烈爆炸才引起了舰面大火，灼化了整个仓库的舱壁，铁汁流到了下层船舱，让那里也趁势燃烧起来。这艘防空巡洋舰上储存了大量的弹药，这让它的命运无比凄惨。"

前舰炮火指挥所中弹时，通往内舱的一大束金属电缆被引燃，这让船上到处迸发的火灾再一次雪上加霜。有一个储物间里存放了烟火类弹药——照明弹和烟幕弹，结果这个储物间直接被敌舰炮火击中，产生的烟雾和火光直冲云霄，这团炽热的烟雾抵达舰面上的钢质前桅时，瞬间吞没了它的基座，把这根直径30英寸的钢柱的底部直接融化掉。随后，这根80多英尺高的桅杆朝向该舰左舷桅杆倒了下去，把1.1英寸防空炮弹填装室里的官兵压在里面动弹不得。伤情控制部门的士兵们费尽九牛二虎之力才把这根桅杆挪开，并设法恢复了左右舷的平衡。

麦金尼回忆，中间有那么一刻，有一位受惊过度的船员从他身边跑过去，口中大喊："赶紧跳海，它就要爆炸了！"但是，实际上副舰长达拉斯·埃默里早就撤销了弃船的命令，而且麦金尼本人也非常乐意坚守在舰上。他心里是这么想的："宁可在救船过程中被炸死，也比弃船到海里被淹死强！"然后，麦金尼"灵机"一动，忽然有了一个"好主意"：何不把船舱里的消防管道打开，放进海水淹没整层甲板呢？上层甲板正在燃起大火，下层船舱的弹药库正在失控爆炸，他认为这样能在上下两层甲板之间造就一个缓冲地带。副舰长埃默里当时正在自己的客舱里借着战斗照明灯的光亮起草一份报告，他听到请示之后爽快地批准了麦金尼，并追加了一句建议，"注意不要把船搞沉下去！"麦金尼领命打开了消防管道。此时，舰上的官兵尚不知道"旧金山"号是如何遭受"自由水面效应"折磨的，因此，他们谁都未曾预想到，一旦海里的风浪势头略加凶猛，"亚特兰大"号就很可能会覆没于深海。

为了寻找伤员，雷蒙德·莱斯利来到上层甲板，有一个炸洞是下面的爆炸造成的，因此在这层甲板上看下去，这个炸洞的边缘朝上方呲牙咧嘴，因此，要想安全地走过去就需要格外谨慎；甲板上到处都是凸起，多数状如砧铁，但也有大如轿车的，它们也是由下方的爆炸造成的，有的凸起的顶部已经爆裂，翘起锋利的边缘，像一柄柄利刃。就在这周围的废墟中，莱斯利找到了两位船友，他们都是莱斯利的好朋友，此时被困在一块大甲板下面。他和其他救援队员一起，手脚并用地把这块钢质甲板抬了起来，救出了这两位船友，并把他们送往救助站。天亮之后，莱斯利和其他几位救援队员再次来到现场时，他们自己也难以相信，他们居然能抬得动这么大的一块甲板。这次他们又多叫了几个人，想再尝试能否抬得起来，结果他们发现这块甲板纹丝未动。

麦金尼和另外一位电气师鲍勃·泰勒"为了清理出船上的必经之道，花了些时间清理了一部分挡在过道里的尸体"。麦金尼事后说："我回想起当初有好多具尸体都被撕碎了，但是现场居然没有鲜血的痕迹，难道是因为那些害死他们的炽热钢板带来了'灼热效应'？很可能是爆震波把大家震死之后，他们的心脏停止了跳动，因此血液停止了循环吧？！"5号炮台上的景象更令人毛骨悚然，这个炮台设置在舰尾右舷侧，从背后射来的敌舰炮弹击中了这里，整个炮台的左侧隔离壁被掀开，并摇摇欲坠地耷拉在一旁。在一团烧变形了的金属堆里，他们找到了一位水手长的尸体，就在大家伸手把他的尸体抬出来时，这具尸体在大家的手中断为两截；还有一位海军士兵——这座炮台的瞄准员。"他的尸体从座椅中耷拉出来，鼻子以上的部位已经被炸得毫无踪影。"麦金尼事后写道，"舱壁炸口上锋利的金属凸起穿透了他的背部，以至于我们很难把他的尸体取下来。所以，我不得不爬进炮塔，从那边顺着炸口边缘的金属利刃的方向推动他的尸体；该炮塔指挥官的尸体则挂在指挥室的扶栏上，就像一大块培根熏肉一样。"最后，他们终于把那位瞄准员从座椅上取下来，并七手八脚地把他送到甲板上。有一位船员来到救生索那边，一只手拿起一条失主的胳膊扔下船舷，另一只手还拿着一只苹果往嘴里塞。泰勒检查了一遍前舰的上部构造，麦金尼把那里的情景描述为"令人惊悚的骨、肉之窟"。尽管其中多数尸身的姓名已经无从辨认，但是其中却有这样一只手，它的手指上还戴着海军学院的毕业戒指，上面刻有"1911届"的字样。领航员詹姆斯·斯图亚特·史密斯的尸体依然端坐在右舷桥的椅子里，从表面看去，丝毫发现不了他有任何外伤。

由于前舰轮机舱被直接开膛破肚，后舰锅炉室也被海水淹没，因此，该舰已经失去一切动力，只好被海浪推着，随波逐流，朝向岸边漂去。令人揪心的是，这艘已经瘫痪了的"亚特兰大"号防空巡洋舰正在顺水漂往日军重炮射程范围之内。尼科尔森中校召集一部分人把舰上尚存的锚放到海底,以免本舰漂至日控区的海滩搁浅。虽然大家靠手动把100多英寻长的笨重铁链一点一点地全部放下海里,但锚还是没有触到海底。

随着该舰慢慢地漂向海滩,詹金斯舰长让劳埃德·马斯廷船上的枪械库把"斯普林菲尔德"步枪分发给船员。天刚蒙蒙亮,整个舰面上就响起了此起彼伏的枪声,那是刚刚领到步枪的船员在向下面的日军幸存人员射击——他们正在船周围那片漂满浮油的海里划动小船的船桨。"他们从骨子里憎恨被俘,多数情况下,他们根本不允许我们碰他们。"马斯廷后来回忆。因此,马斯廷下令狙击手解除戒备。

"亚特兰大"号上共有45名军官,其中超过半数受伤或死亡;船上原有700名士兵,有153名死亡或失踪。非常幸运的是,"亚特兰大"号最终的停靠地距离瓜岛很近。幸存人员从炮兵无线电室呼叫瓜岛海军基地,并请求对方派遣小型船只来把伤员运走。这个海军基地是一个临时基地,它的最高长官是原"阿里斯托亚"号的舰长比尔·格林曼,他此时的头衔是"仙人掌"飞行区海军行动队队长。无线电呼叫过后,瓜岛岸上的海军行动非常迅速,很快就安排小船冒险进入这片狼藉的战场。这处海军基地的一位炮手助理名叫比尔·肯尼迪,他在日记中写道:"整片海域覆盖着一层厚厚的浮油;海面上漂浮着各种各样的残骸,海里的幸存人员手里抓住一切可以攀附住的漂浮物。他们的脸上沾满了黑色的油迹,我们不得不靠近来仔细辨认他们到底是美国人还是日本人;当然,享有优先得救权的自然是美国人。那天晚些时候,我们返回去寻找幸存的日本人,但是很遗憾,根本没找到几个。至少我驾驶的那条小船一个也没有看到。"

有一支小型工作船船队也发动马达启程前去救援"亚特兰大"号。这支小型船队上的驾船人都是海军陆战队队员,他们把工作船停在"亚特兰大"号旁边,开始往上转移幸存者。令马斯廷惊诧的是,其中一艘小船上居然站着一名"意外的访客"。"我当时站在船舷的扶手旁,那时船舷的扶手距离海面已经很近了,我看到有一艘小船上站了一名日本海军,他身上穿着的白色海军军服特别显眼。从他的肩章上明显看得出来他是一名水手长。他打着手势,大概是说他需要一些布条。他还向我们比画着描述,他手头有6名(或者8名)士兵,他们身上有各种不同的伤情而且浑身上下都是油污,他在照顾他们,其中有几名是日军战士,还有几名是美军战士,他们现在都动弹不得(也可能是在说他们失去了意识)。这位日军水手长一个人担起了照顾他们所有人的责任。"

伤员们被从海上解救出来之后，"亚特兰大"号上的水手们又取得了几场救援小胜利。托马斯·卡罗尔搭乘一条皮筏出海，结果他返回的时候带回了5号炮塔上的唯一一名幸存人员，这位船员名叫斯坦科利·希克斯。炮塔中弹时，他从炮塔里被抛出去摔在了一旁。希克斯与他的哥哥本杰明重逢时，两人激动得泪流满面。

比尔·肯尼迪发现，在收拾断肢残臂时，保持精神上的理智和冷静有助于大家克服视觉上的恐惧。肯尼迪在事后写道："所说的断肢残臂其实主要是指胳膊和腿，也就只有这些零碎部分了。我不知道是什么原因，当胳膊和腿被（爆炸产生的气浪）抛进海里之后，它们一般会直接沉下水底，而躯干部分却不会下沉，反而会漂浮在水面上。医生们告诉我们说，那是因为躯干部分有空腔，空腔内能保留甚至产生一部分气体，例如肺、胃和其他内脏等。听起来确实是这个道理。"在"亚特兰大"号与临时海军基地之间往返几趟之后，肯尼迪的小船上沾满了黑色的油污。"我们花费了好几周的时间用汽油反复擦洗和溶解它们。经过一番努力，我们终于把这些小船擦干净了，把油污和污垢处理掉了。一个非常有意思的现象是，要消除上面的血迹却并不容易，有很多血迹一直残存在船壳上，直到我们后来重新喷漆才算把它们彻底覆盖。"

天大亮起来。遭受空袭的危险性也随之增加。"亚特兰大"号的脆弱已经明显得不能再明显了。它那曾经威力无比的主炮台基本上什么都没有留下来，它舰尾最后面的两座5英寸炮台是目前仅存的尚能运转的两座炮台。但是，现在没有蒸汽，发电机就不能发电；没有电力，这两座炮台就没法瞄准。以现在的状态迎接随时可能到来的空袭，显然不是办法。正好，图拉吉岛上派来一艘拖船——"食米鸟"号，它来到现场之后，挂上拖链，然后小心翼翼地把"亚特兰大"号拖向岸边，直到后者那条100多英寻长的锚链挂住了海底，把船体固定在距离隆加角岸边几英里的海里。

轮机部的高级助理、海军少校约翰·T.伍尔夫忽然意识到，舰上有一台250千瓦的柴油发电机可以连上配电盘，然后向这两座炮台提供相应的电力支持。但问题是，这台发电机所在的船舱温度太高，大家目前无法进入。比尔·麦金尼带上几个小伙子，带上手提鼓风机，尽力为被海水淹没了一半的船舱吹风降温；然后他们又成功启动了底舱的一台水下抽水泵；水面退下一定刻度之后，他们调整好了配电盘，准备从应急发电机上引来电力。他们把电缆的一头接上配电盘上的440伏刻度，然后把电缆的另一端抛到几层甲板的下面，接上柴油发电机。几番失败、几番尝试，伍尔夫和他的兄弟们终于成功地把电力输送到 8 号炮台上。没过多久，它就开始朝一架飞过来的日军飞机咆哮起来。那架日军飞机本来有炸毁这艘残舰的雄心壮志，但在这座炮台发射出 10 轮炮火之后，日军飞行员的信心已经被击得粉碎，最后，他只好放弃目标，掉头飞走。

就在"亚特兰大"号近旁，又有一艘型号大一点的舰船现身，像一条鲨鱼一样围着它转来转去。这艘舰船刚刚出现在"亚特兰大"号的视线范围内时，"大家都跑向了鱼雷发射管"。当劳埃德·马斯廷确定这位不速之客的身份是"波特兰"号后，他们才解除戒备。而同样的，"波特兰"号在辨认周边的几艘残舰之时，也遇到了身份辨别的问题。"波特兰"号发现他们正北方向有一艘驱逐舰，而且他们很快辨认出那是一艘敌舰，随即，他们把本舰的两座舰首炮台对准了那艘敌舰——那是日军的"夕立"号，此刻，它停在水里一动也不能动。杜博斯舰长通过内部对讲系统，让主炮台上腾出一个人手来，到舰面上去监督海军步枪队的准备工作。"亚特兰大"号上，一切损伤救援工作都已经停止。"我们呆呆地站在那里，木讷地望着救生索，（撤离）简直是从来未有之事！"这是麦金尼写下的一段感想。

"波特兰"号上的火控小组因本舰调转了方向，转而用后舰的炮台对准了敌舰，并从 12 500 码以外发射了 6 轮炮弹。第一轮射远了，第二轮射近了，然后又是两轮夹差射击。紧接着，炮手指挥官尚克林少校汇报说这艘日军驱逐舰上竖起了白旗。

杜博斯询问这位炮手指挥官，这是哪国国旗？这位指挥官回答说："我的《船舶国籍簿》上找不到它。"

"击沉这艘—该—死—的船！"杜博斯答复道。

接下来的这轮炮弹击中了敌舰中部，随即引发了一道强光，只见滚滚浓烟冲上云霄。硝烟散尽之后，海面上什么痕迹都没有留下。麦金尼写道："我们发出一阵欢呼。我身边有一位多愁善感的兄弟善意地提醒说：'兄弟们，不要欢呼，那些可怜的战士们已经失去了他们的性命。换位思考一下吧，那些不幸死去的人原本也可能是你们。'"大家都赞同他的观点，但是却没有接受他的建议。

在下一轮"瘸子们之间的战斗"中，则轮到日军耀武扬威了。"比睿"号正在萨沃岛的正北方向，距离"波特兰"号的视线范围还有很远。它抓住机会朝身边最近的美军"阿伦沃德"号发射了炮火。日舰上的炮筒发出几阵闷响之后，鲍勃·哈根看到旁边闪起一阵阵火光，其中的第三轮和第四轮双联炮打在本舰旁边的水里之后，格雷戈尔舰长马上蹲在了操舵室的舵轮背后。看到这小小的操舵室与海里溅起的巨大浪花之间的比例反差，又看到这位舰长到处躲藏的恐惧表情，哈根忍不住冷笑了一声。"阿伦沃德"号遭受的磨难马上就要结束了，因为海军陆战队的"无畏"式轰炸机早已从亨德森机场上起飞，同时飞来的还有"野猫"战机——他们已经发现了"比睿"号战列舰。

早晨7时之后，技术军士长唐纳德·索恩伯里向"比睿"号的上部构造投下一枚1000磅的炸弹。这是这一天美军投下的第一枚重磅炸弹，后来统计美军全天共投下70多枚同类炸弹。同日参与袭击"比睿"号的还有从美军"企业"号航空母舰上起飞的"秃鹰旅"第10鱼雷机中队——共有9架"复仇者"式鱼雷轰炸机。这支飞行中队在上午10时之后开始发动攻击。在阿尔伯特·P.科芬中尉和麦克唐纳德·汤普森中尉的分工率领下，曾经参加了圣克鲁斯行动的老飞行员们驾驶战机降下云层，分头扑向这艘日舰，并纷纷在舰首部位投下鱼雷。日军方面虽有"零"式战机从拉包尔方向赶来助阵，但是"隼鹰"号航空母舰却出于天气和距离的原因无法赶来为"比睿"号提供保护。"秃鹰旅"共有3枚鱼雷击中"比睿"号战列舰。攻击行动结束之后，他们立即返回亨德森机场，装载弹药后，他们又于下午时分重新返回战场。

"比睿"号的潜在战斗力依然十分惊人。它目前仍然能以超过10节的航速行进。只要它的船员能继续坚持把手动操舵舱里的进水及时抽出去，它还是很有可能从现场逃离的。上午中段时分，"雾岛"号收到海军中将近藤信竹的指令，反转航向，返回南方，拖回"比睿"号战列舰。但是，根据日本方面的最新消息，美军潜艇有两枚哑弹击中了"雾岛"号，近藤信竹不得不取消原计划，并召回"雾岛"号重新返回他麾下的先锋部队。

就在美军飞机戏弄垂死挣扎的"比睿"号战列舰的同时，"食米鸟"号拖船把"阿伦沃德"号拖起，并于中途将其转交给一艘巡航船。这艘巡航船最终把"阿伦沃德"号送回图拉吉岛的港湾中。"波特兰"号也打算到那里避难，但是它的右转舵轮无论如何也不听使唤。几艘"希金斯"登陆艇抵在它的舰首右舷侧助推，可还是无济于事；将其左舷的锚和铁链都抛下海里，希望能把它的方向拉直，但还是于事无补；又有船员现场用帆布制作了"袋形锚"扔下左侧海里，希望借兜住海水产生的阻力把航向调正，不再原地打转，但结果证明还是无用之功。就在大家七手八脚地忙着把它的航向调直期间，"波特兰"号被当作了紧急救护站，收留和救治那些从海中救起来的伤员。这艘巡洋舰的舰载划艇、从瓜岛赶来的"希金斯"登陆

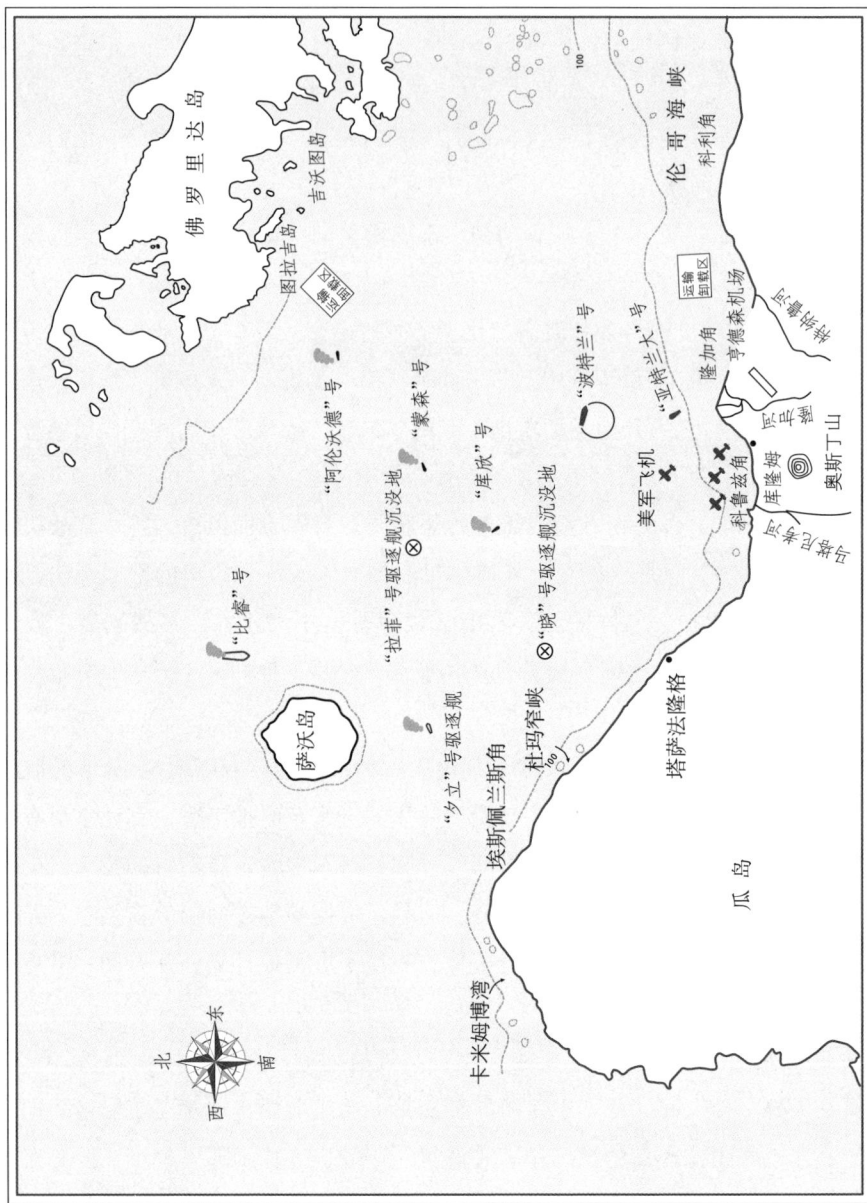

铁底海峡
战役后次日
清晨现场图

★★★

约05: 30

图例

——— 日军战列舰
——— 日军重型巡洋舰
——— 日军轻型巡洋舰
——— 日军驱逐舰
——— 美军战列舰
——— 美军巡洋舰
——— 美军防空巡洋舰
——— 美军驱逐舰
——— 仍在冒烟的舰船
✈ 美军飞机
暗礁
——— 等深线

（地图标注）

佛罗里达岛

图拉吉岛 吉沃图岛

伦哥海峡 科利角

"阿伦沃德"号 "豪森"号

"比睿"号 "库欣"号

"波特兰"号 "亚特兰大"号

美军飞机

萨沃岛 "拉菲"号驱逐舰沉没地 ⊗ "晓"号驱逐舰沉没地 ⊗

"夕立"号驱逐舰

埃斯佩兰斯角 朴玛窄峡 100

卡米姆博湾

塔萨法隆格

隆加角 库鲁兹姆 奥斯丁山

运输卸载区 亨德森机场

瓜 岛

北 东 南 西

艇以及几架水上飞机停在它周围的水面上，先后把38名伤员移交到"波特兰"号上——这些伤员多数是从"巴顿"号上撤离下来的，他们经过救治之后都被转移到了图拉吉岛上。最后，"食米鸟"号拖船停靠在它旁边，顶住"波特兰"号的右舷船头，用力推动；再加上"YC-236"号巡逻船的协助，这艘重型巡洋舰终于恢复了正常航向，并以"步行"的速度向前开去。

上午10时20分，由于美军不断发起空袭，"比睿"号已经不堪其扰，因此它不得不加速前行。但它加速前行的一个结果就是，底舱中的透水问题愈加严重。阿部命令"比睿"号舰长西田正雄把船停靠在瓜岛岸边。此时透水速度已经远远超过了抽水速度，因此，手动操舵室里的员工不得不马上撤出来。他们撤出来之后，这艘舰船只好在萨沃岛东北方向来回打转。但是，对于阿部下达的弃船命令，西田予以坚决拒绝。在西田舰长的坚持下，阿部只好做了让步。西田舰长认为，只要他们能挺过白天，就能获得自由——届时，在黑夜的掩护下，他们可以抽干被水淹没的操舵室，然后再启程返航。

当天下午2时25分，"秃鹰旅"再次返回，这就彻底浇灭了西田的如意梦想。战机按下云头，俯冲而下，往"比睿"号的右舷侧丢下两枚鱼雷，并成功命中该舰。后者操舵室里阻挡海水浸入的填塞物脱落了，这艘战列舰彻底失去了航行能力。西田舰长在向自己的船员下达弃船命令之后，他本人坐在后舰3号炮塔顶上的座椅中，亲自监督大家撤离。即便"无畏"式俯冲轰炸机飞至舰面上方的时候，他也纹丝不动。战舰向右侧倾斜并且船头沉入水中之后，阿部命令西田的手下强行把西田从船上撤离下来。阿部静静地站在一旁凝视着自己的旗帜重新升起在"雪风"号驱逐舰上，为自己失去"比睿"号旗舰感到深深痛惜。山本五十六从特鲁克岛上直接打来电话干预此事，并命令阿部不要凿沉"比睿"号，只要把它留在瓜岛岸边即可，以便今后水面舰队再次向美军发动攻击时，这艘战舰可以向田中少将麾下的运输舰船队提供协助。虽然山本的算盘打得十分如意，但是在阿部看来，这一切已经毫无指望。天黑之后，"比睿"号完全沉没，就在萨沃岛北方的某个位置。阿部公然违抗自己的命令，山本五十六对此火冒三丈，从此把他从海上作战将领的职位上调到了其他岗位去。

"企业"号航空母舰"秃鹰旅"的飞行员们回到亨德森机场后，迎接他们的是"仙人掌"航空队队长路易斯·伍兹准将。伍兹准将对他们说："年轻人，我不知道你们从哪里来，但是，对我们而言，你们就是刚刚从天堂里降落下来的天使！"
夜幕降临之后，航空母舰飞行员们结束下午的行动，再次回到了亨德森机场。这一次，他们从海军陆战队的飞行员中认出了当初自己飞行学校里的很多校友，因此他们都非常欢快地借机搞起庆祝活动。他们向"仙人掌"航空队的酒吧贡献了一些鱼雷燃料棒，然后就成了这里的完全会员。这家酒吧是由"海蜂部队"——海军工程营——经营的，他们一直有充足的美味葡萄柚汁用来调酒。这些飞行员们被分配到一处营地的帐篷里，虽然这处营地里已经住满了之前海军行动中的伤员，但亨德森机场的这些临时房客们还是举起了手中的酒杯欢快地庆祝起来。

34
—
白日飞升

胡佛舰长带领他的"幸存者中队"向圣埃斯皮里图岛进发。开始的时候，他不得不以 10 节的航速行进。后来，队列中的"旧金山"号经过简单修理，且舰上伤员的身体也有了一定恢复，因此他才得以提高航速。"海伦娜"号在前方引路，身后紧跟着"旧金山"号和同样受损严重的"朱诺"号。3 艘舰船一齐向南方航行。稍后，被日军炮弹打得"鼻青脸肿"的"斯特瑞特"号超过了"旧金山"号，赶到了队伍的最前方。如此一来，"斯特瑞特"号、毫发未伤的"弗莱彻"号和受过轻伤的"奥班农"号 3 艘驱逐舰在 3 艘巡洋舰前方组成了一道庇护屏障。在这个过程中，"斯特瑞特"号上的船员借助白天的亮光目睹了卡拉汉的旗舰在前一夜究竟经历了何种折磨！舰桥已经被炸烂、烧焦；后舰控制塔已经被付之一炬。大家在其左舷上数了数，共计有 26 个炸洞。

在布鲁斯·麦坎德利斯的要求下，"朱诺"号向"旧金山"号派去了一名医疗官——罗杰·奥涅尔中尉，同时还派去了 3 名海军医护兵救助受伤人员。奥涅尔对这项差事有些不满："我不知道他们为什么把我们派到这艘船上来，你们就要沉船了，我的'朱诺'号还需要我回去呢。"这是他刚刚来到"旧金山"号上的时候说的话。在斯文森舰长的船上，伤情救护队的队员们正在忙着修复它早已开裂的龙骨。

黎明之前，"旧金山"号上的高阶士兵们来到舰面甲板上报到，并加入了一项令人十分沮丧的工作——收集零碎尸骨。无论哪场军事行动，只要有伤亡出现，这种工作总是无法避免的。这一工作的目的是把炸碎的尸体残片从船上清理掉。船员们把零碎的尸体从船上捡起来，然后扔进海里，最后把血迹从船上冲洗下去。这种工作就跟弃船行动一样，从来无法提前开展逼真的演习。

"旧金山"号上的一位成员叫约瑟夫·惠特，他说："整艘船就跟屠宰场一样恐怖！站在现场，你看到这一切就像在做噩梦一样，真叫你目瞪口呆！我走在船的中部，走过一座 5 英寸炮台，这座炮台已经被炸毁了，只留下一堆废铁；我把目光投向烟囱，看到的景象我想我一辈子也不会忘掉，爆炸产生的碎片在它身上打出千疮百孔，而且从顶部到基座都沾满了血迹，有的尸体被炸飞到上面，零碎的血肉溅满了它的侧面。现场那种味道……那种感觉没有任何人能忍受。"

很少有新兵能干得来这项工作。"让高阶士兵来做这项令人作呕的工作应该比让新兵来强得多。"这是唐·詹金斯写下的一句话。整艘船上，有一批手提抽水泵正一齐嗡嗡作响，抽水管被抛过船舷，搭进海里，海水被抽上各层甲板，猛烈地朝着血渍喷射而去。慢慢地，成千上万个凹槽里留下的那些顽固的肉屑和已经风干的血迹逐渐变软，然后被强力的水流冲走。每个人都领到一个军用杂物袋，并收到命令，对死尸的身份进行鉴别，把死者身上的姓名牌和个人物品取下来，系紧他们的腰带，然后在船舷上松开双手，任由他们的尸体落入海里。"旧金山"号上没有随军牧师，因此，这种海葬也没有刻意举行什么仪式。詹姆斯·I.考恩中尉一直在监督这项收集工作，他在收集过程中发现有太多的"安纳波利斯"玻璃戒指，而他本人也喜欢这种戒指。大家以坚强的意志把这一切打扫完毕之后，船上已经勉强具备可居住条件了。

甲板上到处都是含磷的管状物，这是日军战舰发射过来的燃烧弹燃烧后的遗留物。约瑟夫·惠特回忆起当时的场景说："兄弟们纷纷捡起这些东西，并把它们放进自己的口袋里作为纪念品。"这种行为很不好，因为有些燃烧弹炸开之后，其中的燃烧成分未能完全烧尽，有的还在慢慢地持续燃烧。"有一位小伙子把这样一个小细管放进自己的裤子后袋里，结果，在他还没来得及脱下裤子之前，这个小细管就在他身上炸出了水泡。这种东西一旦燃烧起来，水是无法浇灭的。"

船上的医务室已经太小了，容纳不下这么多伤员。他们不得不被疏散到机库甲板那边。唐·詹金斯回忆说："我每送一名伤员到机库甲板上去，伤员脸上流露出来的无助和悲痛都让我永远无法把他们从记忆中抹去。有些人因为疼痛而发出呻吟或尖叫，还有一些重伤病号口中喊起'妈妈'。"在海军少将的客舱里，那位来自"朱诺"号的医生奥涅尔中尉戴上口罩，为舰长卡辛·扬做起了紧急手术——他身上有致命性伤口，已经没救了。

这几艘舰船已经悄然驶进"鱼雷风险带"，所有人都清楚，胡佛舰长本人心里更清楚，他们现在已经属于弱势群体。当初，"黄蜂"号、"北安普敦"号、"奥班农"号和"萨拉托加"号上的船员比这几艘舰船上的船员更加勤奋，他们当初享受的护航力量也比今天胡佛率领的这些老得掉牙、破得掉渣的护航屏障要强大得多。而现在，"奥班农"号的声呐设备已经失灵；"斯特瑞特"号的深水炮台还完好无损，却苦于没有深水炸弹——因为后舰起火时，它们已经全部烧毁了——它现在能做到的只是依靠自己的引擎前行而已；"弗莱彻"号倒是完好无损，但是，仅有一艘功能齐全的驱逐舰不足以震慑敌军的海军潜艇。思来想去，胡佛向南太平洋司令部的空中指挥所发出请求，希望他们能提供空中掩护，并希望一路平安无事。

在"海伦娜"号上的领航室内，大家谈论的话题始终围绕着那艘被损毁的旗舰，它正在"海伦娜"号的左舷船尾方向航行。舵手乔治·A.德隆认为，如果"旧金山"号能安全抵达圣埃斯皮里图，就算它天大的幸运了。据麦坎德利斯估计，它依然具有 25% 的作战效率。尽管"朱诺"号的船头吃水深度比正常状态深了 4 英尺，但它看起来还相当结实，因为它此时正在"海伦娜"号的右舷船尾方向以 17 节的速度航行。

同时，电台上传来一则令人振奋的消息——美军飞行员发来一则电讯，美军飞机蜂拥而上，轰炸了日军战列舰"比睿"号，此时，"比睿"号已经长眠在了萨沃岛附近。这则电讯对于舰上的海员们而言最令他们兴奋了，因为他们刚刚在那片战域与对方交过手，虽然战场交接给空军之后由飞行员捕获了这艘一级战利品，但军功章里依然应该有他们的一半啊。

上午 11 时左右，一位瞭望员注意到左舷侧的海面上有异常波动。他说，起初那片水面的痕迹"跟正常情况下海豚游过的时候一模一样"。然后，"海伦娜"号左舷侧某炮台上的一名炮手也注意到了这条水痕——一条浅浅的尾波，还有一条背鳍露出海面。此时，"斯特瑞特"号已经行驶在"海伦娜"号的左前方，这条水波就出现在"斯特瑞特"号的尾浪中。是一枚鱼雷！就在这段水波与"斯特瑞特"号的船尾擦肩而过时，他看清楚了，这是一枚鱼雷！这位瞭望员大声喊道："德隆，急打右舵！"

"旧金山"号的舰桥上有一位瞭望员，看到此情之后，情急之下一时哑口无言，他一手抓住海军少校史纲兰德的肩膀，一手指向那段水波——当时它还差几段波纹的距离就要撞到该舰的舰首左舷了。史纲兰德马上下令："右舵打到底，前行危险！"看到这枚鱼雷伴着身后激起的白色水花冲向这艘舰船，约瑟夫·惠特马上抬腿往后舰方向跑，希望能躲过这场爆炸。在跑过甲板上的一条大裂缝时，他的一只脚卡在了里面，扑倒了。他马上站起身来，探出头去看那条水波——那枚鱼雷已经从船下的水里钻过去，从右舷侧继续往前运行。他不禁把目光投向远方的"朱诺"号。

他们根本没有办法向斯文森舰长发出警示："旧金山"号整艘舰上的蒸汽管道全部被切断了，因此无法启用汽笛和警报；本舰的旗帜也在大火中被烧毁；TBS信号发送器已经失灵；信号升降索已经被烧断；探照灯也只剩下一盏，其余的已被震碎。因此，这艘舰船已经不可能有效地向"朱诺"号发出任何警示。命运之神已经把胡佛率领的这支舰队放到了"I-26"潜艇潜望镜的十字准线上。之前，也正是这艘潜艇于8月击沉了"萨拉托加"号。在美军舰队朝向正南的航道上，这艘日本帝国海军的潜艇正潜伏在这条航道的东侧守株待兔。此时，这艘潜艇已经把3枚鱼雷推进发射管，随时准备发射。

"海伦娜"号万幸脱险之后，德隆通过瞭望孔看向"朱诺"号，但是，很快，随着视线的移动，"朱诺"号已经不在他的视线范围内。稍后，领航员出其不意地喊了一声，"猛打左舵！"德隆马上向左转动舵轮，就在那一刻，整艘船微微颤动了几秒。其实，当时周围的海域都发生了震颤。

"海伦娜"号上的信号员透过一副望远镜看到"朱诺"号上的信号员手拿一只信号灯。一秒钟前，那个人还在"朱诺"号上发送摩尔斯代码，而转瞬之间，他已经被从镜头中"掐"走了，好像是被一只巨大的手拿走了一样。"海伦娜"号上的信号员把望远镜放下再向那边看时，发现"朱诺"号上的那位信号员已经成了"空中飞人"。

"旧金山"号上的约瑟夫·惠特听到一声"拖着长音的巨裂声，就像一阵闪电击中了周围似的"。"海伦娜"号上的乔治·德隆闻声看过去，就在那艘轻型巡洋舰刚刚所在的位置，他什么都没看到，只有一团低低的云在水天相接处翻滚。他忍不住喊道："它在哪儿？它在哪儿？我可不想撞上它！""海伦娜"号领航室里的人都跑了出来，大家都跑到了舰桥的侧翼台上观察。有一名海员明白过来之后飞速回到领航室里，然后强作镇定地回答："德隆，它已经不存在了。"

虽然前一天大家刚刚经历过前所未有的血腥之夜，但是谁都未曾亲眼见过如此厉害的爆炸。布鲁斯·麦坎德利斯后来写道："'朱诺'号不是沉没下去的——它是被炸飞起来的，像火山爆发一样被炸飞起来。现场传出了巨大的轰鸣声，水面上突然出现了一团直径达1000码的黄色爆炸云团，它的上空抛起薄薄的一层白色水雾。那团爆炸云团里又不断传出更多的爆炸声。"后来胡佛向海军上将特纳汇报说："从爆炸残片的数量和炸飞的距离来判断，我们有理由相信这是一次高水准的鱼雷攻击。"

"朱诺"号上的钢板和硬化装甲带到底被炸成了多少碎块，大家只能各凭猜测。但是有一点可以确定，那就是连环爆炸造成了超大量的碎片。就在史纲兰德、麦坎德利斯、威尔伯恩和莱尔从"旧金山"号的指挥桥上瞠目结舌地望着这一奇象之时，舰面总值日官杰克·贝内特注意到有一个物体跌跌撞撞地从空中朝这边飞来。"散开！"他的喊声刚停，一块长方形钢板就呼啸着飞来，把距离他们几英尺之外的一处上部构造砸得稀烂，并紧接着弹回来，跃过甲板，最后掉进海里。"朱诺"号上原有两座 5 英寸炮台，此时，在爆炸力的作用下，它们从天空中划过一道优美的弧线，落到"弗莱彻"号船尾后面 100 码以内的水里，激起巨大的浪花。

"旧金山"号上的约瑟夫·惠特说："我们的船舷与出事地点平行之后，海面上开始升起厚重的烟雾，而水下则传来了巨大的爆炸声。他们说，很可能是'朱诺'号上的锅炉在发生爆炸，它的残壁翻滚到水面上时就像一头巨大的鲸。你应该看过一些现场的图片，它们翻滚上来，紧接着又沉了下去。现场形成了一个超级巨大的泉涌，'朱诺'号被炸碎的船壳跟随这处泉涌上下翻滚。简直太可怕了！"

正当目击者们说服自己相信这是现实的时候，"旧金山"号右舷侧的海里忽然涌起一股 30 多英尺高的水柱喷到舰面上。"我舰紧急左转，以至于左侧的海水被激起来溅到了井甲板的外侧，"唐·詹金斯事后写道，"大家为了保命，不得不在甲板上紧紧拉住一切可用的固定物，唯恐一旦在甲板上跌倒就会被甩到海里去。船头慢慢打正之后，我们才发现，由于刚才动作过猛，本舰水位线上原来那些炸洞的填充物被甩掉了，大量的海水猛灌进来。"

这一天随处可见可怕的景象，但"朱诺"号的瞬间沉没给大家带来的抑郁更加强烈。目击者中没有人会相信这场灾难中会有人幸存下来。在其他所有类型的战斗中，从未有过 600 多人瞬间归于陨灭的记录。这场灾难没有给大家留下往常那种前线战场惯见的心理创伤。这是一场不可预知的极端事故，给大家留下的更多的是震撼。奇克·莫里斯事后描述："当时，所有人都一动不动、一言不发……大家还没有做好心理准备，一时间精神上和身体上都接受不了这一现实，我们早已精疲力竭……在接下来的几个小时里，'海伦娜'号上有很多人在甲板上走来走去，或在呆呆地出神，或在低头沉思，或依然惊恐不已。"

罗伯特·豪威说："我们经常谈论如果被鱼雷击中，刚好借修船之机回美国本土。但是，自从看到'朱诺'号化为一团烟云之后，大家再也不这么说了。"这一天恰好是 13 日，星期五！"在这一天接下来的时间里，我想，所有船员的眼睛都不敢离开海面。"

　　"朱诺"号消失之后，吉尔·胡佛受到的打击最大。因为"朱诺"号的舰长莱曼·克努特·斯文森与胡佛曾经是海军学院的同学和密友。现在，斯文森却突然消失了，或者有更惨的结果，那就是他依然还活着，却身负重伤，并且需要紧急救援。实际上，那艘防空巡洋舰上的几十名幸存者正在"鱼雷风险带"附近的汹涌波涛中挣扎。尽管有很多目击者声称自己没有看到任何幸存者，但事实是，他们的确在那里活生生地存在着。稍后有一架飞机路过那里，机组人员朝下数了数，发现至少有60人；他们之所以能够幸存下来，是因为最初的舰身震动把他们甩进了海里，所以借助海水的阻力，后续爆炸才未能伤及他们的身体。

　　根据胡佛的逻辑，他认为现场形势不容许他去拯救他们，包括他那位同学兼朋友。现在，他手头只有一艘完好无损的驱逐舰用来应付潜艇，他肩头的责任要求他必须把伤兵和残舰送回基地，而且敌军技能娴熟的潜艇依然在水下逍遥。因此，他决定不能停下队伍来搜索幸存人员。那天早上的早些时候，他已经命令"奥班农"号返回北方的安全海域把前一夜的遭遇用电报的形式发回努美阿。为了防止电波被敌人截获，各舰启程时彼此之间并没有采用电讯沟通。根据既定安排，"奥班农"号恐怕要到下午 3 时后才能返回与大部队会合。

　　很少有海军将领了解搜索救援工作的微妙性，但是胡佛十分有经验。当年，"列克星敦"号航空母舰在珊瑚海沉没之时，胡佛曾经以驱逐舰第 2 中队队长的身份在现场提供救援，并因此被授予一枚"海军十字勋章"，理由是为了救出该航空母舰上的幸存者，他麾下的驱逐舰中队冒着严重的持续爆炸和烈火靠近出事航空母舰。他的授勋证书中是这样写的："该军官不畏烈火和爆炸，凭借勇敢的精神和过硬的海军业务素质操作麾下舰船，援助失火兼失衡的'列克星敦'号，救出幸存人员。其与属下多名军官的英勇表现符合海军部队的优良传统，并为拯救那些命悬一线的幸存人员做出了巨大贡献。"可是此时，情况却大不相同。所以他坚持认为，继续南行的决定"是在经过深思熟虑之后做出的"。

　　应胡佛的请求，11 时 21 分，一架 B-17"空中堡垒"轰炸机从圣埃斯皮里图岛飞来提供空中掩护。因为不敢启用电波，胡佛并没有通过无线通信向特纳和哈尔西汇报此事；但是，他换了一种汇报方式，他让手下的信号员用手提信号灯向在头顶盘旋的这架轰炸机传递了相关信息："'朱诺'号中鱼雷沉没；出事地点：南纬10度32分，东经161度02分；时间：11：09；水中幸存人数：不详；请代向西南太平洋部队司令汇报。"飞机上用视觉信号回复他们，表示信息已经收到。然后胡佛又把内容重复了一遍。此时，他只能希望这位飞行员能够理解水中幸存人员的紧急状态，因为其中有些人肯定受的是重伤。飞机再次向他确认，信息已收到。然后，这架飞机调转方向，向亨德森机场的方向呼啸而去。关于胡佛坚持朝圣埃斯皮里图方向前进的决定，"弗莱彻"号的副舰长约瑟夫·威利是这样评价的，"这是一个纯爷们儿做出的最有勇气的决定，因为所有人的第一直觉都是'先去搜救幸存者'"。威利本人也能强烈感觉到自己的救人意愿，但是胡佛向"弗莱彻"号发来信号说，他收到信息，确信周围还有另外3艘潜艇潜伏在他们的航道上；收到这一消息，威利才感到自己的思绪冷静下来。

午后不久，"布坎南"号驱逐舰也加入了胡佛的舰队；3时30分，"奥班农"号执行任务完毕，按计划归队入列。胡佛的伤兵残舰缓缓前行，"朱诺"号化作的那团黄色烟雾在他们身后慢慢消失在海平面上。

"亚特兰大"号在距离隆加角几英里远的水域抛锚停下，从船壳上的炸洞和裂缝灌进来的水几乎要了它的命。主机师助理杰克·伍尔夫曾经寄希望于船员们，希望他们能够尽快把后舰锅炉舱里的水抽出去，从而用那几组锅炉生产蒸汽。届时，如果内侧螺旋桨还能继续转起来，或许他们还可以挪蹭到图拉吉，到那里找到庇护所接受修理。而现在，随着舰内水位的上升，他知道一切努力都白费了。对船员们而言，这已经是他们连续第四个夜晚未合眼了，手提水桶的队员们，体力消耗已经达到了极限。当副舰长达拉斯·埃默里也认为这艘舰船已经无法自救时，舰长詹金斯向"波特兰"号发出请示，他已经无法遏制船体透水，不得不选择沉船。作为当场的高级军官，杜博斯同意了。舰上的官兵急忙撤离到从瓜岛赶来的小船上。同时，一个爆破装置被安放到柴油机引擎舱。爆炸声响起之后，因为各舱门大开，所以它很快沉了下去。在沉下去的一霎那，它的船体朝左侧翻转过去，露出了右侧船壳上若干可怜的鱼雷炸洞。自左舷水位线以下的受力点到右舷船壳底部这条线上，它轰然断为两截。劳埃德·马斯廷说："如果当初我们能成功地重新生产蒸汽，或许它还能以半速航行……但如果它遇到恶劣天气，它肯定也不行了。"

夜幕再次降临铁底海峡，"波特兰"号还在挣扎着朝图拉吉的方向缓缓前行。

接近午夜时分，"屋漏偏逢连夜雨"的事情发生了：海面上又来了几名"斗士"，个个摩拳擦掌、跃跃欲试地前来凑热闹——这是美军的鱼雷艇小队。他们出现的第一个征兆是从电台上捕捉到的，杜博斯舰长从 TBS 对讲系统听到对方说，"有一头'大熊'过来了，给它'两条鱼'吃！"

这些鱼雷艇正打算围捕一头"大熊"——"大熊"？这肯定是他们的一个作战目标。杜博斯马上反应过来，对方正在讨论的"目标"其实就是杜博斯本人所在的这艘舰船。这位巡洋舰舰长和这些鱼雷艇的负责人之间马上展开了一段奇怪的对话。先是杜博斯向对方宣布自己的身份，他没有采用其他电码，而是直接用英语白话文——"这是美军'波特兰'号巡洋舰，我是舰长杜博斯；前面还有一艘拖船是从你们图拉吉岛派出来协助我们的，船长是佛雷中尉；我们，不是——我再重复一遍——不是日本人。"这批鱼雷艇的驾驶员之间也在紧张地讨论，面对这么一个陌生的庞然大物，大家到底应该怎么做。他们的确听到有报告说，那些目标舰都已经身负重伤，因此，他们怀疑这位操着英国口音的"敌方"军官正在靠自己口若悬河的雄辩能力妄图摆脱这次被瓮中捉鳖的危局。可怜这艘伤痕累累的重型巡洋舰残废到只能以 3 节的航速往前挪动时，居然不得不受这些小小鱼雷艇的摆布，真可谓"龙游浅滩遭虾戏"！

瞭望员神情紧张地观察着周围的水域，看是否有鱼雷带起的水波出现在海面上。借着柔和的月光和头顶闪烁的星群，他们看清了：两条拖着水花的波纹在他们前方横穿过去，游向深海方向。很明显，这些鱼雷艇的掌舵者们肯定是过高地估计了目标舰的航速，可能是他们只看到该舰船头（借助螺丝刀的帮助）摆向比较有力，却没有估计到它已经接近于一堆废铁。

这支鱼雷艇小队的队长是海军少校阿兰·P.卡尔弗特，因为他看到当晚海峡里没有其他重型巡洋舰出现，所以认为这次行动应该由他全权做主指挥了。

根据"PT-44"号鱼雷艇上的查尔斯·梅尔霍恩事后描述，他当晚是这样向这支鱼雷艇小队做行动前介绍的："午夜前后会有一支日军分遣队路过此地，而我方可能也有一支战舰分遣队在午夜前后路过。出发！去活捉日本人！"而在那之前，他们是萨沃岛海峡里唯一的一支美国海军力量，他们一直受到约束，只是偶尔不痛不痒地骚扰一下日军"东京快车"计划的驱逐舰部队。而且，随着 11 月 13 日军事行动的展开，他们收到指令，要坚守基地，不得外出。

梅尔霍恩马上就意识到，站在这样可怜的一艘鱼雷小艇里面，如果向一艘身份不明的舰船发送闪光灯信号，这无异于一种自杀行为。"如果你面对的恰好是敌军，那就是你的末日来了。"他说。可能这就是为什么"PT-44"直接省略了"繁文缛节"，未经确认就向这艘美军巡洋舰发射了4枚鱼雷的原因。

杜博斯手下的一名炮手对本舰"受到过分关注"有些不满，据梅尔霍恩所言，这名炮手对这些"骚扰者"予以回击。梅尔霍恩事后说："我们认为这太令人恶心了。在敌军和我军都像鬼鬼祟祟的幽灵一样出现在海上时，船员们不加辨别就采取这种行动简直是最令人恶心的做法！"

"大水冲了龙王庙"的闹剧总算过去了。午夜过后，11月14日凌晨，"波特兰"号巡洋舰终于抵达了图拉吉岛，抛锚在一处39英寻深的海港里。由于这处深港的岸边比较陡直，因此，他们可以直接把这条船拴在岸边的一棵棕榈树上，并把舷梯从船上直接搭到岸边。为防止敌人从空中发现这条船，他们给"波特兰"号罩上了一张迷彩伪装防护网。"然后我们所有人都列队离开，并迅速在营地进入了梦乡。那时，我们保持一级战备状态已经超过50个小时。"哈罗德·L. 约翰逊说。

眼前的安宁只能持续一个小时。随着美军巡洋舰舰队的其他几艘残舰驶向圣埃斯皮里图，日本帝国海军又一次找到了乘虚而入的机会。

35

倾巢而出

日本海军上将山本五十六与帝国海军的所有士兵们和指挥官一样，为阿部与卡拉汉之间的这场战斗的残酷所震惊。他们从未在美国海军身上看到过这样钢铁般的坚强意志。之前他们所熟知的美国士兵并不是这样的。10月，日本海军少将五藤存知在埃斯佩兰斯角失去了一艘巡洋舰，然而在绝境中，他很好地完成了一项更大的使命，即派遣两艘战列舰来对抗亨德森机场。一个月之后的现在，他于战争中未能实现的成就，如今卡拉汉带领的海军做到了——卡拉汉摧毁了日军的一艘战列舰"比睿"号，并将它留给了亨德森机场的"秃鹰"们。对日本帝国海军而言，失去这艘36 600吨的战舰就像1941年5月英国皇家海军失去"胡德"号战列巡洋舰一样。它较之那些最先进的新战舰年代久远，体积更小，攻击力稍弱，却因为与皇家的关系而被寄予了某种怀旧情感——裕仁天皇本人曾乘坐"比睿"号。"比睿"号的损失对日本来说是一个沉重的打击。

卡拉汉在11月12日至13日晚挫败了阿部，令日军痛失"比睿"号战列舰、"晓"号及"夕立"号两艘驱逐舰。这意味着亨德森机场是日军一时之间拿不下来的，它依然盘踞在瓜岛，至少今天它还属于美军。相应地，山本知道，让田中麾下的11艘运输舰前往瓜岛这个决定是愚蠢的。山本把运输舰队的登陆计划推迟到14日，因此令它们撤退至"狭槽地带"一端的肖特兰岛，然后等候下一步指示。接下来，山本把精力集中到加强兵力方面，目的是要让"仙人掌"航空队葬送在日军的炮口下。

"雾岛"号战列舰在与卡拉汉的舰群的混战中侥幸逃脱，离开了战场的喧嚣，基本完好无损，由此，它也将成为另一场强力轰炸突击任务的核心力量。当山本令海军少将近藤信竹把"雾岛"号驶往瓜岛发动另一场攻击时，近藤召集了"爱宕"号和"高雄"号两艘重型巡洋舰来协助它到"狭槽地带"参加战斗。"长良"号和"川内"号轻型巡洋舰也加入进来，并带来了9艘驱逐舰。经过痛定思痛，山本从心理上能勉强接受"比睿"号沉没这一事实。他认定若要为其复仇,自然该由当晚与它同行的战舰"雾岛"号来承担这一重任。日本帝国海军日益滋生的失败苗头现在显露出来。"雾岛"号在近藤信竹的指挥下调头前往瓜岛时,它的姐妹舰"金刚"号和"榛名"号并未同行,近藤留下它们来掩护航空母舰。保证航空母舰的安全是确保最后的赌注,所以山本决定只派遣 3 艘战列舰中的一艘投入接下来的战斗。

美军将领哈尔西则持完全不同的想法。他从电讯上得知另一场重大的海军攻击即将来临,因此这位美国海军南太平洋战区司令决定,他剩下的唯一一艘航空母舰"企业"号以及它强大的护卫舰队不能再明哲保身了。瓜岛上的美军士兵们空前需要这支舰队。

哈尔西知道,在卡拉汉舰队遭受损失后,他的巡洋舰战斗力已所剩无几。他仅剩的航空母舰"企业"号也一样。当"企业"号接收到从努美阿驶往瓜岛北部的命令时,甲板上还有 85 位技术人员正在日夜抢修前舰的故障电梯。航空母舰周围漂满浮起的燃油。"这是我在整场战争中面临的最艰难的处境。"哈尔西写道。

"如果说有什么海战原则深刻进我的脑海,那便是,最好的防守就是一次有力的进攻——就像霍雷肖·纳尔逊勋爵在特拉法加海战前在便笺中写给军官们的一样,'如果一位舰长敢于把他的战舰停靠在敌舰近旁,那他不可能犯下离谱的错误。'"现在,几乎没有其他选择。小威利斯·李的战舰是哈尔西的"唯一资源"。这些战舰哨兵似的"守而不攻"的日子就要结束了。11 月 13 日下午接近 5 点时,哈尔西打破了他在美国海军战争学院所学的保守规程,他决定派出战列舰,他命令海军少将金凯德统率"企业"号航空母舰特遣部队,带领麾下大小舰船全力抗敌。

"企业"号通过闪光信号灯向小威利斯·李少将报告,第 16 特混舰队要分离出重型战舰,分批向北行驶;随后,哈尔西告诉"企业"号,他期望特遣部队能在 14 日清晨到达瓜岛。听到这里,李少将忍不住打破了无线电频道上的沉默,询问道:"您认为我们长翅膀了吗?"——李没法这么快赶到那里。眼下有 4 艘驱逐舰碰巧燃油储备最为充足,它们是"普雷斯顿"号、"格温"号、"瓦尔克"号和"贝纳姆"号,它们与"华盛顿"号和"南达科他"号一起在黄昏时分离开"企业"号航空母舰特遣部队向北驶去。彼时,他们所在的位置比哈尔西的预计要偏南 150 英里。

之所以比预计路程偏南,是因为金凯德误解了哈尔西所下命令中指示的作战地点。当金凯德收到指示把特遣部队驻扎在某一纬度附近时,他把这条线理解成了向北进军的极限地理位置,然后驻军在其南部。之前,哈尔西的大胆冒进造成了严重的后果，受损的不仅是"大黄蜂"号，也包括他自己在航空母舰舰队司令中的声誉。有人说，这是太鲁莽带来的后果。身在圣克鲁斯的前航空母舰员工认为，当初锁定敌人之后，他完全没必要推迟进攻。金凯德现在很可能也陷入了过度谨慎中。

风向问题是另一个因素。由于当时是南风，为了能够产生足够强大的逆风，方便起飞或回收战机，金凯德不得不180度反转航向，船头向南迎风航行。第16特混舰队比许多人的预料要偏出南方更远，这是原因之一。

当海军南太平洋战区的一名参谋——查尔斯·韦弗——向哈尔西和迈尔斯·布朗宁禀报说，李少将于11月13日至14日晚无法按时抵达战区。结果，哈尔西当场对他怒目而视。"你可以充分想象我在我的上司们那里忍受了多少唾沫星子，他们确信李少将当时正身在一处十分安全的位置。"哈尔西向范德格里夫特承诺过，他会尽一切所能支持瓜岛的海军陆战队和士兵们。这时，他却不得不颓丧地告知这位将军，他的战舰或其他任何美国海军部队当晚都无法保护瓜岛免受日本海军攻击。

当天晚上，在瓜岛的幸存者营地里，"亚特兰大"号电气师助手比尔·麦金尼在海军陆战队提供的帐篷营地里休息。他早已筋疲力竭，没有力气和得胜的飞行员们庆祝，甚至没有力气撑起他的单兵帐篷。因此，他把帐篷直接用作毯子盖在身上。当大雨渗透进帆布并把地面弄得一片泥泞时，他曾醒来过一次。两点左右，他再次醒来，这次是被雨中的大火惊醒的。两艘日军重型巡洋舰——"铃谷"号和"玛雅"号——当晚到达瓜岛近海区，向机场发起了炮击。

人们奔跑着、叫喊着，巨大的爆炸声滚滚而来。那些经历了一个月之前战列舰炮轰的人会说，相对而言，这次没那么严重。但是从海上来的轰击总是令人恐惧的。从"黄蜂"号和"巴顿"号的沉没事件中幸存下来的一名水手在炮轰时快速跃进一个沙坑中，惊恐得说不出话来。麦金尼经历了这两艘日本巡洋舰的袭击。"我感觉，他们知道我们在哪儿，并打算一举把我们干掉。"他说，他能看到"他们的炮火飞向我们时，炮弹的周身闪烁着微弱的蓝光。这是一次可怕的经历"。

当晚，离萨沃岛海湾最近的大型美国战舰是杜博斯舰长的"波特兰"号。当时，它隐蔽在海湾对面的图拉吉岛海滨，正在接受技术人员的维修。当那两艘敌舰的探照灯灯光扫过它们的锚地时，杜博斯发现了它们。"波特兰"号上的所有士兵都在祈祷不要被敌人发现。杜博斯知道，在他的战舰能勉强航行的情况下，他根本无法对付两艘有备而来的敌舰。因此他时刻关注着探照灯，并且准备只有当敌舰瞄准己舰所在地时才向尚克林下达开火指令。卡尔弗特的鱼雷艇及时地向日军巡洋舰投射鱼雷，可虽然有几枚鱼雷发射出去，但并没有在敌舰身上引发爆炸。

"玛雅"号和"铃谷"号在半小时内连续发射了 500 枚炮弹，摧毁了 18 架美军飞机，炸伤了亨德森机场的另外 32 架飞机。尽管这种想法很惊悚，但与上次"衣笠"号和"雾岛"号的破坏力相比，这次轰炸的确稍显逊色。当然，这也凸显了卡拉汉牺牲的重大意义。

萨沃岛海湾，11 月 14 日黎明来临时，华盛顿时间仍然是 13 日，星期五。关于前一晚瓜岛事件的急件迅速通过无线电从努美阿传递到珍珠港的海军部和本土的参谋长联席会议。"能与我当时感受到的紧张相提并论的是诺曼底登陆前夜弥漫在华盛顿的紧张感，"詹姆斯·福莱斯特尔写道。晚些时候，当"狭槽地带"有日军入侵的报告呈送上来后，罗斯福总统开始意识到这个岛可能会失守了。但是，身在华盛顿，他无法实时知晓"仙人掌"航空队的行动。正是由于卡拉汉舰队的成功以及阿部舰队的失败，目前日军拼力行动，向岛上输送军队。但是没承想，这一行动马上就面临美军对其在光天化日之下的空袭。"仙人掌"航空队的辉煌历史中最重要的一天即将来临。

当第一缕曙光射向亨德森机场时，海军陆战队第 1 航空联队的地勤人员开始了一天的工作，给飞机加满燃料、全副武装，以全力对抗从"狭槽地带"赶来的敌人。由于工作进展很缓慢，因此，帐篷里的"房客"都被临时征用了。好在更急迫的事情解决后总会有足够的吃饭时间。不久之后，飞行员们就开始在离岛 200 英里的海域上空摸排敌人的情况。"企业"号当时正在瓜岛西南方向 200 英里处，由于遭遇风暴而延误了黎明时分的侦察。不过，包括 23 架"无畏"式轰炸机和 9 架"复仇者"式轰炸机在内的"企业"号的 62 架舰载战机中的大部分都参与了这次攻击行动。

他们分头向西方和北方飞去，肩负着搜寻及攻击日军的使命。终于，他们发现了头一天晚上在新乔治亚的伦多瓦岛西南面攻击过他们的那些日军战舰。在与"鸟海"号和"衣笠"号汇合后，"铃谷"号和"玛雅"号遭到了美军飞机的猛烈袭击。

海军陆战队少校约瑟夫·赛勒所指挥的一架"无畏"式轰炸机很快飞抵"衣笠"号上方。"衣笠"号在黎明后不久就遭到了海军陆战队"复仇者"式轰炸机的鱼雷袭击，此时正处于漏油状态。"企业"号上飞来的"无畏"式轰炸机又用重型炸弹给了它沉重一击。"企业"号的两名飞行员——理查德·M.布坎南少尉和罗伯特·D.吉布森中尉——发出了这致命一击，使"衣笠"号在当天早晨就倾覆沉没，造成 51

人葬身大海。"企业"号第 10 轰炸中队的保罗·M.哈洛伦少尉冒险迫近"玛雅"号上空投弹，可惜炮弹与敌舰擦肩而过。当这架"无畏"式轰炸机撤离时，它的机翼撞到了这艘巡洋舰的主桅杆，把汽油泄漏到了舰船的上部构造上。由此引发的大火烧死了船上的 37 名水手。哈洛伦本人也自此消失。

但美军飞行员的主要目标是田中率领的那支防卫力量薄弱的运输舰队。星期六早上，日本运输舰队向南行进，经过新乔治亚岛和圣伊萨贝尔岛时，运兵船遭到了"仙人掌"航空队和"企业"号舰载机群的袭击。几乎就在同时，日军有巡洋舰匆匆赶来。田中的运输舰队四散开来，缓慢地绕着圈子，企图以此躲避炮弹和鱼雷。下午 3 时左右，11 艘运输舰中已有 7 艘被击沉，一同沉没的自然也包括船上的货物和士兵。

在这场大灾难中，日军的两栖作战军力遭受了巨大损失，海军上将田中尽其所能予以挽救。在竭力还击的过程中，田中指挥驱逐舰移动到沉没的运兵船附近，匆忙转移了几千名士兵。

与此同时，海军少将近藤信竹乘坐轻型巡洋舰"长良"号，指挥一支临时混组却异常强大的轰击部队火速出发。这支轰击部队由"雾岛"号战列舰、"爱宕"号和"高雄"号重型巡洋舰、"长良"号和"川内"号轻型巡洋舰以及 9 艘驱逐舰组成。这回，它们再一次向南进发，计划进攻亨德森机场。这支部队迅速超过了田中麾下 4 艘劫后余生的运输舰，占据了前方的阵位。当天，由于美军针对日本巡洋舰和运兵船展开了密集空袭，"雾岛"号和它的伙伴们一直在小心躲避着空中侦察。

第 67 特混舰队劫后余生的战舰在 11 月 14 日下午抵圣埃斯皮里图岛，进入海峡之后，"旧金山"号紧跟在"海伦娜"号身后。前方有一座特殊的"纪念碑"矗立在大家面前，提醒随意乱闯航行区域的危险："柯立芝总统"号豪华运输舰的残骸——它在几个星期以前不小心远离了海峡的安全区，闯入了海港的防护雷区。

"旧金山"号进入海港时，它保持在侧边行驶；另外 4 艘巡洋舰"明尼阿波利斯"号、"新奥尔良"号、"彭萨科拉"号和"北安普敦"号则鱼贯而行。"这是非常令人惊叹的，"杰克·贝内特说。停泊在那里的舰船上的海员们向这边凭栏而望，真情地向经历过战斗而伤痕累累的战友们发出三声鼓劲的呐喊。"加油，加油，加油——这样连呼三声，是一件很感人的事，"贝内特说，"能获得战友的认可是你最大的荣誉。"

在海港里，"海伦娜"号来到一艘油轮旁加油。油轮上的一位水手俯视着这艘满是弹痕的轻型巡洋舰，在船舷的扶栏里大声问道："发生了什么？""海伦娜"号上一个爱开玩笑的士兵回答："是白蚁咬的！"史纲兰德拒绝了去油轮旁加油的指示，而是要了一个锚地。"旧金山"号上旗帜半降，它分到了一个泊位，当它缓缓驶入时，周围的舰船以欢迎英雄的仪式欢迎它。周围那些舰船的汽笛声嘹亮而悠长。史纲兰德与胡佛商议安排"海伦娜"号的乐队来船上，并请来牧师来"旧金山"号上主持葬礼。

圣埃斯皮里图岛上的流动医院十分拥挤。船上的医生看着岸上的可用设备，感叹他们在战区被迫实施的急救措施：截肢、剪碎止血带……湿透的衣服干了之后和伤口几乎粘在一起。在战斗环境中，他们已竭尽所能做到最好。因腿部有130多处弹伤，"旧金山"号上的克里夫·斯宾塞被送到一个军官室，那里满是受伤的水手和海军陆战队队员。"我周围都是素不相识的人，在那一刻我感到前所未有的孤独和难过，"他写道，"在我对面的铺位上躺着一个肌肉发达的年轻水手。他正在哭泣。我试着与他攀谈然后问他，'你是从哪艘船上退下来的？'他说是'亚特兰大'号防空巡洋舰。在我们交谈的过程中，军医过来为他处理伤口。他掀起毯子，露出右腿上仅剩的8英寸长的残肢——膝盖以上部分被锯掉了，没有进行手术缝合，锯掉之后只是用绷带进行了包扎。他近乎尖叫的话吓到了我，是'旧金山'号重型巡洋舰上那些坏蛋干的！带着这样的腿，我还怎么去农场干活儿？"

"毫无疑问，我再也不敢主动提及我所在舰船的名号。"

海军系统内这种近乎部落的制度让人产生某种原始的感觉。据一位水手回忆："'海伦娜'号和'旧金山'号进入港口时，它们之间确实存在一种彼此生分的感觉。"似乎"海伦娜"号上的水手认为，旗舰总是处在战斗指挥的高处，显露出"'海伦娜'号必须待在那里工作"或者其他诸如此类趾高气扬的气场。

"旧金山"号进行临时抢修时，史纲兰德被降为副舰长，由哈尔西的一位参谋接替舰长之职，这位参谋名叫阿尔伯特·F.法郎士。舰上死者留下的私人物品被列出详细清单上交给供需员，以便将来返回本土时带给其亲属。舰员亲属们的照片本来一直装饰在舱壁上或摆放在小金属桌上，由于经历多次战斗冲击，此时已经变得凌乱不堪。旗舰上的秩序正在恢复中。

特纳向第67特混舰队的战舰发送了一则电讯，充分表现出他对辖区内破损战舰的感受。

"第 67 特混舰队就此解散。在解散这支临时组合的舰队之际，我借机表达一下我的内心感受，数字'67'将为那些像你们一样具备强烈的爱国之心并不懈努力的舰队保留。我感谢各位，大家的大力支持增强了我们在瓜岛的军力，你们像一把把锋利的刀，不断刺中敌人的咽喉。

我很清楚，11 月 12 日的夜袭有可能与你们的意愿是相违背的，但是我认为，是时候召集我们的精良战舰和勇猛士兵全力以赴了。你们的表现远远超乎我的预期，以有限的兵力消灭了大批敌人。

我和你们一起缅怀我们长久以来的珍贵伙伴，我们永远地失去了他们以及那些已经沉没的战舰，他们的名字将永远载入史册。无论价值如何，任何一枚奖章都不足彰显你们应有的荣耀。我衷心希望上帝保佑第 67 特混舰队勇敢的战士们，不管是活着的，还是故去的。

没有他们的牺牲，"仙人掌"航空队在 14 日早晨对日本运输舰队的毁灭性打击绝不可能成功。卡拉汉和战士们的牺牲，是对海军南太平洋战区司令部的沉重打击。随着卡拉汉和他的士兵以及诺曼·斯科特的牺牲，海军部同时解除了一批人的职务，其中既有冥顽不化的老兵，也有前途无量的后起之秀。瓜岛上曲折的胜负经历给了美军一系列实际教训，未来的领导者会从中学习并受益。只是，美军在这所残酷的学校支付的学费实在是太过昂贵。

但是，美日两大强敌之间必将还会有一场决战，并由此决定萨沃岛海峡的最终归属。下一场代价昂贵的战斗会在第二天晚上发生，届时，两支早已精疲力竭的舰队必定会决一胜负。

由于在珍珠港监听到有更多日本海军主力部队正在接近瓜岛的情报，海军上将尼米兹向所有特遣部队司令发送了一则振奋人心的无线电通知："据判断，日军所有攻击部队均已起兵前来，此番大有倾巢而出、重夺瓜岛之势。"

第四部分

★ ★ ★

电闪雷鸣

"舰上的炮塔不断朝周围四处'扬鞭'，但似乎只有它上面的炮筒仍然具有活力。它们不断瞄准和发射，好像在朝空中打愤怒的喷嚏……然后，炮筒静止下来，空中传来物体划过的声音——炮弹飞出去的声音。曳光弹拖着长长的尾迹呼啸而过，直到最后击中目标。前面一拨炮弹还没有击中目标，身后的炮塔又开始震颤和吞吐。它们就像即将发起进攻的眼镜蛇一样，高高地翘起自己的头颅，也因此更显得生机勃勃，令人望而生畏。"

——1943 年 11 月 24 日约翰·斯坦贝克，《一艘驱逐舰》

36

巨舰来袭

"华盛顿"号和"南达科他"号义无反顾地驶进茫茫大海。哈尔西很清楚，为了在萨沃岛设伏而派出小威利斯·李指挥的两艘大型战列舰所冒的风险有多大。"这次的计划完全违背了美国海军战争学院最严格的教义，"哈尔西后来写道，"瓜岛北部的水域是全岛周边最狭长、最危险的，完全不适合大型军舰的行进，尤其是夜间行进。"然而这些大型战列舰已是他手头仅剩的后备军舰了。

"华盛顿"号（北卡罗来纳级战舰的第二艘也是最后一艘）和"南达科他"号战列舰（一个新舰级的首舰）并非同时同地建造的，但彼此间却关系紧密。1930年签订的《伦敦海军条约》规定，5年之内为"冰冻建造期"；冰冻建造期期满之后，各国掀起了新一代主力舰建造的浪潮。在经历大萧条之后，美国尚处于经济拮据、政治孤立状态的这段时期，兴建大型新式战列舰对罗斯福总统来说存在着一定的政治风险，但他一直等待着时机。1936年美国大选之后，他得以连任总统，便正式授权批准"华盛顿"号的建造计划。

海军总委员会似乎从不明确其为了符合条约规定的战列舰排水量的限制而将做出怎样的牺牲。委员会采纳的首选设计方案随着其成员构成的改变而频繁变更。最终，小威利斯·李少将的两艘战列舰被确定将重心放在打造优势火力上。两艘战列舰均载有16英寸主炮，可发射2 700磅的炮弹，这是一般重型巡洋舰发射的8英寸炮弹重量的10倍多。

这些重型武器改变了战列舰架构的设计标准，进而改变了战术准则。尽管在战列舰的设计上会考虑其对自身炮弹后坐冲击的承受力，但"华盛顿"号并没有足够坚固的装甲来防护敌军16英寸火炮的炮弹。"南达科他"号的侧面装甲可以承受来自20 000码（也就是11.4英里）之外的轰击，但是这基于设计者对其抵抗鱼雷攻击的能力做出了妥协。才刚刚试航结束，这两艘战列舰就直接奔赴太平洋战场。事实上，这两艘战列舰在正式部署之前并没有完成正规流程的海上试航。尽管如此，委员会对这两艘战列舰依然满怀信心，并且强调与日本战列舰——比如有着 14 英寸主炮的"雾岛"号——相比，它们的威力有过之而无不及。

除了在为"企业"号特遣部队提供短期护航的任务中有过合作，"华盛顿"号与"南达科他"号从未并肩作战过。海军上将小威利斯·李反复训练船上的枪炮操作员和指挥人员，使士兵们能够准确使用舰炮锁定射击目标，因为事实上这两艘战列舰在操作自身的重型武器方面还没有多少经验。"华盛顿"号仅在 1942 年 1 月曾两次启用主炮开火，且两次都是在夜间。"南达科他"号尚缺乏夜间炮战经验。"南达科他"号的主炮曾经 3 次开火，但都是在白天。尽管这两艘战列舰具有最先进的军事配备和技术水平，但其实弹经验远远不及那些已经退居西海岸的饱经战火的老战列舰："科罗拉多"号在 7 月至 11 月进行了 10 次主炮实弹演练。此外，李少将麾下的 4 艘驱逐舰也从未一起行动过。

"南达科他"号首次使用主炮的 9 个炮口齐射进行舷侧测试时，爆炸压力所产生的冲击波扩散到舰内的一条通道中，舰长托马斯·盖奇当时正站在那里，冲击波的威力竟把他的裤子撕裂了。这些 16 英寸舰炮产生的巨大后坐力，需要舰上有完善的物理装置来确保战列舰的运行稳定及船身安全。在 10 月 25 日的空袭中，一号炮塔上方爆炸的一枚炸弹殃及了二号炮塔的两根炮管——这两根炮管刚好指向炸弹爆炸的方位。在炮塔服役的一名海军中尉保罗·H.巴克斯说道："你可以想象一下，我们做了各种测量工作，将损伤数据信息发送给华盛顿军械总局，向他们描述这些炸痕，描述其深度和长度，并且提问：'我们的炮管还能继续射击吗？'当然，我们未能即时得到满意的回答。"最终的回复是，二号炮塔中间和左侧的两个炮管再也不能发射炮弹。

这支临时混组的强大舰队正是第 64 特混舰队，它是李少将接手指挥的第一支海上作战舰队。李对雷达时代的战斗中存在的实际问题进行了细致的考察研究，这弥补了他在作战经验方面的不足。就在战争爆发之前，他还只是舰队后勤船只的负责人，他是第一批有志在现代波动物理学领域开创一番事业的海军军官之一。信号发射器、信号接收器、双瓣系统以及环形振荡器，这些他能够脱口而出的术语行话，对大多数军官来说都是方言俚语。随着雷达照射目标的位移变化，李少将总是能够泰然自若、胸有成竹地解决各种变量的复合问题。李少将对雷达系统的复杂状况的了解，胜过雷达操作人员对雷达的了解，他也因此而颇负盛名。

金凯德少将是李少将的同学兼密友，据金凯德透露："你要把他形容成一个'军事能人'，那就错了。军事能人会给人一种强壮结实、高大挺拔、仪态庄肃的感觉，可他完全不是。李走起路来是内八字脚且视力不好。在安纳波利斯时，他为体检这事苦恼得很，最后他干脆把视力表的前两行背了下来。"

作为一个土生土长的肯塔基州欧文市人，李在当地是有名的"摩西"，但他愿意接受一个更俗点的外号，叫"烟鬼"，他对亚洲的戏剧颇为喜爱。欧内斯特·埃勒是李的一名部下，在舰队训练组工作，据他了解："李看上去就像个阿肯色州农民，还有点儿像喜剧演员威尔·罗杰斯。他脸上满是皱纹和雀斑。所以你要是没跟他交谈过一会儿，领教一下他的学问，你都想不到他有多么精明……他数学思维发达、头脑机智，同时又谈吐朴素、平易近人。"

李对科学术语的熟悉程度丝毫不亚于他对阿巴拉契亚山脉的地质知识的了解。在他事业的早期阶段，他指挥的一艘驱逐舰上老鼠横行。每天看着这些啮齿动物在军官室的横梁上"熙熙攘攘"而过，他真是烦透了，于是就用一个螺线管装置和一个绑在切肉刀上的电枢设下了陷阱。对于他的这一奇妙设计，军官们都赞不绝口，纷纷参与这一小小的灭鼠行动，争先恐后地要瞧一瞧谁反应够快能拉下杠杆把那横行的鼠辈剁成两半。

李对枪炮操作的了解程度可谓世界顶级。1907年，时年19岁，他就成为当时一年内囊括美国国家大口径步枪和手枪两项射击冠军的唯一一人。1914年春天，在美国干涉墨西哥的韦拉克鲁斯内政期间，李所在的"新罕布什尔"号战列舰上的登陆部队遭到狙击，李当时就探身在舱外，挥舞着一把借来的步枪，靠吸引敌人的火力来定位他们的枪口闪光点，就这样他远程一举歼灭了3个敌方狙击手。有了这次作战表现，连奥林匹克运动会都算不上是对勇气的考验了。32岁那年，他成为美国步枪队成员，赢得了7枚奖牌，其中就包括在1920年安特卫普奥运会上获得的4枚金牌。

李并不只是把这些强力武器作为专门的海军装备去了解，更难能可贵的是，在他坐镇指挥期间，他把这门学问当作发射学普遍规律的外延知识去研究。大多数肤浅的军官都热衷于学习枪炮操作，可是却鲜有人能够在这个新技术时代深入地学习并运用其专业技术，而李做到了。他充分利用各种情况指挥火控演习，有时候甚至要求由救援人员代替一线人员操作炮塔，并且会给他们制造一些意外的困难，例如，随机切断传输系统的电气连接、扰乱他们与消防雷达的联系等，通过这些，迫使他的士兵依靠备用系统或者独立操作来采取行动。后来，他和格伦·戴维斯舰长，还有他的枪炮指挥官 H.T. 沃尔什以及一小拨青年军官聚在了一起。在这个小圈子里，他的主要理论家埃德·胡珀会对理论计算方面的问题研讨到深夜。"他的话语中全都是微积分和阿贝尔方程式，"一位历史学家写道，"以至于有些时候沃尔什指挥官和戴维斯舰长都有点儿无奈了。"顺带一提，戴维斯此前曾在达尔格伦海军试验场担任实验官，测试枪炮、装甲、火药和炮弹类物品，后来又在美国军械局担任枪械研究处处长。

李很清楚胜利的关键不仅在于对工程设计或者数理运算的掌握程度，更重要的还在于全体船员应对突发状况的心理素质和能力。劳埃德·马斯廷说道："学习这些东西花不了多长时间，几个小时就够了。用几个小时学到基本知识之后，还需要对这些术语夜以继日地思考、研究。不是每个人都能或者愿意去花这个时间的。"就像诺曼·斯科特一样，小威利斯·李确实下了苦功夫。他不停地工作，熬到深夜，然后读几页侦探小说舒缓一下压力，再和衣睡上寥寥几个小时后就该吃早餐了。

有消息传来说有一支战列舰部队正在朝这个方向驶来，这一消息引起了李的重视，不得不严阵以待。11 月 14 日傍晚，他又收到一份报告说，"鳟鱼"号潜艇发现大批敌军在距瓜岛北面 150 英里处向南行进。虽然日军舰队的阵容和指挥官之前一直有不断的调整，但"东京快车"计划仍然在紧锣密鼓地实施，并将于午夜时分按既定计划抵达。那天下午，"仙人掌"航空队一心想给田中的运输舰队狠狠一击，而让近藤的重型水面舰艇部队躲过了白天的空袭，这支水面舰艇部队由"雾岛"号战列舰和"爱宕"号及"高雄"号两艘重型巡洋舰组成。如此一来，能不能阻止田中运输舰队的前进就取决于李的水上舰队了。李一进入瓜岛海域，哈尔西就授予他完全的行动自由权。

在李少将距离瓜岛南面还有 100 英里左右时，日方的侦察飞机发现了李，但并没有识别出他的主要作战舰船。该侦察飞机报告说第 64 特混舰队包括两艘巡洋舰和 4 艘驱逐舰。随后又报告说在瓜岛南面约 50 英里处发现一艘运输舰，可能还有几艘战列舰。可是近藤对这一报告置之不顾，理由是他认为当晚李的舰队不是为了阻止他的行动。和田中运输舰队的人员一样，近藤过于自信，认为前一夜"铃谷"号和"玛雅"号巡洋舰进行的轰击已经震慑住了瓜岛上空的飞行员。他完全没有意识到等待着他的将是什么。

随着第 64 特混舰队向瓜岛西海岸靠近，"华盛顿"号舰长格伦·戴维斯走进海图室按下船上内部对讲机的按钮说道："我是戴维斯舰长，我们正在进入作战区域。

我们并不能确定将遇到什么样的对手、什么样的武装力量，我们可能遭遇伏击，灾难也可能降临，但是不管前方是什么，我们都要勇往直前。我也希望能带领大家活着回去。祝我们好运！"经过前两个晚上史诗般的骚动之后，萨沃岛周边小岛上的官兵已经预料到天黑以后烟火四起的景象了。小威利斯·李坚定地向北进发，决定给敌人以迎头痛击，并把他们一举击垮。

萨沃岛周围，一切都是那么平静安宁。在李少将舰队左前方远处，天空是那样宁谧，平静的海面轻柔地闪烁着从地平线射来的光芒——那正是田中的运输舰队射出的炮火，此刻它正在奋力抵抗亨德森·菲尔德发动的最后一波空袭。夜幕降临了，一钩弯月高高地挂在天空，炮火的红晕映暖了西边的半个天空，舰船上的火焰在熊熊燃烧——那正是"仙人掌"航空队的飞行员一番忙碌之后的战绩。

可这些战果并不能使战列舰上的官兵们感到丝毫宽慰，他们正在以18节的航速前进，船头破开水面前行。视线内现出附近的陆地时，他们的神经都绷得紧紧的。出于对作战操作空间的需要，李少将把他的驱逐舰作了如下部署："沃克"号突出在前面带领"贝纳姆"号、"普雷斯顿"号和"格温"号；两艘战列舰紧跟在后面大约3英里处，战列舰之间又保持1英里的距离。这些大型舰船上的士兵们渴望在更宽广的水域参加军事行动。"南达科他"号上一位随行的牧师詹姆斯·克莱普尔这样写道："我们所能做的就只有相信上帝、指望我们的侦察人员了，但这些侦察工作不是那么乐观。"他试着和其他军官下棋舒缓一下神经，可结果是，他根本就集中不了注意力。于是，他顺手拿起一本《如何保持健全的心态》来读，可是也收效甚微。

为获取最新情报，李少将调频到瓜岛的无线电台频率。这个电台多数时间由"仙人掌"航空队控制。李少将自己舰上的无线电监听部门监听到了日军讲话的波段，但由于舰上没有日语翻译而无法得到信息。的确，情报组织一直以来都是海军南太平洋战区指挥部的软肋之一。岛上的指挥官和他们赖以防卫的海军部队之间还没有建立起可靠的协调联系。不管是"海军行动指挥官"格林曼舰长，还是范德格里夫特将军，都无法及时得知友军的活动情况。就在李少将急切地等待无线电台的回复时，忽然传出一句不知道是谁发出的话——而此时停泊在图拉吉岛港湾里把"波特兰"号拴在一棵棕榈树上的那位劳伦斯·T.杜博斯舰长对这句话再熟悉不过了。

"那里有两艘大个头舰船，但我不知道它们的具体身份。"电台上这句话是一艘鱼雷艇的艇长说的，他此时正躲在暗处观察海面上的情况。

美日战舰夜间对战战斗序列表
（1942 年 11 月 14—15 日）

美国
第 64 特混舰队
海军少将小威利斯·李

"华盛顿"号（战列舰）（旗舰）	"贝纳姆"号（驱逐舰）
"南达科他"号（战列舰）	"普雷斯顿"号（驱逐舰）
"沃克"号（驱逐舰）	"格温"号（驱逐舰）

日本
前锋部队
海军中将近藤信竹

轰炸分队	掩护分队
海军中将近藤信竹	海军少将木村进
"雾岛"号（战列舰）	"长良"号（轻型巡洋舰）
"爱宕"号（重型巡洋舰）（旗舰）	"白雪"号（驱逐舰）
"高雄"号（重型巡洋舰）	"初雪"号（驱逐舰）
	"照月"号（驱逐舰）
	"五月雨"号（驱逐舰）
	"电"号（驱逐舰）
	"朝云"号（驱逐舰）

扫雷分队	增援分队
海军少将桥本慎太郎	海军少将田中赖三
"川内"号（轻型巡洋舰）	运输舰队（船 4 艘、驱逐舰 9 艘）
"浦波"号（驱逐舰）	
"敷波"号（驱逐舰）	
"绫波"号（驱逐舰）	

李少将用高频无线电对讲机呼叫瓜岛，警告他们不要靠近。"问问你们的头儿知不知道'烟鬼'李少将，外号'烟鬼'，听到了吗？让你们的人停止行动！"李的呼喊似乎奏效了。否则，当初友军鱼雷与"波特兰"号擦肩而过的一幕又将重新上演，而一旦交火，这些鱼雷艇上的官兵的下场将更为惨烈。

10 时 30 分时，在萨沃岛北面 20 英里处，李少将正在沿着顺时针圆弧路线行进。由于他的雷达扫射区域内没有发现任何舰船的纵径，因此，他从"比睿"号沉没地点附近穿过，从"文森斯"号、"昆西"号和"阿斯托里亚"号的残骸上方驶

战列舰夜间战斗
示意图
★★★
1942 年
11 月 14—15 日

图例

日军战列舰
日军重巡型巡洋舰
日军轻巡型巡洋舰
日军驱逐舰
美军战列舰
美军驱逐舰

炮火
暗礁
等深线

过，然后重新进入萨沃岛海峡，在"亚特兰大"号长眠的那片海域巡航。特遣部队沿萨沃岛周边巡航一段距离后又转头向西并驶向埃斯佩兰斯角，就在这时，特遣部队的领航员和舵手发现他们的磁罗盘指针不停地抖动旋转着。电磁干扰是一个直接而又充分的原因；但也有人认为，是铁底海峡那些沉船在向外界传递神秘信息。

37
—
短兵相接

"华盛顿"号战列舰启用10厘米的雷达波，仔细地搜寻周围的海域。它的SG雷达在西北偏北的方向发现了一群敌舰。当时，这群敌舰正以21节的航速离开萨沃岛岸边。美军的SG雷达在18 000码以外密切地关注着他们：他们的一举一动都通过雷达波传送回来，投射在"华盛顿"号的平面显示仪上，然后通过机械火控计算器的处理，把统计数据传导到各炮塔上。因为有陆上信号的干扰，因此，美军的信号传递速度一定要快，不然很有可能会失去目标。

所有的雷达信号正在勾勒出一幅敌军分布图，虽然对方舰队的组成结构依然不明晰，但是对方所在的海域范围和地理坐标却一目了然：萨沃岛北方有两组敌军舰队。根据李少将和戴维斯舰长设计的作战火控程序，在采取任何行动之前，获取这种雷达数据是必要的前提。美军雷达操作员的传统做法是：发现目标之后，通常派遣一名海员去四处通报信息；但是，李少将和戴维斯舰长改变了这一传统做法，让雷达操作员通过耳麦，直接与枪炮指挥官、炮弹落点修正官以及各炮塔的瞄准员建立直接联系。这样一来，雷达操作员可以向所有必须得知相关信息的负责人以统一口径正确描述目标范围并指明目标。

小威利斯·李少将嘴里吸了一口"菲利普·莫里斯"牌香烟，然后对戴维斯舰长说："好，做好准备吧，格伦你看，他们出现了！""华盛顿"号上的所有船舱里同时响起两声短促的电铃声，这是舰上的通用警报，表示马上要发射炮火。液压升降机从弹药库里往各炮塔输送了2 700磅重的炮弹。送达各炮塔之后，这些炮弹依靠机械装置，自动卸载到厚重的铜质装载盘上或炮塔背后的弹药匣里。根据目标物和射程的远近，一般情况下每次自动装填8枚炮弹。填弹完毕并关闭填弹孔之后，每座炮塔的炮长会按下"准备就绪灯"，表示自己已经做好开火准备。

日军方面，近藤少将已经把自己麾下的部队分为三个分队。其中的轰炸分队是他的王牌，由"雾岛"号战列舰及"爱宕"号和"高雄"号两艘重型巡洋舰组成；

轰炸分队的前面是掩护分队，由"长良"号轻型巡洋舰率领 6 艘驱逐舰组成，并由海军少将木村进带队；大部队东面是扫雷分队，由"川内"号轻型巡洋舰带领 3 艘驱逐舰组成，并由海军少将桥本慎太郎带队。在"华盛顿"号和"南达科他"号沿萨沃岛南面的航线向西航行过程中，李少将的雷达所侦测到的恰好就是桥本慎太郎的这支扫雷分队。在"华盛顿"号的雷达显示仪上，雷达操作员看到有些光斑渐渐离开了萨沃岛海岸，"然后化成许多'光点'，好像是一群飞机从航空母舰上起飞离开一样的效果"。

就在桥本的队伍驶到萨沃岛东面时，"华盛顿"号的炮塔转向右舷侧，并瞄准了桥本少将的舰群，同时又调整炮口偏向后舰方向，因为本舰正在朝西进发。夜里 11 点 13 分，主炮台控制官向李少将报告说，窄波雷达已经瞄准目标，并且确保目标在火力范围内。李少将回答一声"信息收到"，然后向"南达科他"号战列舰的盖奇舰长下达了开火命令。但是，直到敌军舰群出现在 18 500 码距离时，才进入美军的肉眼可视范围。此时，"华盛顿"号和"南达科他"号先后开炮。连续 3 夜以来，萨沃岛海峡第二次陷入了电闪雷鸣中。

"普雷斯顿"号上的海军少尉罗伯特·B.里德从自己所在的驱逐舰向船尾方向望去，看向那艘巨大的旗舰。他看到，"华盛顿"号战列舰右舷炮口的火光一闪，随即有 9 枚曳光弹拖着红色的尾迹冲天飞去。"这 9 枚曳光弹齐头并进，就像是飞行展览会上的一组飞机一样，"他说。里德看到这组曳光弹冲上了低空的云层，然后又从云中回落到云层下距海面大概 10 英里的高度。火控雷达上的电波显示，第一轮炮火的射击距离超过了目标位置，炮弹落点修正官马上指示枪炮指挥官沃尔什少校"瞄准下方"，降低炮管瞄准线；同时，这位炮弹落点修正官不得不系紧耳机听筒的系带，因为刚才炮弹引发的震动把好几个人的耳机听筒震到了地上。45 秒之后，第二轮炮弹发射出去，这一次距离偏近了。因为雷达监测官知道，如果他们的炮弹击中了目标，他们从雷达显示仪上看到的目标光点会有所闪烁。

两艘战列舰分别开火以后，"南达科他"号上的无线电侦听员听到一串十分刺耳的日本人说话的声音，"声音很激动，参与对话的人也比较多"。美军方面在这一频段上同时对 13 处日军信号站进行了监听。"南达科他"号的主炮台能力十分有限，因为其前舰两座三联炮塔中仅有 4 根炮管还能发挥作用，但它还是继续坚持连续开炮；它的舰首炮塔本来是朝向右后方射击，随着舰体的移动和目标的调整，它的炮口再也无法向后方调整了——因为如果继续调整，它就要炸到本舰的上部构造了；直到此时，这两座舰首炮塔才停止射击。而它的舰尾炮塔却不会遇到这种尴尬的限制，因此一直不停地开炮；但是，在朝后射击的过程中，有一轮炮弹不小心引燃了舰尾飞机弹射器上的两架水上飞机，飞机随即起火，大火还没来得及熊熊燃烧，该炮塔的下一轮炮火居然直接把这两架飞机射翻到了海里。

这座炮塔的射击目标包括"川内"号轻型巡洋舰和"敷波"号、"浦波"号两艘驱逐舰。虽然桥本率领的这支小型分队已经陷入美军的炮火重阵，但实际上，他麾下的舰船没有一艘被击中。在所有日军军官中，这位扫雷分队的队长率先发现美军正向日军发射16英寸炮弹，因此，他马上命令麾下各舰舰长施放烟幕弹；当然，面对一支启用雷达侦测设备的敌军，日军方面采用烟幕弹根本无济于事；他还命令舰队原路返回，寻找合适的机会再来"清障"。日军各舰舰长虽然及时施放了烟幕弹，但是美军落在他们周围的炮弹激起的水浪足有好几层楼高，因此，他们只好遵守命令，全速撤回。

"华盛顿"号上的副炮也向敌军发起了猛烈射击，它的两座5英寸舰首炮塔也对准主炮的目标物开火；敌军舰群中，有一艘军舰在朝"南达科他"号射击，因此，"华盛顿"号上的另外两座炮塔就对准了这艘军舰；舰尾的两座5英寸炮塔则射出了照明弹。5英寸炮口上的火光让主炮台上的操作员和炮长一时间难以睁开双眼，无法继续拿起手中的夜视望远镜。但是，靠肉眼来打仗早已过时了，现在，人体的感知器官已经成为战争指挥的附属系统，而不是主系统。"雷达的诞生迫使战舰舰长在夜间战斗中指挥行动时，要倚重雷达的科学反馈而不是自己的肉眼所见。"这是李少将写下的一段感触。小威利斯·李少将是美国海军部队中采用雷达遥控技术指挥炮战的第一位指挥官。此外，他深谙用人之道，熟知哪位指挥员适合指挥哪座炮塔，并且随着战舰作战位置的移动，他能清楚地记得如何调整和对调这些指挥员。

借助雷达显示仪上的图示，李少将能够看到他前面的4艘驱逐舰所在的位置和岸边不断变化的地理状况。他对面前的航海视野一目了然；但是，也有他看不到的地方，那就是他身后舰队的情况，这是舰船设计的缺陷造成的，他的雷达波发射接收器固定在了塔楼的前面，无法接收舰尾方向60°角以内的信号。"南达科他"号正好就在这个盲区角度内。由于在萨沃岛海峡的前一场夜战中，斯科特和卡拉汉的指挥视野内也有这样一个盲角，因此，当李少将看不到后面这艘战列舰时，他的心中也升起一团疑云。当他的雷达视野内再次出现大型目标时，他不敢确信那一定是一艘敌舰。

李少将率领的这两艘战列舰是当晚第一批让敌军闻风丧胆的战舰。但是，之后不久，他麾下的驱逐舰就与敌人狭路相逢了，而且没有占到便宜。夜里11点半，先锋舰"沃克"号在右舷方向15 000码处发现一个目标。这是一艘落队的孤舰，是日军"绫波"号驱逐舰，它从桥本的舰队中不小心脱离出来，当时正在寻找通往萨沃岛西面的航道。"沃克"号调转舰上的5英寸炮火对准这艘日舰就开火。5分钟之后，舰队里的第三艘驱逐舰"普雷斯顿"号上的一名瞭望员向该舰舰长麦克斯·斯托姆斯报告，发现前方日军"长良"号轻型巡洋舰率领4艘驱逐舰直扑而来，并且在7 500码的距离外向本舰开火。"沃克"号、"贝纳姆"号、"普雷斯顿"号和"格温"号调动火力转向前方来舰予以回击。

"沃克"号的舰长名叫托马斯·E.弗雷泽，他在看清射击目标后，心中不禁为之一颤，因为"绫波"号距离萨沃岛岸边非常近。而他的雷达只能在目标完全脱离海岛岸边的状况下才能发回独立的回波。而"绫波"号的舰长根本不打算让美军得逞。因此，在黑暗的笼罩下，他借助海岸的掩护于11点30分向美军舰船发射了几枚鱼雷，然后掉头就走，离开了现场。因为敌军的炮火射过来的速度要快得多，而鱼雷还在水下朝着美军的方向慢慢游来。

在朦朦胧胧的萨沃岛海峡，借着低云下一钩即将西沉的弯月，"普雷斯顿"号朝"长良"号开炮了。斯托姆斯的这艘舰船正以23节的速度航行，当它行驶至距离"长良"号约9 000码的时候，忽然被两枚5.5英寸炮弹击中。这两枚炮弹从它的右舷侧射入它的机舱，把两间锅炉舱里的海员全部炸死。巨大的爆破力震毁了舰面上的烟囱，烟囱上的碎钢烂瓦炸满了整个舰面的中部区域。被炸开的鱼雷弹头泄漏出的TNT炸药很快引燃大火；后舰的烟囱倒下来砸到了探照灯设备，把它们砸飞到了右舷的鱼雷发射管上。这时，美军舰队的左侧出现了一艘陌生舰船，它向"普雷斯顿"号发射了一枚威力更大的炮弹；"普雷斯顿"号上的军官们一致认为那是日军的一艘重型巡洋舰；这枚型号更大的炮弹钻入了轮机室，炸毁了发电机组；接下来的两枚炮弹分别直接击中了三号炮台和四号炮台；爆炸的威力太大了，连前面的一号和二号炮台设备也被卡住了。"普雷斯顿"号上，烟囱后面的甲板上已经烧成了炽热的一片。斯托姆斯舰长被迫立刻下达了弃船的命令。

在"南达科他"号的副舰长海军少校A.E.乌林戈尔和另外一位名叫亨利·斯图亚特的军官看来，很明显"普雷斯顿"号是友舰炮火的牺牲品。斯图亚特说："我看到'华盛顿'号的右舷开炮了。在我们看来，好像就是'华盛顿'号引起了这场灾难。"战斗结束后，这场军事行动的报告会让我们相信，即便是小威利斯·李也会在酣战中犯下这种低级的致命错误。

随着"普雷斯顿"号慢慢停下来，"沃克"号也马上中招。弗雷泽舰长正打算向右舷侧远处的一个大目标发射鱼雷，结果，对方的鱼雷抢先一步撞在他的舰船上。其中一枚撞在了舰桥的前舰部位，把该舰前半部分"整体托出水面"——这是引用行动报告中的一句说法。然后，这艘驱逐舰重新落回海里，舰桥前面的舰首部分已经炸没了；这时，舰上的一处弹药舱被引爆，爆炸撕裂了舰船的燃油储存舱，并在上层甲板炸出了几个大洞。几秒钟之后，又有几枚中等口径的弹头射入该舰，把舰首船楼和前舰上层甲板撕掉一块。主甲板上淌满了燃油，足足有几英寸深。大火从前舰船舱里呼啸而起。很快，大家就看到"沃克"号的船头开始下沉。机炮的炮弹开始在弹药库里爆炸、锅炉舱的舱壁最终变形。这时，弗雷泽舰长决定弃船。这艘驱逐舰的舰尾沉下去之后，被整个儿撕裂的舰首部分居然还独立地漂浮在水面上。几分钟之后，水中的幸存者感到水下传来一阵阵爆震波，那是这艘驱逐舰配备的深水炸弹在水里发生了爆炸，这令大家的遭遇异常惨烈。死者名单中就包括弗雷泽舰长。"沃克"号的遇难者总人数达到82人，其中军官6人。

"沃克"号沉下去之后，身后的"贝纳姆"号刚刚走到前列，就有一枚炮弹击中它的锅炉舱。然后，又有一枚"90型"鱼雷击中了它——很可能是"绫波"号发射过来的。"贝纳姆"号自主甲板以下大约有50英尺高的一块舰首船壳被掀掉；这次爆炸本身没有造成任何死伤，却炸起一股滚烫的水柱直冲云霄；这股冲天而起的高大水柱落下来的时候，落满了整条舰的舰面，造成舰面上多人重伤、一人被冲下船舷掉进海里。随后，"贝纳姆"号又迎来另一场"淋浴"——前面的"普雷斯顿"号发生爆炸之后，炸起的大量残渣碎片和燃油从天而降，落到"贝纳姆"号的舰面上。"贝纳姆"号只好以10节的航速前进。"格温"号行驶在舰队的最后面，它发出了几发照明弹，照亮了萨沃岛的海岸；而海岸那边，敌舰炮口的火光也明亮可见。"格温"号的船员向敌方一艘巡洋舰发射炮火，但是由于设备短路造成一枚鱼雷提前出膛，没有进入目标射程就爆炸了。然后，"格温"号也不例外，开始像其他驱逐舰一样收到了敌舰的"问候"，它的轮机舱首先中招；紧接着，它的安全电路出现故障，导致3枚鱼雷从鱼雷管中滑出舰外，幸好没有引发爆炸。"格温"号好歹避开了前面垂死挣扎的"普雷斯顿"号，随即继续西行。

"贝纳姆"号的舰长、海军少校约翰·泰勒看到了前面的麻烦，决定与两艘残舰以及敌军炮火保持一定距离。他命令向右急转舵，舰艇在海面上划出一道半圆形轨迹，停稳之后，此时的舰首面向东方。直到后来他看到"华盛顿"号向西航行路过此地，才重新拨转航向。又划过一道半圆之后，泰勒看到"沃克"号和"普雷斯顿"号正在熊熊燃烧，他打算停下来拯救两艘舰船上的幸存人员。但敌舰对这两艘早已残废的舰船不依不饶，再次发射炮火，因此，泰勒最终决定离开现场。

夜里大约 11 时 33 分，"南达科他"号出现了令人惊愕的系统性瘫痪。它的舰尾炮塔刚刚朝右前侧一处目标发射炮弹，这艘舰船就忽然患上了"动脉瘤"——它的电路总控制板发生了短路。它的副炮台配电盘上的断路器跳闸之后，多余的电流涌向其他转换器，因此，造成整条舰船上的电网大瘫痪。整艘战舰上的照明系统瞬间瘫痪；它的陀螺仪和其他火控设备再也不能正常发挥作用；这艘战舰的主炮台也顿时"哑口无言"。除了高声叫骂，盖奇舰长对自己的敌人一筹莫展。

"华盛顿"号遇到两艘着火的驱逐舰之后，选择左转船舵，这样就可以在远离敌军炮火的一侧绕行，就这样，它进入了一片漂满漂浮物和幸存者的海域。当它以 26 节的航速穿过这片区域时，这艘战列舰上的船员们把舰上的救生筏抛下海，希望能对那些幸存者有所帮助。海面上人头攒动，其中有人冲着这艘战列舰高声喊道："'华盛顿'，去干掉他们！"

"南达科他"号舰长盖奇本打算跟随"华盛顿"号从两艘残舰的左侧驶过去——这样可以远离敌军火线，但是，人算不如天算，该舰忽然发现前方水里露出一块残骸，因此，他被迫选择从另外一侧，也就是从"沃克"号、"普雷斯顿"号两艘驱逐舰和敌军之间穿行过去。从战术的角度而言，这个选择让这艘已经断电的战舰陷入不利的境地；同时，两艘残舰上的火光会把"南达科他"号的身影清楚地暴露给"嗜血狂狮"一样的敌舰。幸运的是，它的电路总控制板在跳闸之后 3 分钟，全舰又恢复了电力。对当天晚上萨沃岛海峡里最强大的两艘战舰而言，"南达科他"号上断电的 3 分钟让他们疑惑了好长时间，因为这种疑惑造成了舰船操作战术上的错误，又因为这种战术性错误在接下来的几分钟里引起了敌舰的过分关注。

先锋舰队里前 4 艘驱逐舰上的伤亡总数自然不言而喻，因为之前的战事可以给我们提供足够的参考。驱逐舰永远是马前卒，它们以牺牲自己为代价忠实地履行了使命。在看到前面 4 艘驱逐舰的悲剧之后，小威利斯·李少将决定把自己的先锋舰队撤出战场。他命令"贝纳姆"号和"格温"号迅速撤退，而"华盛顿"号和"南达科他"号两艘战舰留下来并肩战斗。

"沃克"号上的深水炸弹在水底接连爆炸，这让航行在其周围水域的"华盛顿"号有一种轧过若干条减速带的颠簸感。"华盛顿"号上的 5 英寸火炮迅速消灭掉了"绫波"号上的所有"火力"，使它的船壳燃起熊熊大火。但此后，"华盛顿"号却不得不暂时停火，以免伤及己方的驱逐舰。

对近藤信竹来说，他热切地希望能把自己的另外两个分队派过去与美军周旋，但同时，他对调遣自己麾下的轰炸分队却又格外谨慎和犹豫不决。近藤从"绫波"号驱逐舰舰长佐久间英二少校那里收到一份报告，得知佐久间少校为炸残美军驱逐舰先锋舰只做出了贡献。但当桥本少将从"川内"号上通知大家"绫波"号本身也惨遭炮击之后，"爱宕"号舰桥上的欢呼气氛立刻被浇灭了。此时，"绫波"号正漂浮在萨沃岛西北方向的海面上，最终难逃沉没的悲惨命运，因为舰上四处乱窜的火苗引爆了它的鱼雷发射器，导致它拦腰断为两截。

近藤手下的舰队过于分散，一部分还在周围绕圈子，一部分已与美军大打出手，这几乎分散了近藤的注意力。他也深深地明白，他的任务是压制美军机场，从而让田中少将的运输舰队有机会顺利登陆并免受"仙人掌"航空队的骚扰；此时的田中运输舰队正从近藤正北方向行驶而来。因此，近藤让他的"雾岛"号战列舰和两艘重型巡洋舰横亘在李少将和日军运输舰队之间。尽管"爱宕"号和"高雄"号上的瞭望员都坚信自己看到美军舰群中有一艘战列舰，但近藤还是未予采信。他让自己手下的轻型舰只在现场坚持战斗，而自己则等待时机把"雾岛"号开往亨德森机场附近。

听说自己的驱逐舰舰群与美军巡洋舰舰群作战顺利后，近藤马上命令桥本少将去协助受伤的"绫波"号。就在桥本奉命北上的途中，他与木村进少将的驱逐舰舰群迎面不期而遇，为了避免相撞，他们不得不在现场以半圆形轨迹避开对方。近藤对部队的组织与指挥本来就有些机械和呆板，因此，这一点很快就让他尝到了苦头。就在"雾岛"号和两艘巡洋舰组成的轰炸分队最终南下靠近亨德森机场时，木村少将和桥本少将两人都发现自己已经远离了战场。

近藤信竹刚刚踏上自己的新航程，他的瞭望员就发现了"南达科他"号并把它认作一艘巡洋舰；同时，"长良"号则报告称在埃斯佩兰斯角附近发现两艘敌军战列舰；"爱宕"号上的瞭望员立刻纠正"长良"号的错误报告，并解释说，准确而言，只能说发现有两艘战列舰存在，尚不能定义为敌舰。但是，只有当近藤的旗舰打开探照灯照向对方时，他才真正意识到这正是那艘通体结实、威力无比、重达42 000吨的"南达科他"号。就在看清对方的那一霎那，这位海军少将和他的旗舰舰长伊集院松治同时高声下达命令："迎战！"

被日军探照灯盯住之后，这艘美军战列舰立刻吸引了近藤手下每一艘战舰的凶猛炮火。日军旗舰"爱宕"号和它的姐妹舰"高雄"号对"南达科他"号的攻击尤为猛烈，他们的8英寸炮弹频频从5 000码以外击中"南达科他"号。日军"爱宕"号、"长良"号和另外4艘驱逐舰共在该海域施放了34枚"长矛"鱼雷。"雾岛"号从11 000码以外用自己的14英寸火炮向盖奇舰长的舰艇发射炮弹，其中有一枚击中了后者舰尾炮塔的基座。剧烈的爆炸把它周围甲板上铺设的地板炸成了一堆碎块、把炮台上方的帆布遮棚灼为灰烬，碎裂的钢片在甲板上左冲右撞、上下翻飞。左侧炮塔里有一位填弹员在耳麦上听到有军官询问炮台的损伤情况以及炮台上被炸出一处巨大的凹坑之后该炮台还能否成功开火。"我们的炮塔指挥官的头脑十分冷静，"他回忆起当时的场景说，"他当时就回答，'不要在意我们的损伤情况。就算是整个炮塔被炸烂了我也不会放弃。我要你继续开炮！'"谁知，正常的填弹程序和操作步骤完成之后，我们像正常情况下那样等了几秒钟，却始终没有传来炮弹发射出去的声音。是供电线路出现了问题导致主炮台失灵，因此，盖奇舰长只能依靠他的副炮向敌舰反击，虽然这座5英寸炮台依靠自主指挥向敌人疯狂开炮，但还是远远不足以震慑敌军的两艘重型巡洋舰和一艘战列舰。

舰面上，"南达科他"号的遭遇跟两个晚上之前"旧金山"号甲板上的状况一模一样，已经变成了屠宰场。大量的弹片射入电缆中、防护罩上和钢甲里，或发出清脆的金属碰撞声，或发出"吱吱"的漏电声。虽然机炉舱位于深深的腹舱内并在四周配备了"加强护甲"，但一旦这里有所闪失，恐怕舰面上任何一处位置都抵挡不住它的爆炸威力。虽然近藤手下的战舰发射过来的穿甲弹穿透"南达科他"号上部构造的外层包甲之后多数没有发生爆炸，但引起的火灾却异常猛烈，以至于敌舰上的观察员都一致坚信美军这艘战列舰肯定要完蛋。日军射来的天女散花般的密集弹幕落在"南达科他"号的上部构造，炸碎了通向汽笛的蒸汽管道，泄漏出来的高温蒸汽灼伤了周围的很多船员。虽然第二指挥室已经被升腾的蒸汽团团包围，但副舰长A.E.乌林格尔少校拒绝撤出指挥室。最后，这艘战列舰的前桅上部构造已经不再是一处庇护所，而是变成了一处死亡陷阱。

随军牧师詹姆斯·克莱普尔回忆说，他当时听到有人祈祷。有些人因为当场受惊过度以至于在祈祷时居然忘记了耳熟能详的祷文。有一位军士长说过："在这个时候，你的每一个动作都能帮助你达到'祈祷'的目的！哪怕你骂两句都行！"

"南达科他"号当初被设计出来时，不是为了迎接这种类型的战斗，而是为了停在地平线及比地平线更远的距离参加战斗，因为它的巨型火炮在长距离对峙范围内也依然具有强大的杀伤力。相反，在近距离范围内，现场的变数太多，情况太复杂，面临的风险也因而增加。有一枚8英寸炮弹弹壳滑落在它的炮弹绞盘架旁边，在开阔的地方打了几个滚，然后引燃了一些救生衣，导致5英寸炮台操作室外面那一条通道燃起了火苗。这场小火灾并没有什么致命的危险，很快它就跟下层甲板上的几处火灾一样被扑灭了，从而避免了一场灾难性爆炸事故。盖奇舰长还是十分走运的，虽然该舰的水下装甲设计本身十分脆弱，但射向它的多枚鱼雷中居然没有一枚击中它的船体。甚至有几枚"长矛"鱼雷还没有抵达目标物身边就提前爆炸了。可是，舰面上，熊熊的火焰正在跳起欢快的舞蹈。

在"华盛顿"号上，小威利斯·李少将一直在耐心地跟踪右舷方向的一个大个头目标，但是，由于他的舰尾方向属于雷达盲区，导致他失去了"南达科他"号的踪迹，所以，他不敢朝现在这个目标贸然开炮，以免误伤友舰；直到确认这艘大块头确是"雾岛"号之后，他才放心地下令开炮。日军把探照灯聚焦在"南达科他"号时，其实他心中已经有了答案。李少将这艘旗舰曾经暂时地在敌人面前隐藏起来，因为"沃克"号和"普雷斯顿"号着火时，它刚好闪在它们的背后，躲过了近藤的侦测。现在，揭开真相的时刻终于到来了，这个真相就是：小威利斯·李是当代雷达火控技术的大师，而且"华盛顿"号上的SG雷达系统让他在任何情况下都能清楚地掌握海上战场的动态。

舰面露天观测所里的海员用自己的感官亲眼见识、亲身经历了机械时代海上战斗的恐怖之处：他们曾经穿过沉没的驱逐舰留下的狼藉现场，他们曾经看到过海里的幸存人员可怜地漂浮在救生筏上处理自己的伤口，他们曾经闻过人肉被灼伤时的味道。而在腹舱里，那些与雷达图像打交道的军官则只需要在稳定的灯光下静静地观看战斗现场的抽象分布图，这种抽象分布图上看不到恐惧，也感觉不到其他情感。李少将深知它的操作方式。他把本舰右舷的一座5英寸双联炮塔对准"爱宕"号，又把他的主炮塔和另外一组5英寸炮塔同时对准雷达显示仪上的另外一处闪光点——"雾岛"号。"华盛顿"号上的雷达波就是一双永不眨眼的电子眼，依靠这双电子

眼，主炮塔轻轻松松地就把炮弹抛到了目标上。8 400码的距离，对它来说简直是
"触手可及的距离"，"华盛顿"号上的一位中尉军官曾这样描述。此时，南太平
洋上的这艘"神炮手"借助两艘涅槃驱逐舰身上火光的掩护，终于出场了。它用尽
浑身的能量对着敌舰咆哮起来。造船工程师在为战列舰设计防护装甲的时候，多半
侧重考虑阻止从20 000码左右距离上飞来的大口径直接炮火，所以，在近距离范围
内，战列舰的防护装甲根本不可能抵挡住16英寸劲射炮弹。"南达科他"号上有一
位名叫保罗·巴克斯的炮塔指挥官曾经赞叹说："在那么短的射程内，14英寸和16
英寸炮弹发射出去之后的威力——天哪，你自己想想吧！"小威利斯·李少将在与
"雾岛"号的这番较量中终于替美军扳回了一分。

　　虽然李少将上一次在夜战中执行瞄准和射击任务是在1942年1月，但从那之
后，他一直在不断地让自己的队伍练习目标搜索和火控操作程序，以至于对他手下
的官兵而言，无论是在白天还是在黑夜的行动中，这些操作都能驾轻就熟。"华盛
顿"号上有一位海军少尉在加装了钢甲的指挥塔里工作，他的名字叫帕特里克·文
森特，他说："在周围一片炮火轰鸣的噪杂声中，戴维斯舰长和李少将居然能够镇
定自若地坐在舰桥上指挥自如，这不得不令我感到惊奇和敬佩。周围的噪声与喧闹
简直令人难以置信。即便我身在指挥塔中，沟通起来也十分困难。从瞭望孔中喷射
进来的气浪能把战士们吹倒在地。仅从遭受折磨的程度来讲，似乎这不像是在一艘
战列舰上。"

　　"雾岛"号上的炮手向"南达科他"号上施放炮弹并阻击对方的火力已经有6
分钟之久了。这时，"爱宕"号上的一名瞭望员发现了"华盛顿"号，并随即大声
喊叫起来："第一艘战舰的前面还有另外一艘，而且是一艘大块头战列舰！"几秒
钟之后，这名瞭望员又喊了起来："'雾岛'号已经彻底被对方的炮火淹没！"用
李少将的话来说，"华盛顿"号上的火控和主炮"功能娴熟，表现突出，就像是在
进行一场提前反复预演过的演习一样"。第一轮炮火可能击中了目标，但第二轮炮
火则肯定击中了。

　　岸上，比尔·麦金尼与"亚特兰大"号上的其他电气师一样，都临时驻守在
一处探照台上，这处探照台负责观察瓜岛北岸；此时，海峡中的炮声此起彼伏，
把麦金尼等人从睡梦中惊醒。这处探照台由一支海军陆战分队提供防护，它的主
要设备包括一座瞭望塔和一处远程指挥站，瞭望塔上的探照灯直径达60英寸，平
常由一台柴油机提供电力。但此时探照灯已无法亮起，因为它的输电线路不幸被几

台挖掘机意外挖断了。醒来之后，大家的目光被眼前的战火吸引住了。其实，现场根本辨认不出到底哪边是敌军、哪边是友军——就像在看棒球赛时中间根本没有隔离网，而且场上所有队员身穿同样颜色的制服——根本看不到战舰在哪里，只能凭借它们突出的火舌和发出曳光弹时留下的尾迹判断它们所在的方位。水面上漂浮着的一团团火焰想必是舰船上起火所致，但在远方看来，根本不清楚它们到底是哪国舰船。其中有几艘在海面上转来转去，最终把更多炮火射向一艘似乎更大一些的战舰。

"雾岛"号惨遭"华盛顿"号的轰炸。"华盛顿"号上发射过来的第一枚炮弹炸毁了"雾岛"号的前舰无线电室，这间无线电室位于主桅塔基座下面的主甲板下方；紧接着，又有炮弹炸毁了舰首的两座14英寸炮塔的基座，引燃的大火直接危及弹药库。为防止火势蔓延，"雾岛"号的助理炮手指挥官海军少校德野浩命令前舰火药库主动引入海水。引入海水之后，整艘舰船略向右舷方向侧倾。此时，又有一枚炮弹射入舵机室，造成海水透入，并把舵轮锁定在偏右舷方向上。再后来，整艘舰船只有内轴可以活动，已经无法依靠外轴打回偏右的舵轮。最后，后舰的液压系统出现故障，直接导致舰尾的两座主力炮塔瘫痪。

舰面上的大火产生的热气和浓烟被船舱里的通风换气扇吸入腹舱，因此，轮机舱人员被迫转移。这轮攻击还留下一处痕迹：上层甲板的中间部位被炸出两个约30英尺长的大洞，似乎张着大嘴仰面朝天躺在那里。"雾岛"号的舰桥上，海军中尉小林陆郎发现舰船的速度逐渐慢了下来，并且开始沿顺时针方向打转儿。

"雾岛"号的主炮台也曾设法回击敌舰。舰长岩渊香吉士认为他的第一轮炮火中至少有两枚炮弹击中了敌舰，其中一枚炮弹正中敌舰的舰桥。他还说："前后至少有十枚炮弹击中敌舰，但是敌人似乎是打不倒的'不倒翁'。"有些军人在这场战斗中表现得不知所措，因为这场战斗的规模远远超乎他们的想象。对这样的军人来说，很容易出现这种乐观想法，认为自己有几枚炮弹打中敌舰就意味着敌军败阵。14英寸的穿甲弹就像"子弹头列车"一样呼啸着穿过"华盛顿"号桅杆上的吊索。"它们差一点就击中了要害，但是'失之毫厘，谬以千里'！"这是"华盛顿"号上的一名船员说过的话。虽然日舰依然有一定的机动操作能力，但埃德温·胡珀的雷达设备紧紧盯住了它，半步也不肯放它走。在把炮口调正之后，"华盛顿"号上的舰炮又开始呼啸起来，各型炮弹在对方的舰面上溅起无数片夺命的碎金属。美军这艘旗舰上的副炮以迅雷不及掩耳的速度向"雾岛"号抛去无数枚5英寸炮弹，后者的塔桅、烟囱、上部构造纷纷中弹，人员死伤无数。

由于日军收到的信息报告有误——认为它的目标舰已经沉没，因此，"雾岛"号主炮控制台的长官下令各炮台停止射击。岩渊舰长几次尝试驾驶"雾岛"号远离"华盛顿"号，但"根本一步也走不动"。他说："同时，锅炉舱里的热浪越来越烫，已经让人无法忍受。虽然舰员们接到了撤离命令，但多数人还是牺牲在了那里。只有一台中置发动机还能运转，但它也仅能勉强维持慢速运转。之前压制下去的火势如今又死灰复燃，所以，前舰和后舰弹药库都受到了威胁。大家又一次收到命令——'引进海水，以防不测'。"

90秒后，戴维斯舰长向主炮台下达命令："无论你自己看到什么目标，都可以直接射击，不必请示！"巨炮再一次向"雾岛"号开火，而"雾岛"号只能靠自己可怜的舰尾炮塔勉强回击。这一次，据行动报告披露，"又有多枚炮弹击中目标"。

"华盛顿"号至少有20枚16英寸炮弹击中"雾岛"号，导致"雾岛"号上有200多名海员在战斗中死去。小林陆郎中尉认为除此之外这艘日舰还至少被6枚鱼雷击中，但被击中的应该全部是水下部分。美军发射的很多2 700磅的炮弹未能飞抵射击目标，而是提前落入水中，沿着平面轨道在水下继续运行，并在敌舰水位线以下以"强弩之末"的力量冲击舰体。李少将一方每次看到海面上泛起这样的水花，就把它们统计为"未中目标"；而实际上，即便这样的提前落水之弹也给"雾岛"号的船身侧舷造成了巨大损坏——这些落水之弹可算是小威利斯·李少将报复日军朝美军发射的那些"长矛"鱼雷吧。

午夜过后，近藤命令这支遭受攻击的轰炸分队向西航行。其实，此时只有身受轻伤的"爱宕"号和毫发未损的"高雄"号能够应命前往。日军舰群离开时，"华盛顿"号上的雷达能够清楚地侦测到它们的踪迹。于是，"华盛顿"号的舰首炮塔对准其中一艘轻型巡洋舰，而舰尾炮塔则对准其中一艘驱逐舰。但是，由于李少将不确定"南达科他"号的位置所在，因此决定暂时不动用主炮。

盖奇舰长十分幸运，因为他的战列舰依然具有适航能力并能及时借助它离开现场。在战斗中，"南达科他"号共中弹26枚，其中8英寸炮弹18枚、14英寸炮弹1枚。其上部构造所受损伤较为严重。由于舰上的电灯已经全部熄灭，因此，舰组人员不得不依靠双手在黑暗的前桅指挥塔中摸索着搬出那些死去的战友。在相当长一段时间内，他们肯定无法忘记那天他们在现场的恐怖经历。

失去"华盛顿"号的踪迹之后，盖奇认为他当天晚上肯定没法踏踏实实地度过。

在茫茫大海上，他的这艘战列舰目前形单影只，已经无力支撑战斗，因此，他最终决定撤退。他的这一决定刚好契合小威利斯·李少将之意，这样李少将就可以集中精力攻打敌舰，而不需要分担精力去照顾一艘自顾不暇的受伤战舰，当然，后者更不需要这艘受伤的战舰去照顾他的"华盛顿"号。"仙人掌"航空队的最近一次报告是下午7点发来的，其中提到有5艘运输舰被击沉在拉塞尔岛以北15英里处的海里，另外4艘运输舰则带着一支小型作战护航队向西北方向落荒而逃。

李少将舰上炮筒的温度还没有来得及冷却，就立刻踏上征程去拦截它们。"华盛顿"号在战斗中几乎没受伤；它巨大的空中雷达信号发射器上面直径5英寸的弹孔大概是它浑身上下唯一受损的地方；倒是它自己舰上火炮发射炮弹时产生的后坐力让自身受苦不小：舱壁多处内陷；船舱内一片凌乱；一架水上飞机几乎散架，大概它身上的个别零部件还是完整的。在人员伤亡方面，整艘战列舰上仅有1名士兵耳鼓膜被震破、后背受皮外擦伤。在周围这片海域，它是最有战斗力的舰船；当然，任何一艘舰船只要一落单，就会变得十分脆弱。

由于近藤麾下的几艘驱逐舰从背后尾随而来，因此戴维斯舰长按响了"华盛顿"号轮机舱的电话，要求他们提供应急动力；轮机舱里面的几组锅炉疯狂燃烧起来之后，很快就提供了充足的蒸汽让这艘战列舰的航速提高到27节。在这个速度的基础上，这艘重达44 500吨的战列舰再次加速；转弯的时候，它的舰首和舰尾分别涌起的水浪足以在雷达上留下踪迹，也让航海绘图室的军官们为之捏了一把汗，毕竟这会引起后方尾随而来的那几艘驱逐舰注意到他们。后来，"华盛顿"号上的雷达果然侦测到几艘飘然而来的海上幽灵，因为它的雷达显示仪上显示，右舷方向出现很多小的闪光点，据判断很可能是驱逐舰；在这种情况下，戴维斯舰长毅然决定向右急转舵轮，以免遭受日军驱逐舰的鱼雷之害。他继续调转航向，直到舰首朝向正南方。最终，他们沿这个方向撤退而去。"华盛顿"号离开得非常及时，因为它刚刚离开那里，身后的水波中就响起了巨大的爆炸声，并掀起了滔天巨浪。

"雾岛"号遭受重击，已经回天无力。"长良"号正在附近，岩渊舰长紧急联系并请求"长良"号来拖他一把，但这一请求遭到了拒绝。岩渊舰长向山本五十六发去无线电报，请求山本上将亲自命令"长良"号前来拖船；但实际上，眼下"雾岛"号形势危急，没有时间等待山本从千里之外的特鲁克岛上遥控干预此事。这艘战列舰已经严重失去平衡，岩渊舰长说："本来我们在尝试采取行动，防止渗进的海水淹没舵机舱，结果这一努力也归于失败，因此，这艘船彻底没有指望了。"甲板上自由流动的水重心忽左忽右，因而整艘舰船也时而左倾、时而右倾。最后，舰体右倾的幅度过大，以至于他已经无法在舰桥上站稳。岩渊舰长指示小林陆郎中尉用闪光信号灯向附近的"朝云"号和"照月"号两艘驱逐舰发出请求，让它们赶来分别停在"雾岛"号的右舷和左舷侧疏散本舰的幸存人员。在这艘已经近乎烧成废墟的战列舰上，这群日本军官居然把弃船过程办成了一个隆重到淋漓尽致的退败仪式——他们把船旗降下来的时候，官兵们朝它山呼"万岁"，匆忙之间居然还不忘记把他们日本天皇的肖像转移到"朝云"号上。从该舰转移下 1 100 人之后，"雾岛"号的倾斜程度已经极其严重，岩渊舰长不得不选择将其凿沉。燃油舱的底部有一些通水阀，这些阀门本来是用作清洁燃油舱的，这个时候，该舰的轮机师们打开了这些通水阀，于是，大量海水顺势涌入。

小林陆郎中尉刚刚跳上"朝云"号，身后的"雾岛"号就猛然向左舷侧翻沉下去。"朝云"号从它身边轻轻移开，然后开往远处安全的地方。"雾岛"号就要完全倾覆之前，"照月"号的舰长命令本舰后退一段距离，以免被"雾岛"号的上部构造砸伤。舰上还有约300人没来得及撤离，"雾岛"号就已沉入铁底海峡，当时是 11 月 15 日凌晨 3 点多，具体沉船地点位于萨沃岛以西 11 英里处。岩渊舰长说："我手下的官兵曾在战场奋力拼杀，并表现出军人应有的尊严。我唯一的遗憾是，我们没有击沉一艘敌舰为此舰报仇。"在日美两支舰队各自踏上归程之前，日军的"爱宕"号又一次主动攻击美军的庞然大舰。根据舰长伊集院松治的命令，该舰分 3 个批次共发射 12 枚鱼雷，但是，很不幸，这些鱼雷没有瞄准目标，最终一枚也没有命中。"爱宕"号还通过自己的 8 英寸主炮向 15 000 码以外的"华盛顿"号发射炮弹，但是，舰上的官兵早已精疲力竭，因而，这几枚炮弹也发射得有气无力。伊集院随即命令手下施放烟幕弹，然后调转航向，朝正北方向疾驶而去。"华盛顿"号上的火控专家已经盯紧了"爱宕"号，并瞄准了它舰上的火力点，但是，对李少将和戴维斯舰长而言，这一晚上已经让他们疲惫至极，因此，他们继续保持朝向正南的航线，离开了这片战斗海域。

李少将对当晚自己取得的成绩十分满意。在整个太平洋战场上，"雾岛"号是唯一一艘被美军战列舰以一对一的形式公平地击沉的战列舰。（虽然 1944 年 10 月 24 日至 25 日夜里日军"山城"号和"扶桑"号战列舰在苏里高海峡与美军战列舰对阵时也沉没入海，但这一功绩主要是依靠美军舰队里的驱逐舰所施放的鱼雷，而不仅仅是由战列舰独立实现的。）况且，除了他把"雾岛"号打翻入海，他心里非常清楚，无论日军的运输舰队此时身在何处，它们在日出之前肯定无法抵达瓜岛；而且，亨德森机场的飞行员夜里没有遭受袭击，天亮之后，这些飞行员肯定会严阵以待。李少将命令"格温"号和一瘸一拐的"贝纳姆"号前往圣埃斯皮里图岛，但是"贝纳姆"号已经坚持不住——它的船体已经开裂，这样冒险挣扎前往，很有可能会葬送所有船员的性命。所以，当天夜里，"格温"号主动凿沉了"贝纳姆"号。

最后，李少将和戴维斯舰长终于找到了"南达科他"号，而该舰上却传来这样一则电讯——"我舰已无力作战"。李少将和戴维斯与盖奇舰长汇合整队后继续航行。"华盛顿"号行驶在"南达科他"号身后，因此，在回努美阿的路上，周围的海水里漂满了从前面的"南达科他"号上泄漏的燃油。虽然周围没有任何驱逐舰前呼后拥，但两艘凯旋的战列舰还是骄傲地一前一后回到了那处安宁的热带港湾，与出发时不同的是，其中一艘看起来已经成了千疮百孔的蜂窝状，而另一艘则毫发未伤。

后来，"南达科他"号的舰长对本舰未曾遭受鱼雷袭击一事感到十分惊奇。盖奇认为这是美军驱逐舰舰群的功劳，因为他认为，这些驱逐舰"间接地欺骗"了日军。从美军驱逐舰先锋舰队所中鱼雷的密集程度来判断，戴维斯舰长相信近藤少将一定误把美军驱逐舰舰群当作了更诱人的军事目标。他认为："这很可能使得美军两艘战列舰免遭了鱼雷之灾。"这些驱逐舰几乎全军覆没，因此，后来李少将询问盖奇舰长是否认为这些驱逐舰的价值得到了恰当运用。盖奇回答说："从最后的结果来看，我认为它们已经得到了恰当运用。"考虑到驱逐舰舰群的造价和损失，这句话听起来似乎有些冷漠，因为11月14日至15日的这个夜晚有超过200名官兵牺牲在驱逐舰上。李少将对官兵的牺牲表达了崇敬之情。他后来写道："我们的驱逐舰舰群引开了敌舰的注意力，减轻了两艘战列舰面临的压力，并使它们免遭灾难、毁灭和死亡。"

在努美阿，两艘战列舰上的官兵在争论时各不相让。在"南达科他"号启程回本土接受彻底检修之前长达一周的时间里，两艘战列舰上的官兵一直在争论彼此战舰表现孰优孰劣，他们之间就此展开的争论不分时间、不分地点，有时在酒吧，有时甚至在关禁闭期间也不停止。"华盛顿"号上一名海员说："两艘战舰之间已经'宣战'了，就这么直接。"最后，李少将对这种事态忍无可忍，于是，他传下一句"口谕"——"同一时期只能开展一场战争！"言外之意，大家要同仇敌忾，一心对付日军。

当初哈尔西力排众议决定把这两艘战列舰派往战场，此时，两艘战列舰得胜归来这一事实本身就证明了哈尔西的决策是正确的；而尼米兹当初并不太支持这种做法，弗莱彻也曾以同样的理由拒绝出动自己麾下的航空母舰。李少将写道："我们的战列舰，无论从设计方面而言，还是从装甲方面看，都不适合与敌军巡洋舰开展短程作战。在短距离内，哪怕只有短短几分钟，即使对方只用副炮也能（事实也确实证明了）把我们崭新的战列舰打聋、打瞎、打哑，因为他们的火力足以破坏我们的雷达设备、无线电设备和火控电路。"哈尔西曾经谈到决定派遣李少将带领两艘战列舰出征这件事，他说："当初那些所谓的专家对如今这一结果作何评判？我们对这两艘战列舰的启用打破了一切常规：水域窄浅、潜艇威胁、夜间有驱逐舰虎视眈眈等等。不管兵书上是怎么说的、不管军校里是怎么教的、更不管那些纸上谈兵的专家有多么口若悬河，最终，事实证明这还是可行的。"海军部队里的战术专家似乎认为李少将当夜所取得的成绩不足为道，因为他们认为，"华盛顿"号所取得的这一战果是任何一艘当代战列舰都应该有能力取得的，而且它的成果甚至远远比不上前代战列舰的战果。它的胜利不过是战争实验室里味同嚼蜡的一个正常结果，至少对经历过测试的人而言是索然无味的。

如果李少将没有与近藤遭遇，那么亨德森机场想必在当夜或者次日早晨就会成为日本人的囊中之物；如果亨德森机场被日军控制，那么"企业"号航空母舰将成为美军在这一战区唯一的空军基地，还是一个很虚弱的基地——因为该航空母舰南下之际，上面只承载了18架"野猫"战机，它编队里的"复仇者"式轰炸机和"无畏"式战机都已经被派往亨德森机场去增援"仙人掌"航空队了。

"战列舰之战"结束之后，田中少将让侥幸逃回的4艘运输舰立刻调转船头，再次向南驶去。（它们那几艘身负重伤、失去航行能力的亲密运输舰航伴儿在拉塞尔岛的岸边一动也不能动了，并很快被瓜岛上飞来的飞机炸成一堆废铁。）山本五十六本人同意田中少将的计划。凌晨4点前后，它们停在了塔萨法隆格岸边。尽管它们给这座"死亡之岛"的日军送去了最后一批军粮和弹药，但它们还要及时离开现场才行，因为如果这些运输舰留在那里，敌军无论从海上、陆上还是空中都很容易发现它们。后来经过几十年的风吹雨打，这些运输舰都静静地矗立在那里，向后人昭示当初日军企图霸占南所罗门群岛的一切努力都是白费心机。田中少将把

12 000 多名官兵、260 箱弹药和 1 500 袋大米一并送往拉包尔，但最终，只有 2 000 人挣扎着爬上岸；而就在那一星期，特纳少将送往该岛的 5 500 名美军官兵中，每一名都安全抵达了目的地。或许，这组简单的数字对比已经注定了今后的胜负吧！

38

王者之风

那天清晨，瓜岛海战的余波未平，战斗的胜负尚未见分晓。龟缩在北岸的每个人都听到了流言：如果此战日本人占了上风，那么日本军队将在黎明之前攻上岸。传言像维系探照灯的电流一样在负责维修电缆的工兵之间迅速传开。"大家再也睡不着了，"比尔·麦金尼写道。当美国鱼雷巡逻艇发出的那种熟悉而又低沉的轰隆声从海峡方向传来的时候，就可以说是胜利了。而直到海岸上传来报告说，有数不胜数的敌军尸体漂浮在海面上时，大家对战斗的结果才真正放下心来。麦金尼和他的伙伴们又回到工作中，继续绞合电缆，"就像缝纫线圈前的妇女一样"。

那里还有不少美军的尸体被海水泡得发胀。太阳出来了，水面上发现有"沃克"号和"普雷斯顿"号上的幸存者。巡逻机上的侦察员抵近观察后，急忙向救援船只发送位置报告。为了防止幸存者中藏有敌军，P-400 战机上的飞行员几次紧张地把手指扣在扳机上，对准下方随波浮动的脑袋。就美国士兵而言，瓜岛海战标志着美日之间全面战争的正式爆发。其海军陆战队突击营当场屠杀战犯，不再把他们押运到别的地方去。海军和空军中同样盛行如此残酷的政策，他们根本不理会某些国际条约的规定。那些幸存的海军在午后可以大松一口气，因为届时从图拉吉方向赶来的"米德"号驱逐舰会停下来，带他们上船离开。卡拉汉麾下的巡洋舰舰队留下的两架水上飞机在海面上漫无目的地巡行，遇到幸存者就让他们抓住并骑上浮筒以坚持到安全的地方。到了"米德"号上，因为流血包扎和验伤产生了大量的垃圾，这些幸存者把"米德"号上干净的房间弄得邋里邋遢。

然而，11 月的战事所造成的创伤早已波及了萨沃海峡以外的水域。当时，大部分在行动中失踪的美国海军士兵仍无法得到瓜岛的帮助。有感于眼前叫天天不应、叫地地不灵的境遇，人们忽然觉得即便是当初"朱诺"号的悲惨遭遇也比现在要强很多。多达 140 人在 13 号上午经历了轮船突然被敌军潜艇鱼雷击沉这件事。这让所有目睹轮船沉没的人颇感意外。"朱诺"号弹药库的爆炸几乎炸死了在船身前半部分的所有人。幸存的基本都是留在船身后半部分的人。后半部分的幸存者之所以能够免于龙骨断裂的伤害则是因为冲击波是沿着船尾的脊柱传导的，而船身的摇摆不定在一定程度上削弱了船尾所承受的爆炸冲击波。

并不是所有人都能"幸免"。在一团燃油蒸汽和粉尘烟雾的笼罩下，一片片碎钢、一块块舱口盖、一条条枪管、一截截雷达天线，夹杂着被炸飞的血肉模糊的残肢断臂和部分幸存者一齐被爆炸冲击波抛到空中，然后落入海里。"朱诺"号上的一位幸存者估计，活着落入水里的人中约有三分之二都遭受了重伤。据艾伦·海恩回忆："有些人情况特别糟糕。他们的胳膊和腿断掉了。我甚至能看见其中一个人的颅骨裸露在外。你能看见他脑袋裂开的地方露出红色的东西，有些部位可以说已经被撕裂开了。"第二天早上，海恩注意到"那个人一夜之间头发变得花白，像一位老人一样憔悴"。

那天早上"朱诺"号沉没不久，吉尔伯特·胡佛最后一次向"空中堡垒"飞行队中一架 B-17 飞机的飞行员报告了他的坐标，并要求对方向努美阿传递消息。飞行员数了数水中的人数，大约有 60 名幸存者，于是，他们放下了一条轻型救生筏。然而，解码并读取胡佛传递给哈尔西的消息耗费了较长时间，之后才采取行动。这些海军士兵最大的不幸就是漂泊在海上的时候正赶上己方海军全副武装准备与近藤开战。搜救飞机此时并不在北珊瑚海，而是聚集在瓜岛。所有能用的船只都被利用起来了，有的作为护航队的护航舰，有的被编入特遣部队。

"朱诺"号的幸存者只能等待时机。一些人又冷又饿，不得不跳下救生筏，潜到水底的破船舱里去搜寻船上残留下来的食物，甚至不得不与鲨鱼斗智斗勇，争夺吃食。幸存者之一的乔治·沙利文划着救生艇到处呼喊他 4 个兄弟的名字——其实他们早已不在了；最年长也是级别最高的这位哥哥一定已经意识到自己辜负了弟弟们。其余的船员也都在遭受着不同的痛苦，有的舌头被海水泡得肿胀，有的肩膀被日光灼伤，有的四肢发胀，还有的甚至意识模糊。即便如此，他们还要躲避鲨鱼的猎食。沙利文竭尽所能地守护他们。后来，沙利文发现油库里还有幸存人员，但是他们的脸上浸满了油渍，看不出到底是谁，他找来已被海水泡作一团的厕纸开始擦洗这些幸存者的脸，他想找到层层油渍掩盖下的熟悉面孔。

艾伦·海恩和沙利文一起待在救生筏上，他奋力克服迎面扑来的一股强大逆流，竭力靠近一艘轮船边上，他似乎感觉到了这艘船下面的水涡。海恩又及时发现了一名精神几近错乱的士兵。海恩死死抱住他，直到那个人再没有力气挣扎。后来，海恩意识到自己正骑在这名从艾奥瓦州沃特卢来的好斗的爱尔兰士兵身上，他打算任由他的尸体沉入大海。"你不能这么做，"沙利文说。"这违反了海军的规定。没有船长或者其他长官的官方命令，你不能随便让一个人葬身大海。"

沙利文说这些话的时候态度异常坚定。那个爱尔兰士兵的尸体一半搭在船上，一半浸在海里，海恩用一只手拖着尸体，他在考虑沙利文的意见。此时，船底下有个影子在晃动；忽然，水下那半具尸体倾斜了一下，他们发现尸体的一条腿没了，他们俩不再争吵。乔治·沙利文几乎失忆了，但他仍在呼喊弟弟们的名字。高烧带给他的幻觉帮助他缓解了精神上的悲痛。他所在的舰船被炸成碎片4天后的一个晚上，他离开了同船的船员。他脱去了衣服，说要去洗澡，然后他悄然游走了，游到了另一片阴影深处，一了百了地结束了这场人生恶梦。

11月15日一早，4艘轮船载着瓜岛的受伤海军士兵和陆战队队员抵达圣埃斯皮里图。其中，"杰克逊总统"号承载的7名来自圣弗朗西斯科的士兵被严重烧伤，中途就去世了。海军上将凯利·特纳麾下的"麦考利"号也在这支新到达的队伍当中。靠岸不久，他就命一名助手去叫"旧金山"号的副指挥官。于是，史纲兰德少校不得不搭乘"海伦娜"号的机动捕鲸船赶到"麦考利"号旁，却在跳板上遇到了特纳麾下的海军上尉参谋，而这位上尉参谋立即告诉史纲兰德——他的上级——特纳想见的人不是他，而是战斗中站在"旧金山"号桥楼上的那个人。捕鲸船载着史纲兰德回到"旧金山"号上，麦坎德利斯则搭乘该船来到"麦考利"号上，去见了特纳并向其提交了报告。

"旧金山"号继续驶往努美阿。中途，海军中将小威廉·弗雷德里克·哈尔西来到船上视察士兵伤势并向士兵们致敬。史纲兰德在跳板前遇见了他。哈尔西握住他的肩膀，说："史纲兰德，有你这样的军人，我们必胜无疑！"之前伤情控制官遭到凯利·特纳的拒绝后觉得丢了面子，但现在在哈尔西的鼓舞下他又恢复了信心。

奇克·莫里斯是"海伦娜"号上的一位年轻军官，来到努美阿市之后，他写道："这是一座古色古香的城市，小巧精致且具有法国气息，但对我们而言，这已然是一座大都市。""我们在象征着法国自由政府的洛林十字架下购物，在这里我们能买到此地所有的美国货。我们四处溜达的时候经过了小巧的电影屋。然而我们最想做的事情是去看一看成片的鲜花和那些带有小型后花园的法国住宅。所以，我们出城不久就爬到山顶俯瞰整个港口。

"还是双脚着地感觉踏实。你慢慢地走，享受双脚每一次落地的美妙体验，你几乎是透过鞋底用脚来品味整个地球。由于长年累月地待在海上，现在看到任何褐色坚硬的东西——甚至是能感觉到或者闻到的东西——你都会用手捡起来仔细看一遍。因为这种感觉不会一直都在，所以你强烈地希望能一直走下去，走下去，其实你仅仅是为了感受脚下大地的存在。

"花儿很可爱；带有美丽小后院的村舍很可爱；从山上眺望，太阳、日光，甚至是大海，都可爱极了。我们安静地享受着这一切。"

莫里斯想起了波士顿的一个女孩，还有他在新罕布什尔的家人。之后他在山顶上发现了一座小型的天主教堂。他以前并不是一名虔诚的教徒，但是当他看见阳光照射在彩色玻璃窗上的时候，他走了进去。

教堂里灯光昏暗，偶尔能看到手工木椽上的蜘蛛网。前方传来一个苍老的声音。那是一位老太太点着蜡烛跪在圣坛前祷告。莫里斯在长凳上坐下，他仿佛遗忘了时间。

"痛击日本舰队之后，我们的船一直静静地停靠在海港，我觉得对不起我们的舰船，也对不起我们自己，我们需要跪下来说声感谢。"

"我不记得在那里待了多长时间。时间应该不长吧。我祷告，我反思，我跪下来回忆黑暗中的枪林弹雨，回忆舰船失火时人们惊叫着跳进油乎乎的海里的场景。虽然祷告时感谢和感恩的话没有说出口，但它们都包含在我的翩翩思绪里。我一直跪在那里，一边祷告，一边思考，直到我再一次感受到了阳光的温暖。"

"之前尚处在黑暗中的玻璃，现在被太阳一照变得金光闪闪，阳光洒满整个教堂，里面温暖了许多。我抬头望向窗户，有一扇窗户格外吸引我的注意。你必须看它，因为它在以一种奇特的方式召唤着你。"从莫里斯坐着的地方开始，"阳光跳跃着照在玻璃上清晰可见的画像上，画像笼罩在一层光晕中，画像上人物的脸和张开的双臂都闪烁着光辉。上面的题词写着'圣·海伦娜'"。

这样的军人才能赢得战争，哈尔西上将欣赏这样的士兵。但是当他回想起"朱诺"号的损失时，他的怒火又上来了。为什么胡佛舰长没有早点放弃营救受害者？哈尔西确定"海伦娜"号的舰长指挥失当导致损失惨重。哈尔西命他到指挥部汇报战况。

胡佛佩戴着两枚海军十字勋章，他很可能还会获得第三枚（同时也将是他的第二枚金星勋章），因为 13 日那个星期五他的表现极其出色。他的驱逐舰曾在珊瑚海冒着剧烈的爆炸英勇地救出"列克星敦"号上的幸存者——当时，"列克星敦"号即将沉没；他的舰队曾在两次海军大战中取胜。可是，当哈尔西得知了近期发生的一切时，甚至尼米兹上将的同情和欣赏也已经救不了他。

"尽管这位军官有不少丰功伟绩……但是听了万里·布朗宁和一位海军中将的陈述之后，我对这个人产生了严重的怀疑，现在我更加确定他犯了指挥失误的错误。我后来在视察他的舰船时感觉到他的士兵士气低迷。之后，我召集中将、少将和我的参谋长开会讨论这个问题。他们一致赞同我的观点，因为他们的巡洋舰舰队司令已不能再胜任当前的职位。因此，我把他调离舰队并命令他去太平洋指挥总部报到。"

至少哈尔西在回忆录的手稿里是这样写的。然而，事情的实际经过并非完全如此。事后，经过反复确认，最后问讯胡佛的人不是哈尔西。他说，这项工作落在了他的顾问——杰克·费奇、凯利·特纳和比尔·卡尔霍恩——身上。他们认定胡佛指挥失误，并建议把他调离原岗位。"我不情愿地同意了他们的建议"，哈尔西写道，"我认为长期作战的压力妨碍了胡佛的理性判断，现在他只是在凭勇气作战。加之，他现在的状态对他自己、对整个舰队都很危险。考虑到这些，我才派他和其他人一起去太平洋指挥总部。"

然而，把最初想法和最后决定的不同之处解释为"哈尔西记忆力不好，但他真的非常遗憾或者是他的领导方式过于直率"的类似说辞，这不免有些可笑。哈尔西的补救措施并没有显示出对舰长的同情和对其幸福的关心。哈尔西很快就为这些措施后悔了。

当"朱诺"号的最后一艘救生艇漂到公海的时候，救生艇上只有一个人清醒着——艾伦·海恩。他看起来像一名举重运动员，身材魁梧，大脸盘、黑头发，门牙之间还有一条缝隙。水上飞机的驾驶员布拉德当时也在船上昏睡，鲨鱼正尽力拖走所有的伤者，并咬掉了他一侧臀部上拳头大小的一块肉，但是布拉德立马意识到了当时的状况，并很快从疼痛中缓过神来。另外 3 名幸存者分别是：约瑟夫·哈特尼、维克托·詹姆斯·菲茨杰拉德和海军中尉查尔斯·王。最后，"卡特琳娜"水上飞机发现了他们，他们有幸借助暴风的推动力去了圣克里斯托瓦尔。不过，由于暴风的原因，这架"卡特琳娜"飞机尝试了好几次才停靠下来并把他们几个救起。

王中尉伤势严重，神志不清。哈特尼和菲茨杰拉德一直拼尽全力，尽量平稳地划船。他们唱着爱尔兰民歌，竭力守护好伤势严重的船友。当船进入圣克里斯托瓦尔一个环礁湖的时候，他们几乎没有力气靠岸了。潮退时，他们就停在珊瑚暗礁上睡着了。醒来之后发现潮水正推着他们走完剩下的路。潮水把他们冲到一片白色沙滩上。近岸的地方有一条淡水溪流，正是这条溪流挽救了他们的性命。也正是因为在此处，当地人发现了他们。他们得到一位德国出生的椰农的照顾，这位椰农也对日本人恨之入骨。

19 日，一名"卡特琳娜"水上飞机的飞行员报告称，在某处坐标对应的海面上有一艘救生艇，艇上有 10 人。这艘救生艇上原本载有 30 人，派出救援船只后，只有 6 人得救。"朱诺"号沉没之后，最后的统计数据显示仅有 10 人得救，其中不包括奥尼尔和转移到"旧金山"号上的 3 名医护人员。在这支 700 人的队伍中，死亡和失踪人数高达 683 人。海军部的军官这样回应遇难者家属："我们曾想尽一切办法试图营救出更多的幸存者。但我们竭尽所能却没有救出更多的勇士，我们对此深表遗憾。"

日本人越来越清楚地认识到瓜岛已经成为他们的"斯大林格勒"。宇垣缠的这个比喻虽不十分恰当，但确实不能否认他们扩充日本帝国版图的热情已经超出日本粮草供应的能力，从中也能看出盟军抵抗侵略的坚定决心。前两天的灾难造成的后果现在已经摆在大家面前。

当近藤信竹的残部于 11 月 17 日回到特鲁克港的时候，宇垣缠正站在"大和"号甲板上眺望远方。"在归来的舰队里面，我们看不到'比睿'号和'雾岛'号，这种感觉真的非常孤独，"宇垣缠在日记中写道。广明安倍来到"大和"号甲板上，他的下巴上缠着绷带，垂头丧气地报告两艘舰船的损失情况。"他看起来深深沉浸在'比睿'号沉没的悲痛里。他说他甚至想和'比睿'号一起沉入海底。我完全能理解他的想法。然而，我们还是编造了善意的谎言来稳定士气。——'先锋部队得到确切消息，敌人有两艘或三艘战列舰被击沉。'只有这样士气才能高涨，"宇垣缠在日记中写下了看见他的情形。开战以来第一次出现这样的战况：骄傲的大日本帝国海军沦落到靠幻想来寻求安慰。地面上的美国海军陆战队甚至很快就听说，（为了鼓舞士气，）日军战士甚至已经接到通知说：纽约和圣弗朗西斯科已被日本攻击部队所占领。

"朱诺"号上的幸存者仍在海上同死亡进行殊死决战。凯利·特纳写信给哈尔西建议追授丹尼尔·卡拉汉荣誉勋章，凯利·特纳认为他"英勇、果断地采取有效战术阻止日本人进攻"。特纳希望这样来描绘这位牺牲的海军少将，"他能力出众，英勇无畏，敢于直面死亡，在危险面前奋不顾身"。特纳也为布鲁斯·麦坎德利斯、赫伯特·史纲兰德写了一封类似的表彰信，表彰他们那天晚上拯救舰队于一片混乱之中。特纳写道："舰队的表现非常出色，他们不仅能勇敢奋战，而且作战能力超乎寻常，他们的英勇表现已经超越使命的召唤，他们在 11 月 12—13 日的战斗中表现极其出色。因此，我建议'旧金山'号以'海军第一舰'的身份接受'ALNAV 第238 号'文件对杰出战舰的嘉奖。"

两天后，海军部部长弗兰克·诺克斯写信给哈尔西："我为所有的海军战士感到骄傲，你和你的士兵在此次战役中取得的伟大胜利令人十分满意……"哈尔西的回信这样说："你的鼓励非常振奋人心，对此我深表感谢。我会让参战的每一位勇士都传阅这封信。驻守南太平洋的每个人，上到军官，下至士兵，无论是海军还是海军陆战队，他们都不是独立存在的。我们都在为美利坚合众国效忠。作为这支部队的司令，我诚挚地感谢你对所有无名英雄的赞赏，谢谢你为他们感到骄傲。"

尼米兹写道："我们对你们战斗力的钦佩已经无法用言语表达，你们一直坚定不移地战斗，你们的杀敌能力无可匹敌。对于你们的损失，我们深表遗憾，但是这一切代价都没有白白浪费。对瓜岛的海军陆战队而言，弗兰克·杰克·弗莱彻的撤军决定好像已经是过去很久的事情。""海军陆战队的战斗力决定海上战争的成败"，这一论断是由阿彻尔·范德格里夫特少将提出来的，范德格里夫特少将自从第一次登陆后就一直与他的士兵在一起。"我们相信敌人已经一败涂地。我们感谢李少将昨晚的不懈努力。我们感谢金凯德少将昨晚的坚决抵抗。我军的战机一直在无情地攻击敌人。我们感激前述将士所作出的努力，但是我们最诚挚的敬意应该献给斯科特少将、卡拉汉少将和他们的勇士们，他们在胜算不大的情况下，英勇无畏，殊死拼搏，最终转败为胜。让我们摘下我们饱经沙场战火洗礼的头盔向他们表达最诚挚的敬意。"美国海军已经赢了。瓜岛发生的一切可以这么来概括，岸上每有一名步兵倒下，海上就有三名海军士兵牺牲。

11 月 17 日，罗斯福总统在《纽约先驱论坛报》上发表讲话，沉痛悼念前海军事务助理卡拉汉。"在过去的两周里，"罗斯福总统说，"前方有很多好消息传来，我们终于走向了这场战争的转折点。"

19 日，范德格里夫特少将的继任者，美国陆军分部指挥官亚历山大·帕奇少将抵达瓜岛，并带来了海军陆战队第一师驻守南太平洋以来最好的消息：他们此次的出征任务就要结束了。

39

身在江湖

哈尔西在 "旧金山" 号的甲板上授勋给那些战功出众的水兵战士，杰克·贝内特就在其中。哈尔西在叫到这位上尉名字的时候，用麦克风说："孩子，走近一点儿。"哈尔西的声音通过扩音系统传出老远。当哈尔西把海军十字勋章戴到贝内特的衬衫上时，勋章上锋利的别针刺进了贝内特的皮肉里，他敏感地意识到麦克风就近在嘴边。"我知道因为疼痛而发出的任何声音都会传到听众的耳朵里"，贝内特写道，"我早就害怕了，但在上将继续试图别好别针的时候，我紧闭牙关，一直保持沉默。当他看到鲜血从我的衬衫渗出来的时候，他终于停了下来。"

努美阿的维修主管确定 "斯特瑞特" 号需要进行结构性的大修调整，因此，他计划把它送回珍珠港。"维修队出发不久，"卡尔·卡尔霍恩写道，"我们就接到通知说，哈尔西要亲自来船上探望我们的伤情。"所有人一眼就认出了他，因为他长得浓眉大眼、面长颌宽、双目炯炯有神，目光中透露出天生的自信和坚毅。"他与我们每个人一一握手，"卡尔霍恩写道，"并要求我们汇报战争带来的所有损失。"哈尔西认真听取了科沃德舰长的汇报。科沃德清晰地列举了历次战斗中的人力和物力的损失。"我们做汇报的时候，他不时轻轻地摇头，流露出痛惜的表情，"卡尔霍恩中尉写道。简短的汇报结束时，哈尔西的眼里已经噙满泪水。他用低沉的声音告诉科沃德和其他几位军官，他为他们感到万分自豪。

"我希望我能记得他的原话，"卡尔霍恩写道，"但我却只记下了他的只言片语——他后悔派出驱逐舰对抗战列舰，但他心里相信，驱逐舰群肯定也会竭尽全力。他很惊讶于有一艘驱逐舰居然能抗住 11 枚炮弹（其中有 3 枚是 14 英寸的炮弹）的攻击，并仍然能依靠自身的动力从战场上成功撤退下来；在巡视战舰的过程中，他听到很多英雄事迹，也了解了在每一个转折点上我们所做出的牺牲与受到的惩罚，他深受感动。最后，他向我们表示感谢，因为他的话语很真诚，所以听起来与以往不同，他深情地说：'上帝保佑你们！'我们站在那里，怀着钦佩、敬重和自豪之情看着他钻进一辆等在路边的吉普车，他进去之后，车就开走了。这次经历令人难忘，恐怕一生只有一次。对于我们当中那些当场见证了这一切的士兵来说，哈尔西少将是第二次世界大战中最鼓舞人心的一位将领。"

11月22日，哈尔西少将决定解除吉尔·胡佛的职务，并就这一决定汇报给尼米兹：

经过认真分析当时的局势，我认为特遣部队的高级军官、"海伦娜"号的指挥官吉尔·胡佛在行动中犯下了严重的错误，并造成了严重的后果。具体列举如下：

一、遭受鱼雷攻击之后，他本该立即起用无线电向上级汇报。关闭无线电的做法虽然是一种自我掩护和隐蔽的手段，但是，自与敌军发生直接交火之后，这种手段已经不再奏效。除因被敌军的强大火力压制而无法报告的情况外，其他情况下一律不该延缓报告。

二、他本该立即采取行动反击敌军，并于同时或稍后开展救援行动；至少他可以起用其麾下舰群中的任意一艘驱逐舰采取行动。

针对上述状况，他未能迅速采取行动，之后又缺乏补救措施，未能确保高级军官及时接到"朱诺"号的损失报告，并因此导致更严重的损失。南太平洋部队司令已知悉此事缘由，因为当他看到特遣部队的到达报告中显示没有"朱诺"号时，他已亲自调查了"朱诺"号的损失状况。

鉴于上述情况，我决定解除吉尔·胡佛的"海伦娜"号舰长一职，同时命令他第一时间乘坐政府航班飞回本土，到总部向参谋长报道，等待分配新的任务。

尼米兹麾下的参谋长斯普鲁恩斯少将行事一向谨慎和敏锐。针对哈尔西对胡佛的谴责，他提出另外一种可能性——胡佛确实曾经有攻击敌人潜艇的打算。他曾经亲口询问过胡佛的意见，特意问了他两艘驱逐舰的声呐系统能否正常工作。胡佛承认，尽管"斯特瑞特"号曾遭受严重损坏，但无论是"弗莱彻"号还是"斯特瑞特"号，两艘战舰的声呐设备都能良好运转。他补充说，他认为把受损舰船安全带回基地的任务，要远远比从一艘正在发生剧烈爆炸的舰船上搜寻幸存者的任务紧急得多，而且搜寻幸存者不一定会有收获。胡佛强调，他途经的水域危险指数很高，说这话的时候他引用了"朱诺"号那天早上发送给他的一纸电文，这份电文通知他，舰群已经面临敌军飞机的威胁，并要求他迅速寻求"企业"号航空母舰特遣部队的支持。他还提到，无论是"海伦娜"号还是"旧金山"号，两艘战舰上都没有飞机可派出，无法执行对抗日军潜艇的任务。

两方争论的理由和依据已经不再重要。此时，重要的是能否修好驱逐舰。不过，根据"海伦娜"号上的宾·科克伦提供的信息来看，此时，哈尔西少将手下的参谋长名叫迈里斯·布朗宁，他酷爱争吵、脾气又暴躁，这位参谋长热烈赞成哈尔西解除胡佛的职务，后来他又四处宣扬这件事。科克伦本人和他大部分的水兵战友一样，十分敬重胡佛冷静的处事方式，正是他的这种处事方式才使得舰队能扛过两次激烈的战斗。布朗宁的话倒是没怎么给人留下深刻印象。

虽然切斯特·尼米兹的评论十分温和、中肯，但他的话也无法克服哈尔西的评论给胡佛造成的影响。海军系统内，由于报告和备忘录是在海军指挥系统内逐级提交上去的，所以各级领导都有机会借机写下自己的评论或"认可"。在12月4日金上将的备忘录副本里，尼米兹申明，胡佛当时面临着艰难的选择，他当时处在危险的水域，这是一个进退两难的抉择。他说B-17轰炸机未能及时上报"朱诺"号的损失一事与胡佛本人无关。谈及胡佛收到附近敌人军舰、水面舰艇和潜艇的目击报告一事时，他写道："在这种情况下，胡佛舰长面临的局面是'把受损船只送回基地'和'救援落水战士'同样重要。在这个问题上，无论胡佛舰长做出何种选择，他都是当场全权负责的军官，并且从他的交战记录来看，他有两次夜间作战的经历，他的勇气不容置疑。"尼米兹与哈尔西的想法不同，他建议，过一段时间之后，金上将能在前线战场再给胡佛"一个合适的职位"。

无论尼米兹怎么为他辩护都无济于事。在海军这个充满竞争的政治世界里，如果来自一名地区指挥官的批判已经记录在案，那么它就不可能彻底抹去，这是一种终极行为。哈尔西一时冲动的厌恶一定已经记录在案，记录这些的人不是太平洋地区的总司令，甚至也不是哈尔西本人，因为他之后承认自己处事不公、行事仓促。哈尔西对胡佛的书面评价总能引起人们的好奇心。在他的回忆录中，他写道："我要坦白，我犯了一个严重的错误，我为自己的判断不公感到羞愧。"相比后来出版的书而言，他的回忆录手稿能更加全面地展现大家对该事件的讨论。

太平洋司令部不同意我做出的判断，他们质疑我是否对一位战功赫赫的军官做出了不公正的裁决。我终于意识到，这名饱受怀疑的斗士当时在战斗中面临着与日俱增的疲劳和煎熬，而当时唯有他的勇气支撑着他继续走下去。在现代战争中只有勇气并不够——战争还需要一个反应清晰的大脑。我写了一封正式的信函，信中说明我相信这位军官当时正深受战争疲劳的折磨，我也提到在当时那样激烈的情况下，我贸然做出调遣可能犯了判断失误的错误。我请求组织给他一次作战的机会，并明确指出我应该为他感到高兴，因为这次任务是由我提请分派的。我认为，后来的行为是在试图消除当时的调遣给这位军官带来的耻辱，但最终我未能达成目的，我只是在一定程度上减轻了他的痛苦。我对整件事深感遗憾。我已经向他和海军部承认了我的错误，在这里我还公开承认我的过失。我这样做是为了表达我对这位军官的敬意，况且我们的私交一向不错。"

在出版的书中，哈尔西补充了一句，"胡佛的决定是争取胜利的最佳选择"，虽然已经来得太迟，但哈尔西还是改变了自己原来的思想，并重新定义了胡佛当时的角色。那本书中主要讲述了最初的决定是如何达成的。从满腹狐疑的主调查员，到那些虽不情愿却最终在鉴定书上签字附和的逐级官员，该书中都有描述。

由于尼米兹在处理胡佛的问题时一直十分谨慎，因此，这一定让哈尔西明白了克制的重要性，尤其在涉及事后评价作战指挥官时。尽管如此，海军方面依然认为，当时是在战争时期，所以仍有必要断定其是否犯有过失。正如瓜岛海战开始时那样，海军方面即刻准备展开调查，以弄清萨沃岛战役惨败的原因。

丹尼尔·卡拉汉和诺曼·斯科特在死亡面前选择对敌人采取主动进攻、毫不退缩的风格最终把海军的水面舰队引向胜利。小威利斯·李继承了这一精神，与他的战舰练就了这样一种昂扬状态。他们和麾下的海军战士们在11月已经完全切断了日军的"东京快车"补给线。除此之外，还有很多因素促成这支水面舰队赢得第一场胜利。当然，其中也不乏许多本来可以避免的失误。

派伊上将是海军战争学院的院长，他曾对卡拉汉的准备和部署工作提出批评。"相比战争计划而言，'猛烈射击'和'我们要活捉大型战舰'的命令似乎更适合做报纸的标题。在这场战争中，对海军军事行动的研究给我们留下了这样的印象，我们的胜利很大原因是我们的战舰和水兵十分优秀，而与指挥官的英明毫无关系。"

犀利的语言直指指挥官的所作所为和他们应负的责任，但是，斯科特和卡拉汉当时已经死于战场，因此免受了审讯的侮辱。关于卡拉汉的表现，派伊最后得出结论："'事后诸葛亮'式的推测已经毫无意义。在这种情况下，我们似乎是运气不错，一如敌人在萨沃岛战役中也曾获得些许运气。但另一方面，我们已经多次重申，有些错误——甚至是有些夸大的错误——使得埃斯佩兰斯海角战役提前了一个月。"

11 月所取得的胜利让华盛顿的争论结果更加扑朔迷离，美国的军事力量重心到底应该部署在哪里？到底该如何开启反击日军的新局面？尼米兹和麦克阿瑟长期争论如何才能更好地利用当时的战绩。10 月 24 日，圣克鲁斯海战开战在即，罗斯福总统曾表示，守住瓜岛需要分散资源，"充分利用我们的战绩"也需要分散资源。由于金上将和马歇尔将军共同施加压力，都强调不能忽视太平洋战场。"我们坚决不能允许西南太平洋的严峻形势沦落为第二个'巴丹半岛'。"他们写道。罗斯福同意削减派向英国的军队。美国陆军总参谋长托马斯·汉迪少将曾对马歇尔将军私下坦言，"我们 1943 年的两栖作战行动很可能是在太平洋"，并且他声称有关"德国第一位还是日本第一位"的争论是"书生见识"。

现在，陆军方面的一流战略家斯坦利·恩比克中将认为，应该放弃或者至少在名义上放弃美国和英国过去长期坚持的全球战略，并且他对这一观点提供了充分的理论依据。他指出，11 月 20 日，根据美英之间达成的《"ABC-1 号"参谋长会谈协议》，英国应该担负起远东战区第一责任国的职责，而美军舰队的任务则是通过威胁日本的侧翼战场来分散日本的兵力。当然，现实操作中，这两个角色此时已经完全颠倒。与该事实并存的还有另一件大事，即在地理和重工业方面，美国已经在西方世界拔得头筹。恩比克中将相信，美国在地理和工业方面的领导地位改变了一切。"既然其身份已然如此，美国就必须履行其作为第一责任国的义务"，他写道。

尽管陆军领导倡导以太平洋作为第一战场的战略，但各兵种之间的联合战略规划依然脆弱得不堪一击，当前，军内各种观点大相径庭，这非但不能解决任何问题，而且又重新掀起兵种之间、盟国之间的争论。美国上层将领之间尚未达成共识的现状使得"德国是第一战场"的腔调只存在于政治家之间。有数字为据：1942 年底，美国在太平洋上派出的作战部队比派到英国和北非的部队多出近 25%，其中，派到英国的士兵数量是 464 000 人，北非是 378 000 人。罗斯福的口头承诺与美国军队派驻现状之间的差距，让英国的各兵种参谋长们摇头叹息，不得不重新审视他们与这位"大西洋表亲"的联合战略。幸亏丘吉尔与罗斯福之间的个人友谊深厚，确保了美国没有把全部兵力投往太平洋战场。如果说美国在夺取瓜岛的战役中的疯狂投入让日方深受打击的话，那么，英国也没有从中得到多少好处，因此，后者对这一胜利也没有感到多么有兴趣。

11月23日上午，哈尔西写信给他的指挥官们，通知他们新调入南太平洋的海军情势。"萨拉托加"号正在返航。"圣胡安"号防空巡洋舰和它的驱逐舰中队成了海军第11特混舰队的核心力量。"企业"号航空母舰、"圣迭戈"号防空巡洋舰和胡佛的第2驱逐舰中队，将继续组成第16特混舰队。李少将痛失他的"南达科他"号之后，现在很快就将拥有两艘快速战列舰——修复后的"北卡罗来纳"号和全新的"印第安纳"号，重新组成第64特混舰队，并把旗舰定为"华盛顿"号。随着燃油紧缺问题逐渐缓解，两艘较旧的战列舰——"马里兰"号和"科罗拉多"号，将与哈里·希尔上将指挥的第65特混舰队一起南下。

因为飞行员出身的弗雷德里克·谢尔曼少将也是一位十分优秀的可用之才，所以哈尔西让弗雷德里克·谢尔曼少将接替金凯德少将在第16特混舰队的职务。托马斯·金凯德少将马上就要指挥第67特混舰队，麾下有"北安普敦"号、"彭萨科拉"号、"新奥尔良"号3艘重型巡洋舰、"火奴鲁鲁"号和"海伦娜"号两艘轻型巡洋舰以及6艘驱逐舰。此外，第66特混舰队也应运而生，并配备了8艘驱逐舰。

5天后，哈尔西宣布了他们新的战略目标——拉包尔。他给麦克阿瑟写信说，在美国控制日本那一地区的战略要地之前，我们无法解救新几内亚。他还支持海军对工作的要求，声称攻击拉包尔"必须沿所罗门群岛采取两栖登陆作战，其中，在新几内亚选择的登陆要地要发挥主要的支撑作用。为了采取大型空中作战行动，我们目前正在加强'仙人掌'航空队的基地建设和远程作战准备。我相信，为了万无一失，一线战场应该在条件允许的情况下通过陆上作战和空中作战向日军继续施加压力，同时，尽可能多地消灭日军战舰，照当前的速度让日军继续消耗下去的话，他们一定会坚持不住的"。其实，当前的海上作战给美军造成的消耗也非常大。虽然现在手头上又有新的海军力量被部署过来，但哈尔西针对拉包尔制订的野心勃勃的进攻计划就像麦克阿瑟当年早些时候的计划一样尴尬，因为毕竟现在他手头的两栖登陆作战资源十分有限。

11月下旬，哈尔西的肩膀上获得了第四颗星，他从海军中将晋升为海军上将。令大家尴尬的是，努美阿远在太平洋腹地，那里找不到带有四颗星的肩章，因此，大家不得不借用一对海军陆战队少将所用的两星肩章凑齐星数，并请当地船舶修理部焊接车间的技术工人现场加工制作了一对四星肩章。海军中将威廉·卡尔霍恩把这对"临时"四星肩章颁发给哈尔西的时候，哈尔西把他原来的一对三星肩章递给卡尔霍恩说："请把这对肩章中的一枚送给斯科特太太，另一枚给卡拉汉太太。请告诉她们，正是因为她们的丈夫在战场上的英勇无畏，我才能得到新的肩章。"

　　不管别人如何评价威廉·哈尔西，再也没有人抱怨他从未冲锋陷阵，因为他的确曾在现场亲身经历日军的炮击。11月底，日本人声称他们早就备下了充足的弹药。他们尚未放弃杰克·伦敦最讨厌的那座岛屿。

40

屡教不改

在 11 月的一系列真刀实枪、血光剑影般的战役之后，美日双方的舰队基本进入相持阶段，只是偶尔趁对方有所不备之时各出奇招、袭扰对方。11 月 30 日至 12 月 1 日的那个夜晚，日军"东京快车"计划采取行动，他们用缆绳把圆筒捆束在一起，向岸上输送补给。各驱逐舰先缓速驶到岸边，然后把装有物资的圆筒从船舷上抛到海里，最后由岸上的日军乘一些小型船只把这些圆筒从海里捞起来。发明这一新思路的正是日军海军少将田中赖三。

由于瓜岛的日军守备部队已经弹尽粮绝，他们向外界请求物资配给的呼声日甚一日，因此，日本海军驱逐舰第二中队的军官们不得不接受上级强加给他们的一项新任务。田中少将麾下的参谋长富山中岛痛心切齿地感叹："唉！连日以来，我们几乎不像一个作战中队的样子，倒更像一支运输护航队。那群该死的美国佬儿恐怕真要把我们当成一列名副其实的'东京快车'了。我们负责把补给运送到那座陷入美军包围圈的岛屿，然后我们收到的指令居然是快速逃离现场，而不是举枪冲杀敌阵。这真是令人悲愤！"对作战舰船上的官兵而言，在敌人的包围圈逃来逃去的生活无异于"一种令人紧张却失望的经历"。

11 月 27 日，田中少将从肖特兰群岛率部快速南下。他们的行军路线没过多久就被美军发现了，因为美军巡逻飞机很快就从云层上方发现了他们的踪迹：日军此行共有 8 艘驱逐舰，其中有 6 艘被用作运输舰，载满了补给物资，为了减轻重负，各驱逐舰甚至只装载了往常数量一半的军火，平常所携带的 16 英寸鱼雷也换成了 8 英寸的。

在田中少将顺水南下的同时，美军方面正在悄然准备对日军的"接待"工作。就在田中离开拉尔之际，美国海军少将托马斯·金凯德正伏案而坐，当初他的水面舰队曾用四千多条生命换来的教训，此时，他不得不从中吸取经验。他正在修改第 47 特混舰队的行动计划。他把近期在战场上领悟到的一切经验教训都融入"第

1-42 行动计划"中。通过对行动细节仔细斟酌，他发现前几场战争中的失误是可以避免的。新计划的目的是令各舰船指挥官能够非常清楚临阵应敌措施，同时，还要出台几套措施，如果各舰船指挥官未能达到要求，应予以相应的惩罚。特遣部队一定要以最佳应战状态被组织和部署到战场一线。海军少将诺曼·斯科特临时起意制订的那套夜袭方案将继续细化，并形成一套理论模式传达下去，供今后随时启用。

目前，雷达的优势已经得到完全发挥和认可，除这一点，这套新理论的细节与自开战以来日军方面所采用的招数似乎并无差异。这套理论的大致思路是这样的：美军雷达探测到日军之后（日军方面则是采用舰载飞机外出侦察美军），美军驱逐舰分队迅速脱离主舰队，第一时间赶至日军阵前投下鱼雷。随后，在鱼雷击中敌军令对方阵脚大乱之际，美军巡洋舰彼时已经行至距离日军 12 000 英尺处，并在彼处借助头顶直升飞机向前投下的曳光弹的亮光向对方发射火力。一旦目标丢失，美军可启用照明弹，但坚决不允许启用探照灯。为了保证该计划取得胜利，美军需要两样战备：一是需要更多船况优良的战舰；二是需要一批不畏生死、敢于冒着生命危险把爆炸物投向敌舰的战士。

由于近期部署给第 67 特混舰队的舰船已经伤痕累累，不得不返回本土接受修理，同时，还有一批舰船上那些被日军炸得面目全非的甲板已经被铺上了崭新的钢板，圣埃斯皮里图岛周围慢慢聚起了一支新的特遣部队。这次又是一次头绪纷乱的集结，由此也能看出哈尔西似乎一直未曾摆脱此起彼伏的战火。哈尔西把这支特遣部队称为"因战况需要而被迫勉强组合在一起的部队"——巡洋舰是从航空母舰特遣部队里面借调而来的，驱逐舰是从护航任务中抽调而来的。其实当初他们都曾到圣埃斯皮里图岛为"旧金山"号助威。这次，在 11 月底，他们又一次聚集在这支临时组建的第 67 特混舰队麾下，厉兵秣马，准备再一次击退日军"东京快车"计划的进攻。

在瓜岛的美国海军基地，罗伊德·马斯丁及其麾下的行动小组也在飞机里不停地开展工作，试图能够找到一个合适的方法，把聚集在这片海域的那些勇猛有余、自律不足的鱼雷艇的作用发挥到最大。这支中队目前共有 15 艘鱼雷艇，比几周之前的区区 4 艘增加了整整 11 艘。但是，由于图拉吉岛周边的组织比较松散，马斯丁发现很难把这支鱼雷艇中队与该海域其他海军单位协调起来。有些巡洋舰舰长甚至拒绝把自己的队伍与"那帮流氓海军"混在一起，因为他们担心这样做很可能会让他们难以避免出现自相践踏的情况。马斯丁说："我想我们最好验证一下，不然最终很可能会有人受伤。"由于鱼雷艇曾在萨沃岛海峡开展巡逻的过程中搜集过有价值的情报，且马斯丁对此感同身受，因此，他以"促进协调"为由选调了鱼雷艇上的一名队员担任他的助理行动官。他们必须估算有多少舰船能够在夜间参与行动，必须确定这些舰船的出动频率，必须制订巡逻计划，并设计新的路径攻击瓜岛周围水域的日军潜艇和驱逐舰。由于马斯丁发现日军驱逐舰在视野开阔的夜间能够轻而易举地追上并撞倒鱼雷艇，他为鱼雷艇制订了一项"猫捉老鼠"的演习计划。年轻的鱼雷艇驾驶员由此学习到避免在开阔水域航行，以免敌军捕捉到自己的轮廓和身影，同时也要避免在静止的水面上航行，以免激起波纹被对方发现；同时，他们还学习到如何借用调虎离山、声东击西的方式来迷惑敌人。当然，就在美军改变自己的作战计划的同时，日军方面也在琢磨同样的问题。

11 月 30 日夜里，鱼雷艇中队按照指令停驻在图拉吉岛沿岸。当晚，日军正在酝酿一个令这支中队无法招架的计划，这是"东京快车"计划发动的又一次攻击，田中少将率领的 8 艘驱逐舰正在迅猛袭来。为了截击田中，一支强大的美军部队正在向圣埃斯皮里图附近集结。

与往常的作风一样，就在任务即将开始的前一夜，美国海军方面派来一位新的司令员接替金凯德。金凯德望着这份从某艘航空母舰上发来的调令，心里不禁犹豫起来，他再也不希望在南太平洋地区待下去了。同时，丹尼尔·卡拉汉取代了诺曼·斯科特，卡辛·扬与乔·哈伯德取代了查尔斯·麦克莫里斯和马克·克劳特，海军少将卡尔顿·赖特最终接管了第 67 特混舰队的战术指挥官之职。虽然赖特一直向往到南太平洋地区服役，但是他却缺少水面战斗经验。赖特的旗舰由新抵达的"明尼阿波利斯"号巡洋舰担任，其麾下还率有另外 4 艘巡洋舰——"新奥尔良"号、"彭萨科拉"号、"檀香山"号和"北安普敦"号。

在这批刚刚抵达铁底海峡的水面攻击部队中，多数是从航空母舰舰队的护航任务中调配而来的，因此，他们看起来好像从后方的防空部队中抽调出来未加调整直接派往前线一样。虽然他们穿着同样的制式军装、配备同样的武器，但是他们绝对不具备近距离作战的纪律和智慧。迄今为止，铁底海峡共发生过 4 场恶战，而这 4 艘巡洋舰没有任何一艘曾经参加过其中任何一场战斗。同时，这几艘巡洋舰所配备的舰长也并不具备调整进入新型战斗的能力。目前，在参与并打击过日本海军的舰队司令中，小威利斯·李是唯一幸存下来的一位，但是他目前正在那艘驻扎在努美阿的"华盛顿"号战列舰上。尽管金凯德与赖特都是久经考验的巡洋舰指挥官，但他们二人谁也未曾参加过夜间战斗，谁也未曾执行过目前正在设计的这种战术计划。

11月29日，夜里11点30分，他们从圣埃斯皮里图岛的塞贡海峡出发，前面的先锋部队依次由"弗莱彻"号、"德雷顿"号，"莫里"号和"珀金斯"号4艘驱逐舰组成。次日夜里9点40分他们抵达伦戈海峡东入口时，赖特率领的特遣部队遇到了友军的运输舰队。为了壮大自己的所属部队，哈尔西命令该运输舰队的两艘护航舰"拉姆森"号和"拉德纳"号在"北安普敦"号身后入列。所以，到此为止，又多了一支临时凑起且彼此间不熟悉的小队，跟随大队伍浩浩荡荡地向北进发，开向目的地。

由于"弗莱彻"号驱逐舰装备了先进的SG雷达设备，因此，它在整个队伍中一马当先，行驶在最前面。虽然这次行动比起两周前卡拉汉所采取的方式已经有所改进，但是，大敌当前、临阵犹豫的做法恐怕还会再一次给这支队伍带来灾难。"弗莱彻"号的副舰长约瑟夫·怀利中尉后来回忆："夜幕降临之前，我们大家收到的最后一纸书面通令要求我们'未经允许，不得开火'。"

怀利中尉当时正站在雷达显示仪前，忽然，他发现有可疑信号出现在雷达屏幕上。据"明尼阿波利斯"号上的雷达官回忆，可疑信号第一次出现时，"就像埃斯佩兰斯角上长出来一个瘤状凸起一样，然后，这一凸起物逐渐变大并远离岸边，最终完全脱离沿岸地带"。随着田中少将的队伍逐渐进入美军的雷达探测范围，怀利中尉立即把日军的坐标、航程和航速向己方其他驱逐舰予以通报。鱼雷部署到位之后，怀利通过无线电手台向赖特少将"请求允许发射鱼雷"。后来怀利评价说，当晚这位特遣部队司令的答复"是我有生以来听到的最愚蠢的答复"。因为赖特只是淡淡地答复了一个字，"不"。在赖特看来，敌军与美军还有相当一段距离。

在当时最为关键的4分钟里，赖特少将就这样在"明尼阿波利斯"号上若有所思地望着深邃的夜空。当他最终传令下去请各驱逐舰发射鱼雷时，根据雷达显示，当时日军舰队已经从美军舰队正前方横穿而过，白白令美军舰队失去了最佳射击角度，他们只好从敌军身后向前开火，结果只能是浪费弹药，徒劳无益。各驱逐舰全力开火以后，赖特居然又下了一道"奇葩"命令：开火时间不得超过1分钟。他这未经斟酌随口而出的命令再一次让大家惊诧万分，并造成秩序混乱。由于各舰都在凭借直觉向前方盲目开火，炮弹在正前方激起的水浪完全阻挡了赖特一行对敌军痕迹的跟踪。

岸上的美军对这一情景的印象与舰队中大家的印象是一致的。当时罗伊德·马斯丁和同事们从格林曼上尉所在的总部向海上望去，他们惊奇地发现海面上火焰的强度远远大于普通枪炮开火时造成的枪口或炮口火焰。当时，他们并不确定到底是日美双方谁的舰船陷入一片火海，恐怕只有天亮之后才能一探究竟，弄清真相。忽然，马斯丁手中的无线电手台声音逐渐变小，并最终归于沉寂。在接下来的几个小时里，有忽强忽弱的信号传进瓜岛的无线电台，根据这些信息，大家拼凑起了整个事件的原委。天亮之前，从"明尼阿波利斯"号上传来一则电讯：它身中鱼雷，目前正在以每小时半节的航速驶往隆加角。"彭萨科拉"号上也传来类似的报告。随后，赖特向格林曼上尉发出请求："能否派船前往萨沃岛方向？"这一请求所暗示的背后信息已经不言而喻。马斯丁派"食米鸟"号拖船和4艘鱼雷艇进入海峡展开搜索，同时，赖特少将的副手、海军少将马伦·蒂斯代尔命令旗下的驱逐舰火速赶往隆加角西北方向协助受伤的巡洋舰。随后，赖特少将传送来一份更加翔实的报告，拜托格林曼代为转交哈尔西。该报告主要汇报了其麾下特遣部队所遭受的毁灭性的损伤。

溃败的消息传来，所有人都震惊不已，因为大家都曾以为这支舰队原本踏上的是一条胜利的征程。为了完整地了解现状，格林曼上尉命令马斯丁乘飞机到整个海峡的上空去执行空中观察任务。天亮时分，马斯丁一路小跑来到亨德森机场跑道，这位曾经从"亚特兰大"号上幸存下来的军官爬进一架"无畏"式俯冲轰炸机的后座。一位海军陆战队飞行员帮助他把自己固定在一台双联装"布朗宁"机枪架旁，然后他们就起飞冲向蓝天。

虽然他们很快爬升到一定高度，但马斯丁俯瞰下去并未发现任何舰船的踪迹。他通过无线电向图拉吉岛上的鱼雷艇基地询问是否知晓，那支弱如蚊蝇的鱼雷艇中队同样没有任何消息。他们在萨沃岛正南方的水域上空盘旋了很长一段距离，但是同样没有得到任何线索，直到上午的太阳升到一定高度，他们才看到了从海面上泛起的油花——一条宽宽的油带随着8节的海面风速向西方荡漾而去。实际上，此地曾有另外一条舰船长眠于此，故此，这片海域被美军官兵戏称为萨沃岛海峡或铁底海峡的"海军维修厂"。油花之下到底又葬送了哪艘战舰，真相马上就能揭晓，它就是"北安普敦"号。田中少将旗下的众位驱逐舰指挥官出其不意、以迅雷不及掩耳之势向"北安普敦"号发射的鱼雷令其当场遭受"开膛破肚"之灾。

美军方面，赖特少将麾下的巡洋舰亦曾开火，但是他们犯了一个致命的愚蠢错误：他们发现日军方面的"高波"号之后，一拥而上，让炮火过分集中在了这艘日军驱逐舰上。而实际上，"高波"号不过是日军舰队里的一艘先锋哨船而已。当时，美军各战舰对准"高波"号展开夹差射击，而"高波"号也予以回击。双方之间往复交火的亮光吸引了美军各巡洋舰，于是它们一致对准这艘日舰，朝它疯狂开炮。由于半个月前美军的"华盛顿"号和"南达科他"号战列舰曾经用同样的手段折磨过某艘日舰，因此，当时的场景一直像噩梦一样萦绕着日军官兵，在这段记忆的刺激下，田中很自然地意识到美军舰队里有大型战列舰。

虽然田中少将吃惊不小，但他依然表现出了不屈不挠的个性。他立即命令手下各舰指挥官："各舰迅速抛弃辎重，按既定计划准备迎敌！"日舰上的官兵立即把船上装有物资的那些圆筒尽可能多地抛向海里，同时各炮塔弹药装填完毕。一如当年"华盛顿"号曾经借助周围驱逐舰上熊熊大火的掩映从现场撤离一样，田中少将麾下的舰队借助"高波"号上的火光吸引了美军之际，命令麾下各舰以纵列队形全速转向，并把整列队伍与美军舰队摆成平行阵势。随即，田中麾下的所有驱逐舰向敌阵发出整场战争中最具致命性和杀伤力的鱼雷攻势。

马斯丁坐在"无畏"式俯冲轰炸机的后座。他从高空俯瞰，很容易看到下方黑压压的一片鱼群，这片鱼群曾经一直追随在第67特混舰队左右。一些断舰残骸被海浪冲上瓜岛北侧的沙滩和萨沃岛的沿岸，它们横七竖八或躺或插在海边沙地上。其中一些是近来刚刚失事留下的，因为它们看起来是崭新的，在阳光的照耀下依然闪闪发光，而更多的残骸则早已锈迹斑驳，成了一堆破铜烂铁，其中既有美军留下来的，也有日军留下来的。从这堆金属破烂的数量上来判断，足以令人想象出在过去几个月里美日两军双方之间互射了多少弹药。

从下方的一团团漂浮物中，马斯丁终于辨认出了美国海军舰船上的日常生活用品：弹药袋、木制轴承、救生筏、甜面包圈，以及各种物品的残碎片。海里还有大量水兵，更多的官兵则正站在萨沃岛的海岸向飞机挥手。很快，鱼雷艇也抵达了人群所在之处。图拉吉岛上那支散漫的船队也开始四处活动，并先后加入对"弗莱彻"号和"德雷顿"号的救援行动中。

在飞机转向经过图拉吉岛上空的时候，马斯丁终于发现了一批型号大一点的美军舰船。"明尼阿波利斯"号和"新奥尔良"号正盘桓在沿岸，周身已经架起了专门用于拯救巡洋舰的伤检设备，舰上一片狼藉，猛然望去，几乎认不出来。"新奥尔良"号的船壳被一枚日军的"长矛"鱼雷击中，从前面的水手舱处一直撕裂到它的第二座炮塔下方，全长约150英尺。这枚鱼雷在船体内爆炸产生的威力引爆了隔壁一间弹药库，而这间弹药库里面恰恰装满了空投炸弹，由此导致的连锁爆炸喷出的火焰高度超过了前桅高度的 2 倍，甚至让周围的海域也变成一片火海。爆炸产生的冲击波共造成 182 人死亡，其中第二炮塔的炮组人员全部牺牲。由于该舰向右摆头，船头和船楼则向左侧撕裂。这片巨大的残骸的一端沉向龙骨下面，而另一端则耷拉在船壳左侧上下晃动，在船壳上砸出一个大洞并把舷内助推器砸扁了。驻守在舰尾的水兵一时间以为整条战舰已经被炸得稀烂，自己正奔跑在一块漂浮的船尾甲板上呢。

面对如此巨大的毁灭性灾难，舰长克利福德·罗珀下令弃船；但是，副舰长惠特克·里格斯正在后舰执勤，他取消了这条指令，并命令船员为舰船"减负"，以希求拯救这条战舰。后来，他们的确成功地拯救了这条战舰。

"新奥尔良"号的船头已经颤颤巍巍，船头以下部分耷拉在海里，激起一排排水花和泡沫，远远望去，好似张开血盆大口一样对着前面的大海。与此同时，伤情控制官休伯特·海特尔以及他的两位下属理查德·海恩斯中尉和安德鲁·福尔曼少尉还坚守在船舱下面的中控室的岗位上，然而，里面已经充满了毒气。当那里空气中的毒素越来越多、已经变得不可呼吸之后，海特尔把自己的防毒面具递给了一位中毒反应特别强烈的士兵，并随即命令所有人从中控室撤离。原本有两条通道可以用来逃生。其中一条宽敞的通道可以从中控室直接通向上面的甲板，但这条通道已经被上面冲进来的海水淹没，海特尔很清楚这一点；还有一条相对较窄的通道，它是一条直径约 3 英尺的窄道，通往上面的军官室。测绘室的所有官兵已经通过这条窄道撤离。但是，轮到海特尔钻进去的时候，他发现自己的肩部过宽，无法钻入这条窄道的入口，因为当初为了加固这条窄道，窄道的入口处又覆加了一层厚厚的钢板。他大喊一声："体型瘦小的先行撤离！"然后又回到了自己的办公桌前，继续履行自己的本职任务。海恩斯中尉和福尔曼少尉坚持留下来陪他，但是舱室内的空气令他们越来越难以忍受，直至最终令他们无法呼吸。随舰牧师豪威尔·弗吉后来写道："我想知道，在最后几分钟里他是怎么想的。但是我确信一点，那就是他毫无畏惧！"

同时，在舰体的前半部分，就在发生爆炸的弹药库旁边，有一位担任舰体维修员的二等兵名叫加斯特·斯文宁，他一头钻入涌进来的海水中，目的是摸到并摸索着关上一道防水密封门，以便从源头上堵塞造成医务室被淹的海水入口。虽然斯文宁在最初的弹药爆炸中已经身负重伤，但他还是挣扎着冒烟突火，至少 5 次潜入黑不见底的危险湍流中，反复摸索，才最终关上那道防水密封门。更令人感动的是，次日，他又在岗位上坚持了大半天，直到他肺里吸入过多的毒素，最终死于肺气肿。

面目全非的"新奥尔良"号也被固定在图拉吉岛的海岸，由于它的上部构造已经残缺不全，猛然望去好像一艘驳船突兀地停在那里。它顶上覆盖着"植被和货物网"，以防被敌机侦察到。它现在这副窘相肯定相当不光彩，当初，该舰在珍珠港遇袭之际，在劝诫舰上的防空炮手时，一位随舰牧师曾创造性地发明了一个句子："赞美上帝并加快传递弹药！"此时，"明尼阿波利斯"号和"新奥尔良"号并排在一起，顶上也覆盖着一层头巾似的遮蔽物。"食米鸟"号拖船正在发挥"抽水泵"的作用，力争把从缝隙里涌入"明尼阿波利斯"号的海水抽出来，防止它因此沉入海底。各受伤舰船上的官兵从图拉吉岛上的丛林里拖来巨木，用以支撑两支战舰摇摇欲坠的前部舱室，还有官兵在帮助岸上海军陆战队的随队牧师掩埋牺牲者的尸体。

"彭萨科拉"号虽然身受一连串"长矛"鱼雷的猛烈打击，但它居然能够幸免于难。其中一枚鱼雷摧毁了三号炮塔前面的一处燃油储备罐，并掀翻了盖在它上面的甲板，把点燃的油料溅得到处都是：后方甲板、上部构造，甚至船舱内部。由于灭火管道被炸毁，舰组人员彻夜都在与猛烈的大火作斗争。由于后舱弹药库里150枚8英寸炮弹一枚接一枚地相继爆炸，舰组人员不得不在一波接一波的强烈震动中手持二氧化碳灭火器和干粉灭火器艰难地对准火焰、扑灭大火。

尽管美军的远距离雷达技术的确让田中有些措手不及，但赖特少将对手下部队的期望值还是远远高于现实。除"彭萨科拉"号和"北安普敦"号，赖特手中有3艘巡洋舰配备了先进的SG雷达和清晰的雷达显示仪。但是，为将之才贵在知己知彼，而赖特少将最大的缺点就在于他基本不了解自己对手的作战能力。他在12月9日提交的一份战后报告中总结说，"彭萨科拉"号和"北安普敦"号不幸所中的鱼雷恰巧属于日军潜艇所发射的个别鱼雷的"强弩之末"。"据两军交火之前和交火过程中敌我之间的距离和敌军行进速度测算，敌方所发射的鱼雷本来不可能击中我方巡洋舰。"当然，赖特手中的鱼雷与日军手中的鱼雷根本无法相提并论。

开战1年多以来，尤其是近4个月，美军与日军水面部队之间的战斗进入苦战阶段，此时，美军舰队里面居然还有一位堂堂的巡洋舰舰长没有意识到对手的优势在于鱼雷战，这简直令人不可思议。为此，当年10月，海军少将诺曼·斯科特还曾特地提醒哈尔西小心提防，可惜这份转发过来的报告至今还没有人打开阅读，更未引起任何人的注意。"休斯敦"号重型巡洋舰上有一位上尉名叫阿尔伯特·鲁克斯。在出发赴爪哇岛参加海军军事行动并牺牲在那里之前，鲁克斯曾经给坚守在达尔文港的一位战友留下一份战事分析，其实早在珍珠港遇袭之前3周他就写完了这篇分析。他在这篇军事分析中用大篇幅重点强调了日军的鱼雷战已经达到了炉火纯青的地步，并提到了日本海军开展的夜战训练非常贴合实际。日军之所以掌握这项高超的军事技能是因为他们当初从日俄战争中总结的经验。在第一次世界大战之后的"华盛顿会议"上，日本外交官同意接受限制发展大口径武器舰队的前提条件是能够像世界其他国家的海军一样重点建设自己的轻型部队。鲁克斯的这篇军事分析主要是根据海军情报办公室当时收集的材料而起草的，但是这样一份军事分析却最终未能被纳入美军的作战计划，尽管当时哈尔西本人也掌握了日军水面部队擅长鱼雷战这一信息。自塔萨法隆格海战之后，哈尔西也赞同赖特少将的观点，认为当时之所以遭敌军鱼雷击中，一定是对方派遣潜艇参战的结果。10月，诺曼·斯科特曾有一次出其不意地击败措手不及的日军，当时日军未来得及施发鱼雷，这次经历一定不小心给了美军一种错觉，使美军疏于防范日军的鱼雷，而把重点放在了舰面火力上。

按照萨米尔·爱利埃特·莫里森的说法，这种粗心大意的后果是，美军先后有4艘战舰"在炮火纷飞的交战过程中被硬生生击沉"，其中有2艘甚至还配备有崭新的雷达装备。如果把这些战舰放在更有经验、更有能力的指挥官手中，至少拥有这种先进装备的舰船指挥官应该完全有机会当机立断、取得主动权。只有"海伦娜"号的姐妹舰"檀香山"号当场成功地避开了燃起大火的中弹舰船，东弯西拐地驶出了鱼雷交纵的那片水域。事后，"明尼阿波利斯"号、"新奥尔良"号和"彭萨科拉"号3艘巡洋舰不得不离队维修达1年之久。

虽然经历了失败，但是赖特居然表现出了过分的慷慨。事后他把麾下5艘巡洋舰的舰长都推荐为"海军十字勋章"获得者。他在推荐词中甚至似是而非、模棱两可地评价这5位舰长每个人都"为击沉自己射程范围内的敌舰做出了巨大贡献"。他的陈述甚至更加不着边际，说第67特混舰队一举击沉敌军两艘轻型巡洋舰和7艘驱逐舰。更有甚者，他居然对"北安普敦"号舰长弃船的决定和撤离的速度提出表扬。"新奥尔良"号舰长罗珀获奖之后，舰上幸存下来的官兵被这一获奖情况搞得丈二和尚摸不着头脑，其中有的人回忆时曾经评价："无论从哪种意义上来判断，他都没有做出任何有意义的英勇举动。"

像三川军一在8月所面临的境况一样，在一举摧垮赖特麾下的美军舰队之后，田中少将也面临了同样的窘境。在距离瓜岛 50 英里的海面上，田中重新集结所属部队。此时，他发现所有的舰船携带的鱼雷已经严重不足，只有其中两艘驱逐舰还满载弹药。因此，他当即认为自己无法继续冒险恋战，于是，他下令收兵回营，返回拉包尔基地。尽管日军的田中少将在美军中颇有名气，但他还是毅然决然地采取了穷寇勿追的方略，放弃了堂而皇之地把物资送往瓜岛的机会。为此，他回到国内之后，没少被国内民众吐口水。而这一次，美军却像 8 月那一仗一样，尽管遭受了巨大的战斗损失，却依然把这种骇人听闻的战斗结局宣传成自己的胜利果实。

塔萨法隆格海战美日双方兵力部署
（1942 年 11 月 30 日）

美军	日军
第 67 特混舰队	**增援部队**
海军少将卡尔顿·赖特	海军少将田中赖三
"明尼阿波利斯"号（巡洋舰）（旗舰）	"长波"号（驱逐舰）（旗舰）
"新奥尔良"号（巡洋舰）	"高波"号（驱逐舰）
"彭萨科拉"号（巡洋舰）	"亲潮"号（驱逐舰）
"北安普敦"号（巡洋舰）	"黑潮"号（驱逐舰）
"檀香山"号（轻型巡洋舰）	"阳炎"号（驱逐舰）
"弗莱彻"号（驱逐舰）	"卷波"号（驱逐舰）
"德雷顿"号（驱逐舰）	"江风"号（驱逐舰）
"莫里"号（驱逐舰）	"凉风"号（驱逐舰）
"珀金斯"（驱逐舰）	
"拉姆森"号（驱逐舰）	
"拉德纳"号（驱逐舰）	

由于日军的运输部队有所损伤，且弹药携带量已经低到一定极限，所以驻守瓜岛的日本陆军的后勤给养已经难以为继。岛上的官兵只好就地取材，靠采食野果勉强果腹。截至 11 月底岛上共有 30 000 名官兵，但据估计，由于严重营养不良，其中只有 4 200 人的体力能够勉强支撑作战。其中，有一个总兵力达 3 000 名官兵的团级单位，据报道仅有六七十人有力气作战。11 月最后一周曾经有一批少得可怜的补给被送上岸，但宇垣将军将其称为"沧海一粟，无济于事"。12 月 3 日，由于没有遭到美军方面的阻拦，日军在岸边投下 1 500 个圆筒，但遗憾的是，其中只有不到三分

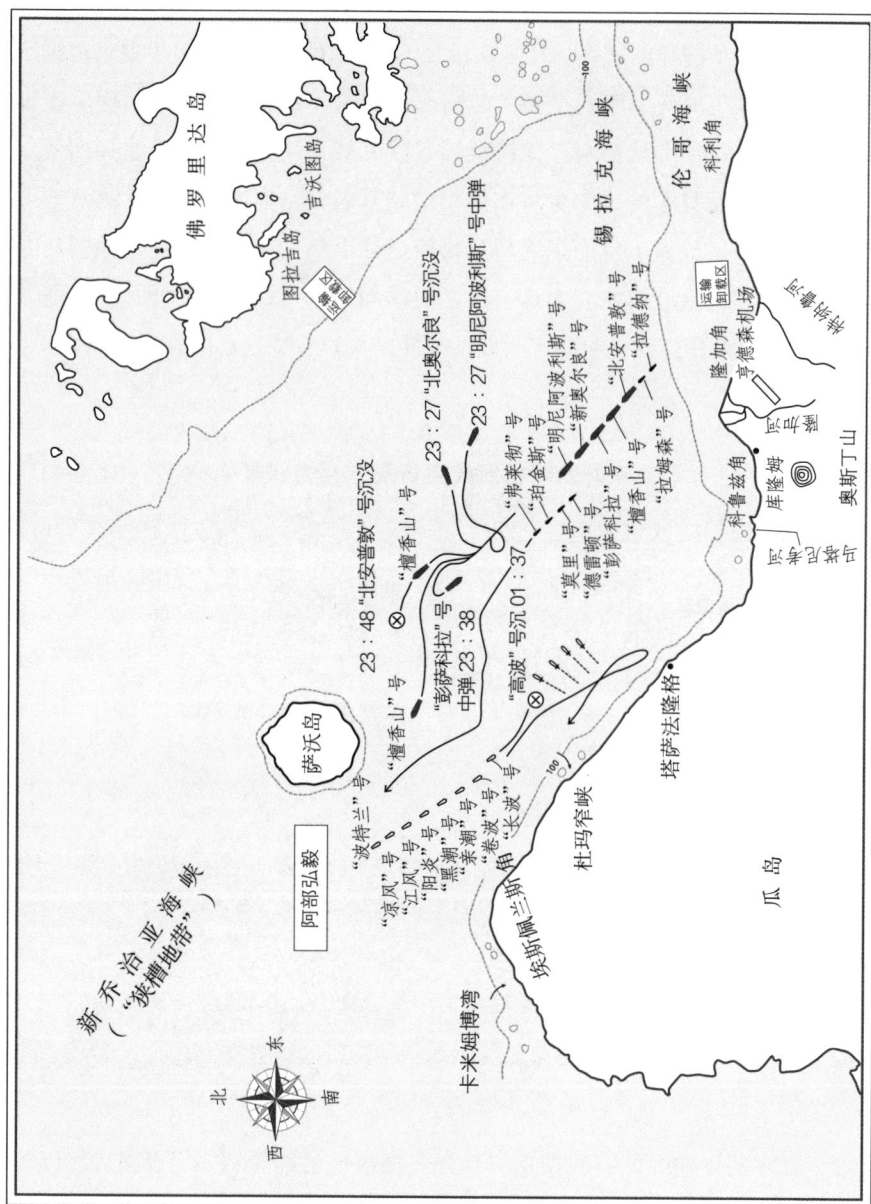

塔萨法隆格海战

★ ★ ★

1942 年 11 月 30 日
23：10—23：48

图例

- 日军驱逐舰
- 美军巡洋舰
- 美军驱逐舰
- 炮火
- 鱼雷
- 暗礁
- 等深线

佛罗里达岛

图拉吉岛 吉沃图岛

23：27 "北奥尔良" 号沉没
23：27 "明尼阿波利斯" 号中弹

锡拉克海峡

伦哥海峡
科利角

"实来彻" 号
"珀金斯" 号
"明尼阿波利斯" 号
"新奥尔良" 号
运输卸载区
"北安普敦" 号
亨德森机场
"拉维纳" 号
隆加角
23：48 "北安普敦" 号沉没

"檀香山" 号

"彭萨科拉" 号
中弹 23：38

"高波" 号沉 01：37
"奥里" 号
"傅雷顿" 号
"彭萨科拉" 号
"檀香山" 号
"北安普教" 号
"拉姆森" 号
科鲁兹角
库隆姆
奥斯丁山

萨沃岛

新乔治亚海峡
（狭槽地带）

阿部弘毅

"凉风" 号
"江风" 号
"黑潮" 号
"卷波" 号
"长波" 号
"阴云" 号
"亲潮" 号

塔萨法隆格

杜玛窄峡

瓜岛

卡米姆博湾

埃斯佩兰斯角

北
西 东
南

之一被岸上的日军打捞起来。12 月 7 日，"东京快车"计划又一次采取行动。这一次，佐藤寅次郎队长共率领 11 艘驱逐舰参加行动。不幸的是，美军亨德森机场旋即派出飞机予以袭扰，另有 8 艘鱼雷艇从背后追赶过来。这次行动双方未发生任何实质性接触，但由于美方不断派出作战部队，日军被迫撤离，行动未果而终。

随着美国海军部队一支支悄然驶入南太平洋地区，山本将军马上就要失去决定性胜利的机会。只有当这种机会从他的手中悄然溜走之后，山本才意识到他曾经错过了在 9 月和 10 月克敌制胜的机会。战斗的绝佳机会已经一去不复返。日军之所以没有能够一劳永逸地击倒美军，或许是因为这场战争的主动权已经被美军夺走，因为美军这边先后派来了诺曼·斯科特、丹尼尔·卡拉汉、小威利斯·李，然后又派来了卡尔顿·赖特。经过 11 月几场仅以身免的战斗，美军已经从中充分吸取了教训，包括刚刚结束的这场塔萨法隆格海战。这场海战与当初的硫磺岛战役一样，最后虽然以付出惨重的代价取得微胜，但战斗的结果至少增强了岛上驻军的信心，使其得以积蓄力量，奋而自保。

12 月，田中手下的部队最后几次利用"圆筒"开展物资投递行动，并没有引发大规模的海战。美国方面没有派出太强大的阵容阵形来拦截日军，但是，瓜岛上亨德森机场派出的飞行员曾经猛烈迎击日军，图拉吉岛上赶来的鱼雷艇也对日军实施了疯狂的袭扰。其中，鱼雷艇给日军的"东京快车"计划造成了越来越大的损失，最终迫使山本不得不把潜艇调来。这些潜艇原本被派往其他海域用以攻击美军舰船，但此时，它们不得不被调来发挥防御和震慑作用。12 月 9 日，美军两艘鱼雷艇在距离瓜岛卡米姆博湾岸边 3 英里处的海面上俘获了一艘日军潜艇，当时这艘潜艇正拖着一艘满载弹药、食品和药品的驳船向岸边驶去。美军打开该潜艇的封门，快速突入并最终用几枚鱼雷炸沉了这艘"伊 -3"潜艇。猎获这艘日军潜艇的主要功劳应该归于约翰·瑟尔斯指挥的"PT-59"号鱼雷艇。罗伊德·马斯丁后来说："在那些鱼雷艇上的官兵看来，这的确是一件令他们引以为豪的壮举！"

12 月 11 日，田中带领着一支舰队向瓜岛进发，后来的历史证明，这居然不小心成了"东京快车"计划的最后一次行动。鱼雷艇中队在埃斯佩兰斯角和萨沃岛之间侦测到日军有 9 艘驱逐舰参加此次行动。田中的旗舰"照月"号不幸身中鱼雷，它的深水炸弹装置被炸碎，整艘潜艇沉没于海底。这次行动中，日军共向岸边水域扔下 1 200 个装有物资补给的圆筒，但被岸上日军打捞来的连五分之一都不到。

战争的胜负并非来自一场决定性的战斗，而是取决于双方在经过日日夜夜疯狂无情的对射之后手中还剩多少库存弹药。胜利，往往以一种悄无声息的方式到来。胜利后，你会发现一切都回到了正常状态，部队里也开始出现了正常的人类活动；而这些正常的人类活动在紧急状态期间会消失得无影无踪，因为大家的大脑都处于高度集中状态。在美国海军陆战队下辖的制冰厂，有些具有企业家天资的海军陆战队队员堂而皇之地开起了一个生机勃勃的黑市，出售一种由木瓜、青柠和果汁掺上烈酒混合而成的膏状饮料，甚至还出售一部分多余的鱼雷燃料。步兵师的那些腹满肚圆的新兵蛋子抵达这里后，老兵油子们立马开始无情地"剥削"这些容易上当受骗的新人——他们甚至把那些在降落伞阁楼上"自行生产"的日军战旗仿制品兜售给那些收集战争纪念品的新人。同样在12月，在附近的红海滩上，这片海滩的主人派出的船员们表现得几乎毫无纪律性可言。货船刚刚运来整舱的啤酒，尚未停稳，岸边过去的驳船已经开始争先恐后、你推我抢地冲过去把货船围了个水泄不通。而装有炸弹、榴弹炮弹、机枪弹药和罐装菠萝的货船虽然也轰隆隆地靠向岸边，居然没有几条船愿意主动过去卸载。啤酒受重视的程度高于一切。大家听说有一艘自由轮载有3 000箱啤酒，于是，他们像土匪一样一哄而上，纷纷把啤酒搬上自己的小船，并悄悄地把它们藏到岸上某个神秘而又安全的地方，确保不被其他人发现。这些地方确实很安全，因为大家煞费苦心地把它们藏到了日控线数英里处。"虽然整个卸载事件是一大败笔，但是想到大家居然有这么有意思的举动，真是令人哭笑不得！"事后，罗伊德·马斯丁评价说，"其实船员们都知道这件事情，但是在大家看来，他们无非是把其中一部分啤酒放在了一处只有他们自己才知道的秘穴里，这无可厚非！"

　　美军驻瓜岛新任司令派奇少将对整个事情未加任何阻拦和制止。据说，他还有意额外申请了大量配额供给。其实最终只有六分之一的货物被运到岸上的仓库里。尽管部队里具体分管供给的职员对此提出了抗议，但派奇司令从未流露出任何抱怨，他早已把整个"啤酒抢劫"事件看作赏给兄弟们的祝贺之酒，因为在他心里，大家自8月以来一直辛辛苦苦、尽职尽责地驻守在这里。

　　在派奇的带领下，瓜岛的作用和功能很快就会出现转型，逐渐变成一处后方基地。彼时，这里既有货物仓储，又有医院诊所、棒球场地、救火车辆，配额仓库里的啤酒箱一直能摞到两人高。这里还将会出现机动车辆维修车间和小型随军教堂，并不时举办泼水狂欢节、划船比赛、冲浪艇小丑表演、鲍勃·霍普和杰里·科洛纳亲临现场的演出、日军战俘打理的花园、驯狗节目，甚至还有后来安娜·埃莉诺·罗斯福[1]到访这里。此外，还有一家被大家戏称为"蚊子无线电网络"的部队电台也在这里办得红红火火。这家电台的节目总监甚至是从好莱坞聘请来的，在他的率领下，该电台创办了一组音乐节目名叫"疟疾平[2]鸡尾酒一小时"，该节目的推出有助于促进官兵们采用"抗疟疾药物治疗"的意识。随着美军部队不断在前线向北、向西推进，后方部队登陆此地之后已经能越来越多地享受该岛上的各种待遇。

　　日本海军已经没有能力再向萨沃岛海域施加任何影响。在瓜岛，日本海军第17军的残余守地已经萎缩到总共不超过250平方英里的面积，日军这些残余势力此时已经是胆战心惊、处处小心翼翼，一如当初美军刚刚在这里夺取一席立足之地时诚惶诚恐的表现。罗伊德·马斯丁说："瓜岛地图上的颜色分布正在悄然发生变化，我们能明显看出其中的此消彼长。"

1　美国第 32 任总统富兰克林·德拉诺·罗斯福的妻子——安娜·埃莉诺·罗斯福是一位不同寻常的第一夫人，她不是以传统的白宫女主人的形象，而是作为杰出的社会活动家、政治家、外交家和作家被载入历史史册的。——译者注

2　疟疾平是一种抗疟疾药物，亦称人造奎宁或阿涤平。此处用作音乐节目的名称，突出了该节目的搞笑和娱乐意义。——译者注

41
—
大局已定

　　曾有一位西班牙牧师，在这片命运之海看到了未来的大局和走势。经历过 1942 年地狱般惨烈的战火，战争的幸存者同样也看到了未来的趋势。经过无数战舰和战士的拓展与奋斗，这片海洋上将有一条宽广的大路直通日本东京。

　　可能有些人会说，瓜岛海战的胜利不会对未来产生任何影响，因为美国海军和海军陆战队的意图并不在于征服拉包尔，而是绕过此地，直接开赴塔拉瓦岛，从而突破中太平洋。麦克阿瑟会把战线向西推进，沿新几内亚的西北海岸平行进发，直至菲律宾。但是，这些路线的所有权却是南太平洋部队无数战舰和战士赢得的。如果当初他们在战斗中有所踌躇，那么新西兰和澳大利亚通往外界的通道就会被封死，一旦如此，无论美国在世界任何地方发起反攻，其信心必然会有所动摇，甚至全盘崩溃。除此之外，对当前正在南太平洋地区苦苦挣扎的老兵而言，还有另外一条道路可供他们选择，那就是他们可以返回美国本土稍事休整，然后重新返回战场。但是，战争的形势瞬息万变，只要大家依然活着，就坚决不敢接受这种暂时的休整。

　　"亚特兰大"号沉没数天之后，罗伯特·格拉夫在隆加角的一处散兵坑里一直游离在昏迷状态的边缘。由于身负重伤，他被从战斗现场抢救下来，因此在萨沃岛海域险些被战火吞噬的整个过程中，他一直没有任何知觉和意识。虽然他身下的大地因为炮火纷飞而不断晃动，但他的意识一直停留在自己的世界里，任由自己遍体鳞伤的身躯晃来晃去。

　　在一天夜里，格拉夫被抱上一条小船并被转送到等待在那里的货船上。他和货船上的其他伤员被转运到圣埃斯皮里图。在这里，经过一系列手术，医生们终于从他体内取出了所有的弹片。也正是在这里，他清醒过来之后第一次听大家向他讲起他所在的战舰已经沉没、第一次听大家讲起斯科特少将和"亚特兰大"号防空巡洋舰上其他战友们已丧命于敌我双方交射的炮火。听到整个故事，他简直难以置信，好似别人在讲述一段与自己毫无关系的故事一样。他不敢把这段经历与自己联系起来，他甚至从未感到自己能够幸存是一大奇迹。但在他的整个后半生中，他会反复推敲自己这次死里逃生的微小概率："我身边的人全都死了。这让我在之后好多年里一直处于一种恐慌情绪中。"

格拉夫最后被转送到埃法特岛[1]进行疗养。而其余大多数伤员则被送到努美阿，又从努美阿转移到"招待"号所在地。其实"招待"号并非一条舰船，而是一处疗伤过渡营。那里有一片风景优美的山坡，上面有成片的帐篷房。帐篷房里住满了"大黄蜂"号航空母舰、"亚特兰大"号防空巡洋舰、"北安普敦"号巡洋舰以及其他被击沉的驱逐舰上幸存下来的官兵。很快，他们又被集体送到"门罗总统"号货轮上，最后抵达新西兰港城奥克兰。

船刚进港口，格拉夫就听到岸上传来一阵阵欢快的军乐声。直到此时，他的近期经历才再次浮现在他的脑海中。"我哭得声嘶力竭，"他说，"我无法忍住哭声，无论我手中攥紧什么都无济于事。"有一位护士几次来到他所在的病房劝慰他："嘘……，老头儿，没什么好哭的！"但是，这位护士永远这不知道这是为什么，而格拉夫永远也不会告诉她。"我还是继续不停地哭下去。"后来，经过一番挣扎之后，他终于坐了起来，并从病床上走了下来。

"亚特兰大"号的幸存者得到允许，他们可以放假4天，在新西兰这座最大的城市里尽情放松。比尔·麦金尼写道："这是美国海军部队里的一项特殊待遇，这意味着大家可以'可劲儿地逛去吧，只要不开船，你们干脆不用回来'！"据他事后回忆，船员们晚上在大街上闲逛，可谓"名副其实地淹没在一群女孩儿们中。就算你是个残疾人也能同时左拥右抱几个女孩儿。她们非常直率，而且上来就直奔主题。她们中有好些人好像都是一人独居，因此，我们在奥克兰逗留期间，她们邀请我们搬来与她们同住。她们的直率程度甚至能让我们很多花花小伙儿目瞪口呆"。

"海伦娜"号接到上级命令要从努美阿到悉尼接受维修与保养。此时的"海伦娜"号已经有了一位新的舰长——查尔斯·塞西尔。这艘巡洋舰刚进港口，就有一艘拖轮向它鸣笛表示欢迎，附近帆船和游艇上的游客也向它挥手致意、欢呼祝福。这座城市的标志性港口大桥在傍晚的昏暗之中亮起玫瑰红色的霓虹灯表示庆贺。喜庆的气氛一直延伸到岸上的牡蛎酒吧和红十字会资助的舞会及鸡尾酒会的现场。

---

1 西南太平洋岛国瓦努阿图的主岛。——译者注

这种现场的欢乐只能从表面上放松大家的精神。格拉夫有一位同船战友，名字叫吉姆·肖。他在写给妻子珍妮的信中提到，战争的经历让他开始用新的视角看待生活。"我们痛恨那些政治上的口水大战……我们痛恨资本和劳动力之间的不团结；我们看不上却又不得不容忍劳军联合组织等机构；我们对媒体上发表的评论很有意见。至于那些书呆子'军事评论员'，只要一听到他们对作战方式指手画脚我们就感到无比恶心……战争结束之后，战斗队员们会要求政府让他们过一种安宁的生活，以弥补战争中他们曾经流失的血汗、遭受的磨难和内心的痛楚。"

里昂纳德·乔斯林是"昆西"号上的一名幸存者。对他而言，噩梦几乎久久挥之不去。"多年之后我还一直做噩梦，并留下了夜间多梦的恶习。恍惚间我似乎看到大船驶进了埠头。我看到战士们在挥舞双手，我看到了信号台。我知道我应该在船上的……但是船却渐渐消失了。我赶紧奔向下一个埠头，希望能够追上它，结果还是徒然……我能看到战士们向我招手、能看到信号台。我知道我应该上船。但是忽然醒来才想到这一切都是梦……多年之后，我依然多次梦到这条大船、梦到船上的战士、梦到战士们向我招手。"

12月11日，对"旧金山"号上的幸存者来说，乔斯林梦境中的场景终于在他们的现实中实现了——丹尼尔·卡拉汉曾经驾驭的这艘元勋功臣终于抵达了为之命名的旧金山市。船员们让"旧金山"号停靠在埠头上的那一刻，成千上万名居民站在海港边为之欢呼雀跃。他们挤满了山坡和人行道，仅仅是为了亲眼看到饱经风霜的"旧金山"号回到祖国的怀抱。尤金·塔兰特依然能记起他们回到港湾时迎面扑来的凉爽气息，依然能记起当时金门大桥为大雾笼罩令他回忆起萨沃岛下的昏暗与死寂。这正是一名时事评论员的理想主持词：英雄的舰船满载我们的英雄，回到了当初它的诞生之地；而隔壁的（美国加利福尼亚州）奥克兰市正是那位殉职在它的船楼之上的那位海军少将的故乡。

6天后，那些轻伤战士从橡树港海军医院一涌而出，到市区参加了一场彩带大游行。"他们给这座城市带来一种奇怪的感觉，让大家为之羞愧、为之悲伤，同时，也让整个城市多年以来为之振奋！"《旧金山纪事报》的一名记者曾如此记述。这些战争幸存者组成的游行队伍长达1英里多，沿途观看的市民总数达75 000余人，可谓万人空巷。但是，这场有游行兼庆祝的气氛有些异常。"这是这座城市有史以来最安静的一场游行。这期间也曾有人欢呼，也曾有人鼓掌，但是并没有多少人呼应，也并没有持续多长时间。其中大多数时间，沿途观望的市民只是瞪大了双眼，静静地观看这支神圣的游行队伍。游行队伍中,有些战士还挂着拐或挂着棍,身上穿的还是住院服。尽管游行队伍路过了当地著名的餐饮一条街,但是他们没有任何人曾经产生一丝食欲。"

两位海军上将——切斯特·威廉·尼米兹和欧内斯特·J.金亲自到场颁发奖章。他们在一大群观众面前为布鲁斯·麦坎德利斯戴上荣誉勋章。麦坎德利斯的父母和妻子也在现场。已故海军少将丹尼尔·卡拉汉的父亲从加利福尼亚州奥克兰市驱车赶来,但是这位英雄的母亲和妻子却因悲痛而待在家里。"她们觉得自己无法面对这一切。她们觉得自己无法承受这一切。"卡拉汉少将的老父亲是这样向一位记者解释的。在首都华盛顿,罗斯福总统本人刚刚亲自向卡拉汉少将和诺曼·斯科特少将的亲属代表颁发过奖章。赫伯特·史纲兰德以及"旧金山"号上那位英勇的防火员莱因哈特·开普勒也被授予荣誉勋章。

对"旧金山"号上的官兵来讲,社会对他们的赞誉之声不断传开,但是他们心里非常清楚,这的确有些过誉了。"媒体对我们的赞誉已经完全超乎常理,"克利福德·斯宾塞如此写道。几乎所有官兵都知道,其他那些舰船,包括"斯特瑞特"号、"蒙森"号、"巴顿"号、"朱诺"号和"亚特兰大"号等,他们所承受的伤亡率其实要比"旧金山"号大得多,可是他们却无法回来参加这次彩带大游行,也无法享受免费的啤酒招待。每次听到大家说"旧金山"号是海军部队里面"最能打的战舰"时,麦坎德利斯就会坚持说:"众口一词真的可以混淆是非!"

对民众而言,很少有机会看到受伤惨重的战舰回到公众视野。因此,这就不可避免地影响大家对该战舰的真实功绩做出公平公正的评判。迈克·莫兰所在的"博伊西"号回到费城之后所受到的欢呼与拥戴会让"海伦娜"号上的官兵永远有一种如芒在背的感觉,因为他们在战场上向敌舰发射了相同的火力,而自身却能完好无损地全身而退,可是他们并未因此受到任何关注与认可,反而因为没有负伤而至今默默无闻[1]。实际上,根据《纽约时报》的报道,"博伊西"号共"在27分钟内击沉6艘日军战舰"。深深刺痛"华盛顿"号战列舰上的官兵们的一条新闻是,"南达科他"号战列舰反倒被媒体宣传为永垂不朽的"某"战列舰。之所以用"某"字指代,大概是出于保密原因。后来,当这层神秘的面纱被揭穿之后,"华盛顿"号战列舰

---

[1] "海伦娜"号后来于1943年7月6日在所罗门群岛附近的库拉湾战役中被敌军鱼雷击中沉没。在它的官兵看来,其实这一事件给他们留下的印象要远远深刻于瓜岛海战给大家留下的印象。——译者注

再次引发了公众的密切关注，因为它在战场上那扑朔迷离、似是而非的表现根本没有什么值得"表彰"的。此外，盖奇长官也对外声称他的战舰"击沉3艘日军巡洋舰，并用实际行动证明这一战斗成果是无与伦比的，可能会有其他战舰能与它相提并论，但绝对没有其他战舰有超乎它的表现"。当"旧金山"号进入港口之时，其实跟它一同回来的还有它在铁底海峡参战时的一位老战友"斯特瑞特"号。就在"旧金山"号停靠在第16号码头准备迎接公众的欢迎时，可怜的"斯特瑞特"号与多数在战争中做出牺牲的战舰一样，灰头土脸、悄无声息地开进了母马岛海军造船厂。

所有这一切在尤金·塔兰特和他的战友及舰上的厨师看来都不值得一提，因为他们登岸之后所面临的一切给他们带来了更大的反差。在塔兰特出现之前，福克斯新闻社的摄影师一直用双眼盯着"旧金山"号上的船员拍摄，但是当塔兰特和他的战友们列队走开之后，该新闻社的摄制组人员马上把镜头对准了舰船的其他部位。

就在"旧金山"号驶往美国本土西海岸接受这场规模宏大的欢迎仪式的同时，日本海军方面有一位中校军官从拉包尔返回日本首都东京。他在返回东京之前，曾经亲赴南部海域前线执行一项真相调查任务。他向上层汇报说，在日军派驻最前沿的各兵种、各阵地里，大家普遍缺乏信心。在他们的增援部队和运输舰队于11月遭受重创之后，他们对新几内亚的掌控已经出现了动摇，日本海军和陆军双方高层领导一致认为，恐怕这种苟延残喘已经持续不了多久。这位中校军官在报告中斗胆提出了一条令人难以置信的应对措施：放弃瓜岛、撤出驻守官兵。在接下来这位中校与上层开展的讨论中，大家想到了令人放心不下的一点关切：一旦撤离的命令送达该岛，恐怕驻守官兵宁愿杀身成仁、剖腹自尽，也不愿离开这片驻守之地。

美军方面也对自己遭受的一系列挫折展开了反思，并随即成立了自己的真相调查小组。尽管海军方面已经胜券在握，但他们还是希望回顾一下双方初次交手的那次为什么美国海军不但没有取得开门红，反而险些一脚栽了个狗啃屎，毕竟美军"文森斯"号、"昆西"号和"阿斯托里亚"号蒙受了巨大损失。当时军中盛传一句谚语，后来被参加所罗门群岛海战的一位老兵，也就是后来的约翰·肯尼迪总统传播得家喻户晓，"胜利众人争功，失败无人引咎！"那么，既然具有取得最终巨大胜利的能力，当初又何以导致那次惨剧呢？美国海军系统内部一直对这一事件讳莫如深。

12月20日，欧内斯特·金下令："对造成这些舰船出现重大损失的原因开展非正式调查。"他在批示中写道，开展调查的目的在于"查明失败的具体原因，同时，确定参与行动规划或行动执行的军官中是否有人应该为自己的不称职承担责任"。3 天后，即将执行这一调查任务的一名军官赶到华盛顿总部金上将的办公室向他报道。这位军官名叫亚瑟·赫伯恩，是美国海军总委员会主席。海军总委员会的委员们都是海军高级将领，他们负责向海军部部长提供咨询和建议。而赫伯恩显然是这些海军上将中最德高望重的一位。他本人曾经担任美国海军舰队总司令，而且对世界上最大的那片神秘大洋颇有经验。美西战争结束之后，当时他以一名海军少尉的身份参加了美国开发探险队，对广袤无垠的太平洋开展海洋地理调查。汉森·鲍德温曾于 1936 年在《纽约时报》上发表一篇人物传记，里面记述说："他并不张扬；在他服役的旗舰上也没有任何关于他的传奇故事，甚至整个舰队也找不出任何有关他的秘史。他的工作经历本身就非常具有说明性；他备受尊重，也深受信任。"其实，他曾经还担任过另一职务，由于他在其他职位上的成就相当耀眼，因此他在这一职务上的经历很少被人们提及——他曾经担任海军公共关系司司长，是海军现役部队的首席公共事务官。向金上将报道之后，赫伯恩与海军中将戈姆利在华盛顿的某个地方坐了下来，赫伯恩开始了对戈姆利的盘问。盘问结束之后，戈姆利开始有些疑惑和懊悔，因为他在谈话中的任何疏忽都可能把自己与 8 月 9 日萨沃岛海域发生的那场惨败绑定在一起。由于戈姆利在"内华达"号上的任期结束之后曾在赫伯恩手下担任行动官，因此赫伯恩这位老上级对他的盘问再次揭开了戈姆利的一道旧伤疤。1943 年 1 月 2 日，赫伯恩到夏威夷向美军太平洋司令部总部报道。由于突发疾病，赫伯恩不得不住院 3 周。其间，他的副手唐纳德·拉姆齐代替他在太平洋司令部总部阅示文件。

赫伯恩在夏威夷疗养恢复期间，美国情报机构的分析员开始从日军部队、战机和战舰的动向中推测出日军很可能会进入战略防御；但是从无线电通信中截获的信息显示的结果却刚好与此相反。由于被日军的电报解码所迷惑，美军方面全盘接受了从无线电通信中截获的一切信息。他们一次又一次地听到无线电通信中提及一项名叫"KE 行动"的军事动向，他们很自然地从推断出日军开展这一行动的地点不在新几内亚就一定在所罗门群岛。

当时，尼米兹认为山本很可能已经制订了下一个攻击目标，且正在悄然向瓜岛增兵。哈尔西手下的情报人员于 1 月的第三周发现日军至少有"瑞鹤"号、"瑞凤"号和"隼鹰"3 艘航空母舰停靠在特鲁克岛，同时停靠在那里的还有"大和"号和"武藏"号两艘超级战舰，因此，美军方面有充分的理由相信这是日军要发起决战的前奏。因为很可能马上要迎来日军发动的另一场进攻，所以哈尔西决定趁暴风雨来临前的这片刻宁静时间把那批已被战争拖厌的海军陆战队从瓜岛替换下去。他命令运输舰把陆军第25师中的剩余兵力运到瓜岛替换岛上驻守的海军陆战队队员。南太平洋战区的某支强劲的海军部队受命前来提供协助，并掩护海军陆战队撤离。

绝望之中，日军帝国总司令部[1]甚至起草了一份更加野心勃勃的作战计划。就在日军各支部队向卡罗琳岛[2]的大型海军基地靠拢的同时，日军各后勤部队也正在向所罗门群岛北部和中部集结做防御准备——并且正在全力准备投入"KE行动"。经过5个多月的战争消耗后，哈尔西和他的下属们很自然地认为这是日军发起的另外一波增援力量。

日本裕仁天皇很在意国民公论，唯恐官方的某个动向或运动被公众解读为"日本正在做出战争姿态"。在公众面前，他一直坚称胜利的希望在所罗门群岛。在12月26日向全国公布的一份诏书中，日本天皇宣称"晨光将喷薄于东方"，同时，该诏书还宣布，当时正在集结的各支部队将开赴所罗门群岛决一死战。而正是在这一天，帝国总司令部做出了撤退决定。

但是，就在几天之后，天皇在召见高级将领时做出了那个"当时令人难以置信的决定"。日本陆军不再增援，而是要撤退。后来，在岛上死去的日军战士的日记中，我们看到了当时日军士兵的病弱程度已经到了让人毛骨悚然的地步，这是铁一般的证据。12月下旬，当饿死的速度已经达到每天100人的时候，有一位日本陆军中尉是用下式来估算战友们的寿命："能站立行走者，30天；能稳坐者，3周；不能稳坐者，1周；床上拉尿者，3天；闭口失语者，2天；目不转睛者，明天。"日军已经完全停止向这座吃人的岛屿投递精兵和武器。

山本五十六其实是在从历史的剧本上摘抄的另一出戏，因为他认为这是皇家海军的"敦刻尔克大撤退"。其实"KE行动"是一场撤离行动，而且这场撤离行动预定的发生地点恰恰就在美军南太平洋部队众多飞机、战舰和鱼雷艇的眼皮底下。裕仁天皇非常不情愿地批准了这项行动，他当时说："取瓜岛者何其难？！弃瓜岛者何其易？！轻而弃之，吾所不愿也。如真若弃之，愿于它处示以攻势！"但是，如今大势已去、大局已定，恐非天皇之愿，亦非天皇之能可挽回也！能定乾坤者，非美国海军莫属。无论在所罗门群岛，还是在新几内亚，抑或是在其他各地，美国海

1　一译"日本帝国大本营"。——译者注

2　位于西太平洋中。——译者注

军正声势浩大地反扑而来。

　　"KE 行动"不过是一个秘密行动的代名词。它的真正意图不仅美军不清楚，就连日本陆军里面该行动的直接受益人也不清楚。这一行动于 1 月的最后一周开始，同时，为配合该行动，日军部队逐步向埃斯佩兰斯角沿岸靠拢。由于派奇将军麾下的陆军兵力总数已经达到 50 000 人，为了避免遭到这支美军的围追堵截，日军决定把那些饿得半死不活的官兵们运往萨沃岛方向。为了避免"撤退"二字在那些自尊心较强的官兵中引发哗变，官方骗他们说大家是在集结力量准备择机反攻。

　　美军的飞机现在已经飞到"狭槽地带"的上空，从日军在蒙达岛的空军基地到拉包尔，到处都遭到了美军飞机的狂轰滥炸。而此时，日军飞机刚刚集结起来，成群结队地参加他们已经酝酿了几个月的防空演习——先长途跋涉到瓜岛上空，然后压住"仙人掌"航空队的火力，继而封锁通往瓜岛的海上航道，并掩护岛上官兵撤离。就在南所罗门群岛的暴力冲突进入最后一个阶段之时，一群美军战舰被日军轰炸机投下的鱼雷击中。

　　这群美军战舰是 1 月 30 日黄昏时分抵达的。当时，美军第 18 特混舰队正在以 24 节的航速往西北方向行驶而来，带领这支队伍的是海军少将罗伯特·吉芬，对他而言，太平洋战区还是一片陌生之地。这支舰队里有"威奇托"号、"芝加哥"号和"路易斯维尔"号重型巡洋舰，"蒙彼利埃"号、"克利夫兰"号和"哥伦比亚"号轻型巡洋舰，以及 6 艘驱逐舰；此外，"切南戈"号和"舒瓦尼"号两艘航空母舰承担护航任务，为这支舰队提供空中掩护。就在这支舰队踏波而来之际，31 架满载鱼雷的日军"贝蒂"轰炸机从美军特遣部队右舷侧方向俯冲下来。

　　吉芬少将接到的命令是在瓜岛西南方向与另外 4 艘驱逐舰汇合，然后一起在萨沃岛海峡执行巡航任务。为了准时会面、更为了避开日军潜艇的袭击，他更倾向于提速前进，并下令让行进缓慢的航空母舰后续跟来。1 月 30 日，夜幕刚刚降临，舰队行至伦内尔岛正北方向 50 英里处，这时，空中搜索雷达响起了警报，有不明飞行物出现。确实有几艘潜艇正在搜索这支队伍，不过不是用它们携带的鱼雷，而是用潜望镜和电波。尽管吉芬所在的舰队已经盯上了日军潜艇，但他与当初的吉尔伯特·胡佛一样，不希望向友军发射电波，以免暴露自己。因此，吉芬拒绝把敌军潜艇所在的地理坐标位置发送给己方的空中巡航作战机队。"切南戈"号和"舒瓦尼"号航空母舰此时正在正南方，这支空中巡航作战机队其实正是以这两艘航空母舰为基点的。

这一次的遭遇与 11 月 12 日特纳和卡拉汉所遭受的空袭过程一模一样，唯一的不同在于这一次的时间是在日落之后，而且过程稍有曲折。昏暗的夜幕中，突然像爆开了万花筒一般，看似五颜六色的照明弹，其实是日军通过专业术语向己方表明美军部队的方位和舰队构成。日军空中部队在夜战方面的能力丝毫不逊于日本海军，而美军对日军这一创新型战斗方式的震惊程度也丝毫不亚于他们之前见识过的日军作战手段。但令人欣慰的是，美军的舰载防空高射炮一如既往地精准高效，因为美军有自己的独门秘诀——无线电近炸引信。这种引信是指在炮弹中有一枚雷达信号传送设备控制炮弹的爆炸时间。很快，一架"贝蒂"轰炸机从夜空中一头栽了下来，从"芝加哥"号的船头擦过，扎进船头左侧的海里。

上次执行第 18 特混舰队的类似任务时，舰队里曾包含"黄蜂"号、"文森斯"号和"昆西"号 3 艘倒霉的航空母舰，此时，它们早已不在"人世"。当时，"芝加哥"号也是在这片海域被轰炸得"头破血流"。出事的那天晚上，"芝加哥"号还曾担任海军少将克拉奇利麾下西南翼各巡洋舰的临时旗舰。当时，"芝加哥"号的临时指挥官是霍华德·鲍德。因为鲍德的顶头上司于 8 月 9 日临时离岗去跟特纳和范德格里夫特商讨日军战舰出没的迹象和海军上将弗兰克·杰克·弗莱彻麾下航空母舰的撤退问题。由于当时与不明舰船遭遇，被对方火力压制，船头不幸被对方鱼雷击中，霍华德不得不率舰离开现场，去追踪这些不明舰船，而同时，三川军一率领的这支利刃一般的队伍也飘然离去。

此时，在一位新任指挥官的率领下，"芝加哥"号再一次处在了不利的境地。刚才从空中栽下来的那架"贝蒂"轰炸机泄漏的燃油疯狂燃烧起来，明亮的火焰把"芝加哥"号的身影暴露给了夜空中的其他日军飞行员。他们排成一排，轮番往下投弹。其中有两枚鱼雷击中了这艘巡洋舰的右舷，炸开了几间舱室，并炸死了三四名船员。为了保持平衡，船员们立刻手忙脚乱地把左侧几间船舱灌满海水，才把该舰从右倾斜状态扳回平稳。最后，它只得依靠"路易斯维尔"号航空母舰的牵引方能行动。

次日上午，第 18 特混舰队拥簇在"芝加哥"号周围，同时，两艘护航航空母舰及"企业"号航空母舰上的"野猫"战机轮番起飞为之提供屏障，以免遭到日军方面的后续轰炸。但是，毋庸置疑，日军在这一方面的确技高一筹。下午一两点钟，日军从拉包尔飞来的搜索飞机与美军的空中巡逻战机在空中对峙一段时间后，日军轰炸机终于在 4 点钟再次发现了"芝加哥"号。不幸的是，此时美军舰队里的其他战舰都已奉命退往埃法特岛。"芝加哥"号因此失去了空中掩护。日军轰炸机又向这艘伤痕累累的航空母舰投下4枚鱼雷，不到20分钟，"芝加哥"号就翻滚着沉入海里，同时带走了62名官兵与它一起葬身海底。

2月1日，吉芬率领的巡洋舰舰队从参战名单上被勾去，这对日军的"KE行动"而言无疑是一大恩惠和福利。日本海军少将桥本此时已经接替田中赖三担任增援部队司令。他之前曾于11月14日与美国海军少将小威利斯·李临场对峙。此时，桥本少将领20艘驱逐舰从肖特兰岛挥师出发，开赴瓜岛，对岛上的日本驻军开展第一轮救援撤离行动。虽然该行动的命名由来已久，但日军增援部队所执行的任务性质却与该行动名称流露出来的字面意思恰恰相反。

就在桥本挥师南下的同时，亨德森机场派出的侦察机于下午一两点钟在韦拉拉韦拉岛以北发现了他的踪迹。很快，"仙人掌"航空队的飞机蜂拥而来，92架飞机分成两拨对他的舰队轮番轰炸。"卷波"号驱逐舰遭受重创，日军不得不派出另外两艘驱逐舰在它两侧观望照应，还有一艘驱逐舰也被击中，被迫抱头鼠窜、原路返回。夜幕降临之后，图拉吉岛上的鱼雷艇也成群结队地出动了，这11艘鱼雷艇三三两两地结成一组与日军舰队里剩余的驱逐舰奋力拼战。约翰·克拉格特中尉驾驶的"PT-111"号鱼雷艇被日军"江风"号驱逐舰的炮火击中驾驶舱，整艘艇燃起大火，夺去了两条生命。"PT-57"号鱼雷艇也身中三弹并起火沉没，除一人幸免，其余船员皆葬身海底。"PT-123"号鱼雷艇受到一架"零"式水上侦察机的攻击，这架水上侦察机灵敏地把一枚炸弹抛在鱼雷艇的尾部，使它先燃起大火，而后沉入水底。

尽管遇到了疯狂的阻力，桥本的舰队中还是有6艘驱逐舰设法穿越重围抵达埃斯佩兰斯角和卡米姆博湾。驱逐舰上放下来的小艇发动马达驶向岸边，开始搜寻第17军幸存的官兵。第一轮撤离行动共撤走了4935名官兵，其中大多数因病饿交加，已经瘦得皮包骨头。2月4日，日军发起的第二轮撤离行动又救走了3921名官兵，其中包括第17军军长百武晴吉和第2师（前身"仙台"师）师长丸山正雄两位三星级将官。

派奇少将被日军这一"明修栈道、暗度陈仓"的伎俩彻底搞得摸不着北。2月7日，他声称"东京快车"计划派来登上瓜岛的兵力有所增加——增加了整整一个团的兵力，并且带来了充足的给养。然而就在这一天，桥本开展了第三轮撤离行动，这一次，他派出了18艘驱逐舰。日军驱逐舰上的官兵开展救援和撤退的毅力丝毫不亚于他们在战斗中的勇气和坚忍。最后这次行动他们救出来的人数大为减少，共计

1796人，但是具有重要意义。先后3次能够从那座"饥饿之岛"上救出10 652人，这一事实本身就令整个军心为之一振，而这结果和成就是岛上那批严于自律的日军官兵未敢想象、未敢奢求的。同时期的希特勒对自己手下的第6军却远远没有如此慈悲，他坚持让官兵们坚守在伏尔加河岸边的阵地，直到最后，大家耗尽了燃料、吃光了军粮、磨尽了意志。最终，这批官兵走投无路，只好举手投降，这一天是1月31日。

在"KE行动"中，日本帝国海军共有1艘驱逐舰沉没、3艘驱逐舰重伤、66架飞机坠毁。而与之相比，美军方面失去了"芝加哥"号重型巡洋舰、"德黑文"号驱逐舰、3艘鱼雷艇和53架飞机。日军方面相当于两个师的官兵毫发无损地从瓜岛从容离开。

瓜岛上的美国驻军早就清楚自己的对手已经奄奄一息，却未曾料到这次他们居然从自己眼皮底下全部消失。派奇少将永远失去了这个"一举消灭敌人"的机会和快感。但是1943年2月9日，他心花怒放地向南太平洋部队司令部发去一份报告，海军中将哈尔西阅读之后也甚感欣慰。这份报告的大致内容如下：

"今日，我军彻底挫败驻守瓜岛之日军，前后共歼敌1 625人……奉命附报如上，荣幸之至……从此'东京快车'再不停靠瓜岛。"

42

巡讲反响

尽管战争依然如火如荼地进行着，但有些官兵，或者说有些幸运的官兵已经回家了。

新年这一天，"门罗总统"号货船抵达旧金山，船上载回了"亚特兰大"号防空巡洋舰的部分幸存者。可是，他们却没能享受三周之前"旧金山"号重型巡洋舰抵达这里时的盛大欢迎仪式。"亚特兰大"号上有一位老兵名叫罗伯特·舒特。"他的脑海中充满了恐怖的回忆，对'旧金山'号也是满腹牢骚。"这是"亚特兰大"号上一位船员的妻子佩琪·珀金斯对罗伯特的描述。"珀金斯太太，我不会跟任何人谈论这艘舰船的事情，但是，我告诉你，有人会把真相捅出来的，到时候，有关这条舰船的所谓'英雄事迹'将会大白于天下。"

珀金斯太太与自己的丈夫凡·珀金斯重聚之后，激动得泪流满面。但是这种重聚只是暂时的，因为当她丈夫的假期结束之后，他还要被召回战场。这一次，他被重新部属到"伯明翰"号轻型巡洋舰上。1944年，珀金斯以伤情控制官的身份随舰开赴菲律宾，去拯救一艘被炸弹炸伤的轻型航空母舰"普林斯顿"号。珀金斯当时正在监督"伯明翰"号上的消防员把水流喷进那艘燃起熊熊大火的轻型航空母舰。他本人所在的巡洋舰与这艘航空母舰距离太近了，而海水的波动又很大，因此，巡洋舰的上部构造不小心撞到了这艘轻型航空母舰飞行甲板突出船体之外的延伸钢板上。"普林斯顿"号的弹药库发生了爆炸，珀金斯当场丧命。他的尸体被仓促地葬入大海，当时"亚特兰大"号上的战友一位也没能赶来为他送行，因为当时他们正在忙着打仗。

战争结束后，佩琪改嫁，而且她的改嫁对象绝对是这个世界上少数能够理解她内心伤痛的一位丈夫——他是"亚特兰大"号上的另外一位军官，名叫吉姆·肖，凑巧已经丧妻。多年之后，在佩琪出版的回忆录中，她年轻时对海军的浪漫看法已经夹杂了五味杂陈的酸楚，甚至终生沉浸在浪漫的幻想与冷酷的现实之中。

"我现在发现，我对'亚特兰大'号之爱犹如你对一位有血有肉的人所付出的爱一样。而其他舰船对我而言不过是冷冰冰地漂浮在海面上的一处办公场所而已。我永远也不会忘记'亚特兰大'号。她教给了我人生重要的一课。我再也不会爱上另外一艘舰船。因为它们在我眼中毫无价值。'亚特兰大'号已经一去不返，并被埋葬了，而且是被埋葬在了我的心里。或许对它来说，这不是一个合适的归宿。但它的确深深地印在了我的心底。现在，我意识到它的独特之处，而且我再也不会把其他舰船跟它放在同一个标准进行比较。这就意味着我需要对其他舰船宽容一点，因为我不可能期待所有的舰船都出类拔萃。"

"亚特兰大"号的事迹只能深深留在一部分人的心底，因为它的名字没有给大众留下深刻的印象，对1945年的那支舰队而言，它的内部名号甚至仅仅是"第104号轻型巡洋舰"。驻守瓜岛的老兵在回忆起自己曾经历过的战斗时，发现的确是往事不堪回首。

罗伯特·格拉夫在橡树港海军医院完全清醒过来之后，他的病床前立马围上来一拨七嘴八舌的问事者。"自我醒来的那一刻起，人们一直聚拢在我的床头。他们想知道，战场上的厮杀到底给人什么感觉；他们想知道，战场上到底有哪些具体细节与普通的平民生活有所不同；他们想知道，我们应战之前都需要做哪些准备工作。那些整天在华盛顿深居简出的民众，他们能知道什么呢？"

"我告诉他们，为了让整个作战连队保持整体性和统一性，最重要的事就是做好本职工作。如果你做到了这一点，可以说你就已经赢得了半场战斗。这还意味着，每一个人都要对船上所有人怀有一颗责任心。每一个人都有自己的工作，每一个人的任务都是把自己手头的工作完成好。尽可能跟自己团队里的战友多沟通，这样做不仅是为了改进自己的工作，而且是为了逐步增强信任和信心。一旦你不幸受伤，其他战友才知道如何帮助你。如果你能做到上面两点，你就会永远健康、安全地生存下去。"

海军士兵只有在实战中才有机会积累最基本的战术操作能力。意识到这一点之后，罗伊德·马斯丁感到难以相信。"我一直错误地以为，与敌军临阵交火之时能在黑暗中摸索着完成一些简单的战术操作是一名海军士兵在实习期间就能掌握的技能呢。"

"部队里面从来不缺乏同情心，也从来不缺乏一些陈词滥调似的口头禅，例如，大家一直没有时间开展协同训练；或者，一直有人强调说，大家的团队精神对工作具有至关重要的作用。但是，这些话都是人尽皆知的废话……（还有，）他们应该在没有任何预先通知的前提下发挥团队精神协同作业，并按照美国海军的统一理论、统一手语教程……这些年来我们一直不缺乏这些东西。"

格拉夫从来不相信书本可以教会一个人如何做出有效反应，例如在舱壁被震碎或脚下舰船龙骨发生弯曲的情况下。他告诉这些好奇者"应该极尽自己的想象力和创造力构思一下战斗到来时的真实状态。一旦你对自己的生命和生存失去掌控，你该怎么办？你应该多与自己的同船战友们讨论这样的问题"。

"这方面没有什么秘密可言。但是你会发现很多人所表现出来的能力和方式与期待值相去甚远。所以，只有战斗过程本身才能把战士们放在一定的岗位上，让他们把自己的天赋和才能用在应对危机上。只有当所有人都各安本职工作且能够学习如何在紧急情况下从事本职工作，一艘战舰才能成为一艘名副其实的战舰。"

格拉夫身体恢复到可以重返战场之后，他前往停泊在费城的"蒙特利"号航空母舰报到。"蒙特利"号正在准备启程赴太平洋。该航空母舰的领航员听说有一位"亚特兰大"号上的幸存军官被分配到他所在的军官起居室，他感到荣幸之至。而且，他的脑子非常灵活，借邀请格拉夫与他单独共进午餐之机了解"亚特兰大"号的情况。格拉夫后来说："他想了解一切。他实际上就是在一点一点地尝试着向我打听消息。"参加过作战行动的老兵一般都具有非常坚定的毅力和良好的适应能力。不管怎么样，格拉夫后来慢慢适应了大家对他提出越来越多的问题。

美军和日军培养自己的"第一拨"海军作战队员的方法大不相同。美国人的方法是把那些初次出航就持续经历过战火的战士调回国内对下一拨人员提供培训。日本人的方法是把一群没有经验的战士直接扔在舰船的各个战斗岗位上，任其自生自灭，任由人数锐减。约翰·史密斯上尉是所罗门群岛上受过表彰的某作战排排长，海军陆战队让史密斯把自己排里最优秀的一位标兵调回国内。史密斯把自己的荣誉勋章转送给这位战士并拒绝了这位战士返回战场的请求，他对这位战士说："在你培养出至少150名'史密斯'式的优秀战士之前，不准回来。"海军系统内还有一个非常平淡但更加典型的例子："旧金山"号上有一位火力控制官名叫埃德加·哈里森。他把自己的战斗经验带到了几所海军技术学校跟学员们分享，成为新式"马克-56"火力控制系统的第一位教员。这一新式火力控制系统是专门用来对付日军"神风"突击队的。

就在格拉夫随"蒙特利"号航空母舰重返太平洋的同时，"阿隆沃德"号驱逐舰上的雷达官鲍勃·哈根赶到西雅图的塔科马港口，到新出厂的"强斯顿"号驱逐舰上担任枪炮指挥官。该驱逐舰的舰长欧内斯特·埃文斯也是一位久经沙场的老兵，也是从其他军事任务中转调过来的。"斯特瑞特"号驱逐舰舰长耶西·沃尔德和"蒙森"号驱逐舰舰长罗兰·斯穆特也将分别担任该驱逐舰中队指挥官，并在今后的军事行动中发挥重要的战术指挥作用。由于经历过艰难困苦的磨炼和考验，他们几位都将在 1944 年菲律宾莱特湾战役中演绎不同的传奇故事。

每一个人的故事都将留在太平洋战争的史诗里。"铁打的营盘流水的兵"，战场就像一个不停旋转的音乐座椅一样，大家前仆后继，不断新老交替，直到最后，幸存下来的都是一些富有经验的老兵。

乔·詹姆斯·卡斯特是一位战地记者。在南太平洋战争刚开始的那段日子里，他曾随军采访并有幸看到了战争的破坏力。无论是在"阿斯托里亚"号巡洋舰上，还是在檀香山女王医院里接受眼部手术住院期间，他跟经历过太平洋"地狱之火"的那帮战士们走得越来越近。他曾捕捉过大家的眼神，透过大家的眼神，他看到了他们心灵深处的灵魂，也看到了他们内心的痛苦和忧郁。"而这些是需要心理医生来解决的新问题，"他当时是这么报道的。经验十分重要。经验能给战士们带来益处，但经验的取得也需要付出一定的代价。"他们在肉体上、精神上、思想上都需要接受治疗；他们在肉体上和精神上所遭受的痛苦和创伤不是常人能够理解的，除非你亲身经历过现场的一切。"他们所经历的暴力程度远远超乎常人的想象。

卡斯特于 10 月底撰写了一系列报道，并发表在了《西雅图时报》和其他一些报刊上，这些文章细数了"阿斯托里亚"号上的伤亡和损失，并促使那些参战人员的家人意识到他们需要理解他们的亲人在前线所遭受的一切。很快，邮件像雪片一样从全国各地飞抵檀香山女王医院 232 病房。在卡斯特的眼睛完全恢复视力之前，医院的陪床护士不得不把这些邮件读给卡斯特听。

有一位来信者的弟弟在前线是一位中尉军官。这位中尉军官与家人失去了联系。"我们从华盛顿方面收到消息，说他已经阵亡。我想说，我的第一反应是拒绝接受这一现实，因为我总感觉汤姆并没有死去。您曾经提到有一艘巡洋舰沉没于海底——我想借此问一句，舰上的官兵是否得救？如果我能赶来与您面对面交谈的话，我想您一定能够理解我的心情，理解真相对于我、对于我们全家的重要性。我们收到消息之后并没敢告诉我们的老母亲，因为我们恐怕这一消息对她的打击太大令她难以承受……看在慈悲的上帝的分上，也看在我们是一国同胞的分上，不知您能否在方便时给我回信一封！"

"您可能并不会很在意这封来信，但是作为'阿斯托里亚'号上一位牺牲战士的 7 名家属，我们写信的目的仅仅是缓解一下我们内心的伤痛。他只是一个 20 岁的孩子。我是孩子的爷爷，写这封信想向您打听一下有关他的更多信息。我跟孩子的奶奶都十分疼爱这个孩子。而孩子的奶奶也已于 1942 年 8 月 9 日不幸离世。"这封诚挚的来信上甚至还带有一些错别字。

还有一位来信人的儿子当时在"昆西"号上服役，现在也已失去了联系。"他有没有可能游到附近的岛上，或者被敌人抓到做了俘虏？如果他此时受伤住院，政府是否会允许他给家里写信并告诉我们医院所在地？我的儿媳妇这个月就要生孩子了……我们不放弃任何一个机会联系一切可能知道孩子下落的人……如果有任何人给我们讲述一下'阿斯托里亚'号最后几天所经历的事情，我们愿意诚心倾听。"

美国战争部的某些大脑袋灵机一动，想到把参加过美国在太平洋战场第一场胜仗的老兵送到全国各地的工厂巡回演讲，希望能借此提高士气。到 1943 年，军工行业里面的旷工现象已经变成一个非常严重的问题。广大妇女已经变成了全职劳动力，此外，她们还要承担家庭角色。很多妇女发现很难在两个角色中保持平衡。为了解决这一问题，"旧金山"号上的埃德加·哈里森应召出列。有人已经为他写好了演讲词，他只需要到公众面前根据自己的亲身经历印证一下即可。

"这位年轻人跟各位的儿子或丈夫的年龄相差不多，"有一位企业负责人在哈里森讲演之前是这样介绍他的，"他将给各位讲述一下大家刚刚从收音机上听到的一场战斗。"在公众道德的接受范围内，讲演的内容尽可能充满血腥的词调。3 个月以来，哈里森从美国中西部一路演讲到东北部，平均每天讲演 4～5 场。若赶上工人们换班的时间段，听众的人数会翻倍。"演讲结束后，大家排队来跟我握手，虽然嘴里什么都不说，但是眼中却满含泪水，因为每一个人都有几个熟人在陆军或海军部队里服役。"

1943 年初的一个上午，哈里森在密歇根市凯迪拉克镇的凯迪拉克汽车厂有一场讲演。讲演开始之前，大家陪他到一栋大楼背后的某条铁路线的侧线上参观，并当场要求他把自己的名字题写在一节平板货车的钢板上。然后，大家带领他参观了整个汽车制造流水线的每一个生产环节。整整 3 个小时之后，他们才参观完整条生产线。在这条生产线的最后一个车间，他们看到了一辆刚刚完工的"谢尔曼"坦克。

汤姆·苏利文和阿莱塔·苏利文夫妇是 5 位阵亡战士的父母。他们的 5 个儿子都牺牲在了"朱诺"号上。这对夫妇从 2 月开始被邀请到全国各地巡回演讲，先后到过巴尔的摩、费城、纽约、纽波特、哈特福德，以及美国中部的一些城市。在这次巡回演讲的终点站旧金山，他们参加了一艘新驱逐舰的命名仪式，这艘驱逐舰正是以这个家庭的姓氏命名的。几周之后，苏利文夫妇在芝加哥短暂停留期间，"朱诺"号上一位名叫艾伦·海恩的幸存者向他们讲述了他们的长子乔治在海上遇难的过程。

苏利文兄弟的故事鼓舞了来自全国各地的人们。可是，当他们最后回到家乡沃特卢市之后，公众看待他们的眼光却发生了变化。在家乡，他们不得不与那些思想狭隘的怀疑主义者做斗争和辩解，因为社区里有人怀疑他们夫妇靠自己孩子们的悲剧大发横财、博取同情心。沃特卢再也没有家的感觉了。最后，他们几乎无法再忍受下去。4 月的第一周，他们受邀来到旧金山参加"苏利文"号驱逐舰的命名仪式。这一次，苏利文太太在船头打开香槟，并以慈祥的表情微笑着面对记者的镜头。但是，在仪式结束之前，她已经坚持不住，慢慢地躬下身去，瘫倒在地上啜泣起来。

1943 年初有很多事情值得回忆。海军一向重视自己的名声，因此，在海军总部无数间回荡着犀利声音的大厅里，海军上将赫伯恩又一次开始追查萨沃岛战役失败的原因。

从夏威夷岛上疗养恢复之后，赫伯恩马上重新投入工作，翻阅海军上将尼米兹的档案资料，并询问"昆西"号上幸存下来的海纳伯格中校和"芝加哥"号上幸存下来的领航员伊莱贾·艾利斯中校。随后，他搭乘下一艘出海战舰赴努美阿会见哈尔西少将。之后，2 月 16 日，他又转赴澳大利亚开展调查。

为了拜见海军少将克拉奇利，他还得开展跨兵种协调，因为克拉奇利此刻正在道格拉斯·麦克阿瑟的西南太平洋部队麾下效力。赫伯恩在澳大利亚的布里斯班查阅了这位英国军官对那场战役的回顾，并认为这份回顾"是对整场军事行动最完整、最清楚的描述"。其实，战斗发生时，克拉奇利距离现场还有好几英里呢。或许，赫伯恩在最终报告中写他自己"商请"克拉奇利要比说"询问"克拉奇利更加实事求是一些。他们两个会面的地点在墨尔本的"澳大利亚"号巡洋舰上，该巡洋舰自 8 月 9 日起因瘟疫流行而被迫暂时退出行动任务。在堪培拉，赫伯恩受到了澳大利亚总督的接见，并出席了澳大利亚战争委员会的一场会议。随后，他又返回努美阿询问海军少将特纳。然后，他又飞到珍珠港对格林曼上尉展开调查，并开始起草报告给金上将。

　　一直到 4 月 2 日，赫伯恩才飞回美国本土询问那两位在他看来明显因其工作效率而误事的军官——一位是"文森斯"号上的莱福科尔舰长，另一位是"芝加哥"号上的临时指挥官霍华德·鲍德。精明的调查员总把最困难的调查阶段留到最后。亚瑟·赫伯恩带着自己调查得来的众多材料和他已经几近起草完毕的汇报稿，来到得克萨斯州科珀斯克里斯蒂市为最后阶段的审讯做准备。

43

盖棺定论

有些军官认为战争的胜负取决于团队精神的优劣。"我们在太平洋上取得的胜利不能归功于某个人，"戈姆利的助理行动官查尔斯·韦弗在日记中写道，"这是很多优秀官兵齐心协力的结果。而还有一些思想觉悟不是很高的人，则在自己的回忆录中变相地提醒自己的儿孙，是他们的个人努力赢得了战争。"而此时的海军总部正忙于追根究底地挖掘另外一个问题——萨沃岛战役本来可以避免失败，到底是谁的责任造成整个海军的荣誉几乎功亏一篑、毁于一旦？

如果上天再给一次机会，整支舰队恨不得重打那场海战。回顾当时的细节，其实有很多环节都充满智慧的考验，比如，各战舰指挥官们本应该做什么？有哪些风险是可以预测或者避免的？战场细节，自古以来都很重要。公元前168年，罗马帝国将军卢修斯·伊米留斯·包拉斯曾说："在所有领域，毫不夸张地说，甚至在每一张餐桌上，都有人带领军队伺机攻入马其顿。"

金上将的传令官乔·罗塞尔上尉注意到，开展的演习基本上还停留在学术层面。他写道："这次军事行动中暴露出来的缺陷，尤其是通信和备战状态方面的缺陷，在那之后已经得到了纠正。"就在大家以为这场战役已被忘却的时候，海军方面却下定决心追查原因。或许是为了维持整个海军系统的自尊，抑或是为了给那些痛失亲人的家属一个明白的交代，赫伯恩上将很快就要揪出"因能力不足而需要担负责任的军官"。

有一位批评家列举了一张详细的名单，痛数他们在瓜岛海战中的失误——莱福科尔未能保持警戒并顽固地坚信三川的巡洋舰是友军部队；特纳未能全面理解自己所依赖的雷达有何限度；克拉奇利未经向上下级通报擅自把"澳大利亚"号调出责任区域；在取消至关重要的空中搜索任务之后，麦凯恩未能及时上报；弗莱彻及其上级领导在重要行动开始之前未能成功协调、调节或掌控各航空母舰的分工和调配；戈姆利过分关注细节且在战斗发生时脱离岗位；哈尔西10月随意安排航空母舰并因与金凯德之间的沟通不当导致 11 月 13 日小威利斯·李未能与"华盛顿"号一同北上解救卡拉汉的巡洋舰队；卡拉汉与赖特未能充分利用手中的雷达装备提前探知敌军突袭。提出这份责任名单的批评家是一位名叫 I.F. 斯通的记者。斯通把造成"珍珠港遇袭"惨剧的原因归结为"纯粹的想当然和古板的官僚主义自满"思想。这种自满思想综合征在 8 月 9 日那晚再次给美军酿成悲剧，并再一次成就了日本帝国海军部队的闪电战业绩。

在与戈姆利交接的前一天，哈尔西起草了一篇评论，推定萨沃岛战役是因作战理论有缺陷而失败。根据哈尔西得出的初步结论，失败是因为凯利·特纳向克拉奇利的掩护部队传达的指令"没有明确其具体职责和具体任务"。尽管特纳曾写信告诉赫伯恩，"对于这种部署安排，我非常满意，而且当时正在盼望敌人发起攻击"。但据戈姆利观察，那些部署安排相当不充分。"针对敌人可能采用水面舰队发动夜袭，我方居然没有制订针对性的作战计划，"他写道。同时，他还观察到特纳向"布鲁"号和"拉尔夫·塔尔博特"号两艘雷达驱逐舰传达的指令"是错误的，不该让他们去追踪并随时汇报敌军所在位置。因为当时的时间和空间条件都不允许这两艘雷达驱逐舰去执行这种性质的任务"。在戈姆利看来，特纳与克拉奇利都没有考虑过当晚夜巡之时一旦与敌人遭遇，两艘驱逐舰间应该如何协调。

由于赫伯恩过分关注个别具体问题，因此他未把其他因素放在心上。他担心的并不是没有作战计划。"只有一项作战计划具有实在意义，那就是，把炮弹尽快装进炮筒里，"他在一份长达 45 页的"非正式询问报告"中如此写道。他还说："在我个人看来，这次军事行动中遭遇惨败的主要原因绝非上述传统的'应战准备是否充分'之类。"

外界有人指责特纳在三川咄咄逼人的攻势面前采取消极应战的策略，特纳肯定不会接受这一指责。"我曾经因为自己的所作所为而受到过指责，但还从未有人因为我'不作为'而指责我。"他后来告诉他的传记作者，"如果我当时确实知道有任何日军部队'正在靠近'，我一定会采取行动——无论这些行动是正确的还是错误的……但是，我万万没有想到，那些该死的飞行员不会数数、不会辨认、不能胜任本职工作，他们只会在周边乱跑着追寻日军动向并迟迟不肯发送报告回来；我万万没有想到，麦凯恩居然没有随时通知我他的飞行员是否在从事或没在从事本职工作；我万万没有想到，尽管我们得知了日军舰队结构、航行速度、航行路线，但日军却绕道而行出其不意地出现在我们面前，就像我们经由非常规路线抵达瓜岛一样。如果有人说因为我反应迟钝而搞砸了这场行动，或许我思想上能勉强接受；但如果说我当时收到通知明知'敌军靠近'却坐视不管，我是万万不能接受的。"

"没有任何人通知我'有敌军靠近'。他们的确通报过有一支部队可能到来，而且最终也确实来了。但他们通报的是另一个兵种部队向另外一个方向移动。犯下这个业务性奇葩错误的是空中侦察部队和那些飞行员战友们！"

灾难来临之后，风云瞬间突变，让所有人都失去了安全感。因为受哈尔西的牵连，吉尔伯特·胡佛也失去了出海的机会。即便是尼米兹上将的参谋长、海军系统内那位心胸开阔的雷蒙德·阿姆斯·斯普鲁恩斯少将身上也有了污点，因为有人批评他在中途岛战役中采取的措施过于谨慎。他在回忆此事时强调："我一直都很依赖现场负责人的判断，除非有时候他们的判断和决策在我看来明显有误。即便出现这种情况，我还是要倾听一下他们对事情的评判，然后我才做出最终决定。"

赫伯恩在一定程度上认可了这种观点。他说："总体看来确实有模棱两可的原因，一方面确实有因能力不足而需要担负责任的军官，另一方面也多多少少有判断失误的成分。"但是，在他结束询问之后的第五周，也就是5月13日这天，作为海军总委员会的主席，赫伯恩在报告中做出的结论似乎已经完全撤除了这种模棱两可的原因，其行文简直能亮瞎读者双眼。

他在报告的开篇提到，"以我个人之见，这次失败的主要原因可以概括总结为敌军发动了出其不意的奇袭"，正是这次奇袭暴露了我军的能力不足。按照重要性大小，这些原因包括：各舰船应对夜间突袭的准备不充分；未能充分意识到敌军飞机事先存在；过分依赖和相信雷达探测装备；发现敌人后未能及时汇报；空中搜索任务取消后未能及时沟通。此外，还有一个"促成性因素"，赫伯恩提到了8月9日弗莱彻撤走航空母舰，导致克拉奇利不得不起身亲赴会场，并最终造成南部巡洋舰群指挥次序的混乱。

莱福科尔舰长带领的北部巡洋舰群沿四边形路线巡航令赫伯恩感到不可思议，尽管他们的表现也"不尽如人意"。"但是在萨沃岛战役打响之后，只有在一种前提下他们应该受到谴责，也只有在一种前提下不会存在前面所列举的模棱两可的责任，那就是'芝加哥'号舰长到底是'有所为'还是'无所为'。"

赫伯恩认为霍华德·鲍德应该负有责任，原因有二：第一，他决定留在整个队列的尾部，从这一点能明显看出他的职业判断能力；第二，驶离战斗区域时长达35分钟，这一点无论如何都"解释不通"。赫伯恩对他的批评又是自相矛盾的。他同意这种说法——"很难指责鲍德的某项决策或非决策导致了比现实情况更大的损失"；同时，他也认为，即便是赫伯恩本人替鲍德做出决策，该发生的一切大概还是不可避免的——"顶多被炸沉的是'芝加哥'号而不是'堪培拉'号"。但是，最终鲍德还是被认定为唯一一位"因能力不足而需要担负责任的军官"，而海军部仅凭赫伯恩一个人的调查和判定就给鲍德扣上了这顶帽子。

随后，在赫伯恩这份报告上签字的时候，金上将在上面留给詹姆斯·福里斯特尔几句话："即便造成我军损失的主要直接原因是敌人发动了出其不意的突袭，我们还有一个问题需要讨论，那就是我方是否有军官因为没能提前预计到这种情况而需要担负责任。对参加这次军事行动的大多数战舰和舰长而言，这是他们的第一次作战经历，因而，对多数人来说，他们是第一次被放到了"非生即死"的情境中，考虑到这两点，以我之见，前述问题的答案是否定的。因为他们还没有学会如何警戒，也没有学会何时警戒。"金上将特意替特纳和克拉奇利开脱了部署巡洋舰的方式。至于鲍德的责任，金上将未予评判。

拉塞尔舰长的名字并没有被列入其中。金上将的传令官这样写道："我们没有必要因为自己挨了打就一定要再找出一个出气筒。毫无疑问，军事行动的计划有些仓促，计划的实施也令人不满意，而且反应迟钝也是其中一个较大的原因。但是，对我来说，我学到了一条客观的教训：宁可不打仗也不要打败仗，因为打败仗就意味着有人要完蛋。"

鲍德没有完蛋。他被调遣到海军第15军区担任军区司令。这个军区的总部在巴拿马运河区的巴尔博亚海军站。他被调到大后方也就意味着他身上将永远背负着"不及格"的标签。

他一直渴望能升到星级将官，而且信心十足。他严谨和严厉的作风很可能是年轻时曾因一时冲动造成过失所以不得不谨小慎微。在海军学院学习的时候，因为有3个高年级学生欺负他，他不得不动手打架。打架在当时来讲是一种非常普遍的现象，不算是什么大的过失。但是那次鲍德之所以受到处分，是因为他打架的时候校方刚刚出台了一条新的警示规定。鲍德因此被记大过，被关禁闭，并错过了陆军和海军部队之间的一场足球比赛。这段小插曲和校方的处理结果曾于1910年秋登上《纽约时报》周日版的头条新闻。

自他抵达巴拿马的第一天起，鲍德"似乎就一直生活在某种压力之下，这一点在我和其他军官看来十分明显"。一位海军预备役少校如此说："他多次提到他不明白为什么他会被调配到这个地方来，甚至在走出飞机之前他就已经问过好多问题，例如他会被分配到一个什么样的地方，他不明白作为一名战斗人员他怎么会被分配到这个地方，等等。"

"他曾多次告诉我，他认为自己不会在这里待很长时间。他刚到这里不久，大概还没有超过一天，他就开始对我说，说他自己两周之内就会离开这里。"而后来他真的在两周之内就离开了，因为赫伯恩打来电话，召他到得克萨斯州科珀斯克里斯蒂市接受讯问。

4月2日至3日开展的讯问对鲍德而言不是很顺利。他有大约一周的时间没有出现在大家面前。但是在他回来之后，他的表情看起来明显乐观了很多。他跟大家的谈话也多了起来，而且对自己目前的职责也日渐适应。他甚至还邀请年轻军官到他的住处喝苏格兰威士忌。"自他被调配到这个单位以来，那是我和他之间最愉快的一次谈话，"这位海军预备役少校如此说。之后，鲍德认为唯一值得抱怨的是他给爱人的家书邮寄回家的速度太慢了。

根据赫伯恩向他提问的语气，鲍德很清楚自己的行为正在接受审查。但是，从公正的角度来看，审查也同样意味着有翻身或者戴罪立功的机会。因为在珍珠港曾经丧失过"俄克拉何马"号，因此，瓜岛之行应该是他戴罪立功的好机会。其实，有关"俄克拉何马"号之事，鲍德本无任何责任，因为他当时处于离船在岸期间，但是，作为一舰之长，他怎么也不可能完全撇清干系。现在，他又要为瓜岛之事戴罪立功了，而此时他身上已经戴了双份"罪"。

从得克萨斯回到巴拿马后，鲍德给赫伯恩写过两封信，试图更加清楚地解释一下当天晚上发生的一切，在接受讯问期间，他因为严重受惊而影响了表达能力。他在信中说，当日，在躲开几枚鱼雷之后，"芝加哥"号迷失了航行方向。他当时以为自己是在朝西北方向行进，打算与"文森斯"号所在舰队会合，然后再返回深海与敌军交战。当他意识到周围的寂静有些异常之后曾建议调转航向，但是，他的领航员的意见与之相左。"尽管可能还有其他一些细节有助于您完整地了解整个过程，但是，我认为上述陈述已经足以解释您对我的两条批判。"在这封信的结尾，他说，"我希望您的感冒已经痊愈，并希望您的新奥尔良之旅一路顺风。"

在他的新岗位上，工作之余，鲍德开始有机会对瓜岛海战做更深入的反思。经过进一步思考，4月18日，他又鼓起勇气给赫伯恩发出第三封信。他在信中说："在过去的两周里，我有幸能阅读萨沃岛战役的评析。从中，我意识到，尽管当时我坚持保持队形的决定听起来是正确合理的，但经过清醒的逻辑分析，我们得出了不同的观点，在战斗刚刚开始的时候，我的确做出了一个严重的错误判断。我刚刚认识到这一点错误。尽管即便此时我也可以找出众多理由来证明我当时判断的合理性，但如今想来，我对当时的总体情况和具体环境的估测确实有些过分自信。"

尽管后来他并没有因为"知错能改"而留下高名美誉，但很明显的一点是，他的确因为自己所遭受的磨难而改变了思维。"近来，我能有时间和机会提供更多有效的、结论性的细节和信息。同时，我也接受其他一些观点，因为从分析的角度来说，它们能够有助于解释当天那件事的其他阶段。我已经过深思熟虑，意识到现在应该采取什么行动。我已经决定，我要用我唯一能做得到的方式弥补因我误判而造成的过失，这才是我应该采取的唯一的、体面的行动。"

次日早晨，他首先检查了自己的洗衣房，然后索要当天的早报。当天值日的勤务员给他拿来之后，他把早报带进了卫生间。大概十多分钟之后，勤务员听到"噗"的一声。

他在 4 月 18 日给赫伯恩上将的信中继续写道："我给我爱人写了一封信，希望条件允许的情况下您能尽快帮我转发给她。尽管她一直非常坚强，也非常能干，但她应该知道这场降临到她头上的无妄之灾所发生的前因后果。我已经无法用语言向您表达我的懊悔，您指挥的军区会因为我的不幸遭遇而受到影响。但我确信，您一定能理解，当一个人的生活轨迹、精神支柱和荣誉追求忽然发生 180° 大转弯的时候，他会有什么反应。"

厨师问两位看门人是否听到了动静。他们说听到了。随后，这位厨师返回楼上，并两次检查洗衣房和卧室。然后，厨师走下楼，并再一次问两位年轻的看门人是否确实听到了刚才的动静。其中一位开玩笑地说："别担心，这里没有炸弹。"

厨师一边呼唤鲍德的名字，一边敲门问，同时让其中一位看门人爬上梯子从外面的窗户查看卫生间里的状况。厨师从楼上下来之后，这位看门人告诉他说，卫生间的地板上躺着一个人，是一个女人。因为那个人身穿蓝色浴袍，因此他当时误以为是一个女人。尸体旁有一把点 38 口径的左轮手枪，有一发子弹已经打了出去。

鲍德在给赫伯恩的信中还写道："我相信，在我的继任者到任之后，本站的军务会一如既往地顺利发展下去。谨向您一直以来的周到考虑表达诚挚的敬意！曾有机会在您麾下短期效力，我至今深感荣幸！真诚的，霍华德·鲍德。"

海军第 15 军区指挥官在鉴定结论中写道："调查委员会一致认为，尽管霍华德·鲍德长官直至生命的最后一刻都保持彻底清醒，但是，在以"芝加哥"号巡洋舰舰长的身份在萨沃岛海域参加首夜军事行动之后，尤其当他的职业判断能力和行为表现受到谴责之后，他的个人反应导致了其内心压抑和精神状态不稳定，而这种不稳定的精神状态直接导致了他的死亡。"

医学和外科局局长赞同这一鉴定结论，他在递交给金上将的鉴定结论中写道："本局专家得出的结论与调查委员会和海军军法署得出的结论一致，认为导致鲍德长官死亡的直接原因是严重的精神疾病，这种严重的精神疾病的主要特征是抑郁和压抑。因此，本局专家一致认为其死亡并非由行为不当造成。"

在鲍德的个人档案的最后一栏备注中并没有留下什么突出的事迹，仅仅印有"非战争伤亡"几个刺眼的大字。

44

沧海依旧

　　"所罗门群岛海战的规模远远超乎常人想象，"乔·卡斯特写道，"如果将来有一天，这场战役的残酷细节大白于天下，整个文明社会肯定会感到震惊。因为在瓜岛，那场战争的野蛮和残忍程度足以使人类文明退回到几千年前。"

　　这段历史很快便被人们记录下来。受降仪式在"密苏里"号战列舰上结束后不到两周，报纸上就出现了质疑和指责之声。海军部队似乎在从自己的角度出发对外宣扬另外一个版本的故事。根据他们的说法，海军陆战队当时陷入了孤立无援的境地，最后不得不依靠独立作战杀出一条血路。

　　1945年秋天，战争结束后刚刚两周，《纽约时报》上就刊登了一篇文章。在这篇文章中，"海军陆战队高级作战军官"声称当日正是戈姆利刻意隐瞒消息才导致瓜岛海战损失惨重。"澳大利亚政府原本可以介入这场军事行动，向戈姆利提供支援，但是，据说由于戈姆利拒绝透露那场军事行动的性质，对方感觉受到了疏远……如果戈姆利将军在信息分享上不那么保守，那么他的兵力至少会增加一倍，海军陆战队所面临的压力和承受的损失肯定也会相应地大大减少。"戈姆利不小心成了众矢之的。但是由于尼米兹不希望两大兵种在公众面前流露出不和谐的关系，因此，海军方面没有人站出来反驳这篇文章。

　　为了维护海军的尊严和体面，尼米兹永远也不会透露戈姆利被解职的真正原因。战后，戈姆利的儿子写信质问尼米兹太平洋舰队司令部做出这一决定的依据。尼米兹上将在回信中是这样解释的："令尊大人的职务之所以被哈尔西所取代，是因为我军在从日军手中夺取瓜岛的军事行动之初，我认为他的精神已经接近崩溃的边缘。他从努美阿的海军基地发送给我的若干份电报中流露出惶恐和绝望的语气，这令我手下的作战参谋官们感到惊恐不安，因此，我决定让哈尔西少将取代令尊——其实，哈尔西当时本来是被派过去执行巡查任务的……我们的做法拆散了一对最要好的朋友——令尊在本土休假结束再次返回总部，向我报道之后，又先后担任了海军第14

军区司令和夏威夷海疆司令等职务，并在两任职务上取得了优异的成绩。我们之间的关系一直十分融洽，我敬佩他，并把他看成我的朋友。"

战争给人们带来的心灵创伤是永远也无法估量的，历年来，像罗伯特·戈姆利、霍华德·鲍德、阿莱特·苏利文等这样的受害者数不胜数。转瞬之间，他们已经被湮没在浩瀚的历史之中，因为1942年盟军在世界各地的战斗都迎来了转机。从广义的角度来看，瓜岛海战与北非战场上取得的胜利其实是盟军在世界各地齐心协力的结果。轴心国集团的两大国家还可以继续追求双方各自的军事野心，但"他们似乎在中东和印度洋地区依然存在会师和联手的可能，美军在中途岛和所罗门群岛的胜利阻挠了日军在太平洋上的步伐，同时，德军在北非和欧洲东部阵线的南部地区的攻势也严重受挫"。这是历史学家吉哈德·韦恩伯格的一段评论。1942年圣诞节后，《科利尔杂志》的主笔曾写下这样一段话："我们并非预言家。但是有众多预言家、分析家和评论家纷纷表示，1942年11月头两周的战况很可能意味着战争的转折，尽管众论如此，但请原谅我们对这一观点不能苟同。"

5个月之后，该杂志的一位撰稿人开始质疑美军到底有何收获。"我们甚至还没有穿透日军的外部防线。战争开始16个月以来，我们只不过从日军手中夺得1个小机场和丛林里的3个小镇。而日军霸占的疆域却足够建立整整一个帝国……日军虽然失去了整个所罗门群岛、新几内亚岛和新不列颠岛，但他的整个海上帝国依旧安然无恙。"

但是，瓜岛海战的意义不仅仅在于俘获的物资或地盘。尽管山本从一开始就担心美国人难免会取得一两次胜利，但实际上，美军这次取胜并不是依靠自己在工业和军工产品上的优势。1940年，法军与德军作战的表现和结果其实早已揭示了这样一个道理：要取得胜利，仅仅靠军火和物资是远远不够的。除此之外，还要依靠官兵们坚强的作战意志。就这一点而言，日本方面对美军没有做出正确的预估，正如韦恩伯格在文章中写道："日本方面认为美军不愿意耗费生命和财富去夺回美国人从来没有听说过的一些岛屿，因为即便美国人帮忙从日军手中将之夺回，也不过是把它们转手归还给那些殖民主义国家。"

进入11月以后，美军遭受失败的可能性很大。"珍珠港事件"发生之后两周，在一次较大的人事调整中，欧内斯特·金被委任为美军舰队总司令。一旦美军在11月真的遇到一次挫败，金上将很可能还会马上迎来另外一场失败。其实，金上将完全可以避免发动此次战役，因为这对他来说不过是一念之间的事情。而即便他发动了这场战役，金上将的政敌——美国陆军航空兵总司令亨利·H.阿诺德也可能会站出来借机讽刺他在整场战争的第二战场发动的战役愚蠢至极。然而，最终战役居然取得了成功，这其实恰恰证明了舰队的中队级单位具备顽强的战斗力。当时，巡洋舰和驱逐舰等轻型作战舰队成了主要的作战力量，这让海军方面惊叹不已。而随着形势发展到1942年11月底，除巡洋舰和巡洋舰中队外，美军已经基本不依靠其他作战单位了。

从8月到11月整整3个月，日军在瓜岛第一次看到了美利坚民族可怕的一面，因为这个民族正在凝聚力量、奋力拼杀。而相反，此时的日本海军已经被打得遍体鳞伤、头破血流，似乎已经丧失了部分斗志。在战争爆发之前的几十年时间里，日本人曾先后到华盛顿和伦敦的谈判桌上接受谈判，因为当时日本已经意识到自己在物资装备方面远远落后于西方海军。尽管在战争开始的一段时期日军舰队曾取得了一定成绩，但日本海军系统内部仍然有很大一股势力将之看作对美作战的失败。日军方面靠献身精神和武士道精神弥补了自己在物资方面的劣势。瓜岛海战之后，日军内部的消极情绪又一次占据了主流。尽管从塔拉瓦岛到帕莱利乌岛等地曾开展过一系列重要的两栖进攻，但直到1944年10月，日军才敢再一次调动海面重型部队发动一次战斗。这期间之所以没有发动大规模海战，似乎是因为当初瓜岛海战对日军的士气造成了不小的打击。

日军在瓜岛海战中损失了大量的飞机、飞行员和机组人员，甚至比中途岛战役的损失还要惨重，日本海军第8舰队的参谋长大前敏和对美军的火控雷达系统表示了赞赏，并评价说："这是瓜岛海战最突出的军事特征。"埃斯佩兰斯角海战之后，日本海军第一次意识到美军在夜战方面的科技优势"对日军官兵的士气产生了消极影响"。大前敏和写道："参加'东京快车'计划的日军驱逐舰官兵曾一度士气高昂……但士气很快下滑。这种对夜间战斗缺乏信心的表现反映出11月12日至14日参加瓜岛海战的日本海军部队在心理上和生理上都有缺陷。"

海军陆战队有一位老兵名叫塞缪尔·格里菲特，他后来升任将官兵并成为一名历史学家。他曾经辩论说，岛上的陆地战斗具有"决定性意义"，而海战与空战只不过发挥了辅助性作用。当然，有一点我们必须要意识到，如果周围的海域失守，就算岛上的陆战队员再勇敢，恐怕他们也无法抵御肉体上的饥饿和弹药上的损耗。哈尔西少将也说过一句类似的理论，"如果我们的水面部队在这段时间遭遇惨败，那么，瓜岛上的陆战队所面临的处境就跟战争初期我们的部队在菲律宾所面临的处境一样孤立无援。届时，亚历山大·阿彻尔·范德格里夫特也只有逃跑的份儿；我军被日军俘获之后的待遇也只能像我们手中的日本战俘一样可怜；同时，范德格里夫特少将也只能成为'瓜岛上消瘦的温莱特中将[1]'，同时，'巴丹半岛死亡强行军[2]'的历史也将重新上演"。

雷蒙德·斯普鲁恩斯把凯利·特纳评价为"11月13日前做出最勇敢决策的人"。"战场上，从最基层到最上面的指挥层，美军部队曾做出过无数次勇敢的决策，采取过无数次英勇的行动。但是，其中最勇敢的当属第67特混舰队司令做出的决策。因为他提前预计到了自己的部队可能会遭受攻击和破坏，所以决定把自己的巡洋舰和驱逐舰派出去主动迎击日军战舰。他带领战舰投入战斗的坚毅态度值得大家称赞。11月12日至13日的夜间军事行动挽救了亨德森机场，否则，瓜岛上的美军随后根本不可能发动空中军事行动。"

有些人会质疑这样做的代价。历史学家理查德·弗兰克不愿意事后揣测卡拉汉做出的战术决策，但是，在他的著作中，他认为13日发生的那场所谓的"周五战斗"（或巡洋舰夜间战斗）"只不过为亨德森机场的命运'缓刑'一天而已"，而且仅仅是"延缓了而不是阻止了日军大规模增援部队的登陆"。但是，航空史学家约翰·伦德斯特罗姆认为当晚的混战"是盟军获胜的关键"，因为正是这天晚上的"拖延"，才让亨德森机场次日能有机会派出飞机报复敌军。如果阿布手下的战舰头天夜里没有遇到阻碍而直接炸毁亨德森机场，那么美军就不可能在14日有整整一天的时间对敌军运输舰队开展那场至关重要的空中袭击。所以，在日军派往瓜岛的整整11艘运输舰中，最终能登上瓜岛的只是其中很少的一部分。根据金上将分析，卡拉汉的战斗属于一场胜利，尽管有很多人对此大吐口水，包括海军作战学院院长派伊上将。金上将在分析中写道："我们当时只能期待并指望美国海军官兵拿出全部勇气。在这次敌我交战中，我军的表现的确赢得了我们永恒的尊重与敬佩。他们

---

1 在巴丹半岛战役中，美军出现物资短缺并很快耗尽。为了减少伤亡，美军临时中将温莱特向日军投降。——译者注

2 美菲联军投降后，日军把美军转移到战俘营。在转移过程中，日军要求以徒步行军为主，但整个行军过程除了初期给予少许食品，一路上没有继续提供食品给战俘。经常有找寻饮水与食物的美军被日军以刺刀杀死或开枪处决。因怕战俘逃跑，日军只准他们从路边水洼中饮水，最后引发严重的腹泻与呕吐而致美军战俘死亡。这段强行军过程中，沿路上因饥渴而死或被日军刺死、枪杀者达15 000人之多。这段行军过程被历史学家称为"巴丹半岛死亡强行军"。——译者注

展示了冷静和坚毅的勇敢精神。如果不是这一战拖住并打败了敌人，我们对瓜岛的控制恐怕会受到严重威胁。"

　　在直面过日本海军的技能、精神、坚韧和勇气之后，尼米兹发现了取得胜利的关键因素。"训练、训练，还是训练。"这是尼米兹于 2 月写给金上将的信中提到的。1943 年 6 月 1 日，海军的轻型部队得到一份新的训练蓝本，《太平洋舰队战术指令和条令》，即"PAC-10"应运而生，其中规定了"常用战术原则"。它对海军舰队基本战术操作做出了规范性要求，因此才使后来的一系列胜利成为可能，包括 7 月 13 日的科隆邦阿拉大捷、11 月 1 日至 2 日的奥古斯塔皇后湾大捷等等。同时，美军的武器也得到了改进。在战争爆发初期，美军的鱼雷一直被各种严重的机械问题所困扰。"格温"号驱逐舰和"大黄蜂"号航空母舰的遭遇就是两个典型的例子。在这两个例子中，虽然美军的驱逐舰是在近距离平射射程范围内向静止目标发射炮弹，但结果令人大跌眼镜。当初，为了防止受伤的"大黄蜂"号航空母舰落入日军之手，"马斯丁"号驱逐舰发射的前 8 枚鱼雷中仅有 3 枚击中目标，而"格温"号驱逐舰射向"班汉"号驱逐舰的 4 枚鱼雷居然没有任何一枚击中。

　　战争给人的情感带来的影响更加深刻、复杂。多年后，罗伯特·格拉夫的思想深处一直在反复思考这场战争，但他从未向任何人提起过自己的想法。他先后在 3 艘战舰上服役。最后，他回到纽约换了一份职业，在美国全国广播公司从事广播新闻工作。他甚至刻意忘掉当年在"亚特兰大"号上的那段"非人的经历"。

　　他后来说："战争与生活迥然不同。它颠覆了你学到的一切生活观念。这就是为什么当战争结束后，你会觉得你在战争中什么都没有学到，平民生活是学习生活的最好方式。战争中，你曾遇到过恐惧，你肯定想尽快忘记这些经历。为了让自己的思想得到清理，你恨不得跟过去一刀两断。"他的孩子们追问了他整整 35 年，希望他能谈一谈战争的过程。"我拒绝了。我说'去看一下历史课本吧。我的口述不具备公正性'。我们把自己的内心严重封闭起来，就像躲在躯壳里的河蚌一样。"后来，他也曾参加"亚特兰大"号、"蒙特利"号和"弗林特"号上老兵们的联谊会，但是他参加的次数非常少。后来，随着老战友们的年龄一年年变大，联谊会也逐渐消失了。

　　1997 年圣诞节前夕，时年 55 岁的儿子主动向格拉夫提出一个建议——重访瓜岛。其实，他完全可以拒绝这一建议。但他的儿子向他介绍说，他们此行将经斐济飞往瓜岛，下榻在一家由日本人开设的旅馆里，这家旅馆距离亨德森机场的海边有

10英里远。他的儿子已经把往返5天的行程全部安排好。尽管多年来他一直逃避回忆往事，但他还是做出了一个令他自己都惊讶不已的决定。1998年11月，他们登上了飞机，故地重游。

后来，格拉夫回忆说："那5天中的大部分时间，我一直难以抑制自己的泪水。那次重访瓜岛之后，我才最终感到自己完全回归了生活。跟多数其他战友一样，50多年以来我一直避免提到那段往事。但是，回来后，我忽然有了一种豁然开朗的感觉。而其他大多数战友基本全是依赖（心理）医生的帮助才走到这一步的。"

那段旅程的前几天，我们重访了当年的作战地点。那里有生锈的卡车和坦克，也有为牺牲的美军和日军建造的纪念碑。从他们的下榻地点开车到埃斯佩兰斯角要走25英里的山路。

一天上午，他们租来一艘潜水船，又带上一条浮筏，手捧几束鲜花和几个花环，前往萨沃岛海峡。在到达废墟上方的时候，潜水船船长向他们以手示意——目标物在水下421英尺处。在声呐系统的帮助下，潜水船驾驶员向后方倒退了一两次，操作起来就像自己在停放一辆汽车一样。"我们现在就在'亚特兰大'号的正上方。"潜水船驾驶员告诉他们。驾驶员把潜水船停在废墟上之后，格拉夫要求他关闭引擎和空调，因为他要为其默哀！

这位"亚特兰大"号的幸存者没想到此生居然能够再次来到这艘舰船之上。但在一位美拉尼西亚圣公会牧师的帮助下，这一愿望居然实现了。正是这位牧师帮助格拉夫安排了这一行程。这位牧师与格拉夫的儿子克里斯托弗、格拉夫20多岁的孙子肯尼思分别发表了几句感想。肯尼思谈到了战争对他而言似乎十分遥远，他还谈到了理解爷爷当年的经历有多么困难，因为所有的老兵都不愿意开口重提这段经历。时间似乎已经遥不可及，而经历者本人却沉默无语，或许只有他们身下这艘舰船的残躯能够阐述当年的历史。它侧躺在一条海脊上，侧舷已经深深地陷进淤泥，残留下来的巨锚依然静静地嵌在海底斜坡上，将它固定在原地，似乎唯恐它翻入幽深的海谷。

人群中有人读了一段《圣经》，然后迈步走上搭建在水面上方几英尺高的跳水平台——格拉夫开始阅读悼词。悼词是写给他曾经的战友的，他甚至能够感觉到大家宛然存在。他在悼词中说，他此次与家人一起来悼念各位，他称赞了各位战友的优秀之处，并表示自己将永远怀念他们。"四周的海水波光粼粼，反射出千万道耀眼的光芒，让我陷入对你们的回忆，深深刺痛了我的心房。"他不知道生活是否正向着当初大家希望的方向发展，他担心后来的生活并不一定让所有人称心如意。"当初，年轻的我们曾经是民族的希望、人类的未来。我们曾用自己的方式接受当时那个年代；我们曾试图重塑这个社会，给这个社会带来更多希望、更多机会，给更多人带来幸福。当年，我们就是怀着这种想法来到了瓜岛。"

祖孙三人与牧师把手中的鲜花抛入水中，然后把那条载有悼词的浮筏推向远处。

"我们就这样静静地站在那里。看着鲜花和浮筏在水面上顺流而去，越漂越远，我们所有人都流出了泪水。然后，我忽然想起，我们应该离开了。驾驶员发动了马达，我随手摘下自己头上的海军帽，把它与刚才的鲜花抛在一起。然后，我坐在船的一角，放声哭泣了良久。"

"最后，我们返回岸上。这，就是整个故事的全部过程。"

鸣　谢

我花了3年时间来搜集素材，然后又用了两年时间才写成本书。成书之前，我搜集的资料堆满了几个文件柜，因此，我想借此机会对所有帮助我搜集资料的朋友致以深情感谢。

我首先应该向帕特南图书出版社的高级编辑特雷西·德维恩表达感激，在本书的初稿和二稿成型过程中，书中事无巨细，她均曾亲躬校订，保证了书稿初步成型。瓜岛海战中很多决定性故事的原作者理查德·B.弗兰克亦曾帮忙校阅本书草稿，并以其亲身经历提出了大量宝贵的意见，从而让我避免了很多低级错误。虽然如此，本书中若依然与史实有所出入，我本人愿承担一切责任和谴责。

同时，我还应该诚挚地感谢美军巡洋舰水手协会的爱德华·奥古斯特、钱宁·朱克、爱琳·波义耳、大卫·J.布鲁舒德，海军战争学院的伊夫林·史帕克和特雷莎·克莱门茨、罗伯特·J.克莱斯曼，东卡罗来纳大学乔伊纳图书馆特别档案部的乔纳森·邓博、玛莎·埃尔摩尔和戴尔·苏蒂，肯塔基州欧文县公共图书馆的丽贝卡·都琳、小罗伯特·L.戈姆利、艾瑞克·哈梅尔、卡尔·T.哈策尔、肖恩·亨尼西、理查德·约翰（"约尼长官"）、布伦特·琼斯，美国海军研究所的贾尼斯·约根森、唐·凯恩、爱琳·科恩、吉恩·科克兰德，海军历史中心的凯茜·罗伊德、爱德华·马洛达、蒂莫妮·珀蒂和保罗·托宾、凯利·苏利文·洛克伦、约翰·B.伦德斯托姆，格雷戈里·麦肯锡、小布鲁斯·麦坎德利斯、戴夫·麦库姆、美国太平洋战争博物馆的海伦·麦当娜和弗洛伊德·考克斯、麦克·马斯逊，美国驱护舰退伍军人协会的特里·米勒、文森特·奥哈拉、阿提里奥·塞哈菲尼、萨姆·索伦逊、克利福德·C.斯宾塞、保罗·斯蒂尔威尔、保罗·特里尔、巴雷特·迪尔曼、安东尼·塔利、杰克·瓦勒斯、弗兰克·韦曼，南卡罗来纳大学多媒体图书馆的格雷格·威尔斯巴彻尔、史蒂夫·韦珀、汉克·里斯顿，以及约翰·伍科维兹。

此外，我还要向班坦图书出版社副总裁妮塔·桃柏丽致以特别感谢，并特别感谢该出版社助理编辑安吉拉·波利多罗、图书设计弗吉妮亚·诺蕾、出版编辑舒娜·麦卡锡、出版经理麦吉·哈特，以及兰登书屋围绕本书成立的整个出版团队。

谨以此书向海军少将查尔斯·D.格罗让致敬。所有对已故潜水艇艇员、得克萨斯州弗雷德里克斯堡市尼米兹上将基金会原执行主任有所了解的人或对位于该市的美国太平洋战争国家博物馆有所了解的人或每年出席尼米兹年度研讨会的人都会明白其中的缘由。因为无论你跟他聊起普天之下的任何一个话题，在跟他你交谈过程中，你总能感到热情洋溢、激情澎湃。

我的家人对我的理解和我的爱人莎伦对我的支持，成就了本书。

瓜岛海战美日双方舰队空中兵力型号对比

美军

贝尔 P-39/P-400 "空中眼镜蛇" 飞机	战机
波音 B-17 "空中堡垒" 飞机	重型轰炸机
团结 B-24 "解放者" 式飞机	重型轰炸机
团结 PBY "卡特琳娜" 飞机	水上巡逻飞机
道格拉斯 SBD "无畏" 式飞机	俯冲轰炸机
格鲁曼 F4F "野猫" 式飞机	战机
格鲁曼 TBF "复仇者" 式飞机	鱼雷轰炸机

日军

"贝蒂"（"三菱 G4M-1" 型）	中型轰炸机
"凯特"（"中岛 "B5N-97" 型）	鱼雷轰炸机
"画眉"（"川西 H6K-97" 型）	水上飞机
"瓦尔"（"爱知 D3A-99" 型）	俯冲轰炸机
"零" 式（"三菱 A6M 0" 型）	战机
"卢夫"（"中岛 A6M2-N" 型）	"零" 式水上飞机的一款变型

瓜岛海战系列战斗进程

1942 年 8 月 9 日
萨沃岛战役

盟军损失："文森斯"号、"昆西"号、"阿斯托里亚"号和皇家海军"堪培拉"号4艘重型巡洋舰沉没；"芝加哥"号重型巡洋舰、"帕特森"号驱逐舰和"拉夫·塔尔博特"号驱逐舰受损。

日军损失："鸟海"号和"青叶"号两艘重型巡洋舰受损。

盟军阵亡人数：1 077 人。

8 月 24 日
东所罗门群岛海战

美军损失："企业"号航空母舰受损。

日军损失："龙骧"号轻型航空母舰沉没；"神通"号轻型巡洋舰受损。

美军阵亡人数：38 人。

10 月 11 日
埃斯佩兰斯角海战

美军损失："邓肯"号驱逐舰沉没；"盐湖城"号重型巡洋舰、"博伊西"号轻型巡洋舰和"法伦霍尔特"号驱逐舰受损。

日军损失："古鹰"号重型巡洋舰、"吹雪"号、"丛云"号和"夏云"号驱逐舰沉没；"青叶"号重型巡洋舰受损。

美军阵亡人数：163 人。

10 月 25 日
圣克鲁斯海战

美军损失："大黄蜂"号航空母舰和"波特"号驱逐舰沉没；"企业"号航空母舰、"南达科他"号战列舰、"波特兰"号重型巡洋舰、"圣胡安"号防空巡洋舰、"史密斯"号驱逐舰、"休斯"号驱逐舰和"波特"号驱逐舰受损。

日军损失："翔鹤"号轻型航空母舰、"瑞凤"号轻型航空母舰、"筑摩"号重型巡洋舰和 4 艘驱逐舰受损。

美军阵亡人数：262 人。

11 月 13 日
巡洋舰夜战（瓜岛海域第一场海军战斗）

美军损失："亚特兰大"号轻型防空巡洋舰、"库欣"号驱逐舰、"拉菲"号驱逐舰、"巴顿"号驱逐舰和"蒙森"号驱逐舰沉没；"旧金山"号重型巡洋舰和"波特兰"号重型巡洋舰以及"阿伦沃德"号驱逐舰和"斯特瑞特"号驱逐舰受损；"朱诺"号轻型防空巡洋舰受损，随后沉没。

日军损失："比睿"号战列舰、"晓"号驱逐舰和"夕立"号驱逐舰沉没；共有 3 艘驱逐舰受损。

美军阵亡人数：1439 人。

11 月 14—15 日
战列舰夜间战斗（瓜岛海域第二场海军战斗）

美军损失："沃克"号驱逐舰、"普雷斯顿"号轻型航空母舰和"贝纳姆"号驱逐舰沉没；"南达科他"号战列舰和"格温"号驱逐舰受损。

日军损失："雾岛"号战列舰和"绫波"号驱逐舰沉没；"爱宕"号重型巡洋舰受损。

美军阵亡人数：242 人。

11 月 30 日
塔萨法隆格海战

美军损失："北安普敦"号重型巡洋舰沉没；"明尼阿波利斯"号巡洋舰、"新奥尔良"号巡洋舰以及"彭萨科拉"号巡洋舰受损。

日军损失："高波"号驱逐舰沉没。

美军阵亡人数：395 人。

瓜岛海战战损统计

	盟军		日军	
	艘数	吨位 *	艘数	吨位 *
战列舰	0	—	2	73 200
重型巡洋舰	6	76 600	3	31 500
轻型巡洋舰	2	16 800	1	5 700
驱逐舰	14	22 815	11	20 930
潜艇	0	—	6	11 300
航空母舰	2	44 600	1	12 700
总计	24	160 815	24	155 330
美国海军阵亡总数 **:		5 041 人		
美国海军陆战队及美国陆军 阵亡总数:		1 592 人		

* 满载排水量。

** 含 1942 年 8 月—1943 年 2 月空军部队以及其他零星部队在瓜岛的阵亡人数。

图书在版编目（CIP）数据

瓜岛大海战 /（美）詹姆斯·D. 霍恩费舍尔
（James D. Hornfischer）著；朱强译 . -- 重庆：重庆
大学出版社, 2023.1

书名原文 : Neptune's Inferno: The U.S. Navy at
Guadalcanal

ISBN 978-7-5689-3683-5

Ⅰ.①瓜… Ⅱ.①詹… ②朱… Ⅲ.①瓜达康纳尔岛
战役 Ⅳ.① E195.2

中国国家版本馆 CIP 数据核字 (2023) 第 004376 号

瓜岛大海战
GUADAO　DA HAIZHAN

［美］詹姆斯·D. 霍恩费舍尔（James D. Hornfischer）　　著
朱　强　译
策划编辑：王　斌
责任编辑：黄菊香　　版式设计：原豆文化
责任校对：刘志刚　责任印制：赵　晟
*
重庆大学出版社出版发行
出版人：饶帮华
社址：重庆市沙坪坝区大学城西路 21 号
邮编：401331
电话：（023）88617190　88617185（中小学）
传真：（023）88617186　88617166
网址：http://www.cqup.com.cn
邮箱：fxk@cqup.com.cn（营销中心）
全国新华书店经销
印刷：重庆紫石东南印务有限公司
*
开本：720mmx1020mm　1/16　印张：28　字数：501 千　插页：16 开 1 页
2023 年 2 月第 1 版　　2023 年 2 月第 1 次印刷
ISBN 978-7-5689-3683-5　　定价：98.00 元
审图号：GS（2022）3080 号